해커스 공인중개사

공인중개사 1위 해커스
한경비즈니스 2024 한국브랜드만족지수 교육(온·오프라인 공인중개사 학원) 1위

해커스 공인중개사 실시간 합격예측 서비스

무료 제공

STEP1. 답안입력

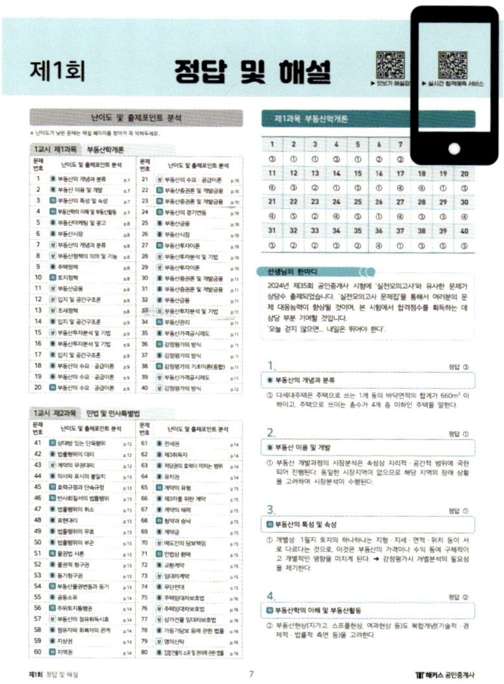

① QR코드를 스캔한다.

② 모바일 화면에서 답안을 입력한다.

※ QR코드 스캔방법
① 스마트폰 내의 기본카메라 어플을 켠다.
② 촬영 버튼을 누르지 않고 카메라 화면에 QR코드를 비춘다.
③ 화면에 뜨는 URL을 터치한다.

STEP2. 자동채점

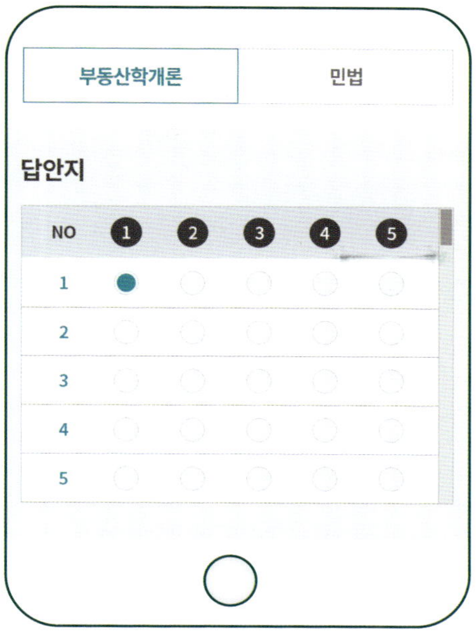

① [제출] 버튼을 터치한다.

② 자동채점 완료!

* 해커스 공인중개사 회원가입 후 이용 가능

STEP3. 실시간 성적분석

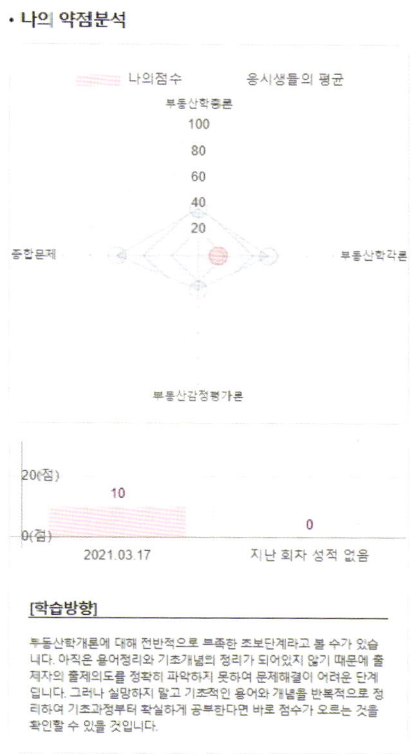

① 성적표 화면에서 성적 분석 데이터를 확인한다. (점수 / 백분위 / 합격예측 및 다른 수험생들과의 비교 지표 등)

② 해설강의를 통해 틀린 문제를 복습한다.

*실시간으로 전국 수험생 평균점수 및 백분위가 반영되어 나의 현위치를 수시로 파악할 수 있습니다.

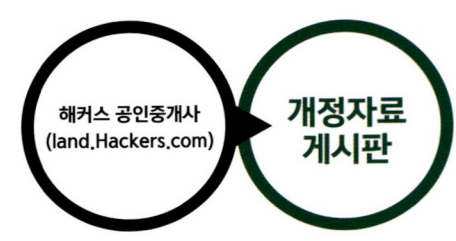

해커스 공인중개사

실전모의고사

2차 공인중개사법령 및 실무 · 부동산공법
부동산공시법령 · 부동산세법

7회분

<해커스 공인중개사 실전모의고사>가

특별한 이유!

01

합격을 위한 최적의 난이도!

너무 어렵거나 너무 쉬운 문제를 풀면서 소중한 시간을 낭비하지 마세요. 실제 시험 난이도를 반영해 제대로 만든 실전모의고사로 합격에 더 가까이 가세요.

02

빠르고 전략적인 복습!

풀어본 모든 문제를 복습하다 지치지 마세요. 가장 쉬운 난이도의 문제들부터 복습해 합격에 반드시 필요한 기본 점수를 탄탄하게 확보하세요.

03

내 약점만 집중적으로 보완!

내가 가장 많이 틀리는 출제포인트를 빠르게 찾아내어 집중적으로 보완해 효율적으로 시험을 대비하세요.

04

본 교재 인강 제공!

상세한 해설강의를 통한 복습을 원하시는 분들을 위해 출제 교수님들의 인강을 제공합니다.

★ 해설지의 QR코드를 찍으면 해설강의를 볼 수 있습니다. ★ 해설강의는 유료로 제공됩니다.

<해커스 공인중개사 실전모의고사>

200% 활용 Tip

1 실제 시험 보듯 문제풀기

실제 시험장에서 문제를 푸는 마음으로 시간을 정해놓고 제한 시간 내에 문제풀이와 답안 작성까지 해보세요.

★ 시험지와 OCR카드를 실제 시험장에서 제공되는 형태와 가장 유사하게 만들었습니다.

★ OCR카드는 해커스 공인중개사 홈페이지에서 추가로 다운받으실 수 있습니다.

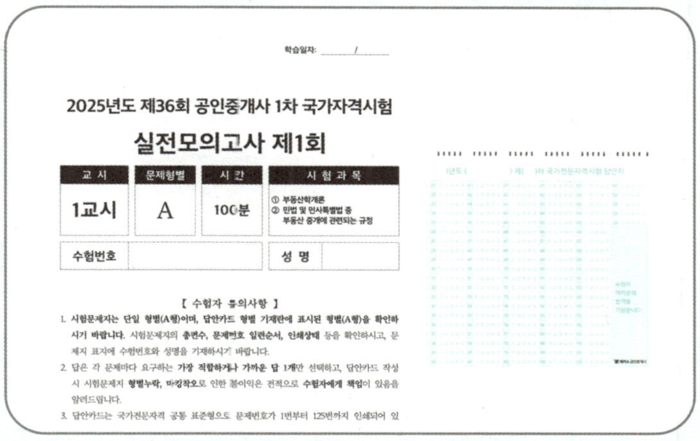

2 합격점검 성적표 활용하기

합격점검 성적표에 내 점수를 적어보며 효과적인 학습 관리를 해보세요.

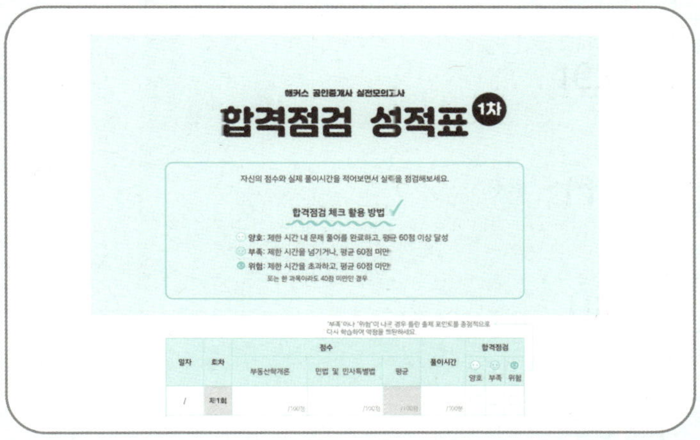

3 난이도에 따라 전략적으로 복습하기

내가 틀린 문제 중 난이도 하 부터 중 순서대로 복습해 나가세요.

★ 고득점을 원할 경우 난이도 상 까지 복습하면 좋습니다.

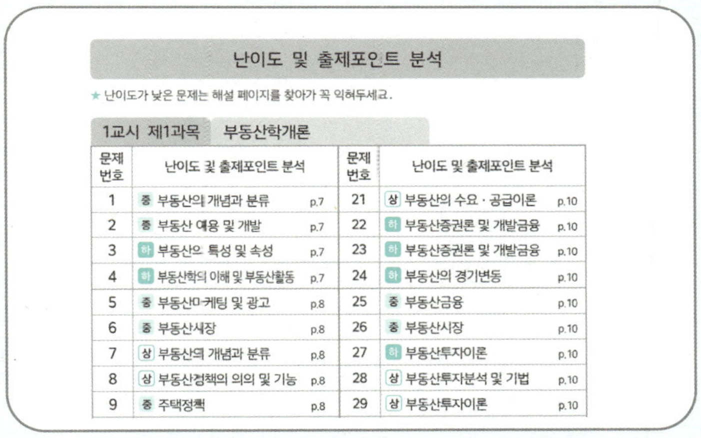

문제번호	난이도 및 출제포인트 분석		문제번호	난이도 및 출제포인트 분석	
1	중 부동산의 개념과 분류	p.7	21	상 부동산의 수요·공급이론	p.10
2	중 부동산 예용 및 개발	p.7	22	하 부동산증권론 및 개발금융	p.10
3	하 부동산의 특성 및 속성	p.7	23	하 부동산증권론 및 개발금융	p.10
4	하 부동산학의 이해 및 부동산활동	p.7	24	하 부동산의 경기변동	p.10
5	중 부동산마케팅 및 광고	p.8	25	중 부동산금융	p.10
6	중 부동산시장	p.8	26	중 부동산시장	p.10
7	상 부동산의 개념과 분류	p.8	27	하 부동산투자이론	p.10
8	상 부동산정책의 의의 및 기능	p.8	28	상 부동산투자분석 및 기법	p.10
9	중 주택정책	p.8	29	상 부동산투자이론	p.10

4 마무리 OX 부록으로 함정 피하는 연습하기

아는 내용도 함정에 빠져 틀리는 경우가 많습니다. 부록의 OX문제를 통해 실제 시험에서 함정에 빠지지 않는 연습을 하세요.

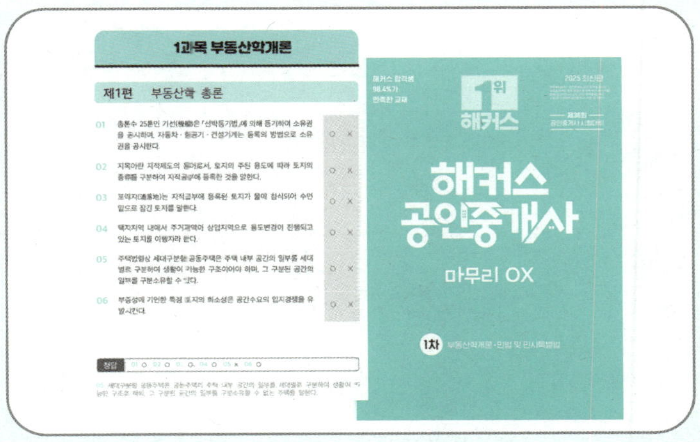

목차

문제지

정답 및 해설
<책속의 책>

학습일자: ______ / ______

2025년도 제36회 공인중개사 2차 국가자격시험

실전모의고사 제1회

교 시	문제형별	시 간	시 험 과 목
1교시	A	100분	① 공인중개사의 업무 및 부동산 거래신고에 관한 법령 및 중개실무 ② 부동산공법 중 부동산 중개에 관련되는 규정

수험번호		성 명	

【 수험자 유의사항 】

1. **시험문제지는 단일 형별(A형)이며, 답안카드 형별 기재란에 표시된 형별(A형)을 확인하시기 바랍니다.** 시험문제지의 **총면수, 문제번호 일련순서, 인쇄상태** 등을 확인하시고, 문제지 표지에 수험번호와 성명을 기재하시기 바랍니다.
2. 답은 각 문제마다 요구하는 **가장 적합하거나 가까운 답 1개**만 선택하고, 답안카드 작성 시 시험문제지 **형별누락, 마킹착오**로 인한 불이익은 전적으로 **수험자에게 책임**이 있음을 알려드립니다.
3. 답안카드는 국가전문자격 공통 표준형으로 문제번호가 1번부터 125번까지 인쇄되어 있습니다. 답안 마킹 시에는 반드시 **시험문제지의 문제번호와 동일한 번호에 마킹**하여야 합니다. (2차 1교시: 1번~80번)
4. **감독위원의 지시에 불응하거나 시험시간 종료 후 답안카드를 제출하지 않을 경우** 불이익이 발생할 수 있음을 알려 드립니다.
5. 시험문제지는 시험 종료 후 가져가시기 바랍니다.
6. 답안작성은 **시험 시행일(2025.10.25.) 현재 시행되는 법령 등**을 적용하시기 바랍니다.
7. 가답안 의견제시에 대한 개별회신 및 공고는 하지 않으며, **최종 정답 발표로 갈음**합니다.
8. 시험 중 **중간 퇴실은 불가**합니다. 단, 부득이하게 퇴실할 경우 **시험포기각서 제출 후 퇴실은 가능**하나 **재입실이 불가**하며, **해당시험은 무효처리됩니다.**

해커스 공인중개사

제1과목: 공인중개사의 업무 및 부동산 거래신고에 관한 법령 및 중개실무

1. 공인중개사법령이 정한 용어의 정의로서 틀린 것은?

① "중개"란 법정 중개대상물에 대하여 거래당사자간의 매매·교환·임대차 그 밖의 권리의 득실변경에 관한 행위를 알선하는 것을 말한다.

② "공인중개사"란 「공인중개사법」에 의한 공인중개사 자격을 취득한 자를 말한다.

③ "개업공인중개사"란 공인중개사 자격을 취득하고 중개업을 영위하는 자를 말한다.

④ "중개업"이란 다른 사람의 의뢰에 의하여 일정한 보수를 받고 중개를 업으로 행하는 것을 말한다.

⑤ 개업공인중개사인 법인의 사원 또는 임원으로서 중개업무를 수행하는 공인중개사인 자는 소속공인중개사이다.

2. 공인중개사법령상 중개대상물에 대한 설명으로 옳은 것은? (다툼이 있으면 판례에 따름)

① 점포위치에 따른 영업상의 이점, 노하우 등 무형의 재산적 가치는 중개대상물이다.

② 주택이 철거될 경우 일정한 요건하에 택지개발지구 내에 이주자택지를 공급받을 수 있는 지위에 해당하는 대토권은 중개대상물이다.

③ 볼트조립방식의 쉽게 해체될 수 있는 세차장구조물은 중개대상물이다.

④ 명인방법을 갖춘 수목의 집단은 중개대상물이 될 수 없다.

⑤ 중개대상물 중 건축물에는 동·호수가 지정된 장차 건축될 특정의 건물도 포함된다.

3. 공인중개사법령상 공인중개사 정책심의위원회(이하 '심의위원회'라 함)에 관한 설명으로 틀린 것은?

① 위원장은 국토교통부 제1차관이 된다.

② 심의위원회는 위원장 1명을 포함하여 7명 이상 11명 이내의 위원으로 구성한다.

③ 위원장이 부득이한 사유로 직무를 수행할 수 없을 때에는 위원장이 미리 지명한 위원이 그 직무를 대행한다.

④ 위원장은 심의위원회의 회의를 소집하려면 회의 개최 2주일 전까지 회의의 일시, 장소 및 안건을 각 위원에게 통보하여야 한다.

⑤ 심의위원회의 위원이 해당 안건에 대하여 연구·자문을 한 경우 심의위원회의 심의·의결에서 제척된다.

4. 공인중개사법령상 법인이 중개사무소의 개설등록을 하려는 경우 그 기준으로 틀린 것은? (다른 법률의 규정에 따라 중개업을 할 수 있는 경우는 제외함)

① 대표자는 공인중개사이고, 대표자를 제외한 임원 또는 사원의 3분의 1 이상이 공인중개사일 것

② 「협동조합 기본법」상 사회적 협동조합인 경우 자본금이 5천만원 이상일 것

③ 대표자, 임원·사원 전체가 등록신청 전 1년 내에 실시하는 실무교육을 받았을 것

④ 공인중개사법령이 정한 업무만을 영위할 목적으로 설립되었을 것

⑤ 소유·전세·임대차 또는 사용대차 등의 방법으로 중개사무소를 확보할 것

5. 공인중개사법령상 중개사무소 개설등록의 결격사유에 해당하는 자를 모두 고른 것은?

> ㄱ. 성년의제된 미성년자
> ㄴ. 피특정후견인
> ㄷ. 파산선고를 받았으나 복권되어 3년이 지나지 아니한 자
> ㄹ. 「도로교통법」을 위반하여 300만원 벌금형의 선고를 받고 3년이 지나지 아니한 자
> ㅁ. 「공인중개사법」을 위반하여 징역 8개월의 선고유예를 받고 그 유예기간 중에 있는 자

① ㄱ ② ㄱ, ㄴ
③ ㄴ, ㄷ, ㄹ ④ ㄷ, ㄹ, ㅁ
⑤ ㄴ, ㄷ, ㄹ, ㅁ

6. 공인중개사법령상 중개사무소 또는 분사무소에 관한 설명으로 틀린 것은?

① 공인중개사인 개업공인중개사는 그 등록관청의 관할구역 안에 1개의 중개사무소만을 둘 수 있다.

② 분사무소는 주된 사무소 등록관청의 관할구역 내에도 둘 수 있다.

③ 업무정지기간 중인 개업공인중개사는 승낙서를 주는 방법으로 다른 개업공인중개사와 중개사무소를 공동으로 사용할 수 없다.

④ 중개사무소를 이전한 때에는 이전한 날로부터 10일 내에 신고하여야 한다.

⑤ 다른 법률의 규정에 따라 중개업을 할 수 있는 법인의 분사무소에는 공인중개사를 책임자로 두지 않아도 된다.

7. **공인중개사법령상 분사무소와 관련한 설명으로 옳은 것은 모두 몇 개인가?**

> ㄱ. 법인이 아닌 개업공인중개사는 등록관청에 신고하고 분사무소를 둘 수 있다.
> ㄴ. A광역시 갑구(甲區)에 주된 사무소를 둔 법인인 개업공인중개사는 A광역시 내에는 분사무소를 둘 수 없다.
> ㄷ. 분사무소 설치신고를 하는 때에는 국토교통부령이 정하는 수수료를 납부해야 한다.
> ㄹ. 분사무소 설치신고시에는 보증관계증서 사본을 제출하여야 한다.
> ㅁ. 분사무소의 책임자는 설치신고 전 1년 내에 시·도지사가 실시하는 실무교육을 받아야 한다.

① 1개
② 2개
③ 3개
④ 4개
⑤ 5개

8. **공인중개사법령상 중개사무소 등과 관련한 설명으로 옳은 것은?**
① 개업공인중개사는 그 소속공인중개사의 공인중개사 자격증 사본을 중개사무소 안의 보기 쉬운 곳에 게시하여야 한다.
② 개업공인중개사는 중개사무소의 명칭에 자신의 성명을 명시하여야 한다.
③ 개업공인중개사는 중개사무소의 옥외광고물을 설치할 의무가 있다.
④ 등록관청의 관할구역 내로 중개사무소의 이전신고를 한 개업공인중개사는 이전 전 중개사무소의 간판을 철거할 의무가 없다.
⑤ 중개대상물 표시·광고시 중개보조원을 명시한 개업공인중개사에 대하여는 100만원 이하의 과태료를 부과한다.

9. **개업공인중개사 甲은 소속공인중개사 乙, 중개보조원 丙을 고용하였다. 이에 관한 설명으로 공인중개사법령상 <u>틀린</u> 것은? (다른 고용인은 없음을 전제함)**
① 甲은 乙과 丙이 교육을 받도록 한 후 업무를 개시하기 전까지 등록관청에 고용신고를 하여야 한다.
② 乙과 丙의 업무상 행위는 甲의 행위로 간주된다.
③ 乙과 丙에 대한 고용신고는 전자문서로 할 수 없다.
④ 甲은 중개보조원을 9명까지 추가로 고용할 수 있다.
⑤ 丙은 보조업무 수행시 중개의뢰인에게 중개보조원이라는 사실을 미리 고지해야 한다.

10. **공인중개사법령상 휴업 및 폐업 등에 관한 설명으로 옳은 것(○)과 틀린 것(×)을 바르게 표시한 것은?**

> ㄱ. 3개월 이하 휴업을 하고자 하는 때에는 신고할 필요가 없다.
> ㄴ. 휴업 및 폐업신고는 전자문서로 할 수 있다.
> ㄷ. 임신을 이유로 하는 경우 6개월을 초과하여 휴업할 수 있다.

① ㄱ(×), ㄴ(○), ㄷ(○)
② ㄱ(×), ㄴ(○), ㄷ(×)
③ ㄱ(×), ㄴ(×), ㄷ(○)
④ ㄱ(○), ㄴ(×), ㄷ(○)
⑤ ㄱ(○), ㄴ(○), ㄷ(×)

11. **공인중개사법령상 중개계약과 관련한 설명으로 <u>틀린</u> 것은?**
① 중개의뢰인은 개업공인중개사에게 거래예정가격, 중개보수 등을 기재한 일반중개계약서의 작성을 요청할 수 있다.
② 공인중개사법령상 일반중개계약서의 서식은 정해져 있다.
③ 전속중개계약을 체결한 경우 개업공인중개사는 중개의뢰인의 비공개 요청이 없다면 7일 내에 중개대상물에 관한 정보를 부동산거래정보망 또는 일간신문에 공개하여야 한다.
④ 전속중개계약을 체결한 중개의뢰인이 전속중개계약의 유효기간 내에 스스로 발견한 상대방과 거래한 경우 중개보수의 50%를 개업공인중개사에게 지급하여야 한다.
⑤ 전속중개계약을 체결한 경우 개업공인중개사는 중개의뢰인의 비공개 요청이 없더라도 권리자의 주소·성명 등 인적사항에 대한 정보는 공개하여서는 아니 된다.

12. **공인중개사법령상 거래정보사업자와 관련하여 (　　)에 들어갈 내용으로 옳은 것은?**

> ○ 부동산거래정보망을 설치 · 운영할 자로 지정을 받을 수 있는 자는 부가통신사업자로서, 가입 · 이용신청을 한 개업공인중개사가 (ㄱ) 이상이어야 한다.
>
> ○ 국토교통부장관은 거래정보사업자 지정신청을 받은 날부터 (ㄴ) 이내에 이를 검토하여 그 지정 여부를 결정해야 한다.
>
> ○ 거래정보사업자는 지정받은 날부터 (ㄷ) 이내에 운영규정을 정하여 국토교통부장관의 승인을 얻어야 한다.

① ㄱ: 500명, ㄴ: 10일, ㄷ : 3개월
② ㄱ: 500명, ㄴ: 30일, ㄷ : 2개월
③ ㄱ: 500명, ㄴ: 30일, ㄷ : 3개월
④ ㄱ: 600명, ㄴ: 15일, ㄷ : 1개월
⑤ ㄱ: 600명, ㄴ: 3개월, ㄷ: 30일

13. **공인중개사법령상 중개대상물의 확인 · 설명에 관한 내용으로 옳은 것은?**

① 주택의 임대차를 중개하는 경우에는 관리비 금액과 그 산출내역을 확인 · 설명해야 한다.
② 개업공인중개사는 확인 · 설명서의 원본을 5년간 보존하여야 한다.
③ 중개대상물의 확인 · 설명은 중개가 완성된 때에 하여야 한다.
④ 중개행위를 한 소속공인중개사는 확인 · 설명서에 서명 또는 날인하여야 한다.
⑤ 개업공인중개사가 성실 · 정확하게 중개대상물에 관한 확인 · 설명을 하지 아니한 경우에는 업무정지처분을 받을 수 있다.

14. **공인중개사법령상 개업공인중개사의 손해배상책임 등에 관한 설명으로 <u>틀린</u> 것은? (다툼이 있으면 판례에 따름)**

① 개업공인중개사는 자기의 중개사무소를 다른 사람의 중개행위 장소로 제공함으로써 거래당사자에게 재산상의 손해가 발생한 경우에도 이를 배상할 책임이 있다.
② 손해배상책임을 보장하기 위한 보증설정은 중개업무 개시와 동시에 하여야 한다.
③ 개업공인중개사나 그 보조원이 아닌 사람에게는 공인중개사법령에 따라 손해배상책임이 발생하지 않는다.
④ 개업공인중개사는 보증보험금 · 공제금 또는 공탁금으로 손해배상을 한 때에는 15일 이내에 보증보험 또는 공제에 다시 가입하거나 공탁금 중 부족하게 된 금액을 보전하여야 한다.
⑤ 보증으로 공탁한 공탁금은 개업공인중개사가 폐업 또는 사망한 날로부터 3년 이내에는 이를 회수할 수 없다.

15. **공인중개사법령상 금지행위에 해당하지 <u>않는</u> 것은? (다툼이 있으면 판례에 따름)**

① 시세에 부당한 영향을 줄 목적으로 안내문 등을 이용하여 특정 개업공인중개사에 대한 중개의뢰를 제한하여 개업공인중개사의 업무를 방해한 행위
② 소속공인중개사가 거래당사자 쌍방을 대리하여 거래계약서를 작성하는 행위
③ 개업공인중개사로서 중개대상물의 거래상의 중요사항에 관하여 거짓된 언행 그 밖의 방법으로 중개의뢰인의 판단을 그르치게 하는 행위
④ 중개보조원으로서 제3자에게 부당한 이익을 얻게 할 목적으로 거짓으로 거래가 완료된 것처럼 꾸미는 등 중개대상물의 시세에 부당한 영향을 준 행위
⑤ 개업공인중개사가 토지의 매도대리권을 수여받고 매수의뢰인과 그 토지의 매매계약을 체결해 준 행위

16. **공인중개사법령상 중개보수 등에 관한 설명으로 <u>틀린</u> 것은? (다툼이 있으면 판례에 따름)**

① 중개대상물인 주택 소재지와 중개사무소 소재지가 다른 경우 주택 소재지를 관할하는 시 · 도 조례에서 정한 기준에 따라 중개보수를 받아야 한다.
② 주택에 대한 중개보수와 실비의 한도는 국토교통부령으로 정하는 범위 내에서 시 · 도 조례로 정한다.
③ 아파트 분양권의 매매를 중개한 경우 당사자가 거래 당시 수수하게 되는 총 대금(통상적으로 계약금, 기 납부한 중도금, 프리미엄을 합한 금액)을 거래가액으로 한다.
④ 중개대상물인 건축물 중 주택의 면적이 2분의 1인 건축물은 주택의 중개보수 규정을 적용한다.
⑤ 다른 약정이 없는 경우 중개보수의 지급시기는 중개대상물의 거래대금 지급이 완료된 날로 한다.

17. **공인중개사법령상 개업공인중개사 등의 교육에 관한 설명으로 틀린 것은?**

① 실무교육과 연수교육의 실시권한은 시 · 도지사에게 있다.
② 개업공인중개사 및 소속공인중개사는 실무교육을 받은 후 2년마다 12시간 이상 16시간 이하의 연수교육을 받아야 한다.
③ 중개보조원이 고용관계 종료신고 된 후 1년 이내에 다시 고용신고 될 경우에는 직무교육을 받지 않아도 된다.
④ 부동산 거래사고 예방교육을 실시하려는 자는 교육실시 2개월 전까지 대상자에게 교육의 일시 · 장소 등을 통지하여야 한다.
⑤ 연수교육을 기한 내에 받지 아니한 자에 대하여는 시 · 도지사가 500만원 이하의 과태료를 부과한다.

18. **공인중개사법령상 포상금이 지급되는 신고 · 고발대상자를 모두 고른 것은?**

ㄱ. 부당한 표시 · 광고를 한 자 ㄴ. 이중소속을 하고 중개업을 영위한 자 ㄷ. 거짓 그 밖의 부정한 방법으로 중개사무소의 개설등록을 한 자 ㄹ. 온라인 커뮤니티 등을 이용하여 특정 개업공인중개사 등에 대한 중개의뢰를 제한한 자

① ㄱ, ㄴ　　② ㄱ, ㄹ
③ ㄷ, ㄹ　　④ ㄱ, ㄴ, ㄷ
⑤ ㄱ, ㄴ, ㄷ, ㄹ

19. **공인중개사법령상 시 · 군 · 자치구 조례가 정하는 바에 따라 수수료를 납부해야 하는 경우를 모두 고른 것은?**

ㄱ. 중개업의 휴업신고 ㄴ. 중개사무소의 개설등록신청 ㄷ. 분사무소설치신고확인서의 재교부신청 ㄹ. 공인중개사 자격시험 응시

① ㄱ, ㄹ　　② ㄴ, ㄷ
③ ㄱ, ㄴ, ㄹ　　④ ㄱ, ㄷ, ㄹ
⑤ ㄱ, ㄴ, ㄷ, ㄹ

20. **공인중개사법령상 행정처분과 관련한 설명으로 옳은 것을 모두 고른 것은?**

ㄱ. 업무정지처분은 그 사유가 발생한 날로부터 1년이 경과한 때에는 할 수 없다. ㄴ. 자격취소 또는 자격정지처분을 한 시 · 도지사는 그 사실을 5일 내에 국토교통부장관, 다른 시 · 도지사에게 통보하여야 한다. ㄷ. 중개사무소의 개설등록 취소처분을 받은 자는 7일 내에 중개사무소등록증을 반납하여야 한다. ㄹ. 공인중개사 자격증을 교부한 시 · 도지사와 중개사무소의 소재지를 관할하는 시 · 도지사가 서로 다른 경우에는 중개사무소의 소재지를 관할하는 시 · 도지사가 자격취소처분을 행한다.

① ㄱ　　② ㄷ
③ ㄱ, ㄷ　　④ ㄴ, ㄹ
⑤ ㄴ, ㄷ, ㄹ

21. **공인중개사법령상 개업공인중개사의 행위 중 등록관청이 인지한 경우 중개사무소의 개설등록을 취소해야 하는 사유를 모두 고른 것은?**

ㄱ. 결격사유에 해당하는 중개보조원을 그 사유발생일로부터 2개월 내에 해소하지 아니한 경우 ㄴ. 단체를 구성하여 특정 중개대상물에 대한 중개를 제한한 경우 ㄷ. 자격정지기간 중인 소속공인중개사로 하여금 중개업무를 하게 한 경우 ㄹ. 다른 개업공인중개사의 소속공인중개사가 된 경우 ㅁ. 최근 1년 이내에 「공인중개사법」에 위반하여 업무정지처분 1회, 과태료처분 2회를 받고 다시 업무정지처분사유에 해당하는 행위를 한 경우

① ㄱ, ㄷ　　② ㄴ, ㄹ
③ ㄷ, ㄹ　　④ ㄱ, ㄴ, ㅁ
⑤ ㄴ, ㄷ, ㄹ, ㅁ

22. **공인중개사법령상 중개업무를 수행하는 소속공인중개사의 자격정지사유가 아닌 것은?**

① 중개대상물에 대한 확인 · 설명을 하면서 그 근거자료를 제시하지 아니한 경우
② 등록하지 않은 인장을 중개행위에 사용한 경우
③ 동일 건에 대하여 서로 다른 둘 이상의 거래계약서를 작성한 경우
④ 중개대상물에 대하여 중개의뢰인과 직접 거래한 경우
⑤ 공인중개사 직무와 관련하여 「형법」상의 횡령죄로 징역형 1년에 집행유예 2년을 선고받은 경우

23. **공인중개사법령상 1년 이하의 징역 또는 1천만원 이하의 벌금에 해당하는 자를 모두 고른 것은?**

ㄱ. 개업공인중개사가 아닌 자로서 중개업을 하기 위하여 중개대상물에 대한 표시 · 광고를 한 자
ㄴ. 시세에 부당한 영향을 줄 목적으로 안내문 등을 이용하여 특정 가격 이하로 중개를 의뢰하지 아니하도록 유도함으로써 개업공인중개사의 업무를 방해한 자
ㄷ. 업무상 알게 된 비밀을 누설한 자
ㄹ. 둘 이상의 중개사무소에 소속한 자

① ㄹ
② ㄴ, ㄷ
③ ㄱ, ㄴ, ㄷ
④ ㄱ, ㄷ, ㄹ
⑤ ㄱ, ㄴ, ㄷ, ㄹ

24. **공인중개사법령상 과태료부과사유와 부과금액의 연결이 틀린 것은?**

① 중개대상물이 존재하지 않아서 실제로 거래를 할 수 없는 중개대상물에 대한 표시 · 광고를 한 경우 - 100만원 이하의 과태료
② 중개사무소의 이전신고를 기한 내에 하지 아니한 경우 - 100만원 이하의 과태료
③ 중개사무소의 소재지를 명시하지 아니하고 중개대상물에 관한 표시 · 광고를 한 경우 - 100만원 이하의 과태료
④ 중개완성시 손해배상책임에 관한 사항을 설명하지 아니한 경우 - 100만원 이하의 과태료
⑤ 중개보조원이라는 사실을 고지하지 않은 중개보조원 - 500만원 이하의 과태료

25. **부동산 거래신고 등에 관한 법령상 부동산거래신고의 대상이 되는 계약이 아닌 것은?**

① 「택지개발촉진법」에 따른 택지의 공급계약
② 토지 및 건축물의 교환계약
③ 「건축물의 분양에 관한 법률」에 따른 부동산에 대한 공급계약
④ 「도시 및 주거환경정비법」에 따른 관리처분계획 인가로 취득한 입주자로 선정된 지위의 매매계약
⑤ 「주택법」에 따른 부동산에 대한 공급계약을 통하여 부동산을 공급받는 자로 선정된 지위의 매매계약

26. **부동산 거래신고 등에 관한 법령상 부동산거래신고에 관한 설명으로 틀린 것은?**

① 거래당사자 중 일방이 국가인 경우, 국가가 부동산거래신고를 해야 한다.
② 부동산거래계약신고서를 제출한 후 해당 거래계약이 해제된 경우 거래당사자는 해제가 확정된 날로부터 30일 내에 해제신고를 하여야 한다.
③ 부동산거래신고는 신고대상 계약을 체결한 날로부터 15일 내에 하여야 한다.
④ 사인(私人)간 투기과열지구 내의 주택의 매매를 한 경우에는 자금조달계획과 자금조달계획을 증명하는 서류를 제출하여야 한다.
⑤ 매수인은 신고인이 부동산거래계약 신고필증을 발급받은 때에 「부동산등기 특별조치법」에 따른 검인을 받은 것으로 본다.

27. **부동산 거래신고 등에 관한 법령상 부동산거래계약신고서 작성방법으로 틀린 것은?**

① 거래당사자가 외국인인 경우 거래당사자의 국적 및 매수용도를 기재해야 한다.
② 부동산이 건축물 또는 토지 및 건축물인 경우에는 「건축법 시행령」 별표 1에 따른 용도별 건축물의 종류를 적는다.
③ 분양권 전매계약의 경우 분양가격, 발코니 확장 등 선택비용 및 추가 지급액 등(프리미엄 등 분양가격을 초과 또는 미달하는 금액)을 각각 적는다.
④ 계약대상 면적에는 실제 거래면적을 계산하여 적되, 건축물 면적은 집합건축물의 경우 연면적을 적는다.
⑤ 공급계약(분양) 또는 전매계약(분양권, 입주권)인 경우 물건별 거래가격 및 총 실제 거래가격에 부가가치세를 포함한 금액을 적는다.

28. **부동산 거래신고 등에 관한 법령상 주택임대차계약의 신고와 관련한 설명으로 틀린 것은?**

① 주택임대차계약의 신고는 잔금지급일로부터 30일 내에 해야 한다.

② 임차인이 주택임대차계약신고서를 첨부하여 「주민등록법」에 따라 전입신고를 한 경우에는 주택임대차계약의 신고를 한 것으로 본다.

③ 부동산거래신고의 금지행위 · 검증 · 조사 규정은 주택임대차계약의 신고에 관하여 준용된다.

④ 주택임대차계약서를 첨부한 주택임대차계약신고, 변경신고의 접수를 완료한 때에는 「주택임대차보호법」에 따른 확정일자를 부여한 것으로 본다.

⑤ 개업공인중개사가 신고대상 주택임대차계약서를 작성 · 교부한 경우에도 개업공인중개사에게는 주택임대차계약 신고의무가 없다.

29. **개업공인중개사가 외국인에게 부동산 거래신고 등에 관한 법령의 내용을 설명한 것으로 옳은 것은? (단, 헌법과 법률에 따라 체결된 조약의 이행에 필요한 경우는 고려하지 않음)**

① 외국의 법령에 따라 설립된 법인이 자본금의 3분의 1을 가지고 있는 법인은 "외국인 등"에 해당한다.

② 외국인이 허가를 받지 아니하고 「자연유산의 보존 및 활용에 관한 법률」에 따른 천연기념물 등 보호구역 내의 토지를 취득하는 계약을 체결한 경우 그 효력이 발생하지 않는다.

③ 외국인이 부동산거래신고의 대상인 계약을 체결하여 부동산거래신고를 한 때에도 별도의 부동산취득신고를 해야 한다.

④ 외국인이 국내 토지를 증여받은 경우에는 계약 체결일부터 6개월 내에 취득신고를 해야 한다.

⑤ 외국인이 경매로 대한민국 안의 부동산을 취득한 때에는 취득한 날부터 60일 내에 신고해야 한다.

30. **부동산 거래신고 등에 관한 법령상 토지거래허가구역 등에 관한 설명으로 옳은 것을 모두 고른 것은?**

> ㄱ. 허가구역이 동일 시 · 도 안이지만 둘 이상의 시 · 군 · 구의 관할구역에 걸쳐 있는 경우에는 국토교통부장관이 지정한다.
> ㄴ. 농지에 대하여는 토지거래허가증을 받았더라도 「농지법」에 따른 농지취득자격증명을 별도로 받아야 한다.
> ㄷ. 허가구역의 지정은 그 지정을 공고한 날부터 5일 후에 그 효력이 발생한다.
> ㄹ. 경매에 의하여 허가구역 내 토지를 취득하는 경우에는 토지거래허가를 받을 필요가 없다.

① ㄱ, ㄴ ② ㄱ, ㄷ ③ ㄴ, ㄷ ④ ㄴ, ㄹ ⑤ ㄷ, ㄹ

31. **부동산 거래신고 등에 관한 법령상 토지거래계약을 허가받은 경우 그 토지를 허가받은 목적대로 이용하여야 하는 토지이용 의무기간으로 옳은 것을 모두 고른 것은? (단, 의무기간의 기산점은 토지의 취득시이고, 대통령령이 정하는 예외 사유는 고려하지 않음)**

> ㄱ. 자기의 거주용 주택용지로 이용하려는 목적으로 취득한 경우 - 2년
> ㄴ. 허가구역을 포함한 지역의 주민을 위한 편익시설의 설치에 이용하려는 목적으로 취득한 경우 - 4년
> ㄷ. 일상생활과 통상적인 경제활동에 필요한 것으로서 농지 외 토지를 수용당한 자가 수용된 토지에 대체되는 토지를 취득한 경우 - 2년
> ㄹ. 관계 법령에 의하여 개발행위가 제한되는 나대지에 대하여 현상보존의 목적으로 토지를 취득한 경우 - 5년

① ㄴ ② ㄱ, ㄷ ③ ㄴ, ㄹ ④ ㄱ, ㄷ, ㄹ ⑤ ㄱ, ㄴ, ㄷ, ㄹ

32. **부동산 거래신고 등에 관한 법령상 토지거래허가와 관련한 설명으로 틀린 것은?**

① 토지거래허가구역을 최초로 지정할 경우에는 해당 토지 소재지 시장 · 군수 · 구청장의 의견을 청취하여야 한다.

② 토지거래허가신청시에는 허가신청서에 토지이용계획서와 취득자금조달계획서를 첨부하여야 한다.

③ 허가관청은 허가받은 목적대로 토지이용의무를 이행하지 아니한 자에 대하여는 3개월 내의 기간을 정하여 문서로 토지이용의무를 이행하도록 명할 수 있다.

④ 허가관청은 토지이용의 이행명령이 정하여진 기간에 이행되지 아니한 경우에는 토지취득가액의 100분의 10의 범위에서 이행강제금을 부과한다.

⑤ 선매자가 토지를 매수할 때의 가격은 감정가격을 기준으로 하되, 허가신청서에 적힌 가격이 감정가격보다 낮은 경우에는 그 가격으로 할 수 있다.

33. **개업공인중개사가 묘지가 있는 토지를 매수하려는 중개의뢰인에게 설명한 내용으로 <u>틀린</u> 것은? (다툼이 있으면 판례에 따름)**

① 장래의 묘소(가묘)는 분묘기지권을 취득할 수 없다.

② 분묘기지권의 효력이 미치는 지역의 범위 내일 경우라도 기존의 분묘에 합장하여 단분형태의 분묘를 재설치하는 것은 허용되지 아니 한다.

③ 「장사 등에 관한 법률」상 개인묘지는 $10m^2$를 초과하여 설치할 수 없다.

④ 「장사 등에 관한 법률」상 분묘의 존속기간은 30년으로 하고, 조례로 단축이 없는 한 1회에 한하여 30년 연장할 수 있다.

⑤ 분묘기지권을 시효로 취득한 경우 분묘기지권자는 토지소유자의 지료지급 청구가 있는 때로부터 지료 지급 의무가 있다.

34. **농지를 거래하고자 하는 의뢰인에게 설명한 내용으로 <u>틀린</u> 것은?**

① 농지는 자기의 농업경영에 이용하거나 이용할 자가 아니면 소유하지 못한다.

② 농지전용허가를 받은 농지를 취득하는 자는 농지취득자격증명을 발급받을 필요가 없다.

③ 상속으로 농지를 취득한 자로서 농업경영을 하지 아니하는 자는 그 상속받은 농지 중에서 총 1만m^2까지만 소유할 수 있다.

④ 농지의 임대차계약은 임차인이 농지 소재지를 관할하는 시·구·읍·면의 장의 확인을 받고, 해당 농지를 인도받은 경우에는 그 다음 날부터 제3자에 대하여 효력이 생긴다.

⑤ 임대 농지의 양수인은 「농지법」에 따른 임대인의 지위를 승계한 것으로 본다.

35. **공인중개사법령상 주거용 건축물 확인·설명서 서식의 '개업공인중개사 기본 확인사항'에 해당하지 <u>않는</u> 것을 모두 고른 것은?**

ㄱ. 일조, 소음, 진동 등의 환경조건
ㄴ. 도로 등 입지조건
ㄷ. 실제 권리관계 또는 공시되지 않은 물건의 권리사항
ㄹ. 비선호시설(1km 이내)
ㅁ. 관리비

① ㄱ, ㄴ　　② ㄱ, ㄷ
③ ㄱ, ㄷ, ㄹ　　④ ㄴ, ㄹ, ㅁ
⑤ ㄷ, ㄹ, ㅁ

36. **甲과 친구 乙은 명의신탁약정을 한 뒤 甲은 乙에게 자금을 지원하여 乙이 X부동산의 매도인 丙과 매매계약을 체결하여 소유권이전등기가 乙의 명의로 경료되었다. 이에 관한 설명으로 부동산 실권리자명의 등기에 관한 법령상 <u>틀린</u> 것은? (다툼이 있으면 판례에 따름)**

① 甲과 乙간의 명의신탁약정은 무효이다.

② 丙이 甲과 乙간의 명의신탁약정사실에 대하여 선의인 경우 乙의 명의로 경료된 소유권이전등기는 유효하다.

③ 丙이 악의이고, 乙로부터 X부동산을 매수한 악의의 제3자 丁은 X부동산의 소유권을 취득할 수 없다.

④ 丙이 甲과 乙간의 명의신탁약정사실을 알았다면 乙과 丙간의 X부동산에 관한 매매계약은 무효이다.

⑤ 甲은 5년 이하의 징역 또는 2억원 이하의 벌금에 처해진다.

37. **개업공인중개사가 甲 소유의 서울특별시 소재 X주택을 乙에게 임대하는 임대차계약을 중개하면서 설명한 내용으로 옳은 것은? (다툼이 있으면 판례에 따름)**

① 임차보증금이 1억 7천만원인 경우 X주택이 경매되더라도 乙은 보증금 중 5,500만원은 최우선변제를 받을 수 있다.

② 乙의 임차권은 「민사집행법」에 의한 경매시 대항력이 있더라도 경락으로 소멸한다.

③ 乙이 입주, 주민등록 및 확정일자를 받은 날에 丙이 X주택에 대하여 저당권을 취득한 경우 경매에 있어서 우선변제권은 乙이 丙에 우선한다.

④ 경제사정의 변동 등으로 甲이 월 차임을 증액하는 경우, 기존 월 차임의 100분의 9까지 가능하다.

⑤ 乙이 현행 「주택임대차보호법」에 따른 소액임차인일지라도 선순위 담보권자와의 관계에서 최우선변제를 받을 수 없는 경우가 있을 수 있다.

38. **甲과 乙은 2025.5.20. 서울특별시 소재 甲 소유 X상가건물에 대하여 보증금 3억원, 월 차임 700만원으로 하는 임대차계약을 체결한 후, 乙은 X상가건물을 인도받고 사업자등록을 신청하였다. 乙이 「상가건물 임대차보호법」상 보호를 받을 수 있는 규정을 모두 고른 것은?**

ㄱ. 계약갱신요구권 규정
ㄴ. 3기의 차임 연체시 해지규정
ㄷ. 권리금 보호규정
ㄹ. 대항력 규정

① ㄱ, ㄹ　　② ㄴ, ㄷ　　③ ㄱ, ㄴ, ㄷ
④ ㄱ, ㄷ, ㄹ　　⑤ ㄱ, ㄴ, ㄷ, ㄹ

39. 「민사집행법」에 의한 부동산경매에 대한 설명으로 틀린 것은? (다툼이 있으면 판례에 따름)

① 매각부동산 위의 모든 저당권, 근저당권은 매각으로 소멸된다.

② 지상권이 저당권에 대항할 수 없는 경우에는 매각으로 소멸된다.

③ 매각허가결정에 대하여 항고하고자 하는 자는 매각대금의 10분의 1을 공탁하여야 한다.

④ 유치권자는 매수인에 대하여 그 피담보채권의 변제를 청구할 수 있다.

⑤ 매각부동산에 대한 인도명령은 대금완납 후 6개월 내에 신청하여야 한다.

40. 「공인중개사의 매수신청대리인 등록 등에 관한 규칙」상 매수신청대리인으로 등록된 개업공인중개사의 매수신청대리권의 범위에 속하지 않는 것은?

① 인도명령신청

② 입찰표의 작성 및 제출

③ 「민사집행법」에 따른 차순위매수신고

④ 「민사집행법」에 따른 매수신청보증의 제공

⑤ 「민사집행법」에 따른 공유자의 우선매수신고

제2과목: 부동산공법 중 부동산 중개에 관련되는 규정

41. 국토의 계획 및 이용에 관한 법령상 용어정의로 틀린 것은?

① 도시 · 군계획은 특별시 · 광역시 · 특별자치시 · 특별자치도 · 시 또는 군의 관할에 대하여 수립하는 공간구조와 발전방향에 대한 계획으로서 도시 · 군기본계획과 도시 · 군관리계획으로 구분한다.

② '공간재구조화계획'이란 토지의 이용 및 건축물이나 그 밖의 시설의 용도 · 건폐율 · 용적률 · 높이 등을 완화하는 용도구역의 효율적이고 계획적인 관리를 위하여 수립하는 계획을 말한다.

③ '개발밀도관리구역'이란 개발로 인하여 기반시설이 부족할 것이 예상되나 기반시설의 설치가 곤란한 지역을 대상으로 건폐율 또는 용적률을 완화하여 적용하기 위하여 지정하는 구역을 말한다.

④ '기반시설부담구역'이란 개발밀도관리구역 외의 지역으로서 개발로 인하여 도로, 공원, 녹지 등 대통령령으로 정하는 기반시설의 설치가 필요한 지역을 대상으로 기반시설을 설치하거나 그에 필요한 용지를 확보하게 하기 위하여 제67조에 따라 지정 · 고시하는 구역을 말한다.

⑤ '공동구'란 전기 · 가스 · 수도 등의 공급설비, 통신시설, 하수도시설 등 지하매설물을 공동 수용함으로써 미관의 개선, 도로구조의 보전 및 교통의 원활한 소통을 위하여 지하에 설치하는 시설물을 말한다.

42. 국토의 계획 및 이용에 관한 법령상 광역도시계획에 관한 설명으로 틀린 것은?

① 광역도시계획은 비구속적 행정계획으로 일반국민에게는 구속력이 없는 계획으로 5년마다 타당성에 대한 검토를 해야 한다.

② 도지사가 광역도시계획을 수립하는 때에는 국토교통부장관의 승인을 얻지 않는다.

③ 광역계획권이 같은 도의 관할 구역에 속하는 경우에는 시장 또는 군수가 공동으로 광역도시계획을 수립한다.

④ 광역도시계획을 시 · 도지사가 공동으로 수립하는 경우 그 내용에 관해 서로 협의가 이루어지지 아니하는 때에는 공동 또는 단독으로 국토교통부장관에게 조정을 신청할 수 있다.

⑤ 광역도시계획에 관한 기초조사로 인하여 손실을 받은 자가 있는 때에는 그 행위자가 속한 행정청이 그 손실을 보상하여야 한다.

43. 국토의 계획 및 이용에 관한 법령상 도시·군기본계획의 승인에 관한 내용으로 틀린 것은?

① 특별시장·광역시장·특별자치시장·특별자치도지사는 관할 구역의 도시·군기본계획을 수립 또는 변경하는 때에는 국토교통부장관의 승인을 얻어야 한다.

② 도지사는 제출된 도시·군기본계획안이 수립기준 등에 적합하지 아니한 때에는 시장·군수에게 도시·군기본계획의 보완을 요청할 수 있다.

③ 도지사가 도시·군기본계획을 승인하고자 하는 때에는 관계행정기관의 장과 협의한 후 지방도시계획위원회의 심의를 거쳐야 한다.

④ 협의 요청을 받은 관계행정기관의 장은 30일 이내에 의견을 제시하여야 한다.

⑤ 도시·군기본계획에 대하여 승인 후 그 내용을 송부받은 특별시장·광역시장·특별자치시장·특별자치도지사·시장 또는 군수는 그 내용을 공고하고 일반에게 30일 이상 열람할 수 있도록 하여야 한다.

44. 국토의 계획 및 이용에 관한 법령상 도시·군관리계획의 내용에 해당하지 않는 것은?

① 용도지역·용도지구의 지정 또는 변경에 관한 계획

② 개발제한구역, 도시자연공원구역, 시가화조정구역(市街化調整區域), 수산자원보호구역의 지정 또는 변경에 관한 계획

③ 기반시설의 설치·정비 또는 개량에 관한 계획

④ 특별건축구역의 지정에 관한 계획

⑤ 도시혁신구역의 지정 또는 변경에 관한 계획과 도시혁신계획

45. 국토의 계획 및 이용에 관한 법령상 광역도시계획과 관련된 내용 중 옳은 것은?

① 광역도시계획은 행정심판이나 행정소송의 대상이 되지 않는다.

② 광역계획권의 지정은 시·도지사가 지정하는 경우도 있다.

③ 광역도시계획은 도시·군기본계획에 부합하게 수립하여야 한다.

④ 광역도시계획은 주민의 의견청취를 거칠 필요가 없다.

⑤ 광역도시계획은 10년 단위로 수립하여야 한다.

46. 「국토의 계획 및 이용에 관한 법률 시행령」상의 건폐율의 최대한도의 연결이 틀린 것은?

① 제1종 전용주거지역 - 50%

② 제2종 전용주거지역 - 50%

③ 제1종 일반주거지역 - 60%

④ 제2종 일반주거지역 - 60%

⑤ 제3종 일반주거지역 - 60%

47. 국토의 계획 및 이용에 관한 법령상 용도지역 지정절차상의 특례규정과 행위제한에 대한 설명 중 옳은 것은?

① 하천인 공유수면을 매립하는 목적이 이웃하고 있는 용도지역의 내용과 동일한 때에는 도시·군관리계획의 입안 및 결정절차 없이 매립준공구역은 매립의 준공인가일로부터 이웃하고 있는 용도지역으로 지정된 것으로 본다.

② 「어촌·어항법」 규정에 의한 어항구역은 도시지역으로 결정·고시된 것으로 본다.

③ 「농지법」에 의한 농업진흥지역으로 지정·고시된 지역은 「국토의 계획 및 이용에 관한 법률」에 의한 농림지역으로 결정·고시된 것으로 본다.

④ 「택지개발촉진법」에 의하여 지정된 택지개발지구는 도시지역으로 지정된 것으로 본다.

⑤ 관리지역 안의 산림 중 「산지관리법」에 의하여 보전산지로 지정·고시된 지역은 당해 고시에서 구분하는 바에 의하여 농림지역 또는 자연환경보전지역으로 결정·고시된 것으로 본다.

48. 국토의 계획 및 이용에 관한 법령상 용도지역 중 공동주택 중심의 양호한 주거환경을 보호하기 위하여 필요할 때 지정하는 용도지역인 것은?

① 제1종 전용주거지역

② 제2종 전용주거지역

③ 제1종 일반주거지역

④ 제2종 일반주거지역

⑤ 준주거지역

49. **국토의 계획 및 이용에 관한 법령상 용도지역에 관한 설명으로 <u>틀린</u> 것은?**

① 도시지역 · 관리지역 · 농림지역 또는 자연환경보전지역으로 용도가 지정되지 아니한 지역에 대하여는 건폐율 규정을 적용함에 있어서 자연환경보전지역에 관한 규정을 적용한다.

② 관리지역이 세부 용도지역으로 지정되지 아니한 경우 용적률에 대하여는 계획관리지역에 관한 규정을 적용한다.

③ 관리지역 안에서 「농지법」에 의한 농업진흥지역으로 지정 · 고시된 지역은 「국토의 계획 및 이용에 관한 법률」에 의한 농림지역으로 결정 · 고시된 것으로 본다.

④ 공유수면(바다)의 매립목적이 당해 매립구역과 이웃하고 있는 용도지역의 내용과 다른 경우 그 매립 구역이 속할 용도지역은 도시 · 군관리계획결정으로 지정하여야 한다.

⑤ 「택지개발촉진법」에 의한 택지개발지구로 지정 · 고시된 지역은 국토의 계획 및 이용에 관한 법률에 의한 도시지역으로 결정 · 고시된 것으로 본다.

50. **국토의 계획 및 이용에 관한 법령상 개발행위의 허가대상에 해당하지 <u>않는</u> 것은?**

① 건축물의 건축 또는 공작물의 설치

② 경작을 위한 토지 형질변경은 개발행위 중 허가사항에 해당되지 않는다.

③ 죽목의 벌채와 식재

④ 토지분할(건축물이 있는 대지의 분할은 제외한다)

⑤ 토지의 형질변경(경작을 위한 경우로서 대통령령으로 정하는 토지의 형질변경은 제외한다)

51. **국토의 계획 및 이용에 관한 법령상 용도지구 중 문화재, 중요 시설물(항만, 공항 등 대통령령으로 정하는 시설물을 말한다) 및 문화적 · 생태적으로 보존가치가 큰 지역의 보호와 보존을 위하여 필요한 지구는?**

① 보호지구

② 취락지구

③ 복합용도지구

④ 개발진흥지구

⑤ 특정용도제한지구

52. **국토의 계획 및 이용에 관한 법령상 도시 · 군계획시설사업이 10년이 지나도록 시행되지 아니하는 경우로서 일정요건에 부합할 때 매수를 청구하였는데 매수결정을 알린 날부터 2년이 지날 때까지 해당 토지를 매수하지 아니하는 경우에는 3층 이하의 다음의 건축물 또는 공작물을 허가 받아 설치할 수 있다. 이에 <u>틀린</u> 것은?**

① 의원, 치과의원

② 단독주택

③ 단란주점 및 안마시술소

④ 바닥면적 $200m^2$의 부동산중개사무소

⑤ 바닥면적의 합계가 $300m^2$의 소방서와 우체국

53. **도시개발법령상 도시개발구역의 지정권자가 될 수 <u>없는</u> 자는?**

① 국토교통부장관
② 특별시장과 광역시장
③ 경기도지사
④ 특별자치도지사
⑤ 시장 · 군수

54. **도시개발법령상 도시개발구역지정의 고시 등에 대한 설명으로 <u>틀린</u> 것은?**

① 도시개발구역이 지정 · 고시된 경우 해당 도시개발구역은 「국토의 계획 및 이용에 관한 법률」에 따른 취락지구와 지구단위계획구역으로 결정되어 고시된 것으로 본다.

② 시 · 도지사 또는 대도시 시장이 도시개발구역을 지정 · 고시한 경우에는 국토교통부장관에게 그 내용을 통보하여야 한다.

③ 도시개발구역 지정에 관한 주민 등의 의견청취를 위한 공고가 있는 지역 및 도시개발구역에서 건축물의 건축, 공작물의 설치, 토지의 형질변경, 토석의 채취, 토지 분할, 물건을 쌓아놓는 행위, 죽목의 벌채 및 식재 등의 행위를 하려는 자는 특별시장 · 광역시장 · 특별자치도지사 · 시장 또는 군수의 허가를 받아야 한다.

④ 허가를 받아야 하는 행위로서 도시개발구역의 지정 및 고시 당시 이미 관계 법령에 따라 행위허가를 받았거나 허가를 받을 필요가 없는 행위에 관하여 그 공사나 사업에 착수한 자는 특별시장 · 광역시장 · 특별자치시장 · 특별자치도지사 · 시장 또는 군수에게 30일 이내에 신고한 후 이를 계속 시행할 수 있다.

⑤ 특별시장 · 광역시장 · 특별자치도지사 · 시장 또는 군수는 개발행위허가를 위반한 자에게 원상회복을 명할 수 있다.

55. **도시개발법령상 감가보상금에 대한 설명으로 틀린 것은?**

① 감가보상금은 행정청이 사업을 시행하는 경우에만 발생한다. 비행정청인 시행자의 경우에는 감가보상금의 문제가 발생하지 않는다.

② 감가보상금은 도시개발사업의 시행으로 인하여 사업시행 후의 토지가액의 총액이 사업시행 전의 토지가액의 총액보다 감소한 때에 발생한다.

③ 감가보상금은 흔히 공공시설의 과다한 확보에서 기인한다.

④ 감가보상금의 지급과 청산금의 교부는 중복이 되지 않고 둘 중에 하나를 선택하여야 한다.

⑤ 감가보상금은 종전의 토지소유자 또는 임차권자 등에게 지급하여야 한다.

56. **도시개발법령상 원형지를 공급 받는 자는 국가와 지자체를 제외(특정사유 포함)하고는 일정기간 이내에는 매각이 금지된다. 해당 금지기간이 올바르게 연결된 것은?**

	원형지에 대한 공사완료 공고일부터	원형지 공급 계약일부터
①	5년	7년
②	5년	3년
③	5년	10년
④	10년	5년
⑤	5년	5년

57. **도시개발법령상 환지처분에 따른 소유권이 이전되는 시기는?**

① 환지예정지 효력발생일

② 환지처분공고일의 다음 날

③ 환지예정지지정공고일의 다음 날

④ 환지처분공고일

⑤ 공사완료공고일의 다음 날

58. **다음 중 도시개발법령에 규정된 도시개발조합에 관한 설명으로 틀린 것은?**

① 도시개발조합은 도시개발구역 안의 토지소유자 7명 이상이 정관을 작성하여 지정권자에게 인가 신청하여야 한다.

② 조합은 설립인가를 받은 날에 성립하는 것이 아니고 설립에 따른 등기를 함으로써 성립한다.

③ 조합이 사업을 시행한 후의 토지가격 총액이 시행 전 토지가격 총액보다 감소한 경우에는 그 차액에 상당하는 금액을 종전의 토지소유자 또는 임차권자 등에게 감가보상금으로 지급하여야 한다.

④ 도시개발구역 안의 토지소유자는 동의 여부에 관계없이 조합원이 된다.

⑤ 조합에 관하여 「도시개발법」에서 규정한 사항을 제외하고는 「민법」 중 사단법인에 관한 규정을 준용한다.

59. **도시 및 주거환경정비법령상 다음 (　　)에 들어갈 내용으로 옳은 것은?**

> 재개발사업의 추진위원회(추진위원회를 구성하지 아니하는 경우에는 토지등소유자를 말한다)가 조합을 설립하려면 토지등소유자의 (ㄱ) 이상 및 토지면적의 (ㄴ) 이상의 토지소유자의 동의를 받아 관련서류를 첨부하여 시장·군수 등의 인가를 받아야 한다.

ㄱ　　ㄴ

① 5분의 4, 4분의 3

② 4분의 3, 2분의 1

③ 3분의 2, 3분의 2

④ 3분의 1, 2분의 1

⑤ 2분의 1, 5분의 4

60. **도시개발구역과 정비구역의 지정권자의 연결이 순서대로 올바르게 나열된 것은?**

① 국토교통부장관, 시·도지사, 시장·군수 - 시·도지사, 대도시 시장

② 국토교통부장관, 시·도지사, 대도시 시장 - 국토교통부장관, 시·도지사, 대도시 시장

③ 국토교통부장관 - 시·도지사, 대도시 시장

④ 국토교통부장관, 시·도지사, 대도시 시장 - 특별시장·광역시장·특별자치시장·특별자치도지사·시장 또는 군수(광역시의 군수는 제외)

⑤ 국토교통부장관, 시·도지사 - 시·도지사

61. **도시 및 주거환경정비법령상 정비구역을 해제할 수 있는 사유에 해당하지 않는 것은?**

① 정비사업의 시행으로 토지등소유자에게 과도한 부담이 발생할 것으로 예상되는 경우
② 정비구역 등의 추진 상황으로 보아 지정 목적을 달성할 수 없다고 인정되는 경우
③ 정비예정구역에 대하여 기본계획에서 정한 정비구역 지정 예정일부터 3년이 되는 날까지 특별자치시장, 특별자치도지사, 시장 또는 군수가 정비구역을 지정하지 아니하거나 구청장 등이 정비구역의 지정을 신청하지 아니하는 경우
④ 토지등소유자의 100분의 30 이상이 정비구역 등(추진위원회가 구성되지 아니한 구역으로 한정한다)의 해제를 요청하는 경우
⑤ 제23조 제1항 제1호(스스로개량방식)에 따른 방법으로 시행 중인 주거환경개선사업의 정비구역이 지정·고시된 날부터 10년 이상 경과하고, 추진 상황으로 보아 지정 목적을 달성할 수 없다고 인정되는 경우로서 토지등소유자의 과반수가 정비구역의 해제에 동의하는 경우

62. **도시 및 주거환경정비법령상 토지 등의 소유자의 범위에 해당하지 않는 자는?**

① 재개발사업을 위한 정비구역 안에 있는 토지소유자
② 재개발사업을 위한 정비구역 안에 있는 건축물 소유자
③ 재개발사업을 위한 정비구역 안에 있는 지상권자
④ 주거환경개선사업을 위한 정비구역에 있는 건축물의 소유자
⑤ 재건축사업을 위한 정비구역 밖에 있는 건축물 및 부속토지의 소유자

63. **도시 및 주거환경정비법령상 다음의 사항을 모두 충족하는 정비사업은 무엇인가?**

> ○ 정비구역에서 인가받은 관리처분계획에 따라 건축물을 건설하여 공급하는 방법으로 한다. 다만, 주택단지에 있지 아니하는 건축물의 경우에는 지형여건·주변의 환경으로 보아 사업 시행상 불가피한 경우로서 정비구역으로 보는 사업에 한정한다. 이에 따라 건축물을 건설하여 공급하는 경우 주택, 부대시설 및 복리시설을 제외한 건축물(이하 '공동주택 외 건축물'이라 한다)은 「국토의 계획 및 이용에 관한 법률」에 따른 준주거지역 및 상업지역에서만 건설할 수 있다. 이 경우 공동주택 외 건축물의 연면적은 전체 건축물 연면적의 100분의 30 이하이어야 한다.
> ○ 정비기반시설은 양호하나 노후·불량건축물에 해당하는 공동주택이 밀집한 지역에서 주거환경을 개선하기 위한 사업

① 재건축사업 ② 재개발사업
③ 주거환경개선사업 ④ 도심재개발사업
⑤ 공장재개발사업

64. **도시 및 주거환경정비법령상 관리처분계획의 작성기준으로 틀린 것은?**

① 종전의 토지 또는 건축물의 면적·이용상황·환경, 그 밖의 사항을 종합적으로 고려하여 대지 또는 건축물이 균형 있게 분양신청자에게 배분되고, 합리적으로 이용되도록 한다.
② 너무 좁은 토지 또는 건축물이나 정비구역 지정 후 분할된 토지를 취득한 자에 대하여는 현금으로 청산할 수 있다.
③ 분양설계에 관한 계획은 사업시행인가·고시일을 기준으로 하여 수립한다.
④ 재해 또는 위생상의 위해를 방지하기 위하여 토지의 규모를 조정할 특별한 필요가 있는 때에는 너무 좁은 토지를 증가시키거나 토지에 갈음하여 보상을 하거나 건축물의 일부와 그 건축물이 있는 대지의 공유지분을 교부할 수 있다.
⑤ 1세대 또는 1인이 1 이상의 주택 또는 토지를 소유한 경우 1주택을 공급하고, 같은 세대에 속하지 아니하는 2인 이상이 1주택 또는 1토지를 공유한 경우에는 1주택만 공급한다. 단, 과밀억제권역에 위치하지 아니한 재건축사업에 대하여는 소유한 주택 수만큼 공급한다[다만, 투기과열지구 또는 조정대상지역에서 사업시행계획인가(최초 사업시행계획인가를 말한다)를 신청하는 재건축사업의 토지등소유자는 제외].

65. **도시 및 주거환경정비법령상의 정비사업시행자 甲은 사업비용과 시행과정에서 발생한 수입의 차액을 토지등소유자에게 부과금으로 부과하였으나 토지등소유자는 체납하였다. 이에 甲은 체납된 부과금 등에 대한 징수를 시장 乙에게 위탁하여 乙이 50억원을 징수한 경우, 법령상 甲이 乙에게 교부하여야 할 금액은?**

① 1억원 ② 1억 5천만원
③ 2억원 ④ 2억 5천만원
⑤ 5억원

66. **다음 중 도시 및 주거환경정비법령상 조합 또는 토지등소유자의 시공자 선정에 관한 내용으로 틀린 것은?**

① 조합은 조합설립인가를 받은 후 조합총회에서 경쟁입찰 또는 수의계약(2회 이상 경쟁입찰이 유찰된 경우로 한정한다)의 방법으로 건설업자 또는 등록사업자를 시공자로 선정하여야 한다.

② 토지등소유자가 재개발사업을 시행하는 경우에는 사업시행계획인가를 받은 후 규약에 따라 건설업자 또는 등록사업자를 시공자로 선정하여야 한다.

③ 재건축사업을 조합이 시행하고자 하는 경우에는 사업시행인가 후에 시공자를 선정하여야 한다.

④ 시장 · 군수 등이 직접 정비사업을 시행하거나 토지주택공사 등 또는 지정개발자를 사업시행자로 지정한 경우 사업시행자는 사업시행자 지정 · 고시 후 경쟁입찰 또는 수의계약의 방법으로 건설업자 또는 등록사업자를 시공자로 선정하여야 한다.

⑤ 시장 · 군수 등이 시공자를 선정하거나 관리처분방식의 방법으로 시행하는 주거환경개선사업의 사업시행자가 시공자를 선정하는 경우 주민대표회의 또는 토지등소유자 전체 회의는 대통령령으로 정하는 경쟁입찰 또는 수의계약(2회 이상 경쟁입찰이 유찰된 경우로 한정한다)의 방법으로 시공자를 추천할 수 있다.

67. **건축법령상의 건축 개념의 설명으로 틀린 것은?**

① 신축이란 건축물이 없는 대지에 새로이 건축물을 축조하는 것을 말한다.

② 증축은 기존 건축물이 있는 대지 안에서 건축물의 건축면적 · 연면적 또는 높이를 증가시키는 것을 말한다.

③ 개축은 기존의 건축물의 전부 또는 일부를 해체하고 그 대지 안에 종전과 동일한 규모의 범위 안에서 건축물을 다시 축조하는 것을 말한다.

④ 기존의 건축물을 전부 철거하고 기존 건축물의 연면적을 초과하여 건축하는 것은 신축이다.

⑤ 이전은 건축물의 주요구조부의 일부를 해체하고 동일한 대지 안의 다른 위치로 옮기는 것을 말한다.

68. **건축법령상 건축공사에 관한 시공절차를 나열한 것으로 옳은 것은?**

① 설계 → 건축허가 → 사용검사 → 착공 → 사용 및 유지관리

② 건축허가 → 설계 → 사용검사 → 사용 및 유지관리

③ 설계 → 건축허가 → 착공 → 사용승인 → 사용 및 유지관리

④ 설계 → 건축허가 → 사용승인 → 착공 → 사용 및 유지관리

⑤ 건축허가 → 설계 → 착공 → 준공검사 → 사용 및 유지관리

69. **다음 중 「건축법」을 적용받지 아니하는 건축물에 해당되는 것은?**

① 고가 위에 설치하는 공연장

② 지하철역사 안의 점포

③ 토지에 정착하는 공작물 중 지붕과 기둥 또는 벽이 있는 것

④ 철도노선 부지 안에 있는 운전보안시설

⑤ 종로에 위치한 교보빌딩

70. **다음 건축법령상 용어의 정의 중 틀린 것은?**

① '건축물'이란 토지에 정착(定着)하는 공작물 중 지붕과 기둥 또는 벽이 있는 것과 이에 딸린 시설물, 지하나 고가(高架)의 공작물에 설치하는 사무소 · 공연장 · 점포 · 차고 · 창고, 그 밖에 대통령령으로 정하는 것을 말한다.

② '지하층'이란 건축물의 바닥이 지표면 아래에 있는 층으로서 바닥에서 지표면까지 최고높이가 해당 층 높이의 2분의 1 이상인 것을 말한다.

③ '주요구조부'란 내력벽(耐力壁), 기둥, 바닥, 보, 지붕틀 및 주계단(主階段)을 말한다. 다만, 사잇기둥, 최하층바닥, 작은보, 차양, 옥외계단, 그 밖에 이와 유사한 것으로 건축물의 구조상 중요하지 아니한 부분은 제외한다.

④ '초고층건축물'이란 층수가 50층 이상이거나 높이가 200m 이상인 건축물을 말한다. 단, '준초고층건축물'이란 고층건축물 중 초고층건축물이 아닌 것을 말한다.

⑤ '고층건축물'이란 층수가 30층 이상이거나 높이가 120m 이상인 건축물을 말한다.

71. **건축법령상 「건축법」이 전면적으로 적용되는 지역으로 볼 수 없는 것은? (다만, 지구단위계획구역으로 지정되지 않았고, 동 · 읍지역으로 지정된 지역도 아님)**

① 주거지역　② 상업지역
③ 공업지역　④ 녹지지역
⑤ 계획관리지역

72. **건축법령상 건축허가권자에 해당되지 않는 자는?**

① 수원시장　② 강남구청장
③ 서울특별시장　④ 경기도지사
⑤ 인천광역시장

73. **건축법령상 건축허가에 관한 다음 설명 중 틀린 것은?**
① 건축허가를 받더라도 위험물처리시설의 경우에는 다시 위험물처리시설설치허가를 받아야 한다.
② 건축허가를 받은 후 사업에 1년 내에 착수하지 않으면 그 허가는 취소하여야 한다.
③ 허가권자는 위락시설 또는 숙박시설에 해당하는 건축물의 건축을 허가하는 경우 당해 대지에 건축하고자 하는 건축물의 용도 등이 주거환경 또는 교육환경 등을 감안하였을 때 부적합하다고 인정하는 경우에는 건축위원회 심의를 거쳐 건축허가를 하지 아니할 수 있다.
④ 건축허가를 제한할 수 있는 자는 오직 국토교통부장관과 특별시장, 광역시장, 도지사이다.
⑤ 건축공사를 착수하였으나 공사의 완료가 불가능하다고 인정하는 경우에는 허가권자는 원칙적으로 건축허가를 취소하여야 한다.

74. **다음 주택법령상 부대시설과 복리시설을 나열한 것 중 부대시설의 개수는 몇 개인가?**

ㄱ. 어린이 놀이터	ㄴ. 관리사무소
ㄷ. 담장	ㄹ. 경비실
ㅁ. 주차장	ㅂ. 입주자집회소

① 1개 ② 2개
③ 3개 ④ 4개
⑤ 5개

75. **주택법령상 도시형 생활주택에 대한 설명으로 옳은 것은?**
① 아파트형 주택은 세대별로 독립된 주거가 가능하도록 욕실과 부엌을 설치하고, 욕실 및 보일러실을 제외한 부분을 하나의 공간으로 구성하여야 한다.
② 아파트형 주택의 세대별 주거전용면적은 $60m^2$ 이하로 하여야 한다.
③ 단지형 다세대주택은 「건축법」에 따라 건축위원회의 심의를 받은 경우에는 주택으로 쓰는 층수를 5개 층까지 건축할 수 있다.
④ 아파트형 주택의 각 세대는 지하층에 설치할 수 있다.
⑤ 하나의 건축물에는 도시형 생활주택과 그 밖의 주택을 함께 건축할 수 없으며, 단지형 연립주택 또는 단지형 다세대주택과 아파트형 주택을 함께 건축할 수 있다.

76. **주택법령이 적용되는 공동주택의 사용검사에 관한 설명 중 옳은 것은?**
① 공동주택과 부대시설 등은 사용검사를 받기 전에는 절대로 사용할 수 없다.
② 「주택법」에 의한 사용검사를 받으면 「건축법」상의 사용승인을 받은 것으로 본다.
③ 사업주체와 시공자가 모두 파산한 경우에는 시장·군수·구청장이 시공자를 선정한다.
④ 임시사용승인을 얻은 경우에는 별도로 사용검사를 받지 아니하여도 된다.
⑤ 원칙적인 사용검사권자는 시·도지사이다.

77. **다음 중 주택법령상 현재 1층은 주차장, 2층은 주택($200m^2$) 3층은 주택($200m^2$), 4층은 주택($200m^2$)이며 지하 1층은 주차장으로 사용되고 있다. 현재 2층은 甲, 3층은 乙, 4층은 丙의 소유이다. 현재 이 주택의 종류는 무엇인가?**
① 다중주택 ② 다가구주택
③ 다세대주택 ④ 연립주택
⑤ 아파트

78. **주택법령에 규정된 내용으로 볼 수 없는 것은?**
① 분양가상한제도에 따른 전매금지
② 주택상환사채 발행
③ 리모델링주택조합
④ 기반시설부담구역의 지정에 따른 행위제한
⑤ 투기과열지구의 지정에 따른 전매금지

79. **농지법령상 용어에 대한 설명으로 틀린 것은?**
① 전·답, 과수원, 그 밖에 법적 지목(地目)을 불문하고 실제로 농작물 경작지 또는 다년생식물 재배지로 이용되는 토지를 농지라 한다.
② 1천m^2 이상의 농지에서 농작물 또는 다년생식물을 경작 또는 재배하거나 1년 중 90일 이상 농업에 종사하는 자는 농업인이다.
③ 농업경영을 통한 농산물의 월간 판매액이 120만원 이상인 자는 농업인이다.
④ 대가축 2두, 중가축 10두, 소가축 100두, 가금 1천수 또는 꿀벌 10군 이상을 사육하거나 1년 중 120일 이상 축산업에 종사하는 자는 농업인이다.
⑤ 「초지법」에 따라 조성된 초지는 농지가 아니다.

80. **농지법령상 농업경영에 이용하지 아니하는 농지의 처분의무에 대한 설명으로 틀린 것은?**

① 농지소유자는 농지의 처분사유에 해당하게 되면 그 사유가 발생한 날부터 1년 이내에 해당 농지를 처분하여야 한다.

② 시장 · 군수 또는 구청장은 농지의 처분의무가 생긴 농지의 소유자에게 처분대상 농지, 처분의무기간 등을 구체적으로 밝혀 그 농지를 처분하여야 함을 알려야 한다.

③ 시장 · 군수 또는 구청장은 처분의무 기간에 처분대상 농지를 처분하지 아니한 농지소유자에게 6개월 이내에 그 농지를 처분할 것을 명할 수 있다.

④ 한국농어촌공사는 매수청구를 받으면 「감정평가 및 감정평가사에 관한 법률」에 따른 공시지가를 기준으로 해당 농지를 매수할 수 있다. 이 경우 인근지역의 실제 거래가격이 공시지가보다 낮더라도 공시지가를 기준으로 하여야 한다.

⑤ 농지소유자는 처분명령을 받으면 「한국농어촌공사 및 농지관리기금법」에 따른 한국농어촌공사에 그 농지의 매수를 청구할 수 있다.

학습일자: ______ / ______

2025년도 제36회 공인중개사 2차 국가자격시험

실전모의고사 제1회

교 시	문제형별	시 간	시 험 과 목
2교시	A	50분	① 부동산 공시에 관한 법령 및 부동산 관련 세법

수험번호		성 명	

【 수험자 유의사항 】

1. **시험문제지는 단일 형별(A형)이며, 답안카드 형별 기재란에 표시된 형별(A형)을 확인하시기 바랍니다.** 시험문제지의 **총면수, 문제번호 일련순서, 인쇄상태** 등을 확인하시고, 문제지 표지에 수험번호와 성명을 기재하시기 바랍니다.
2. 답은 각 문제마다 요구하는 **가장 적합하거나 가까운 답 1개**만 선택하고, 답안카드 작성 시 시험문제지 **형별누락, 마킹착오**로 인한 불이익은 전적으로 **수험자에게 책임**이 있음을 알려드립니다.
3. 답안카드는 국가전문자격 공통 표준형으로 문제번호가 1번부터 125번까지 인쇄되어 있습니다. 답안 마킹 시에는 반드시 **시험문제지의 문제번호와 동일한 번호에 마킹**하여야 합니다. (2차 2교시: 1번~40번)
4. **감독위원의 지시에 불응하거나 시험시간 종료 후 답안카드를 제출하지 않을 경우** 불이익이 발생할 수 있음을 알려 드립니다.
5. 시험문제지는 시험 종료 후 가져가시기 바랍니다.
6. 답안작성은 **시험 시행일(2025.10.25.) 현재 시행되는 법령 등**을 적용하시기 바랍니다.
7. 가답안 의견제시에 대한 개별회신 및 공고는 하지 않으며, **최종 정답 발표로 갈음**합니다.
8. 시험 중 **중간 퇴실은 불가**합니다. 단, 부득이하게 퇴실할 경우 **시험포기각서 제출 후 퇴실은 가능**하나 **재입실이 불가**하며, **해당시험은 무효처리됩니다.**

해커스 공인중개사

제1과목: 부동산 공시에 관한 법령 및 부동산 관련 세법

1. **연속지적도의 관리 등에 관한 설명으로 <u>틀린</u> 것은?**

① 연속지적도란 지적측량을 하지 아니하고 전산화된 지적도 및 임야도 파일을 이용하여, 도면상 경계점들을 연결하여 작성한 도면으로서 측량에 활용할 수 없는 도면을 말한다.

② 국토교통부장관은 연속지적도의 관리 및 정비에 관한 정책을 수립 · 시행하여야 한다.

③ 지적소관청은 지적도 · 임야도에 등록된 사항에 대하여 토지의 이동 또는 오류사항을 정비한 때에는 이를 연속지적도에 반영하여야 한다.

④ 국토교통부장관은 지적소관청의 연속지적도 정비에 필요한 경비의 전부 또는 일부를 지원할 수 있다.

⑤ 시 · 도지사 또는 대도시시장은 연속지적도를 체계적으로 관리하기 위하여 연속지적도 정보관리체계를 구축 · 운영할 수 있다.

2. **「공간정보의 구축 및 관리 등에 관한 법률」상 지번부여원칙에 대한 설명으로 <u>틀린</u> 것은?**

① 지번은 본번(本番)과 부번(副番)으로 구성하되, 본번과 부번 사이에 "-" 표시로 연결한다. 이 경우 "-" 표시는 "의"라고 읽는다.

② 분할의 경우 주거 · 사무실 등의 건축물이 있는 필지에 대해서는 분할 전의 지번을 우선하여 부여하여야 한다.

③ 지적확정측량을 실시한 지역에서 부여할 수 있는 종전 지번의 수가 새로 부여할 지번의 수보다 적을 때에는 블록 단위로 하나의 본번을 부여한 후 필지별로 본번을 부여할 수 있다.

④ 지적소관청은 도시개발사업 등의 준공 전에 사업시행자가 지번부여신청을 하는 때에는 사업계획도에 의하여 지번을 부여할 수 있다.

⑤ 지적소관청은 지적공부에 등록된 지번을 변경할 필요가 있다고 인정하면 시 · 도지사나 대도시 시장의 승인을 받아 지번부여지역의 전부 또는 일부에 대하여 지번을 새로 부여할 수 있다.

3. **「공간정보의 구축 및 관리 등에 관한 법률」상 경계에 관한 설명으로 <u>틀린</u> 것은?**

① 지상 경계의 구획을 형성하는 구조물 등의 소유자가 다른 경우에는 그 소유권에 따라 지상 경계를 결정한다.

② 공유수면매립지의 토지 중 제방 등을 토지에 편입하여 등록하는 경우에는 바깥쪽 어깨부분을 지상 경계의 결정 기준으로 한다.

③ 지적소관청은 토지의 이동에 따라 지상경계를 새로 정한 경우에는 지상경계점등록부를 작성 · 관리하여야 한다.

④ 법원의 확정판결이 있는 경우에는 분할에 따른 지상 경계는 지상건축물을 걸리게 결정할 수 있다.

⑤ 관계 법령에 따라 인가 · 허가 등을 받아 토지를 분할하려는 경우에는 지상 경계점에 경계점표지를 설치하여 측량할 수 없다.

4. **지적공부의 등록사항에 관한 설명 중 옳은 것을 모두 고른 것은?**

> ㄱ. 토지대장 - 토지의 고유번호, 토지소유자가 변경된 날과 그 원인, 지적도의 번호, 축척
> ㄴ. 임야대장 - 토지의 이동사유, 토지등급 또는 기준수확량등급과 그 설정 · 수정연월일
> ㄷ. 공유지연명부 - 토지의 소재와 지번, 토지의 고유번호, 토지의 이동사유
> ㄹ. 대지권등록부 - 소유권의 지분, 대지권의 비율, 개별공시지가와 그 기준일

① ㄱ, ㄴ　② ㄱ, ㄹ
③ ㄴ, ㄷ　④ ㄱ, ㄴ, ㄹ
⑤ ㄱ, ㄷ, ㄹ

5. **경계점좌표등록부 시행지역의 지적공부에 관한 설명 중 <u>틀린</u> 것은?**

① 경계점좌표등록부를 갖춰 두는 지역의 지적도에는 좌표에 의하여 계산된 경계점간의 거리를 등록하여야 한다.

② 경계점좌표등록부를 갖춰 두는 지역의 지적도에는 도곽선의 오른쪽 아래 끝에 "이 도면에 의하여 측량을 할 수 있음"이라고 적어야 한다.

③ 경계점좌표등록부에는 토지의 고유번호, 지적도면의 번호, 필지별 경계점좌표등록부의 장번호, 부호 및 부호도를 등록하여야 한다.

④ 경계점좌표등록부 시행지역의 지적도면의 축척은 대부분 1/500로 한다.

⑤ 지적확정측량 또는 축척변경측량을 실시하여 경계점을 좌표로 등록한 지역은 경계점좌표등록부를 의무적으로 작성 · 비치한다.

6. 「공간정보의 구축 및 관리 등에 관한 법률」상 지적공부에 관하여 (   ) 안에 들어갈 내용으로 옳은 것은?

> ○ (ㄱ)은(는) 정보처리시스템에 따라 보존하여야 하는 지적공부가 멸실되거나 훼손될 경우를 대비하여 지적공부를 복제하여 관리하는 정보관리체계를 구축하여야 한다.
> ○ (ㄴ)은(는) 지적공부의 효율적인 관리 및 활용을 위하여 지적정보 전담 관리기구를 설치·운영한다.
> ○ (ㄷ)은(는) 부동산종합공부의 멸실 또는 훼손에 대비하여 이를 별도로 복제하여 관리하는 정보관리체계를 구축하여야 한다.

	ㄱ	ㄴ	ㄷ
①	국토교통부장관	국토교통부장관	국토교통부장관
②	국토교통부장관	국토교통부장관	시·도지사
③	국토교통부장관	국토교통부장관	지적소관청
④	시·도지사	시·도지사	시·도지사
⑤	시·도지사	시·도지사	지적소관청

7. 「공간정보의 구축 및 관리 등에 관한 법률」상 등록전환의 신청대상에 해당하지 않는 것은?

① 「건축법」에 따른 건축허가·신고 또는 그 밖의 관계 법령에 따른 개발행위 허가 등을 받은 경우
② 「국토의 계획 및 이용에 관한 법률」 등 관계 법령에 따른 토지의 형질변경 등의 공사가 준공된 경우
③ 대부분의 토지가 등록전환되어 나머지 토지를 임야도에 계속 존치하는 것이 불합리한 경우
④ 임야도에 등록된 토지가 사실상 형질변경되었으나 지목변경을 할 수 없는 경우
⑤ 도시·군관리계획선에 따라 토지를 분할하는 경우

8. 축척변경에 따른 청산절차에 관한 설명 중에서 (   )를 옳게 연결한 것은?

> ㄱ. 지적소관청은 청산금을 산정하였을 때에는 청산금 조서를 작성하고, 청산금이 결정되었다는 뜻을 (   ) 이상 공고하여 일반인이 열람할 수 있게 하여야 한다.
> ㄴ. 지적소관청은 청산금의 결정을 공고한 날부터 (   ) 이내에 토지소유자에게 청산금의 납부고지 또는 수령통지를 하여야 한다.
> ㄷ. 납부고지되거나 수령통지된 청산금에 관하여 이의가 있는 자는 납부고지 또는 수령통지를 받은 날부터 (   ) 이내에 지적소관청에 이의신청을 할 수 있다.

① ㄱ: 15일, ㄴ: 15일, ㄷ: 1개월
② ㄱ: 15일, ㄴ: 20일, ㄷ: 1개월
③ ㄱ: 15일, ㄴ: 20일, ㄷ: 3개월
④ ㄱ: 20일, ㄴ: 20일, ㄷ: 3개월
⑤ ㄱ: 20일, ㄴ: 20일, ㄷ: 6개월

9. 도시개발사업 등 시행지역의 토지이동 신청에 관한 특례에 관한 설명으로 틀린 것은?

① 「도시개발법」에 따른 도시개발사업 그 밖에 대통령령으로 정하는 토지개발사업의 시행자는 그 사업의 착수·변경 및 완료 사실을 지적소관청에 신고하여야 한다.
② 「도시개발법」에 따른 도시개발사업에 따른 사업과 관련하여 토지의 이동이 필요한 경우에는 해당 사업의 시행자가 지적소관청에 토지의 이동을 신청하여야 한다.
③ 도시개발사업 등의 착수·변경 또는 완료 사실의 신고는 그 사유가 발생한 날부터 15일 이내에 하여야 한다.
④ 도시개발사업의 착수 또는 변경 신고가 된 토지의 사업의 시행자가 그 토지의 이동을 신청하지 않는 경우 토지소유자가 토지의 이동을 신청할 수 있다.
⑤ 「도시개발법」에 따른 도시개발사업에 따른 토지의 이동은 토지의 형질변경 등의 공사가 준공된 때에 이루어진 것으로 본다.

10. 지적소관청이 토지소유자의 신청 또는 지적소관청의 직권으로 등록사항을 정정할 때 그 정정사항이 토지소유자에 관한 사항인 경우에 첨부할 서류에 해당하지 않는 것은?

① 등기필증
② 등기완료통지서
③ 등기사항증명서
④ 등기전산정보자료
⑤ 가족관계 기록사항에 관한 증명서

11. 「공간정보의 구축 및 관리 등에 관한 법률」상 지적측량의 대상을 모두 고른 것은?

ㄱ. 지적기준점을 정하는 경우 ㄴ. 바다가 된 토지의 등록을 말소하는 경우 ㄷ. 면적의 증감이 없이 경계위치가 잘못된 경우 ㄹ. 토지 합병의 경우에 면적측정이 필요한 경우 ㅁ. 지상건축물 등의 현황을 담장과 대비하여 표시하는 데에 필요한 경우

① ㄱ, ㄴ
② ㄱ, ㄷ
③ ㄴ, ㄷ
④ ㄱ, ㄴ, ㅁ
⑤ ㄷ, ㄹ, ㅁ

12. 지적위원회 및 지적측량의 적부심사에 관한 다음 설명 중 틀린 것은?

① 지적측량 적부재심사에 관한 사항을 심의·의결하기 위하여 국토교통부에 중앙지적위원회를 둔다.
② 중앙지적위원회의 위원장이 회의를 소집할 때에는 회의 일시·장소 및 심의 안건을 회의 5일 전까지 각 위원에게 서면으로 통지하여야 한다.
③ 지적측량 적부심사청구를 회부받은 지방지적위원회는 그 심사청구를 회부받은 날부터 60일 이내에 심의·의결하여야 한다.
④ 시·도지사는 의결서를 받은 날부터 5일 이내에 지적측량 적부심사 청구인에게 의결서를 통지하여야 한다.
⑤ 의결서를 받은 자가 지방지적위원회의 의결에 불복하는 경우에는 그 의결서를 받은 날부터 90일 이내에 국토교통부장관을 거쳐 중앙지적위원회에 재심사를 청구할 수 있다.

13. 부기등기에 관한 설명 중 옳은 것은?

① 권리소멸의 약정등기는 주등기로 실행한다.
② 소유권을 목적으로 하는 처분제한등기는 부기등기로 실행한다.
③ 가등기상의 권리의 이전등기는 주등기에 의한다.
④ 권리변경등기는 이해관계인이 없거나, 이해관계인의 승낙서를 첨부한 경우에 부기등기에 의한다.
⑤ 말소회복등기는 부기등기로 실행한다.

14. 다음 중 「부동산등기법」상 등기할 수 있는 권리를 옳게 묶은 것은?

① 채권담보권, 권리질권
② 동산질권, 채권담보권
③ 분묘기지권, 부동산유치권
④ 부동산유치권, 부동산환매권
⑤ 동산질권, 분묘기지권

15. 각종 등기의 경우에 등기권리자와 등기의무자의 지정으로 틀린 것은?

① 전세권설정등기를 제3자에게 이전하는 경우에 등기권리자는 전세권양수인이다.
② 전세권설정등기 후에 전세금을 증액하는 전세권변경등기의 경우에 전세권자가 등기의무자이다.
③ 저당권설정등기 후에 저당권이 이전된 경우에 저당권말소등기를 하는 경우에 저당권 양수인이 등기의무자이다.
④ 저당권설정등기 후에 소유권이 이전된 경우에 변제를 이유로 저당권말소등기를 할 경우 저당권설정자 또는 현재의 소유자가 등기권리자이다.
⑤ 환매등기를 신청하는 경우 등기권리자는 매도인이다.

16. 등기신청정보의 기재사항에 관한 다음 설명 중 틀린 것은?

① 신청서가 여러 장일 때에는 등기권리자 또는 등기의무자가 다수인 때에는 그중 1인이 간인하는 방법으로 한다.
② 같은 채권의 담보를 위하여 소유자가 다른 여러 개의 부동산에 대한 저당권설정등기를 신청하는 경우 1건의 신청정보로 일괄하여 신청할 수 있다.
③ 관할 등기소가 다른 여러 개의 부동산과 관련하여 등기목적과 등기원인이 동일한 경우에 여러 개의 부동산에 관한 신청정보를 일괄하여 제공하는 방법으로 신청할 수 없다.
④ 공동저당 및 공동전세의 등기를 관련 신청사건으로 신청하기 위해서는 여러 개의 부동산 전부에 대하여 등기를 신청하여야 한다.
⑤ 등기원인정보에 임의적 기록사항이 기재되어 있을 경우에는 신청정보에 기록하여야 한다.

17. **다음 중 「부동산등기법」 제29조 제2호의 각하사유에 해당하는 것을 모두 고른 것은?**

> ㄱ. 법령에 근거가 없는 특약사항의 등기를 신청한 경우
> ㄴ. 구분건물의 전유부분과 대지사용권의 분리처분 금지에 위반한 등기를 신청한 경우
> ㄷ. 관공서 또는 법원의 촉탁으로 실행되어야 할 등기를 신청한 경우
> ㄹ. 공동상속인 중 일부가 자신의 상속지분만에 대한 상속등기를 신청한 경우

① ㄱ, ㄴ, ㄷ
② ㄱ, ㄴ, ㄹ
③ ㄱ, ㄷ, ㄹ
④ ㄴ, ㄷ, ㄹ
⑤ ㄱ, ㄴ, ㄷ, ㄹ

18. **다음 중 등기관의 처분에 대한 이의신청에 관한 설명으로 옳은 것은?**

① 소극적 부당의 경우에 등기신청의 각하결정에 관해서는 등기신청인에 한하여 이의신청을 할 수 있다.
② 등기관의 적극적 부당에 대한 이의신청인 경우에 사유를 불문하고 이의신청을 할 수 있다.
③ 등기관의 처분이 부당한지 여부는 심사시를 기준으로 판단한다.
④ 등기관의 처분에 이의가 있는 자는 이의신청서를 처분을 한 등기소가 속한 관할 지방법원에 제출하여야 한다.
⑤ 이의신청은 집행정지의 효력이 있다.

19. **말소등기의 이해관계인에 관련된 다음 설명 중 <u>틀린</u> 것은?**

① 이해관계 있는 제3자란 등기기록의 기록에 의하여 형식적으로 판단할 때 손해를 받게 될 지위에 있는 자를 말한다.
② 甲명의의 소유권보존등기를 말소등기를 하는 경우에 해당 부동산의 가압류권자인 乙은 이해관계인에 해당한다.
③ 소유권이 甲에서 乙로 이전되고 乙이 丙에게 저당권을 설정한 경우 乙의 소유권이전등기의 말소등기를 신청하는 경우 저당권자인 丙은 이해관계인이 아니다.
④ 전세권의 말소등기시에 그 전세권을 목적으로 하는 저당권자는 말소등기의 이해관계인에 해당한다.
⑤ 甲에게 저당권설정등기를 경료하고 乙에게 전세권이 설정된 경우에 저당권등기를 말소하면 전세권자인 乙은 이해관계인이 아니다.

20. **소유권보존등기의 신청인에 관한 설명 중 옳은 것을 모두 고른 것은?**

> ㄱ. 대장에 최초의 소유자로 등록되어 있는 자 또는 그 상속인, 그밖의 포괄승계인은 소유권보존등기를 신청할 수 있다.
> ㄴ. 미등기 토지의 지적공부상 '국'으로부터 소유권이전등록을 받은 경우 소유권보존등기를 신청할 수 있다.
> ㄷ. 토지대장상의 소유자 표시란이 공란으로 되어 있는 경우에는 국가를 상대로 판결을 받아야 한다.
> ㄹ. 시장, 군수 또는 구청장 등의 확인서에 의하여 토지에 대하여 소유권보존등기를 신청할 수 있다.

① ㄱ, ㄴ
② ㄴ, ㄷ
③ ㄷ, ㄹ
④ ㄱ, ㄴ, ㄷ
⑤ ㄴ, ㄷ, ㄹ

21. **「부동산등기법」상 신탁등기에 관한 설명으로 <u>틀린</u> 것은?**

① 신탁등기의 신청은 해당 부동산에 관한 권리의 설정등기, 보존등기, 이전등기 또는 변경등기의 신청과 동시에 하여야 한다.
② 신탁등기의 신청은 해당 신탁으로 인한 권리의 이전 또는 보존이나 설정등기의 신청과 함께 1건의 신청정보로 일괄하여 하여야 한다.
③ 등기관이 신탁등기를 할 때에는 신탁원부를 작성하고, 등기기록에는 그 신탁원부의 번호 및 신탁재산에 속하는 부동산의 거래에 관한 주의사항을 기록하여야 한다.
④ 법원은 수탁자 해임의 재판을 한 경우 지체 없이 신탁원부 기록의 변경등기를 등기소에 촉탁하여야 한다.
⑤ 등기관이 신탁재산에 속하는 부동산에 관한 권리에 대하여 수탁자의 변경으로 인한 이전등기를 할 경우 촉탁으로 그 부동산에 관한 신탁원부 기록의 변경등기를 하여야 한다.

22. 용익권등기에 관한 다음 설명 중 <u>틀린</u> 것은?

① 전세권설정등기 신청정보에는 전세금과 전세권의 목적인 범위를 기재하여야 한다.

② 건물전세권의 존속기간이 만료된 경우에는 그 전세권설정등기의 존속기간이나 전세금에 대한 변경등기를 신청할 수 있다.

③ 건물의 특정부분이 아닌 공유지분에 대한 전세권은 등기할 수 없다.

④ 전세금반환채권의 일부 양도를 원인으로 한 전세권 일부이전등기의 신청은 전세권의 존속기간의 만료 전에 할 수 있다.

⑤ 등기관이 전세금반환채권의 일부 양도를 원인으로 한 전세권 일부이전등기를 할 때에는 양도액을 기록한다.

23. 구분건물등기에 관한 설명 중 옳은 것을 모두 고른 것은?

> ㄱ. 규약상 공용부분이라는 뜻을 정한 규약을 폐지한 경우에 공용부분의 취득자는 지체 없이 소유권보존등기를 신청하여야 한다.
> ㄴ. 등기관이 건물의 등기기록에 대지권등기를 한 경우 그 권리의 목적인 토지등기기록 중 해당구에 대지권 뜻의 등기를 직권으로 하여야 한다.
> ㄷ. 대지권에 대한 전세권설정등기는 허용된다.
> ㄹ. 토지의 소유권이 대지권인 경우에 그 뜻의 등기를 한 때에는 그 토지의 등기기록에는 소유권이전등기를 할 수 있다.

① ㄱ, ㄴ
② ㄱ, ㄹ
③ ㄴ, ㄷ
④ ㄴ, ㄹ
⑤ ㄷ, ㄹ

24. 가등기에 관련된 다음 설명 중 <u>틀린</u> 것은?

① 공동가등기의 경우에 그 중 일부의 가등기권리자가 전원명의의 본등기는 신청할 수 없다.

② 가등기가처분명령은 가처분에 해당하므로 법원의 촉탁으로 등기한다.

③ 가등기를 한 후 본등기의 신청이 있을 때에는 가등기의 순위번호를 사용하여 본등기를 하여야 한다.

④ 전세권설정등기청구권보전 가등기에 의하여 본등기를 한 경우 가등기 후 본등기 전에 마쳐진 전세권설정등기는 등기관이 직권으로 말소한다.

⑤ 소유권이전등기청구권보전 가등기에 의하여 본등기를 한 경우 가등기 후 본등기 전에 마쳐진 해당 가등기상 권리를 목적으로 하는 가압류등기는 등기관이 직권으로 말소할 수 없다.

25. 「지방세법」상 재산세 과세표준 및 세액계산에 대한 설명 중 <u>틀린</u> 것은?

① 주택의 과세표준이 법령에 정하는 계산식에 따른 과세표준상한액보다 적은 경우에는 해당 주택의 과세표준은 과세표준상한액으로 한다.

② 주택, 종합합산과세대상토지 및 별도합산과세대상토지는 초과누진세율을 적용한다.

③ 토지 · 건축물의 재산세 세부담상한은 직전연도 해당 세액의 150%로 하지만, 2025년도에 신축한 주택의 경우에는 세부담상한 규정을 적용하지 아니한다.

④ 토지의 재산세 과세표준은 개별공시지가에 공정시장가액비율(70%)을 곱한 금액으로 한다.

⑤ 시가표준액 6억원을 초과하는 1세대 1주택의 과세표준은 시가표준액에 공정시장가액비율 45%를 곱한 금액이다.

26. 다음 중 「지방세법」상 재산세에 대한 설명으로 옳은 것을 모두 고른 것은?

> ㄱ. 재산세 과세기준일은 매년 7월 1일이다.
> ㄴ. 지방자치단체의 장은 특별한 재정수요나 재해 등의 발생으로 재산세의 세율 조정이 불가피하다고 인정되는 경우 조례로 정하는 바에 따라 표준세율의 100분의 50의 범위에서 가감할 수 있다. 다만, 가감한 세율은 해당 연도를 포함하여 3년간 적용한다.
> ㄷ. 주택의 토지와 건물의 소유자가 다를 경우 해당 주택에 대한 세율을 적용할 때 해당 주택의 토지와 건물의 가액을 합산한 과세표준액에 주택의 세율을 적용한다.

① ㄱ
② ㄷ
③ ㄱ, ㄴ
④ ㄴ, ㄷ
⑤ ㄱ, ㄴ, ㄷ

27. **다음 중 재산세의 납세의무자에 대한 내용으로 옳은 것은?**
① 과세기준일 현재 재산세 과세대상 물건의 소유권이 양도·양수된 때에는 양도인을 해당 연도의 납세의무자로 본다.
② 공유재산의 경우에는 공유자 중에서 지분이 가장 큰 자를 납세의무자로 본다.
③ 사실상 소유자가 확정되면 그를 납세의무자로 판정할 수 있는데 상속이 개시된 재산으로서 상속등기가 이행되지 않고 사실상의 소유자를 신고하지 않은 때는 상속인이 연대납세의무를 진다.
④ 국가·지방자치단체 및 지방자치단체조합과 과세대상 물건을 연부로 매매계약을 체결하고 그 사용권을 무상으로 부여받은 경우에는 국가의 소유이므로 비과세한다.
⑤ 「신탁법」에 의하여 수탁자명의로 등기된 신탁재산의 경우 위탁자가 납세의무자이다. 이 경우 위탁자가 신탁재산을 소유한 것으로 본다.

28. **다음은 납세고지서가 발부된 경우에 납세의무자가 납부기한 내에 납부하지 않은 경우에 지방세기본법령에 대한 설명이다. (　　) 안에 들어갈 내용이 올바르게 연결된 것은?**

○ 납세고지서에 따른 납부기한까지 납부하지 아니한 세액 또는 과소납부분 세액 × 100분의 (　　) ○ 체납된 지방세의 월별로 0.66%(0.022% × 30일)를 징수하는 기간은 (　　)개월을 초과하지 못한다. 단, 이 경우 체납된 지방세가 (　　)만원 미만인 경우에는 징수하지 아니한다.

① 1 - 30 - 30
② 3 - 30 - 40
③ 3 - 45 - 45
④ 3 - 60 - 45
⑤ 5 - 60 - 50

29. **다음 중 「지방세기본법」 및 「국세기본법」상 납세의무의 확정시기에 관한 설명으로 틀린 것은?**
① 취득세 - 납세의무자가 과세표준과 세액을 지방자치단체에 신고하는 때
② 재산세 - 해당 지방자치단체가 과세표준과 세액을 결정하는 때
③ 인지세 - 납세의무가 성립하는 때에 특별한 절차없이 그 세액이 확정
④ 양도소득세 - 과세표준과 세액을 정부에 신고하는 때
⑤ 신고납부를 선택하여 신고납부하는 종합부동산세 - 과세표준과 세액을 정부가 결정하는 때

30. **다음 중 취득세 납세의무자 등에 관한 설명으로 옳은 것은?**
① 전세권을 취득하는 경우에도 취득세 납세의무가 있다.
② 상속으로 인하여 취득하는 경우에는 「민법」상 상속지분이 가장 높은 자가 상속받는 취득물건(지분을 취득하는 경우에는 그 지분에 해당하는 취득물건을 의미)을 취득한 것으로 본다.
③ 직계비속이 직계존속의 부동산을 공매를 통하여 취득한 경우에는 무상취득한 것으로 본다.
④ 관계 법령에 따른 택지공사가 준공된 토지에 정원 또는 부속시설물 등을 조성·설치하는 경우로서 건축물을 건축하면서 그 건축물에 부수되는 정원 등을 조성하는 경우에는 그 정원 등은 건축물을 취득하는 자가 취득한 것으로 본다.
⑤ 「건축법」상 허가받지 아니한 건축물을 취득하는 경우에는 납세의무가 없다.

31. **건축물의 건축(신축·재축 제외) 또는 개수로 인하여 건축물 면적이 증가할 때 그 증가된 부분에 대하여 적용하는 취득세 표준세율은?**
① 1,000분의 10　② 1,000분의 20
③ 1,000분의 28　④ 1,000분의 30
⑤ 1,000분의 40

32. **다음 중 개인이 부동산을 유상취득하는 경우 취득세 과세표준에 포함되는 것은 모두 몇 개인가?**

○ 건설자금에 충당한 차입금의 이자 또는 이와 유사한 금융비용 ○ 할부 또는 연부계약에 따른 이자 상당액 및 연체료 ○ 공인중개사에게 지급한 중개보수 ○ 취득대금 외에 당사자의 약정에 따른 취득자 조건 부담액과 채무인수액

① 0개　② 1개
③ 2개　④ 3개
⑤ 4개

33. **다음 중에서 등록에 대한 등록면허세 과세표준이 다른 하나는?**
① 저당권 말소등기
② 임차권 설정등기
③ 토지의 지목변경등기
④ 담보물 추가등기
⑤ 토지의 합병(또는 합필)등기

34. 「소득세법」상 거주자의 양도소득세 과세대상으로 틀린 것은?
① 이축권의 가액을 별도로 평가하여 구분신고하는 경우
② 미등기 지상권을 양도하는 경우
③ 관련 법령에 따른 사업시행자에게 토지가 수용되는 경우
④ 사업용 토지와 함께 양도하는 영업권
⑤ 등기된 부동산임차권을 양도하는 경우

35. 다음은 공인중개사 甲이 2025년도 1세대 1주택 양도에 대한 양도소득세 비과세에 대하여 고객에게 설명한 내용이다. 설명 중 틀린 것은? (단, 고객은 거주자이며 다른 조건은 고려하지 않음)
① 실지거래가액이 12억원을 초과하는 고가주택을 양도하는 경우에는 양도소득세가 과세된다.
② 만약, 양도하는 주택이 고가주택인 겸용주택(1세대 1주택 비과세 요건을 충족함)이라면 주거면적이 주거 이외 면적보다 큰 경우에는 건물면적 전부를 주택으로 보아서 양도소득세를 비과세한다.
③ 2개 이상의 주택을 같은 날에 양도하는 경우에는 당해 거주자가 선택하는 순서에 따라 주택을 양도하는 것으로 본다.
④ 나이가 30세 이상인 경우에는 배우자 없이도 단독세대를 구성할 수 있다.
⑤ 국외에 소재하는 주택은 주택 수 계산에 포함하지 않는다.

36. 다음 보기의 거주자가 1세대 1주택 비과세 요건을 충족한 고가주택을 양도한 경우에 양도차익은 얼마인가? (단, 다른 조건은 고려하지 않음)

○ 양도일 현재 국내 소재 등기된 1세대 1주택으로서 3년 보유 및 2년 거주한 주택 ○ 양도가액: 실지거래가액 15억원(기준시가 12억원) ○ 필요경비: 10억원 ○ 해당 과세기간 중에 다른 양도자산은 없음

① 5,000만원 ② 1억원
③ 3억원 ④ 4억원
⑤ 5억원

37. 거주자 甲이 7년 보유한 건물(주택 아님)을 배우자인 거주자 乙에게 증여하였고, 거주자 乙은 이를 증여받아 1년 보유한 후 특수관계 없는 타인에게 양도하였다. 다음 중 양도소득세를 설명한 것으로 틀린 것은? (단, 등기됨)
① 양도소득세 납세의무자는 乙이다.
② 양도차익 계산시 기납부한 증여세는 필요경비에 산입한다.
③ 장기보유특별공제는 적용받을 수 있다.
④ 거주자 甲과 乙은 연대하여 납부할 의무가 있다.
⑤ 1세대 1주택의 비과세 양도에 해당하게 되는 경우와 양도소득의 비과세대상에서 제외되는 고가주택을 양도하는 경우에는 특례를 적용하지 아니한다.

38. 다음 중 「소득세법」상 양도소득세 계산을 위한 장기보유특별공제에 대한 설명 중 옳은 것은?
① 장기보유특별공제는 국외 소재 자산의 양도시에도 공제받을 수 있다.
② 동일 연도에 장기보유특별공제의 대상이 되는 자산을 수회 양도한 경우에도 공제요건에 해당하는 경우에는 소득별로 각각 공제한다.
③ 양도소득세가 과세되는 1세대 1주택인 고가주택의 장기보유특별공제액은 양도차익에 보유기간별 공제율을 곱한 금액이다.
④ 주택이 아닌 건물을 사실상 주거용으로 사용하는 경우로서 그 자산이 대통령령으로 정하는 1세대 1주택에 해당하는 자산인 경우 장기보유특별공제액은 그 자산의 양도차익에 보유기간별 공제율을 곱하여 계산한 금액과 거주기간별 공제율을 곱하여 계산한 금액을 합산한 것을 말한다.
⑤ ④의 보유기간별 공제는 주택이 아닌 건물로 보유한 기간에 해당하는 보유기간별 공제율의 경우에 보유연수에 4%씩을 적용하며, 법령에 정하는 계산식에 따라 계산한 공제율이 100분의 40보다 큰 경우에는 100분의 40으로 한다.

39. 「소득세법」상 사업소득이 있는 거주자가 실지거래가액에 의하여 부동산의 양도차익을 계산하는 경우 양도가액에서 공제할 자본적 지출액 또는 양도비용에 포함되지 않는 것은? (단, 자본적 지출액에 대해서는 법령에 따른 증명서류가 수취 · 보관되어 있음)

① 납부영수증이 없는 취득세

② 납부의무자와 양도자가 동일한 경우 「재건축초과이익 환수에 관한 법률」에 따른 재건축부담금

③ 양도자산의 이용편의를 위하여 지출한 비용

④ 양도자산의 취득 후 쟁송이 있는 경우 그 소유권을 확보하기 위하여 직접 소요된 소송비용으로서 그 지출한 연도의 각 사업소득금액 계산시 필요경비에 산입된 금액

⑤ 자산을 양도하기 위하여 직접 지출한 양도소득세 과세표준신고서 작성비용, 공인중개사에게 지급한 소개비

40. 종합부동산세법령상 종합부동산세의 부과 · 징수에 관한 내용으로 틀린 것은?

① 토지에 대해 부과하는 경우 관할 세무서장은 납부하여야 할 종합부동산세의 세액을 결정하여 해당 연도 9월 16일부터 9월 30일까지 부과 · 징수한다.

② 종합부동산세를 신고납부방식으로 납부하고자 하는 납세의무자는 종합부동산세의 과세표준과 세액을 해당 연도 12월 1일부터 12월 15일까지 관할 세무서장에게 신고하여야 한다. 이 경우 관할 세무서장의 결정은 없었던 것으로 본다.

③ 관할 세무서장은 종합부동산세로 납부하여야 할 세액이 250만원을 초과하는 경우에는 대통령령으로 정하는 바에 따라 그 세액의 일부를 납부기한이 지난 날부터 6개월 이내에 분납하게 할 수 있다.

④ 관할 세무서장은 납세의무자가 과세기준일 현재 1세대 1주택자가 아닌 경우 주택분 종합부동산세액의 납부유예를 허가할 수 없다.

⑤ 관할 세무서장은 주택분 종합부동산세액의 납부가 유예된 납세의무자가 해당 주택을 타인에게 양도하거나 증여하는 경우에는 그 납부유예 허가를 취소하여야 한다.

학습일자: ________ / ________

2025년도 제36회 공인중개사 2차 국가자격시험

실전모의고사 제2회

교 시	문제형별	시 간	시 험 과 목
1교시	A	100분	① 공인중개사의 업무 및 부동산 거래신고에 관한 법령 및 중개실무 ② 부동산공법 중 부동산 중개에 관련되는 규정

수험번호		성 명	

【 수험자 유의사항 】

1. **시험문제지는 단일 형별(A형)이며, 답안카드 형별 기재란에 표시된 형별(A형)을 확인하시기 바랍니다.** 시험문제지의 **총면수, 문제번호 일련순서, 인쇄상태** 등을 확인하시고, 문제지 표지에 수험번호와 성명을 기재하시기 바랍니다.
2. 답은 각 문제마다 요구하는 **가장 적합하거나 가까운 답 1개**만 선택하고, 답안카드 작성 시 시험문제지 **형별누락, 마킹착오**로 인한 불이익은 전적으로 **수험자에게 책임**이 있음을 알려드립니다.
3. 답안카드는 국가전문자격 공통 표준형으로 문제번호가 1번부터 125번까지 인쇄되어 있습니다. 답안 마킹 시에는 반드시 **시험문제지의 문제번호와 동일한 번호에 마킹**하여야 합니다. <u>(2차 1교시: 1번~80번)</u>
4. **감독위원의 지시에 불응하거나 시험시간 종료 후 답안카드를 제출하지 않을 경우** 불이익이 발생할 수 있음을 알려 드립니다.
5. 시험문제지는 시험 종료 후 가져가시기 바랍니다.
6. 답안작성은 **시험 시행일(2025.10.25.) 현재 시행되는 법령 등**을 적용하시기 바랍니다.
7. 가답안 의견제시에 대한 개별회신 및 공고는 하지 않으며, **최종 정답 발표로 갈음**합니다.
8. 시험 중 **중간 퇴실은 불가**합니다. 단, 부득이하게 퇴실할 경우 **시험포기각서 제출 후 퇴실은 가능**하나 **재입실이 불가**하며, **해당시험은 무효처리됩니다.**

해커스 공인중개사

제1과목: 공인중개사의 업무 및 부동산 거래신고에 관한 법령 및 중개실무

1. 공인중개사법령상 용어의 정의와 관련된 설명으로 옳은 것은? (다툼이 있으면 판례에 따름)

① 중개행위에 해당하는지 여부는 개업공인중개사의 행위를 객관적으로 보아 사회통념상 거래의 알선·중개를 위한 행위라고 인정되는지 여부에 의하여 결정하여야 한다.

② 중개업이란 중개대상물에 대한 권리의 득실변경에 관한 행위를 알선하는 것을 말한다.

③ 상가에 대한 분양대행을 계속·반복적으로 수행하고 보수를 받은 경우 중개업에 해당한다.

④ 개업공인중개사인 법인의 공인중개사인 사원으로서 중개업무를 보조하는 자는 중개보조원이다.

⑤ 보수를 받고 토지 매매만의 중개를 업으로 하는 경우 중개업에 해당하지 않는다.

2. 공인중개사법령상 등록 등의 결격사유에 해당하는 자는?

① 「공인중개사법」상 양벌규정에 의하여 300만원 벌금형의 선고를 받고 3년이 지나지 아니한 자

② 「공인중개사법」에 의하여 공인중개사 자격이 취소된 자로서 3년이 지난 자

③ 「도로교통법」 위반으로 징역 1년형의 집행유예 2년을 선고받고 4년이 지난 자

④ 질병 등 정신적 제약으로 인하여 법원으로부터 한정후견개시의 심판을 받은 자

⑤ 업무정지기간 중인 중개법인의 그 업무정지사유 발생 후 취임했다가 사임한 임원이었던 자

3. 공인중개사법령상 중개대상물에 해당하는 것을 모두 고른 것은? (다툼이 있으면 판례에 따름)

ㄱ. 금전채권
ㄴ. 법정지상권이 성립한 토지
ㄷ. 등기한 수목의 집단
ㄹ. 20톤 미만의 선박
ㅁ. 동산질권

① ㄱ, ㄹ　② ㄴ, ㄷ
③ ㄱ, ㄹ, ㅁ　④ ㄴ, ㄷ, ㅁ
⑤ ㄱ, ㄴ, ㄹ, ㅁ

4. 공인중개사법령상 중개사무소의 개설등록과 관련한 설명으로 옳은 것은? (다툼이 있으면 판례에 따름)

① 소속공인중개사는 중개사무소의 개설등록을 신청할 수 있다.

② 중개사무소의 개설등록을 신청하는 공인중개사는 그의 공인중개사 자격증 사본을 신청서에 첨부하여야 한다.

③ 중개업만을 영위할 목적으로 설립된 법인은 중개사무소의 개설등록을 할 수 있다.

④ 「건축법」상 가설건축물대장에 기재된 건축물에는 개설등록을 할 수 있다.

⑤ 신규등록방식에 의한 종별 변경시 종전에 제출한 서류 중 변동사항이 없는 서류는 제출하지 아니할 수 있으며, 종전의 등록증은 반납할 필요가 없다.

5. 공인중개사법령상 공인중개사인 개업공인중개사 甲이 중개사무소를 A군(郡)에서 B군(郡)으로 이전하는 경우에 관한 설명으로 <u>틀린</u> 것을 모두 고른 것은?

ㄱ. 甲은 이전한 날부터 10일 내에 B군 군수에게 중개사무소 이전신고를 하여야 한다.
ㄴ. A군에서 발생한 사유로 인한 행정처분은 A군 군수가 행한다.
ㄷ. 甲은 이전신고시에 중개사무소등록증 원본을 첨부하여야 한다.
ㄹ. 이전신고를 받은 관할 군수는 원래의 중개사무소 등록증에 변경사항을 적어 교부할 수 있다.

① ㄴ　② ㄱ, ㄷ　③ ㄴ, ㄹ
④ ㄴ, ㄷ, ㄹ　⑤ ㄱ, ㄴ, ㄷ, ㄹ

6. 공인중개사법령상 중개대상물의 표시·광고와 관련한 설명으로 <u>틀린</u> 것은?

① 개업공인중개사는 중개대상물에 대한 표시·광고시 중개보조원을 명시해서는 아니 된다.

② 개업공인중개사가 인터넷을 이용하여 중개대상물에 대한 표시·광고를 하는 때에는 중개대상물의 종류별로 소재지, 면적, 가격 등의 사항을 명시하여야 한다.

③ 중개대상물에 대한 표시·광고시 개업공인중개사의 성명(법인은 대표자의 성명)은 명시할 사항이 아니다.

④ 개업공인중개사는 중개대상물이 존재하지 않아서 실제로 거래를 할 수 없는 중개대상물에 대한 표시·광고를 하여서는 아니 된다.

⑤ 중개대상물 표시·광고 모니터링 수탁기관은 기본 모니터링 결과를 분기가 종료한 날로부터 30일 내에 국토교통부장관에게 보고해야 한다.

7. **공인중개사법령상 고용인에 관한 설명으로 옳은 것은?**

① 소속공인중개사에 대한 고용신고를 받은 등록관청은 시·도지사에게 그의 공인중개사 자격 확인을 요청해야 한다.

② 중개보조원에 대한 고용신고시에는 직무교육수료증 사본을 첨부해야 한다.

③ 개업공인중개사는 중개보조원을 5명 이상 고용할 수 없다.

④ 개업공인중개사는 중개보조원과의 고용관계가 종료된 때에는 고용관계가 종료된 날부터 30일 내에 등록관청에 신고해야 한다.

⑤ 중개보조원의 모든 행위는 그를 고용한 개업공인중개사의 행위로 본다.

8. **공인중개사법령상 개업공인중개사의 거래계약서 작성에 관한 설명으로 옳은 것(○)과 틀린 것(×)을 바르게 표시한 것은?**

> ㄱ. 개업공인중개사는 중개가 완성된 때에는 공인중개사법령이 정하는 서식에 의하여 거래계약서를 작성하여야 한다.
> ㄴ. 거래계약서에는 권리이전의 내용이 포함되어야 한다.
> ㄷ. 소속공인중개사가 동일 건에 대하여 서로 다른 둘 이상의 거래계약서를 작성하면 그의 공인중개사자격이 취소된다.

① ㄱ(×), ㄴ(×), ㄷ(○)
② ㄱ(×), ㄴ(○), ㄷ(×)
③ ㄱ(○), ㄴ(×), ㄷ(○)
④ ㄱ(○), ㄴ(○), ㄷ(×)
⑤ ㄱ(○), ㄴ(○), ㄷ(○)

9. **공인중개사법령상 인장등록에 관한 설명으로 <u>틀린</u> 것은?**

① 분사무소에서 사용할 인장의 경우에는 「상업등기규칙」에 따라 법인의 대표자가 보증하는 인장을 등록할 수 있다.

② 소속공인중개사의 인장등록은 고용신고와 함께 할 수 있다.

③ 법인인 개업공인중개사의 인장등록은 「상업등기규칙」에 따른 인감증명서의 제출로 갈음한다.

④ 등록한 인장을 변경한 경우 변경일부터 7일 이내에 그 변경된 인장을 등록관청에 등록해야 한다.

⑤ 공인중개사인 개업공인중개사가 등록할 인장은 성명이 나타난 것으로서 그 크기가 가로·세로 각각 5mm 이상 25mm 이하이어야 한다.

10. **공인중개사법령상 중개업의 휴업과 폐업에 관한 설명으로 옳은 것은?**

① '휴업기간 변경신고서'에는 중개사무소 등록증을 첨부하여야 한다.

② 휴업한 중개업의 재개신고는 전자문서로 할 수 없다.

③ 휴업 또는 폐업신고를 한 경우 개업공인중개사는 지체없이 그 사무소의 간판을 철거하여야 한다.

④ 중개업의 폐업신고서에 사업자등록의 폐업신고서를 함께 제출할 수 있다.

⑤ 휴업기간을 변경하고자 하는 때에는 휴업기간이 만료되기 10일 전까지 신고하여야 한다.

11. **甲 소유 X토지를 임대하기 위한 甲과 개업공인중개사 乙의 전속중개계약에 관한 설명으로 공인중개사법령상 <u>틀린</u> 것은?**

① 甲과 乙의 전속중개계약은 국토교통부령이 정하는 계약서에 의해야 한다.

② 乙은 전속중개계약서를 3년간 보존하여야 한다.

③ 乙은 甲의 비공개요청이 없는 한 전속중개계약 체결 후 7일 내에 X토지의 공시지가를 공개해야 한다.

④ 乙은 甲에게 2주에 1회 이상은 업무처리상황을 문서로 통지하여야 한다.

⑤ 甲과 乙이 전속중개계약의 유효기간을 약정하지 않은 경우 유효기간은 3개월로 한다.

12. **공인중개사법령상 법인인 개업공인중개사가 겸업할 수 있는 업무는 모두 몇 개인가? (다른 법률의 규정에 따라 중개업을 할 수 있는 법인은 제외함)**

> ○ 농업용 창고시설의 관리대행
> ○ 토지의 분양대행
> ○ 공매대상 동산에 대한 입찰신청의 대리
> ○ 이사업체 또는 도배업체의 운영
> ○ 부동산의 개발에 대한 상담

① 1개 ② 2개
③ 3개 ④ 4개
⑤ 5개

13. **공인중개사법령상 개업공인중개사의 손해배상책임의 보장에 관한 설명으로 옳은 것은? (다툼이 있으면 판례에 따름)**

① 다른 법률에 따라 중개업을 할 수 있는 법인이 중개업을 하는 때에는 중개업무를 개시하기 전에 2억원 이상의 보증을 설정하고 그 증명서류를 갖추어 등록관청에 신고해야 한다.

② 중개법인이 경매대상 부동산에 대한 권리분석 및 취득의 알선을 하면서 중개의뢰인에게 손해를 입힌 경우는 '중개행위를 함에 있어서 거래당사자에게 재산상의 손해를 발생하게 한 경우'로 볼 수 없다.

③ 개업공인중개사는 중개가 완성된 때에는 거래당사자에게 손해배상책임의 보장에 관한 사항을 설명하거나 관계증서의 사본을 교부(전자문서 포함)해야 한다.

④ 공제에 가입한 개업공인중개사로서 보증기간이 만료되어 다시 보증을 설정하고자 하는 자는 그 보증기간 만료 후 15일 이내에 다시 보증을 설정해야 한다.

⑤ 공제계약이 유효하게 성립하기 위해서는 공제계약 당시에 공제사고의 발생 여부가 확정되어 있지 않아야 한다.

14. **공인중개사법령상 부동산거래질서교란행위 신고센터(이하 '신고센터'라 함)의 설치 · 운영에 관한 설명으로 <u>틀린</u> 것은?**

① 국토교통부장관은 부동산거래질서교란행위를 방지하기 위하여 신고센터를 설치 · 운영할 수 있다.

② 신고센터는 신고사항에 대해 시 · 도지사 및 등록관청 등에 조사 및 조치를 요구해야 한다.

③ 신고센터는 신고내용이 명백히 거짓인 경우 국토교통부장관의 승인을 받아 접수된 신고사항의 처리를 종결할 수 있다.

④ 조사 및 조치요구를 받은 시 · 도지사 및 등록관청 등은 신속하게 조사 및 조치를 완료하고, 완료한 날부터 15일 이내에 그 결과를 신고센터에 통보해야 한다.

⑤ 신고센터는 매월 10일까지 직전 달의 신고사항 접수 및 처리 결과 등을 국토교통부장관에게 제출해야 한다.

15. **공인중개사법령상 계약금 등의 예치명의자가 될 수 <u>없는</u> 자는?**

① 「우체국예금 · 보험에 관한 법률」에 따른 체신관서

② 매도인 · 매수인 등 거래당사자

③ 「보험업법」에 따른 보험회사

④ 「은행법」에 따른 은행

⑤ 「자본시장과 금융투자업에 관한 법률」에 따른 신탁업자

16. **개업공인중개사 甲은 임차보증금 1천만원, 월 차임 20만원인 상가건물의 임대차를 중개하였다. 甲이 받을 수 있는 중개보수 최고 한도액의 총액은?**

① 216,000원 ② 270,000원
③ 432,000원 ④ 540,000원
⑤ 600,000원

17. **공인중개사법령상 개업공인중개사 등의 금지행위에 해당하는 것을 모두 고른 것은? (다툼이 있으면 판례에 따름)**

> ㄱ. 분양권 매매의 알선을 업으로 하는 행위
> ㄴ. 전매차익이 없는 탈세를 목적으로 한 미등기 부동산의 전매를 중개한 행위
> ㄷ. 중개의뢰인 소유의 부동산을 임차하는 행위
> ㄹ. 단체를 구성하여 단체 구성원 이외의 자와 공동중개를 제한하는 행위

① ㄱ, ㄴ ② ㄷ, ㄹ
③ ㄱ, ㄴ, ㄹ ④ ㄴ, ㄷ, ㄹ
⑤ ㄱ, ㄴ, ㄷ, ㄹ

18. **공인중개사법령상 개업공인중개사 등의 교육에 관한 설명으로 옳은 것은?**

① 중개보조원이 되려는 자는 고용신고일 전 1년 내에 등록관청이 실시하는 직무교육을 받아야 한다.

② 실무교육시간은 28시간 이상 32시간 이하로 한다.

③ 중개보조원은 2년마다 직무교육을 다시 받아야 한다.

④ 시 · 도지사는 개업공인중개사만을 대상으로 하는 부동산거래사고 예방교육을 실시할 수 없다.

⑤ 등록관청은 연수교육을 기한 내에 받지 아니한 개업공인중개사에 대하여 500만원 이하의 과태료를 부과한다.

19. 공인중개사법령상 과태료 부과대상자와 부과권자의 연결이 틀린 것을 모두 고른 것은?

ㄱ. 중개보조원으로서 중개보조원이라는 사실을 중개의뢰인에게 고지하지 아니한 자 - 등록관청 ㄴ. 자료제출 요구에 불응한 정보통신서비스 제공자 - 등록관청 ㄷ. 자격취소처분을 받고 기한 내에 자격증을 반납하지 아니한 자 - 시 · 도지사 ㄹ. 운영규정 제정 승인을 받지 아니한 자 - 국토교통부장관

① ㄴ
② ㄱ, ㄷ
③ ㄴ, ㄹ
④ ㄱ, ㄷ, ㄹ
⑤ ㄱ, ㄴ, ㄷ, ㄹ

20. 공인중개사법령상 포상금에 관한 설명으로 옳은 것은?

① 등록관청은 중개의뢰인과 중개대상물을 직접거래한 중개보조원을 신고 또는 고발한 자에 대하여 포상금을 지급할 수 있다.
② 포상금은 신고 또는 고발사건에 대하여 검사가 공소제기 또는 기소유예의 결정을 한 경우에 한하여 지급한다.
③ 포상금은 일부 또는 전부를 국고에서 보조한다.
④ 포상금은 지급 결정일부터 2개월 이내에 지급하여야 한다.
⑤ 하나의 사건에 대하여 2건 이상의 신고가 접수된 경우에는 포상금을 신고자 모두에게 균등하게 배분하여 지급한다.

21. 부동산 거래신고 등에 관한 법령상 토지거래허가와 관련한 설명으로 옳은 것은?

① 토지거래허가구역 지정통지를 받은 시장 · 군수 · 구청장은 지체 없이 그 사실을 7일 이상 공고하고, 그 공고 내용을 15일간 일반인이 열람할 수 있도록 하여야 한다.
② 처리기간 내에 허가증의 발급 또는 불허가 처분사유의 통지가 없거나 선매협의 사실의 통지가 없는 경우에는 그 기간이 끝난 날에 허가가 있는 것으로 본다.
③ 허가 · 불허가처분에 이의가 있는 자는 그 처분을 받은 날부터 3개월 이내에 시장 · 군수 · 구청장에게 이의를 신청할 수 있다.
④ 당사자의 한쪽이 국가 등인 경우에는 국가 등이 토지거래허가를 신청하여야 한다.
⑤ 허가신청에 대하여 불허가처분을 받은 자는 그 통지를 받은 날부터 2개월 이내에 시장 · 군수 · 구청장에게 해당 토지에 관한 권리의 매수를 청구할 수 있다.

22. 공인중개사법령상 공인중개사협회(이하 '협회'라 함)의 공제사업에 관한 설명으로 옳은 것은?

① 협회는 공제사업 운용실적을 매 회계연도 종료 후 1개월 이내에 일간신문 또는 협회보에 공시하여야 한다.
② 등록관청은 공제사업 운영이 적정하지 아니한 경우 자산예탁기관의 변경을 명할 수 있다.
③ 협회는 회원간의 상호부조를 목적으로 한 공제사업을 할 수 있다.
④ 책임준비금의 적립비율은 공제사고 발생률 및 공제금 지급액 등을 종합적으로 고려하여 공제료 수입액의 100분의 20 이상으로 정한다.
⑤ 공제사업운영위원회의 위원은 7명 이상 11명 이내로 한다.

23. 공인중개사법령상 등록관청이 인지한 경우 중개사무소의 개설등록을 취소해야 하는 경우가 아닌 것은?

① 거짓 그 밖의 부정한 방법으로 중개사무소의 개설등록을 한 경우
② 법인인 개업공인중개사로서 그 임원의 결격사유를 2개월 내에 해소하지 아니한 경우
③ 다른 사람으로 하여금 자신의 성명을 사용하여 중개업무를 하게 한 경우
④ 중개보조원 수 제한을 초과하여 중개보조원을 고용한 경우
⑤ 둘 이상의 중개사무소를 둔 경우

24. 부동산 거래신고 등에 관한 법령상 주택임대차계약의 신고대상에 대한 설명으로 옳은 것을 모두 고른 것은? (주어진 조건만을 고려함)

ㄱ. 특별자치시 · 특별자치도 · 시 · 구(자치구) 소재 주택은 신고대상이다. ㄴ. 군 소재 주택은 광역시와 경기도에 소재하는 주택이 대상이다. ㄷ. 보증금이 5천만원을 초과하거나 월 차임이 20만원을 초과하는 임대차계약이 대상이다. ㄹ. 계약을 갱신하는 경우로서 보증금 및 차임의 증감 없이 임대차 기간만 연장하는 계약도 포함된다. ㅁ. 건축물대장상의 용도와 관계없이 사실상 주거용으로 사용하는 건물은 '주택'이다.

① ㄱ, ㄴ
② ㄴ, ㄹ
③ ㄷ, ㅁ
④ ㄱ, ㄴ, ㅁ
⑤ ㄷ, ㄹ, ㅁ

25. 폐업신고 후 재등록을 한 개업공인중개사 甲에 대한 행정제재처분효과의 승계 등에 관한 설명으로 공인중개사법령상 옳은 것은?

① 甲의 폐업기간이 1년을 초과한 경우 폐업신고 전의 업무정지사유에 해당하는 위반행위에 대하여 업무정지처분을 할 수 없다.

② 甲이 폐업신고 전에 받은 업무정지처분의 효과는 그 처분일부터 3년간 승계된다.

③ 甲의 폐업기간이 3년을 초과한 경우라도 폐업신고 전의 등록취소사유에 해당하는 위반행위를 이유로 하는 등록취소처분을 할 수 있다.

④ 甲은 폐업신고 전에 받은 과태료부과처분의 효과를 폐업일로부터 1년간 승계한다.

⑤ 甲이 중개법인의 대표자이었던 경우 폐업신고 전 해당 중개법인의 위반행위를 승계하지 않는다.

26. 공인중개사법령상 공인중개사 자격취소사유가 아닌 것은? (공인중개사 직무와 관련되어 있음을 전제함)

① 부정한 방법으로 공인중개사 자격을 취득한 경우

② 「형법」상의 사기죄로 징역 2년형에 집행유예 3년을 선고받은 경우

③ 공인중개사 자격정지기간 중에 이중소속을 한 경우

④ 「형법」상의 사문서위조죄로 징역 10개월을 선고받은 경우

⑤ 「공인중개사법」에 위반하여 500만원의 벌금형을 선고받은 경우

27. 「공인중개사법」상 3년 이하의 징역 또는 3천만원 이하의 벌금사유에 해당하는 자를 모두 고른 것은?

ㄱ. 거짓 그 밖의 부정한 방법으로 중개사무소의 개설등록을 한 자
ㄴ. 공인중개사로서 다른 사람에게 자기의 성명을 사용하여 중개업무를 하게 한 자
ㄷ. 시세에 부당한 영향을 줄 목적으로 개업공인중개사 등의 중개대상물에 대한 정당한 표시·광고 행위를 방해한 자
ㄹ. 중개보조원 수 제한을 초과하여 중개보조원을 고용한 자

① ㄱ, ㄷ
② ㄱ, ㄹ
③ ㄴ, ㄹ
④ ㄱ, ㄴ, ㄹ
⑤ ㄱ, ㄷ, ㄹ

28. 부동산 거래신고 등에 관한 법령상 부동산거래신고에 관한 설명으로 옳은 것은?

① 매수인 외의 자가 자금조달·입주계획서를 제출하는 경우 매수인은 부동산거래계약신고를 하려는 자에게 계약 체결일부터 15일 이내에 자금조달·입주계획서를 제공해야 한다.

② 법인이 부동산을 매수하는 경우에는 언제나 법인의 등기현황 및 거래상대방이 그 법인의 임원 또는 임원과 친족관계가 있는지 등을 신고하여야 한다.

③ 특별자치도 행정시의 시장은 부동산거래신고의 신고관청이다.

④ 시·도지사는 신고관청이 조사결과에 대하여 보고한 내용을 취합하여 매월 10일까지 국토교통부장관에게 보고(전자문서 보고 등 포함)하여야 한다.

⑤ 신고대상 계약을 체결하지 아니하였음에도 불구하고 거짓으로 부동산거래신고를 하는 행위를 자진 신고한 자에 대하여는 과태료를 감경 또는 면제할 수 있다.

29. 부동산 거래신고 등에 관한 법령상 외국인 등의 부동산취득 등에 관한 특례의 내용으로 옳은 것은? (단, 헌법과 법률에 따라 체결된 조약의 이행에 필요한 경우는 고려하지 않음)

① 외국인이 「군사기지 및 군사시설 보호법」에 따른 군사시설보호구역 내의 지상권을 취득하고자 하는 경우에는 미리 신고관청의 허가를 받아야 한다.

② 외국단체가 토지거래허가구역 내에 소재한 「자연환경보전법」에 의한 생태·경관보전지역 내의 토지를 취득하면서 토지거래허가를 받은 경우에는 별도의 외국인 취득허가를 받을 필요가 없다.

③ 외국인이 기존 건축물을 개축에 의하여 취득하는 때에는 신고할 필요가 없다.

④ 외국인의 부동산 등의 취득신고·허가신청은 전자문서로 할 수 없다.

⑤ 국토교통부장관은 외국인이 부동산 등의 취득신고를 위반한 경우 과태료를 부과한다.

30. 부동산 거래신고 등에 관한 법령상 토지거래계약에 관한 허가구역에서 허가를 요하지 아니하는 기준면적으로 옳은 것은? (지정권자가 따로 정하는 기준면적은 고려하지 않음)

① 주거지역: 90m^2 이하

② 상업지역: 200m^2 이하

③ 녹지지역: 150m^2 이하

④ 도시지역 외의 지역에 위치한 농지: 600m^2 이하

⑤ 도시지역 외의 지역에 위치한 임야: 1,000m^2 이하

31. 「공인중개사의 매수신청대리인 등록 등에 관한 규칙」의 내용으로 틀린 것은?

① 매수신청대리인이 되고자 하는 개업공인중개사는 중개사무소가 있는 곳을 관할하는 지방법원의 장에게 매수신청대리인 등록을 하여야 한다.

② 개업공인중개사는 매수신청대리행위를 함에 있어서 매각장소 또는 집행법원에 직접 출석하여야 한다.

③ 매수신청대리 위임계약을 체결한 경우 그 대상물의 확인·설명서를 위임인에게 교부하고 그 사본을 사건카드에 철하여 5년간 보관하여야 한다.

④ 공인중개사인 개업공인중개사는 업무개시 전까지 2억원 이상의 보증을 설정하여 관할 지방법원장에게 신고하여야 한다.

⑤ 이 규칙상의 업무정지기간은 1월 이상 2년 이하로 한다.

32. 부동산 거래신고 등에 관한 법령상 포상금과 관련한 설명으로 틀린 것은?

① 허가 또는 변경허가를 받지 아니하고 토지거래계약을 체결한 자 또는 거짓이나 그 밖의 부정한 방법으로 토지거래계약허가를 받은 자는 포상금이 지급되는 신고·고발대상이다.

② 포상금의 지급에 드는 비용은 시·도의 재원으로 충당한다.

③ 부동산 등의 실제 거래가격을 거짓으로 신고한 자를 고발한 자에 대한 포상금의 최대 한도는 1천만원이다.

④ 공무원이 직무와 관련하여 발견한 사실을 신고·고발한 경우나 해당 위반행위를 하거나 관여한 자가 신고·고발한 경우에는 포상금을 지급하지 아니할 수 있다.

⑤ 토지거래허가를 받은 목적대로 토지를 이용하지 아니한 자를 신고한 경우의 포상금은 건당 50만원이다.

33. 개업공인중개사가 중개의뢰인에게 「주택임대차보호법」을 설명한 내용으로 틀린 것은?

① 주택의 등기를 하지 아니한 전세계약에 관하여도 이 법이 적용된다.

② 「지방공기업법」에 따라 주택사업을 목적으로 설립된 지방공사는 이 법상 보호를 받을 수 있는 법인이다.

③ 임대차 계약기간을 1년으로 정한 경우 임차인은 그 기간이 유효함을 주장할 수 있다.

④ 임차인이 대항력을 취득하려면 주민등록 전입신고 이외에 임대차계약증서에 확정일자도 받아야 한다.

⑤ 주택임대차계약이 묵시적으로 갱신된 경우 임차인은 언제든지 임대차계약의 해지를 통지할 수 있다.

34. 甲이 토지를 매수하기 위해 개업공인중개사인 乙과 일반중개계약을 체결하고, 乙이 공인중개사법령상 표준서식인 일반중개계약서를 작성하는 경우 기재하는 항목을 모두 고른 것은?

ㄱ. 권리관계	ㄴ. 희망조건
ㄷ. 토지의 소재지, 면적	ㄹ. 유효기간

① ㄱ, ㄷ　② ㄴ, ㄹ
③ ㄱ, ㄴ, ㄹ　④ ㄴ, ㄷ, ㄹ
⑤ ㄱ, ㄴ, ㄷ, ㄹ

35. 개업공인중개사가 중개의뢰인에게 분묘기지권 및 장사 등에 관한 법령을 설명한 내용으로 틀린 것은? (다툼이 있으면 판례에 따름)

① 분묘기지권의 존속기간에 관하여는 「민법」의 지상권에 관한 규정이 준용되지 않는다.

② 「장사 등에 관한 법률」 시행일인 2001.1.13. 이후라도 토지소유자의 승낙을 얻어 분묘를 설치하면 분묘기지권을 취득한다.

③ 「장사 등에 관한 법률」상 개인 자연장지의 면적은 30m^2 미만이어야 하고, 조성한 자는 30일 내에 관할 시장 등에게 신고하여야 한다.

④ 분묘가 멸실된 경우라고 하더라도 유골이 존재하여 분묘의 원상회복이 가능하여 일시적인 멸실에 불과하다면 분묘기지권은 소멸하지 않고 존속한다.

⑤ 분묘기지권의 포기는 의사표시 외에 점유까지도 포기하여야만 그 권리가 소멸한다.

36. 공인중개사법령상 비주거용 건축물 확인·설명서의 작성과 관련한 설명으로 옳은 것을 모두 고른 것은?

ㄱ. 비선호시설(1km 이내) 유무는 현장을 답사하여 기재한다.
ㄴ. 소방에는 소화전, 비상벨을 기재한다.
ㄷ. 매매의 경우 "건폐율 상한·용적률 상한"은 토지이용계획확인서를 확인하여 기재한다.
ㄹ. 임대차의 경우에는 "취득시 부담할 조세의 종류 및 세율"란은 기재를 생략한다.
ㅁ. 일조, 소음, 진동 등 환경조건은 상태에 관한 자료를 요구하여 기재한다.

① ㄱ　② ㄴ, ㄷ
③ ㄴ, ㄹ　④ ㄱ, ㄷ, ㅁ
⑤ ㄴ, ㄷ, ㄹ, ㅁ

37. 甲은 그 소유 X부동산에 대하여 乙과 명의신탁약정을 한 후 가장(假裝)매매의 형식을 통하여 乙 명의로 소유권이전등기를 하였다. 그 후 乙은 명의신탁약정사실을 알고 있는 丙에게 X부동산을 매각하였다. 이와 관련한 설명으로 틀린 것은? (다툼이 있으면 판례에 따름)

① 甲과 乙 사이의 명의신탁약정은 무효이다.

② 乙 명의의 등기는 무효이다.

③ 丙 명의의 등기는 유효하고, 乙은 「형법」상 횡령죄로 처벌된다.

④ 甲은 丙에게 소유권이전등기를 청구할 수 없다.

⑤ 甲은 乙에게 대금 상당의 부당이득반환청구권을 행사할 수 있다.

38. 개업공인중개사가 서울특별시 소재 상가건물에 대해 보증금 1억원, 월 차임 500만원, 계약기간 1년으로 하는 임대차계약을 중개하면서 임대인 甲과 임차인 乙에게 설명한 내용으로 옳은 것을 모두 고른 것은?

ㄱ. 3기의 차임액에 달하도록 차임을 연체한 사실이 있는 경우 乙은 권리금을 보호받을 수 없다. ㄴ. 甲과 乙이 합의하여 임대차의 등기를 한 경우 乙은 그 다음 날부터 대항력을 취득한다. ㄷ. 乙의 갱신요구로 계약이 갱신되는 경우 甲은 보증금 또는 월 차임을 5% 범위 내에서 증액청구할 수 있다. ㄹ. 임대차 계약이 묵시적으로 갱신된 경우, 그 존속기간은 甲이 그 사실을 안 때로부터 1년으로 본다.

① ㄱ, ㄷ
② ㄱ, ㄹ
③ ㄴ, ㄷ
④ ㄱ, ㄴ, ㄷ
⑤ ㄱ, ㄴ, ㄷ, ㄹ

39. 부동산 거래신고 등에 관한 법령상 취득자금조달계획, 지급방식 및 입주(이용)계획(이하 '자금조달계획'이라 한다)의 신고와 관련한 설명으로 틀린 것은? (국가 등이 매수자에 포함되어 있지 않고, 토지거래허가구역 내 토지는 아님을 전제함)

① 법인이 주택을 매수하는 경우에는 규제지역 여부 · 거래금액에 관계없이 자금조달계획을 신고해야 한다.

② 개인이 「주택법」상 투기과열지구 또는 조정대상 지역에 소재하는 주택을 매수하는 경우에는 실제 거래금액이 3억원 이상인 경우에만 자금조달계획을 신고한다.

③ 투기과열지구 또는 조정대상 지역이 아닌 지역에서 실제 거래금액이 6억원 이상인 주택을 개인이 매수하는 경우에는 자금조달계획을 신고해야 한다.

④ 수도권 등에 소재하는 나대지를 실제 거래금액 1억원(지분거래는 금액 무관) 이상으로 매수하는 개인은 자금조달계획을 신고해야 한다.

⑤ 수도권 등 외의 지역에 소재하는 나대지를 실제 거래금액 6억원 이상으로 매수하는 개인은 자금조달계획을 신고해야 한다.

40. 개업공인중개사가 부동산 경매에 관하여 의뢰인에게 설명한 내용으로 틀린 것은?

① 매수인은 법원이 정한 대금지급기한까지 매각대금을 지급하면 된다.

② 차순위매수신고는 그 신고액이 최고가매수신고액에서 그 보증액을 뺀 금액을 넘는 때에만 할 수 있다.

③ 매수인은 매각대금을 다 낸 때에 매각의 목적인 권리를 취득한다.

④ 기일입찰에서 매수신청의 보증금액은 매수신고가격의 10분의 1로 한다.

⑤ 재매각절차에서 전(前)의 매수인은 매수신청을 할 수 없다.

제2과목: 부동산공법 중 부동산 중개에 관련 되는 규정

41. 국토의 계획 및 이용에 관한 법령에 따른 광역도시계획에 관한 설명 중 옳은 것은?

① 시장 또는 군수가 기초조사정보체계를 구축한 경우에는 등록된 정보의 현황을 3년마다 확인하고 변동사항을 반영하여야 한다.

② 도지사가 단독으로 수립하는 광역도시계획은 국토교통부장관의 승인을 받아야 한다.

③ 광역도시계획을 공동으로 수립하는 시·도지사는 그 내용에 관하여 서로 협의가 되지 아니하면 공동이나 단독으로 국토교통부장관에게 조정을 신청할 수 있다.

④ 국토교통부장관은 광역계획권을 지정하거나 변경하려면 관계 시·도지사, 시장 또는 군수의 의견을 들은 후 지방도시계획위원회의 심의를 거쳐야 한다.

⑤ 국토교통부장관 또는 도지사는 인접한 둘 이상의 특별시·광역시·특별자치시·특별자치도·시 또는 군의 관할구역의 일부를 광역계획권에 포함시키고자 하는 때에는 구·군(광역시의 관할 구역 안에 있는 군을 제외한다)·읍 또는 면의 관할 구역 단위로 하여야 한다.

42. 국토의 계획 및 이용에 관한 법령상 용어에 대한 설명으로 옳은 것은?

① '성장관리계획'이란 성장관리계획구역에서의 난개발을 방지하고 계획적인 개발을 유도하기 위하여 수립하는 계획을 말한다.

② '공간재구조화계획'이란 토지의 이용 및 건축물이나 그 밖의 시설의 용도·건폐율·용적률·높이 등을 강화하는 용도구역의 효율적이고 계획적인 관리를 위하여 수립하는 계획을 말한다.

③ '도시혁신계획'이란 주거·상업·산업·교육·문화·의료 등 다양한 도시기능이 융복합된 공간의 조성을 목적으로 복합용도구역에서의 건축물의 용도별 구성비율 및 건폐율·용적률·높이 등의 제한에 관한 사항을 따로 정하기 위하여 공간재구조화계획으로 결정하는 도시·군관리계획을 말한다.

④ '복합용도계획'이란 창의적이고 혁신적인 도시공간의 개발을 목적으로 도시혁신구역에서의 토지의 이용 및 건축물의 용도·건폐율·용적률·높이 등의 제한에 관한 사항을 따로 정하기 위하여 공간재구조화계획으로 결정하는 도시·군관리계획을 말한다.

⑤ '도시·군계획사업시행자'란 이 법에 따라 도시·군계획사업을 하는 자를 말한다.

43. 국토의 계획 및 이용에 관한 법령상 국토는 자연환경의 보전과 자원의 효율적 활용을 통하여 환경적으로 건전하고 지속가능한 발전을 이루기 위하여 특정 목적을 이룰 수 있도록 이용되고 관리되어야 한다. 이에 해당하지 않는 것은 몇 개인가?

ㄱ. 국민생활과 경제활동에 필요한 토지 및 각종 시설물의 효율적 이용과 원활한 공급
ㄴ. 자연환경 및 경관의 보전과 훼손된 자연환경 및 경관의 개선 및 복원
ㄷ. 교통·수자원·에너지 등 국민생활에 필요한 각종 기초 서비스 제공
ㄹ. 주거 등 생활환경 개선을 통한 국민의 삶의 질 향상
ㅁ. 지역의 정체성과 문화유산의 보전

① 0개 ② 1개
③ 2개 ④ 3개
⑤ 4개

44. 국토의 계획 및 이용에 관한 법령상 공간재구조화계획에 관한 설명으로 옳은 것은?

① 특별시장·광역시장·특별자치시장·특별자치도지사·시장 또는 군수는 도시·군계획시설입체복합구역의 지정을 위해 공간재구조화계획을 입안하여야 한다.

② 국토교통부장관 또는 도지사는 도시의 경쟁력 향상, 특화발전 및 지역 균형발전 등을 위하여 필요한 때에는 관할 특별시장·광역시장·특별자치시장·특별자치도지사·시장 또는 군수의 요청에 따라 공간재구조화계획을 입안할 수 있다.

③ 지형도면이 필요 없는 경우 공간재구조화계획 결정의 효력은 공간재구조화계획의 결정·고시 다음 날부터 효력이 발생한다.

④ 입체복합구역의 지정을 제안하는 경우(도시혁신구역 또는 복합용도구역과 함께 입체복합구역을 지정하거나 도시혁신계획 또는 복합용도계획과 함께 입체복합구역 지정에 관한 공간재구조화계획을 입안하는 경우로 한정한다)에는 대상 토지면적의 5분의 4 이상의 동의를 얻어야 한다.

⑤ 환경관리계획 또는 경관계획은 공간재구조화계획의 내용에 해당하지 않는다.

45. **국토의 계획 및 이용에 관한 법령상 용도지역의 지정에 관한 특례에 관한 설명으로 가장 옳은 것은?**

① 공유수면(하천)의 매립목적이 당해 매립구역과 이웃하고 있는 용도지역의 내용과 동일한 때에는 도시 · 군관리계획의 입안 및 결정절차 없이 당해 매립준공구역은 그 매립의 준공인가일부터 이와 이웃하고 있는 용도지역으로 지정된 것으로 본다.

② 「항만법」에 따른 항만구역, 「어촌 · 어항법」에 따른 어항구역으로서 개발 예정지인 계획관리지역에 연접된 공유수면은 도시지역으로 결정 · 고시된 것으로 본다.

③ 산업단지, 택지개발지구, 전원개발사업구역 및 예정구역(수력발전소 또는 송 · 변전설비만을 설치하기 위한 전원개발사업구역 및 예정구역을 제외한다)으로 지정 · 고시된 지역은 이 법에 의한 도시지역으로 결정 · 고시된 것으로 본다.

④ 관리지역 안에서 「농지법」에 의한 농업진흥지역으로 지정 · 고시된 지역은 이 법에 의한 농림지역으로 결정 · 고시된 것으로 본다. 별도로 고시를 할 필요는 없다.

⑤ 관리지역 안의 산림 중 「산지관리법」에 의하여 보전산지로 지정 · 고시된 지역은 당해 고시에서 구분하는 바에 따라 농업진흥지역 또는 자연환경보전지역으로 결정 · 고시된 것으로 본다.

46. **국토의 계획 및 이용에 관한 법령상 용도지역의 행위제한에 대한 설명으로 옳은 것은?**

① 「국토의 계획 및 이용에 관한 법률 시행령」상 준주거지역 안에서는 건축할 수 없는 건축물에 대하여 규정하고 있다.

② 「국토의 계획 및 이용에 관한 법률 시행령」상 중심상업지역 안에서 건축할 수 있는 건축물에 대하여 규정하고 있다.

③ 「국토의 계획 및 이용에 관한 법률 시행령」상 일반상업지역 안에서는 건축할 수 있는 건축물에 대하여 규정하고 있다.

④ 「국토의 계획 및 이용에 관한 법률 시행령」상 계획관리지역 안에서는 건축할 수 있는 건축물에 대하여 규정하고 있다.

⑤ 「국토의 계획 및 이용에 관한 법률 시행령」상 보전관리지역 안에서는 건축할 수 없는 건축물에 대하여 규정하고 있다.

47. **국토의 계획 및 이용에 관한 법령상 건폐율과 용적률의 별도 규정에 대한 내용이다. (　　) 안에 들어갈 내용으로 올바르게 나열된 것은?**

<table>
<tr><th>지역</th><th colspan="2">건폐율</th><th>용적률</th></tr>
<tr><td rowspan="3">1. 개발진흥지구</td><td>자연녹지지역</td><td>(ㄱ)%</td><td rowspan="3">100%</td></tr>
<tr><td rowspan="2">도시 외 지역</td><td>(ㄴ)%</td></tr>
<tr><td>계획관리지역에 산업 · 유통개발 진흥지구 지정 → (ㄷ)%</td></tr>
<tr><td>2. 수산자원보호구역</td><td colspan="2">40%</td><td>80%</td></tr>
<tr><td>3. 취락지구 (집단: 40%)</td><td colspan="2">(ㄹ)%</td><td>×</td></tr>
<tr><td>4. 공원구역</td><td colspan="2">60%</td><td>100%</td></tr>
<tr><td>5. 농공단지</td><td colspan="2">70%</td><td>(ㅁ)%</td></tr>
<tr><td>6. 공업지역 (산업단지)</td><td colspan="2">80%</td><td>×</td></tr>
</table>

ㄱ　ㄴ　ㄷ　ㄹ　ㅁ

① 30, 30, 60, 80, 150

② 30, 40, 60, 60, 120

③ 30, 40, 60, 60, 150

④ 30, 60, 80, 60, 150

⑤ 40, 50, 60, 60, 100

48. **국토의 계획 및 이용에 관한 법령상 다음과 같은 조건에 대한 설명으로 <u>틀린</u> 것은?**

> ○ 제1종 일반주거지역 600m², 일반상업지역 400m², 자연녹지지역 200m²
> ○ 甲의 토지는 현재 서울시 송파구에 소재하고 있다.
> ○ 건폐율은 제1종 일반주거지역은 60%, 일반상업지역은 80%, 자연녹지지역은 20%이다.

① 제1종 일반주거지역에는 그대로 제1종 일반주거지역의 행위제한을 적용한다.

② 400m² 일반상업지역의 도시 · 군계획시설에 대해서는 일반상업지역의 건축제한에 관한 규정을 적용하지 않는다.

③ 자연녹지지역에는 그대로 자연녹지지역의 행위제한을 적용한다.

④ 제1종 일반주거지역으로 들어간 부분에는 아파트를 건축할 수 없다.

⑤ 해당 토지의 최대 건축면적은 720m²이다.

49. 국토의 계획 및 이용에 관한 법령상 장기 미집행 도시 · 군계획시설부지의 매수청구에 관한 설명 중 옳은 것은?

① 매수하기로 결정한 토지는 매수 결정을 알린 날부터 3년 이내에 매수하여야 한다.

② 매수청구된 토지의 매수가격은 공시지가를 기준으로 한다.

③ 도시 · 군계획시설채권의 발행절차 등에 관하여는 이 법에 특별한 규정이 있는 경우 외에는 「지방재정법」에서 정하는 바에 따른다.

④ 매수의무자는 매수 청구를 받은 날부터 2년 이내에 매수 여부를 결정하여 토지소유자와 특별시장 · 광역시장 · 특별자치시장 · 특별자치도지사 · 시장 또는 군수(매수의무자가 특별시장 · 광역시장 · 특별자치시장 · 특별자치도지사 · 시장 또는 군수인 경우는 제외한다)에게 알려야 한다.

⑤ 매수의무자가 시행자인 경우에는 토지소유자의 의사에 반하여 도시 · 군계획시설채권을 발행하여 지급할 수 있다.

50. 국토의 계획 및 이용에 관한 법령상 기반시설부담구역에 대한 설명으로 틀린 것은?

① 특별시장 · 광역시장 · 특별자치시장 · 특별자치도지사 · 시장 또는 군수는 기반시설부담구역을 지정 또는 변경하려면 주민의 의견을 들어야 하며, 해당 지방자치단체에 설치된 지방도시계획위원회의 심의를 거쳐 이를 고시하여야 한다.

② 기반시설부담구역에서 기반시설설치비용을 부담해야 하는 개발행위는 $200m^2$ 초과의 신축과 증축행위를 대상으로 하는 것이지 모든 개발행위는 아니다.

③ 특별시장 · 광역시장 · 특별자치시장 · 특별자치도지사 · 시장 또는 군수는 기반시설부담구역이 지정되면 기반시설설치계획을 수립하여야 한다.

④ 위험물 저장 및 처리시설, 자동차관련시설, 동물 및 식물관련시설은 기반시설유발계수가 모두 동일하다.

⑤ 기반시설부담구역의 지정고시일부터 1년이 되는 날까지 기반시설설치계획을 수립하지 아니하면 그 1년이 되는 날의 다음 날에 기반시설부담구역의 지정은 해제된 것으로 본다. 또한, 해당 계획을 도시 · 군기본계획에 반영하여야 한다.

51. 국토의 계획 및 이용에 관한 법령상 도시 · 군계획시설사업과 관련된 설명으로 옳은 것은?

① 도시 · 군관리계획결정의 고시가 있은 때에는 국 · 공유지로서 당해 사업에 필요한 토지라도 매각이나 양도가 제한되지는 않는다.

② 사업비용은 어느 경우에나 국고에서 부담한다.

③ 대한석탄공사가 도시 · 군계획시설사업의 시행자로 지정을 받으려면 도시 · 군계획시설사업의 대상인 토지(국 · 공유지는 제외한다)의 면적의 3분의 2 이상에 해당하는 토지를 소유하고, 토지소유자 총수의 2분의 1 이상에 해당하는 자의 동의를 얻어야 한다.

④ 사업시행대상지역은 사업단위로 사업시행을 해야 하며 성질상 분할시행은 금지된다.

⑤ 실시계획의 고시가 있는 때 공익사업을 위한 토지 등의 취득 및 보상에 관한 법령상 사업인정 및 그 고시가 있은 것으로 본다.

52. 국토의 계획 및 이용에 관한 법령상 조문의 일부이다. (   ) 안에 들어갈 내용으로 올바른 순서로 나열된 것은?

> 제75조의3【성장관리계획의 수립 등】성장관리계획구역에서는 제77조 제1항에도 불구하고 다음 각 호의 구분에 따른 범위에서 성장관리계획으로 정하는 바에 따라 특별시 · 광역시 · 특별자치시 · 특별자치도 · 시 또는 군의 조례로 정하는 비율까지 건폐율을 완화하여 적용할 수 있다.
> 1. 계획관리지역: (ㄱ)% 이하
> 2. 생산관리지역 · 농림지역 및 대통령령으로 정하는 녹지지역: (ㄴ)% 이하
>
> ③ 성장관리계획구역 내 계획관리지역에서는 제78조 제1항에도 불구하고 (ㄷ)% 이하의 범위에서 성장관리계획으로 정하는 바에 따라 특별시 · 광역시 · 특별자치시 · 특별자치도 · 시 또는 군의 조례로 정하는 비율까지 용적률을 완화하여 적용할 수 있다.
>
> ④ 생략
>
> ⑤ 특별시장 · 광역시장 · 특별자치시장 · 특별자치도지사 · 시장 또는 군수는 (ㄹ)년마다 관할 구역 내 수립된 성장관리계획에 대하여 대통령령으로 정하는 바에 따라 그 타당성 여부를 전반적으로 재검토하여 정비하여야 한다.

	ㄱ	ㄴ	ㄷ	ㄹ
①	50,	30,	125,	5
②	50,	30,	125,	10
③	50,	30,	150,	5
④	50,	40,	125,	5
⑤	60,	30,	125,	5

53. **도시개발법령에서 도시개발구역을 지정한 후에 개발계획을 수립할 수 있는 지역이 아닌 것은?**

① 자연녹지지역 · 생산녹지지역

② 일반공업지역

③ 개발계획을 공모한 경우

④ 당해 도시개발구역에 포함된 주거지역 · 상업지역 · 공업지역의 면적의 합계가 전체 도시개발구역 지정면적의 100분의 30 이하인 지역

⑤ 국토교통부장관이 국가균형발전을 위하여 관계 중앙행정기관의 장과 협의하여 도시개발구역으로 지정하고자 하는 지역(단, 자연환경보전지역은 제외)

54. **도시개발법령상 도시개발구역 안에서 특별시장 · 광역시장 · 특별자치도지사 · 시장 또는 군수의 허가를 받아야 하는 행위는? (국토의 계획 및 이용에 관한 법령상 개발행위허가의 대상이 아님을 전제함)**

① 농림수산물의 생산에 직접 이용되는 것으로서 비닐하우스의 설치

② 경작을 위한 토지의 형질변경

③ 도시개발구역의 개발에 지장을 주지 아니하고 자연경관을 손상하지 아니하는 범위 안에서의 토석의 채취

④ 도시개발구역 안에 존치하기로 결정된 대지 안에서 물건을 쌓아놓는 행위

⑤ 토지의 분할

55. **도시개발법령상 도시개발구역 안에서 개발구역의 지정 해제 사유에 대한 설명으로 틀린 것은?**

① 개발구역지정과 동시에 개발계획을 수립하는 경우로 도시개발구역이 지정 · 고시된 날부터 3년이 되는 날까지 도시개발사업에 관한 실시계획의 인가를 신청하지 아니하는 경우에는 그 3년이 되는 날의 다음 날

② 수용 · 사용방식에 해당하는 경우로 도시개발사업의 공사완료공고일의 다음 날

③ 환지방식에 해당하는 경우로 도시개발사업의 환지처분 공고일의 다음 날

④ 도시개발구역의 지정 이후에 개발계획을 수립하는 경우로 도시개발구역을 지정 · 고시한 날부터 3년이 되는 날까지 개발계획을 수립 · 고시하지 아니하는 경우에는 그 3년이 되는 날의 다음 날. 다만, 도시개발구역의 면적이 330만m^2 이상인 경우에는 5년으로 한다.

⑤ 도시개발구역의 지정 이후에 개발계획을 수립하는 경우로 개발계획을 수립 · 고시한 날부터 3년이 되는 날까지 실시계획의 인가를 신청하지 아니하는 경우에는 그 3년이 되는 날의 다음 날. 다만, 도시개발구역의 면적이 330만m^2 이상인 경우에는 5년으로 한다.

56. **도시개발법령상 도시개발사업시행을 위한 조합과 관련된 설명으로 틀린 것은?**

① 조합원은 보유토지의 면적과 관계없는 평등한 결의권을 갖는다.

② 조합원은 도시개발구역 안의 토지소유자로 한다. 조합설립에 동의하지 않은 자도 자동조합원으로 본다.

③ 조합의 임원이 피한정후견인으로 된 경우 그 다음 날로부터 임원자격을 상실한다.

④ 조합은 법인으로 하며, 의결권을 가진 조합원의 수가 50인 이상인 조합은 총회의 권한을 대행하게 하기 위하여 대의원회를 둘 수 있다.

⑤ 대의원회 의장은 총회를 개최하여 선출한다.

57. **도시개발법령상 토지상환채권에 관한 설명 중 틀린 것은?**

① 토지상환채권이란 토지소유자가 원하는 경우 토지 등의 매수대금의 일부를 지급하기 위하여 도시개발사업 시행으로 조성된 토지 · 건축물로 상환하는 채권을 말한다. 토지만을 대상으로 하는 것이 아니다.

② 토지상환채권의 발행규모는 그 토지상환채권으로 상환할 토지 · 건축물이 당해 도시개발사업으로 조성되는 분양토지 또는 분양건축물의 2분의 1을 초과하지 아니하여야 한다.

③ 토지상환채권은 기명식증권으로 하며 양도가 가능하다.

④ 토지상환채권은 대표적인 경쟁입찰방식에 의한 공급방법이다.

⑤ 토지상환채권의 이율은 발행 당시의 금융기관의 예금금리 및 부동산 수급상황을 고려하여 발행자가 정한다.

58. **도시개발법령상 조합인 시행자가 면적식으로 환지계획을 수립하여 환지방식에 의한 사업시행을 하는 경우, 환지계획구역의 평균 토지부담률(%)은 얼마인가? (단, 다른 조건은 고려하지 않음)**

> ○ 환지계획구역 면적: 2,000m^2
> ○ 공공시설의 설치로 시행자에게 무상귀속되는 토지 면적: 500m^2
> ○ 시행자가 소유하는 토지면적: 100m^2
> ○ 보류지 면적: 1,300m^2

① 40 ② 45
③ 50 ④ 55
⑤ 60

59. 도시 및 주거환경정비법령상 재건축사업에 관한 설명으로 옳은 것은?
① 재건축사업은 정비기반시설이 열악하고 노후·불량건축물이 밀집한 지역에서 주거환경을 개선하기 위한 사업이다.
② 재건축사업에 있어 토지등소유자는 정비구역에 위치한 건축물의 소유자 및 임차인을 말한다.
③ 재건축사업은 주택단지를 대상으로 하며, 주택단지가 아닌 지역을 정비구역에 포함할 수 없다.
④ 조합설립을 위한 동의자 수 산정에 있어, 1인이 둘 이상의 소유권을 소유하고 있는 경우에는 소유권의 수에 관계없이 토지등소유자를 1인으로 산정한다.
⑤ 재건축사업의 경우 재건축사업에 동의하지 않은 토지등소유자도 정비사업의 조합원이 될 수 있다.

60. 다음 도시 및 주거환경정비기본계획과 정비계획의 차이점을 설명한 것으로 틀린 것은?

	구분	정비기본계획	정비계획
①	수립권자	특별시장·광역시장·특별자치시장·특별자치도지사·시장	구청장 등 (특별자치시장, 특별자치도지사, 시장·군수는 직접 수립하여 정비구역을 지정함)
②	계획기간 및 타당성 검토	10년 단위로 수립하고 5년마다 타당성 검토 (예외 인정함)	계획기간 및 타당성 검토규정 없음
③	공람	14일 이상 공람	30일 이상 공람
④	지방의회 의견청취	30일 이내에 의견을 제시	60일 이내에 의견을 제시
⑤	국민 구속력 여부	구속력 없음	구속력 있음

61. 도시 및 주거환경정비법령상 관리처분계획에 포함되어야 하는 사항으로 틀린 것은?
① 세입자의 주거 및 이주대책
② 분양대상자의 주소 및 성명
③ 분양설계
④ 기존 건축물의 철거 예정시기
⑤ 세입자별 손실보상을 위한 권리명세 및 그 평가액

62. 도시 및 주거환경정비법령상 조합에 관한 내용으로 옳은 것은?
① 조합임원의 사임, 해임 또는 임기만료 후 6개월 이상 조합임원이 선임되지 아니한 경우에는 시장·군수 등이 조합임원 선출을 위한 총회를 소집할 수 있다.
② 대의원회는 정비사업전문관리업자의 선정 및 변경에 관한 총회의 권한을 대행할 수 있다.
③ 조합임원은 같은 목적의 정비사업을 하는 다른 조합의 임원 또는 직원을 겸할 수 있다.
④ 조합장이 아닌 조합임원은 대의원이 될 수 있다.
⑤ 재개발사업의 추진위원회가 조합을 설립하려면 토지등소유자의 2분의 1 이상 및 토지 면적의 4분의 3 이상의 토지소유자의 동의를 받아야 한다.

63. 도시 및 주거환경정비법령상 관리처분계획에 관한 설명으로 옳은 것은?
① 시행자는 인가된 관리처분계획에 따라 분양대상에서 제외된 자에 대해서는 관리처분계획 인가를 받은 날로부터 90일 이내에 토지, 건축물 또는 그 밖의 권리의 손실보상에 관한 협의를 하여야 한다.
② 사업시행자는 사업시행계획인가의 고시가 있은 날(사업시행계획인가 이후 시공자를 선정한 경우에는 시공자와 계약을 체결한 날)부터 120일 이내에 분양신청기간 등의 사항을 토지등소유자에게 통지하고, 분양의 대상이 되는 대지 또는 건축물의 내역 등 대통령령으로 정하는 사항을 해당 지역에서 발간되는 일간신문에 공고하여야 한다. 다만, 토지등소유자 1인이 시행하는 재개발사업의 경우에는 그러하지 아니하다.
③ 관리처분계획에는 세입자별 손실보상을 위한 권리명세 및 그 평가액이 포함되지 않는다.
④ 분양설계에 관한 계획은 분양신청기간이 만료하는 날의 다음 날을 기준으로 하여 수립한다.
⑤ 종전 주택의 주거전용면적의 범위에서 3주택을 공급할 수 있고, 이 중 1주택은 주거전용면적을 $60m^2$ 이하로 한다.

64. **도시 및 주거환경정비법령상 시장 · 군수 등이 직접 정비사업을 시행하거나 토지주택공사 등을 사업시행자로 지정하여 정비사업을 시행하게 할 수 있는 경우에 해당하지 않는 것은?**

① 천재지변으로 긴급하게 정비사업을 시행할 필요가 있다고 인정하는 때

② 재건축조합이 사업시행 예정일부터 2년 이내에 사업시행계획인가를 신청하지 아니한 때

③ 조합설립추진위원회가 시장 · 군수 등의 구성승인을 받은 날부터 3년 이내에 조합설립인가를 신청하지 아니한 때(2012.2.1. 전(前)의 정비계획 분을 말한다)

④ 지방자치단체의 장이 시행하는 「국토의 계획 및 이용에 관한 법률」에 따른 도시 · 군계획사업과 병행하여 정비사업을 시행할 필요가 있다고 인정하는 때

⑤ 해당 정비구역의 국 · 공유지 면적 또는 국 · 공유지와 토지주택공사 등이 소유한 토지를 합한 면적이 전체 토지면적의 2분의 1 이상으로서 토지등소유자의 과반수가 시장 · 군수 등 또는 토지주택공사 등을 사업시행자로 지정하는 것에 동의하는 때

65. **주택법령상 도시형 생활주택에 관한 설명 중 옳은 것은?**

① 도시형 생활주택은 300세대까지만 건설하여야 하며 국민주택 규모 이하이어야 한다.

② 도시형 생활주택은 「국토의 계획 및 이용에 관한 법률」에 따른 도시지역에 건설하여야 한다. 도시지역 이외의 지역에서는 특정한 경우라 하더라도 건축이 불가능하다.

③ 분양가상한제적용대상지역에서 건축하는 도시형 생활주택은 전용면적 60m^2 이하인 경우에만 분양가상한제를 적용받지 않는다.

④ 하나의 건축물에는 원칙적으로 도시형 생활주택과 그 밖의 주택을 함께 건축할 수 없으나 준주거지역에서는 단지형 연립주택과 그 밖의 주택을 함께 건축할 수 있다.

⑤ 전용면적 80m^{2}인 아파트는 도시형 생활주택에 해당하지 않는다.

66. **주택법령상 공동주택에 해당하지 않는 것을 모두 고른 것은?**

> ㄱ. 「건축법 시행령」상 다중주택
> ㄴ. 「건축법 시행령」상 다가구주택
> ㄷ. 「건축법 시행령」상 연립주택
> ㄹ. 「건축법 시행령」상 다세대주택
> ㅁ. 「건축법 시행령」상 오피스텔
> ㅂ. 「건축법 시행령」상 아파트

① ㄱ, ㄴ, ㄹ ② ㄱ, ㄴ, ㅁ ③ ㄱ, ㄷ, ㅁ
④ ㄴ, ㄷ, ㄹ ⑤ ㄷ, ㄹ, ㅁ

67. **다음은 「부동산공법」상 채권발행에 관한 설명으로 틀린 것은?**

① 주택상환사채는 기명식증권으로 발행하며 특정한 사유를 제외하고 양도가 불가능하다.

② 주택상환사채의 발행자는 한국토지주택공사와 등록업자이다.

③ 도시개발채권은 시 · 도지사가 국토교통부장관의 승인을 받어 무기명증권으로 발행한다.

④ 토지상환채권은 도시개발사업시행자(지정권자가 아님)가 지정권자의 승인을 얻어 기명증권으로 발행한다.

⑤ 등록업자가 주택상환사채를 발행하기 위해서는 금융기관 또는 주택도시보증공사의 보증을 받아야만 한다.

68. **주택법령상 분양가상한제 적용주택 등의 경우 입주자는 거주의무가 있다. 이에 대한 설명으로 옳은 것은?**

① 한국토지주택공사가 주택을 매입하는 경우 거주의무자 등에게 그가 납부한 입주금과 그 입주금에 「은행법」에 따른 은행의 1년 만기 정기예금의 평균이자율을 적용한 이자를 합산한 금액을 지급한 때에는 그 지급한 날에 한국토지주택공사가 해당 주택을 취득한 것으로 본다.

② 거주의무자는 해당 주택의 최초 입주가능일부터 5년 이내(토지임대부 분양주택의 경우에는 최초 입주가능일을 말한다)에 입주하여야 한다.

③ 토지임대부 분양주택의 경우에도 3년간 거주의무가 있다.

④ 사업주체는 해당 주택을 공급하는 경우에는 거주의무자가 거주의무기간을 거주하여야 해당 주택을 양도할 수 있음을 소유권에 관한 등기에 부기등기하여야 한다. 이 경우 부기등기는 주택의 소유권이전등기와 동시에 하여야 한다.

⑤ 공공택지에 건설 · 공급되는 주택의 경우 분양가격이 인근지역주택매매가격의 80% 이상 100% 미만인 주택은 5년간 거주하여야 한다.

69. 주택법령상 조정대상지역의 지정 및 해제에 관한 설명으로 옳은 것은?

① 국토교통부장관은 조정대상지역으로 유지할 필요가 없다고 판단되는 경우에는 주거정책심의위원회의 심의를 거쳐 조정대상지역의 지정을 해제하여야 한다.

② 시 · 도지사는 시 · 도 주거정책심의위원회의 심의를 거쳐 조정대상지역을 지정할 수 있다.

③ 국토교통부장관은 조정대상지역을 지정하였을 때에는 지체 없이 이를 공고하고, 그 조정대상지역을 관할하는 시 · 도지사에게 공고 내용을 통보하여야 한다.

④ 조정대상지역으로 지정된 지역의 시장 · 군수 · 구청장은 조정대상지역 지정 후 조정대상지역으로 유지할 필요가 없다고 판단되는 경우에는 시 · 도지사에게 그 지정의 해제를 요청할 수 있다.

⑤ 조정대상지역이 지정된 경우, 시 · 도지사는 사업주체로 하여금 입주자 모집공고시 해당 주택건설 지역이 조정대상지역에 포함된 사실을 공고하게 하여야 한다.

70. 주택법령상 주택단지 전체를 대상으로 증축형 리모델링을 하기 위하여 리모델링주택조합을 설립하려는 경우 조합설립인가 신청시 제출해야 할 첨부 서류가 <u>아닌</u> 것은? (단, 조례는 고려하지 않음)

① 창립총회의 회의록

② 조합원 전원이 자필로 연명한 조합규약

③ 해당 주택건설대지의 15% 이상에 해당하는 토지의 소유권을 확보하였음을 증명하는 서류

④ 해당 주택이 사용검사를 받은 후 15년 이상 경과하였음을 증명하는 서류

⑤ 조합원 명부

71. 주택법령상 토지임대부 분양주택에 관한 설명으로 옳은 것은?

① 토지임대부 분양주택의 토지에 대한 임대차 기간이 40년인 경우, 토지임대부 분양주택소유자의 75% 이상이 계약갱신을 청구하면 40년이 넘는 기간을 임대차 기간으로 하여 이를 갱신할 수 있다.

② 토지임대부 분양주택을 공급받은 자가 토지소유자와 임대차계약을 체결한 경우 해당 주택의 구분소유권을 목적으로 그 토지에 임대차 기간 동안 전세권이 설정된 것으로 본다.

③ 토지소유자와 토지임대주택을 분양받은 자가 주택법령이 정하는 기준에 따라 토지임대료에 관한 약정을 체결한 경우 토지소유자는 약정 체결 후 2년이 지나기 전에는 토지임대료의 증액을 청구할 수 없다.

④ 주택을 공급받은 자는 토지소유자와 합의하여 토지임대료를 보증금으로 전환하여 납부할 수 없다.

⑤ 토지임대부 분양주택에 관한 「주택법」에서 정하지 아니한 사항에 대하여 「민법」을 「집합건물의 소유 및 관리에 관한 법률」에 우선하여 적용한다.

72. 건축법령상 건축물의 사용승인에 관한 설명으로 옳은 것은?

① 건축주가 공사감리자를 지정한 경우에는 공사감리자가 사용승인을 신청하여야 한다.

② 도시 · 군계획시설에서 가설건축물 건축을 위한 허가를 받은 경우에는 따로 건축물 사용승인을 받지 않고 사용할 수 있다.

③ 임시사용승인의 기간은 3년 이내로 하며, 1회에 한하여 연장할 수 있다.

④ 허가권자로부터 건축물의 사용승인을 받은 경우에는 「전기사업법」에 따른 전기설비의 사용 전 검사를 받은 것으로 본다.

⑤ 허가권자인 구청장이 건축물의 사용승인을 하려면 관할 특별시장 또는 광역시장의 동의를 받아야 한다.

73. 건축법령상 건축물의 가구 · 세대간 등 소음방지를 위한 층간바닥(화장실의 바닥은 제외)을 설치하여야 하는 경우가 <u>아닌</u> 것은?

① 단독주택 중 다가구주택

② 아파트와 연립주택

③ 숙박시설 중 다중생활시설

④ 산후조리원 안의 임산부실

⑤ 제2종 근린생활시설 중 다중생활시설

74. 건축법령상 건축허가에 관한 설명으로 틀린 것은?

① 허가권자는 위락시설 또는 숙박시설에 해당하는 건축물의 건축을 허가하는 경우 해당 대지에 건축하고자 하는 건축물의 용도 · 규모 또는 형태가 주거환경 또는 교육환경 등 주변환경을 감안할 때 부적합하다고 인정하는 경우에는 이 법 또는 다른 법률의 규정에 불구하고 건축위원회의 심의를 거쳐 건축허가를 하지 아니할 수 있다.

② 시장 · 군수는 주거환경 또는 교육환경 등 주변환경의 보호상 필요하다고 인정하여 도지사가 지정 · 공고하는 구역 안에 건축하는 위락시설 및 숙박시설 건축물의 건축허가를 하고자 하는 경우, 도지사의 사전 승인을 얻어야 한다.

③ 시장 · 군수는 층수가 21층 이상인 건축물의 건축허가를 하고자 하는 경우에도 도지사의 사전 승인을 얻어야 한다.

④ 연면적의 합계가 10만m^2 이상 또는 층수가 21층 이상인 건축물의 건축을 하고자 하는 경우, 특별시장 · 광역시장 · 또는 도지사의 건축허가를 받아야 한다.

⑤ 국토교통부장관, 특별시장 · 광역시장 · 도지사는 필요한 경우 건축허가나 허가를 받은 건축물의 착공을 제한할 수 있다.

75. 건축법령상 신고의 대상이 되는 건축 또는 대수선에 해당하지 않는 것은?

① 1층의 바닥면적 50m^2, 2층의 바닥면적 20m^2인 2층 건축물의 신축

② 연면적이 500m^2이고 층수가 5층인 건축물의 기둥을 세 개 수선하는 대수선

③ 연면적이 160m^2이고 층수가 2층인 건축물의 대수선

④ 연면적이 400m^2이고 층수가 3층인 건축물의 주계단을 증설하는 대수선

⑤ 「국토의 계획 및 이용에 관한 법률」에 따른 공업지역에 건축하는 층수가 2층이고 연면적의 합계가 300m^2인 공장

76. 건축법령상 대지에 조경 등의 조치를 하여야 하는 건축물은? (단, 「건축법」상 적용제외 규정, 특별건축구역의 특례 및 건축조례는 고려하지 않음)

① 자연녹지지역인 면적 4,000m^2인 대지에 건축하는 건축물

② 도시 · 군계획시설예정지에서 건축하는 연면적 합계가 2,000m^2인 가설건축물

③ 일반상업지역인 면적 1,000m^2인 대지에 건축하는 숙박시설

④ 농림지역인 면적 3,000m^2인 대지에 건축하는 축사

⑤ 계획관리지역인 면적 1,500m^2인 대지에 건축하는 공장

77. 건축법령상 건축물의 용도에 따른 시설군에 관한 연결 내용으로 틀린 것은?

① 문화집회시설군 - 문화 및 집회시설, 종교시설, 위락시설, 관광휴게시설

② 영업시설군 - 판매시설, 운동시설, 숙박시설, 제2종근린생활시설 중 다중생활시설

③ 주거업무시설군 - 단독주택, 공동주택, 업무시설, 교정시설, 국방 · 군사시설

④ 교육 및 복지시설군 - 의료시설, 교육연구시설, 노유자시설, 동물 및 식물관련시설

⑤ 전기통신시설군 - 방송통신시설, 발전시설

78. 건축법상 건축설비 및 시설들의 설치에 관한 기준에 관한 설명 중 옳은 것은?

① 6층 이상의 건축물에는 승용승강기를 설치하여야 한다.

② 연면적이 2,000m^2 이상인 건축물에는 승용승강기를 설치하여야 한다.

③ 높이가 41m 이상인 건축물에는 승용승강기 외에 비상용승강기를 추가로 설치하여야 한다.

④ 6층 이상으로서 연면적이 2,000m^2 이상인 건축물에는 승용승강기를 설치하여야 한다.

⑤ 건축물의 층수가 11층 이상인 건축물로 지붕이 평지붕인 경우에는 헬리포트를 설치하거나 대피할 수 있는 공간을 확보하여야 한다.

79. 농지법령상 농지의 대리경작제도에 관한 설명 중 틀린 것은?

① 대리경작자 지정권한은 시장 · 군수 또는 자치구청장이 이를 행사한다.

② 대리경작기간은 따로 정함이 없는 한 3년으로 한다. 다만, 정한 기간이 있으면 그 기간으로 한다.

③ 시장 · 군수 또는 구청장은 대리경작자를 지정하고자 하는 경우에는 당해 농지의 인근지역에서 농업경영을 하는 농업인 또는 농업법인으로서 당해 농지를 효율적으로 경작할 능력이 있다고 인정되는 자를 대리경작자로 지정하여야 한다.

④ 대리경작자를 지정하고자 할 때에는 당해 농지의 소유권 또는 임차권을 가진 자에게 예고하여야 한다. 지정예고에 대하여 이의가 있는 자는 30일 내에 제기하여야 한다.

⑤ 시장 · 군수 또는 자치구청장은 대리경작자가 경작을 게을리하는 경우에는 대리 경작기간 만료 전에 대리경작자의 지정을 해지할 수 있다.

80. **농지법령상 농지의 대리경작과 임대차 등에 대한 설명으로 옳은 것은?**

① 농지를 소유하는 자는 주말·체험영농을 하려는 자에게 임대하는 것을 업(業)으로 하는 자에게 자신의 농지를 임대할 수 있다.

② 대리경작자는 수확량의 100분의 20을 그 농지의 소유권자나 임차권자에게 토지사용료로 지급하여야 한다.

③ 시·구·읍·면의 장은 농업경영계획서를 5년간 보존하여야 한다.

④ 지력의 증진을 위하여 필요한 기간 동안 휴경하는 농지에 대하여는 대리경작자를 지정할 수 있다.

⑤ 임대차 기간은 3년 이상으로 하여야 한다. 다만, 다년생식물 재배지 등 대통령령으로 정하는 농지의 경우에는 8년 이상으로 하여야 한다.

학습일자: ______/______

2025년도 제36회 공인중개사 2차 국가자격시험

실전모의고사 제2회

교 시	문제형별	시 간	시 험 과 목
2교시	A	50분	① 부동산 공시에 관한 법령 및 부동산 관련 세법

수험번호		성 명	

【 수험자 유의사항 】

1. **시험문제지는 단일 형별(A형)이며, 답안카드 형별 기재란에 표시된 형별(A형)을 확인하시기 바랍니다.** 시험문제지의 **총면수, 문제번호 일련순서, 인쇄상태** 등을 확인하시고, 문제지 표지에 수험번호와 성명을 기재하시기 바랍니다.
2. 답은 각 문제마다 요구하는 **가장 적합하거나 가까운 답 1개**만 선택하고, 답안카드 작성 시 시험문제지 **형별누락, 마킹착오**로 인한 불이익은 전적으로 **수험자에게 책임**이 있음을 알려드립니다.
3. 답안카드는 국가전문자격 공통 표준형으로 문제번호가 1번부터 125번까지 인쇄되어 있습니다. 답안 마킹 시에는 반드시 **시험문제지의 문제번호와 동일한 번호에 마킹**하여야 합니다. (2차 2교시: 1번~40번)
4. **감독위원의 지시에 불응하거나 시험시간 종료 후 답안카드를 제출하지 않을 경우** 불이익이 발생할 수 있음을 알려 드립니다.
5. 시험문제지는 시험 종료 후 가져가시기 바랍니다.
6. 답안작성은 **시험 시행일(2025.10.25.) 현재 시행되는 법령 등**을 적용하시기 바랍니다.
7. 가답안 의견제시에 대한 개별회신 및 공고는 하지 않으며, **최종 정답 발표로 갈음**합니다.
8. 시험 중 **중간 퇴실은 불가**합니다. 단, 부득이하게 퇴실할 경우 **시험포기각서 제출 후 퇴실은 가능**하나 **재입실이 불가**하며, **해당시험은 무효처리됩니다.**

해커스 공인중개사

제1과목: 부동산 공시에 관한 법령 및 부동산 관련 세법

1. 「공간정보의 구축 및 관리 등에 관한 법률」이 규정하고 있는 토지의 조사 · 등록에 관한 설명 중 <u>틀린</u> 것을 모두 고른 것은?

> ㄱ. 국토교통부장관은 모든 토지에 대하여 필지별로 소재 · 지번 · 지목 · 면적 · 경계 또는 좌표 등을 조사 · 측량하여 지적공부에 등록하여야 한다.
> ㄴ. 지적공부에 등록하는 지번 · 지목 · 면적 · 경계 또는 좌표는 토지의 이동이 있을 때 토지소유자의 신청을 받아 지적소관청이 결정한다.
> ㄷ. 지적소관청은 토지의 이동현황을 직권으로 조사 · 측량하여 토지의 지번 · 지목 · 면적 · 경계 또는 좌표를 결정하려는 때에는 토지이용현황 조사계획을 수립하여야 한다.
> ㄹ. 지적소관청은 지적공부를 정리하려는 때에는 토지이동 조사부를 근거로 토지이동 조서를 작성하여 소유자정리 결의서에 첨부하여야 한다.

① ㄱ, ㄴ ② ㄱ, ㄹ
③ ㄴ, ㄷ ④ ㄴ, ㄹ
⑤ ㄷ, ㄹ

2. 지적확정측량을 실시한 지역에 있어서의 지번부여방식에 대한 다음 설명 중 <u>틀린</u> 것을 모두 고른 것은?

> ㄱ. 지적확정측량을 실시한 지역에 있어서의 지번부여는 원칙적으로 종전의 지번 중 본번을 부여한다.
> ㄴ. 종전 지번의 수가 새로이 부여할 지번의 수보다 적은 때에는 블록 단위로 하나의 부번을 부여할 수 있다.
> ㄷ. 종전 지번의 수가 새로이 부여할 지번의 수보다 적은 때에는 그 지번부여지역의 최종 부번의 다음 순번부터 부번으로 하여 지번을 부여할 수 있다.
> ㄹ. 행정구역개편에 따라 새로이 지번을 부여하는 경우에는 지적확정측량 시행지역에 있어서의 지번부여방식에 의한다.

① ㄱ, ㄴ ② ㄱ, ㄹ
③ ㄴ, ㄷ ④ ㄴ, ㄹ
⑤ ㄷ, ㄹ

3. 「공간정보의 구축 및 관리 등에 관한 법률」상 지목에 관한 설명으로 <u>틀린</u> 것은?

① 용수 또는 배수를 위하여 일정한 형태를 갖춘 인공적인 수로 · 둑 및 그 부속시설물의 부지와 자연의 유수가 있거나 있을 것으로 예상되는 소규모 수로부지는 '구거'로 한다.
② 물이 고이거나 상시적으로 물을 저장하고 있는 댐 · 저수지 · 소류지 · 연못 등의 토지와 연 · 왕골 등이 자생하는 배수가 잘 되지 아니하는 토지는 '유지'로 한다.
③ 육상에 인공으로 조성된 수산생물의 번식 또는 양식을 위한 시설을 갖춘 부지와 이에 접속된 부속시설물의 부지는 '양어장'으로 한다.
④ 산림 및 원야를 이루고 있는 수림지 · 죽림지 · 암석지 · 자갈땅 · 모래땅 등의 토지는 '임야'로 한다.
⑤ 물을 상시적으로 이용하지 않고 곡물 · 원예작물(과수류는 제외) · 약초 · 뽕나무 · 닥나무 · 묘목 · 관상수 등의 식물을 주로 재배하는 토지와 식용으로 죽순을 재배하는 토지는 '답'으로 한다.

4. 임야도 지역에서 1필지 면적이 $354.55m^2$로 측정되었다면 토지대장에 등록할 면적은?

① $354m^2$ ② $354.5m^2$
③ $354.6m^2$ ④ $355m^2$
⑤ $355.5m^2$

5. 다음 중 아래의 지적도에 대한 설명으로 <u>틀린</u> 것은?

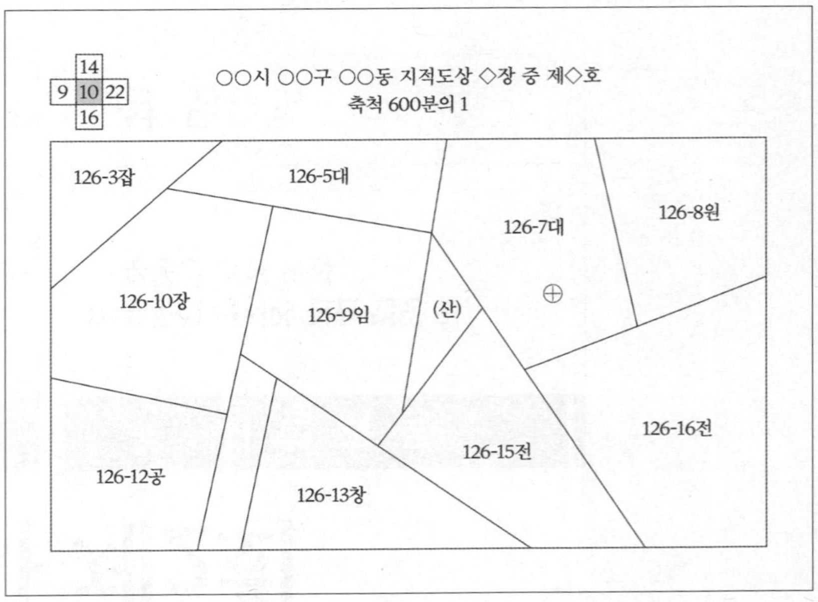

① 위 지적도의 도면번호는 제10호이다.
② 지적도에 토지의 소재, 지번, 지목, 경계는 등록사항이다.
③ 위 지적도의 색인도에 의하여 도면의 연결순서를 알 수 있다.
④ 126-7의 제도된 '⊕'은 지적삼각점 표지이다.
⑤ 도면 중간에 (산)으로 표시된 토지는 지목이 '임야'이다.

6. **부동산종합공부에 관한 다음 설명 중 틀린 것은?**

① 지적소관청은 부동산종합공부에 부동산의 효율적 이용과 부동산과 관련된 정보의 종합적 관리 · 운영을 위하여 필요한 사항으로서 부동산의 권리에 관한 사항을 등록하여야 한다.

② 지적소관청은 부동산종합공부에 토지의 이용 및 규제에 관한 사항으로 토지이용계획확인서의 내용을 등록하여야 한다.

③ 부동산종합공부를 열람하거나 부동산종합공부 기록사항의 전부 또는 일부에 관한 증명서를 발급받으려는 자는 지적소관청이나 읍 · 면 · 동의 장에게 신청할 수 있다.

④ 지적소관청은 불일치 등록사항에 대해서는 등록사항을 관리하는 기관의 장에게 그 내용을 통지하여 등록사항 정정을 요청할 수 있다.

⑤ 국토교통부장관은 부동산종합공부의 멸실 또는 훼손에 대비하여 이를 별도로 복제하여 관리하는 정보관리체계를 구축하여야 한다.

7. **「공간정보의 구축 및 관리 등에 관한 법률」에 의한 토지이동의 대상에 관한 설명으로 옳은 것을 모두 고른 것은?**

> ㄱ. 「산지관리법」에 따른 산지전용허가 · 신고 또는 그 밖의 관계 법령에 따른 개발행위 허가 등을 받은 경우에 등록전환을 신청할 수 있다.
> ㄴ. 합병하려는 토지 전부에 대한 등기원인 및 그 연월일과 접수번호가 같은 저당권등기가 설정된 경우에는 합병 신청을 할 수 없다.
> ㄷ. 「국토의 계획 및 이용에 관한 법률」 등 관계 법령에 따른 토지의 형질변경 등의 공사에 착수한 경우에 지목변경을 신청할 수 있다.
> ㄹ. 지적소관청은 토지소유자가 통지를 받은 날부터 90일 이내에 등록말소 신청을 하지 아니하면 직권으로 그 지적공부의 등록사항을 말소하여야 한다.

① ㄱ, ㄴ　② ㄱ, ㄹ
③ ㄱ, ㄴ, ㄷ　④ ㄱ, ㄷ, ㄹ
⑤ ㄴ, ㄷ, ㄹ

8. **토지이동의 신청에 관한 다음 설명 중 틀린 것은?**

① 토지이동의 신청은 원칙적으로 토지소유자가 신청한다.

② 공공사업으로 인하여 학교용지, 도로, 철도용지, 수도용지 등의 지목으로 되는 토지의 경우에는 그 사업시행자가 대위신청할 수 있다.

③ 「주택법」에 따른 공동주택의 부지인 경우에 공동주택의 관리인 또는 사업시행자가 대위신청할 수 있다.

④ 토지개발사업 등으로 토지이동이 있을 때에는 사업시행자가 지적소관청에 대위신청한다.

⑤ 도시개발사업 등으로 인한 토지이동은 토지의 형질변경 등의 공사가 준공된 때 토지이동이 있는 것으로 본다.

9. **지적소관청은 축척변경을 할 때에는 축척변경 사유를 적은 승인신청서에 아래의 서류를 첨부하여 시 · 도지사 또는 대도시 시장에게 제출하여야 한다. 다음 중 첨부서류에 해당하지 않는 것은?**

① 축척변경의 사유
② 지번 등 명세
③ 토지소유자의 동의서
④ 지적위원회의 의결서 사본
⑤ 그 밖에 축척변경 승인을 위하여 시 · 도지사 또는 대도시 시장이 필요하다고 인정하는 서류

10. **「공간정보의 구축 및 관리 등에 관한 법률」에 의한 지적공부의 정리에 관한 다음 설명 중 옳은 것은?**

① 지적소관청은 토지의 이동이 있는 경우에는 소유자결의서를 작성하여야 한다.

② 신규등록하는 토지의 소유자에 관한 사항은 등기필증, 등기완료통지서, 등기사항증명서 등에 따라 지적소관청이 등록한다.

③ 소유권변경사실의 통지에 따른 등기기록과 대장의 토지표시가 불일치하는 경우에 지적소관청은 토지소유자를 정리할 수 없고 불일치 사실을 관할 등기관서에 통지한다.

④ 지적소관청은 지적공부와 부동산등기부가 일치하지 아니하는 사항을 발견하면 토지소유자나 이해관계인에게 그 지적공부와 부동산등기부가 일치하게 하는 데에 필요한 신청 등을 하도록 요구할 수 있으나 직권으로 정리할 수 없다.

⑤ 토지이동정리 결의서에는 등기필증, 등기부 등본 또는 그 밖에 토지소유자가 변경되었음을 증명하는 서류를 첨부하여야 한다.

11. **다음 지적측량의 절차에 관한 서술 중 틀린 것은?**

① 토지소유자 등 이해관계인은 지적측량을 할 필요가 있는 경우에는 지적측량수행자에게 지적측량을 의뢰하여야 한다.

② 토지소유자의 신청이 없어 지적소관청이 직권으로 조사·측량하여 지적공부를 정리한 경우에는 지적측량수수료는 토지소유자로부터 징수한다.

③ 지적삼각점측량성과 및 경위의측량방법으로 실시한 지적확정측량성과(일정면적 이상인 경우)인 경우에는 시·도지사 또는 대도시 시장에게 검사를 받아야 한다.

④ 지적삼각점성과 및 지적삼각보조점성과를 열람하거나 등본을 발급받으려는 자는 시·도지사 또는 지적소관청에 신청하여야 한다.

⑤ 지적도근점성과를 열람하거나 등본을 발급받으려는 자는 지적소관청에 신청하여야 한다.

12. **다음 중 중앙지적위원회의 구성 및 기능에 관한 설명으로 옳은 것은?**

① 지적측량에 대한 적부심사 청구사항을 심의·의결하기 위하여 지적소관청에 지방지적위원회를 둔다.

② 중앙지적위원회는 위원장 1명과 부위원장 1명을 제외하여 5명 이상 10명 이하의 위원으로 구성한다.

③ 위원은 지적에 관한 학식과 경험이 풍부한 사람 중에서 국토교통부장관이 임명하거나 위촉한다.

④ 위원장 및 부위원장을 포함한 위원의 임기는 2년으로 한다.

⑤ 위원장이 중앙지적위원회의 회의를 소집할 때에는 회의 일시·장소 및 심의 안건을 회의 7일 전까지 각 위원에게 서면으로 통지하여야 한다.

13. **다음 중 등기에 관한 설명으로 옳은 것을 모두 고른 것은?**

> ㄱ. 등기신청은 등기신청정보가 전산정보처리조직에 저장된 때 접수된 것으로 본다.
> ㄴ. 등기관이 등기를 마친 경우에는 그때부터 권리변동의 효력이 발생한다.
> ㄷ. 등기관이 등기를 마친 경우란 등기사무를 처리한 등기관이 누구인지 알 수 있는 조치를 하였을 때를 말한다.
> ㄹ. 등기사무를 처리한 등기관이 누구인지 알 수 있도록 하는 조치는 각 등기관이 미리 부여받은 식별부호를 기록하는 방법으로 한다.

① ㄱ, ㄴ ② ㄱ, ㄹ
③ ㄷ, ㄹ ④ ㄱ, ㄷ, ㄹ
⑤ ㄴ, ㄷ, ㄹ

14. **등기소와 등기관에 관한 다음 설명 중 틀린 것은?**

① 부동산이 여러 등기소의 관할 구역에 걸쳐 있을 때에는 각 등기소를 관할하는 상급법원의 장이 관할 등기소를 지정한다.

② 관할 등기소가 다른 여러 개의 부동산과 관련하여 등기목적과 등기원인이 동일한 등기신청이 있는 경우에는 그 중 하나의 관할 등기소에서 해당 신청에 따른 등기사무를 담당할 수 있다.

③ 상속 또는 유증으로 인한 등기신청의 경우에는 부동산의 관할 등기소가 아닌 등기소는 그 신청에 따른 등기사무를 담당할 수 없다.

④ 등기관은 자기, 배우자 또는 4촌 이내의 친족이 등기신청인인 때에는 그 등기소에서 소유권등기를 한 성년자로서 등기관의 배우자 등이 아닌 자 2명 이상의 참여가 없으면 등기를 할 수 없다.

⑤ 등기관의 업무처리제한 사유는 배우자 등의 관계가 끝난 후에도 적용한다.

15. **다음 중 등기신청적격에 관한 설명으로 틀린 것은?**

① 국가 및 지방자치단체는 공법인이므로 등기신청의 당사자능력이 인정된다. 그러므로 읍·면·리·동의 명의로는 등기할 수 없다.

② 특별법상의 조합(농업협동조합, 축산업협동조합)은 명칭이 조합이므로 그 자체명의로 등기할 수 없다.

③ 종중, 문중, 그 밖에 대표자나 관리인이 있는 법인 아닌 사단이나 재단에 속하는 부동산의 등기에 관하여는 그 사단이나 재단을 등기권리자 또는 등기의무자로 한다.

④ 「민법」상 조합은 「민법」상의 계약에 불과하므로 등기신청의 당사자능력이 없다.

⑤ 외국인은 그 명의로 등기권리자나 등기의무자가 될 수 있다.

16. **판결에 의한 단독신청에 관한 다음 설명 중 틀린 것은?**

① 가처분결정에 등기절차의 이행을 명하는 조항이 기재되어 있는 경우 등기권리자는 이 가처분결정 등에 의하여 단독으로 등기를 신청할 수 있다.

② 확정되지 아니한 가집행선고가 붙은 판결에 의하여 등기를 신청한 경우 등기관은 그 신청을 각하하여야 한다.

③ 등기절차의 이행을 명하는 확정판결을 받았다면 그 확정시기에 관계없이, 즉 확정 후 10년이 경과하였다 하더라도 그 판결에 의한 등기신청을 할 수 있다.

④ 매매계약이 무효라는 확인판결에 의한 소유권이전등기의 말소등기신청은 허용되지 아니한다.

⑤ 근저당권설정등기를 명하는 판결주문에 필수적 기재사항인 채권최고액이나 채무자가 명시되지 아니한 경우에는 등기를 신청할 수 없다.

17. 등기신청에 관한 설명 중 옳은 것을 모두 고른 것은?

> ㄱ. 등기원인이 발생한 후에 등기권리자에 대하여 상속이 개시된 경우에는 상속인이 그 등기를 신청할 수 있다.
> ㄴ. 등기관이 채권자대위등기를 할 때에는 대위자의 성명, 주소 및 대위원인을 기록하여야 한다.
> ㄷ. 구분건물에서 대지권의 변경이 있는 경우에 구분건물의 소유권의 등기명의인은 1동 건물에 속하는 다른 구분건물의 소유권의 등기명의인을 대위하여 그 변경등기를 신청할 수 없다.

① ㄱ ② ㄴ ③ ㄷ
④ ㄱ, ㄴ ⑤ ㄴ, ㄷ

18. 다음 중 전자신청에 관한 사항으로 틀린 것은?

① 사용자등록을 신청하는 당사자 또는 자격자대리인은 등기소에 출석하여 당사자의 성명, 주민등록번호, 주소 등을 기재한 신청서를 제출한다.
② 전자신청의 보정은 전산정보처리조직에 의하여 하여야 한다.
③ 변호사나 법무사[법무법인 · 법무법인(유한) · 법무사합동법인을 포함한다]는 다른 사람을 대리하여 전자신청을 할 수 있다.
④ 「부동산등기법」에 따른 사용자등록을 한 자연인(외국인 포함)과 「상업등기법」에 따른 전자증명서를 발급받은 법인과 법인 아닌 사단은 전자신청을 할 수 있다.
⑤ 전자신청의 취하는 전산정보처리조직을 이용해서 하여야 한다. 이 경우 전자신청과 동일한 방법으로 사용자인증을 받아야 한다.

19. 토지의 소유권보존등기에 관한 다음 설명 중 틀린 것을 모두 고른 것은?

> ㄱ. 토지대장에 최초의 소유자로 등록되어 있는 자의 포괄승계인은 해당 토지에 대한 소유권보존등기를 신청할 수 있다.
> ㄴ. 건축물대장상의 소유자 표시란이 공란으로 되어 있어 대장상의 소유자를 특정할 수 없는 경우에는 국가를 상대로 판결을 받아야 한다.
> ㄷ. 구청장의 확인에 의하여 자기의 소유권을 증명하는 자는 보존등기를 신청할 수 있다.
> ㄹ. 미등기부동산에 과세관청의 촉탁에 따라 체납처분에 의한 압류를 하는 경우에 직권보존등기의 대상이다.

① ㄱ, ㄴ ② ㄱ, ㄷ
③ ㄷ, ㄹ ④ ㄱ, ㄴ, ㄹ
⑤ ㄴ, ㄷ, ㄹ

20. 소유권등기에 대한 다음 기술 중 틀린 것은?

① 포괄유증은 수증자 명의의 등기가 없어도 유증의 효력이 발생하는 시점에 물권변동의 효력이 발생한다.
② 합유자 중 1인의 지분에 대한 가압류등기 또는 강제경매개시결정의 등기는 허용되지 아니한다.
③ 토지수용으로 인한 소유권이전등기를 하는 경우에는 그 부동산을 위하여 존재하는 지역권등기는 등기관이 이를 직권으로 말소하여야 한다.
④ 진정명의회복을 등기원인으로 등기를 신청하는 경우 농지취득자격증명의 첨부를 요하지 아니한다.
⑤ 여러 명의 상속인이 있는 경우에는 공동상속인 전원을 등기권리자로 기재하고 각 상속인별로 상속지분을 반드시 기재하여야 하며, 상속분이 같을 때에도 또한 같다.

21. 신탁등기에 관한 설명으로 틀린 것은?

① 신탁행위에 의하여 소유권을 이전하는 경우에는 신탁등기의 신청은 신탁을 원인으로 하는 소유권이전등기의 신청과 함께 1건의 신청정보로 일괄하여 하여야 한다.
② 여러 개의 부동산에 관하여 1건의 신청정보로 일괄하여 신탁등기를 신청하는 경우에는 각 부동산별로 신탁원부 작성을 위한 정보를 제공하여야 한다.
③ 등기관이 신탁등기를 마쳤을 때에는 직권으로 신탁등기에 신탁재산에 속하는 부동산의 거래에 관한 주의사항을 주등기로 기록하여야 한다.
④ 신탁재산의 일부를 처분하거나 신탁의 일부가 종료되는 경우에는 권리이전등기와 신탁등기의 변경등기를 1건의 신청정보로 일괄하여 신청하여야 한다.
⑤ 등기관이 신탁등기의 말소등기를 할 때에는 주의사항등기를 직권으로 말소하고, 신탁등기를 말소함으로 인하여 말소한다는 뜻을 기록하여야 한다.

22. **저당권의 말소등기와 관련한 다음 설명 중 옳은 것을 모두 고른 것은?**

> ㄱ. 저당권이 이전되어 부기등기를 받은 저당권자가 그 저당권말소등기를 신청하는 경우에는 저당권이 전등기의 등기필정보를 첨부하여야 한다.
> ㄴ. 저당권이 이전된 후에 말소등기를 신청하는 경우에는 말소할 등기의 표시로는 주등기인 저당권설정등기와 부기등기인 저당권이전등기를 기재하여야 한다.
> ㄷ. 저당권설정등기 후 소유권이 제3자에게 이전된 경우에는 저당권설정자 또는 제3취득자가 저당권자와 공동으로 저당권말소등기를 신청할 수 있다.
> ㄹ. ㄷ의 경우에 저당권의 원인무효를 이유로 저당권말소등기를 신청하는 경우 저당권설정자가 저당권자와 공동으로 저당권말소등기를 신청할 수 있다.

① ㄱ, ㄴ ② ㄱ, ㄷ
③ ㄴ, ㄷ ④ ㄴ, ㄹ
⑤ ㄷ, ㄹ

23. **가등기와 관련한 다음 설명 중 옳은 것은?**

① 물권적 청구권을 보전하기 위한 가등기나 소유권보존등기의 가등기도 가능하다.
② 가등기가처분명령에 의한 등기를 법원이 촉탁을 하는 경우에는 등기관은 이를 수리하여야 한다.
③ 소유권이전청구권가등기 후 그 본등기 전에 제3자에게 소유권이 이전되었다면 가등기 당시 소유자 또는 제3취득자를 등기의무자로 하여 본등기를 신청할 수 있다.
④ 소유권이전등기청구권가등기에 의한 본등기를 하는 경우 가등기 후에 경료된 전세권설정등기는 등기관이 직권으로 말소하고 그 사실을 등기명의인에게 통지하여야 한다.
⑤ 등기상 이해관계인은 가등기명의인의 승낙을 받아 가등기말소를 대위신청할 수 있다.

24. **관련 신청사건이란 관할 등기소가 다른 여러 개의 부동산에 대하여 등기목적과 등기원인이 동일하거나 규칙으로 정하는 등기신청이 있는 경우에 그 중 하나의 관할 등기소에 해당 등기를 신청할 수 있는 사건을 말한다. 관련 신청사건에 포함되는 경우를 모두 고른 것은?**

> ㄱ. 동일한 채권에 관하여 여러 개의 부동산에 관한 권리를 목적으로 하는 저당권설정(이하 "공동저당"이라 한다)등기의 신청
> ㄴ. 여러 개의 부동산에 관한 전세권설정 또는 전전세등기의 신청
> ㄷ. ㄱ 및 ㄴ의 등기에 대한 이전 · 변경 · 말소등기의 신청
> ㄹ. 공동저당 목적으로 새로 추가되는 부동산이 종전에 등기한 부동산과 다른 등기소의 관할에 속하는 경우에는 종전의 등기소에 추가되는 부동산에 대한 저당권설정등기의 신청
> ㅁ. 그 밖에 동일한 등기원인을 증명하는 정보에 따라 등기목적과 등기원인이 동일한 등기의 신청

① ㄱ, ㄴ, ㄷ
② ㄱ, ㄴ, ㅁ
③ ㄱ, ㄹ, ㅁ
④ ㄴ, ㄷ, ㄹ, ㅁ
⑤ ㄱ, ㄴ, ㄷ, ㄹ, ㅁ

25. **다음 중 양도소득세에 대한 설명으로 <u>틀린</u> 것은?**

① 실지거래가액이 12억원을 초과하는 고가주택이 겸용주택인 경우에 주택면적이 주택 이외 면적보다 크더라도 주거부분과 주거 이외 부분을 분리하여 과세한다.
② 배우자 또는 직계존비속 이외의 자에게 3억원의 전세권이 설정된 시가 5억원의 부동산을 증여하는 경우 수증자가 전세금 3억원을 인수하는 경우에는 증여자에게 양도소득세가 과세될 수 있다.
③ 「민법」 제245조 제1항 규정에 따른 점유시효취득한 부동산의 취득시기는 등기접수일이다.
④ 토지의 경계를 변경하기 위하여 관련 법령에 정하는 요건을 충족하는 토지의 교환은 양도소득세가 과세되지 아니한다.
⑤ 환지처분에 의해 취득한 토지로서 증가 또는 감소된 토지의 경우에는 환지처분공고가 있은 날의 다음 날이 취득 및 양도시기가 된다.

26. 소득세법령상 거주자의 양도소득세 비과세에 관한 설명으로 틀린 것은? (단, 국내소재 자산을 양도한 경우임)

① 파산선고에 의한 처분으로 발생하는 소득은 비과세된다.

② 「지적재조사에 관한 특별법」에 따른 경계의 확정으로 지적공부상의 면적이 감소되어 같은 법에 따라 지급받는 조정금은 비과세된다.

③ 건설사업자가 「도시개발법」에 따라 공사용역 대가로 취득한 체비지를 토지구획환지처분공고 전에 양도하는 토지는 양도소득세 비과세가 배제되는 미등기 양도자산에 해당하지 않는다.

④ 국가가 소유하는 토지와 분합하는 농지로서 분합하는 쌍방 토지가액의 차액이 가액이 큰 편의 4분의 1 이하인 경우 분합으로 발생하는 소득은 비과세된다.

⑤ 토지를 매매하는 거래당사자가 매매계약서의 거래가액을 실지거래가액과 다르게 적은 경우에는 해당 자산에 대하여 「소득세법」에 따른 양도소득세의 비과세에 관한 규정을 적용할 때, 비과세 받을 세액에서 '비과세에 관한 규정을 적용하지 아니하였을 경우의 양도소득 산출세액'과 '매매계약서의 거래가액과 실지거래가액과의 차액' 중 큰 금액을 뺀다.

27. 「소득세법」상 거주자의 양도소득세 과세대상이 아닌 것은? (단, 예외는 고려하지 않음)

① 지역권을 양도하는 경우

② 부동산과 함께 이축권을 양도하는 경우

③ 신탁수익권을 양도하는 경우

④ 사업에 사용하는 건물과 함께 영업권을 양도하는 경우

⑤ 미등기 전세권을 양도하는 경우

28. 「소득세법」상 거주자가 국내소재 상가 건축물을 2025년 6월 1일에 양도하는 경우이다. 양도소득세 계산과정에서 양도소득금액을 구할 때 맨 마지막으로 공제되는 것은? (단, 3년 이상 보유한 경우임)

① 매입가액, 취득세

② 방 및 거실 확장비용(자산의 가치가 증가한 경우) 등 자본적 지출액(증빙서류를 수취 · 보관한 경우)

③ 장기보유특별공제액

④ 양도소득기본공제액

⑤ 세액공제액

29. 다음 중 「소득세법」상 양도소득세 신고 · 납부에 관한 내용으로 틀린 것은?

① 건물을 양도한 경우에는 그 양도일이 속하는 달의 말일부터 2개월 이내에 납세지 관할 세무서장에게 예정신고를 하여야 한다.

② 주식 또는 출자지분을 양도한 경우 양도소득 예정신고기한은 양도일이 속하는 반기의 말일부터 2개월 이내이다.

③ 양도를 하였는데 양도차익이 없는 경우에도 양도소득세 예정신고는 하여야 한다.

④ 해당 연도에 1회 부동산을 양도하고, 예정신고를 이행한 경우에도 반드시 확정신고는 하여야 한다.

⑤ 예정신고기한 내 무신고 · 과소신고 후 확정신고기한까지 신고 · 수정신고한 경우에는 해당 무신고 · 과소신고 가산세 100분의 50을 감면한다.

30. 다음의 조건을 모두 충족시키는 조세에 해당하는 것은?

○ 지방세 ○ 목적세 ○ 부가세

① 취득세 ② 재산세

③ 지방교육세 ④ 지방소득세

⑤ 농어촌특별세

31. 지방세기본법령상 가산세에 관한 설명으로 틀린 것은? (단, 납세의무자는 국가와 지방자치단체 및 지방자치단체조합이 아니며 초과환급 및 징수유예는 없음)

① 가산세는 해당 의무가 규정된 지방세관계법의 해당 지방세의 세목으로 한다.

② ①에도 불구하고 지방세를 감면하는 경우에는 가산세는 감면대상에 포함시키지 아니한다.

③ 납세의무자가 법정신고기한까지 과세표준 신고를 하지 아니한 경우(사기나 부정한 행위는 아님)에는 무신고 납부세액의 100분의 20에 상당하는 금액을 가산세로 부과한다.

④ 납세고지서에 따른 납부기한까지 납부하지 아니한 경우에는 납부하지 아니한 세액의 3%가 가산세로 부과되며, 납세고지서에 따른 납부기한이 지난 날부터 1개월이 지날 때마다 0.66%(0.022% × 30일)가 부과된다.

⑤ 납세고지서별 · 세목별 세액이 150만원 미만인 경우에는 매 1개월 경과시마다 0.66%(0.022% × 30일)의 가산세는 적용하지 아니한다.

32. 다음 중 취득세의 취득시기에 대한 설명으로 틀린 것은?

① 신고인이 제출한 자료로 사실상의 잔금지급일을 확인할 수 없는 유상승계취득의 경우에는 그 계약상의 잔금지급일로 한다.

② 증여계약에 의한 무상승계취득은 증여계약일을 취득일로 한다.

③ 「민법」 제245조 및 제247조에 따른 점유로 인한 취득의 경우에는 취득물건의 점유개시일을 취득일로 본다.

④ 연부취득시에는 사실상의 연부금지급일을 각각 독립된 취득일로 한다.

⑤ 토지의 지목변경으로 인하여 가액이 증가한 경우에는 그 사실상 지목변경일과 공부상 지목변경일 중 빠른 날을 취득일로 한다.

33. 「지방세법」상 취득세 표준세율에서 중과기준세율을 뺀 세율로 산출한 금액을 그 세액으로 하는 것으로만 모두 묶은 것은? (단, 취득물건은 「지방세법」 제11조 제1항 제8호에 따른 주택 외의 부동산이며 취득세 중과대상이 아님)

ㄱ. 환매등기를 병행하는 부동산의 매매로서 환매기간 내에 매도자가 환매한 경우의 그 매도자와 매수자의 취득
ㄴ. 택지공사가 준공된 토지에 정원 또는 부속시설물 등을 조성·설치하는 경우에 따른 토지의 소유자의 취득
ㄷ. 「민법」 제839조의2에 따라 이혼시 재산분할로 인한 취득
ㄹ. 등기부등본상 본인 지분을 초과하지 않는 공유물의 분할로 인한 취득

① ㄱ, ㄴ　② ㄴ, ㄹ
③ ㄷ, ㄹ　④ ㄱ, ㄴ, ㄷ
⑤ ㄱ, ㄷ, ㄹ

34. 「지방세법」상 취득세의 부과·징수에 관한 설명으로 옳은 것은?

① 취득세의 징수는 보통징수의 방법으로 한다.

② 상속으로 취득세 과세물건을 취득한 자는 상속개시일부터 60일 이내에 산출한 세액을 신고하고 납부하여야 한다.

③ 부담부증여로 부동산을 취득한 경우에는 취득일이 속하는 달의 말일부터 3개월 이내에 산출한 세액을 신고하고 납부하여야 한다.

④ 취득세 과세물건을 취득한 후에 그 과세물건이 중과세율의 적용대상이 되었을 때에는 중과세율을 적용하여 산출한 세액에서 이미 납부한 세액(가산세 포함)을 공제한 금액을 세액으로 하여 신고·납부하여야 한다.

⑤ 법인의 취득당시가액을 증명할 수 있는 장부가 없는 경우 지방자치단체의 장은 그 산출된 세액의 100분의 20을 징수하여야 할 세액에 가산한다.

35. 법인이 토지의 지목을 변경하여 가액의 증가가 있는 경우에 「지방세법」상 취득세 및 등록에 대한 등록면허세를 비교한 내용으로 틀린 것은?

	구분	취득세	등록면허세
①	과세주체	특·광·도·특별자치도·특별자치시	도·구·특별자치도·특별자치시
②	납세의무 확정방식	신고납부	신고납부
③	중가산세 (산출세액의 100분의 80)	적용되지 않는다.	적용되지 않는다.
④	과세표준 및 세율	증가한 가액에 중과기준세율 (1,000분의 20)을 적용한다.	증가한 가액에 6,000원의 세율을 적용한다.
⑤	면세점 규정	적용된다.	적용되지 않는다.

36. 「지방세법」상 등록에 대한 등록면허세에 관한 설명으로 옳은 것은?

① 저당권설정등기에 대한 등록면허세 납세의무자는 저당권자인 채권자이며, 채권금액을 과세표준으로 하여 1,000분의 2의 세율을 적용하여 세액을 산출한다.

② 부동산등기의 등록면허세 납세지는 등기권리자의 주소지이다.

③ 부동산등기를 하는 경우 등록면허세는 등록을 한 후 60일까지 납세지를 관할하는 지방자치단체의 장에게 신고납부하여야 한다.

④ 등록면허세를 신고하여야 할 자가 법정신고기한 내에 신고를 하지 아니한 경우에도 등록면허세 산출세액을 등록하기 전까지 납부하였을 때에는 신고를 하고 납부한 것으로 본다. 이 경우 무신고가산세 100분의 50을 감면한다.

⑤ 등록면허세를 비과세받은 후에 해당 과세물건이 등록면허세 부과대상이 된 경우에는 그 사유발생일로부터 30일 이내에 납세지를 관할하는 지방자치단체의 장에게 신고납부하여야 한다.

37. 다음 「지방세법」상의 분할납부에 관한 내용의 (　　)에 들어갈 내용이 옳게 연결된 것은?

> ○ 지방자치단체의 장은 재산세의 납부세액이 (　　)을 초과하는 경우에는 대통령령으로 정하는 바에 따라 납부할 세액의 (　　)를 납부기한이 지난 날부터 (　　) 이내에 분할납부하게 할 수 있다.
> ○ 납부할 재산세액이 400만원인 경우에 최대 분할납부 금액은 (　　)이다.

① 250만원 - 전부 - 45일 - 100만원
② 250만원 - 일부 - 3개월 - 150만원
③ 250만원 - 일부 - 3개월 - 200만원
④ 500만원 - 전부 - 2개월 - 200만원
⑤ 500만원 - 일부 - 6개월 - 400만원

38. 「지방세법」상 재산세에 관한 설명으로 틀린 것은?

① 임시로 사용하기 위하여 건축된 고급오락장용 건축물로서 재산세 과세기준일 현재 1년 미만의 것은 재산세를 부과한다.
② 「신탁법」에 의하여 수탁자명의로 등기된 신탁재산의 경우 수탁자가 납세의무자이다. 이 경우 수탁자가 신탁재산을 소유한 것으로 본다.
③ 과세기준일 현재 상속이 개시된 재산으로서 상속등기가 이행되지 않고 사실상의 소유자를 신고하지 않은 때에는 법령이 정하는 주된 상속자가 재산세를 납부할 의무가 있다.
④ 과세대상인 건물을 구분함에 있어서 1구의 건물이 주거와 주거 외의 용도로 겸용되는 경우에는 주거용으로 사용되는 면적이 전체의 100분의 50 이상인 경우에는 주택으로 본다.
⑤ 과세기준일 현재 소유권의 귀속이 분명하지 않아 사실상의 소유자를 확인할 수 없는 경우에는 그 사용자가 재산세를 납부할 의무가 있다.

39. 다음 중 종합부동산세 과세대상이 아닌 것은 모두 몇 개인가?

> ○ 별장
> ○ 고급주택
> ○ 「지방세법」상 재산세 분리과세대상 토지
> ○ 공장용 건축물

① 0개　② 1개
③ 2개　④ 3개
⑤ 4개

40. 다음은 종합부동산세법령에 대한 내용이다. (　　)에 들어갈 숫자를 순서대로 옳게 나열한 것은?

> ㄱ. 혼인함으로써 1세대를 구성하는 경우에는 혼인한 날부터 (　　)년 동안은 주택 또는 토지를 소유하는 자와 그 혼인한 자별로 각각 1세대로 본다.
> ㄴ. 동거봉양하기 위하여 합가함으로써 과세기준일 현재 주택 또는 토지의 소유자 본인 또는 그 배우자의 (　　)세 이상인 직계존속(그 직계존속 중 어느 한 사람이 (　　)세 미만인 경우를 포함한다)과 1세대를 구성하는 경우에는 합가한 날부터 (　　)년 동안 주택 또는 토지를 소유하는 자와 그 합가한 자별로 각각 1세대로 본다.

① 3, 55, 55, 5
② 3, 60, 60, 5
③ 3, 60, 55, 10
④ 5, 55, 55, 10
⑤ 10, 60, 60, 10

학습일자: ______/______

2025년도 제36회 공인중개사 2차 국가자격시험

실전모의고사 제3회

교 시	문제형별	시 간	시 험 과 목
1교시	A	100분	① 공인중개사의 업무 및 부동산 거래신고에 관한 법령 및 중개실무 ② 부동산공법 중 부동산 중개에 관련되는 규정

수험번호		성 명	

【 수험자 유의사항 】

1. **시험문제지는 단일 형별(A형)이며, 답안카드 형별 기재란에 표시된 형별(A형)을 확인하시기 바랍니다.** 시험문제지의 **총면수, 문제번호 일련순서, 인쇄상태** 등을 확인하시고, 문제지 표지에 수험번호와 성명을 기재하시기 바랍니다.
2. 답은 각 문제마다 요구하는 **가장 적합하거나 가까운 답 1개**만 선택하고, 답안카드 작성 시 시험문제지 **형별누락, 마킹착오**로 인한 불이익은 전적으로 **수험자에게 책임**이 있음을 알려드립니다.
3. 답안카드는 국가전문자격 공통 표준형으로 문제번호가 1번부터 125번까지 인쇄되어 있습니다. 답안 마킹 시에는 반드시 **시험문제지의 문제번호와 동일한 번호에 마킹**하여야 합니다. (2차 1교시: 1번~80번)
4. **감독위원의 지시에 불응하거나 시험시간 종료 후 답안카드를 제출하지 않을 경우** 불이익이 발생할 수 있음을 알려 드립니다.
5. 시험문제지는 시험 종료 후 가져가시기 바랍니다.
6. 답안작성은 **시험 시행일(2025.10.25.) 현재 시행되는 법령 등**을 적용하시기 바랍니다.
7. 가답안 의견제시에 대한 개별회신 및 공고는 하지 않으며, **최종 정답 발표로 갈음**합니다.
8. 시험 중 **중간 퇴실은 불가**합니다. 단, 부득이하게 퇴실할 경우 **시험포기각서 제출 후 퇴실은 가능**하나 **재입실이 불가**하며, **해당시험은 무효처리됩니다.**

해커스 공인중개사

제1과목: 공인중개사의 업무 및 부동산 거래신고에 관한 법령 및 중개실무

1. 「공인중개사법」상 법의 제정목적으로 명문의 규정이 있는 것을 모두 고른 것은?

> ㄱ. 투명한 부동산거래질서의 확립
> ㄴ. 부동산중개업의 적절한 규율
> ㄷ. 부동산업의 건전한 육성
> ㄹ. 공인중개사의 업무 등을 정함
> ㅁ. 국민경제 이바지
> ㅂ. 전문성 제고

① ㄱ, ㄴ, ㄷ
② ㄱ, ㄴ, ㅂ
③ ㄱ, ㄹ, ㅁ
④ ㄴ, ㄷ, ㅁ
⑤ ㄹ, ㅁ, ㅂ

2. 「공인중개사법」상 용어와 관련한 설명으로 틀린 것은? (다툼이 있으면 판례에 따름)

① 공인중개사의 자격을 취득하고 개설등록을 하지 아니한 자는 개업공인중개사가 아니다.
② 부동산중개업무는 「상법」에서 정하고 있는 '중개에 관한 행위'로서 기본적 상행위에 해당한다.
③ 중개대상물에 대하여 거래당사자간 매매 · 교환 · 임대차를 알선하는 행위는 중개에 해당한다.
④ 개업공인중개사인 법인의 사원으로서 단순 업무를 보조하는 공인중개사는 소속공인중개사로 볼 수 없다.
⑤ '중개업'이라 함은 다른 사람의 의뢰에 의하여 일정한 보수를 받고 중개를 업으로 행하는 것을 말한다.

3. 공인중개사법령상 중개대상물이 될 수 있는 것을 모두 고르면 몇 개인가? (다툼이 있으면 판례에 따름)

> ㄱ. 토지로부터 분리된 수목
> ㄴ. 무주(無主)의 부동산
> ㄷ. 당첨이 되면 입주예정자로 선정될 수 있는 지위인 입주권
> ㄹ. 광업권
> ㅁ. 지목이 양어장인 토지

① 1개
② 2개
③ 3개
④ 4개
⑤ 5개

4. 공인중개사법령상 공인중개사에 대한 설명으로 틀린 것은? (다툼이 있으면 판례에 따름)

① 공인중개사 자격시험은 국토교통부장관이 시행하는 것이 원칙이나 예외적으로 시 · 도지사가 시행할 수 있다.
② 국토교통부장관 또는 시 · 도지사는 공인중개사 자격시험 시행기관장이 명단을 통보한 출제위원에 대하여는 그 명단을 통보한 날부터 5년간 시험의 출제위원으로 위촉하여서는 아니 된다.
③ 공인중개사 자격시험에서 부정한 행위를 한 응시자에 대하여는 그 시험을 무효로 하고, 그 처분이 있은 날부터 5년간 시험응시자격을 정지한다.
④ 미성년자는 공인중개사가 될 수 있다.
⑤ 공인중개사 자격증을 무상으로 대여한 행위도 처벌대상이 된다.

5. 공인중개사법령상 중개사무소의 개설등록과 관련한 설명으로 틀린 것은? (다툼이 있으면 판례에 따름)

① 공인중개사가 아닌 자가 주도적으로 운영하는 형식으로 동업하여 중개사무소를 운영한 경우, 공인중개사가 아닌 자의 중개업은 형사처벌의 대상이 된다.
② 개업공인중개사가 등록증을 다른 사람에게 대여한 경우 공인중개사 자격의 취소사유가 된다.
③ 거래당사자가 개설등록을 하지 아니하고 중개업을 하는 자에게 중개를 의뢰한 행위 자체는 「공인중개사법」상 처벌대상이 될 수 없다.
④ 변호사도 중개사무소의 개설등록기준을 적용받는다.
⑤ 중개사무소 개설등록을 하지 아니하고 부동산거래를 중개하면서 그에 대한 보수를 약속 · 요구하는 행위는 「공인중개사법」 위반죄로 처벌할 수 없다.

6. 「공인중개사법」 제10조상의 결격사유와 관련한 설명으로 옳은 것은?

① 개업공인중개사가 등록기준 미달로 인하여 등록을 취소당한 경우 그로부터 3년간은 중개사무소의 개설등록을 할 수 없다.
② 개업공인중개사가 결격사유에 해당하는 중개보조원을 2개월 내에 해소하지 아니한 경우에는 등록이 취소된다.
③ 결격사유자는 소속공인중개사나 중개보조원이 될 수 없다.
④ 개업공인중개사가 「공인중개사법」을 위반하여 300만원의 벌금형을 선고받아 등록이 취소된 경우 등록취소된 때로부터 3년간은 중개업에 종사할 수 없다.
⑤ 경합범으로서 「공인중개사법」 위반으로 200만원의 벌금형과 「형법」 위반으로 300만원의 벌금형을 선고받은 자는 3년간 결격사유에 해당한다.

7. **공인중개사법령상 분사무소의 설치에 관한 설명으로 옳은 것을 모두 고른 것은?**

> ㄱ. 분사무소설치신고확인서를 교부한 등록관청은 지체 없이 그 분사무소 설치예정지역을 관할하는 시장·군수 또는 구청장에게 이를 통보하여야 한다.
> ㄴ. 분사무소의 설치신고를 받은 등록관청은 분사무소 설치신고사항을 다음 달 10일까지 공인중개사협회에 통보하여야 한다.
> ㄷ. 분사무소설치신고서에는 본사의 소재지·등록번호, 분사무소 책임자의 성명, 분사무소 설치사유를 기재해야 한다.
> ㄹ. 분사무소를 둘 때마다 보증을 4억원 이상 추가로 설정해야 한다.

① ㄱ, ㄴ　　② ㄴ, ㄹ
③ ㄷ, ㄹ　　④ ㄴ, ㄷ, ㄹ
⑤ ㄱ, ㄴ, ㄷ, ㄹ

8. **공인중개사법령상 개업공인중개사의 겸업과 관련한 설명으로 틀린 것은? (다른 법률에 따라 중개업을 할 수 있는 경우를 제외함)**

① 법인이 아닌 모든 개업공인중개사는 법인인 개업공인중개사에게 허용된 겸업업무를 모두 영위할 수 있다.
② 모든 개업공인중개사는 부동산이용 및 개발에 관한 상담업을 할 수 있다.
③ 법인인 개업공인중개사가 경매대상 부동산에 대한 매수신청의 대리를 하고자 할 때는 법원에 등록하여야 한다.
④ 공인중개사인 개업공인중개사는 도배업체를 겸업할 수 있다.
⑤ 법 제7638호 부칙 제6조 제2항의 개업공인중개사는 상가의 분양대행업을 할 수 있다.

9. **개업공인중개사 甲의 소속공인중개사 乙은 중개대상물의 거래상의 중요사항에 대하여 거짓된 언행을 하여 중개의뢰인의 판단을 그르치게 하고, 중개의뢰인에게 재산상 손해를 입혔다. 이와 관련한 설명으로 공인중개사법령상 틀린 것은? (다툼이 있으면 판례에 따름)**

① 등록관청은 甲의 중개사무소의 개설등록을 취소할 수 있다.
② 공인중개사 자격증을 교부한 시·도지사는 乙의 공인중개사 자격을 취소해야 한다.
③ 甲은 乙과 연대하여 중개의뢰인에게 손해배상책임을 부담하지만, 乙의 위법행위에 가담하지 않은 경우 손해배상을 함에 있어서 과실상계를 주장할 수 있다.
④ 乙은 1년 이하의 징역 또는 1천만원 이하의 벌금에 처해진다.
⑤ 甲은 양벌규정에 따라 1천만원 이하의 벌금형을 선고받을 수 있다.

10. **공인중개사법령상 휴업과 폐업에 관한 설명으로 옳은 것(○)과 틀린 것(×)의 표시가 바르게 나열된 것은?**

> ㄱ. 휴업신고는 휴업개시 후 휴업종료 전에 해야 한다.
> ㄴ. '부동산중개업 휴업신고서'에는 휴업기간을, '부동산중개업 폐업신고서'에는 폐업기간을 기재해야 한다.
> ㄷ. 휴업신고한 개업공인중개사가 휴업기간 만료 후 중개업의 재개신고를 하지 않으면 벌금형을 부과받을 수 있다.

① ㄱ(○), ㄴ(○), ㄷ(○)
② ㄱ(○), ㄴ(×), ㄷ(○)
③ ㄱ(○), ㄴ(×), ㄷ(×)
④ ㄱ(×), ㄴ(×), ㄷ(○)
⑤ ㄱ(×), ㄴ(×), ㄷ(×)

11. **공인중개사법령상 중개계약에 관한 설명으로 옳은 것은?**

① 전속중개계약을 체결한 개업공인중개사는 중개대상물의 권리자의 성명·주소 등 인적사항에 대한 정보를 7일 내에 부동산거래정보망이나 일간신문에 공개하여야 한다.
② 개업공인중개사는 중개의뢰인이 일반중개계약서의 작성을 요청한 경우 일반중개계약서 작성의무가 있다.
③ 등록관청은 일반중개계약서의 표준이 되는 서식을 정하여 이의 사용을 권장할 수 있다.
④ 중개의뢰인은 중개의뢰 내용을 명확하게 하기 위하여 거래예정가격, 중개보수 등을 기재한 일반중개계약서의 작성을 개업공인중개사에게 요청할 수 있다.
⑤ 공인중개사법령상 전속중개계약서의 서식은 정해져 있으나, 일반중개계약서의 서식은 정해져 있지 않다.

12. 공인중개사법령상 거래정보사업자 지정신청시 첨부서류를 모두 고른 것은?

> ㄱ. 고용한 공인중개사의 자격증 사본
> ㄴ. 가입 · 이용신청한 개업공인중개사의 중개사무소 등록증 사본
> ㄷ. 주된 컴퓨터의 용량 및 성능 등을 알 수 있는 서류
> ㄹ. 운영규정
> ㅁ. 「전기통신사업법」에 따라 부가통신사업신고서를 제출하였음을 확인할 수 있는 서류

① ㄱ, ㄴ, ㄷ ② ㄱ, ㄷ, ㄹ
③ ㄷ, ㄹ, ㅁ ④ ㄱ, ㄴ, ㄷ, ㅁ
⑤ ㄱ, ㄴ, ㄷ, ㄹ, ㅁ

13. 공인중개사법령상 개업공인중개사의 중개대상물에 대한 확인 · 설명의무 등과 관련한 판례로 틀린 것은?

① 개업공인중개사는 중개대상물의 범위 외의 물건이나 권리 또는 지위를 중개하는 경우에도 선량한 관리자의 주의로 중개대상물의 권리관계 등을 조사 · 확인하여 중개의뢰인에게 설명할 의무가 있다.
② 상가건물의 임차권 양도계약을 중개할 경우에는 양수의뢰인이 「상가건물 임대차보호법」에서 정한 대항력, 우선변제권 등의 보호를 받을 수 있는지를 확인 · 설명할 의무가 있다.
③ 중개대상물에 근저당권이 설정된 경우에는 실제의 피담보채무액을 조사하여 설명하여야 한다.
④ 중개의뢰인이 개업공인중개사에게 소정의 보수를 지급하지 아니하였다고 해서 개업공인중개사의 확인 · 설명의무와 그 위반에 따른 손해배상책임이 당연히 소멸되는 것이 아니다.
⑤ 개업공인중개사는 비록 그가 조사 · 확인하여 의뢰인에게 설명할 의무를 부담하지 않는 사항이더라도 의뢰인이 계약 체결 여부를 결정하는 데 중요한 자료가 되는 사항에 관하여 그릇된 정보를 제공하여서는 안 된다.

14. 공인중개사법령상 계약금 등의 반환채무이행의 보장에 관한 설명으로 옳은 것은?

① 개업공인중개사는 거래안전을 보장하기 위하여 거래당사자에게 계약금 등을 예치하도록 권고하여야 한다.
② 계약금 등은 체신관서 명의로는 예치할 수 없다.
③ 「한국은행법」에 따른 한국은행은 예치기관이 될 수 있다.
④ 계약금 등을 예치한 경우 거래계약의 이행이 완료되기 전에는 이를 미리 수령할 수 없다.
⑤ 개업공인중개사는 계약금 등을 자기의 명의로 예치하는 경우 예치금액에 해당하는 금액의 보증을 설정하고 그 증서 사본(전자문서 포함)을 거래당사자에게 교부하여야 한다.

15. 「공인중개사법」상 개업공인중개사 등의 금지행위에 해당하지 않는 것을 모두 고른 것은? (다툼이 있는 경우 판례에 따름)

> ㄱ. 「주택법」상 입주자저축증서에 대한 매매를 1회 중개한 행위
> ㄴ. 액면금액이 법정한도를 초과하는 당좌수표를 중개보수로 받았으나 후일 그 당좌수표가 부도처리된 경우
> ㄷ. 전매가 금지된 투기과열지구 내 분양권의 전매를 중개한 행위
> ㄹ. 잔금의 이행과 등기서류의 교부에 대하여 거래당사자 쌍방을 대리한 행위
> ㅁ. 토지를 택지로 조성하여 분양을 대행해 주고, 토지 소유자에게는 토지 대금으로 일정금을 지급 후 그 차액을 모두 취득한 행위

① ㅁ ② ㄹ, ㅁ
③ ㄱ, ㄴ, ㄷ ④ ㄴ, ㄷ, ㄹ
⑤ ㄱ, ㄴ, ㄷ, ㄹ

16. 공인중개사법령상 중개보수 등과 관련된 설명으로 틀린 것은? (다툼이 있으면 판례에 따름)

① 중개보수는 거래계약이 해제된 경우에는 받을 수 없다.
② 주택이 아닌 중개대상물에 대한 중개보수의 한도는 국토교통부령으로 정한다.
③ 토지의 임대차를 쌍방 중개한 개업공인중개사는 중개보수로 최고 거래금액의 1.8%까지 받을 수 있다.
④ 중개보수 약정 중 법정 한도액을 초과하는 부분은 무효이다.
⑤ 전용면적이 $85m^2$ 이하이고, 상 · 하수도 시설이 갖추어진 전용 입식 부엌, 전용 수세식 화장실 및 목욕시설을 갖춘 오피스텔의 임대차중개에 대한 중개보수는 중개의뢰인 일방으로부터 거래금액의 1천분의 4를 한도로 한다.

17. 공인중개사법령상 교육에 관한 업무를 위탁받으려는 기관 또는 단체가 교육과목별로 갖추어야 할 강사확보 기준으로 그 자격이 되지 않는 자는?

① 교육과목과 관련된 분야의 박사학위 소지자
② 변호사 자격이 있는 사람으로서 실무경력이 2년 이상인 사람
③ 7급 이상의 공무원으로 6개월 이상 부동산중개업 관련 업무를 담당한 경력이 있는 사람
④ 공인중개사로서 부동산 관련 분야에 근무한 경력이 1년 이상인 사람
⑤ 「고등교육법」에 따른 학교에서 전임강사 이상으로 교육과목과 관련된 과목을 2년 이상 강의한 경력이 있는 사람

18. 공인중개사법령상 甲과 乙이 받을 수 있는 포상금의 최대 금액은?

○ 甲은 공인중개사 자격증을 대여한 A를 고발하였으나, 후일 무죄판결을 받았다.
○ 乙은 단체를 구성하여 단체 구성원 이외의 자와 공동중개를 제한한 개업공인중개사 B와 C를 고발하였으나, 검사는 B를 기소유예하였고, C를 무혐의처분하였다.
○ 甲과 乙은 포상금배분에 관한 합의 없이 시세에 부당한 영향을 줄 목적으로 안내문을 이용하여 특정 가격 이하로 중개를 의뢰하지 아니하도록 유도한 D를 신고하였으며, D는 형사재판에서 벌금 300만원을 선고받았다.
○ A, B, C, D는 甲 또는 乙의 위 신고·고발 전에 행정기관에 의해 발각되지 않았다.

① 甲: 50만원, 乙: 50만원
② 甲: 75만원, 乙: 75만원
③ 甲: 75만원, 乙: 100만원
④ 甲: 75만원, 乙: 125만원
⑤ 甲: 100만원, 乙: 75만원

19. 공인중개사법령상 공인중개사협회(이하 '협회'라 함)와 관련한 설명으로 옳은 것은 모두 몇 개인가?

ㄱ. 협회에 관하여 「공인중개사법」에 규정이 없는 것은 「민법」 중 재단법인에 관한 규정을 적용한다.
ㄴ. 개업공인중개사는 협회를 1개 이상 설립하여야 한다.
ㄷ. 협회가 지회를 설치할 경우에는 등록관청에 미리 신고해야 한다.
ㄹ. 협회는 공제사업에 대한 회계를 별도로 관리하여야 한다.
ㅁ. 국토교통부장관은 협회의 임원이 개선명령을 이행하지 아니하여 공제사업을 건전하게 운영하지 못할 우려가 있는 경우 그 임원에 대한 징계·해임을 요구하거나 해당 위반행위를 시정하도록 명할 수 있다.

① 1개 ② 2개
③ 3개 ④ 4개
⑤ 5개

20. 공인중개사법령상 개업공인중개사의 행위로서 등록관청에 적발된 경우 업무의 정지를 명할 수 있는 사유를 모두 고른 것은?

ㄱ. 다른 개업공인중개사의 소속공인중개사가 된 경우
ㄴ. 천막 그 밖의 이동이 용이한 임시 중개시설물을 설치한 경우
ㄷ. 거래계약서에 서명 및 날인하지 아니한 경우
ㄹ. 중개완성시에 보증관계증서를 교부하지 아니한 경우
ㅁ. 최근 1년 이내에 「공인중개사법」에 의하여 2회 이상의 업무정지처분을 받고 다시 과태료처분에 해당하는 행위를 한 경우

① ㄴ, ㄹ ② ㄱ, ㄷ, ㄹ
③ ㄴ, ㄷ, ㅁ ④ ㄷ, ㄹ, ㅁ
⑤ ㄱ, ㄴ, ㄷ, ㅁ

21. 개업공인중개사 甲은 서울특별시 강남구에서 중개업을 영위하다가 폐업신고를 하고, 1년 6개월 뒤에 경기도 광명시에서 재등록하였다. 이와 관련한 설명으로 틀린 것은?

① 甲은 폐업신고 전의 개업공인중개사의 지위를 승계한다.
② 甲은 폐업신고 전에 받은 업무정지처분 또는 과태료처분의 효과를 승계받는다.
③ 광명시장은 폐업신고 전의 등록취소사유에 해당하는 위반행위에 대하여 甲에게 등록취소처분을 할 수 있다.
④ 甲이 폐업신고 전의 이중사무소를 설치했던 사유로 등록취소처분을 받은 경우 甲은 1년 6개월 동안 중개업 종사가 금지된다.
⑤ 광명시장은 甲에 대하여 폐업신고 전의 위반행위를 사유로 행정처분을 함에 있어서는 폐업의 사유와 폐업기간을 고려하여야 한다.

22. 공인중개사법령상 자격정지처분의 기준기간이 옳은 것은 모두 몇 개인가?

> ㄱ. 중개의뢰인과 직접거래를 한 경우 - 6개월
> ㄴ. 거래계약서에 거래금액 등 거래내용을 거짓으로 기재한 경우 - 6개월
> ㄷ. 둘 이상의 중개사무소에 소속된 경우 - 3개월
> ㄹ. 중개행위에 등록하지 아니한 인장을 사용한 경우 - 3개월
> ㅁ. 중개대상물에 대한 확인 · 설명을 하면서 그 근거자료를 제시하지 않은 경우 - 6개월

① 1개　② 2개
③ 3개　④ 4개
⑤ 5개

23. 「공인중개사법」상 금지행위 중 행정형벌의 기준이 다른 것은?
① 시세에 부당한 영향을 줄 목적으로 온라인 커뮤니티를 이용하여 특정 가격 이하로 중개를 의뢰하지 아니하도록 유도하여 개업공인중개사의 업무를 방해한 행위
② 제3자에게 부당한 이익을 얻게 할 목적으로 거짓으로 거래가 완료된 것처럼 꾸미는 등 중개대상물의 시세에 부당한 영향을 주거나 줄 우려가 있는 행위
③ 시세에 부당한 영향을 줄 목적으로 정당한 사유 없이 개업공인중개사의 중개대상물에 대한 정당한 표시 · 광고 행위를 방해한 행위
④ 관계 법령에서 양도 · 알선 등이 금지된 부동산의 분양 · 임대 등과 관련 있는 증서 등의 매매업을 한 행위
⑤ 개업공인중개사가 중개사무소의 개설등록을 하지 아니하고 중개업을 영위하는 자인 사실을 알면서 그에게 자기의 명의를 이용하게 한 행위

24. 「공인중개사법」상 100만원 이하의 과태료 부과사유가 아닌 것은?
① 중개사무소를 이전하고 기한 내에 이전신고를 하지 아니한 경우
② 정보통신서비스 제공자로서 정당한 사유 없이 자료제출 요구에 불응한 경우
③ 중개완성시에 보증관계증서(전자문서 포함)를 교부하지 아니한 경우
④ 옥외광고물에 성명을 거짓으로 표기한 경우
⑤ 자격취소처분을 받고 기한 내에 자격증을 반납하지 아니한 경우

25. 부동산 거래신고 등에 관한 법령상 부동산거래신고와 관련한 설명으로 틀린 것은?
① 부동산거래신고를 하는 자는 주민등록증 등 신분증명서를 신고관청에 보여줘야 한다.
② 거래당사자(국가 등 제외)가 신고대상 계약을 직거래한 경우 부동산거래계약신고서의 제출은 거래당사자 중 1인이 하면 된다.
③ 토지거래허가구역이 아닌 지역으로서 실제 거래금액이 6억원 이상인 나대지를 매수한 개인은 해당 토지의 이용계획을 신고해야 한다.
④ 개업공인중개사의 위임을 받은 소속공인중개사는 부동산거래계약신고서의 제출을 대행할 수 있다.
⑤ 신고관청(특별자치시장 제외)은 외국인의 신고내용을 매 분기 종료한 날로부터 3개월 내에 시 · 도지사에게 제출하여야 한다.

26. 부동산 거래신고 등에 관한 법령상 부동산거래계약 신고내용의 정정신청이 가능한 사항을 모두 고른 것은?

> ㄱ. 거래대상 건축물의 종류가 잘못된 경우
> ㄴ. 거래대상 부동산의 면적이 잘못된 경우
> ㄷ. 거래지분이 변경된 경우
> ㄹ. 실제 거래금액이 변경된 경우
> ㅁ. 거래당사자의 성명이 잘못된 경우

① ㄱ, ㄴ　② ㄷ, ㄹ
③ ㄱ, ㄴ, ㄷ　④ ㄱ, ㄴ, ㅁ
⑤ ㄷ, ㄹ, ㅁ

27. 부동산 거래신고 등에 관한 법령상 주택임대차계약의 신고와 관련한 설명으로 틀린 것은?
① 계약당사자 일방이 「지방공기업법」에 따른 지방공단인 경우 지방공단이 신고해야 한다.
② 임대차계약 당사자는 신고사항이 잘못 기재된 경우에는 임대차계약서를 첨부하여 신고관청에 신고사항의 정정을 신청할 수 있다.
③ 신고를 받은 신고관청은 그 내용 등을 확인한 후 5일 내에 신고필증을 발급한다.
④ 부동산거래계약시스템을 통해 주택임대차계약을 체결한 경우에는 임대차계약 당사자가 공동으로 주택임대차계약신고서를 제출한 것으로 본다.
⑤ 임대차계약 당사자의 위임을 받은 사람은 임대차신고서 등의 작성 · 제출 및 정정신청을 대행할 수 있다.

28. 부동산 거래신고 등에 관한 법령상 외국인 등의 국내 부동산 취득시 신고 또는 허가에 대한 설명으로 틀린 것은? (단, 헌법과 법률에 따라 체결된 조약의 이행에 필요한 경우는 고려하지 않음)

① 사원 또는 구성원의 2분의 1 이상이 대한민국 국적을 보유하고 있지 않은 법인은 이 법상 '외국인 등'에 해당한다.

② 외국인이 국내 건물에 대하여 매매계약을 체결한 때에는 계약 체결일로부터 30일 내에 부동산거래신고를 하여야 한다.

③ 경매에 의하여 건물의 소유권을 취득한 외국인은 대금완납일로부터 6개월 이내에 신고하여야 한다.

④ 「야생생물 보호 및 관리에 관한 법률」에 의한 야생생물특별보호구역 내의 토지를 취득하고자 하는 외국인은 국토교통부장관에게 신고해야 한다.

⑤ 「통합방위법」에 따른 국가중요시설과 그 인근지역으로서 국토교통부장관이 고시하는 지역을 취득하는 외국인은 시장 · 군수 · 구청장의 허가를 받아야 한다.

29. 부동산 거래신고 등에 관한 법령상 토지거래허가 등과 관련한 설명으로 옳은 것을 모두 고른 것은?

ㄱ. 국토교통부장관은 토지의 투기적인 거래가 성행하는 지역에 대해서는 7년의 기간을 정하여 토지거래계약에 관한 허가구역을 지정할 수 있다.
ㄴ. 허가구역의 지정은 이를 공고하고 일반인이 열람할 수 있는 날이 끝난 날부터 5일 후에 그 효력이 발생한다.
ㄷ. 「한국은행법」에 따른 한국은행, 「지방공기업법」에 따른 지방공사는 토지거래허가의 불허가처분에 따른 토지의 매수자가 될 수 없다.
ㄹ. 선매자가 토지를 매수할 때의 가격은 토지소유자의 매입가격으로 한다.

① ㄷ
② ㄱ, ㄴ
③ ㄴ, ㄷ
④ ㄱ, ㄴ, ㄹ
⑤ ㄴ, ㄷ, ㄹ

30. 부동산 거래신고 등에 관한 법령상 토지거래계약허가를 받아 취득한 토지를 허가받은 목적대로 이용하고 있지 않은 경우 취할 수 있는 조치가 아닌 것은?

① 3개월 이내의 기간을 정하여 이행명령을 할 수 있다.

② 이행명령에 불응한 경우 이행강제금을 부과한다.

③ 과징금을 부과할 수 있다.

④ 해당 토지에 관한 토지거래계약 허가신청이 있을 때에는 선매할 수 있다.

⑤ 토지거래허가 취소 또는 그 밖에 필요한 처분을 하거나 조치를 명할 수 있다.

31. 부동산 거래신고 등에 관한 법령상 부동산 정보관리 등과 관련한 내용으로 옳은 것을 모두 고른 것은?

ㄱ. 국토교통부장관은 연 1회 이상 전국의 지가변동률을 조사하여야 한다.
ㄴ. 시 · 도지사가 관할구역 안의 토지거래상황을 파악하기 위하여 분기별로 1회 이상 개괄적으로 실시하는 조사를 개황조사라 한다.
ㄷ. 토지의 소유권자에게 발생된 권리 · 의무는 그 토지 또는 건축물에 관한 소유권이나 그 밖의 권리의 변동과 동시에 그 승계인에게 이전한다.
ㄹ. 시 · 도지사는 효율적인 정보의 관리 및 국민편의 증진을 위하여 부동산거래 및 주택임대차의 계약 · 신고 · 허가 · 관리 등의 업무와 관련된 정보체계를 구축 · 운영할 수 있다.

① ㄱ, ㄷ
② ㄱ, ㄹ
③ ㄴ, ㄷ
④ ㄴ, ㄹ
⑤ ㄱ, ㄴ, ㄷ

32. 부동산 거래신고 등에 관한 법령상 전자문서로 제출할 수 있는 것을 모두 고른 것은?

ㄱ. 부동산거래계약의 해제 등 신고서
ㄴ. 면적의 변경이 없는 실제 거래금액 변경의 부동산거래계약 변경신고서
ㄷ. 거래당사자 일방의 단독 정정신청시 부동산거래계약신고필증
ㄹ. 외국인 토지취득허가신청서
ㅁ. 일방의 신고거부로 인한 단독신고시 부동산거래계약신고서

① ㄱ, ㄴ
② ㄱ, ㄹ
③ ㄴ, ㄷ
④ ㄱ, ㄹ, ㅁ
⑤ ㄴ, ㄷ, ㅁ

33. 「농지법」에 대한 설명으로 옳은 것은?

① 농업진흥지역 내 농지도 주말·체험영농을 위해 취득할 수 있다.

② 농지의 임대차 제한에 대한 위반사실을 알고도 농지임대차를 중개하는 행위에 대하여는 1년 이하의 징역 또는 1천만원 이하의 벌금에 처한다.

③ 주말·체험영농을 위해 농지를 소유하는 경우 한 세대의 부부가 각각 1천m^2 미만으로 소유할 수 있다.

④ 농지취득자격증명의 발급신청을 받은 관할관청은 7일(농업경영계획서 제출이 생략되는 경우는 4일, 농지위원회 심의대상은 14일) 내에 발급 여부를 결정하여야 한다.

⑤ 1필지를 공유로 취득하려는 자가 10인 이하의 범위에서 시·군·구의 조례로 정한 수를 초과한 경우에는 농지취득자격증명을 발급하지 아니할 수 있다.

34. 공인중개사법령상 주거용 건축물의 임대차에 관한 확인·설명서 작성시 기재를 생략하거나 생략할 수 있는 항목이 아닌 것은?

① 건물(주택) 공시가격

② 토지이용계획, 공법상 이용제한 및 거래규제에 관한 사항

③ 비선호시설(1km 이내)

④ 개별공시지가

⑤ 취득 관련 조세의 종류 및 세율

35. 부동산거래 전자계약시스템(IRTS)과 관련한 설명으로 틀린 것은?

① 전자계약은 당사자 직거래의 경우 이용할 수 없다.

② 전자계약은 계약서의 위조·변조, 이중계약서의 작성 등을 방지하는데 효과적이다.

③ 대면(對面)계약의 경우 거래당사자는 작성된 계약내용을 확인 후 서명란을 클릭하여 전자 수기서명을 한다.

④ 거래당사자는 대리인을 통한 전자계약을 할 수 있다.

⑤ 전자계약시스템을 통하여 거래계약 해제 등을 한 경우에는 거래계약 해제 등이 이루어진 때에 부동산거래계약 해제 등 신고서를 제출한 것으로 본다.

36. 개업공인중개사가 「집합건물의 소유 및 관리에 관한 법률」의 내용을 설명한 것으로 틀린 것은?

① 규약으로써 달리 정한 경우 구분소유자는 그가 가지는 전유부분과 분리하여 대지사용권을 처분할 수 있다.

② 대지 위에 구분소유권의 목적인 건물이 속하는 1동의 건물이 있을 때에는 그 대지의 공유자는 그 건물 사용에 필요한 범위의 대지에 대하여 분할을 청구할 수 있다.

③ 전유부분이 속하는 1동의 건물의 설치 또는 보존의 흠으로 인하여 다른 자에게 손해를 입힌 경우에는 그 흠은 공용부분에 존재하는 것으로 추정한다.

④ 구분소유자는 그 전유부분을 개량하기 위하여 필요한 범위에서 다른 구분소유자의 전유부분의 사용을 청구할 수 있다.

⑤ 대지사용권을 가지지 아니한 구분소유자가 있을 때에는 그 전유부분의 철거를 청구할 권리를 가진 자는 그 구분소유자에 대하여 구분소유권을 시가(時價)로 매도할 것을 청구할 수 있다.

37. 2025.8.17. 甲은 친구 乙과 X부동산에 대하여 乙을 명의수탁자로 하는 명의신탁약정을 체결하였다. 개업공인중개사가 이에 관하여 설명한 내용으로 옳은 것을 모두 고른 것은? (다툼이 있으면 판례에 따름)

ㄱ. X부동산의 소유자가 甲이고 양자간 명의신탁인 경우, 甲으로부터 소유권이전등기를 마친 乙이 丙에게 X부동산을 매각하고 丙이 소유권이전등기를 마쳤다면, 甲은 乙에게 소유권침해에 따른 불법행위책임을 물을 수 있다.

ㄴ. X부동산의 소유자가 丙이고 중간생략형 명의신탁이라면, 丙으로부터 소유권이전등기를 마친 乙은 유효하게 소유권을 취득한다.

ㄷ. X부동산의 소유자가 丙이고 계약명의신탁이라면, 丙이 그 약정을 몰랐더라도 丙으로부터 소유권이전등기를 마친 乙은 유효하게 소유권을 취득하지 못한다.

① ㄱ
② ㄴ
③ ㄷ
④ ㄱ, ㄴ
⑤ ㄱ, ㄴ, ㄷ

38. **「주택임대차보호법」에 관한 설명으로 <u>틀린</u> 것은? (다툼이 있으면 판례에 따름)**

① 주택임대차계약을 서면으로 체결할 때에는 법무부장관이 국토교통부장관과 협의하여 정하는 주택임대차표준계약서를 우선적으로 사용하되, 당사자가 다른 서식을 사용하기로 합의한 경우에는 제외된다.

② 임차인이 별도로 전세권설정등기를 마친 경우에는 「주택임대차보호법」상의 대항요건을 상실하더라도 이미 취득한 동법상의 대항력을 상실하지 아니한다.

③ 임차인은 임차권등기명령의 신청과 그에 따른 임차권등기와 관련하여 든 비용을 임대인에게 청구할 수 있다.

④ 금융기관 등이 우선변제권을 취득한 임차인의 보증금반환채권을 계약으로 양수한 경우에는 양수한 금액의 범위에서 우선변제권을 승계한다.

⑤ 임차인이 상속인 없이 사망한 경우에 가정공동생활을 하던 사실혼배우자는 임차권을 승계받을 수 있다.

39. **「상가건물 임대차보호법」의 내용으로 <u>틀린</u> 것은? (다툼이 있으면 판례에 따름)**

① 단순히 상품의 보관 · 제조 · 가공 등 사실행위만이 이루어지는 공장 · 창고 등은 영업용으로 사용하는 경우라고 할 수 없어 「상가건물 임대차보호법」이 적용되지 아니한다.

② 지역별 보증금 제한을 초과하는 임대차로서 임차인의 계약갱신요구로 계약이 갱신되는 경우 임대인은 보증금 또는 월 차임의 증액제한규정을 적용받지 아니하고 보증금 또는 월 차임을 증액할 수 있다.

③ 임차인이 3기의 차임액에 해당하는 금액에 이르도록 차임을 연체한 사실이 있는 경우 임대인에 대하여 계약갱신요구를 할 수 없다.

④ 임대인의 동의를 받고 전대차계약을 체결한 전차인은 임차인의 계약갱신요구권 행사기간 이내에 임차인을 대위(代位)하여 임대인에게 계약갱신요구권을 행사할 수 있다.

⑤ 임차인의 계약갱신요구권은 최초의 임대차기간을 포함하여 10년을 초과하지 않는 범위에서 행사할 수 있다.

40. **「민사집행법」에 따른 부동산경매와 관련한 설명으로 옳은 것은?**

① 압류의 효력이 발생된 후 성립한 유치권은 매수인에게 인수된다.

② 가압류등기보다 후순위이나 경매개시결정등기 전에 설정된 소유권이전등기청구권 보전을 위한 가등기는 매수인이 인수하여야 한다.

③ 최선순위의 전세권자가 배당요구를 한 경우에는 그 전세권은 매각으로 소멸된다.

④ 매수인은 매각대금이 지급되어 법원사무관 등이 소유권이전등기를 촉탁한 때에 매각의 목적인 권리를 취득한다.

⑤ 매각허가결정이 확정되면 매수인은 법원이 정한 대금지급기일에 매각대금을 지급해야 한다.

제2과목: 부동산공법 중 부동산 중개에 관련 되는 규정

41. 국토의 계획 및 이용에 관한 법령상 도시·군기본계획에 관한 설명으로 옳은 것은?

① 국토교통부장관이 도시·군기본계획을 수립할 수 있는 경우는 없다.

② 도시·군기본계획은 광역도시계획과 도시·군관리계획 수립의 지침이 된다.

③ 시·도지사가 도시·군기본계획을 변경하려면 국토교통부장관의 승인을 받아야 한다.

④ 광역도시계획이 수립되어 있는 지역의 도시·군기본계획의 내용이 그 광역도시계획의 내용과 다른 때에는 도시·군기본계획의 내용이 우선한다.

⑤ 경기도에 속한 A시가 인구가 9만명인 경우라면 해당 A시는 도시·군기본계획을 수립하지 아니할 수 있다.

42. 국토의 계획 및 이용에 관한 법령상 도시·군관리계획에 관한 설명 중 틀린 것은?

① 주민은 대상 토지 면적의 5분의 4 이상 토지소유자의 동의를 받아 기반시설의 정비에 관한 사항에 대하여 도시·군관리계획의 입안을 제안할 수 있다.

② 도시·군관리계획 입안의 제안을 받은 입안권자는 부득이한 사정이 있는 경우를 제외하고는 제안일부터 60일 이내에 반영 여부를 제안자에게 통보하여야 한다.

③ 국토교통부장관, 시·도지사, 시장 또는 군수는 제1항에 따른 기초조사의 내용에 토지적성평가와 재해취약성분석을 포함하여야 한다.

④ 특별시장·광역시장·특별자치시장·특별자치도지사·시장 또는 군수는 5년마다 관할구역의 도시·군관리계획에 대하여 그 타당성 여부를 전반적으로 재검토하여 이를 정비하여야 한다.

⑤ 도시·군관리계획 결정의 효력은 지형도면을 고시한 날부터 발생한다.

43. 국토의 계획 및 이용에 관한 법령상 보기에 해당하는 구역으로 지정이 되면 도시지역으로 결정·고시된 것으로 본다. 이에 해당하지 않는 것은?

① 「항만법」에 따른 항만구역으로서 도시지역에 연접된 공유수면

② 「어촌·어항법」에 따른 어항구역으로서 도시지역에 연접된 공유수면

③ 「택지개발촉진법」에 따른 택지개발지구

④ 「전원개발촉진법」에 따른 전원개발사업구역(수력발전소 또는 송·변전설비만을 설치하기 위한 전원개발사업구역 및 예정구역을 제외한다)

⑤ 「산업입지 및 개발에 관한 법률」에 따른 국가산업단지와 농공단지

44. 국토의 계획 및 이용에 관한 법령상 용도지역, 용도지구 및 용도구역에 관한 설명으로 틀린 것은?

① 용도지역과 용도지구는 중첩하여 지정될 수 있다.

② 녹지지역과 관리지역은 중복하여 지정될 수 없다.

③ 도시지역이 세부 용도지역으로 지정되지 아니한 경우에 용적률과 건폐율은 자연환경보전지역에 관한 규정을 적용한다.

④ 시·도지사 또는 대도시 시장은 도시자연공원구역을 도시·군관리계획 결정으로 지정할 수 있다.

⑤ 시가화조정구역의 지정에 의하여 시가화를 유보할 수 있는 기간은 5년 이상 20년 이내이며 유보기간이 끝난 날의 다음 날에 실효된다.

45. 국토의 계획 및 이용에 관한 법령상 계획관리지역의 건폐율 및 용적률의 최대한도와 그 최대한도로 해당 지역에서 건축할 수 있는 최대 건축면적과 최대연면적을 바르게 연결한 것은? (단, 조례는 고려하지 않으며, 해당 대지는 $200m^2$임)

① 건폐율: 20% 이하, 용적률: 80% 이하, 최대 건축면적: $40m^2$, 최대 연면적: $160m^2$

② 건폐율: 40% 이하, 용적률: 80% 이하, 최대 건축면적: $80m^2$, 최대 연면적: $160m^2$

③ 건폐율: 40% 이하, 용적률: 100% 이하, 최대 건축면적: $40m^2$, 최대 연면적: $200m^2$

④ 건폐율: 40% 이하, 용적률: 100% 이하, 최대 건축면적: $80m^2$, 최대 연면적: $200m^2$

⑤ 건폐율: 70% 이하, 용적률: 150% 이하, 최대 건축면적: $140m^2$, 최대 연면적: $450m^2$

46. **국토의 계획 및 이용에 관한 법령상 용도지구에 대한 설명으로 틀린 것은?**

① 시·도지사 또는 대도시 시장은 일반주거지역, 일반공업지역, 계획관리지역에 복합용도지구를 지정할 수 있다.

② 경관지구 안에서는 그 지구의 경관의 보호·형성에 장애가 된다고 인정하여 도시·군계획조례가 정하는 건축물을 건축할 수 없다.

③ 집단취락지구 안에서의 건축제한에 관하여는 「개발제한구역의 지정 및 관리에 관한 특별조치법령」이 정하는 바에 의한다.

④ 고도지구 안에서는 도시·군계획조례로 정하는 높이를 초과하는 건축물을 건축할 수 없다.

⑤ 경관지구 또는 고도지구 안에서의 「건축법 시행령」 규정에 의한 리모델링이 필요한 건축물에 대하여는 건축물의 높이·규모 등의 제한을 완화하여 제한할 수 있다.

47. **국토의 계획 및 이용에 관한 법령상의 내용으로 틀린 것은?**

① 기반시설에 관한 사항에 대한 정책방향은 도시·군기본계획의 내용에 포함되어야 한다.

② 도시·군계획시설입체복합구역의 지정 및 변경과 도시·군계획시설입체복합구역의 건축제한·건폐율·용적률·높이 등에 관한 사항에 대하여 주민(이해관계자 포함)은 입안을 제안할 수 있다.

③ 지상이나 지하에 기반시설을 설치하려면 원칙적으로 그 시설의 종류·명칭·위치·규모 등을 미리 도시·군기본계획으로 결정하여야 한다.

④ 광장과 녹지는 기반시설 중 공간시설에 해당한다.

⑤ 주거·상업 또는 공업지역에서의 개발행위로 기반시설의 처리·공급 또는 수용능력이 부족할 것으로 예상되는 지역 중 기반시설의 설치가 곤란한 지역을 지정권자가 심의만 거쳐서 개발밀도관리구역으로 지정할 수 있다.

48. **국토의 계획 및 이용에 관한 법령상 도시·군계획시설사업의 시행에 관한 설명으로 틀린 것은?**

① 도시·군계획시설결정의 고시일부터 10년 이후에 실시계획을 작성하거나 인가(다른 법률에 따라 의제된 경우는 제외한다) 받은 도시·군계획시설사업의 시행자가 실시계획 고시일부터 5년 이내에 「공익사업을 위한 토지 등의 취득 및 보상에 관한 법률」에 따른 재결신청을 하지 아니한 경우에는 실시계획 고시일부터 5년이 지난 다음 날에 그 실시계획은 효력을 잃는다.

② 시행자는 사업을 효율적으로 추진하기 위하여 필요하다고 인정되면 사업시행대상지역을 2 이상으로 분할하여 사업을 시행할 수 있다.

③ 사업으로 인하여 기반시설의 설치가 필요한 경우 사업의 시행자가 지방자치단체인 경우 그 이행의 담보를 위한 이행보증금을 예치하여야 한다.

④ 시행자는 사업시행을 위하여 특히 필요하다고 인정되면 도시·군계획시설에 인접한 토지를 일시사용할 수 있다.

⑤ 행정청이 아닌 시행자의 처분에 대하여는 그 시행자를 지정한 자에게 행정심판을 제기할 수 있다.

49. **국토의 계획 및 이용에 관한 법령상 도시·군계획시설부지의 매수청구에 관한 설명으로 옳은 것은?**

① 매수청구대상에는 도시·군계획시설의 부지로 되어 있는 토지 중 지목이 잡종지인 토지도 포함된다.

② 한국토지주택공사가 해당 도시·군계획시설 사업의 시행자로 정하여진 경우에는 한국토지주택공사가 매수의 무자이다.

③ 매수의무자는 매수청구대상 토지에 대한 매수청구를 받은 날부터 3개월 이내에 매수 여부를 결정하여 토지 소유자에게 알려야 한다.

④ 매수의무자가 지방공사인 경우 매수대금은 도시·군계획시설채권으로 지급할 수 있다.

⑤ 매수의무자가 매수하지 아니하기로 결정한 경우 매수청구를 한 토지소유자는 개발행위허가 없이 그 토지에 공작물을 설치할 수 있다.

50. **국토의 계획 및 이용에 관한 법령상 지구단위계획에 관한 설명으로 틀린 것은?**

① 시장 또는 군수가 입안한 지구단위계획에 관한 도시·군관리계획은 해당 시장 또는 군수가 직접 결정한다.

② 지구단위계획이 수립되어 있는 지구단위계획구역에서 건축물을 건축 또는 용도변경하거나 공작물을 설치하려면 그 지구단위계획에 맞게 하여야 한다.

③ 지구단위계획구역에서 공사기간 중 이용하는 공사용 가설건축물을 건축하려는 경우 지구단위계획이 맞지 않아도 된다.

④ 도시지역 내에 지정하는 지구단위계획구역에 대해서는 당해 지역에 적용되는 건폐율의 200% 이내에서 건폐율을 완화하여 적용할 수 있다.

⑤ 국토교통부장관이 개발행위허가를 제한한 지구단위계획구역으로 지정된 지역의 경우 중앙도시계획위원회의 심의를 거치지 아니하고 한 차례만 2년 이내의 기간 동안 개발행위허가의 제한을 연장할 수 있다.

51. **국토의 계획 및 이용에 관한 법령상 개발행위허가에 관한 설명으로 옳은 것은?**

① 도시 · 군계획사업에 의한 행위의 경우에도 개발행위허가를 받아야 한다.

② 토지의 일부를 공공용지로 하기 위한 토지의 분할은 개발행위허가를 받아야 한다.

③ 농림지역에 물건을 1개월 이상 쌓아놓는 경우 개발행위허가를 받지 않아도 된다.

④ 경작을 위한 토지의 형질변경으로서 전 · 답 사이의 지목의 변경을 수반하는 경우에는 개발행위허가를 받아야 한다.

⑤ 개발행위허가를 받은 사항으로서 건축물 연면적을 10% 범위 안에서 축소하는 경우에는 개발행위허가를 받지 않아도 된다.

52. **국토의 계획 및 이용에 관한 법령상 기반시설부담구역에 관한 설명으로 <u>틀린</u> 것은?**

① 기반시설부담구역은 개발밀도관리구역과 중복하여 지정할 수 있다.

② 개발밀도관리구역에서는 용적률 최대한도의 50%까지 강화할 수 있으며, 기반시설의 부족 정도를 감안하여야 한다.

③ 기반시설부담구역 안에서 기반시설설치비용의 부과대상인 건축행위는 단독주택 및 숙박시설 등 대통령령으로 정하는 시설로서 200m^{2}를 초과하는 건축물의 신축 · 증축 행위로 한다.

④ 기반시설부담구역을 지정 또는 변경하고자 하는 때에는 주민의견청취와 지방도시계획위원회의 심의를 거쳐야 하지만, 개발밀도관리구역은 지방도시계획위원회의 심의만 거쳐서 지정한다.

⑤ 기반시설부담구역의 지정기준을 정할 때에는 기반시설이 적절하게 배치될 수 있는 규모로서 최소 10만m^2 이상의 규모가 되도록 하여야 한다.

53. **도시개발법령상 도시개발구역을 국토교통부장관이 지정할 수 있는 경우가 <u>아닌</u> 것은?**

① 관계 중앙행정기관의 장이 도시개발구역의 지정을 요청하는 경우

② 시 · 도지사 또는 대도시 시장의 협의가 성립되지 아니한 경우

③ 지방공사의 장이 30만m^2 규모로 국가계획과 밀접한 관련이 있는 경우로 도시개발구역의 지정을 제안하는 경우

④ 국가가 도시개발사업을 실시할 필요가 있는 경우

⑤ 천재지변으로 인하여 도시개발사업을 긴급하게 할 필요가 있는 경우

54. **도시개발법령상 도시개발구역의 지정에 관한 설명으로 <u>틀린</u> 것은?**

① 계획관리지역에 도시개발구역을 지정할 때에는 도시개발구역을 지정한 후에 개발계획을 수립할 수 있다.

② 지정권자가 도시개발사업을 환지방식으로 시행하려고 개발계획을 수립하는 경우 사업시행자가 지방자치단체이면 토지소유자의 동의를 받을 필요가 없다.

③ 자연녹지지역에서 도시개발구역으로 지정할 수 있는 규모는 1만m^2 이상이어야 한다.

④ 도시개발구역이 지정 · 고시된 경우 도시지역과 지구단위계획구역으로 결정 · 고시된 것으로 본다. 다만, 해당 지역이 지구단위계획구역이나 취락지구인 경우에는 그러하지 아니하다.

⑤ 도시개발구역이 지정 · 고시된 날부터 2년이 되는 날까지 실시계획의 인가를 신청하지 아니하는 경우에는 그 다음 날에 해제된 것으로 본다.

55. **도시개발법령상 도시개발조합에 대한 설명 중 옳은 것은?**

① 조합설립인가를 받은 경우에는 따로 등기를 하지 않아도 조합이 성립된다.

② 조합원은 도시개발구역 안의 토지소유자와 지상권자로 한다.

③ 도시개발조합에 관하여 「도시개발법」에 규정된 것을 제외하고는 「민법」 중 조합에 관한 규정을 준용한다.

④ 조합설립의 인가를 신청하려는 때에는 해당 도시개발구역 안의 토지면적의 3분의 2 이상에 해당하는 토지소유자와 그 구역 안의 토지소유자 총수의 2분의 1 이상의 동의를 얻어야 한다.

⑤ 대의원회는 조합임원의 선임에 관한 총회의 권한을 대행할 수 있다.

56. **도시개발법령상 수용 또는 사용의 방식에 따른 도시개발사업의 시행에 관한 설명으로 틀린 것은?**

① 한국토지주택공사인 시행자가 토지를 수용하려면 사업대상 토지면적의 3분의 2 이상의 토지를 소유하여야 한다.

② 수용 또는 사용의 대상이 되는 토지의 세부목록을 고시한 때에는 사업인정 및 고시가 있은 것으로 본다.

③ 시행자는 조성토지 등과 원형지를 공급받거나 이용하려는 자로부터 해당 대금의 전부 또는 일부를 미리 받을 수 있다.

④ 토지상환채권을 이전하는 경우 취득자는 그 성명과 주소를 토지상환채권원부에 기재하여 줄 것을 요청하여야 하며, 취득자의 성명과 주소가 토지상환채권에 기재되지 아니하면 취득자는 발행자 및 그 밖의 제3자에게 대항하지 못한다.

⑤ 시행자는 지방자치단체에게 도시개발구역 전체 토지면적의 3분의 1 이내에서 원형지를 공급하여 개발하게 할 수 있다.

57. **도시개발법령상 입체환지에 관한 설명으로 틀린 것은?**

① 시행자는 토지 또는 건축물 소유자의 신청을 받아 건축물의 일부와 토지의 공유지분을 부여하는 입체환지를 할 수 있다.

② 입체환지 신청기간은 시행자가 통지한 날부터 30일 이상 60일 이하로 한다. 다만, 20일의 범위에서 연장할 수 있다.

③ 환지 전 토지에 주택을 소유하고 있던 토지소유자는 권리가액과 관계없이 입체환지를 신청할 수 있다.

④ 시행자는 입체환지로 건설된 주택 등 건축물을 인가된 환지계획에 따라 공급하여야 한다.

⑤ 과밀억제권역에 위치하지 아니하는 도시개발구역의 토지소유자에 대하여는 1주택만 공급한다.

58. **도시개발법령상 환지처분의 효과에 관한 설명으로 틀린 것은?**

① 환지계획에서 정하여진 환지는 그 환지처분이 공고된 날의 다음 날부터 종전의 토지로 본다.

② 환지계획에서 환지를 정하지 아니한 종전의 토지에 있던 권리는 환지처분이 공고된 날의 다음 날이 끝나는 때에 소멸한다.

③ 도시개발구역 안의 토지에 대한 지역권은 환지처분의 공고 후에도 종전 토지에 존속한다.

④ 체비지는 환지처분의 공고가 있은 날의 다음 날에 시행자가 소유권을 취득한다. 다만, 이미 처분된 체비지는 해당 체비지를 매입한 자가 소유권이전등기를 마친 때에 이를 취득하게 된다.

⑤ 청산금은 환지처분의 공고가 있은 날의 다음 날에 확정된다.

59. **도시 및 주거환경정비법령상 용어와 내용에 대한 설명으로 옳은 것은?**

① 재개발사업은 도시저소득 주민이 집단거주하는 지역으로서 정비기반시설이 극히 열악하고 노후 · 불량건축물이 과도하게 밀집한 지역의 주거환경을 개선하거나 단독주택 및 다세대주택이 밀집한 지역에서 정비기반시설과 공동이용시설 확충을 통하여 주거환경을 보전 · 정비 · 개량하기 위한 사업이다.

② 재건축사업은 조합이 조합원 과반수의 동의를 얻어 건설업자 또는 등록사업자와 공동으로 시행할 수 있다.

③ 건축물을 준공일 기준으로 20년까지 사용하기 위한 보수 · 보강비용이 철거 후 신축비용보다 큰 건축물은 노후 · 불량건축물에 해당된다.

④ 주민이 공동으로 사용하는 공동작업장, 공원, 공용주차장 등은 공동이용시설이다.

⑤ 재개발사업에 있어서 토지등소유자는 토지 또는 건축물의 소유자와 임차권자이다.

60. **도시 및 주거환경정비법령상 시장 · 군수 등의 허가를 받지 않고 정비구역 안에서 할 수 있는 행위는?**

① 「건축법」에 따른 건축물의 용도변경

② 공유수면의 매립

③ 경작을 위한 토지의 형질변경

④ 토지의 분할

⑤ 죽목의 식재

61. **도시 및 주거환경정비법령상 정비사업의 시행방식으로 허용되지 않는 것은?**

① 정비구역의 전부를 수용하여 주택을 건설한 후 토지등소유자에게 우선 공급하는 방법에 의한 주거환경개선사업

② 정비구역의 일부를 수용하여 주택을 건설한 후 토지등소유자에게 우선 공급하는 방법과 환지로 공급하는 방법을 혼용하는 방법에 의한 주거환경개선사업

③ 인가받은 관리처분계획에 따라 건축물을 건설하여 공급하거나 환지로 공급하는 방법에 의한 재개발사업

④ 인가받은 관리처분계획에 따라 건축물을 건설하여 공급하는 방법과 환지로 공급하는 방법을 혼용하는 방법에 의한 재건축사업

⑤ 환지로 공급하는 방법에 의한 재개발사업

62. **도시 및 주거환경정비법령상 정비사업조합에 관한 설명으로 틀린 것은?**

① 추진위원회의 구성에 동의한 토지등소유자는 조합의 설립에 동의한 것으로 본다.

② 재건축사업의 추진위원회(추진위원회를 구성하지 아니하는 경우에는 토지등소유자를 말한다)가 조합을 설립하려는 때에는 주택단지의 공동주택의 각 동(복리시설의 경우에는 주택단지의 복리시설 전체를 하나의 동으로 본다)별 구분소유자의 과반수(복리시설로서 대통령령으로 정하는 경우에는 3분의 1 이상으로 한다) 동의(공동주택의 각 동별 구분소유자가 5 이하인 경우는 제외한다)와 주택단지의 전체 구분소유자의 100분의 75 이상 및 토지면적의 100분의 75 이상의 토지소유자의 동의를 받아 시장·군수 등의 인가를 받아야 한다.

③ 추진위원회가 조합을 설립하려면 시장·군수 등의 인가를 받아야 한다.

④ 조합은 조합설립인가를 받은 날부터 30일 이내에 주된 사무소의 소재지에서 대통령령으로 정하는 사항을 등기하는 때에 성립한다.

⑤ 정비사업의 조합원(사업시행자가 신탁업자인 경우에는 위탁자를 말한다)은 토지등소유자(재건축사업의 경우에는 재건축사업에 동의한 자만 해당한다)로 하되, 특정한 경우에 해당하는 때에는 그 여러 명을 대표하는 1명을 조합원으로 본다.

63. **도시 및 주거환경정비법령상 조합임원에 관한 설명으로 옳은 것은?**

① 토지등소유자의 수가 100명 미만인 조합에는 감사를 두지 않을 수 있다.

② 조합장은 조합을 대표하고, 그 사무를 총괄하며, 총회 또는 대의원회의 의장이 된다. 조합장이 대의원회의 의장이 되는 경우라 하더라도 대의원으로 볼 수는 없다.

③ 조합장의 자기를 위한 조합과의 소송에 관하여는 이사가 조합을 대표한다.

④ 조합임원은 같은 목적의 정비사업을 하는 다른 조합의 임원을 겸할 수 있다.

⑤ 조합임원의 임기는 3년 이하의 범위에서 정관으로 정하되, 연임할 수 있다.

64. **도시 및 주거환경정비법령상 관리처분계획의 기준에 관한 설명으로 틀린 것은?**

① 분양설계에 관한 계획은 분양신청기간이 만료되는 날을 기준으로 하여 수립한다.

② 지나치게 넓은 토지 또는 건축물에 대하여 필요한 경우에는 이를 감소시켜 대지 또는 건축물이 적정 규모가 되도록 한다.

③ 수도권의 과밀억제권역에서 투기과열지구 또는 조정대상지역에 위치한 재건축사업은 3주택까지 공급할 수 있다.

④ 근로자 숙소·기숙사 용도로 주택을 소유하고 있는 토지등소유자에게는 소유한 주택 수만큼 주택을 공급할 수 있다.

⑤ 너무 좁은 토지 또는 건축물이나 정비구역 지정 후 분할된 토지를 취득한 자에 대하여는 현금으로 청산할 수 있다.

65. **건축법령의 용어정의로 옳은 것은?**

① 고층건축물이란 층수가 30층 이상이거나 높이가 120m 이상인 건축물을 말한다.

② 건축이란 건축물을 신축·증축·개축·재축·수선 또는 이전하는 것을 말한다.

③ 주요구조부란 내력벽·기둥·기초·지붕틀 및 주계단을 말한다.

④ 도로란 보행 및 자동차 통행이 가능한 너비 6m 이상의 도로로, 예정도로는 포함되지 않는다.

⑤ 지하층이란 건축물의 바닥이 지표면 아래에 있는 층으로서 그 바닥으로부터 지표면까지의 평균 높이가 해당 층 높이의 3분의 1 이상인 것을 말한다.

66. **건축법령상의 건축물의 종류와 용도에 관한 조합으로 옳은 것은?**

① 카지노 - 관광휴게시설

② 동물전용의 장례식장 - 장례시설

③ 오피스텔 - 숙박시설

④ 야외극장 - 문화 및 집회시설

⑤ 자동차운전학원 - 교육연구시설

67. 건축법령상 사용승인을 받은 건축물의 용도를 변경하려는 경우에 특별자치시장 · 특별자치도지사 또는 시장 · 군수 · 구청장의 허가를 받아야 하는 경우는?

① 운동시설을 업무시설로 용도변경하는 경우

② 문화 및 집회시설을 판매시설로 용도변경하는 경우

③ 종교시설을 수련시설로 용도변경하는 경우

④ 공동주택을 제1종 근린생활시설로 용도변경하는 경우

⑤ 교육연구시설을 교정 및 군사시설로 용도변경하는 경우

68. 건축법령상 건축허가와 건축신고에 관한 설명으로 틀린 것은?

① 허가대상 건축물이라 하더라도 바닥면적의 $85m^2$ 이내의 증축인 경우에는 건축신고를 하면 건축허가를 받은 것으로 본다.

② 시장 · 군수는 연면적의 합계가 10만m^2 이상인 공장의 건축을 허가하려면 미리 도지사의 승인을 받아야 한다.

③ 국가가 건축물을 건축하기 위하여 미리 건축물의 소재지를 관할하는 허가권자와 협의한 경우에는 건축허가를 받았거나 신고한 것으로 본다.

④ 건축신고를 한 자가 신고일부터 1년 이내에 공사에 착수하지 아니하면 그 신고의 효력은 없어진다.

⑤ 특별시장 · 광역시장 · 도지사가 시장 · 군수 · 구청장의 건축허가를 제한하는 경우 제한기간은 2년 이내로 하되, 1회에 한하여 1년 이내의 범위에서 연장할 수 있다.

69. 건축법령상 건축물이 있는 대지는 일정면적에 미달되게 분할할 수 없다. 조례의 기준이 되는 용도지역별 원칙적인 최소면적 기준으로서 옳은 것은?

① 제1종 전용주거지역 - $120m^2$

② 제2종 일반주거지역 - $90m^2$

③ 근린상업지역 - $150m^2$

④ 일반공업지역 - $200m^2$

⑤ 자연녹지지역 - $330m^2$

70. 건축법령상 건축물의 면적 및 높이 등의 산정방법으로 틀린 것은?

① 층고가 1.5m 이하인 다락은 바닥면적에 산입한다.

② 건축물 중 지표면으로부터 1m 이하에 있는 부분은 건축면적에 산입하지 아니한다.

③ 용적률을 산정할 때에는 해당 건축물의 부속용도로서 지상층의 주차용으로 사용되는 면적은 연면적에서 제외한다.

④ 공동주택으로서 지상층에 설치한 기계실의 면적은 바닥면적에 산입하지 아니한다.

⑤ 주택의 발코니 등 건축물의 노대 등의 바닥은 난간 등의 설치 여부에 관계없이 노대 등의 면적에서 노대 등이 접한 가장 긴 외벽에 접한 길이에 1.5m를 곱한 값을 뺀 면적을 바닥면적에 산입한다.

71. 건축법령상 일조 등의 확보를 위한 높이제한에 대한 설명으로 틀린 것은?

① 전용주거지역과 일반주거지역에서 건축하는 건축물은 일조 등의 확보를 위하여 층수에 관계없이 높이 9m 이하의 부분은 정북방향으로의 인접대지경계선으로부터 1.5m 이상 띄어야 한다.

② 공동주택의 채광방향의 일조권 적용대상지역은 상업지역을 제외한 모든 지역이다.

③ 2층 이하로서 높이가 8m 이하인 건축물은 일조 등의 확보를 위한 높이제한에 관한 규정을 적용하지 아니할 수 있다.

④ 전용주거지역 안의 높이가 8m인 건축물은 정북방향으로의 인접대지경계선으로부터 1.5m 이상 띄어서 건축해야 한다.

⑤ 택지개발지구와 대지조성사업지구에서는 정북방향으로의 일조권 적용을 정남방향으로 할 수 있다.

72. 주택법령에 규정된 용어의 설명으로 옳은 것은?

① 국민주택은 주거전용면적이 $85m^2$ 이하인 주택을 말한다.

② 민영주택은 등록사업자가 건설하는 주택을 말한다.

③ 복리시설은 어린이놀이터, 유치원, 경로당과 같은 주택단지 안의 입주자 등의 생활복리를 위한 공동시설을 말하며 근린생활시설도 이에 포함된다.

④ 다수의 구성원이 주택을 마련하거나 리모델링하기 위하여 결성하는 주택조합의 종류로는 지역주택조합, 직장주택조합, 재건축주택조합이 있다.

⑤ 사업주체는 건축허가를 받아 주택건설사업 또는 대지조성사업을 시행하는 자이다.

73. **주택법령상 세대구분형 공동주택 중 사업계획의 승인을 받아 건설하는 공동주택의 경우에 건설기준, 면적기준 및 건설 등에 관한 설명으로 틀린 것은?**

① 세대구분형 공동주택의 세대별로 구분된 각각의 공간마다 별도의 욕실, 부엌과 현관을 설치할 것

② 세대구분형 공동주택은 주택단지 공동주택 전체 세대수의 3분의 1을 넘지 아니할 것

③ 하나의 세대가 통합하여 사용할 수 있도록 세대 간에 연결문 또는 경량구조의 경계벽 등을 설치할 것

④ 세대별로 구분된 각각의 공간의 주거전용면적 합계가 해당 주택단지 전체 주거전용면적 합계의 2분의 1을 넘지 아니하는 등 국토교통부장관이 정하여 고시하는 주거전용면적의 비율에 관한 기준을 충족할 것

⑤ 세대구분형 공동주택의 건설 또는 설치되는 주택과 관련하여 주택건설기준 등을 적용하는 경우 세대구분형 공동주택의 세대수는 그 구분된 공간의 세대수에 관계없이 하나의 세대로 산정한다.

74. **주택법령상 주택건설사업 또는 대지조성사업의 등록에 관한 설명 중 옳은 것은?**

① 지방자치단체가 주택건설사업을 시행하려는 경우에는 국토교통부장관에게 등록하여야 한다.

② 등록사업자와 공동으로 주택건설사업을 하려는 주택조합은 국토교통부장관에게 등록하여야 한다.

③ 지방공사가 주택건설사업을 시행하려는 경우에는 국토교통부장관에게 등록하지 않아도 된다.

④ 근로자를 고용하고 있는 고용자가 등록사업자와 공동으로 근로자의 주택을 건설하려는 경우에는 국토교통부장관에게 등록하여야 한다.

⑤ 한국토지주택공사가 대지조성사업을 시행하려는 경우에는 국토교통부장관에게 등록하여야 한다.

75. **주택법령상 주택조합에 관한 설명으로 틀린 것은?**

① 국민주택을 공급받기 위하여 직장주택조합을 설립하려는 자는 관할 시 · 도지사의 허가를 받아야 한다.

② 리모델링주택조합이 아닌 주택조합은 주택건설예정세대수의 50% 이상의 조합원으로 구성하되, 그 수는 20명 이상이어야 한다.

③ 주거전용면적 $60m^2$의 주택 1채를 소유하고 있는 세대주인 자는 국민주택을 공급받기 위하여 설립하는 직장주택조합의 조합원이 될 수 없다.

④ 지역주택조합의 경우 설립인가를 받은 날부터 2년 이내에 사업계획승인을 신청하여야 한다.

⑤ 리모델링주택조합은 그 리모델링 결의에 찬성하지 아니하는 자의 주택 및 토지에 대하여 매도청구를 할 수 있다.

76. **주택법령상 사업계획승인에 관한 설명으로 옳은 것은?**

① 공동주택의 경우에 원칙적으로 20세대 이상의 주택건설사업을 시행하려는 자는 사업계획승인을 받아야 한다.

② 대지조성사업으로서 해당 대지면적이 10만m^2 미만인 경우 국토교통부장관 또는 시 · 도지사에게 사업계획승인을 받아야 한다.

③ 주택건설사업을 시행하려는 자는 500세대 이상의 주택단지는 공구별로 분할하여 주택을 건설 · 공급할 수 있다.

④ 사업주체는 사업계획승인을 받은 날부터 5년(연장기간 제외) 이내에 공사를 시작하여야 한다.

⑤ 지방공사가 주택건설사업계획의 승인을 받으려면 해당 주택건설대지의 소유권을 확보하여야 한다.

77. **주택법령상 주택의 공급에 관한 설명으로 틀린 것은?**

① 한국토지주택공사가 사업주체가 되어 입주자를 모집하려는 경우 시장 · 군수 또는 구청장의 승인을 받아야 한다.

② 공공택지에서 사업주체가 일반인에게 공급하는 공동주택은 「주택법」에서 정하는 기준에 따라 산정되는 분양가격 이하로 공급하여야 한다.

③ 분양가상한제 적용주택의 분양가격은 택지비와 건축비로 구성된다.

④ 「관광진흥법」에 따라 지정된 관광특구에서 건설 · 공급하는 50층 이상의 공동주택은 분양가상한제의 적용을 받지 않는다.

⑤ 사업주체는 분양가상한제 적용주택으로서 공공택지에서 공급하는 주택에 대하여 입주자모집 승인을 받았을 때에는 입주자 모집공고에 분양가격을 공시하여야 한다.

78. **주택법령상 주택공급질서의 교란을 방지하기 위하여 금지되는 행위가 아닌 것은?**

① 주택을 공급받을 수 있는 주택조합원 지위의 매매

② 주택상환사채의 매매의 알선

③ 입주자저축증서의 증여

④ 도시개발채권의 양도

⑤ 공공사업의 시행으로 인한 이주대책에 의하여 주택을 공급받을 수 있는 지위의 매매를 위한 인터넷 광고

79. 농지법령상 농지취득자격증명을 받아야 하는 경우는?

① 상속으로 농지를 취득하여 소유하는 경우
② 「은행법」에 의하여 설립된 금융기관 등이 담보농지를 취득하여 소유하는 경우
③ 농업인이 아닌 개인이 주말 · 체험영농을 하려고 농지를 소유하는 경우
④ 토지수용으로 농지를 취득하여 소유하는 경우
⑤ 농업법인의 합병으로 농지를 취득하는 경우

80. 농지법령상 농지의 임대차에 관한 설명으로 <u>틀린</u> 것은? (단, 농업경영을 하려는 자에게 임대하는 경우이며, 국유농지와 공유농지가 아님을 전제로 함)

① 임대차 기간은 3년 이상으로 하여야 한다. 다만, 다년생식물 재배지 등 대통령령으로 정하는 농지의 경우에는 5년 이상으로 하여야 한다.
② 임대차 기간을 정하지 아니하거나 ①에 따른 기간 미만으로 정한 경우에는 ①에 따른 기간으로 약정된 것으로 본다. 다만, 임차인은 ①에 따른 기간 미만으로 정한 임대차 기간이 유효함을 주장할 수 있다.
③ 「농지법」에 위반된 약정으로서 임차인에게 불리한 것은 그 효력이 없다.
④ 임대 농지의 양수인은 「농지법」에 따른 임대인의 지위를 승계한 것으로 본다.
⑤ 임대차계약은 그 등기가 없는 경우에도 임차인이 농지소재지를 관할하는 시장 · 구청장 · 읍장 · 면장의 확인이 없이도 해당 농지를 인도받은 경우에는 그 다음 날부터 제3자에 대하여 효력이 생긴다.

학습일자: ______ / ______

2025년도 제36회 공인중개사 2차 국가자격시험

실전모의고사 제3회

교 시	문제형별	시 간	시 험 과 목
2교시	A	50분	① 부동산 공시에 관한 법령 및 부동산 관련 세법

수험번호		성 명	

【 수험자 유의사항 】

1. **시험문제지는 단일 형별(A형)이며, 답안카드 형별 기재란에 표시된 형별(A형)을 확인하시기 바랍니다.** 시험문제지의 **총면수, 문제번호 일련순서, 인쇄상태** 등을 확인하시고, 문제지 표지에 수험번호와 성명을 기재하시기 바랍니다.
2. 답은 각 문제마다 요구하는 **가장 적합하거나 가까운 답 1개**만 선택하고, 답안카드 작성 시 시험문제지 **형별누락, 마킹착오**로 인한 불이익은 전적으로 **수험자에게 책임**이 있음을 알려드립니다.
3. 답안카드는 국가전문자격 공통 표준형으로 문제번호가 1번부터 125번까지 인쇄되어 있습니다. 답안 마킹 시에는 반드시 **시험문제지의 문제번호와 동일한 번호에 마킹**하여야 합니다. (2차 2교시: 1번~40번)
4. **감독위원의 지시에 불응하거나 시험시간 종료 후 답안카드를 제출하지 않을 경우** 불이익이 발생할 수 있음을 알려 드립니다.
5. 시험문제지는 시험 종료 후 가져가시기 바랍니다.
6. 답안작성은 **시험 시행일(2025.10.25.) 현재 시행되는 법령 등**을 적용하시기 바랍니다.
7. 가답안 의견제시에 대한 개별회신 및 공고는 하지 않으며, **최종 정답 발표로 갈음**합니다.
8. 시험 중 **중간 퇴실은 불가**합니다. 단, 부득이하게 퇴실할 경우 **시험포기각서 제출 후 퇴실은 가능**하나 **재입실이 불가**하며, **해당시험은 무효처리됩니다.**

해커스 공인중개사

제1과목: 부동산 공시에 관한 법령 및 부동산 관련 세법

1. 「공간정보의 구축 및 관리 등에 관한 법률」상 옳은 지문을 모두 고른 것은?

ㄱ. 국토교통부장관은 정보처리시스템에 따라 보존하여야 하는 지적공부가 멸실되거나 훼손될 경우를 대비하여 지적공부를 복제하여 관리하는 정보관리체계를 구축하여야 한다.
ㄴ. 국토교통부장관은 지적공부의 효율적인 관리 및 활용을 위하여 지적정보 전담 관리기구를 설치·운영한다.
ㄷ. 지적전산자료를 이용하려는 자는 국토교통부장관, 시·도지사 또는 지적소관청에 신청하여야 한다.
ㄹ. 국토교통부장관은 정보처리시스템을 통하여 기록·저장한 지적공부의 전부 또는 일부가 멸실되거나 훼손된 경우에는 지체 없이 이를 복구하여야 한다.

① ㄱ, ㄴ, ㄷ ② ㄱ, ㄴ, ㄹ
③ ㄱ, ㄷ, ㄹ ④ ㄴ, ㄷ, ㄹ
⑤ ㄱ, ㄴ, ㄷ, ㄹ

2. 공간정보의 구축 및 관리 등에 관한 법령에 따른 지목의 결정으로 틀린 것은?

① 자동차·선박·기차 등의 제작 또는 정비공장 안에 설치된 급유·송유시설 등의 부지는 '주유소용지'에서 제외한다.
② 고속도로의 휴게소 부지, 2필지 이상에 진입하는 통로, 아파트·공장 등 단일 용도의 일정한 단지 안에 설치된 통로 등은 '도로'로 한다.
③ 물을 정수하여 공급하기 위한 취수·저수·도수(導水)·정수·송수 및 배수 시설의 부지 및 이에 접속된 부속시설물의 부지는 '수도용지'로 한다.
④ 일반 공중의 보건·휴양 및 정서생활에 이용하기 위한 시설을 갖춘 토지로서 「국토의 계획 및 이용에 관한 법률」에 따라 공원 또는 녹지로 결정·고시된 토지는 '공원'으로 한다.
⑤ 국가유산으로 지정된 역사적인 유적·고적·기념물 등을 보존하기 위하여 구획된 토지는 '사적지'로 한다. 다만, 학교용지·공원·종교용지 등 다른 지목으로 된 토지에 있는 유적·고적·기념물 등을 보호하기 위하여 구획된 토지는 제외한다.

3. 공간정보의 구축 및 관리 등에 관한 법령에 따른 면적의 결정방법으로 옳은 것을 모두 고른 것은?

ㄱ. 합병에 따른 경계·좌표 또는 면적은 따로 지적측량을 하지 아니하고 합병 후 필지의 면적은 합병 전 각 필지의 면적을 합산하여 결정한다.
ㄴ. 임야대장의 면적과 등록전환될 면적의 차이가 허용범위 이내인 경우에는 등록전환될 면적을 등록전환 면적으로 결정하고, 허용범위를 초과하는 경우에는 임야대장의 면적 또는 임야도의 경계를 지적소관청이 직권으로 정정하여야 한다.
ㄷ. 분할 전후 면적의 차이가 허용범위 이내인 경우에는 그 오차를 분할 후의 각 필지의 면적에 따라 나누고, 허용범위를 초과하는 경우에는 지적공부상의 면적 또는 경계를 정정하여야 한다.

① ㄱ ② ㄴ
③ ㄱ, ㄴ ④ ㄱ, ㄷ
⑤ ㄱ, ㄴ, ㄷ

4. 지적도면에 관한 다음 설명 중 틀린 것은?

① 지적도면에 토지의 소재, 지번, 지목, 경계, 지적도면의 제명 및 축척 등을 등록한다.
② 도곽선은 도면의 기준선으로의 역할을 하며, 도곽선의 수치는 해당 지적도에 등록된 토지가 위치하는 좌표, 즉 원점으로부터 도곽선까지의 거리를 말한다.
③ 건축물 및 구조물의 위치, 삼각점 및 지적기준점의 위치는 경계점좌표등록부 시행지역의 지적도면에만 등록한다.
④ 경계점좌표등록부를 갖춰 두는 지역의 지적도에는 해당 도면의 제명 끝에 '(좌표)'라고 표시하고, 도곽선의 오른쪽 아래 끝에 "이 도면에 의하여 측량을 할 수 없음"이라고 적어야 한다.
⑤ 지적도의 축척은 1/500, 1/600, 1/1,000, 1/1,200, 1/2,400, 1/3,000, 1/6,000이 있고, 임야도의 축척은 1/3,000, 1/6,000이 있다.

5. **지적공부에 관한 다음 설명 중 틀린 것은?**

① 토지대장에 지적도의 번호와 필지별 토지대장의 장번호 및 축척, 토지등급 또는 기준수확량등급과 그 설정 · 수정 연월일을 기록한다.

② 공유지연명부에 토지의 고유번호, 소유권 지분, 필지별 공유지연명부의 장번호, 토지소유자가 변경된 날과 그 원인을 기록한다.

③ 대지권등록부에 건물의 명칭, 전유부분의 건물표시, 대지권 비율, 집합건물별 대지권등록부의 장번호를 기록한다.

④ 경계점좌표등록부에 지번, 경계, 좌표, 토지의 고유번호, 부호 및 부호도, 지적도면의 번호를 등록한다.

⑤ 도시개발사업 등의 시행지역(농지의 구획정리지역은 제외)과 축척변경시행지역의 측량결과도의 축척은 500분의 1로 한다.

6. **지적공부의 보관 및 공개에 관한 설명 중에서 옳은 것을 모두 고른 것은?**

ㄱ. 지적공부를 정보처리시스템을 통하여 기록 · 저장한 경우 관할 시 · 도지사, 시장 · 군수 또는 구청장은 그 지적공부를 지적정보관리체계에 영구히 보존하여야 한다.

ㄴ. 지적소관청은 천재지변이나 그 밖에 이에 준하는 재난을 피하기 위하여 필요한 경우 또는 관할 국토교통부장관의 승인을 받은 경우에는 해당 청사 밖으로 지적공부를 반출할 수 있다.

ㄷ. 정보처리시스템을 통하여 기록 · 저장된 지적공부(지적도 및 임야도를 제외한다)를 열람하고자 하는 자는 시장 · 군수 또는 구청장이나 읍 · 면 · 동의 장에게 신청할 수 있다.

① ㄱ　　② ㄷ

③ ㄱ, ㄴ　　④ ㄱ, ㄷ

⑤ ㄴ, ㄷ

7. **토지이동 사유에 관련된 서류에 관한 설명 중에서 틀린 것은?**

① 신규등록을 신청할 때에는 신규등록 신청서에 준공검사확인증 사본, 기획재정부장관과 협의한 문서의 사본 등을 첨부하여 지적소관청에 제출하여야 한다.

② 등록전환을 신청할 때에는 등록전환 신청서에 관계 법령에 따른 개발행위 허가 등을 증명하는 서류의 사본을 첨부하여 지적소관청에 제출하여야 한다.

③ 토지의 분할을 신청할 때에는 분할 신청서에 분할 허가 대상인 토지의 경우 그 허가서 사본을 첨부하여 지적소관청에 제출하여야 한다.

④ 1필지의 일부가 형질변경 등으로 용도가 변경되어 분할을 신청할 때에는 지목변경 신청서를 함께 제출하여야 한다.

⑤ 지목변경 신청시 첨부하여야 하는 서류를 해당 지적소관청이 관리하는 경우에 시 · 도지사의 확인으로 그 서류의 제출을 갈음할 수 있다.

8. **「공간정보의 구축 및 관리 등에 관한 법률」상 토지이동의 신청에 관한 설명 중 틀린 것은?**

① 공공사업 등에 따라 학교용지 · 도로 · 철도용지 · 제방 · 하천 · 구거 · 유원지 등의 지목으로 되는 토지인 경우에는 해당 사업의 시행자가 신청을 대신할 수 있다.

② 토지개발사업과 관련하여 토지의 이동이 필요한 경우에는 해당 사업의 시행자가 지적소관청에 토지의 이동을 신청하여야 한다.

③ 지번부여지역의 일부가 행정구역의 개편으로 다른 지번부여지역에 속하게 되었으면 지적소관청은 새로 속하게 된 지번부여지역의 지번을 부여하여야 한다.

④ 도시개발사업 등의 착수 · 변경 또는 완료 사실의 신고는 그 사유가 발생한 날부터 15일 이내에 하여야 한다.

⑤ 토지이동의 대위신청권자에 해당하는 자는 토지소유자가 하여야 하는 신청을 대신할 수 있다. 다만, 등록사항 정정 대상토지는 제외한다.

9. **축척변경에 관한 절차 중 빈칸에 들어갈 내용으로 옳은 것은?**

○ 지적소관청은 청산금을 산정하였을 때에는 청산금 조서를 작성하고, 청산금이 결정되었다는 뜻을 (ㄱ) 이상 공고하여 일반인이 열람할 수 있게 하여야 한다.

○ 지적소관청은 청산금의 결정을 공고한 날부터 (ㄴ) 이내에 토지소유자에게 청산금의 납부고지 또는 수령통지를 하여야 한다.

○ 수령통지된 청산금에 관하여 이의가 있는 자는 납부고지 또는 수령통지를 받은 날부터 (ㄷ) 이내에 지적소관청에 이의신청을 할 수 있다.

	ㄱ	ㄴ	ㄷ
①	15일	20일	1개월
②	15일	30일	1개월
③	20일	15일	3개월
④	20일	20일	3개월
⑤	30일	15일	6개월

10. 지적공부의 등록사항 정정에 관한 설명 중 틀린 것은?

① 토지이용계획확인서에 의하여 지적소관청이 직권으로 정정할 수 없다.

② 지적측량적부심사에 따라 지적공부의 등록사항을 정정하여야 하는 경우 지적소관청이 직권으로 조사·측량하여 정정할 수 있다.

③ 등록사항 정정 대상토지에 대한 대장을 열람하게 하거나 등본을 발급하는 때에는 '등록사항 정정 대상토지'라고 적은 부분을 흑백의 반전(反轉)으로 표시하거나 붉은색으로 적어야 한다.

④ 토지소유자가 경계 또는 면적의 변경을 가져오는 등록사항 정정신청을 하는 때에는 신청서에 등록사항 정정 측량성과도를 첨부하여 지적소관청에 제출하여야 한다.

⑤ 등록사항 정정이 미등기토지의 소유자의 성명에 관한 사항으로서 명백히 잘못 기재된 경우에는 지적소관청은 직권으로 가족관계 기록사항에 관한 증명서에 의하여 정정할 수 있다.

11. 지적기준점 21점을 설치하고 경계복원측량을 하고자 하는 경우에 측량기간은? (단, 검사기간은 제외함)

① 7일 ② 8일
③ 9일 ④ 10일
⑤ 11일

12. 지적측량에 관한 설명 중 틀린 것은?

① 검사측량과 지적재조사측량은 지적측량수행자에게 지적측량을 의뢰할 수 없다.

② 시·도지사 또는 대도시 시장은 검사측량을 하였을 때에는 그 결과를 지적소관청에 통지하여야 한다.

③ 시·도지사나 지적소관청은 지적기준점성과와 그 측량기록을 보관하고 일반인이 열람할 수 있도록 하여야 한다.

④ 토지소유자의 신청이 없어 지적소관청이 직권으로 조사·측량하여 지적공부를 정리한 때에는 이에 소요되는 지적측량수수료를 소유자에게 징수할 수 있다.

⑤ 경계복원측량을 하려는 경우 경계를 지적공부에 등록할 당시 측량성과의 착오 또는 경계 오인 등의 사유로 경계가 잘못 등록되었다고 판단될 때에는 등록사항을 정정한 후 측량하여야 한다.

13. 부기등기에 관한 설명 중 옳은 것은?

① 등기명의인 표시변경등기는 이해관계인의 승낙이 있으면 부기등기로 실행한다.

② 소유권의 이전등기 또는 소유권 이외의 권리의 이전등기는 부기등기에 의한다.

③ 말소회복등기, 권리변경등기, 가등기는 주등기 또는 부기등기에 의한다.

④ 현행법상 부기등기의 부기등기는 허용되지 아니한다.

⑤ 권리소멸약정등기, 공유물불분할약정등기는 주등기로 실행한다.

14. 관련 신청사건의 경우에 등기목적과 등기원인이 동일한 경우에 신청할 수 있다. 이에 관한 설명으로 틀린 것은?

① 등기목적의 동일성은 등기할 사항, 즉 소유권이전, 근저당권설정 등 신청하는 등기의 내용 내지 유형이 같다는 것을 의미한다.

② 여러 부동산에 대하여 일부는 '근저당권 설정'으로, 나머지는 '근저당권 말소'로 등기를 신청하는 경우에는 등기목적이 동일하다고 볼 수 없다.

③ 등기원인의 동일성은 법률행위 또는 법률사실의 내용·당사자·원인일자가 모두 동일한 경우를 의미한다.

④ 여러 부동산에 대하여 '매매'를 원인으로 각각 계약서를 작성하였다면 당사자와 원인일자가 동일한 경우에도 등기원인이 동일하다고 볼 수 없다.

⑤ 여러 부동산에 대하여 계약서나 판결문 등에 기록된 각 등기원인일자가 동일하지 아니한 경우에는 등기원인이 동일하다고 볼 수 없다.

15. 등기신청형태에 관한 설명으로 틀린 것은?

① 지방자치단체가 등기권리자인 경우에는 지방자치단체는 등기의무자의 승낙이 없는 경우에도 해당 등기를 지체 없이 등기소에 촉탁하여야 한다.

② 상속, 법인의 합병, 그 밖에 대법원규칙으로 정하는 포괄승계에 따른 등기는 등기권리자가 단독으로 신청한다.

③ 등기절차의 이행 또는 인수를 명하는 판결에 의한 등기 또는 공유물을 분할하는 판결에 의한 등기는 등기권리자 또는 등기의무자가 단독으로 신청한다.

④ 신탁재산에 속하는 부동산의 신탁등기는 수탁자(受託者)가 단독으로 신청한다.

⑤ 등기명의인인 사람의 사망으로 권리가 소멸한다는 약정이 등기되어 있는 경우에 사람의 사망으로 그 권리가 소멸하였을 때에는, 등기권리자는 그 사실을 증명하여 단독으로 말소등기를 신청할 수 있다.

16. 등기신청시의 첨부정보에 관한 다음 설명 중 틀린 것은?

① 상속 및 포괄유증, 취득시효 완성 등을 원인으로 소유권이전등기를 신청하는 경우에는 농지취득자격증명을 첨부하지 아니한다.

② 부동산거래신고의 관할관청이 같은 거래부동산이 2개 이상인 경우, 신청인은 매매목록을 첨부정보로서 등기소에 제공하여야 한다.

③ 매매를 원인으로 소유권이전등기를 신청하는 경우, 등기의무자의 주소를 증명하는 정보도 제공하여야 한다.

④ 매매계약 체결당시에는 토지거래허가구역이었으나 그 후 허가구역 지정이 해제되었다가 등기신청 당시 다시 허가구역으로 지정되면 소유권이전등기 신청서에 토지거래허가증을 첨부하여야 한다.

⑤ 외국인의 부동산등기용등록번호는 체류지를 관할하는 지방출입국 · 외국인관서의 장이 부여한다.

17. 전자신청에 따른 등기사무의 처리에 관한 설명으로 옳은 것을 모두 고른 것은?

ㄱ. 보정사항이 있는 경우 등기관은 보정사유를 등록한 후 전산정보처리조직을 이용해서 신청인에게 통지하여야 한다.
ㄴ. 전자신청의 보정은 전산정보처리조직에 의하여 하여야 한다.
ㄷ. 전자신청의 취하는 전산정보처리조직을 이용해서 하여야 한다. 이 경우 전자신청과 동일한 방법으로 사용자인증을 받아야 한다.
ㄹ. 전자신청에 대한 각하 결정의 방식은 전산정보처리조직을 이용해서 통지하여야 한다.

① ㄱ, ㄴ
② ㄱ, ㄹ
③ ㄴ, ㄷ
④ ㄴ, ㄹ
⑤ ㄷ, ㄹ

18. 등기관의 처분에 대한 이의절차에 관한 다음 설명 중 틀린 것은?

① 등기신청의 각하결정에 대한 이의신청의 경우 등기관의 각하결정이 부당하다는 사유면 족하고 그 이의사유에 특별한 제한은 없다.

② 등기신청이 각하사유에 해당되어 이를 각하하여야 함에도 등기를 실행한 경우에는 그 등기가 「부동산등기법」 제29조 제1호, 제2호에 해당하는 경우에 한하여 이의신청을 할 수 있다.

③ 등기관이 이의가 이유 있다고 인정한 때에는 그 등기신청에 의한 등기를 실행한다.

④ 등기관이 이의가 이유 없다고 인정한 경우에는 이의신청서 또는 이의신청정보가 접수된 날로부터 3일 이내에 사건을 관할 지방법원에 송부하여야 한다.

⑤ 관할지방법원은 이의가 이유 없다고 인정하여 등기관에게 그에 해당하는 처분을 명하였을 때에는 그 결정등본을 등기관과 이의신청인 및 등기상 이해관계인에게 송달한다.

19. 甲토지를 乙토지에 합병하여 합필등기를 하려고 한다. 다음 중 합필등기를 신청할 수 없는 경우는? (단, 이해관계인의 승낙이 있는 것으로 봄)

① 甲토지 전부에 대하여는 지상권설정등기가, 乙토지 전부에 대하여는 전세권설정등기가 각 경료된 경우

② 甲토지와 乙토지에 소유권, 지상권, 전세권, 임차권, 승역지에 하는 지역권의 등기가 경료된 경우

③ 甲토지와 乙토지에 관하여 모두 등기원인 및 그 연월일과 접수번호가 동일한 체납처분에 의한 압류등기가 경료된 경우

④ 甲토지와 乙토지에 관하여 신탁원부의 등기사항이 동일한 신탁등기가 경료된 경우

⑤ 「공간정보의 구축 및 관리 등에 관한 법률」에 따른 토지합병절차를 마친 후 합필등기를 하기 전에 甲토지 또는 乙토지의 소유권이 제3자에게 이전된 경우

20. 소유권등기에 관한 설명 중에서 틀린 것은?

① 등기관이 미등기부동산에 대하여 법원의 촉탁에 따라 소유권의 처분제한의 등기를 할 때에는 직권으로 소유권보존등기를 하여야 한다.

② 법정상속분에 따른 상속등기를 경료한 후에 협의분할에 의한 상속등기를 신청하는 경우에 등기목적은 소유권경정등기로, 등기원인일자는 협의분할일로 기록한다.

③ 등기관이 수용으로 인한 소유권이전등기를 하는 경우 그 부동산을 위하여 존재하는 지역권의 등기는 직권으로 말소할 수 없다.

④ 진정명의회복을 원인으로 한 소유권이전등기를 신청하는 경우에 등기원인일자를 기록하지 아니한다.

⑤ 법원이 수탁자 해임의 재판을 한 경우에 신탁원부 기록의 변경등기는 수탁자가 등기소에 단독으로 신청하여야 한다.

21. **전세권에 관한 다음 설명 중 옳은 것을 모두 고른 것은?**

> ㄱ. 전세금반환채권 일부양도에 따른 전세권 일부이전등기의 신청은 전세권의 존속기간의 만료 전에 할 수 있다.
> ㄴ. 전세권설정등기 후 근저당권설정등기와 주등기로 마쳐진 전세금 증액의 변경등기가 있는 상태에서 다시 그 전세금을 증액하는 변경등기를 하는 경우, 그 변경등기는 종전 전세금 증액의 변경등기에 부기로 한다.
> ㄷ. 존속기간이 만료된 건물전세권의 존속기간 변경 없이 전세권이전등기 또는 전세권에 대한 저당권을 설정할 수 있다.
> ㄹ. 이미 전세권설정등기가 경료된 주택에 대하여 동일인을 권리자로 하는 법원의 주택임차권등기명령에 따른 촉탁등기는 이를 수리할 수 있다.

① ㄱ, ㄴ　　② ㄱ, ㄷ
③ ㄴ, ㄷ　　④ ㄴ, ㄹ
⑤ ㄷ, ㄹ

22. **대지권등기와 관련된 다음 설명 중 옳은 것을 모두 고른 것은?**

> ㄱ. 소유권이 대지권인 경우에 대지권 뜻의 등기가 된 토지의 등기기록에는 소유권을 목적으로 하는 저당권설정등기는 할 수 없다.
> ㄴ. 지상권이 대지권인 경우에 대지권 뜻의 등기가 된 토지의 등기기록에는 소유권이전등기를 할 수 없다.
> ㄷ. 대지권등기 전의 토지에 설정된 저당권의 실행에 의한 경매신청등기 및 매각으로 인한 소유권이전등기를 할 수 있다.
> ㄹ. 토지에 별도등기 있다는 뜻의 등기는 1동 건물 등기기록의 표제부에 하여야 한다.

① ㄱ, ㄴ
② ㄱ, ㄷ
③ ㄴ, ㄷ
④ ㄴ, ㄹ
⑤ ㄷ, ㄹ

23. **가등기에 관한 다음 설명 중 옳은 것은?**

① 가등기가처분명령에 의하여 가등기권리자가 단독으로 가등기를 신청하는 경우에 등기의무자의 권리에 관한 등기필정보를 신청정보의 내용으로 등기소에 제공할 필요가 없다.
② 가등기상 권리를 제3자에게 양도한 경우에 양도인과 양수인은 공동신청으로 그 가등기상 권리의 이전등기를 신청할 수 있고, 그 이전등기는 가등기에 대한 주등기의 형식으로 한다.
③ 甲 명의 부동산에 乙 명의의 소유권이전청구권보전가등기와 丙 명의의 가압류등기가 순차 경료된 후, 乙이 위 가등기에 기한 본등기절차에 의하지 아니하고 甲으로부터 별도의 소유권이전등기를 경료받은 경우에 乙은 가등기에 기한 본등기를 신청할 수 없다.
④ 소유권이전등기청구권보전가등기에 의하여 본등기를 한 경우 가등기 후 본등기 전에 마쳐진 등기 중 가등기 전에 마쳐진 가압류에 의한 강제경매개시결정등기는 직권으로 말소한다.
⑤ 지상권설정등기청구권보전 가등기에 의하여 본등기를 한 경우 가등기 후 본등기 전에 마쳐진 저당권설정등기는 직권으로 말소한다.

24. **다음 가압류 · 가처분에 관한 등기에 대한 설명 중 <u>틀린</u> 것은?**

① 합유지분에 대한 가압류의 촉탁은 「부동산등기법」 제29조 제2호에 해당한다.
② 가압류등기가 경료되면 해당 부동산에 대하여 채무자의 일체의 처분이 금지되므로 가압류등기 후에 처분행위를 하였다면 절대적 무효이다.
③ 등기관에 대하여 등기를 금지하는 가처분결정 또는 그에 따른 가처분등기는 할 수 없다.
④ 가처분채무자가 법원으로부터 가처분취소결정을 받은 경우에 가처분등기는 법원의 촉탁으로 말소한다.
⑤ 대지권을 등기한 구분건물의 경우에 그 건물 또는 토지만에 대한 가압류등기는 허용되지 아니한다.

25. 지방세법령상 재산세의 부과 · 징수에 관한 설명으로 옳은 것은?

① 재산세를 징수하려면 토지, 건축물, 주택, 선박 및 항공기로 합산한 납세고지서에 과세표준과 세액을 적어 늦어도 납기개시 전까지 발급하여야 한다.

② 재산세는 특별징수의 방법으로 부과 · 징수한다.

③ 주택에 대한 재산세의 경우 해당 연도에 부과 · 징수할 세액의 2분의 1은 매년 7월 16일부터 7월 31일까지, 나머지 2분의 1은 9월 16일부터 9월 30일까지를 납기로 한다. 다만, 해당 연도에 부과할 세액이 20만원 이하인 경우에는 조례로 정하는 바에 따라 납기를 9월 16일부터 9월 30일까지로 하여 한꺼번에 부과 · 징수할 수 있다.

④ 재산의 소유권 변동 또는 과세대상 재산의 변동 사유가 발생하였으나 과세기준일까지 그 등기 · 등록이 되지 아니한 재산의 공부상 소유자는 과세기준일부터 15일 이내에 그 소재지를 관할하는 지방자치단체의 장에게 그 사실을 알 수 있는 증거자료를 갖추어 신고하여야 한다.

⑤ 고지서 1장당 재산세로 징수할 세액이 2,000원인 경우에는 해당 재산세를 징수하지 아니한다.

26. 「지방세법」상 2025년 재산세 과세기준일 현재 납세의무자로 옳은 것을 모두 고른 것은?

ㄱ. 매매 등의 사유로 소유권에 변동이 있었음에도 공부상의 소유자가 이를 신고하지 아니하여 사실상의 소유자를 알 수 없는 때: 그 사용자

ㄴ. 주택의 건물과 부속토지의 소유자가 다를 경우: 그 주택에 대한 산출세액을 건축물과 그 부속토지의 면적 비율로 안분계산한 부분에 대하여 그 소유자

ㄷ. 국가가 선수금을 받아 조성하는 매매용 토지로서 사실상 조성이 완료된 토지의 사용권을 무상으로 받은 경우: 그 매수계약자

ㄹ. 「주택법」 제2조 제11호 가목에 따른 지역주택조합 및 같은 호 나목에 따른 직장주택조합이 조합원이 납부한 금전으로 매수하여 소유하고 있는 신탁재산의 경우: 해당 지역주택조합 및 직장주택조합

① ㄱ　　② ㄱ, ㄴ
③ ㄷ, ㄹ　　④ ㄱ, ㄷ, ㄹ
⑤ ㄱ, ㄴ, ㄷ, ㄹ

27. 다음 중 「지방세법」상 재산세의 과세표준과 세율 등에 대한 내용으로 틀린 것은?

① 법인소유 토지의 경우에도 시가표준액에 공정시장가액비율(70%)을 곱한 금액을 재산세의 과세표준으로 한다.

② 시장 · 군수는 특별한 재정수요나 재해 등의 발생으로 재산세의 세율 조정이 불가피하다고 인정되는 경우 조례로 정하는 바에 의하여 재산세의 세율을 표준세율의 50% 범위 안에서 가감조정할 수 있다. 다만, 가감조정한 세율은 해당 연도에 한하여 적용한다.

③ 과세표준 결정시에 시가표준액에 공정시장가액비율을 곱하는 것은 토지 · 건축물 · 주택에 한한다.

④ 국가나 지방자치단체로부터 취득한 재산이나 법인소유 재산의 경우에도 시가표준액을 기준으로 과세표준을 정한다.

⑤ 「지방세법」 제110조 제1항에 따라 산정한 토지의 과세표준이 법령에 따른 과세표준상한액보다 큰 경우에는 해당 토지의 과세표준은 과세표준상한액으로 한다.

28. 「지방세기본법」 및 「국세기본법」상 납세의무의 성립시기가 동일한 세목으로만 옳게 묶인 것은?

ㄱ. 소득세
ㄴ. 사업소분 주민세
ㄷ. 재산세
ㄹ. 지역자원시설세(소방분)
ㅁ. 종합부동산세

① ㄱ, ㄴ　　② ㄴ, ㄹ
③ ㄷ, ㅁ　　④ ㄴ, ㄹ, ㅁ
⑤ ㄷ, ㄹ, ㅁ

29. 「지방세법」상 면세점과 소액징수면제, 최저한세에 대한 설명으로 옳은 것은?

① 등록에 대한 등록면허세의 산출세액이 6,000원인 경우에는 등록에 대한 등록면허세를 징수하지 않는다.

② 사업소분 주민세를 부과하는 경우에 사업소 연면적이 660m² 이하인 경우에는 「지방세법」 제81조 제1항 제2호에 따른 세액을 부과하지 아니한다.

③ 취득세의 산출세액이 100만원 이하인 때에는 취득세를 부과하지 않는다.

④ 취득세와 등록면허세 모두 소액징수면제 규정은 적용되지 않는다.

⑤ 고지서 1장당 지방소득세액(가산세 제외)이 2,000원인 경우에는 그 지방소득세를 징수하지 아니한다.

30. 「소득세법」상 거주자의 2025년 부동산임대소득의 범위, 비과세 및 총수입금액에 관한 설명으로 옳은 것은?

① 임대하는 국내소재 1주택의 비과세 여부 판단시 가액은 「소득세법」상 기준시가 9억원을 기준으로 판단한다.
② 「소득세법」상 기준시가가 5억원인 국외에 소재하는 1주택을 임대하는 경우에는 소득세를 과세하지 아니한다.
③ 공익사업과 무관한 지역권 · 지상권의 설정 · 대여소득은 기타소득이다.
④ 국내소재 3주택을 소유한 자가 받은 주택임대보증금의 합계액이 4억원인 경우, 그 보증금에 대하여 법령에서 정한 산식으로 계산한 금액을 총수입금액에 산입한다.
⑤ 부부가 각각 주택을 1채씩 보유한 상태에서 그 중 1주택을 임대하고 연간 1,800만원의 임대료를 받았을 경우 주택임대에 따른 과세소득이 없다.

31. 「소득세법」상 양도소득의 과세대상 자산을 모두 고른 것은? (단, 거주자가 국내자산을 양도한 것으로 한정함)

ㄱ. 부동산과 함께 양도하는 「개발제한구역의 지정 및 관리에 관한 특별조치법」 제12조 제1항 제2호 및 제3호의2에 따른 이축을 할 수 있는 권리 ㄴ. 등기된 부동산임차권 ㄷ. 부동산매매계약을 체결한 자가 계약금만 지급한 상태에서 양도하는 권리 ㄹ. 영업권(사업에 사용하는 자산과 분리되어 양도되는 것) ㅁ. 지방자치단체가 발행하는 토지상환채권

① ㄱ, ㄴ, ㄹ
② ㄴ, ㄷ, ㅁ
③ ㄷ, ㄹ, ㅁ
④ ㄱ, ㄴ, ㄷ, ㄹ
⑤ ㄱ, ㄴ, ㄷ, ㅁ

32. 다음 양도소득세 비과세 요건을 충족하는 1세대 1주택을 2025년도에 양도한 내용에서 장기보유특별공제액은 얼마인가?

○ 1세대 1주택(등기) ○ 보유기간 및 거주기간: 각각 12년 3개월 ○ 양도가액(실거래가액): 1,500,000,000원 ○ 필요경비: 1,000,000,000원 ○ 해당 과세기간에 다른 양도자산은 없으며, 주어진 조건 외에 다른 것은 고려하지 않음

① 80,000,000원
② 100,000,000원
③ 200,000,000원
④ 250,000,000원
⑤ 400,000,000원

33. 소득세법령상 양도 또는 취득시기로 옳은 것은?

① 대금을 청산한 날이 분명하지 아니한 경우: 등기부 · 등록부 또는 명부 등에 기재된 등기 · 등록접수일 또는 명의개서일
② 증여에 의하여 취득한 자산: 증여계약일
③ 「공익사업을 위한 토지 등의 취득 및 보상에 관한 법률」에 따라 공익사업을 위하여 수용되는 경우로서 소유권에 관한 소송으로 보상금이 공탁된 경우: 공탁한 날
④ 장기할부조건의 경우: 최초 할부금지급일
⑤ 부동산의 소유권이 타인에게 이전되었다가 법원의 무효판결에 의하여 해당 자산의 소유권이 환원되는 경우: 법원의 확정판결일

34. 다음 중 「소득세법」상 거주자의 양도소득세에 대한 설명으로 틀린 것은?

① 토지이용상 불합리한 지상경계를 합리적으로 바꾸기 위하여 「공간정보의 구축 및 관리 등에 관한 법률」에 따라 토지를 분할하여 교환하는 경우로서 분할된 토지의 전체 면적이 분할 전 토지의 전체 면적의 100분의 20을 초과하지 아니하는 경우에는 양도에 해당하지 않는다.
② 실거래가가 12억원을 초과하는 고가의 조합원입주권도 고가주택과 동일한 방식으로 양도소득금액을 계산한다.
③ 부동산을 취득할 수 있는 권리의 기준시가는 취득일 또는 양도일까지 불입한 금액과 취득일 또는 양도일 현재의 프리미엄에 상당하는 금액을 합한 금액으로 한다.
④ 확정신고납부를 하는 경우 「소득세법」 제107조에 따른 예정신고산출세액, 동법 제114조에 따라 결정 · 경정한 세액 또는 동법 제82조, 제118조에 따른 수시부과세액이 있을 때에는 이를 공제하여 납부한다.
⑤ 부담부증여의 채무액에 해당하는 부분으로서 양도로 보는 경우에는 그 양도일이 속하는 달의 말일부터 2개월 이내에 예정신고하여야 한다.

35. 2020년 취득 후 등기한 토지를 2025년 7월 1일에 양도한 경우, 「소득세법」상 토지의 양도차익계산에 관한 설명으로 틀린 것은? (단, 특수관계자와의 거래가 아님)

① 현재가치할인차금을 취득원가에 포함하는 경우에 있어서 양도자산의 보유기간 중에 그 현재가치할인차금의 상각액을 각 연도의 사업소득금액 계산시 필요경비로 산입하였거나 산입할 금액이 있는 때에는 이를 취득에 든 실지거래가액에서 공제한다.

② 취득 당시 실지거래가액을 확인할 수 없어서 추계결정하는 경우에는 매매사례가액, 감정가액, 환산취득가액, 기준시가를 순차로 적용하여 산정한 가액을 취득가액으로 한다.

③ 취득가액을 실지거래가액으로 계산하는 경우 자본적 지출액은 필요경비에 포함된다.

④ 환산취득가액은 양도가액을 추계하는 경우에 적용한다.

⑤ 취득가액을 감정가액으로 계산하는 경우 취득 당시 개별공시지가에 100분의 3을 곱한 금액이 필요경비에 포함된다.

36. 「종합부동산세법」상 종합부동산세에 관한 설명으로 틀린 것은?

① 토지분에 대해서는 납세의무자가 개인과 법인인 경우 모두 세 부담 상한액 비율은 100분의 150이다.

② 개인이 조정대상지역 내 2주택을 소유한 경우 종합부동산세의 세 부담 상한액 비율은 100분의 300이다.

③ 과세기준일 현재 주택분 재산세의 납세의무자는 종합부동산세를 납부할 의무가 있다.

④ 납세의무자가 법인 또는 법인으로 보는 단체로서 「종합부동산세법」 제9조 제2항 각 호의 세율이 적용되는 경우에는 주택분에 대한 종합부동산세를 부과할 때 세 부담 상한에 관한 규정을 적용하지 아니한다.

⑤ 주택분 종합부동산세의 납세의무자가 과세기준일 현재 1세대 1주택자로서 만 70세이고 당해 주택을 3년간 보유한 경우, 법령에 따라 산출된 세액에서 그 산출된 세액에 법령이 정하는 연령별 공제율을 곱한 금액을 공제한다.

37. 「지방세법」상 취득세에 관한 설명으로 옳은 것은?

① 건축물 중 부대설비에 속하는 부분으로서 그 주체구조부와 하나가 되어 건축물로서의 효용가치를 이루고 있는 것에 대하여는 주체구조부 취득자 외의 자가 가설한 경우에도 주체구조부의 취득자가 함께 취득한 것으로 본다.

② 세대별 소유주택 수에 따른 중과세율을 적용함에 있어 주택으로 재산세를 과세하는 오피스텔(2025년 취득)은 해당 오피스텔을 소유한 자의 주택 수에 가산하지 아니한다.

③ 세대별 소유주택 수에 따른 중과세율을 적용함에 있어 「신탁법」에 따라 신탁된 주택은 수탁자의 주택 수에 가산한다.

④ 공사현장사무소 등 임시건축물의 취득에 대하여는 그 존속기간에 관계없이 취득세를 부과하지 아니한다.

⑤ 토지를 취득한 자가 취득한 날부터 1년 이내에 그에 인접한 토지를 취득한 경우 그 취득가액이 100만원일 때에는 취득세를 부과하지 아니한다.

38. 「지방세법」상 취득세에 관한 설명으로 옳은 것은?

① 취득세가 경감된 과세물건이 추징대상이 된 때에는 그 사유발생일부터 30일 이내에 그 산출세액에서 이미 납부한 세액(가산세 포함)을 공제한 세액을 신고·납부하여야 한다.

② 취득세 납세의무자가 부동산을 취득한 후 신고를 하고 매각하는 경우, 산출세액에 100분의 80을 가산한 금액을 세액으로 하여 징수한다.

③ 등기·등록관서의 장은 취득세가 납부되지 아니하였거나 납부부족액을 발견하였을 때에는 다음 달 10일까지 대통령령으로 정하는 바에 따라 납세지를 관할하는 지방자치단체의 장에게 통보하여야 한다.

④ 지방자치단체의 장은 취득세 납세의무가 있는 법인이 장부 등의 작성과 보존의무를 이행하지 아니한 경우에는 산출된 세액 또는 부족세액의 100분의 20에 상당하는 금액을 징수하여야 할 세액에 가산한다.

⑤ 「부동산 거래신고 등에 관한 법률」에 따른 토지거래계약에 관한 허가구역에 있는 토지를 취득하는 경우로서 토지거래계약에 관한 허가를 받기 전에 거래대금을 완납한 경우에는 그 대금완납일로부터 60일 이내에 신고납부하여야 한다.

39. 부동산등록에 대한 등록면허세 과세표준에 대한 설명으로 옳은 것은?

① 부동산의 등록에 대한 등록면허세의 과세표준은 등록자가 신고한 당시의 가액으로 하고, 신고가 없거나 신고가액이 시가표준액보다 많은 경우에는 시가표준액으로 한다.

② 저당권에 대한 가등기, 가압류, 가처분의 경우 과세표준은 부동산가액이다.

③ 「지방세법」 제23조 제1호 라목(취득세 면세점에 해당하는 등록)에 따른 취득을 원인으로 하는 등록의 경우는 법령에서 정하는 취득당시가액을 과세표준으로 한다.

④ 취득세 부과제척기간이 경과한 물건의 등기·등록에 대한 등록면허세 과세표준은 등록당시가액과 취득당시가액 중 낮은 가액으로 한다.

⑤ 임차권 말소등기의 등록면허세는 월 임대차금액에 세율을 적용하여 부과한다.

40. 다음의 2025년 귀속 종합부동산세에 대한 설명 중에서 틀린 것은?

① 대통령령으로 정하는 다가구 임대주택으로서 임대기간, 주택의 수, 가격, 규모 등을 고려하여 대통령령으로 정하는 주택은 과세표준 합산의 대상이 되는 주택의 범위에 포함되지 아니하는 것으로 본다.

② 「근현대문화유산의 보존 및 활용에 관한 법률」에 따른 등록문화유산에 해당하는 주택은 과세표준 합산의 대상이 되는 주택의 범위에 포함되지 아니하는 것으로 본다.

③ 공공주택사업자가 소유하는 「공공주택 특별법」 제2조 제1호의4에 따른 지분적립형 분양주택은 과세표준 합산의 대상이 되는 주택의 범위에 포함되지 아니하는 것으로 본다.

④ ①~③ 규정에 따른 주택을 보유한 납세의무자는 해당 연도 11월 16일부터 11월 30일까지 대통령령으로 정하는 바에 따라 납세지 관할 세무서장에게 해당 주택의 보유현황을 신고하여야 한다.

⑤ 「건축법」 등 관계 법령에 따라 허가 등을 받아야 할 건축물로서 허가 등을 받지 아니한 건축물 또는 사용승인을 받아야 할 건축물로서 사용승인(임시사용승인을 포함)을 받지 아니하고 사용 중인 건축물의 부속토지는 과세대상이 된다.

학습일자: ______/______

2025년도 제36회 공인중개사 2차 국가자격시험

실전모의고사 제4회

교 시	문제형별	시 간	시 험 과 목
1교시	A	100분	① 공인중개사의 업무 및 부동산 거래신고에 관한 법령 및 중개실무 ② 부동산공법 중 부동산 중개에 관련되는 규정

수험번호		성 명	

【 수험자 유의사항 】

1. **시험문제지는 단일 형별(A형)이며, 답안카드 형별 기재란에 표시된 형별(A형)을 확인하시기 바랍니다.** 시험문제지의 **총면수, 문제번호 일련순서, 인쇄상태** 등을 확인하시고, 문제지 표지에 수험번호와 성명을 기재하시기 바랍니다.
2. 답은 각 문제마다 요구하는 **가장 적합하거나 가까운 답 1개**만 선택하고, 답안카드 작성 시 시험문제지 **형별누락, 마킹착오**로 인한 불이익은 전적으로 **수험자에게 책임**이 있음을 알려드립니다.
3. 답안카드는 국가전문자격 공통 표준형으로 문제번호가 1번부터 125번까지 인쇄되어 있습니다. 답안 마킹 시에는 반드시 **시험문제지의 문제번호와 동일한 번호에 마킹**하여야 합니다. (2차 1교시: 1번~80번)
4. **감독위원의 지시에 불응하거나 시험시간 종료 후 답안카드를 제출하지 않을 경우** 불이익이 발생할 수 있음을 알려 드립니다.
5. 시험문제지는 시험 종료 후 가져가시기 바랍니다.
6. 답안작성은 **시험 시행일(2025.10.25.) 현재 시행되는 법령 등**을 적용하시기 바랍니다.
7. 가답안 의견제시에 대한 개별회신 및 공고는 하지 않으며, **최종 정답 발표로 갈음**합니다.
8. 시험 중 **중간 퇴실은 불가**합니다. 단, 부득이하게 퇴실할 경우 **시험포기각서 제출 후 퇴실은 가능**하나 **재입실이 불가**하며, **해당시험은 무효처리됩니다.**

해커스 공인중개사

제1과목: 공인중개사의 업무 및 부동산 거래신고에 관한 법령 및 중개실무

1. 공인중개사법령상 공인중개사정책 심의위원회(이하 '심의위원회'라 함)에 관한 설명으로 옳은 것은?

① 심의위원회는 위원장 1명을 제외하고 10명 이내의 위원으로 구성한다.
② 심의위원회의 위원이 해당 안건에 대하여 감정을 한 경우, 심의위원회의 심의 · 의결에서 제척된다.
③ 심의위원회에서 중개보수 변경에 관한 사항을 심의한 경우, 시 · 도지사는 이에 따라야 한다.
④ 심의위원회의 회의는 재적위원 과반수의 찬성으로 의결한다.
⑤ 「소비자기본법」에 따른 한국소비자원의 임직원으로 재직하고 있는 사람은 심의위원회의 위원이 될 수 없다.

2. 공인중개사법령상 중개대상물, 중개대상행위 또는 중개대상권리가 <u>아닌</u> 항목이 들어있는 것을 모두 고른 것은? (다툼이 있으면 판례에 따름)

ㄱ. 무허가건물, 유치권의 성립, 분묘기지권
ㄴ. 가식(假植)의 수목, 「공장 및 광업재단 저당법」에 따른 광업재단, 점유
ㄷ. 가압류된 건물, 채굴되지 아니한 광물, 가등기담보권
ㄹ. 온천수, 도로예정지인 사유지, 바닷가

① ㄱ, ㄴ ② ㄷ, ㄹ
③ ㄱ, ㄴ, ㄷ ④ ㄴ, ㄷ, ㄹ
⑤ ㄱ, ㄴ, ㄷ, ㄹ

3. 공인중개사법령상 법인이 중개사무소의 개설등록을 신청하는 경우 제출하는 서류를 모두 고르면 몇 개인가? (다른 법률에 따라 중개업을 할 수 있는 경우는 제외함)

ㄱ. 대표자의 여권용 사진
ㄴ. 법인 등기사항증명서
ㄷ. 대표자와 공인중개사인 임원 또는 사원의 공인중개사 자격증 사본
ㄹ. 보증관계증서 사본
ㅁ. 외국법인의 경우 「상법」상 외국회사 규정에 따른 국내 영업소 등기서류
ㅂ. 건축물대장에 기재되지 아니한 건물인 경우 건축물대장 기재가 지연되는 사유서

① 1개 ② 2개
③ 3개 ④ 4개
⑤ 5개

4. 공인중개사법령상 용어의 정의와 관련한 설명으로 옳은 것은? (다툼이 있으면 판례에 따름)

① 공인중개사 자격증 · 중개사무소등록증을 대여받아 중개사무소를 운영하는 자가 의뢰인과 직접 오피스텔 임대차계약을 체결한 행위는 중개행위에 해당하지 않는다.
② 우연한 기회에 단 1회 건물 전세계약의 중개를 하였더라도 그에 대한 보수를 받았다면 그 행위는 중개업에 해당한다.
③ 중개사무소 개설등록을 하지 아니한 자가 중개대상물에 대하여 매매 · 교환 · 임대차를 알선한 행위는 중개에 해당하지 않는다.
④ 중개의 정의에서 말하는 '그 밖의 권리'에는 저당권 등 담보물권은 포함되지 않는다.
⑤ 부동산 컨설팅행위에 부수하여 중개행위를 영업으로 한 경우에는 중개업에 해당하지 않는다.

5. 공인중개사법령상 고용인이 될 수 있는 자를 모두 고른 것은?

ㄱ. 「형법」 위반으로 징역 3년형을 선고받고 2년 복역 후 가석방되어 3년이 지난 자
ㄴ. 「정치자금법」 위반으로 징역 2년형을 선고받고 1년 복역 후 특별사면되어 3년이 지난 자
ㄷ. 「도로교통법」 위반으로 징역 1년형의 선고유예를 받고 그 유예기간 중에 있는 자
ㄹ. 「건축법」 위반으로 징역 1년형의 집행유예 3년을 선고받고 그 유예기간 중에 있는 자
ㅁ. 「변호사법」을 위반하여 벌금 500만원을 선고받고 2년이 지난 자

① ㄱ, ㄹ ② ㄱ, ㄷ, ㅁ
③ ㄴ, ㄷ, ㄹ ④ ㄴ, ㄷ, ㅁ
⑤ ㄱ, ㄴ, ㄷ, ㄹ, ㅁ

6. **공인중개사법령상 인장등록에 대한 설명으로 옳은 것은?**
① 개업공인중개사는 중개업무 개시와 동시에 중개행위에 사용할 인장을 등록하여야 한다.
② 분사무소에서 사용할 인장은 「상업등기규칙」에 따라 법인의 대표자가 보증하는 인장으로만 등록하여야 한다.
③ 분사무소에서 사용할 인장은 그 분사무소 소재지 등록관청에 등록해야 한다.
④ 등록한 인장을 변경한 경우에는 변경한 날로부터 10일 이내에 등록관청에 변경신고를 하여야 한다.
⑤ 법인이 아닌 개업공인중개사의 '등록인장 변경신고서'에는 중개사무소등록증 원본이 첨부되어야 한다.

7. **공인중개사법령상 중개사무소에 대한 설명으로 옳은 것은?**
① 개업공인중개사가 천막 등 임시 중개시설물을 설치하여 중개업무를 한 경우에는 업무정지처분을 받을 수 있다.
② 분사무소는 특별시 · 광역시 · 도별로 1개소를 초과하여 설치할 수 없다.
③ 공인중개사인 개업공인중개사도 책임자를 두는 경우에는 분사무소를 설치할 수 있다.
④ 개업공인중개사 甲이 임차한 중개사무소를 개업공인중개사 乙이 공동으로 사용하려는 경우, 乙은 개설등록 신청시 건물주의 사용승낙서를 첨부해야 한다.
⑤ 중개사무소의 폐업신고를 하고 지체 없이 그 중개사무소의 간판을 철거하지 아니한 때에는 과태료 부과처분의 대상이 된다.

8. **「공인중개사법 시행규칙」 별지 서식으로 정해져 있는 '중개사무소 이전신고서'에 기재할 사항을 모두 고른 것은?**

> ㄱ. 최근 1년 내의 행정처분사항
> ㄴ. 개업공인중개사 종별
> ㄷ. 변경 전 소재지
> ㄹ. 변경 후 명칭
> ㅁ. 중개사무소 이전한 날

① ㄱ, ㅁ　② ㄴ, ㄷ
③ ㄱ, ㄴ, ㄷ　④ ㄴ, ㄷ, ㄹ
⑤ ㄱ, ㄷ, ㄹ, ㅁ

9. **공인중개사법령상 중개업의 휴업에 대한 설명으로 옳은 것은?**
① 중개사무소의 개설등록 후 30일 내에 업무를 개시하지 아니할 경우에는 휴업신고를 하여야 한다.
② 휴업기간 변경신고는 질병, 입영, 취학 등 부득이한 사유가 있는 경우에만 할 수 있다.
③ 휴업신고를 하는 자는 중개사무소등록증(분사무소는 분사무소설치신고확인서) 원본을 첨부하여야 한다.
④ 중개업의 휴업신고를 한 경우 사업자등록의 휴업신고를 한 것으로 본다.
⑤ 정당한 사유 없이 6개월을 초과하여 무단 휴업한 경우에는 100만원 이하의 과태료가 부과된다.

10. **공인중개사법령상 개업공인중개사가 중개대상물에 대한 표시 · 광고시 공통으로 명시할 사항이 아닌 것은?**
① 중개법인의 경우 대표자의 성명
② 중개사무소의 명칭
③ 중개사무소의 개설등록번호
④ 사업자 등록번호
⑤ 중개사무소의 소재지

11. **공인중개사법령상 법인인 개업공인중개사의 업무범위로 볼 수 있는 것을 모두 고른 것은? (다른 법률에 따라 중개업을 할 수 있는 경우를 제외함)**

> ㄱ. 「국세징수법」에 의한 공매대상 부동산에 대한 권리분석 및 취득의 알선
> ㄴ. 주택용지의 분양대행
> ㄷ. 상업용 건축물에 대한 임대차관리 등 부동산의 관리대행
> ㄹ. 상가 · 토지의 개발 · 공급
> ㅁ. 증권 투자에 대한 컨설팅

① ㄱ, ㄷ　② ㄱ, ㄴ, ㅁ
③ ㄴ, ㄷ, ㄹ　④ ㄷ, ㄹ, ㅁ
⑤ ㄱ, ㄴ, ㄷ, ㄹ

12. **공인중개법령상 중개계약에 관한 설명으로 옳은 것(○)과 틀린 것(×)을 바르게 표시한 것은?**

> ㄱ. 일반중개계약서 서식에는 개업공인중개사의 손해배상책임에 관한 내용이 있다.
> ㄴ. 개업공인중개사는 전속중개계약서를 3년간 보존해야 한다.
> ㄷ. 개업공인중개사가 전속중개계약을 체결하면서 전속중개계약서를 작성하지 아니한 경우는 등록을 취소할 수 있는 사유에 해당한다.

① ㄱ(×), ㄴ(○), ㄷ(○)
② ㄱ(×), ㄴ(○), ㄷ(×)
③ ㄱ(×), ㄴ(×), ㄷ(○)
④ ㄱ(○), ㄴ(○), ㄷ(×)
⑤ ㄱ(○), ㄴ(○), ㄷ(○)

13. **공인중개사법령상 부동산거래질서교란행위 신고센터(이하 '신고센터'라 함)의 설치·운영에 관한 설명으로 옳은 것은?**

① 개업공인중개사가 아닌 자가 중개업을 하기 위하여 중개대상물에 관한 표시·광고를 하는 행위는 부동산거래질서교란행위에 해당한다.
② 누구든지 부동산거래질서교란행위를 발견하는 경우 그 사실을 신고센터에 신고할 수 있다.
③ 중개사무소 안의 보기 쉬운 곳에 게시해야 할 사항을 게시하지 아니한 행위는 부동산거래질서교란행위에 해당하지 않는다.
④ 개업공인중개사가 보증을 설정하지 아니하고 중개업무를 시작한 행위는 부동산거래질서교란행위에 해당한다.
⑤ 부동산거래질서교란행위를 신고하려는 자는 그 내용을 구두로 신고할 수도 있다.

14. **공인중개사법령상 개업공인중개사가 작성하는 거래계약서에 관한 설명으로 <u>틀린</u> 것을 모두 고른 것은? (다툼이 있으면 판례에 따름)**

> ㄱ. 개업공인중개사는 중개대상물에 대하여 중개가 완성된 때에만 거래계약서를 작성·교부해야 한다.
> ㄴ. 공동중개시에는 관여 개업공인중개사 중 1인만 거래계약서에 서명 및 날인하면 된다.
> ㄷ. 개업공인중개사는 공인전자문서센터에 보관된 경우를 제외하고, 거래계약서의 원본, 사본 또는 전자문서를 5년간 보관해야 한다.
> ㄹ. 해당 중개대상물에 대한 중개보수는 거래계약서의 필수 기재사항이다.

① ㄱ
② ㄱ, ㄷ
③ ㄴ, ㄹ
④ ㄷ, ㄹ
⑤ ㄱ, ㄴ, ㄹ

15. **공인중개사법령상 누구든지 시세에 부당한 영향을 줄 목적으로 개업공인중개사 등의 업무를 방해하는 금지행위가 <u>아닌</u> 것은?**

① 개업공인중개사에게 대가를 약속하고 중개대상물을 시세보다 현저하게 높게 표시·광고하도록 유도하는 행위
② 안내문을 이용하여 중개대상물에 대하여 시세보다 현저하게 높게 표시·광고하는 특정 개업공인중개사에게만 중개의뢰를 하도록 유도함으로써 다른 개업공인중개사를 부당하게 차별하는 행위
③ 인터넷카페를 이용하여 특정 개업공인중개사에 대한 중개의뢰 제한을 유도하는 행위
④ 정당한 사유 없이 개업공인중개사의 중개대상물에 대한 정당한 표시·광고 행위를 방해하는 행위
⑤ 관계 법령에 의하여 전매가 제한된 부동산의 전매를 중개하여 부동산투기를 조장하는 행위

16. **공인중개사법령상 중개보수에 대한 설명으로 <u>틀린</u> 것은? (다툼이 있으면 판례에 따름)**

① 경기도 성남시 분당구에 중개사무소를 둔 경우 주택에 대한 중개보수는 성남시 조례가 정하는 바에 따라 받아야 한다.
② 개업공인중개사가 중개보수 산정에 관한 지방자치단체의 조례를 잘못 해석하여 법정 한도를 초과한 중개보수를 받은 경우 「공인중개사법」 제33조의 금지행위에 해당한다.
③ 개업공인중개사가 중개대상물에 대하여 거래당사자 간의 매매·교환·임대차 기타 권리의 득실변경을 알선하는 행위를 하였더라도, 해당 중개업무를 의뢰하지 않은 거래당사자로부터는 별도의 지급약정 등 특별한 사정이 없는 한 중개보수를 지급받을 수 없다.
④ 개업공인중개사는 중개대상물에 대한 거래계약이 완료되지 않을 경우에도 중개의뢰인과 중개행위에 상응하는 보수를 지급하기로 약정할 수 있다.
⑤ 동일 중개대상물에 대하여 동일 당사자간에 매매를 포함한 그 외의 거래가 동일한 기회에 이루어지는 경우에는 매매에 관한 거래금액만을 적용하여 중개보수를 받아야 한다.

17. **공인중개사법령상 손해배상책임과 관련한 설명으로 틀린 것은? (다툼이 있으면 판례에 따름)**

① 중개사무소의 개설등록을 한 자는 지체 없이 보증을 설정하여 등록관청에 신고하여야 한다.

② 보증기관에서 보증사실을 등록관청에 직접 통보한 경우에는 보증설정신고를 생략할 수 있다.

③ 개업공인중개사나 그 보조원이 아닌 자에게는 「공인중개사법」에 의한 손해배상책임을 물을 수 없다.

④ 개업공인중개사가 계약의 이행행위과정에서 거래당사자에게 손해를 발생하게 한 경우도 '중개행위를 하다가 손해를 발생하게 한 경우'로 볼 수 있다.

⑤ 개업공인중개사는 중개가 완성된 때에는 거래당사자에게 손해배상책임의 보장에 관한 사항을 설명하고 관계 증서의 사본을 교부하거나 관계 증서에 관한 전자문서를 제공해야 한다.

18. **공인중개사법령상 공인중개사협회(이하 '협회'라 함)에 대한 설명으로 틀린 것은?**

① 협회는 회원 300인 이상이 발기인이 되어 정관을 작성하여 창립총회의 의결을 거친 후 국토교통부장관의 인가를 받아 그 주된 사무소의 소재지에서 설립등기를 함으로써 성립한다.

② 협회 창립총회에는 서울특별시에서는 100인 이상, 광역시·도 및 특별자치도에서는 각각 20인 이상의 회원이 참여하여야 한다.

③ 공제규정에는 공제사업의 범위, 공제계약의 내용, 공제금, 공제료, 회계기준 및 책임준비금의 적립비율 등 공제사업의 운용에 관하여 필요한 사항을 정하여야 한다.

④ 협회의 지부에 대한 감독은 시·도지사가 하고, 지회에 대한 감독은 등록관청이 한다.

⑤ 금융감독원장은 국토교통부장관으로부터 요청이 있는 경우에는 협회의 공제사업에 관하여 검사를 할 수 있다.

19. **「공인중개사법」상 행정처분에 대한 설명으로 틀린 것은?**

① 개업공인중개사가 「공인중개사법」 위반으로 업무정지처분을 받고 다시 그 위반행위로 300만원 이상의 벌금형을 선고받으면 등록이 취소된다.

② 자격정지처분은 오직 소속공인중개사에 대하여만 할 수 있는 행정처분이다.

③ 업무정지에 해당하는 위반행위가 둘 이상인 경우에는 각 업무정지 기준기간을 합산한 기간을 넘지 않는 범위에서 가장 무거운 처분기준의 2분의 1의 범위에서 가중하되, 가중하는 경우 업무정지는 9개월까지 할 수 있다.

④ 등록관청은 소속공인중개사가 자격정지사유의 어느 하나에 해당하는 사실을 알게 된 때에는 지체 없이 그 사실을 시·도지사에게 통보하여야 한다.

⑤ 자격정지사유에는 행정형벌이 병과되는 경우도 있다.

20. **공인중개사법령상 개업공인중개사가 주택의 임대차를 중개하는 경우 확인·설명해야 하는 사항을 모두 고르면 몇 개인가?**

> ㄱ. 관리비 금액과 그 산출내역
> ㄴ. 「민간임대주택에 관한 특별법」에 따른 민간임대주택인 경우 임대보증금의 보증에 관한 사항
> ㄷ. 「주민등록법」에 따른 전입세대확인서의 열람 또는 교부에 관한 사항
> ㄹ. 「주택임대차보호법」에 따른 임대인의 정보제시 의무
> ㅁ. 「주택임대차보호법」에 따른 소액보증금 중 일정액의 보호에 관한 사항

① 1개　② 2개
③ 3개　④ 4개
⑤ 5개

21. **공인중개사법령상 개업공인중개사의 행위로서, 등록관청에 적발된 경우 중개사무소의 개설등록을 취소할 수 있는 경우가 아닌 것은?**

① 등록기준에 미달하게 된 경우

② 법인인 개업공인중개사가 겸업제한을 위반하여 겸업을 한 경우

③ 동일 건에 대하여 서로 다른 둘 이상의 거래계약서를 작성한 경우

④ 전속중개계약을 체결하고 중개대상물에 관한 정보를 공개하지 아니하거나 중개의뢰인의 비공개요청에도 불구하고 정보를 공개한 경우

⑤ 감독상의 명령에 위반하여 조사 또는 검사를 거부·방해 또는 기피한 경우

22. 공인중개사법령상 1년 이하의 징역 또는 1천만원 이하의 벌금 사유를 모두 고르면 몇 개인가?

> ○ 거래정보사업자로서 개업공인중개사로부터 의뢰받지 아니한 중개대상물의 정보를 공개한 경우
> ○ 개업공인중개사가 아닌 자가 '공인중개사사무소'라는 명칭을 사용한 경우
> ○ 개업공인중개사가 중개의뢰인 쌍방을 대리하여 거래계약서를 작성한 경우
> ○ 중개사무소의 개설등록을 하지 아니하고 중개업을 한 경우
> ○ 중개사무소등록증을 대여한 경우

① 1개　② 2개
③ 3개　④ 4개
⑤ 모두

23. 부동산 거래신고 등에 관한 법령상 거래당사자의 부동산거래계약의 신고사항이 아닌 것은?

① 계약 체결일, 중도금 지급일 및 잔금 지급일
② 거래당사자의 인적사항
③ 개업공인중개사의 상호 · 전화번호 및 사무소 소재지
④ 거래대상 부동산 등의 소재지 · 지번 · 지목 및 면적
⑤ 조건이 있는 경우 조건

24. 공인중개사법령상 소속공인중개사에 대한 자격정지처분사유가 아닌 것은?

① 중개행위를 하였음에도 불구하고 거래계약서에 서명 및 날인하지 아니한 경우
② 중개대상물 확인 · 설명을 하면서 성실 · 정확하게 하지 않은 경우
③ 거래계약서에 거래금액 등 거래내용을 거짓으로 기재한 경우
④ 중개완성시에 보증설정의 증명서류를 교부하지 아니한 경우
⑤ 중개대상물의 거래상의 중요사항에 관하여 거짓된 언행 그 밖의 방법으로 중개의뢰인의 판단을 그르치게 한 경우

25. 부동산 거래신고 등에 관한 법령상 부동산거래신고에 관한 설명으로 틀린 것은?

① 신고관청은 부동산거래가격 검증결과를 해당 부동산의 소재지를 관할하는 세무관서의 장에게 15일 내에 통보해야 한다.
② 국토교통부장관은 부동산거래가격 검증체계를 구축 · 운영해야 한다.
③ 매수인이 「출입국관리법」에 따른 외국인등록을 한 경우에는 부동산거래계약신고서를 제출할 때 외국인등록사실증명을 함께 제출해야 한다.
④ 개업공인중개사가 부동산거래신고를 한 후 해당 거래계약이 해제 등이 된 경우에는 개업공인중개사가 해제 등이 확정된 날부터 30일 이내에 해제 등의 신고를 할 수 있다.
⑤ 부동산거래계약 관련 정보시스템(부동산거래계약시스템)을 통하여 부동산거래계약을 체결한 경우에는 부동산거래계약이 체결된 때에 부동산거래계약신고서를 제출한 것으로 본다.

26. 부동산 거래신고 등에 관한 법령상 주택임대차계약의 신고대상 등에 관한 설명으로 옳은 것은? (주어진 조건만 고려함)

① 건축물대장상 용도가 주택인 경우에만 신고대상이 된다.
② 시(市) 지역에 소재하는 금액기준을 충족하는 주택의 임대차계약은 신고대상이다.
③ 군(郡) 지역의 주택임대차계약은 모두 신고대상이 되지 아니한다.
④ 계약 체결일, 중도금 지급일, 잔금 지급일 및 계약기간은 신고사항이다.
⑤ 전용면적 $60m^2$ 이하 주택의 임대차계약은 신고대상에서 제외된다.

27. 「부동산 거래신고 등에 관한 법률」상 외국인의 국내 부동산 취득신고 등과 관련한 설명으로 옳은 것은? (헌법과 법률에 따라 체결된 조약의 이행에 필요한 경우는 고려하지 않음)

① 신고대상 주택임대차계약을 제외하고 외국인이 국내 부동산에 대한 소유권 이외의 권리를 취득하는 경우에는 이 법상 신고할 필요가 없다.
② 법원의 확정판결로 외국인 등이 국내 부동산을 취득하는 경우에는 취득한 날로부터 60일 내에 신고하여야 한다.
③ 국토교통부장관은 대한민국 국민에 대하여 자국 안의 토지의 취득을 제한하는 국가의 개인에 대하여 대한민국 안의 토지의 취득을 제한해야 한다.
④ 부동산거래신고를 한 경우에도 외국인은 별도의 외국인 취득신고를 하여야 한다.
⑤ 「군사기지 및 군사시설 보호법」에 따른 군사시설보호구역 내의 토지취득허가신청서를 받은 허가관청은 신청서를 받은 날부터 15일 이내에 허가 또는 불허가처분을 하여야 한다.

28. **부동산 거래신고 등에 관한 법령상 이행강제금과 관련한 설명으로 옳은 것은?**

① 토지의 이용의무의 이행명령은 3개월 이내의 기간을 정하여 문서 또는 구두로 하여야 한다.

② 토지의 이용의무를 이행하지 않아 이행명령을 받은 자가 그 명령을 이행하는 경우에는 새로운 이행강제금의 부과를 즉시 중지하고, 명령을 이행하기 전에 이미 부과된 이행강제금을 징수하여서는 안 된다.

③ 이행강제금은 최초의 의무 위반이 있었던 날을 기준으로 1년에 한 번씩 그 이행명령이 이행될 때까지 반복하여 부과 · 징수할 수 있다.

④ 토지거래계약허가를 받아 토지를 취득한 자가 당초의 목적대로 이용하지 아니하고 방치하여 이행명령을 받고도 정하여진 기간에 이를 이행하지 아니한 경우, 시장 · 군수 또는 구청장은 토지취득가액의 100분의 10에 상당하는 금액의 이행강제금을 부과한다.

⑤ 허가관청은 토지거래계약을 허가받은 자가 허가받은 목적대로 이용하고 있는지를 6개월에 1회 이상 토지의 개발 및 이용 등의 실태를 조사하여야 한다.

29. **부동산 거래신고 등에 관한 법령상 부동산거래신고와 관련한 설명으로 옳은 것은?**

① 중개대상물의 범위에 속하는 물건의 매매계약을 체결한 때에는 모두 부동산거래신고를 해야 한다.

② 신고한 거래가격 중 분양가격 및 선택품목이 변경된 경우에는 거래당사자 일방이 거래계약서 사본 등을 첨부하여 단독으로 변경신고를 할 수 있다.

③ 농지의 매매계약을 체결한 경우 「농지법」상의 농지취득자격증명을 받으면 부동산거래신고를 한 것으로 본다.

④ 외국인이 국내 부동산 등의 취득신고 위반사실을 자진신고한 경우에는 과태료를 감경 · 면제하지 않는다.

⑤ 자진 신고한 날부터 과거 1년 이내에 자진 신고를 하여 2회 이상 해당 신고관청에서 과태료의 감경 · 면제를 받은 경우에는 자진 신고를 하더라도 과태료를 감경 · 면제하지 않는다.

30. **부동산 거래신고 등에 관한 법령상 선매(先買)와 관련한 설명으로 <u>틀린</u> 것은?**

① 시장 · 군수 · 구청장은 토지거래허가신청이 있는 경우 공익사업용 토지 또는 토지거래계약허가를 받아 취득한 토지를 그 이용목적대로 이용하고 있지 아니한 토지에 대하여 국가 등이 매수를 원하는 경우에는 선매자를 지정하여 그 토지를 협의 매수하게 할 수 있다.

② 선매자로 지정된 자는 지정 통지를 받은 날부터 15일 이내에 매수가격 등 선매조건을 기재한 서면을 토지소유자에게 통지하여 선매협의를 하여야 한다.

③ 허가관청은 선매대상 토지에 대하여 토지거래계약허가 신청이 있는 경우에는 그 신청이 있는 날부터 15일 이내에 선매자를 지정하여 토지소유자에게 알려야 한다.

④ 선매자는 지정통지를 받은 날부터 1개월 이내에 그 토지소유자와 선매협의를 끝내야 한다.

⑤ 허가관청은 선매협의가 이루어지지 아니한 경우에는 지체 없이 토지거래계약의 허가 또는 불허가의 여부를 결정하여 통보하여야 한다.

31. **부동산 거래신고 등에 관한 법령상 포상금과 관련한 설명으로 옳은 것은?**

① 포상금은 포상금지급신청서가 접수된 날부터 1개월 이내에 지급하여야 한다.

② 부동산거래신고를 하지 아니한 자를 신고 또는 고발한 경우에는 부과되는 과태료의 100분의 20에 해당하는 금액의 포상금을 지급한다.

③ 하나의 위반행위에 대하여 2명 이상이 각각 신고 또는 고발한 경우에는 신고 또는 고발자 모두에게 포상금을 균분하여 지급한다.

④ 익명이나 가명으로 신고 또는 고발하여 신고인 또는 고발인을 확인할 수 없는 경우에는 포상금을 법원에 공탁한다.

⑤ 수사기관은 부정한 방법으로 토지거래계약허가를 받은 자에 대한 신고 또는 고발사건을 접수하여 수사를 종료하거나 공소제기 또는 기소유예의 결정을 하였을 때에는 지체 없이 허가관청에 통보하여야 한다.

32. **중개대상물의 조사 · 확인과 관련한 설명으로 옳은 것을 모두 고른 것은?**

> ㄱ. 건물의 방향과 내진설계 적용 여부는 건축물대장을 통하여 확인한다.
> ㄴ. 소유권 등 권리관계는 등기사항증명서를 발급받아 확인한다.
> ㄷ. 토지의 경계와 지형은 지적도 · 임야도를 통하여 확인한다.
> ㄹ. 건물소유자의 인적사항에 관하여 건축물대장과 건물등기사항증명서가 일치하지 아니하는 경우에는 건물등기사항증명서를 기준으로 판단한다.

① ㄱ, ㄴ　② ㄷ, ㄹ
③ ㄱ, ㄷ, ㄹ　④ ㄴ, ㄷ, ㄹ
⑤ ㄱ, ㄴ, ㄷ, ㄹ

33. 「민사집행법」상 부동산경매와 관련한 내용으로 옳은 것은? (다툼이 있으면 판례에 따름)

① 첫 경매개시결정등기 전에 등기한 임차권등기명령에 의한 임차권등기권자는 배당요구를 하지 않아도 배당을 받을 수 있다.
② 경매개시결정을 한 부동산에 대하여 다른 강제경매의 신청이 있는 때에는 법원은 뒤의 경매신청을 각하해야 한다.
③ 매각부동산의 후순위저당권자가 경매신청을 하여 매각되어도 선순위저당권은 매각으로 소멸하지 않는다.
④ 부동산의 매각은 기일입찰의 방법으로만 실시해야 한다.
⑤ 「민법」·「상법」 그 밖의 법률에 의하여 우선변제청구권이 있는 채권자는 매각결정기일까지 배당요구를 할 수 있다.

34. 개업공인중개사가 분묘가 있는 토지를 중개하면서 중개의뢰인에게 설명한 내용으로 옳은 것은? (다툼이 있으면 판례에 따름)

① 평장 또는 암장인 경우라도 유골이 존재하면 분묘기지권이 인정된다.
② 「장사 등에 관한 법률」 시행 전에 취득한 분묘기지권은 당사자의 약정이 없다면 권리자가 분묘의 수호를 계속하며 그 분묘가 존속하고 있는 동안 존속한다.
③ 승낙에 의하여 성립하는 분묘기지권의 경우 성립 당시 토지소유자와 분묘의 수호·관리자가 지료 지급의무의 존부나 범위 등에 관하여 약정을 하였더라도 그 약정의 효력은 분묘기지의 승계인에 대하여는 미치지 않는다.
④ 화장한 유골의 골분을 묻는 자연장은 지면으로부터 50cm 이상의 깊이에 골분을 묻되, 용기를 사용하지 않는 경우에는 흙과 섞어서 묻어야 한다.
⑤ 개인묘지 또는 가족묘지는 도로, 철도의 선로, 하천구역 또는 그 예정지역으로부터 300m 이상 떨어진 곳에 설치해야 한다.

35. 부동산 거래신고 등에 관한 법령상의 토지거래허가제도와 관련한 판례로서 틀린 것은?

① 토지거래허가를 받지 않아 유동적 무효상태인 매매계약에 있어서도 매도인은 계약금의 배액을 상환하고 계약을 해제할 수 있다.
② 관할관청의 토지거래허가를 받기 전이라도 채무불이행을 이유로 거래계약을 해제할 수 있다.
③ 매매계약에서 토지거래허가신청의 협력의무의 불이행 또는 허가신청 전 매매계약의 철회를 지급사유로 하는 손해배상약정은 유효하다.
④ 토지거래허가구역 내에서의 중간생략의 등기는 무효이다.
⑤ 토지거래허가구역 내의 토지와 지상건물을 일괄하여 매매한 경우 토지에 대한 매매거래 허가 전에 건물에 대한 이전등기청구는 특별한 사정이 없는 한 할 수 없다.

36. 공인중개사법령상 주택임대차에 관한 중개대상물 확인·설명서를 작성하는 방법으로 옳은 것을 모두 고른 것은?

> ㄱ. 최우선변제금은 근저당권 등 선순위 담보물권 설정 당시의 소액임차인의 범위 및 최우선변제금액을 기준으로 기재한다.
> ㄴ. 관리비는 직전 1년간 월평균 관리비 등을 기초로 산출한 총 금액을 적는다.
> ㄷ. 신탁등기가 되어 있는 경우에는 수탁자 및 신탁물건(신탁원부 번호)임을 적고, 신탁원부 약정사항에 명시된 임대차계약의 요건을 확인하여 설명해야 한다.
> ㄹ. '임대차 확인사항'란에 개업공인중개사는 서명 및 날인해야 한다.

① ㄹ ② ㄱ, ㄴ
③ ㄱ, ㄴ, ㄷ ④ ㄴ, ㄷ, ㄹ
⑤ ㄱ, ㄴ, ㄷ, ㄹ

37. 「주택임대차보호법」의 내용으로 틀린 것을 모두 고른 것은? (다툼이 있으면 판례에 따름)

> ㄱ. 이 법은 일시사용을 위한 임대차임이 명백한 경우에도 적용한다.
> ㄴ. 임대차계약을 체결할 때 임대인은 미리 체납액의 열람에 동의한 경우를 제외하고 「국세징수법」에 따른 납세증명서를 임차인에게 제시하여야 한다.
> ㄷ. 다가구주택의 경우에는 주민등록 전입신고시 지번까지만 기재하고 정확한 호수를 기재하지 않아도 이 법상의 보호를 받을 수 있다.
> ㄹ. 임차권등기명령의 집행에 의한 임차권등기가 경료된 주택을 임차한 소액임차인은 경매시에 보증금 중 일정액을 다른 담보권에 우선하여 변제받을 권리가 있다.

① ㄱ, ㄹ ② ㄴ, ㄷ
③ ㄷ, ㄹ ④ ㄱ, ㄷ, ㄹ
⑤ ㄴ, ㄷ, ㄹ

38. **상가건물 임대차와 관련한 다음 사례와 관련한 내용으로 옳은 것은? (다툼이 있으면 판례에 따름)**

> 乙은 甲 소유의 서울특별시 소재 X상가건물에 대하여 보증금 2억원, 월 차임 6백만원, 계약기간 1년으로 하는 임대차계약을 체결하였다. 乙은 X건물을 인도받아 2025.4.18. 사업자등록을 신청하고, 당일에 임대차계약서상의 확정일자를 받았다.

① 乙은 2025.4.19. 대항력과 우선변제권을 취득한다.

② 甲이 계약기간 만료 6개월에서 1개월까지 사이에 乙에게 갱신거절 또는 조건변경의 통지를 하지 않은 경우, 임대차계약이 해지된 것으로 본다.

③ 乙이 1천 2백만원에 달하도록 월 차임을 연체한 경우 甲은 계약을 해지할 수 있다.

④ 乙이 폐업신고를 하였다가 다시 같은 상호 및 등록번호로 사업자등록을 했다면 기존의 대항력은 존속된다.

⑤ 甲은 乙이 임대차 종료 3개월 전부터 임대차 종료시까지 신규임차인이 되려는 자로부터 권리금을 지급받는 것을 방해하여서는 아니 된다.

39. **「공인중개사의 매수신청대리인 등록 등에 관한 규칙」상의 매수신청대리인에 관한 설명으로 틀린 것은?**

① 매수신청대리에 관한 보수의 지급시기는 약정이 없는 한 매각대금의 지급기한일로 한다.

② 매수신청대리를 위임받은 경우 개업공인중개사는 대리대상물의 경제적 가치에 대하여 위임인에게 성실·정확하게 설명해야 한다.

③ 개업공인중개사는 매수신청대리인이 된 사건에 있어서 매수신청인으로서 매수신청을 하는 행위를 해서는 아니 된다.

④ 매수신청대리인 등록을 하고자 하는 개업공인중개사는 등록신청일 전 1년 이내에 관할 지방법원의 장이 지정하는 교육기관에서 부동산경매에 관한 실무교육을 이수하여야 한다.

⑤ 매수신청대리인인 개업공인중개사는 중개사무소를 이전한 경우 그날부터 10일 이내에 관할 지방법원의 장에게 그 사실을 신고하여야 한다.

40. **부동산 거래신고 등에 관한 법령상 그 사유와 기준가격의 연결로 틀린 것은? (허가신청서에 적힌 가격 및 공시지가가 없는 경우는 고려하지 않음)**

① 선매 - 감정가

② 불허가처분에 따른 매수청구 - 공시지가

③ 이행강제금 - 실제 거래가격

④ 수용으로 인한 허가구역 내 토지의 대체 취득 - 공시지가

⑤ 허가를 받지 아니하고 계약을 체결한 경우의 벌금 - 실제 거래가격

제2과목: 부동산공법 중 부동산 중개에 관련 되는 규정

41. 국토의 계획 및 이용에 관한 법령상 광역도시계획의 수립에 관한 설명으로 옳은 것은?

① 광역계획권의 지정일로부터 3년이 경과할 때까지 시·도지사로부터 승인신청이 없는 경우 광역계획권의 지정효력은 상실된다.

② 광역도시계획의 수립 또는 변경시 개최하여야 하는 공청회는 일간신문에 개최예정일 14일 전까지 1회 이상 공고하여야 한다.

③ 공청회는 광역계획권을 단위로 개최하며, 수립권자가 직접 주재한다.

④ 광역도시계획에는 용도지역의 지정과 기반시설의 배치·규모·설치에 관한 사항이 포함된다.

⑤ 광역도시계획을 수립한 후 승인권자는 승인을 하기 전에 지방의회의 의견을 들어야 한다.

42. 국토의 계획 및 이용에 관한 법령상 도시·군기본계획의 수립절차에 대한 설명이 옳은 것은?

① 수립시 미리 기반시설 및 주거수준의 현황과 전망, 풍수해·지진 등 재해의 발생현황 및 추이 등 도시·군기본계획의 수립에 필요한 사항을 조사하거나 측량할 수 있다.

② 공청회에 제시된 의견은 모두 반드시 반영하여야 한다.

③ 10년마다 그 타당성 여부를 재검토하여 이를 정비하여야 한다.

④ 수립권자는 특별시장·광역시장·특별자치시장·특별자치도지사·시장 또는 군수만 해당하며, 승인권자는 도지사만 해당한다. 국토교통부장관은 승인권자에 해당하지 않는다.

⑤ 도시·군기본계획은 광역도시계획과 상충한 경우에는 국토교통부장관이 둘간의 형평성을 조정하여 도시의 특성에 맞도록 조정하여 우선순위를 정한다.

43. 국토의 계획 및 이용에 관한 법령상 도시·군관리계획에 관한 설명으로 틀린 것은?

① 도시·군관리계획은 계획의 상세 정도, 도시·군관리계획으로 결정하여야 하는 기반시설의 종류 등에 대하여 도시 및 농·산·어촌 지역의 인구밀도, 토지 이용의 특성 및 주변환경 등을 종합적으로 고려하여 차등을 두어 입안하여야 한다.

② 조속히 입안할 필요가 있는 경우 도시·군기본계획을 수립하는 때에 도시·군관리계획을 함께 입안할 수도 있다.

③ 관리지역 안에서 보전산지로 지정·고시된 지역은 농림지역 또는 자연환경보전지역으로 결정·고시된 것으로 간주한다.

④ 자연환경보전지역으로 현재 수력발전소 부지를 전원개발사업구역으로 지정·고시한 경우 해당 지역은 도시지역으로 결정·고시된 것으로 간주한다.

⑤ 택지개발지구가 해제되는 경우 이 법 또한 다른 법률에서 당해 지구가 어떤 용도지역에 해당되는지를 따로 정하고 있지 아니하는 때에는 이를 지정하기 이전의 용도지역으로 환원된 것으로 본다.

44. 「국토의 계획 및 이용에 관한 법률」상 용도지역에 관한 설명으로 옳은 것은?

① 도시지역은 주거지역, 상업지역, 공업지역, 농림지역으로 세분된다.

② 주거지역은 전용주거지역, 일반주거지역, 보전주거지역으로 세분된다.

③ 녹지지역은 보전녹지지역, 생산녹지지역, 자연녹지지역으로 세분된다.

④ 관리지역은 보전관리지역, 생산관리지역, 자연관리지역으로 세분된다.

⑤ 용도지역 중 대통령령에 의하여 세분되는 지역은 도시지역과 관리지역과 농림지역이다.

45. 다음은 「국토의 계획 및 이용에 관한 법률」상 용도지구의 지정목적에 관한 설명으로 <u>틀린</u> 것은?

① 특화경관지구: 지역 내 주요 수계의 수변 또는 문화적 보존가치가 큰 건축물 주변의 경관 등 특별한 경관을 보호 또는 유지하거나 형성하기 위하여 필요한 지구

② 역사문화환경보호지구: 문화재·전통사찰 등 역사·문화적으로 보존가치가 큰 시설 및 지역의 보호와 보존을 위하여 필요한 지구

③ 중요시설물보호지구: 중요시설물의 보호와 기능의 유지 및 증진 등을 위하여 필요한 지구

④ 복합용도지구: 지역의 토지이용 상황, 개발 수요 및 주변 여건 등을 고려하여 효율적이고 복합적인 토지이용을 도모하기 위하여 특정시설의 입지를 강화할 필요가 있는 지구

⑤ 특정용도제한지구: 주거 및 교육환경 보호나 청소년 보호 등의 목적으로 오염물질 배출시설, 청소년 유해시설 등 특정시설의 입지를 제한할 필요가 있는 지구

46. **국토교통부장관 또는 시·도지사, 시장·군수가 지구단위계획구역으로 지정하여야 하는 지역으로 옳은 것은?**

① 녹지지역이 상업지역으로 변경되는 구역으로 체계적·계획적 개발이 필요한 지역

② 용도지구

③ 공원이 해제되는 지역으로 면적이 30만m^2 이상인 경우

④ 개발제한구역이 해제되는 지역으로 면적이 10만m^2 이상인 경우

⑤ 택지개발지구로 지정이 된 이후에 10년이 경과된 지역

47. **국토의 계획 및 이용에 관한 법령상 바다인 공유수면의 매립목적이 그 매립구역과 이웃하고 있는 농림지역의 내용과 같은 경우, 그 매립준공구역의 용도지역에 관한 설명으로 옳은 것은?**

① 도시·군관리계획의 입안 및 결정 절차를 거쳐 농림지역으로 지정된다.

② 도시·군관리계획의 입안 및 결정 절차를 거쳐 시가화조정구역으로 지정된다.

③ 도시·군관리계획의 입안 및 결정 절차를 거쳐 별도로 지정된다.

④ 도시·군관리계획의 입안 및 결정 절차를 거치지 않고 그 매립의 준공인가일부터 농림지역으로 지정된 것으로 본다.

⑤ 도시·군관리계획의 입안 및 결정 절차를 거치지 않고 그 매립의 준공인가일부터 수산자원보호구역으로 지정된 것으로 본다.

48. **국토의 계획 및 이용에 관한 법령상 개발행위허가에 대한 설명으로 틀린 것은?**

① 허가를 하고자 하는 경우 개발행위가 도시·군계획사업에 지장을 주는지의 여부에 관하여 도시·군계획사업 시행자의 의견을 들어야 한다.

② 개발행위허가를 받은 경우 「건축법」상 건축허가를 받은 것으로 간주한다.

③ 개발행위허가를 받지 아니하고 개발행위를 하는 자에 대하여는 3년 이하의 징역 또는 3천만원 이하의 벌금에 처한다.

④ 개발행위는 일정한 사유에 해당하는 경우 개발행위허가를 제한할 수 있다.

⑤ 개발행위를 허가내용과 다르게 개발행위를 하는 자에 대하여 원상회복을 명할 수 있다.

49. **국토의 계획 및 이용에 관한 법령상 타인토지의 출입 등의 행위로 인하여 손실을 받은 자가 있는 경우 그 손실보상에 관한 설명으로 틀린 것은?**

① 손실을 받은 자가 있는 때에는 그 손실을 입힌 행위자 또는 도시·군계획시설사업의 시행자가 그 손실을 보상하여야 한다.

② 손실보상에 관하여는 그 손실을 보상할 자와 손실을 받은 자가 협의하여야 한다.

③ 협의가 성립되지 아니하거나 협의를 할 수 없는 때에는 관할 토지수용위원회에 재결을 신청할 수 있다.

④ 관할 토지수용위원회의 재결에 관하여는 「공익사업을 위한 토지 등의 취득 및 보상에 관한 법률」이 준용된다.

⑤ 손실보상은 사전 보상의 성격을 갖는 것이 아니라 사후보상의 성격을 갖는다.

50. **다음은 국토의 계획 및 이용에 관한 법령상 기반시설부담구역에서 설치가 필요한 기반시설에 해당하지 않는 것은?**

① 공항에 필요한 부대시설 및 편의시설

② 폐기물 처리 및 재활용시설

③ 수도(인근의 수도로부터 기반시설부담구역까지 연결하는 수도를 포함한다)

④ 공원 및 녹지

⑤ 도로(인근의 간선도로로부터 기반시설부담구역까지의 진입도로를 포함한다)

51. **국토의 계획 및 이용에 관한 법령에서 기반시설부담구역으로 지정하여야 하는 지역에 해당하지 않는 지역은?**

① 도시자연공원구역에서 해제되어 행위제한이 완화되는 지역

② 농림지역에서 일반공업지역으로 변경되는 지역

③ 시가화조정구역으로 지정되어 행위제한이 강화되는 지역

④ 해당 지역이 속하는 시의 전년도 인구증가율은 3%인데, 해당 지역의 전년도 인구 증가율은 26%인 지역

⑤ 보전녹지지역이 제1종 일반주거지역으로 변경되는 지역

52. 국토의 계획 및 이용에 관한 법령상 甲이 소유한 800m²의 토지가 자연녹지지역에 300m², 제2종 일반주거지역에 500m²가 걸쳐있는 경우에 甲이 해당 토지에 최대로 건축할 수 있는 건축면적은 얼마인가? (단, 건축 관련 기타 제한은 없다고 간주하고 자연녹지지역의 건폐율은 20%, 제2종 일반주거지역의 건폐율은 60%인 경우)

① 160m² ② 200m²
③ 260m² ④ 360m²
⑤ 480m²

53. 도시개발법령상 도시개발구역의 지정 등에 관한 설명 중 틀린 것은?

① 지방자치단체의 장이 요청하는 경우 국토교통부장관이 지정한다.
② 지정대상 구역 안의 토지소유자는 토지면적의 3분의 2 이상에 해당하는 토지소유자의 동의(지상권자 포함)를 얻어 특별자치도지사, 시장 · 군수 · 구청장에게 도시개발구역의 지정을 제안할 수 있다.
③ 도시개발사업이 필요하다고 인정되는 지역이 2 이상의 특별시 · 광역시에 걸치는 경우에는 관계 기관장이 협의하여 도시개발구역을 지정할 자를 정한다. 단, 협의가 성립되지 않는 경우에는 국토교통부장관이 직접 지정할 수 있다.
④ 시 · 도지사와 대도시 시장이 도시개발구역을 지정 · 고시한 경우 국토교통부장관에게 그 내용을 통지하여야 한다.
⑤ 330만m² 미만의 도시개발구역이 지정 · 고시된 날부터 3년이 되는 날까지 도시개발사업에 관한 실시계획의 인가를 신청하지 아니하는 경우에는 그 3년이 되는 날의 다음 날에 도시개발구역의 지정은 해제된 것으로 본다.

54. 도시개발법령상 도시개발구역의 지정 등에 대한 설명으로 틀린 것은?

① 관계 중앙행정기관의 장이 요청하는 경우 국토교통부장관이 도시개발구역을 지정할 수 있다.
② 토지소유자가 도시개발구역의 지정을 제안하려는 경우에는 대상 구역 토지면적의 3분의 2 이상에 해당하는 토지소유자의 동의를 받아야 한다.
③ 도시개발구역이 지정 · 고시된 경우에는 도시지역과 지구단위계획구역으로 결정 · 고시된 것으로 본다.
④ 도시개발구역의 지정은 도시개발구역이 지정 · 고시된 날부터 3년이 되는 날까지 실시계획의 인가를 받지 아니하는 경우 해제된 것으로 본다.
⑤ 도시개발구역에서 죽목의 벌채 및 식재행위를 하려는 자는 특별시장 · 광역시장 · 특별자치도지사 · 시장 또는 군수의 허가를 받아야 한다.

55. 다음은 도시개발법령상 도시개발조합에 관한 설명으로 옳은 것은?

① 도시개발조합은 토지소유자 7인 이상이 정관을 작성하여 특별자치도지사, 시장 · 군수 · 구청장에게 설립인가를 받아야 한다.
② 도시개발조합은 설립등기를 함으로써 성립된다.
③ 도시개발조합의 조합원은 도시개발구역 안의 토지소유자 또는 건축물 소유자로 한다.
④ 도시개발조합의 인가를 받은 내용 중 주된 사무소 소재지를 변경하는 경우에도 변경인가를 받아야 한다.
⑤ 도시개발조합과 관련하여 「도시개발법」에 규정한 것을 제외하고는 「민법」상 조합에 관한 규정을 준용한다.

56. 도시개발법령에 의한 토지상환채권에 관한 설명으로 틀린 것은?

① 토지상환채권의 이율은 발행 당시의 은행의 예금금리 및 부동산 수급상황을 고려하여 지정권자가 정한다. 또한 토지상환채권은 기명식(記名式)증권으로 한다.
② 토지상환채권의 발행자는 토지상환채권의 원부를 작성하여 주된 사무소 소재지에 비치하여야 한다.
③ 토지상환채권을 이전하는 경우 취득자는 그 성명 · 주소를 토지상환채권원부에 기재하여 줄 것을 요청하여야 하며, 취득자의 성명과 주소가 토지상환채권에 기재되지 아니하면 취득자는 발행자 기타 제3자에게 대항하지 못한다.
④ 토지소유자는 은행 등(「은행법」의 은행과 「보험업법」에 따른 보험회사)으로부터 지급보증을 받은 경우에 한하여 이를 발행할 수 있다.
⑤ 토지상환채권의 발행규모는 그 토지상환채권으로 상환할 토지 · 건축물이 해당 도시개발사업으로 조성되는 분양토지 또는 분양건축물 면적의 2분의 1을 초과하지 아니하도록 하여야 한다.

57. 도시개발법령상 환지예정지에 관한 설명으로 틀린 것은?

① 환지예정지가 지정되면 종전의 토지의 소유자와 임차권자 등은 "환지예정지 지정의 효력발생일부터 환지처분이 공고되는 날까지" 환지예정지나 해당 부분에 대하여 종전과 같은 내용의 권리를 행사할 수 있으며 종전의 토지는 사용하거나 수익할 수 없다.
② 시행자가 환지예정지를 지정하려면 관계 토지소유자와 임차권자 등에게 환지예정지의 위치 · 면적과 환지예정지 지정의 효력발생 시기를 알려야 한다.
③ 시행자는 환지예정지의 위치를 나타내고자 하는 경우 표지를 설치할 수 있다.
④ 환지예정지의 지정으로 인한 소유권 변경의 효력은 등기하지 아니하여도 발생한다.
⑤ 환지예정지의 종전 토지에 관한 토지소유자 또는 임차권자 등은 수인의무가 발생한다.

58. 다음 중 도시개발법령상 감가보상금제도에 대한 설명으로 틀린 것은?

① 감가보상금을 지급하기 위해서는 시행지구 토지가격 총액이 시행 전보다 감소했어야 한다.

② 시행지구 내의 토지소유자가 받은 환지가 종전의 토지에 비하여 저가의 것이라 해도 시행지구 내의 토지 전체의 가격이 불변이거나 증가한 경우에는 감가보상의 문제가 생기지 않는다.

③ 도시개발사업 시행자는 도시개발사업의 시행으로 인하여 사업시행 후의 토지가액의 총액이 사업시행 전의 토지가액의 총액보다 감소한 때에는 그 차액에 상당하는 감가보상금을 지급하여야 한다.

④ 감가보상금은 소유자 또는 임차권, 지상권 등 기타 사용·수익할 권리를 가진 자에게 지급하여야 한다.

⑤ 감가보상금은 공공시설의 과다확보가 주 원인이다.

59. 도시 및 주거환경정비법령에서 사용되는 용어에 관한 설명으로 틀린 것은?

① 주택단지란 주택 및 부대·복리시설을 건설하거나 대지로 조성되는 일단의 토지로서 대통령령이 정하는 범위에 해당하는 토지를 말한다.

② 정비기반시설이란 도로·상하수도·공원·공용주차장·공동구 그 밖에 주민의 생활에 필요한 가스 등의 공급시설로서 대통령령이 정하는 시설을 말한다.

③ 재건축사업이란 정비기반시설은 양호하나 노후·불량건축물에 해당하는 단독주택과 공동주택이 밀집한 지역에서 주거환경을 개선하기 위한 사업을 말한다.

④ 주거환경개선사업이란 도시저소득 주민이 집단거주하는 지역으로서 정비기반시설이 극히 열악하고 노후·불량건축물이 과도하게 밀집한 지역의 주거환경을 개선하거나 단독주택 및 다세대주택이 밀집한 지역에서 정비기반시설과 공동이용시설 확충을 통하여 주거환경을 보전·정비·개량하기 위한 사업을 말한다.

⑤ 재개발사업이란 정비기반시설이 열악하고 노후·불량건축물이 밀집한 지역에서 주거환경을 개선하거나 상업지역·공업지역 등에서 도시기능의 회복 및 상권활성화 등을 위하여 도시환경을 개선하기 위한 사업을 말한다.

60. 도시·주거환경정비기본계획(이하 '기본계획')에 대한 설명으로 틀린 것은?

① 특별시장·광역시장·특별자치시장·특별자치도지사 또는 시장은 관할 구역에 대하여 기본계획을 수립하여야 한다.

② 기본계획은 10년 단위로 수립하여야 하며, 5년마다 타당성 여부를 검토하여야 한다.

③ 기본계획에는 정비사업의 기본방향, 토지이용계획, 단계별 정비사업의 추진계획, 건폐율·용적률 등에 관한 건축물의 밀도계획 등이 포함되어야 한다.

④ 기본계획의 수립권자는 기본계획을 수립하거나 변경하려는 경우에는 14일 이상 주민에게 공람하여 의견을 들어야 하며, 제시된 의견이 타당하다고 인정되면 이를 기본계획에 반영하여야 한다.

⑤ 대도시가 아닌 시장이 기본계획을 수립한 경우에는 국토교통부장관에게 승인을 신청하여야 한다.

61. 도시 및 주거환경정비법령에 의한 정비사업의 시행방식에 관한 설명 중 옳은 것은?

① 주거환경개선사업은 환지방식으로만 시행하여야 한다.

② 주거환경개선사업은 해당 조합이 정비구역 안에서 정비기반시설을 새로이 설치하거나 확대하고 토지등소유자가 스스로 주택을 개량하는 방법으로 시행하여야 한다.

③ 재개발사업은 정비구역에서 인가받은 관리처분계획에 따라 건축물을 건설하여 공급하거나 환지로 공급하는 방법으로 한다.

④ 재건축사업은 정비구역에서 인가받은 관리처분계획에 따라 건축물을 건설하여 공급하는 방법이나 환지로 공급하는 방법에 의한다.

⑤ ④에 따라 건축물을 건설하여 공급하는 경우 주택, 부대시설 및 복리시설을 제외한 건축물(이하 '공동주택 외 건축물'이라 한다)은 「국토의 계획 및 이용에 관한 법률」에 따른 상업지역에서만 건설할 수 있다. 이 경우 공동주택 외 건축물의 연면적은 전체 건축물 연면적의 100분의 30 이하이어야 한다.

62. **도시 및 주거환경정비법령상 정비사업의 사업시행인가에 관한 설명으로 틀린 것은?**

① 사업시행계획의 인가권자는 시장 · 군수 등이다.

② 사업시행자(공동시행의 경우를 포함하되, 사업시행자가 시장 · 군수 등인 경우는 제외한다)는 정비사업을 시행하려는 경우에는 사업시행계획서에 정관 등과 그 밖에 국토교통부령으로 정하는 서류를 첨부하여 시장 · 군수 등에게 제출하고 사업시행계획인가를 받아야 하고, 인가받은 사항을 변경하거나 정비사업을 중지 또는 폐지하려는 경우에도 또한 같다. 다만, 대통령령으로 정하는 경미한 사항을 변경하려는 때에는 시장 · 군수 등에게 신고하여야 한다.

③ 시장 · 군수 등은 특별한 사유가 없으면 사업시행계획서의 제출이 있은 날부터 60일 이내에 인가 여부를 결정하여 사업시행자에게 통보하여야 한다.

④ 시장 · 군수 등은 재개발사업과 재건축사업의 사업시행계획인가를 하는 경우 해당 정비사업의 사업시행자가 지정개발자(지정개발자가 토지등소유자인 경우로 한정한다)인 때에는 정비사업비의 100분의 20의 범위에서 시 · 도조례로 정하는 금액을 예치하게 할 수 있다.

⑤ 사업시행자(시장 · 군수 등 또는 토지주택공사 등은 제외한다)는 사업시행계획인가를 신청하기 전에 미리 총회의 의결을 거쳐야 하며, 인가받은 사항을 변경하거나 정비사업을 중지 또는 폐지하려는 경우에도 또한 같다.

63. **도시 및 주거환경정비법령상 관리처분계획에 대한 설명으로 틀린 것은?**

① 사업시행자는 사업시행계획인가의 고시가 있은 날(사업시행계획인가 이후 시공자를 선정한 경우에는 시공자와 계약을 체결한 날)부터 90일(대통령령으로 정하는 경우에는 1회에 한정하여 30일의 범위에서 연장할 수 있다) 이내에 인가내용을 토지등소유자에게 통지하고, 분양의 대상이 되는 대지 또는 건축물의 내역 등 대통령령으로 정하는 사항을 해당 지역에서 발간되는 일간신문에 공고하여야 한다. 다만, 토지등소유자 1인이 시행하는 재개발사업의 경우에는 그러하지 아니하다.

② 분양신청기간은 통지를 한 날부터 30일 이상 60일 이내로 하여야 한다.

③ 분양신청을 하지 아니한 자에 대하여는 관리처분인가 고시일로부터 90일 이내에 토지, 건축물 또는 그 밖의 권리의 손실보상에 관한 협의를 하여야 한다.

④ 종전권리가액에 따른 가격의 범위에서 2주택을 공급할 수 있고, 이 중 1주택은 주거전용면적을 $60m^2$ 이하로 한다. 다만, $60m^2$ 이하로 공급받은 1주택은 이전고시일 다음 날부터 3년이 지나기 전에는 주택을 전매(매매 · 증여나 그 밖에 권리의 변동을 수반하는 모든 행위를 포함하되 상속의 경우는 제외한다)하거나 이의 전매를 알선할 수 없다.

⑤ 시행자가 관리처분계획을 수립한 경우 시장 · 군수 등의 인가를 받아야 한다.

64. **도시 및 주거환경정비법령상 정비사업의 특례 등에 대한 설명으로 틀린 것은?**

① 재건축사업의 사업시행자는 사업시행계획인가의 고시가 있은 날부터 30일 이내에 조합설립에 동의하지 아니한 자에게 조합설립 또는 사업시행자의 지정에 관한 동의 여부를 회답할 것을 서면으로 촉구하여야 한다.

② ①의 촉구를 받은 토지등소유자는 촉구를 받은 날부터 2개월 이내에 회답하여야 한다.

③ ②의 기간 내에 회답하지 아니한 경우 그 토지등소유자는 조합설립 또는 사업시행자의 지정에 동의하지 아니하겠다는 뜻을 회답한 것으로 본다.

④ 주거환경개선구역은 당해 정비구역의 지정고시가 있은 날부터 스스로개량방식과 환지방식으로 사업을 시행하는 경우 주거지역을 세분하여 정하는 지역 중 제3종 일반주거지역으로 결정 · 고시된 것으로 본다. 다만, 당해 정비구역에서의 정비사업이 수용방식과 관리처분방식으로 시행되는 경우에는 제2종 일반주거지역을 말한다.

⑤ '관리처분인가를 받은 경우' 지상권 · 전세권설정계약 또는 임대차계약의 계약기간에 대하여는 「민법」 제280조 · 제281조 및 제312조 제2항의 규정은 이를 적용하지 아니한다.

65. **건축법령상 공작물의 축조신고대상이 아닌 것은?**

① 높이 6m인 굴뚝 · 골프연습장 등의 운동시설을 위한 철탑

② 높이 8m의 기계식 또는 철골조립식 주차장

③ 높이 6m의 광고탑 · 광고판

④ 높이 9m의 고가수조

⑤ 높이 6m의 태양에너지를 이용하는 발전설비

66. **건축법령상 K시에 거주하는 甲은 $1,200m^2$의 어린이회관을 유스호스텔로 용도변경하고자 한다. 다음 중 옳은 것은?**

① 특별자치시장 · 특별자치도지사 · 시장 · 군수 · 구청장의 허가를 받아 가능하다.

② 특별자치시장 · 특별자치도지사 · 시장 · 군수 · 구청장에게 신고로 가능하다.

③ 허가권자에게 기재사항 변경신청으로 가능하다.

④ 별다른 조치 없이 가능하다.

⑤ 특별자치시장 · 특별자치도지사 · 시장 · 군수 · 구청장에게 허가 또는 신고로 가능하다.

67. **건축법령상 기존 건축물의 전부를 해체하고 그 대지에 종전과 같은 규모의 범위에서 건축물을 다시 축조하는 경우와 종전의 규모를 초과하여 축조하는 경우를 올바르게 나열한 것은?**

① 개축 - 신축　　② 증축 - 개축
③ 신축 - 개축　　④ 재축 - 신축
⑤ 이전 - 신축

68. **건축법령상 건축허가의 제한이나 착공의 제한에 대한 설명으로 틀린 것은?**

① 특별시장 · 광역시장 · 도지사는 도시 · 군계획상 특히 필요하다고 인정하면 시장 · 군수 · 구청장의 건축허가나 허가를 받은 건축물의 착공을 제한할 수 있다.
② 건축허가나 착공의 제한기간은 2년 이내로 하되, 제한기간의 연장은 1회에 한하여 2년 이내로 한다.
③ 국토교통부장관은 국토관리를 위하여 특히 필요한 경우에는 허가권자의 건축허가나 허가를 받은 건축물의 착공을 제한할 수 있다.
④ 국방부장관은 국방을 위하여 특히 필요하다고 인정하면 국토교통부장관에게 건축허가의 제한이나 착공의 제한을 요청할 수 있다.
⑤ 특별시장 · 광역시장 · 도지사는 시장 · 군수 · 구청장의 건축허가를 제한한 경우 즉시 국토교통부장관에게 보고하여야 하며, 보고를 받은 국토교통부장관은 제한 내용이 지나치다고 인정하면 해제를 명할 수 있다.

69. **건축법령상 건축물이 있는 대지는 분할의 제한을 받게 되는데, 그 기준으로 틀린 것은?**

① 대지 안의 조경기준에 위배되는 분할의 금지
② 건폐율 및 용적률에 초과되는 분할의 금지
③ 도로에 2m 미만으로 접하는 대지로의 분할의 금지
④ 건축물의 높이 제한에 위배되는 분할의 금지
⑤ 일조 등의 확보를 위한 건축물의 높이 제한에 위배되는 분할의 금지

70. **건축법령상 특별자치시장 · 특별자치도지사, 시장 · 군수 · 구청장에게 건축신고로서 건축허가를 받은 것으로 간주하는 경우가 아닌 것은?**

① 지붕틀을 3개 수선하는 대수선의 경우
② 바닥면적의 합계가 $80m^2$의 개축을 하는 경우
③ 연면적이 $200m^2$ 미만이거나 3층 미만인 건축물을 대수선하는 경우
④ 연면적의 합계가 $100m^2$의 건축물의 건축을 하는 경우
⑤ 산업단지 안에 2층의 연면적의 합계가 $500m^2$의 공장의 건축을 하는 경우

71. **건축법령상 공개공지의 확보와 관련된 내용으로 옳은 것은?**

① 모든 주거지역에서는 일정한 경우 공개공지 또는 공개공간을 확보하여야 한다.
② 판매시설 중에서 농수산물유통시설의 대지에는 공개공지 또는 공개공간을 확보하여야 한다.
③ 공개공지의 면적은 대지면적의 100분의 10 이하의 범위에서 건축조례로 정한다. 이 경우 「건축법」에 따른 조경면적은 공개공지 등의 면적에 포함할 수 없다.
④ 공개공지는 필로티의 구조로 설치할 수 있다.
⑤ 공개공지 또는 공개공간을 설치하는 경우에는 해당 지역에 적용되는 건폐율의 1.2배 이하, 해당 건축물에 적용되는 높이기준의 1.2배 이하의 범위에서 건축조례로 정한다.

72. **주택법령상 토지임대부 분양주택에 대한 설명으로 틀린 것은?**

① 토지임대부 분양주택의 토지에 대한 임대차 기간은 20년 이내로 한다. 이 경우 토지임대부 분양주택 소유자의 75% 이상이 계약갱신을 청구하는 경우 20년의 범위에서 이를 갱신할 수 있다.
② 토지임대부 분양주택을 공급받은 자가 토지소유자와 임대차계약을 체결한 경우 해당 주택의 구분소유권을 목적으로 그 토지 위에 임대차 기간 동안 지상권이 설정된 것으로 본다.
③ 토지임대부 분양주택의 토지에 대한 임대차계약을 체결하고자 하는 자는 국토교통부령으로 정하는 표준임대차계약서를 사용하여야 한다.
④ 토지임대부 분양주택을 양수한 자 또는 상속받은 자는 임대차계약을 승계한다.
⑤ 토지임대부 분양주택의 토지임대료는 해당 토지의 조성원가 또는 감정가격 등을 기준으로 산정하되, 구체적인 토지임대료의 책정 및 변경기준, 납부절차 등에 관한 사항은 대통령령으로 정한다.

73. **다음 중 주택법령상 사업계획승인을 받기 위한 기준에 관한 설명이다. (　　) 안에 들어갈 순서로 옳은 것은?**

> 1. 단독주택: (ㄱ)호. 다만, 다음 각 목의 어느 하나에 해당하는 주택인 경우에는 (ㄴ)호로 한다.
>
> > 가. 공공사업에 따라 조성된 용지를 개별 필지로 구분하지 아니하고 일단(一團)의 토지로 공급받아 해당 토지에 건설하는 단독주택
> > 나. 한옥
>
> 2. 공동주택: (ㄷ)세대[리모델링의 경우에는 증가하는 세대수가 (ㄹ)세대인 경우]. 다만, 다음 각 목의 어느 하나에 해당하는 주택인 경우에는 (ㅁ) 세대로 한다.
>
> > 가. 다음의 요건을 모두 갖춘 단지형 연립주택 또는 단지형 다세대주택
> > 1) 세대별 주거전용 면적이 (ㅂ)m^2 이상일 것
> > 2) 해당 주택단지 진입도로의 폭이 (ㅅ)m 이상일 것
> > 나. 주거환경개선사업(스스로개량방식으로 시행하는 경우로 한정한다)을 시행하기 위한 정비구역(정비기반시설의 설치계획대로 정비기반시설 설치가 이루어지지 아니한 지역으로서 시장·군수 또는 구청장이 지정·고시하는 지역은 제외한다)에서 건설하는 공동주택

	ㄱ	ㄴ	ㄷ	ㄹ	ㅁ	ㅂ	ㅅ
①	30,	50,	30,	30,	50,	30,	6
②	20,	30,	20,	20,	30,	30,	6
③	30,	60,	30,	30,	60,	50,	6
④	20,	50,	20,	20,	50,	50,	4
⑤	30,	50,	20,	30,	40,	30,	4

74. **다음 중 주택법령상 주택상환사채에 관한 설명 중 틀린 것은?**
① 한국토지주택공사와 일정한 등록업자만이 발행할 수 있다.
② 주택상환사채에 관하여 「주택법」에 특별한 규정이 있는 경우를 제외하고는 「국가채권관리법」을 적용한다.
③ 주택상환사채를 등록업자가 발행하기 위해서는 최근 3년간 연평균 주택건설실적이 300호 이상이어야 한다.
④ 주택상환사채의 상환기간은 사채발행일로부터 주택공급계약 체결시까지 기간이 3년을 초과할 수 없다.
⑤ 주택상환사채를 발행하고자 하는 자는 사채발행계획을 작성하여 국토교통부장관의 승인을 받아야 한다.

75. **주택법령상 사업주체의 행위제한에 관한 다음의 설명 중 틀린 것은?**
① 사업주체는 사업계획승인을 얻어 시행하는 주택건설사업에 의하여 건설된 주택 및 대지에 대하여는 입주자모집공고승인 신청일 이후부터 입주예정자가 당해 주택 및 대지의 소유권이전등기를 신청할 수 있는 날 이후 60일까지의 기간 동안 입주예정자의 동의 없이 일정한 행위를 하여서는 아니 된다.
② 위 ①의 경우 당해 주택 및 대지에 저당권 또는 가등기담보권 등 담보물권을 설정하는 행위, 전세권·지상권 또는 등기되는 부동산임차권을 설정하는 행위, 매매 또는 증여 등의 방법으로 처분하는 행위를 하여서는 아니 된다.
③ 저당권설정 등의 제한을 함에 있어서 사업주체는 입주예정자의 동의 없이는 양도하거나 제한물권을 설정하거나 압류·가압류·가처분 등의 목적물이 될 수 없는 재산임을 소유권등기에 부기등기 하여야 한다.
④ 부기등기는 주택에 대하여는 입주자모집공고와 동시에 하여야 하고 대지에 대하여는 소유권보존등기와 동시에 하여야 한다.
⑤ 부기등기일 이후에 당해 대지 또는 주택을 양수하거나 제한물권을 설정 받은 경우 또는 압류·가압류·가처분 등의 목적물로 한 경우에는 그 효력을 무효로 한다.

76. **주택법령상의 내용으로 틀린 것은?**
① '주택'이란 세대(世帶)의 구성원이 장기간 독립된 주거생활을 할 수 있는 구조로 된 건축물의 전부 또는 일부 및 그 부속토지를 말하며, 이를 단독주택과 공동주택으로 구분한다.
② '기간시설'(基幹施設)이란 도로·상하수도·전기시설·가스시설·통신시설·지역난방시설 등을 말한다.
③ '공구'란 하나의 주택단지에서 대통령령으로 정하는 기준에 따라 둘 이상으로 구분되는 일단의 구역으로, 착공신고 및 사용검사를 별도로 수행할 수 있는 구역을 말한다. 단, 공구별 세대수는 600세대 이상으로 하여야 한다.
④ '장수명 주택'이란 구조적으로 오랫동안 유지·관리될 수 있는 내구성을 갖추고, 입주자의 필요에 따라 내부구조를 쉽게 변경할 수 있는 가변성과 수리 용이성 등이 우수한 주택을 말한다.
⑤ '토지임대부 분양주택'이란 토지의 소유권은 제15조에 따른 사업계획의 승인을 받아 토지임대부 분양주택 건설사업을 시행하는 자가 가지고, 건축물 및 복리시설(福利施設) 등에 대한 소유권[건축물의 전유부분(專有部分)에 대한 구분소유권은 이를 분양받은 자가 가지고, 건축물의 공용부분·부속건물 및 복리시설은 분양받은 자들이 공유한다]은 주택을 분양받은 자가 가지는 주택을 말한다.

77. 주택법령상 세대구분형 공동주택의 건설기준에 대한 설명이다. 사업계획의 승인을 받아 건설하는 공동주택의 경우에는 다음의 요건을 모두 충족하여야 한다. (   ) 안에 들어갈 알맞은 내용을 순서대로 바르게 나열한 것은?

> 1. 세대구분형 공동주택의 세대별로 구분된 각각의 공간마다 별도의 욕실, 부엌과 (ㄱ)을 설치할 것
> 2. 하나의 세대가 통합하여 사용할 수 있도록 세대간에 연결문 또는 경량구조의 경계벽 등을 설치할 것
> 3. 세대구분형 공동주택은 주택단지 공동주택 전체 호수의 (ㄴ)을 넘지 아니할 것
> 4. 세대구분형 공동주택의 세대별로 구분된 각각의 공간의 주거전용면적 합계가 주택단지 전체 주거전용면적 합계의 (ㄷ)을 넘지 아니하는 등 국토교통부장관이 정하는 주거전용면적의 비율에 관한 기준을 충족할 것

	ㄱ	ㄴ	ㄷ
①	현관,	2분의 1,	2분의 1
②	현관,	2분의 1,	3분의 1
③	현관,	3분의 1,	3분의 1
④	주차장,	2분의 1,	2분의 1
⑤	주차장,	3분의 1,	3분의 1

78. 주택법령상 지구단위계획구역에서 주택건설대지에 대한 매도청구와 관련된 내용으로 <u>틀린</u> 것은?

① 해당 대지면적의 100분의 80 이상을 사용할 수 있는 권원을 확보하여 사업계획승인을 받은 사업주체는 원칙적으로 나머지 대지에 대하여 매도청구를 할 수 있다.

② 매도청구를 할 때의 가격은 시가(市價)로 한다.

③ 매도청구대상이 되는 대지의 소유자와 사전에 3개월 이상의 기간 동안 협의하여야 한다.

④ 해당 대지면적의 100분의 95 이상을 사용할 수 있는 권원을 확보한 사업주체는 지구단위계획구역 결정고시일 10년 이전에 해당 대지의 소유권을 취득하여 계속 보유하고 있는 자에게 매도청구를 할 수 없다.

⑤ 대지의 소유기간 산정시 대지소유자가 직계존속 · 직계비속 및 배우자로부터 상속으로 소유권을 취득한 경우에는 피상속인의 소유기간을 합산한다.

79. 농지법령상 농지의 소유규제와 관련된 내용 중 가장 옳은 것은?

① 「민사집행법」에 의한 경매에 의하여 농지를 취득하는 경우에는 농지취득자격증명을 발급받지 아니하여도 된다.

② 농지의 소유자는 농지에 대한 처분명령을 받은 때에 시장 · 군수 · 구청장에게 당해 농지의 매수를 청구할 수 있다.

③ 농업인이 자기 노동력이 부족한 경우에 농작업의 일부를 위탁경영할 수 있다.

④ 농림축산식품부장관은 농지의 처분의무기간 내에 처분대상 농지를 처분하지 아니한 농지의 소유자에 대하여 6월 이내에 당해 농지를 처분할 것을 명할 수 있다.

⑤ 시 · 구 · 읍 · 면의 장은 제출된 농업경영계획서를 5년간 보존하여야 한다.

80. 농지법령상 대리경작제도에 관한 설명으로 <u>틀린</u> 것은?

① 대리경작 기간이 따로 정함이 없으면 3년으로 한다.

② 대리경작자는 수확일로부터 2월 이내에 수확량의 10%를 지급하여야 한다.

③ 대리경작자로 지정된 자가 중도에 해지되는 경우는 없다.

④ 대리경작자 지정예고에 대하여 이의가 있는 농지소유자 또는 임차권자는 지정예고를 받은 날로부터 10일 이내에 이의를 신청할 수 있다.

⑤ 대리경작 대상인 농지의 소유자가 당해 농지를 스스로 경작하고자 하는 경우에는 대리경작기간만료 3월 전까지 대리경작자 지정을 중지할 것을 시 · 군 · 구청장에게 신청하여야 한다.

해커스 공인중개사

마무리 OX

2차

공인중개사법령 및 실무 · 부동산공법
부동산공시법령 · 부동산세법

해커스 공인중개사

합격생들이 들려주는 이야기

저는 기본서 내용을 회독하며 3월부터 문제풀이를 함께 시작하였으며, 5월부터는 핵심요약집을 토대로 반복 회독하며 이론을 문제에 접목시킬 수 있도록 출제예상문제집, 기출문제집, 실전모의고사 문제집 등을 풀면서 하루 8시간 이상을 공부에 집중했습니다. 특히 실전모의고사 문제집은 해설강의를 제공해 주셔서 큰 도움이 되었습니다.

또한 해커스에서 무료로 한 달에 한 번, 본시험 일주일 전까지 실시해 주신 모의고사 시험을 매달 오프라인으로 응시하였으며, 정말 많은 도움이 되었습니다. 감사드립니다.

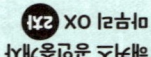

해커스 40대 합격생 장*우 님

1과목

공인중개사법령 및 실무

제1편 공인중개사법령
제2편 부동산 거래신고 등에 관한 법령
제3편 중개실무

OX문제풀이를 통하여 함정을 피하는 연습을 해보세요.

1과목 공인중개사법령 및 실무

제1편 공인중개사법령

01	개업공인중개사인 법인의 사원으로서 중개업무를 수행하는 공인중개사는 소속공인중개사이다.	O X
02	부동산컨설팅에 부수하여 반복적으로 이루어진 부동산중개행위는 중개업에 해당하지 않는다.	O X
03	주택이 철거될 경우 일정한 요건하에 택지개발지구 내에 이주자 택지를 공급받을 지위인 대토권은 중개대상물이다.	O X
04	점포위치에 따른 영업상의 이점 등 무형의 재산적 가치도 중개대상물이 될 수 있다.	O X
05	공인중개사 정책심의위원회는 위원장 1명을 포함하여 7명 이상 11명 이내의 위원으로 구성한다.	O X
06	시 · 도지사는 공인중개사 자격시험 합격자의 결정 공고일부터 1개월 이내에 시험 합격자에 관한 사항을 공인중개사 자격증 교부대장에 기재한 후 자격증을 교부해야 한다.	O X

정답 01 ○ 02 × 03 × 04 × 05 ○ 06 ○

02 부동산컨설팅에 부수하여 반복적으로 이루어진 부동산중개행위도 중개업에 해당한다(대판 2007.1.11, 2006도7594). 03 대토권은 중개대상물이 아니다. 04 점포위치에 따른 영업상의 이점 등 무형의 재산적 가치는 중개대상물이 될 수 없다.

07 무자격자가 자신의 명함에 중개사무소 명칭을 '부동산뉴스', 그 직함에 '대표'라고 기재하여 사용하였더라도 이를 공인중개사와 유사한 명칭을 사용한 것이라고 볼 수 없다. O X

08 법인은 대표자가 공인중개사이고, 대표자를 제외한 임원 또는 사원의 3분의 1 이상이 공인중개사이어야 한다. O X

09 「협동조합 기본법」에 따른 사회적 협동조합인 경우 자본금이 5천만원 이상이어야 등록을 할 수 있다. O X

10 소속공인중개사는 중개사무소의 개설등록을 신청할 수 없다. O X

11 피특정후견인은 결격사유에 해당한다. O X

12 금고 이상의 형의 집행유예를 받고 그 유예기간 중에 있는 자는 중개사무소의 개설등록을 할 수 없다. O X

13 사기죄로 500만원의 벌금형을 선고받고 3년이 경과되지 않은 자는 결격사유에 해당한다. O X

14 개업공인중개사는 등록관청의 허가를 받아 천막 등 임시 중개시설물을 설치할 수 있다. O X

15 법인인 개업공인중개사는 등록관청에 신고하고 그 관할구역 내에 분사무소를 둘 수 있다. O X

정답 07 × 08 ○ 09 × 10 ○ 11 × 12 ○ 13 × 14 × 15 ×

07 무자격자가 자신의 명함에 '부동산뉴스 대표'라는 명칭을 기재하여 사용한 것은 공인중개사와 유사한 명칭을 사용한 것에 해당한다(대판 2007.3.29, 2006도9334). 09 사회적 협동조합은 중개사무소의 개설등록을 할 수 없다. 11 피특정후견인은 특정 사무에 관하여 후견개시의 심판을 받은 자로서, 결격이 아니다. 13 「공인중개사법」이 아닌 다른 법을 위반하여 벌금형을 받은 자는 결격이 아니다. 14 임시 중개시설물은 설치할 수 없다. 15 분사무소는 등록관청의 관할구역 내에는 둘 수 없다.

16 다른 법률의 규정에 따라 중개업을 할 수 있는 법인의 분사무소에는 공인중개사를 책임자로 두지 않아도 된다. O X

17 중개사무소를 등록관청의 관할구역 외의 지역으로 이전한 경우 이전신고는 이전한 날로부터 10일 내에 이전 전의 등록관청에 이전사실을 신고해야 한다. O X

18 개업공인중개사는 소속공인중개사의 공인중개사 자격증 사본을 중개사무소에 게시하여야 한다. O X

19 분사무소의 옥외광고물을 설치하는 경우에는 그 분사무소 책임자의 성명을 인식할 수 있는 정도의 크기로 표기해야 한다. O X

20 개업공인중개사는 중개대상물에 대한 표시 · 광고시 성명, 명칭, 연락처, 중개사무소 소재지를 명시하여야 한다. O X

21 법인인 개업공인중개사는 공인중개사를 대상으로 한 중개업 경영기법의 제공행위를 할 수 있다. O X

22 법인인 개업공인중개사는 토지의 분양대행을 할 수 있다. O X

23 개업공인중개사는 중개보조원과의 고용관계가 종료된 때에는 고용관계가 종료된 날부터 7일 이내에 등록관청에 신고하여야 한다. O X

24 중개보조원은 개업공인중개사와 소속공인중개사를 합한 수의 5배를 초과하여 고용할 수 없다. O X

정답 16 ○ 17 × 18 × 19 ○ 20 ○ 21 × 22 × 23 × 24 ○

17 이전 후 등록관청에 이전사실을 신고하여야 한다. 18 소속공인중개사의 자격증 원본을 게시하여야 한다. 21 중개업 경영기법의 제공행위는 개업공인중개사를 대상으로만 할 수 있다. 22 주택 및 상가에 대한 분양대행만 가능하므로, 토지에 대한 분양대행은 할 수 없다. 23 고용관계 종료신고는 10일 내에 하여야 한다.

25	분사무소에서 사용할 인장의 경우에는 「상업등기규칙」에 따라 법인의 대표자가 보증하는 인장을 등록할 수 있다.	O X
26	등록한 인장의 변경신고는 10일 내에 하여야 한다.	O X
27	징집으로 인한 입영, 질병으로 인한 요양, 취학, 임신, 출산의 이유로 하는 경우 6개월을 초과하여 휴업을 할 수 있다.	O X
28	법인인 개업공인중개사의 인장등록은 「상업등기규칙」에 따른 인감증명서의 제출로 갈음한다.	O X
29	휴업 및 폐업신고는 전자문서로 할 수 있다.	O X
30	등록관청에 휴업신고를 한 때에는 개업공인중개사는 지체 없이 사무소의 간판을 철거해야 한다.	O X
31	비공개를 요청하지 않은 경우, 개업공인중개사는 전속중개계약 체결 후 7일 내에 중개대상물에 대한 정보를 부동산거래정보망 또는 일간신문에 공개해야 한다.	O X
32	전속중개계약을 체결한 개업공인중개사는 부동산거래정보망에 중개대상물의 정보를 공개할 경우, 권리자의 주소 · 성명을 공개해야 한다.	O X
33	임대차에 대한 전속중개계약을 체결한 개업공인중개사는 중개대상물의 공시지가를 공개해야 한다.	O X

정답 25 O 26 × 27 O 28 O 29 × 30 × 31 O 32 × 33 ×

26 등록인장의 변경신고는 7일 내에 하여야 한다. 29 휴업 및 폐업신고 자체는 등록증을 첨부하므로 전자문서에 의하여 신고할 수 없다. 30 휴업기간 중에는 간판 철거의무가 없다. 32 권리자의 주소 · 성명 등 인적사항에 대한 정보는 공개하여서는 아니 된다. 33 임대차 전속중개계약의 경우에는 공시지가를 공개하지 아니할 수 있다.

34 부동산거래정보망을 설치 · 운영할 자로 지정을 받을 수 있는 자는 부가통신사업자로서, 가입 · 이용신청을 한 개업공인중개사가 500명 이상이고 2개 이상의 시 · 도에서 각 30인 이상을 확보해야 한다. O X

35 거래정보사업자는 그 지정받은 날부터 30일 내에 운영규정을 정하여 국토교통부장관의 승인을 얻어야 한다. O X

36 거래정보사업자가 정당한 사유 없이 지정받은 날부터 1년 이내에 부동산거래정보망을 설치 · 운영하지 아니한 경우에는 그 지정을 취소해야 한다. O X

37 개업공인중개사는 중개대상물에 대한 확인 · 설명을 중개가 완성된 때 해야 한다. O X

38 개업공인중개사가 성실 · 정확하게 중개대상물의 확인 · 설명을 하지 아니하면 업무정지사유에 해당한다. O X

39 확인 · 설명서에는 개업공인중개사가 서명 또는 날인하되, 해당 중개행위를 한 소속공인중개사가 있는 경우에는 해당 소속공인중개사가 함께 서명 또는 날인해야 한다. O X

40 거래계약서는 국토교통부장관이 지정한 표준거래계약서 양식으로 작성해야 한다. O X

41 개업공인중개사가 작성하는 거래계약서에는 권리이전의 내용, 물건의 인도일시, 확인 · 설명서 교부일자를 기재해야 한다. O X

정답 34 ○ 35 × 36 × 37 × 38 × 39 × 40 × 41 ○

35 운영규정은 지정받은 날부터 3개월 내에 제정승인을 받아야 한다. 36 지정취소는 재량행위로서, 지정을 취소할 수 있다. 37 확인 · 설명은 중개가 완성되기 전에 하여야 한다. 38 개업공인중개사의 확인 · 설명의무 위반은 '500만원 이하의 과태료 부과사유'에 해당한다. 39 개업공인중개사와 중개행위를 한 소속공인중개사는 확인 · 설명서에 서명 '및' 날인하여야 한다. 40 거래계약서는 표준서식이 정해져 있지 않다.

42	개업공인중개사는 거래계약서의 원본을 3년간 보존해야 한다.	O X
43	소속공인중개사가 거래계약서에 거래내용을 거짓으로 기재한 경우, 그 공인중개사의 자격이 취소된다.	O X
44	개업공인중개사는 업무개시 후 즉시 손해배상책임의 보장을 위하여 보증보험 또는 공제에 가입해야 한다.	O X
45	손해배상책임의 보장을 위한 공탁금은 개업공인중개사가 폐업 또는 사망한 날부터 3년 이내에는 회수할 수 없다.	O X
46	개업공인중개사는 보증보험금으로 손해배상을 한 때에는 10일 이내에 보증보험에 다시 가입하여야 한다.	O X
47	개업공인중개사는 계약금을 자기 명의로 예치하는 경우 예치된 계약금에 해당하는 금액을 보장하는 보증보험 또는 공제에 가입하거나 공탁을 해야 한다.	O X
48	개업공인중개사가 다른 개업공인중개사의 소개로 부동산을 매수하고, 또 다른 개업공인중개사의 소개로 부동산을 매도한 행위는 직접거래에 해당하지 않는다.	O X
49	개업공인중개사가 중개의뢰인을 대리하여 타인에게 중개대상물을 임대하는 행위는 금지행위이다.	O X
50	중개대상물인 주택 소재지와 중개사무소 소재지가 다른 경우 주택 소재지를 관할하는 시 · 도 조례에서 정한 기준에 따라 중개보수를 받아야 한다.	O X

정답 42 × 43 × 44 × 45 ○ 46 × 47 ○ 48 ○ 49 × 50 ×

42 거래계약서는 공인전자문서센터에 보관된 경우를 제외하고 그 원본, 사본 또는 전자문서를 5년간 보존하여야 한다. 43 자격정지처분을 받을 수 있다. 44 보증의 설정은 '업무개시 전'까지 하여야 한다. 46 15일 내에 보증보험 또는 공제에 다시 가입하거나 공탁을 하면 된다. 49 일방대리로서 금지행위가 아니다. 50 중개사무소 소재지를 관할하는 시 · 도 조례에 따라 중개보수를 받는다.

51	개업공인중개사와 중개의뢰인간의 약정이 없는 경우, 중개보수의 지급시기는 거래계약이 체결된 날로 한다.	O X
52	중개대상물인 건축물 중 주택의 면적이 2분의 1인 경우는 주택 외의 중개에 대한 보수규정을 적용한다.	O X
53	전용면적이 85m^2 이하이고, 전용 입식 부엌, 화장실, 목욕시설을 갖춘 오피스텔의 임대차에 대한 중개보수의 상한요율은 거래금액의 1천분의 5로 한다.	O X
54	중개사무소의 개설등록을 하려는 자는 등록신청 전 1년 내에 시 · 도지사가 실시하는 실무교육을 받아야 한다.	O X
55	연수교육의 교육시간은 28시간 이상 32시간 이하이다.	O X
56	국토교통부장관은 중개대상물에 대하여 중개의뢰인과 직접거래한 자를 신고한 자에 대하여 포상금을 지급할 수 있다.	O X
57	포상금은 포상금 지급결정일부터 3개월 이내에 지급해야 한다.	O X
58	분사무소설치신고확인서의 재교부를 신청하는 자는 지방자치단체 조례가 정하는 수수료를 납부하여야 한다.	O X
59	공인중개사협회 설립 창립총회에는 회원 600인 이상이 출석하되, 서울특별시에서 100인 이상, 광역시 및 도에서는 각 20인 이상이 출석하여야 한다.	O X

정답 51 × 52 × 53 × 54 O 55 × 56 × 57 × 58 O 59 O

51 약정이 없는 경우 거래대금지급이 완료된 날로 한다. 52 주택의 면적이 2분의 1인 경우 주택의 중개보수 요율을 적용한다. 53 임대차는 거래금액의 1천분의 4로 한다. 매매가 1천분의 5이다. 55 연수교육시간은 12시간 이상 16시간 이하로 한다. 56 포상금의 지급권자는 등록관청이고, 직접거래한 자는 포상금이 지급되는 신고 · 고발대상이 아니다. 57 1개월 내에 지급하여야 한다.

60 공인중개사협회가 지회를 설치한 때에는 시 · 도지사에게 신고하여야 한다. O X

61 협회는 회계연도 종료 후 6개월 이내에 매년도의 공제사업 운용실적을 공시하여야 한다. O X

62 업무정지처분은 그 사유가 발생한 날부터 3년이 경과한 때에는 할 수 없다. O X

63 등록관청은 개업공인중개사가 이동이 용이한 임시 중개시설물을 설치한 경우에는 중개사무소의 개설등록을 취소해야 한다. O X

64 폐업신고 전에 개업공인중개사에게 한 업무정지처분의 효과는 폐업일부터 1년간 재등록 개업공인중개사에게 승계된다. O X

65 시 · 도지사는 자격취소 또는 자격정지처분을 한 때에는 5일 이내에 국토교통부장관에게 통보해야 한다. O X

66 공인중개사가 폭행죄로 징역형을 선고받은 경우에는 자격취소사유가 된다. O X

67 소속공인중개사가 이중소속한 경우 자격정지사유에 해당하나 개업공인중개사가 이중소속한 경우에는 필요적 등록취소사유에 해당한다. O X

68 개업공인중개사가 아닌 자로서 중개업을 하기 위하여 중개대상물에 대한 표시 · 광고를 한 자에 대하여는 1년 이하의 징역 또는 1천만원 이하의 벌금에 처한다. O X

정답 60 × 61 × 62 O 63 × 64 × 65 × 66 × 67 O 68 O

60 지회를 설치한 때에는 '등록관청'에 신고하여야 한다. 61 공제사업 운용실적은 회계연도 종료 후 3개월 내에 공시하여야 한다. 63 임시 중개시설물을 설치한 때에는 등록취소 또는 업무정지처분을 할 수 있다. 64 폐업신고 전에 받은 업무정지처분의 효과는 '처분일'부터 1년간 승계된다. 65 자격취소는 5일 내 통보사항이지만, 자격정지는 국토교통부장관 통보사항이 아니다. 66 폭행죄로 징역형을 선고받은 경우에는 자격취소사유가 되지 아니 한다.

69 소속공인중개사가 중개의뢰인과 직접거래를 한 경우는 1년 이하의 징역 또는 1천만원 이하의 벌금에 처한다. O X

70 연수교육을 정당한 사유 없이 받지 아니한 개업공인중개사에 대하여는 100만원 이하의 과태료를 등록관청이 부과한다. O X

정답 69 × 70 ×

69 3년 이하의 징역 또는 3천만원 이하의 벌금에 처한다. 70 500만원 이하의 과태료를 시·도지사가 부과한다.

제2편 부동산 거래신고 등에 관한 법령

01	토지 · 건물 · 분양권 · 입주권의 매매계약과 「도시개발법」 등에 따른 부동산에 대한 공급계약은 부동산거래신고의 대상이 되는 계약이다.	O X
02	개업공인중개사가 거래계약서를 작성 · 교부한 경우 거래당사자는 30일 이내에 부동산거래신고를 하여야 한다.	O X
03	투기과열지구 또는 조정대상지역에 소재한 주택을 매수한 개인은 자금조달, 지급방식 및 입주계획을 신고하여야 한다.	O X
04	외국인이 대한민국 안의 토지를 취득하는 계약을 체결하였을 때, 부동산거래신고를 한 경우에도 별도의 외국인 취득신고를 해야 한다.	O X
05	부동산거래계약신고서상 계약대상 면적에는 실제 거래면적을 계산하여 적되, 건축물 면적은 집합건축물의 경우 전용면적을 적고, 그 밖의 건축물의 경우 연면적을 적는다.	O X
06	시 · 군(광역시, 경기도에 한함) 소재 주택으로서, 보증금이 6천만원을 초과하거나 월 차임이 30만원을 초과하는 주택임대차계약을 신규로 체결한 계약당사자는 그 보증금 또는 차임 등을 임대차계약의 체결일부터 30일 이내에 주택 소재지를 관할하는 신고관청에 공동으로 신고해야 한다.	O X

정답 01 ○ 02 × 03 ○ 04 × 05 ○ 06 ○

02 중개거래인 경우에는 개업공인중개사가 부동산거래신고를 하여야 한다. 04 외국인이 부동산거래신고를 한 경우에는 외국인 취득신고가 면제된다.

07	임차인이 주택임대차계약신고서 또는 주택임대차계약서를 첨부하여 「주민등록법」에 따라 전입신고를 한 경우 주택임대차계약의 신고를 한 것으로 본다.	O X
08	사원 또는 구성원의 3분의 1 이상이 대한민국 국적을 보유하지 않은 법인 또는 단체는 '외국인 등'에 해당한다.	O X
09	외국법인이 상속 · 판결 · 경매 · 합병 등 계약 외의 원인을 통하여 국내 부동산을 취득한 경우에는 취득한 날부터 6개월 이내에 취득신고를 해야 한다.	O X
10	외국정부가 「군사기지 및 군사시설 보호법」에 따른 군사시설보호지역 내 토지를 취득하려는 경우 계약 체결 전에 국토교통부장관에게 취득허가를 받아야 한다.	O X
11	토지거래허가구역의 지정은 이를 공고하고 일반인이 열람할 수 있는 날이 끝난 날부터 5일 후에 그 효력이 발생한다.	O X
12	농지에 대하여는 토지거래허가증을 받았더라도 「농지법」에 따른 농지취득자격증명을 별도로 받아야 한다.	O X
13	토지거래허가구역 안의 토지로서 따로 정함이 없는 한 도시지역 중 주거지역은 60m², 상업지역은 150m², 공업지역은 150m², 녹지지역은 200m² 이하라면 토지거래허가를 받을 필요가 없다.	O X

정답 07 O 08 × 09 O 10 × 11 × 12 × 13 O

08 사원 또는 구성원의 2분의 1 이상이 대한민국 국적을 보유하지 않은 법인 또는 단체가 '외국인 등'에 해당한다. 10 취득허가의 신청은 토지 소재지관할 시장 · 군수 · 구청장(신고관청)에게 하여야 한다. 11 허가구역의 지정은 허가구역의 지정을 공고한 날부터 5일 후에 그 효력이 발생한다. 12 농지에 대하여 토지거래허가증을 받으면 농지취득자격증명을 받은 것으로 본다.

14 토지거래계약허가신청에 대해 불허가처분을 받은 경우, 그 통지를 받은 날부터 3개월 이내에 해당 토지에 관한 권리의 매수를 청구할 수 있다. O X

15 토지거래계약허가를 받아 토지를 취득한 자가 직접 이용하지 아니하고 방치한 경우에는 토지취득가액의 100분의 20에 상당하는 금액을 이행강제금으로 부과한다. O X

정답 14 × 15 ×

14 불허가처분에 대한 매수청구는 1개월 내에 할 수 있다. 15 방치한 경우에는 100분의 10에 상당하는 금액의 이행강제금을 부과한다.

제3편 중개실무

01	평장 · 암장되어 있어 객관적으로 인식할 수 있는 외형을 갖추고 있지 않은 묘소에는 분묘기지권이 인정되지 않는다.	O X
02	개인묘지를 설치하거나 매장을 한 자는 30일 내에 신고하여야 하고, 개인묘지의 면적은 30m^2를 초과할 수 없다.	O X
03	주말 · 체험영농을 위해 농지를 소유하는 경우 한 세대의 부부가 각각 1천m^2 미만으로 소유할 수 있다.	O X
04	확인 · 설명서상 일조 · 소음 · 진동의 환경조건은 개업공인중개사의 세부 확인사항으로, 주거용 건축물 확인 · 설명서에만 기재란이 있다.	O X
05	단독경보형감지기 설치 여부 및 환경조건(일조량 · 소음 · 진동)은 중개대상물 확인 · 설명서 [II](비주거용 건축물)의 세부 확인사항이다.	O X
06	종교단체의 명의로 그 산하조직이 보유한 부동산에 관한 물권을 등기한 경우, 그 등기는 언제나 무효이다.	O X
07	부동산의 매도인이 명의신탁약정사실을 알지 못한 계약명의신탁의 경우 신탁자와 수탁자간의 명의신탁약정은 무효이나, 매도인과 명의수탁자간의 매매계약 및 등기는 유효하다.	O X

정답 01 ○ 02 ○ 03 × 04 ○ 05 × 06 × 07 ○

03 주말 · 체험영농 목적의 농지는 세대원 전부합산 1천m^2 미만으로 소유할 수 있다. 05 단독경보형감지기 설치 여부 및 환경조건(일조량 · 소음 · 진동)은 주거용 건축물 확인 · 설명서에 기재할 사항이고, 비주거용 서식에는 소방에 소화전, 비상벨을 기재하고, 환경조건 기재란이 없다. 06 종교단체의 명의로 그 산하조직이 보유한 부동산에 관한 물권을 등기한 경우라도 탈세 등의 목적이 없다면 그 등기는 유효하다.

08 주택의 일부를 주거 외의 목적으로 사용하는 경우에도 「주택임대차보호법」이 적용된다. O X

09 확정일자를 먼저 받은 후 주택의 인도와 전입신고를 하면 그 신고일이 저당권설정등기일과 같아도 임차인이 저당권자에 우선한다. O X

10 주택임대차계약이 묵시적으로 갱신된 경우 또는 계약갱신요구에 의하여 갱신된 경우 임차인은 언제든지 임대차계약의 해지를 통지할 수 있다. O X

11 임차권등기명령에 따라 임차권등기가 된 주택을 그 이후에 임차한 임차인은 보증금 중 일정액을 다른 담보권자에 우선하여 변제받을 권리가 없다. O X

12 보증금과 월 차임에 100을 곱한 금액의 합계액이 「상가건물 임대차보호법」상 보증금 제한 규정을 초과하더라도 상가건물의 임차인은 해당 상가의 경매시 우선변제권이 있다. O X

13 매각부동산 위의 유치권자는 매수인에게 그 유치권으로 담보하는 채권의 변제를 청구할 수 있다. O X

14 차순위매수신고는 그 신고액이 최고가매수신고액에서 그 보증액을 뺀 금액을 넘는 때에만 할 수 있다. O X

15 매수신청대리인은 매수신청대리의 위임을 받은 경우 차순위매수신고, 공유자의 우선매수신고를 할 수 있다. O X

정답 08 ○ 09 × 10 ○ 11 ○ 12 × 13 × 14 ○ 15 ○

09 확정일자를 먼저 받은 후 주택의 인도와 전입 신고한 날짜가 저당권설정등기일과 동일하다면 저당권자가 우선한다. 12 보증금 제한 규정을 넘는 상가임차인에게는 우선변제권이 없다. 13 매수인은 유치권으로 담보하는 채권을 변제할 책임이 있으나, 유치권자는 변제를 청구할 수는 없다.

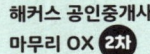

2과목

부동산공법

OX문제풀이를 통하여 함정을 피하는 연습을 해보세요.

2과목 부동산공법

제1편 국토의 계획 및 이용에 관한 법률

01	도시혁신계획이란 창의적이고 혁신적인 도시공간의 개발을 목적으로 복합용도구역에서의 토지의 이용 및 건축물의 용도 · 건폐율 · 용적률 · 높이 등의 제한에 관한 사항을 따로 정하기 위하여 공간재구조화계획으로 결정하는 도시 · 군관리계획을 말한다.	O X
02	국토교통부장관, 시 · 도지사, 시장 또는 군수가 기초조사를 실시한 경우에는 해당 정보를 체계적으로 관리하고 효율적으로 활용하기 위하여 기초조사정보체계를 구축 · 운영하여야 한다. 국토교통부장관, 시 · 도지사, 시장 또는 군수가 기초조사정보체계를 구축한 경우에는 등록된 정보의 현황을 5년마다 확인하고 변동사항을 반영하여야 한다.	O X
03	도지사는 시장 또는 군수가 협의를 거쳐 요청하는 경우에는 단독으로 광역도시계획을 수립할 수 있다. 도지사가 광역도시계획을 수립하는 때에는 국토교통부장관의 승인을 얻어야 한다.	O X
04	도지사가 시장 또는 군수의 요청으로 관할 시장 또는 군수와 공동으로 광역도시계획을 수립하는 경우에는 국토교통부장관의 승인을 받지 않고 광역도시계획을 수립할 수 있다.	O X

정답 01 O 02 O 03 × 04 O

03 도지사가 단독으로 광역도시계획을 수립하는 때에는 국토교통부장관의 승인을 얻지 않는다.

05 시장 또는 군수가 기초조사정보체계를 구축한 경우에는 등록된 정보의 현황을 3년마다 확인하고 변동사항을 반영하여야 한다. O X

06 「수도권정비계획법」에 의한 수도권에 속하지 아니하고 광역시와 경계를 같이하지 아니한 인구 7만명의 군은 도시 · 군기본계획을 수립하지 아니할 수 있다. O X

07 도시지역의 축소에 따른 용도지역의 변경을 내용으로 하는 도시 · 군관리계획을 입안하는 경우에는 주민의 의견청취를 생략할 수 있다. O X

08 시장 또는 군수가 입안한 지구단위계획구역의 지정 · 변경에 관한 도시 · 군관리계획은 시장 또는 군수의 신청에 따라 도지사가 직접 결정한다. O X

09 해당 지구단위계획구역 안의 나대지 면적이 구역면적의 2%에 미달하는 경우 도시 · 군관리계획을 입안할 때 환경성 검토를 실시하지 않아도 된다. O X

10 국토의 계획 및 이용에 관한 법령상 조례로 정할 수 있는 건폐율의 최대한도는 준주거지역은 70%, 일반상업지역은 80%, 근린상업지역은 70%, 전용공업지역은 70%, 제3종 일반주거지역은 50%로 일반상업지역이 가장 큰 용도지역이다. O X

11 주거기능, 공업기능, 유통 · 물류기능 및 관광 · 휴양기능 중 2개 이상의 기능을 중심으로 개발 · 정비할 필요가 있는 지구는 특정개발진흥지구이다. O X

정답 05 × 06 ○ 07 ○ 08 × 09 ○ 10 ○ 11 ×

05 3년마다가 아니라 5년마다 확인하는 사항이다. 08 시장 또는 군수가 입안한 지구단위계획구역의 지정 · 변경에 관한 도시 · 군관리계획은 시장 또는 군수가 직접 결정한다. 11 특정개발진흥지구가 아니라 복합개발진흥지구에 대한 설명이다.

12 방재지구의 지정을 도시 · 군관리계획으로 결정하는 경우 도시 · 군관리계획의 내용에는 해당 방재지구의 재해저감대책을 포함할 수 있다. O X

13 복합용도지구는 준주거지역, 준공업지역, 계획관리지역에 지정할 수 있다. O X

14 「도시개발법」에 따라 지정된 20만m^2의 도시개발구역에서 개발사업이 끝난 후 10년이 지난 지역은 지구단위계획구역으로 반드시 지정하여야 하는 대상에 해당한다. O X

15 도시지역 안의 지구단위계획구역에서 해당 용도지역에 적용되는 건축물 높이의 120% 이내에서 높이 제한을 완화하여 적용할 수 있다. O X

16 보전관리지역에 위치한 산업 · 유통개발진흥지구는 지구단위계획구역으로 지정할 수 있는 대상지역에 포함되지 않는다. O X

17 지구단위계획(주민이 입안을 제안한 것에 한정한다)에 관한 도시 · 군관리계획 결정의 고시일부터 3년 이내에 「국토의 계획 및 이용에 관한 법률」 또는 다른 법률에 따라 허가 · 인가 · 승인 등을 받아 사업이나 공사에 착수하지 아니하면 그 5년이 된 날의 다음 날에 그 지구단위계획에 관한 도시 · 군관리계획 결정은 효력을 잃는다. O X

정답 12 × 13 × 14 × 15 ○ 16 ○ 17 ×

12 방재지구의 재해저감대책을 포함하여야 하는 의무사항이다. 13 복합용도지구는 일반주거지역, 일반공업지역, 계획관리지역에 지정할 수 있다. 간단히 '일일계'로 기억한다. 14 정비구역과 택지개발지구가 사업이 완료된 후 10년이 지난 지역일 때 지정을 할 수 있는데 개발구역은 대상이 아니다. 17 3년이 아니라 제안되어 지정이 된 후 '5년'이 기준이다.

18 개발행위허가의 대상인 토지가 둘 이상의 용도지역에 걸치는 경우에는 각각의 용도지역에 위치하는 토지부분에 대하여 각각의 용도지역의 개발행위의 규모에 관한 규정을 적용한다. 다만, 개발행위허가의 대상인 토지의 총 면적이 해당 토지가 걸쳐 있는 용도지역 중 개발행위의 규모가 가장 큰 용도지역의 개발행위의 규모를 초과하여서는 아니 된다. O X

19 토지분할과 물건을 쌓아 놓는 행위가 완료되고 나면 준공검사를 받아야 한다. O X

20 개발행위허가를 받은 자가 행정청이 아닌 경우 그가 기존의 공공시설에 대체되는 공공시설을 설치하면 기존의 공공시설은 대체되는 공공시설의 설치비용에 상당하는 범위 안에서 개발행위허가를 받은 자에게 무상으로 양도될 수 있다. O X

21 특별시장 · 광역시장 · 특별자치시장 · 특별자치도지사 · 시장 또는 군수는 개발밀도관리구역에서는 대통령령으로 정하는 범위에서 제77조나 제78조에 따른 건폐율 또는 용적률을 강화하여 적용한다. O X

22 기반시설설치비용은 현금 또는 카드로 납부하여야 하며, 부과대상 토지 및 이와 비슷한 토지로 납부할 수 있다. O X

23 기반시설부담구역으로 지정된 지역에 대하여 개발행위허가를 제한하였다가 이를 연장하기 위해서는 도시계획위원회의 심의를 거쳐야 한다. O X

24 의료시설과 교육연구시설의 기반시설 유발계수는 같다. O X

정답 18 ○ 19 × 20 ○ 21 ○ 22 ○ 23 × 24 ×

19 토지분할과 물건 쌓아 놓는 행위는 준공검사의 대상이 아니다. 23 기반시설부담구역으로 지정된 지역에 대하여 개발행위허가를 제한하였다가 이를 연장하기 위해서는 도시계획위원회의 심의를 거치지 않아도 된다. 24 의료시설은 0.9, 교육연구시설은 0.7로 기반시설 유발계수가 다르다.

25 기반시설부담구역으로 지정된 지역에 대해서는 중앙도시계획위원회나 지방도시계획위원회의 심의를 거치지 아니하고 개발행위허가의 제한을 연장할 수 있다. O X

26 도시지역에서 장례시설 · 종합의료시설 · 폐차장 등의 기반시설을 설치하고자 하는 경우에는 미리 도시 · 군관리계획으로 결정하지 않아도 설치가 가능하다. O X

27 사업시행자는 공동구의 설치공사를 완료할 때에는 지체 없이 공동구에 수용할 수 있는 시설의 종류와 공동구 설치위치를 공동구 점용예정자에게 개별적으로 통지하여야 한다. O X

28 100만m^2를 초과하는 「도시개발법」에 따른 도시개발구역에서 개발사업을 시행하는 자는 공동구를 설치하여야 한다. O X

29 한국토지주택공사가 도시 · 군계획시설사업의 시행자로 지정받으려면 사업 대상 토지면적에 대한 토지소유자의 동의를 얻지 않아도 된다. O X

30 시장이나 군수는 그가 시행한 도시 · 군계획시설사업으로 현저히 이익을 받는 다른 지방자치단체가 있으면 대통령령으로 정하는 바에 따라 그 도시 · 군계획시설사업에 든 비용의 일부를 그 이익을 받는 다른 지방자치단체와 협의하여 그 지방자치단체에 부담시킬 수 있다. O X

정답 25 O 26 O 27 O 28 × 29 O 30 O

28 100만m^2가 기준이 아니라 200만m^2가 기준이다.

31 시 · 도지사는 그 시 · 도에 속하지 아니하는 특별시 · 광역시 · 특별자치시 · 특별자치도 · 시 또는 군에 비용을 부담시키려면 해당 지방자치단체의 장과 협의하되, 협의가 성립되지 아니하는 경우에는 국토교통부장관이 결정하는 바에 따른다. O X

32 토지소유자가 승낙하지 않는 경우에는 울타리로 둘러싸인 타인의 토지에 출입할 수 없다. O X

정답 31 × 32 ×

31 국토교통부장관이 아니라 행정안전부장관이 결정하는 바에 따른다. 32 토지소유자가 아니라 토지점유자이다.

제2편 도시개발법

01 도시개발구역에서 환지방식으로 개발계획을 수립하는 경우 토지소유자의 동의 요건을 산정함에 있어서 토지소유권을 여러 명이 공유하는 경우 다른 공유자의 동의를 받은 대표 공유자 1명만을 해당 토지소유자로 본다. 다만, 「집합건물의 소유 및 관리에 관한 법률」에 따른 구분소유자는 각각을 토지소유자 1명으로 본다. O X

02 도시개발구역을 지정하는 자는 도시개발사업의 효율적인 추진과 도시의 경관 보호 등을 위하여 필요하다고 인정하는 경우에는 도시개발구역을 둘 이상의 사업시행지구로 분할하거나 서로 떨어진 둘 이상의 지역을 결합하여 하나의 도시개발구역으로 지정할 수 있다. O X

03 도시개발구역이 자연녹지지역, 보전관리지역, 농림지역인 경우에는 도시개발구역으로 지정 · 고시된 이후에 개발계획을 수립할 수 있는 지역에 해당한다. O X

04 세입자의 주거 및 생활 안정 대책에 관한 사항은 도시개발구역을 지정한 후에 개발계획의 내용으로 포함시킬 수 있다. O X

05 도시개발사업을 시행하는 정부출연기관이 그 사업에 필요한 토지를 수용하려면 사업대상 토지면적의 3분의 2 이상에 해당하는 토지를 소유하고 토지소유자 총수의 2분의 1 이상에 해당하는 자의 동의를 받지 않아도 된다. O X

정답 01 O 02 O 03 O 04 O 05 O

06	조합설립인가를 신청하기 위한 토지면적의 산정에는 국 · 공유지가 제외된다.	O X
07	대의원회는 개발계획의 변경에 관한 총회의 권한을 대행할 수 없다.	O X
08	조합이 작성하는 정관에는 도시개발구역의 면적이 포함되어야 한다.	O X
09	시행자는 지방자치단체에게 도시개발구역의 전체 토지면적의 2분의 1 이내에서 원형지를 공급하여 개발하게 할 수 있다.	O X
10	원형지를 공장부지로 직접 사용하는 자를 원형지개발자로 선정하는 경우 경쟁입찰의 방식으로 하며, 경쟁입찰이 2회 이상 유찰된 경우에는 수의계약의 방법으로 할 수 있다.	O X
11	폐기물처리시설을 설치하기 위하여 공급하는 조성토지의 가격은 「감정평가 및 감정평가사에 관한 법률」에 따른 감정평가법인 등이 감정평가한 가격 이하로 정할 수 있다.	O X
12	도시개발사업을 입체환지방식으로 시행하는 경우에는 환지계획에 건축계획이 포함되어야 한다.	O X
13	청산금의 결정은 도시개발사업 시행자가 환지방식으로 사업을 시행하려는 경우 환지계획에 포함되어야 하는 사항이다.	O X

정답 06 × 07 ○ 08 ○ 09 × 10 ○ 11 ○ 12 ○ 13 ×

06 조합설립인가를 신청하기 위한 토지면적의 산정에는 국 · 공유지가 포함된다. 09 2분의 1이 아니라 3분의 1이다. 13 청산금의 결정은 도시개발사업 시행자가 환지방식으로 사업을 시행하려는 경우 환지계획에 포함되어야 할 사항에 해당하지 않는다.

14 시행자는 토지면적의 규모를 조정할 특별한 필요가 있으면 면적이 작은 토지는 과소(過小) 토지가 되지 아니하도록 면적을 늘려 환지를 정하거나 환지대상에서 제외할 수 있고, 면적이 넓은 토지는 그 면적을 줄여서 환지를 정할 수 있다. O X

15 토지면적의 규모를 조정할 특별한 필요가 있어 환지를 정하지 아니하는 토지에 대하여는 환지처분 전이라도 청산금을 교부할 수 있다. O X

16 도시개발채권의 매입의무자가 매입하여야 할 금액을 초과하여 도시개발채권을 매입한 경우 중도상환을 신청할 수 있다. O X

정답 14 O 15 O 16 O

제3편 도시 및 주거환경정비법

01 놀이터, 탁아소, 마을회관, 공동으로 사용하는 구판장은 공동이용시설에 해당하나, 광장은 정비기반시설에 해당한다.	O	X
02 주거환경개선사업에 있어서 시장 · 군수 등은 세입자의 세대수가 토지등소유자의 2분의 1인 경우 세입자의 동의절차 없이 주택공사 등을 사업시행자로 지정할 수 있다.	O	X
03 사업시행자는 주거환경개선사업 및 재건축사업의 시행으로 철거되는 주택의 소유자 또는 세입자에게 해당 정비구역 안과 밖에 위치한 임대주택 등의 시설에 임시로 거주하게 하거나 주택자금의 융자를 알선하는 등 임시거주에 상응하는 조치를 하여야 한다.	O	X
04 정비기본계획에는 사회복지시설 및 주민문화시설 등의 설치계획이 포함되어야 한다.	O	X
05 경작을 위한 토지의 형질변경, 농산물의 생산에 직접 이용되는 탈곡장의 설치, 비닐하우스의 설치, 종묘배양장의 설치는 정비구역 안에서 시장 · 군수 등의 허가를 받지 않아도 된다.	O	X
06 정비구역 안에서 가설건축물의 건축, 죽목의 벌채, 공유수면의 매립, 이동이 용이하지 아니한 물건을 1개월 이상 쌓아놓는 행위는 시장 · 군수 등의 허가를 받아야 한다.	O	X

정답 01 ○ 02 ○ 03 × 04 ○ 05 ○ 06 ○

03 재건축사업에 해당하는 사업이 아니고 재개발사업이다.

07 정비계획을 수립하는 시장 · 군수 등은 재건축사업 정비계획의 입안을 위하여 정비예정구역별 정비계획의 수립시기가 도래한 때부터 관리처분계획 인가 전까지 재건축진단을 실시하여야 한다. O X

08 재건축사업은 사업시행자가 정비구역에서 인가받은 관리처분계획에 따라 건축물을 건설하여 공급하는 경우 주택, 부대시설 및 복리시설을 제외한 건축물(이하 '공동주택 외 건축물'이라 한다)은 「국토의 계획 및 이용에 관한 법률」에 따른 준주거지역 및 상업지역에서만 건설할 수 있다. 이 경우 공동주택 외 건축물의 연면적은 전체 건축물 연면적의 100분의 30 이하이어야 한다. O X

09 정비사업조합에 두는 이사의 수는 3명 이상으로 하고, 감사의 수는 1명 이상 3명 이하로 한다. 다만, 토지등소유자의 수가 100명을 초과하는 경우에는 이사의 수를 5명 이상으로 한다. O X

10 조합원의 자격에 관한 사항에 대하여 정관을 변경하고자 하는 경우 총회에서 조합원 3분의 2 이상의 동의를 얻어야 한다. O X

11 재개발사업의 경우 추진위원회(추진위원회를 구성하지 아니하는 경우에는 토지등소유자를 말한다)가 조합을 설립하려면 토지등소유자의 4분의 3 이상 또는 토지면적의 2분의 1 이상의 토지소유자의 동의를 받아 시장 · 군수 등의 인가를 받아야 한다. O X

12 건축물의 매매로 인하여 조합원의 권리가 이전되어 조합원을 신규 가입시키는 경우 조합원의 동의 없이 시장 · 군수 등에게 인가를 받아 변경할 수 있다. O X

정답 07 × 08 ○ 09 ○ 10 ○ 11 × 12 ○

07 '정비계획의 수립시기가 도래한 때부터 관리처분계획 인가 전까지'가 아니라 '정비계획의 수립시기가 도래한 때부터 사업시행계획 인가 전까지'이다. 11 토지등소유자의 4분의 3 이상 및 토지면적의 2분의 1 이상의 토지소유자의 동의이다. '또는'이 아니라 '및'이다.

13 해당 정비구역의 토지면적 2분의 1 이상의 토지소유자와 토지등소유자의 3분의 2 이상에 해당하는 자가 시장 · 군수 등 또는 토지주택공사 등을 사업시행자로 지정할 것을 요청하는 때에는 군수가 직접 재개발사업을 시행할 수 있다. O X

14 사업시행자는 사업시행계획의 인가 · 고시가 있은 후 기존의 건축물을 철거하여야 한다. O X

정답 13 O 14 ×

14 사업시행자는 관리처분계획의 인가 · 고시가 있은 후 기존의 건축물을 철거하여야 한다.

제4편 건축법

01	건축물의 기능 향상을 위해 기존건축물이 있는 대지에 건축물의 연면적과 건축면적 및 층수를 늘리는 것은 증축이다.	O X
02	「문화유산의 보존 및 활용에 관한 법률」에 따른 지정문화유산이나 임시지정문화유산 또는 「자연유산의 보존 및 활용에 관한 법률」에 따라 지정된 천연기념물 등이나 임시지정천연기념물, 임시지정명승, 임시지정시·도자연유산, 임시자연유산자료는 「건축법」을 적용하지 않는다.	O X
03	한 쪽 끝은 고정되고 다른 끝은 지지되지 아니한 구조로 된 차양이 외벽(외벽이 없는 경우에는 외곽 기둥을 말한다)의 중심선으로부터 3m 이상 돌출된 건축물은 특수구조 건축물에 해당한다.	O X
04	국토교통부장관은 보고받은 특별시장·광역시장·도지사의 건축허가 제한 내용이 지나치다고 인정하면 해제를 권고할 수 있다.	O X
05	숙박시설에 해당하는 건축물의 건축을 허가하는 경우 건축물의 용도·규모 또는 형태가 주거환경이나 교육환경 등 주변환경을 고려할 때 부적합하다고 인정되면 건축위원회의 심의를 거쳐 건축허가를 하지 않을 수 있다.	O X
06	사전결정신청자는 사전결정을 통지받은 날부터 2년 이내에 건축허가를 신청하여야 하며, 이 기간에 건축허가를 신청하지 아니하면 사전결정의 효력이 상실된다.	O X

정답 01 O 02 O 03 O 04 × 05 O 06 O

04 국토교통부장관은 보고받은 특별시장·광역시장·도지사의 건축허가 제한 내용이 지나치다고 인정하면 해제를 명할 수 있다.

07	용도변경하려는 부분의 바닥면적의 합계가 100m^2 이상인 경우에는 허가대상이든 신고대상이든 용도변경을 하는 경우에는 건축물의 사용승인을 받아야 한다.	O X
08	손궤의 우려가 있는 토지에 대지를 조성하면서 설치한 옹벽의 외벽면에는 옹벽의 지지 또는 배수를 위한 시설물 이외의 것들이 밖으로 튀어나오게 하여서는 아니 된다.	O X
09	도시·군계획시설에서 건축하는 연면적의 합계가 1천 500m^2 이상인 가설건축물에 대하여는 조경 등의 조치하여야 한다.	O X
10	연면적이 330m^{2}인 2층의 목구조 건축물은 구조 안전 확인 건축물 중 건축주가 착공신고시 구조 안전 확인서류를 제출하여야 하는 건축물이 아니다.	O X
11	바닥면적의 합계가 3,000m^{2}인 전시장을 지하층에 설치하는 경우에는 지하층과 피난층 사이에 천장이 개방된 외부 공간을 설치하여야 한다.	O X
12	공동주택으로서 지상층에 설치한 조경시설은 바닥면적에 산입한다.	O X
13	하나의 건축물로서 지하 2개 층, 지상 5개 층으로 구성되어 있으며, 지붕은 평지붕이고, 건축면적은 500m^{2}이며, 지하층 포함 각 층의 바닥면적은 480m^{2}로 동일하다. 지하 2층은 전부 주차장, 지하 1층은 전부 제1종 근린생활시설로 사용되고, 지상 5개 층은 전부 업무시설로 사용된다. 이 경우 1,000m^2 대지에 적용되는 용적률은 240%이다.	O X

정답 07 O 08 O 09 × 10 O 11 O 12 × 13 O

09 가설건축물의 경우에는 조경 등의 조치를 하지 않는다. 12 공동주택으로서 지상층에 설치한 조경시설은 바닥면적에 산입하지 않는다.

14 일반상업지역에 건축하는 공동주택으로서 하나의 대지에 두 동 이상을 건축하는 경우에는 채광의 확보를 위한 높이 제한이 적용되지 않는다. O X

15 바닥면적의 합계가 5,000m^2 이상인 「농수산물 유통 및 가격안정에 관한 법률」에 따른 농수산물유통시설의 경우에는 공개공지의 설치대상에 해당한다. O X

정답 14 O 15 ×

15 바닥면적의 합계가 5,000m^2 이상인 「농수산물 유통 및 가격안정에 관한 법률」에 따른 농수산물유통시설의 경우에는 공개공지의 설치대상이 아니다.

제5편 주택법

01 '국민주택'이란 국가 · 지방자치단체, 한국토지주택공사, 지방공사가 건설하는 주택 또는 국가 · 지방자치단체의 재정 또는 주택도시기금으로부터 자금을 지원받아 건설되거나 개량되는 주택으로서 국민주택 규모 이하인 주택을 말한다(주의할 사항은 자금에 따른 분류라는 것. 사업주체가 누구냐, 규모가 얼마냐로 구분하는 것이 아님에 유의한다). O X

02 3층의 다가구주택, 2층의 공관, 4층의 다세대주택, 3층의 기숙사, 7층의 오피스텔 중에서 주택법령상 주택에 해당하지 않는 것은 공관, 기숙사, 오피스텔이다. O X

03 폭 10m인 일반도로로 분리된 토지는 각각 별개의 주택단지로 보지 않는다. O X

04 국민주택을 공급받기 위하여 직장주택조합을 설립하려는 자는 관할 시장 · 군수 · 구청장에게 인가를 받아야 한다. O X

05 조합의 설립인가를 받은 후 승인을 얻어 조합원을 추가 모집하는 경우 추가 모집되는 자의 조합원 자격요건의 충족 여부는 해당 조합의 설립인가신청일을 기준으로 판단한다. O X

06 탈퇴한 조합원은 조합규약으로 정하는 바에 따라 부담한 비용의 환급을 청구할 수 있다. O X

정답 01 O 02 O 03 O 04 × 05 O 06 O

04 국민주택을 공급받기 위하여 직장주택조합을 설립하려는 자는 관할 시장 · 군수 · 구청장에게 신고를 하여야 한다.

07 조합원이 근무로 인하여 세대주 자격을 일시적으로 상실한 경우로서 시장 · 군수 · 구청장이 인정하는 경우에는 조합원 자격이 있는 것으로 본다. O X

08 사업주체 甲은 사업계획승인권자 乙로부터 주택건설사업을 분할하여 시행하는 경우 甲이 소송 진행으로 인하여 공사착수가 지연되어 연장신청을 한 경우, 乙은 그 분쟁이 종료된 날부터 1년의 범위에서 공사착수기간을 연장할 수 있다. O X

09 사업주체가 「수도권정비계획법」에 따른 수도권에서 건설 · 공급하는 분양가상한제 적용주택 주택의 입주자(상속받은 자는 제외한다.) 는 해당 주택의 최초 입주가능일부터 3년 이내(토지임대부 분양주택의 경우에는 최초 입주가능일을 말한다)에 입주하여야 하고, 해당 주택의 분양가격과 국토교통부장관이 고시한 방법으로 결정된 인근지역 주택매매가격의 비율에 따라 5년 이내의 범위에서 대통령령으로 정하는 기간 동안 계속하여 해당 주택에 거주하여야 한다. O X

10 공동주택(부대시설과 복리시설을 포함)의 입주자 · 사용자 또는 관리주체가 공동주택을 리모델링하려고 하는 경우에는 허가와 관련된 면적, 세대수 또는 입주자 등의 동의 비율에 관하여 대통령령으로 정하는 기준 및 절차 등에 따라 시장 · 군수 · 구청장의 허가를 받아야 한다. O X

11 해당 사업시행지에 대한 소유권 분쟁을 사업주체가 소송 외의 방법으로 해결하는 과정에서 공사착수가 지연되는 경우에는 공사의 착수기간을 연장할 수 없다. O X

정답 07 O 08 O 09 O 10 O 11 O

12 조합의 명칭 및 사무소의 소재지, 조합원의 자격기준에 관한 내용, 조합원모집신고 수리일은 주택법령상 지역주택조합의 조합원을 모집하기 위하여 모집주체가 광고를 하는 경우, 광고에 포함되어야 하는 내용이다. O X

13 주택상환사채의 증여, 입주자저축증서의 매매의 알선, 도시개발채권의 양도, 시장이 발행한 무허가건물확인서를 매매할 목적으로 하는 광고, 공공사업의 시행으로 인한 이주대책에 의하여 주택을 공급받을 수 있는 지위의 매매 중 도시개발채권의 양도는 주택의 공급질서 교란금지행위에 해당하지 않는다. O X

14 세대원 전원이 2년 이상의 기간 해외에 체류하고자 하는 경우로서 사업주체의 동의를 받은 경우에는 전매제한 주택을 전매할 수 있다. O X

15 공공택지에서 주택을 공급하는 경우 분양가상한제 적용주택의 택지비는 해당 택지의 공급가격에 국토교통부령이 정하는 택지와 관련된 비용을 가산한 금액으로 한다. O X

16 직전월부터 소급하여 주택공급이 있었던 2개월 동안 해당 지역에서 공급되는 주택의 월평균 청약경쟁률이 모두 5대 1을 초과하였거나 국민주택규모 주택의 월평균 청약경쟁률이 모두 10대 1을 초과한 곳은 투기과열지구의 지정대상에 해당한다. O X

17 주택건설사업이 완료되어 사용검사가 있은 후에 甲이 주택단지 일부의 토지에 대해 소유권이전등기 말소소송에 따라 해당 토지의 소유권을 회복하게 되었다. 이 경우 대표자를 선정하여 매도청구에 관한 소송을 하는 경우 대표자는 복리시설을 포함하여 주택 소유자 전체의 3분의 2 이상의 동의를 받아 선정한다. O X

정답 12 ○ 13 ○ 14 × 15 ○ 16 ○ 17 ×

14 세대원 전원이 2년 이상의 기간 해외에 체류하고자 하는 경우로서 한국토지주택공사의 동의를 받은 경우에는 전매제한 주택을 전매할 수 있다. 17 대표자를 선정하여 매도청구에 관한 소송을 하는 경우 대표자는 복리시설을 포함하여 주택 소유자 전체의 4분의 3 이상의 동의를 받아 선정한다.

18 리모델링에 동의한 소유자는 입주자대표회의가 시장 · 군수 · 구청장에게 허가신청서를 제출한 이후에 서면으로 동의를 철회할 수 있다. O X

19 주택상환사채의 납입금은 주택건설자재의 구입과 택지의 구입 및 조성에 사용될 수 있다. O X

정답 18 × 19 O

18 허가신청서를 제출한 이후에는 서면으로 동의를 철회할 수 없다.

제6편 농지법

01 1,000m^2 이상의 농지에서 농작물 또는 다년생식물을 경작 또는 재배하거나 1년 중 90일 이상 농업에 종사하는 자는 농업인에 해당한다. O X

02 농업법인이 소송 중인 경우에도 농지 소유자는 소유 농지를 위탁경영할 수 있다. O X

03 농지를 취득한 자가 자연재해 · 농지개량 · 질병 등 대통령령이 정하는 정당한 사유 없이 그 농지를 주말 · 체험영농에 이용하지 아니하게 되었다고 시장 · 군수 · 구청장이 인정한 때에는 농지처분사유에 해당한다[상한제: 체험(1천m^2 미만으로 가족구성원 전부임에 유의), 상속(농업에 종사하지 않는 자 1만m^2 이내), 8년 이농(1만m^2 이내)]. O X

04 임대차계약은 그 등기가 없는 경우에도 임차인이 농지소재지를 관할하는 시 · 구 · 읍 · 면의 장의 확인을 받고 해당 농지를 인도받은 경우에는 그 다음 날부터 제3자에 대하여 효력이 생긴다. O X

05 시장 · 군수 또는 구청장은 농지처분명령을 받은 후 농지법령상의 정당한 사유 없이 지정기간까지 그 처분명령을 이행하지 아니한 자에게 해당 농지의 감정가격 또는 개별공시지가 중 더 높은 가액의 100분의 10에 해당하는 이행강제금을 부과한다. O X

정답 01 ○ 02 × 03 ○ 04 ○ 05 ×

02 농업법인이 소송 중인 경우에 농지 소유자는 소유 농지를 위탁경영할 수 없다. 05 농지의 감정가격 또는 개별공시지가 중 더 높은 가액의 100분의 25에 해당하는 이행강제금을 부과한다.

합격생들이 들려주는 이야기

저는 공인중개사 공부를 3개월(8월~10월) 동안 오로지 해커스 인강을 듣고 교재는 해커스 공인중개사 7일완성 핵심요약집과 출제예상문제집을 반복해서 정독했으며 마지막 10월에는 실전모의고사 교재를 주문해서 풀어보면서 실력을 점검했습니다. 공인중개사 시험을 준비하는 수험생 여러분, 공인중개사는 해커스가 최고입니다. 해커스 교수님을 믿고 강의를 듣고 복습한다면 떨어질래야 떨어질 수가 없습니다. 우리나라 최고의 해커스 교수님들을 믿고 공부하면 합격이 보장됩니다.

해커스 직장인 합격생 강*주 님

3과목

부동산공시법령

제1편 공간정보의 구축 및 관리 등에 관한 법률
제2편 부동산등기법

OX문제풀이를 통하여 함정을 피하는 연습을 해보세요.

3과목 부동산공시법령

제1편 공간정보의 구축 및 관리 등에 관한 법률

01	지적소관청은 토지의 이동현황을 직권으로 조사 · 측량하여 토지의 지번 · 지목 · 면적 · 경계 또는 좌표를 결정하려는 때에는 토지이용현황 조사계획을 수립하여야 한다. 이 경우 토지이용현황 조사계획은 시 · 군 · 구별로 수립하되, 부득이한 사유가 있는 때에는 읍 · 면 · 동별로 수립할 수 있다.	O X
02	분할의 경우에는 분할 후의 필지 중 1필지의 지번은 분할 전의 지번으로 하고, 나머지 필지의 지번은 본번의 최종 부번 다음 순번으로 부번을 부여한다.	O X
03	지적확정측량을 실시한 지역에서 부여할 수 있는 종전 지번의 수가 새로 부여할 지번의 수보다 적을 때에는 블록단위로 하나의 본번을 부여한 후 필지별로 부번을 부여하거나, 그 지번부여지역의 최종 본번의 다음 순번부터 본번으로 하여 차례로 지번을 부여할 수 있다.	O X
04	지적소관청은 도시개발사업 등이 준공되기 전에 지번을 부여하는 때에는 도시개발사업 등 신고에 있어서의 사업계획도에 따르되, 지적확정측량 시행지역에 있어서의 지번부여방법에 따라 부여하여야 한다.	O X

정답 01 × 02 ○ 03 ○ 04 ○

01 토지이용현황 조사계획이 아니라, 토지이동현황 조사계획을 수립하여야 한다.

05 용수 또는 배수를 위해 일정한 형태를 갖춘 인공적인 수로 · 둑 및 그 부속시설물의 부지와 자연의 유수(流水)가 있거나 있을 것으로 예상되는 소규모 수로부지는 유지로 한다. O X

06 자동차 등의 주차에 필요한 독립적인 시설을 갖춘 부지와 주차전용 건축물 및 이에 접속된 부속시설물의 부지, 「주차장법」에 따라 시설물의 부지 인근에 설치된 부설주차장은 주차장으로 한다. O X

07 지목을 지적도에 등록하는 경우에 주차장은 '차', 유원지는 '원', 공장용지는 '장', 하천은 '천'으로 표기하여야 한다. O X

08 분할에 따른 지상 경계는 지상건축물을 걸리게 결정해서는 아니 된다. 다만, 법원의 확정판결이 있는 경우에는 그러하지 아니하다. O X

09 도시개발사업 등의 사업시행자가 사업지구의 경계를 결정하기 위하여 토지를 분할하려는 경우에는 지상경계점에 경계점표지를 설치하여 측량할 수 없다. O X

10 토지대장에는 토지의 소재 및 지번, 토지의 고유번호, 토지이동 사유, 지적도의 번호, 필지별 토지대장의 장번호, 축척, 개별공시지가와 그 기준일 등을 등록한다. O X

11 지적도에 경계, 면적, 지적도면의 색인도, 삼각점 및 지적기준점의 위치, 건축물 및 구조물 등의 위치 등을 등록한다. O X

12 경계점좌표등록부를 갖춰 두는 지역의 지적도에는 해당 도면의 제명 끝에 '(좌표)', 좌표에 의하여 계산된 경계점간의 거리, 도곽선의 오른쪽 아래 끝에 '이 도면에 의하여 측량을 할 수 없음'이라고 적어야 한다. O X

정답 05 × 06 ○ 07 ○ 08 ○ 09 × 10 ○ 11 × 12 ○

05 구거로 한다. 09 도시개발사업의 경우에 지상경계점에 경계점표지를 설치하여 측량할 수 있다. 11 지적도에 면적은 등록하지 아니한다.

13 정보처리시스템을 통하여 기록 · 저장된 지적공부(지적도 및 임야도는 제외한다)를 열람하거나 그 등본을 발급받으려는 경우에는 시 · 도지사, 시장 · 군수 또는 구청장이나 읍 · 면 · 동의 장에게 신청할 수 있다. O X

14 지적소관청은 부동산종합공부의 불일치 등록사항에 대하여는 등록사항을 정정하고, 등록사항을 관리하는 기관의 장에게 그 내용을 통지하여야 한다. O X

15 임야대장의 면적과 등록전환될 면적의 차이가 허용범위 이내인 경우에는 등록전환될 면적을 등록전환 면적으로 결정하고, 허용범위를 초과하는 경우에는 임야대장의 면적 또는 임야도의 경계를 지적소관청이 직권으로 정정하여야 한다. O X

16 합병하려는 토지에 소유권 · 지상권 · 전세권 또는 임차권의 등기, 승역지(承役地)에 대한 지역권의 등기 외의 등기가 있는 경우에는 합병할 수 있다. O X

17 지적소관청은 토지가 바다가 된 경우에 토지소유자가 통지를 받은 날부터 90일 이내에 등록말소 신청을 하지 아니하면 직권으로 등록을 말소한다. O X

18 국토교통부장관은 연속지적도의 관리 및 정비에 관한 정책을 수립 · 시행하여야 하며, 지적소관청은 지적도 · 임야도에 등록된 사항에 대하여 토지의 이동 또는 오류사항을 정비한 때에는 이를 연속지적도에 반영하여야 한다. O X

정답 13 × 14 × 15 O 16 × 17 O 18 O

13 시 · 도지사에게 열람이나 그 등본의 발급을 신청할 수 없다. 14 지적소관청은 부동산종합공부의 불일치 등록사항에 대하여는 등록사항을 관리하는 기관의 장에게 정정을 요청하여야 한다. 16 합병하려는 토지에 저당권 등이 있는 경우에 합병할 수 없다.

19 지적소관청은 축척변경을 하려면 축척변경 시행지역의 토지소유자 3분의 2 이상의 동의를 받아 축척변경위원회의 의결을 거친 후 시 · 도지사 또는 대도시 시장의 승인을 받아야 한다. O X

20 수령통지된 청산금에 관하여 이의가 있는 자는 수령통지를 받은 날부터 1개월 이내에 축척변경위원회에 이의신청을 할 수 있다. O X

21 공공사업 등에 따라 학교용지 · 도로 · 철도용지 · 제방 · 하천 · 구거 · 유지 · 수도용지 등의 지목으로 되는 토지인 경우에 해당 사업의 시행자는 토지이동 신청을 대신할 수 있다. O X

22 「도시개발법」에 따른 도시개발사업의 시행자는 그 사업의 착수, 변경 또는 완료 사실의 신고를 그 사유가 발생한 날로부터 15일 이내에 하여야 한다. O X

23 등기부에 적혀 있는 토지의 표시가 지적공부와 일치하지 아니하면 토지소유자를 정리할 수 있다. 이 경우 토지의 표시와 지적공부가 일치하지 아니하다는 사실을 관할 등기관서에 통지하여야 한다. O X

24 지적공부에 등록된 토지표시의 변경사항은 등기관서에서 등기한 것을 증명하는 등기필증, 등기완료통지서, 등기사항증명서 또는 등기관서에서 제공한 등기전산정보자료에 따라 정리한다. O X

25 토지소유자의 신청으로 등록사항을 정정하는 경우 인접 토지의 경계가 변경되는 경우에는 인접 토지소유자의 승낙서 또는 확정판결서 정본을 지적소관청에 제출하여야 한다. O X

26 검사측량과 지적재조사측량은 지적측량수행자에게 측량의뢰한다. O X

정답 19 O 20 × 21 O 22 O 23 × 24 × 25 O 26 ×

20 1개월 이내에 지적소관청에 이의신청을 할 수 있다. 23 등기부와 지적공부의 토지표시가 불일치하면 소유자를 정리할 수 없다. 이 경우에 불부합통지를 하여야 한다. 24 소유자의 변경사항은 등기관련 서류에 따라 정리한다. 26 검사측량과 지적재조사측량은 지적측량수행자에게 의뢰할 수 없다.

27 지적측량수행자는 측량부 · 측량결과도 · 면적측정부, 측량성과 파일 등 측량성과에 관한 자료(전자파일 형태로 저장한 매체 또는 인터넷 등 정보통신망을 이용하여 제출하는 자료를 포함한다)를 지적소관청에 제출하여 그 성과의 정확성에 관한 검사를 받아야 한다. O X

28 지적공부를 정리하지 아니하는 측량으로서 경계복원측량과 지적확정측량은 검사측량을 요하지 아니한다. O X

29 토지소유자, 이해관계인 또는 지적측량수행자는 지적측량성과에 대하여 다툼이 있는 경우에는 관할 시 · 도지사를 거쳐 지방지적위원회에 지적측량 적부심사를 청구할 수 있다. O X

30 시 · 도지사는 지방지적위원회의 의결서를 받은 날부터 5일 이내에 지적측량 적부심사 청구인 및 이해관계인에게 그 의결서를 통지하여야 한다. O X

정답 27 O 28 × 29 O 30 ×

28 경계복원측량과 지적현황측량은 검사측량을 요하지 아니한다. 30 7일 이내에 의결서를 통지한다.

제2편 부동산등기법

01 등기관이 권리의 변경(경정)등기를 할 때에는 부기등기로 하여야 한다. 다만, 등기상 이해관계 있는 제3자의 승낙이 없는 경우에는 그러하지 아니하다. O X

02 권리소멸의 약정, 공유물불분할의 약정 또는 신탁등기의 주의사항의 등기는 주등기로 한다. O X

03 관할 등기소가 다른 여러 개의 부동산과 관련하여 등기목적과 등기원인이 동일하거나 그 밖에 대법원규칙으로 정하는 등기신청이 있는 경우에는 그 중 하나의 관할 등기소에서 해당 신청에 따른 등기사무를 담당할 수 있다. O X

04 대지권이 있는 경우, 1동 건물의 등기기록의 표제부에 대지권의 표시에 관한 사항을 기록한다. O X

05 등기관은 동일한 채권에 관하여 여러 개의 부동산에 관한 권리를 목적으로 하는 저당권설정의 등기를 할 때에 부동산이 5개 이상일 때에는 공동담보목록을 작성하여야 한다. O X

06 「민법」상 조합을 등기의무자로 한 근저당권설정등기는 신청할 수 없지만, 채무자로 표시한 근저당권설정등기는 신청할 수 있다. O X

07 근저당권설정등기 후 소유권이 제3자에게 이전된 경우, 근저당권설정자가 근저당권자와 공동으로 그 근저당권말소등기를 신청할 수 있다. O X

정답 01 ○ 02 × 03 ○ 04 × 05 ○ 06 × 07 ○

02 부기등기로 한다. 04 1동 건물의 등기기록의 표제부에 대지권의 목적인 토지의 표시에 관한 사항을 기록한다. 06 「민법」상 조합은 근저당권등기의 경우에 채무자도 될 수 없다.

08	등기절차의 이행을 명하는 확정판결을 받았다면 확정 후 10년이 경과하면 그 판결에 의한 등기신청을 할 수 없다.	O X
09	甲이 그 소유 부동산을 乙에게 매도하고 사망한 경우, 甲의 단독상속인 丙은 등기의무자로서 甲과 乙의 매매를 원인으로 하여 甲으로부터 乙로의 이전등기를 신청할 수 없다.	O X
10	甲이 乙에게 X부동산을 매도하였다면, 쌍무계약에 의한 소유권이전등기신청은 계약의 효력이 발생한 날로부터 60일 이내에 신청하여야 한다.	O X
11	같은 채권의 담보를 위하여 소유자가 다른 여러 개의 부동산에 대한 저당권설정등기를 신청하는 경우, 1건의 신청정보로 일괄하여 신청할 수 있다.	O X
12	부동산등기법령에서 등기할 수 있는 권리로 규정하고 있는 권리를 보존, 설정, 이전하는 등기, 등기명의인표시경정(변경)등기를 하는 경우에는 등기필정보를 작성하여 교부한다.	O X
13	승소한 등기의무자가 판결에 의한 등기를 신청하는 경우에 자신의 등기필정보를 첨부하여야 하며, 등기완료 후 등기권리자에게 등기필정보를 작성하여 교부한다.	O X
14	전자표준양식에 의한 등기신청의 경우, 자격자대리인(법무사 등)이 아닌 자는 타인을 대리하여 등기를 신청할 수 없다.	O X

정답 08 × 09 × 10 × 11 ○ 12 × 13 × 14 ×

08 확정시기에 관계없이, 즉 10년이 경과하였더라도 등기신청을 할 수 있다. 09 신청할 수 있다(포괄승계인에 의한 등기). 10 쌍무계약은 반대급부의 이행이 완료된 날로부터 60일 이내에 신청하여야 한다. 12 등기명의인표시경정(변경)등기가 아니라 권리자를 추가하는 경정 · 변경등기를 하는 경우 등기필정보를 작성하여 교부한다. 13 승소한 등기의무자가 등기를 신청하는 경우에 자신의 등기필정보를 첨부하지만, 등기완료 후 등기권리자에 등기필정보를 작성 · 교부하지 아니한다. 14 전자표준양식에 의한 등기신청은 방문신청에 해당하므로 대리인의 제한이 없다.

15 관공서의 공매처분으로 인한 권리이전의 등기를 매수인이 신청한 경우, 가압류결정에 의하여 가압류채권자 甲이 乙 소유토지에 대하여 가압류등기를 신청한 경우에는 「부동산등기법」 제29조 제2호 위반에 해당한다. O X

16 저당권자가 저당권설정자의 동의 없이 저당권이전등기를 경료한 경우 저당권설정자는 이의신청을 할 수 있다. O X

17 말소등기신청의 경우에 등기상 이해관계 있는 제3자란 등기의 말소로 인하여 손해를 입을 우려가 있다는 것이 등기기록에 의하여 형식적으로 인정되는 자를 말한다. O X

18 말소할 권리가 전세권 또는 저당권인 경우에 제권판결에 의하지 않고 전세금반환증서 또는 영수증에 의하여 등기권리자가 단독으로 말소등기를 신청할 수 있다. O X

19 등기관이 미등기 부동산에 대하여 법원의 촉탁에 따라 소유권의 처분제한의 등기를 할 때에는 직권으로 소유권보존등기를 하여야 한다(체납처분에 의한 압류의 경우에도 동일하다). O X

20 토지에 대하여 국가를 상대로 한 소유권확인판결에 의해서 자기의 소유권을 증명하는 자는 소유권보존등기를 신청할 수 있다. O X

21 미등기 건물의 건축물대장상 소유자로부터 포괄유증을 받은 자는 자기 명의로 소유권보존등기를 신청할 수 있다. O X

정답 15 ○ 16 × 17 ○ 18 × 19 × 20 ○ 21 ○

16 저당권이전등기는 저당권설정자의 동의를 요하지 아니하므로 저당권설정자는 저당권이전등기에 이의신청을 할 수 없다. 18 전세금반환증서 또는 영수증에 의하여 단독신청할 수 없다. 19 체납처분에 의한 압류의 경우에는 직권에 의한 소유권보존등기의 대상이 아니다.

22 등기된 공유물분할금지기간을 단축하는 약정에 관한 변경등기는 단독으로 신청하여야 한다. O X

23 공유자 중 1인의 지분포기로 인한 소유권이전등기는 단독으로 신청한다. O X

24 상속인이 여러 명인 경우에는 공동상속인 중 일부가 상속등기에 협력하지 않는다 하여 일부 상속등기를 신청할 수 없고, 상속인 전원이 신청하거나 상속인 중 1인이 상속인 모두를 위해 신청할 수 있다. O X

25 2인의 합유자 중 1인이 사망한 경우, 잔존 합유자는 그의 단독소유로 합유명의인 변경등기신청을 할 수 있다. O X

26 등기권리자의 단독신청에 따라 수용으로 인한 소유권이전등기를 하는 경우, 등기관은 그 부동산을 위해 존재하는 지역권의 등기를 직권으로 말소해서는 아니 된다. O X

27 甲 소유토지에 대해 甲과 乙의 가장매매에 의해 乙 앞으로 소유권이전등기가 된 후에 선의의 丙 앞으로 저당권설정등기가 설정된 경우, 甲과 乙은 공동으로 진정명의회복을 원인으로 한 소유권이전등기를 신청할 수 없다. O X

28 신탁등기의 신청은 해당 신탁으로 인한 권리의 이전 또는 보존이나 설정등기의 신청과 함께 1건의 신청정보로 일괄신청하여야 한다. O X

정답 22 × 23 × 24 O 25 O 26 O 27 × 28 O

22 공유물분할금지기간을 단축하는 약정의 변경등기는 공동신청한다. 23 지분포기로 인한 이전등기는 지분포기자와 잔존소유자가 공동신청한다. 27 丙의 승낙이 없어서 말소등기를 못하는 경우에는 진정명의회복을 위한 소유권이전등기를 신청할 수 있다.

29 법원이 신탁관리인 선임의 재판을 한 경우, 그 신탁관리인은 지체 없이 신탁원부 기록의 변경등기를 신청하여야 한다. O X

30 전세금반환채권의 일부양도를 원인으로 하는 전세권 일부이전등기의 신청은 전세권소멸의 증명이 없는 한, 전세권 존속기간 만료 전에는 할 수 없다. O X

31 전세권설정등기가 된 후에 건물전세권의 존속기간이 만료되어 법정갱신이 된 경우, 甲은 존속기간 연장을 위한 변경등기를 하지 않아도 그 전세권에 대한 저당권설정등기를 할 수 있다. O X

32 근저당권설정등기의 경우에 채권최고액과 채무자에 관한 사항은 필요적 기록사항이지만, 변제기는 임의적 기록사항이다. O X

33 규약상 공용부분인 뜻의 등기신청이 있는 경우에 등기관이 그 등기를 할 때에는 그 등기기록 중 표제부에 공용부분이라는 뜻을 기록하고 각 구의 소유권과 그 밖의 권리에 관한 등기를 말소하는 표시를 하여야 한다. O X

34 등기관이 구분건물의 대지권등기를 하는 경우에는 대지권의 목적인 토지의 등기기록의 표제부에 대지권 뜻의 등기를 직권으로 기록하여야 한다. O X

정답 29 × 30 O 31 × 32 × 33 O 34 ×

29 법원은 신탁관리인의 선임 또는 해임의 재판을 한 경우, 지체 없이 신탁원부 기록의 변경등기를 등기소에 촉탁하여야 한다. 31 건물전세권이 법정갱신된 경우에도 등기하지 않으면 처분하지 못하므로, 갱신된 전세권을 다른 사람에게 담보를 제공하기 위해서는 먼저 전세권의 존속기간을 변경하는 등기를 하여야 한다. 32 근저당권설정등기는 존속기간이 임의적 기록사항이고, 저당권설정등기의 경우에 변제기가 필요적 기록사항이다. 34 대지권 뜻의 등기는 토지등기기록의 해당구에 직권으로 한다.

35 대지권이 등기된 구분건물의 등기기록에는 건물만을 목적으로 하는 저당권설정등기를 하지 못한다. O X

36 가등기를 명하는 가처분명령은 가등기의무자의 주소지를 관할하는 지방법원이 가등기권리자의 신청으로 가등기 원인사실의 소명이 있는 경우에 할 수 있다. O X

37 사인증여로 인하여 발생한 소유권이전등기청구권을 보전하기 위한 가등기는 할 수 없다. O X

38 소유권이전등기청구권 보전의 가등기에 의하여 소유권이전의 본등기를 한 경우, 가등기 후 본등기 전에 마쳐진 해당 가등기상 권리를 목적으로 하는 가압류등기는 등기관이 직권으로 말소한다. O X

39 처분금지가처분이 등기된 부동산에 대하여는 소유권이전등기를 신청할 수 있다. O X

40 가처분등기는 청구금액을 기재하여야 하지만, 가압류등기는 기재하지 아니한다. O X

정답 35 O 36 × 37 × 38 × 39 O 40 ×

36 가등기가처분명령은 부동산소재지를 관할하는 지방법원에 신청한다. 37 가등기는 권리의 설정·이전·변경 또는 소멸의 청구권이 시기부 또는 정지조건부인 때에도 할 수 있으므로, 가등기를 신청할 수 있다. 38 해당 가등기상 권리를 목적으로 하는 가압류등기는 직권말소할 수 없다. 40 가압류등기는 청구금액을 기재하지만 가처분등기는 청구금액을 기재하지 아니한다.

MEMO

합격생들이 들려주는 이야기

아직도 시험날의 당혹스러움과 긴장감은 잊혀지지가 않아요. 가답안을 맞춰보기 전까지 포기 상태였는데 여유 있게 커트라인을 넘기고 동차 합격할 수 있었습니다. 이제와 돌이켜 보면, 해커스 실전모의고사가 아니었다면 더욱 실력발휘를 못하고 한끝차이로 불합격했을 수도 있었겠다는 아찔한 생각이 듭니다. 모의고사를 통해서 실제 시험과 유사한 환경을 갖추고, 시간 내에 마킹까지 완료하는 연습과 훈련이 정말 시험 당일에 큰 도움이 됐습니다.

저에게 맞는 문제 푸는 방법, 순서, 고쳐야 할 버릇, 시간 안배, 마킹 요령, 찍는 방법 등을 익히고 연습했던 부분이 정말 큰 도움이 되었고 합격의 신의 한수였다고 느끼는 부분이었습니다. 여러분도 꼭 해커스 실전모의고사를 놓치지 마세요.

해커스 30대 합격생 강*삼 님

4과목

부동산세법

제1편 조세총론
제2편 지방세
제3편 국세

OX문제풀이를 통하여 함정을 피하는 연습을 해보세요.

4과목 부동산세법

제1편 조세총론, 제2편 지방세

01	5,000만원(가산세를 제외한 금액)의 지방세의 징수를 목적으로 하는 지방자치단체의 권리는 이를 행사할 수 있는 때부터 5년간 행사하지 않으면 소멸시효가 완성된다.	O X
02	재산세와 지역자원시설세(소방분), 종합부동산세는 부동산 보유단계에서만 과세되는 조세이다.	O X
03	부동산임차권, 전세권, 지상권, 지역권, 아파트당첨권은 모두 취득세 과세대상이 아니다.	O X
04	관계 법령에 따른 택지공사가 준공된 토지에 정원 또는 부속시설물 등을 조성·설치하는 경우로서 건축물을 건축하면서 그 건축물에 부수되는 정원 등을 조성하는 경우에는 그 정원 등은 건축물을 취득하는 자가 취득한 것으로 본다.	O X
05	상속으로 취득한 경우 취득세 과세표준은 시가인정액으로 한다.	O X
06	무주택 1가구가 조정대상지역 내 1주택을 6억원에 유상승계취득하는 경우 취득세 표준세율은 1,000분의 10이다.	O X

정답 01 × 02 ○ 03 ○ 04 ○ 05 × 06 ○

01 5,000만원(가산세를 제외한 금액)의 지방세의 징수를 목적으로 하는 지방자치단체의 권리는 이를 행사할 수 있는 때부터 10년간 행사하지 않으면 소멸시효가 완성된다. 05 상속으로 취득한 경우 취득세 과세표준은 시가표준액으로 한다.

07 건축물을 증축하는 경우로서 증축으로 건축물 면적이 증가할 때에는 그 증가된 부분에 대하여 원시취득으로 보아 표준세율인 1,000분의 28을 적용한다. O X

08 취득세가 경감된 과세물건이 추징대상이 된 때에는 그 사유발생일로부터 60일 이내에 그 산출세액에서 이미 납부한 세액(가산세 제외)을 공제한 세액을 신고 · 납부하여야 한다. O X

09 취득세의 과세표준은 취득당시가액을 기준으로 하고 부동산에 대한 등록에 대한 등록면허세 과세표준(취득을 원인으로 하는 경우는 아님)은 등록당시가액으로 한다. O X

10 증여(부담부증여 포함)를 원인으로 취득하는 경우에 취득세는 취득일로부터 60일 이내에 신고납부하여야 한다. O X

11 부동산을 취득하여 등기하는 경우에 취득세와 등록면허세 모두 취득일로부터 60일 이내에 신고납부하여야 한다. O X

12 취득세 부과제척기간이 경과한 물건의 등기 · 등록에 대한 등록면허세 과세표준은 등록당시가액과 취득당시가액 중 낮은 가액으로 한다. O X

13 재산세 과세대상인 토지는 「공간정보의 구축 및 관리에 관한 법률」에 의하여 지적공부의 등록대상이 되는 토지와 그 밖에 사용되고 있는 사실상의 토지를 말하며 주택에 부속된 토지는 제외한다. O X

정답 07 O 08 O 09 O 10 × 11 × 12 × 13 O

10 증여(부담부증여 포함)를 원인으로 취득하는 경우에 취득세는 취득일이 속하는 달의 말일부터 3개월 이내에 신고납부하여야 한다. 11 부동산을 취득하여 등기하는 경우에 취득세는 취득일로부터 60일 이내에 신고납부하여야 하지만, 등록면허세는 등록하기 전까지이다. 12 취득세 부과제척기간이 경과한 물건의 등기 · 등록에 대한 등록면허세 과세표준은 등록당시가액과 취득당시가액 중 높은 가액으로 한다.

14	지방자치단체의 장은 재산세의 납부세액이 250만원을 초과하는 경우에는 대통령령으로 정하는 바에 따라 납부할 세액의 일부를 납부기한이 지난 날부터 3개월 이내에 분할납부하게 할 수 있다.	O X
15	「건축법」 등 관계 법령에 따라 허가 등을 받아야 할 건축물로서 허가 등을 받지 아니하거나 사용승인을 받지 아니하고 주거용으로 사용 중인 건축물의 면적이 전체 건축물 면적의 100분의 50 이상인 경우에는 그 건축물을 주택으로 보지 아니하고 그 부속토지는 종합합산대상에 해당하는 토지로 본다.	O X
16	고지서 1장당 재산세로 징수할 세액이 2,000원인 경우에 해당 재산세를 징수하지 아니한다.	O X
17	재산세를 징수하려면 토지, 건축물, 주택, 선박 및 항공기로 구분한 납세고지서에 과세표준과 세액을 적어 늦어도 납기개시 5일 전까지 발급하여야 한다.	O X
18	「신탁법」 제2조에 따른 수탁자의 명의로 등기 또는 등록된 신탁재산의 경우에는 수탁자가 재산세 납세의무를 진다. 이 경우 수탁자가 신탁재산을 소유한 것으로 본다.	O X

정답 14 ○ 15 ○ 16 × 17 ○ 18 ×

16 고지서 1장당 재산세로 징수할 세액이 2,000원 미만인 경우에 징수하지 않으므로, 2,000원인 경우에는 해당 재산세를 징수한다. 18 「신탁법」 제2조에 따른 수탁자의 명의로 등기 또는 등록된 신탁재산의 경우에는 위탁자가 재산세 납세의무를 진다. 이 경우 위탁자가 신탁재산을 소유한 것으로 본다.

제3편 국세

01 2025년도 종합부동산세는 원칙적으로 납세고지서에 따른 납부기한까지 완납하지 아니한 경우에 법정납부기한까지 납부하지 아니한 세액 또는 과소납부한 세액의 3%의 금액과 법정납부기한의 다음 날부터 1일 0.022%의 금액을 합한 금액을 납부지연가산세로 부과한다. 단, 초과환급은 없는 경우이다. O X

02 1세대 1주택자에 대해 연령별 및 보유기간별 세액공제는 100분의 80의 범위 내에서 중복공제가 허용된다. O X

03 혼인함으로써 1세대를 구성하는 경우에는 혼인한 날부터 10년 동안은 주택 또는 토지를 소유하는 자와 그 혼인한 자별로 각각 1세대로 본다. O X

04 주택에 대해 종합부동산세를 부과하는 경우에 개인 소유와 법인 소유 주택 모두 7단계 초과누진세율을 적용한다. O X

05 부동산임차권은 등기된 부동산임차권이 양도소득세 과세대상이 되며, 등기되지 않은 부동산임차권은 양도소득세 과세대상이 아니다. O X

06 이축권의 가액을 별도로 평가하여 구분신고하는 경우는 양도소득세 과세대상이 된다. O X

정답 01 ○ 02 ○ 03 ○ 04 × 05 ○ 06 ×

04 개인 소유 주택의 경우에는 7단계 초과누진세율을 적용하지만, 법인(사회적 기업 등 초과누진세율 대상 제외) 소유 주택의 경우에는 주택 수에 따라 2.7%와 5%의 비례세율이 적용된다. 06 부동산과 함께 양도하는 「개발제한구역의 지정 및 관리에 관한 특별조치법」 제12조 제1항 제2호 및 제3호의2에 따른 이축을 할 수 있는 권리(이축권)는 양도소득세 과세대상이다. 다만, 해당 이축권 가액을 별도로 평가하여 구분 신고하는 경우에는 기타소득으로 과세한다.

07	「지적재조사에 관한 특별법」 제18조에 따른 경계의 확정으로 지적공부상의 면적이 감소되어 지급받은 조정금은 양도소득세를 비과세한다.	O X
08	환산취득가액은 양도가액을 추계할 경우에는 적용되지만, 취득가액을 추계할 경우에는 적용되지 않는다.	O X
09	취득 당시 실지거래가액을 확인할 수 없어서 추계조사결정하는 경우에는 매매사례가액, 환산취득가액, 감정가액, 기준시가를 순차로 적용하여 산정한 가액을 취득가액으로 한다.	O X
10	「지적재조사에 관한 특별법」 제18조에 따른 경계의 확정으로 지적공부상의 면적이 증가되어 징수한 조정금은 취득가액에 포함한다.	O X
11	양도소득세가 과세되는 1세대 1주택의 장기보유특별공제는 양도차익에 보유기간에 대해서만 연 8%씩의 공제율을 적용한다.	O X
12	부담부증여의 채무액에 해당하는 부분으로서 양도로 보는 경우에는 그 양도일이 속하는 달의 말일부터 3개월 이내에 예정신고하여야 한다.	O X

정답 07 O 08 × 09 × 10 × 11 × 12 O

08 환산취득가액은 취득가액을 추계할 경우에는 적용되지만, 양도가액을 추계할 경우에는 적용되지 않는다. 09 취득 당시 실지거래가액을 확인할 수 없어서 추계조사결정하는 경우에는 매매사례가액, 감정가액, 환산취득가액, 기준시가를 순차로 적용하여 산정한 가액을 취득가액으로 한다. 10 「지적재조사에 관한 특별법」 제18조에 따른 경계의 확정으로 지적공부상의 면적이 증가되어 징수한 조정금은 취득가액에 포함하지 아니한다. 11 양도소득세가 과세되는 1세대 1주택의 장기보유특별공제는 양도차익에 보유기간별로 연 4%와 거주기간별로 연 4%를 합한 공제율을 적용한다.

학습일자: ______/______

2025년도 제36회 공인중개사 2차 국가자격시험

실전모의고사 제4회

교 시	문제형별	시 간	시 험 과 목
2교시	A	50분	① 부동산 공시에 관한 법령 및 부동산 관련 세법

수험번호		성 명	

【 수험자 유의사항 】

1. **시험문제지는 단일 형별(A형)이며, 답안카드 형별 기재란에 표시된 형별(A형)을 확인하시기 바랍니다.** 시험문제지의 **총면수, 문제번호 일련순서, 인쇄상태** 등을 확인하시고, 문제지 표지에 수험번호와 성명을 기재하시기 바랍니다.
2. 답은 각 문제마다 요구하는 **가장 적합하거나 가까운 답 1개**만 선택하고, 답안카드 작성 시 시험문제지 **형별누락, 마킹착오**로 인한 불이익은 전적으로 **수험자에게 책임**이 있음을 알려드립니다.
3. 답안카드는 국가전문자격 공통 표준형으로 문제번호가 1번부터 125번까지 인쇄되어 있습니다. 답안 마킹 시에는 반드시 **시험문제지의 문제번호와 동일한 번호에 마킹**하여야 합니다. (2차 2교시: 1번~40번)
4. **감독위원의 지시에 불응하거나 시험시간 종료 후 답안카드를 제출하지 않을 경우** 불이익이 발생할 수 있음을 알려 드립니다.
5. 시험문제지는 시험 종료 후 가져가시기 바랍니다.
6. 답안작성은 **시험 시행일(2025.10.25.) 현재 시행되는 법령 등**을 적용하시기 바랍니다.
7. 가답안 의견제시에 대한 개별회신 및 공고는 하지 않으며, **최종 정답 발표로 갈음**합니다.
8. 시험 중 **중간 퇴실은 불가**합니다. 단, 부득이하게 퇴실할 경우 **시험포기각서 제출 후 퇴실은 가능**하나 **재입실이 불가**하며, **해당시험은 무효처리됩니다.**

해커스 공인중개사

제1과목: 부동산 공시에 관한 법령 및 부동산 관련 세법

1. 지적확정측량을 실시한 지역의 지번부여방법에 관한 설명으로 틀린 것은?
   ① 지적확정측량을 실시한 지역의 각 필지에 지번을 새로 부여하는 경우에는 원칙적으로 본번으로 부여한다.
   ② 지적확정측량을 실시한 지역의 종전의 지번과 지적확정측량을 실시한 지역 밖에 있는 본번이 같은 지번이 있을 때에는 그 지번은 부여할 수 있다.
   ③ 부여할 수 있는 종전 지번의 수가 새로 부여할 지번의 수보다 적을 때에는 블록 단위로 하나의 본번을 부여한 후 필지별로 부번을 부여할 수 있다.
   ④ 부여할 수 있는 종전 지번의 수가 새로 부여할 지번의 수보다 적을 때에는 그 지번부여지역의 최종 본번 다음 순번부터 본번으로 차례로 지번을 부여할 수 있다.
   ⑤ 행정구역 개편에 따라 새로 지번을 부여할 때, 축척변경 시행지역의 필지에 지번을 부여할 때에는 지적확정측량의 방법을 준용한다.

2. 다음 중 지목의 정식명칭이 틀린 것은?
   ① 공원용지　　② 주유소용지
   ③ 체육용지　　④ 공장용지
   ⑤ 목장용지

3. 지목에 관한 설명으로 옳은 것은?
   ① 바닷물을 끌어들여 소금을 채취하기 위하여 조성된 토지와 이에 접속된 제염장 등 부속시설물의 부지, 동력으로 바닷물을 끌어들여 소금을 제조하는 공장시설물의 부지는 '염전'으로 한다.
   ② 자동차 등의 주차에 필요한 독립적인 시설을 갖춘 부지와 주차전용 건축물 및 이에 접속된 부속시설물의 부지, 「주차장법」 제19조 제4항에 따라 시설물의 부지 인근에 설치된 부설주차장은 '주차장'으로 한다.
   ③ 석유 · 석유제품, 액화석유가스, 전기 또는 수소 등의 판매를 위하여 일정한 설비를 갖춘 시설물의 부지와 자동차 등의 정비공장 안에 설치된 급유 · 송유시설 등의 부지는 '주유소용지'로 한다.
   ④ 물을 상시적으로 직접 이용하여 벼 · 연(蓮) · 미나리 · 왕골 등의 식물을 주로 재배하는 토지는 '유지'로 한다.
   ⑤ 일반 공중의 위락 · 휴양 등에 적합한 시설물을 종합적으로 갖춘 수영장 · 유선장 · 낚시터 · 어린이놀이터 · 경마장 · 야영장 등의 토지와 이에 접속된 부속시설물의 부지는 '공원'으로 한다.

4. 각종 지적공부의 등록사항을 연결한 것으로 틀린 것은?
   ① 토지대장 - 토지의 소재, 지번, 지목, 토지이동의 사유, 개별공시지가와 기준일
   ② 공유지연명부 - 토지의 소재와 지번, 토지의 고유번호, 소유권 지분
   ③ 대지권등록부 - 소유권 지분, 대지권 비율, 소유자에 관한 사항
   ④ 지적도 - 지적기준점의 위치, 건축물의 위치, 도면의 색인도, 도곽선과 그 수치
   ⑤ 경계점좌표등록부 - 부호 및 부호도, 면적, 좌표, 토지의 고유번호

5. 지적공부의 보존 등에 관한 설명으로 옳은 것은?
   ① 정보처리시스템을 통하여 기록 · 저장된 지적공부(지적도 및 임야도는 제외한다)를 열람하거나 그 등본을 발급받으려는 경우에는 특별자치시장, 시장 · 군수 또는 구청장이나 읍 · 면 · 동의 장에게 신청할 수 있다.
   ② 국토교통부장관은 지적공부를 정보처리시스템을 통하여 기록 · 저장한 경우 그 지적공부를 지적정보관리체계에 영구히 보존하여야 한다.
   ③ 지적전산자료를 신청하려는 자는 지적전산자료의 이용 또는 활용 목적 등에 관하여 미리 국토교통부장관의 심사를 받아야 한다.
   ④ 부동산종합공부에 부동산의 권리에 관한 사항은 등록하지 아니한다.
   ⑤ 지적소관청은 부동산종합공부의 불일치 등록사항에 대해서는 등록사항을 정정하고 등록사항을 관리하는 기관의 장에게 그 내용을 통지한다.

6. 다음 지적예규와 관련된 설명 중 틀린 것을 모두 고른 것은?

> ㄱ. 공장부지 조성을 목적으로 농지전용허가를 받아 토지의 형질변경 공사가 완료된 경우에는 공장용지로 지목변경을 할 수 있다.
> ㄴ. 구 「지적법」상 분필절차를 거치지 아니한 분필등기도 1부동산 1등기기록 원칙상 유효이다.
> ㄷ. 주거지역 내에 무허가 주택이 있는 지목이 '전'인 토지는 형질변경 절차 없이 지목을 '대'로 변경할 수 없다.
> ㄹ. 지적소관청의 토지지목변경 거부처분은 행정소송의 대상이 되는 행정처분이다.

   ① ㄱ, ㄴ　　② ㄱ, ㄷ
   ③ ㄴ, ㄷ　　④ ㄴ, ㄹ
   ⑤ ㄷ, ㄹ

7. **공간정보의 구축 및 관리 등에 관한 법령상 토지의 이동 신청 및 지적정리 등에 관한 설명으로 틀린 것은?**
① 임야대장의 면적과 등록전환될 면적의 차이가 오차허용범위를 초과하는 경우에는 임야대장의 면적을 지적소관청이 직권정정한 후 등록전환을 하여야 한다.
② 해당 토지에 대한 분할이 개발행위 허가 등의 대상인 경우에는 개발행위 허가 등을 받은 이후에 분할을 신청할 수 있다.
③ 지적소관청은 바다로 된 토지의 등록말소 신청을 하도록 통지받은 토지소유자가 그 통지를 받은 날로부터 90일 이내에 등록말소 신청을 하지 아니하면 등록을 말소한다.
④ 토지이동 신청의 경우에 지적측량성과를 지적소관청에 제출하여야 한다.
⑤ 지적소관청이 지적정리의 통지를 받을 자의 주소나 거소를 알 수 없는 경우에는 일간신문, 해당 시 · 군 · 구의 공보 또는 인터넷 홈페이지에 공고하여야 한다.

8. **축척변경에 관한 설명 중 틀린 것은?**
① 합병하려는 토지가 축척이 다른 지적도에 각각 등록되어 있어 축척변경을 하는 경우에도 축척변경위원회의 의결과 시 · 도지사 또는 대도시 시장의 승인을 받아야 한다.
② 지적소관청은 축척변경측량을 한 결과 측량 전에 비하여 면적의 증감이 있는 경우에 토지소유자 전원이 청산하지 아니하기로 합의하여 서면으로 제출한 때에는 청산을 하지 아니한다.
③ 지적소관청이 청산을 할 때에는 축척변경위원회의 의결을 거쳐 지번별로 제곱미터당 금액을 정하여야 한다.
④ 지적소관청은 축척변경시행기간 중에는 축척변경시행지역 안의 지적공부정리와 경계복원측량(경계점표지의 설치를 위한 경계복원측량을 제외)을 축척변경 확정공고일까지 정지하여야 한다.
⑤ 축척변경위원회의 의결 및 시 · 도지사 등의 승인 절차를 거치지 아니하고 축척을 변경하는 경우에는 각 필지별 지번 · 지목 및 경계는 종전의 지적공부에 따르고, 면적만 새로 정하여야 한다.

9. **「공간정보의 구축 및 관리 등에 관한 법률」상 도시개발사업 등 시행에 따른 토지이동 신청에 관한 설명으로 틀린 것은?**
① 도시개발사업과 관련하여 토지의 이동이 필요한 경우에는 해당 사업의 시행자가 지적소관청에 토지의 이동을 신청하여야 한다.
② 「주택법」에 따른 주택건설사업의 착수 · 변경 또는 완료 사실의 신고는 그 사유가 발생한 날부터 15일 이내에 하여야 한다.
③ 사업의 착수 또는 변경의 신고가 된 토지의 소유자가 해당 토지의 이동을 원하는 경우에는 해당 사업의 시행자에게 그 토지의 이동을 신청하도록 요청하여야 한다.
④ 도시개발사업에 따른 토지의 이동 신청은 그 신청대상지역이 환지를 수반하는 경우에는 사업완료 신고와 별도로 하여야 한다.
⑤ 「농어촌정비법」에 따른 농어촌정비사업의 사업시행자가 지적소관청에 토지의 이동을 신청한 경우 토지의 이동은 토지의 형질변경 등의 공사가 준공된 때에 이루어진 것으로 본다.

10. **지적소관청이 지적공부의 등록사항에 잘못이 있는지를 직권으로 조사 · 측량하여 정정할 수 있는 경우에 해당하는 것을 모두 고른 것은?**

ㄱ. 토지이동정리 결의서의 내용과 다르게 정리된 경우
ㄴ. 지적도 및 임야도에 등록된 필지가 면적의 증감 없이 경계의 위치만 잘못된 경우
ㄷ. 지적측량성과와 다르게 정리된 경우
ㄹ. 지적측량 적부심사의결서에 따라 지적공부의 등록사항을 정정하여야 하는 경우

① ㄱ, ㄴ, ㄷ　② ㄱ, ㄴ, ㄹ
③ ㄱ, ㄷ, ㄹ　④ ㄴ, ㄷ, ㄹ
⑤ ㄱ, ㄴ, ㄷ, ㄹ

11. **지적기준점의 표지 및 성과에 관한 설명으로 틀린 것은?**
① 시 · 도지사나 지적소관청은 지적기준점성과와 그 측량기록을 보관하고 일반인이 열람할 수 있도록 하여야 한다.
② 지적기준점성과의 등본이나 그 측량기록의 사본을 발급받으려는 자는 시 · 도지사에게 그 발급을 신청하여야 한다.
③ 지적소관청이 지적삼각점을 설치하거나 변경하였을 때에는 그 측량성과를 시 · 도지사에게 통보하여야 한다.
④ 지적삼각점성과의 열람신청은 시 · 도지사 또는 지적소관청에 신청하여야 한다.
⑤ 지적삼각점성과는 시 · 도지사가 관리하고, 지적삼각보조점성과 및 지적도근점성과는 지적소관청이 관리한다.

12. 중앙지적위원회의 구성 및 운영에 관한 설명으로 틀린 것은?
① 중앙지적위원회의 간사는 국토교통부의 지적업무 담당 공무원 중에서 국토교통부장관이 임명한다.
② 중앙지적위원회 위원은 지적에 관한 학식과 경험이 풍부한 사람 중에서 국토교통부 지적 업무 담당 국장이 임명하거나 위촉한다.
③ 중앙지적위원회의 위원이 해당 안건의 당사자와 친족이거나 친족이었던 경우에는 중앙지적위원회의 심의·의결에서 제척(除斥)된다.
④ 중앙지적위원회는 관계인을 출석하게 하여 의견을 들을 수 있으며, 필요하면 현지조사를 할 수 있다.
⑤ 위원장이 중앙지적위원회의 회의를 소집할 때에는 회의 일시·장소 및 심의 안건을 회의 5일 전까지 각 위원에게 서면으로 통지하여야 한다.

13. 등기의 대상에 관한 설명으로 옳은 것을 모두 고른 것은?

ㄱ. 1필의 토지의 일부를 목적으로 하는 저당권이나 지상권은 등기할 수 있다.
ㄴ. 「하천법」상의 하천으로 편입된 토지에 대해서는 소유권이전등기나 저당권설정등기를 할 수 있다.
ㄷ. 공작물대장에 등재된 해상관광용 호텔선박은 건물등기부에 등기할 수 있다.
ㄹ. 주위토지통행권의 확인판결을 받았더라도, 이 통행권은 등기할 수 없다.
ㅁ. 아파트 분양약관상의 일정기간 전매금지특약은 등기할 수 없다.

① ㄱ, ㄷ
② ㄱ, ㄹ
③ ㄴ, ㄹ
④ ㄴ, ㄷ, ㅁ
⑤ ㄴ, ㄹ, ㅁ

14. 개정된 등기규칙에 관한 설명 중에서 틀린 것은?
① 대법원장은 등기소에서 전산정보처리조직을 이용한 등기사무의 처리가 어려운 경우에는 그 등기소(비상등기소)에서 정상적인 등기사무의 처리를 위해 필요한 처분을 명할 수 있다.
② 신청정보 및 첨부정보는 보조기억장치에 저장하여 보존하여야 한다. 보조기억장치에 저장한 정보의 보존기간은 5년으로 하고, 해당 연도의 다음 해부터 기산한다.
③ 접수번호는 대법원예규에서 정하는 바에 따라 각급 등기소마다 별도로 부여하되, 매년 새로 부여하여야 한다.
④ 인감증명을 제출하여야 하는 자는 인감증명을 제출하는 대신 신청서 등에 서명을 하고 본인서명사실확인서를 제출하거나 전자본인서명확인서의 발급증을 제출할 수 있다.
⑤ 사용자등록의 유효기간은 3년으로 한다. 다만, 자격자대리인 외의 자의 경우에는 대법원예규로 정하는 바에 따라 그 기간을 단축할 수 있다.

15. 판결에 의한 등기에 관한 다음 설명 중 틀린 것은?
① 패소한 등기의무자는 그 판결에 기하여 직접 등기권리자 명의의 등기신청을 하거나 승소한 등기권리자를 대위하여 등기신청을 할 수 없다.
② 공유물분할판결이 확정되면 그 소송 당사자는 원·피고인지 여부에 관계없이 그 확정판결을 첨부하여 등기권리자 또는 등기의무자 단독으로 공유물분할을 원인으로 한 지분이전등기를 신청할 수 있다.
③ 등기절차의 이행을 명하는 판결주문에 등기원인과 그 연월일이 명시되어 있지 아니한 경우 등기신청서에는 등기원인은 "확정판결"로, 그 연월일은 "판결선고일"을 기재한다.
④ 판결에 의한 등기를 신청함에 있어 등기원인증서로서 판결정본과 그 판결이 확정되었음을 증명하는 확정증명서를 첨부하여야 한다.
⑤ 소유권이전등기를 신청할 때에는 해당 허가서 등의 현존사실이 판결서 등에 기재되어 있는 경우에는 행정관청의 허가 등을 증명하는 서면을 제출하지 아니한다.

16. 등기신청정보에 관한 설명으로 틀린 것은?
① 동일한 관할 등기소에 있는 여러 개의 부동산에 관한 등기를 신청하는 경우에 등기목적과 등기원인이 동일한 경우에 동일한 신청정보로 등기를 신청할 수 있다.
② 임의적 기록사항은 등기원인정보에 기록한 경우에는 신청정보에도 이를 기록할 수 있다.
③ 같은 채권의 담보를 위하여 소유자가 다른 여러 개의 부동산에 대한 저당권설정등기를 신청하는 경우, 1건의 신청정보로 일괄하여 신청할 수 있다.
④ 등기신청정보에 등기권리자가 법인인 때에는 그 명칭과 사무소 소재지, 부동산등기용 등록번호와 그 대표자의 성명과 주소를 함께 기록하여야 한다.
⑤ 서면에 적은 문자의 정정, 삽입 또는 삭제를 한 경우에는 그 글자 수를 난외에 적으며 문자의 앞뒤에 괄호를 붙이고 이에 날인 또는 서명하여야 한다.

17. 등기관이 등기권리자의 신청에 의하여 등기를 하는 때에는 등기필정보를 작성하여야 한다. 그러나 등기명의인이 신청하지 않고 등기를 하는 경우에는 등기명의인을 위한 등기필정보를 작성하지 아니한다. 등기필정보를 작성하지 않는 경우를 모두 고른 것은?

> ㄱ. 승소한 등기권리자의 신청에 의한 등기
> ㄴ. 채권자대위에 의한 등기
> ㄷ. 등기관의 직권에 의한 보존등기
> ㄹ. 공동상속인 중 일부가 신청한 상속등기와 같이 공유자 중 일부가 공유자 전원을 등기권리자로 하여 신청한 권리에 관한 등기(신청인 및 등기명의인을 위한 등기필정보로 한정)

① ㄱ, ㄴ ② ㄱ, ㄹ
③ ㄴ, ㄷ ④ ㄴ, ㄹ
⑤ ㄷ, ㄹ

18. 다음 중 부동산등기신청의 각하사유에 해당하는 것을 모두 고른 것은?

> ㄱ. 공동상속인 중 1인이 신청한 자기지분만의 상속등기
> ㄴ. 미등기부동산의 공유자 중 1인이 자기지분만에 대한 소유권보존등기 신청
> ㄷ. 공동가등기권리자 중 1인이 신청한 자기지분만의 본등기
> ㄹ. 여러 명의 포괄적 수증자 중 1인이 신청한 자기지분만의 소유권이전등기

① ㄱ, ㄴ ② ㄱ, ㄷ
③ ㄴ, ㄷ ④ ㄴ, ㄹ
⑤ ㄷ, ㄹ

19. 등기관의 처분에 대한 이의신청에 관한 설명 중 틀린 것은?

① 등기관은 이의가 이유 없다고 인정하면 이의신청일부터 3일 이내에 의견을 붙여 이의신청서를 관할 지방법원에 보내야 한다.
② 저당권설정자는 저당권의 양수인과 양도인 사이의 저당권이전의 부기등기에 대하여 이의신청을 할 수 있다.
③ 상속인이 아닌 자는 상속등기가 위법하다 하여 이의신청을 할 수는 없다.
④ 관할 지방법원은 이의신청에 대하여 결정하기 전에 등기관에게 가등기 또는 이의가 있다는 뜻의 부기등기를 명령할 수 있다.
⑤ 법원에서 말소등기의 기록명령이 있었으나 그 기록명령에 따른 등기 전에 등기상 이해관계인이 발생한 경우에는 등기할 수 없다.

20. 소유권이전에 관한 등기와 관련한 다음 설명 중 옳은 것을 모두 고른 것은?

> ㄱ. "○년 ○월 ○일 취득시효 완성을 원인으로 한 소유권이전등기절차를 이행하라."는 주문이 기재된 판결 정본을 등기원인정보로 소유권이전등기를 신청하는 경우에 그 연월일은 주문에 기재된 '취득시효완성일'로 하여 제공하면 된다.
> ㄴ. 수인의 공유자가 수인에게 지분의 전부 또는 일부를 이전하는 경우의 등기신청은 일괄신청할 수 있다.
> ㄷ. 관공서가 공매처분을 한 경우에 등기권리자의 청구를 받으면 지체 없이 공매처분으로 인한 권리이전의 등기와 공매처분으로 인하여 소멸한 권리등기의 말소등기를 등기소에 촉탁하여야 한다.
> ㄹ. 국가 또는 지방자치단체가 등기권리자인 경우에는 국가 또는 지방자치단체는 등기의무자의 승낙을 받아 해당 등기를 지체 없이 등기소에 촉탁하여야 한다.

① ㄱ, ㄴ, ㄷ
② ㄱ, ㄴ, ㄹ
③ ㄱ, ㄷ, ㄹ
④ ㄴ, ㄷ, ㄹ
⑤ ㄱ, ㄴ, ㄷ, ㄹ

21. 용익권등기에 관한 다음 설명 중 틀린 것은?

① 임차권등기명령에 의한 주택임차권등기가 경료된 경우에는 그 등기에 기초한 임차권이전등기나 임차물전대등기를 할 수 없다.
② 이미 전세권설정등기가 마쳐진 주택에 대하여 동일인을 권리자로 하는 법원의 주택임차권등기명령에 따른 촉탁등기는 이를 수리할 수 있다.
③ 전세권의 존속기간을 단축하는 전세권변경등기를 신청하는 경우 전세권자가 등기의므자가 되고 전세권설정자가 등기권리자가 된다.
④ 등기기록상 존속기간이 만료된 전세권에 대하여 전세금을 변경하는 등기를 하기 위해서는 먼저 존속기간 변경등기를 하여야 한다.
⑤ 대지권등기가 된 구분건물에 대하여 대지권까지 포함한 전세권설정등기의 신청이 있는 경우 등기관은 그 신청을 수리하여야 한다.

22. (근)저당권등기에 관한 다음 설명 중 틀린 것은?

① 저당권설정의 등기를 할 때에는 채권액과 채무자의 성명과 주소는 필요적 기록사항이지만, 변제기는 임의적 기록사항이다.

② 근저당권설정등기를 할 때에는 채권의 최고액과 채무자의 성명과 주소는 필요적 기록사항이지만, 변제기는 임의적 기록사항이다.

③ 등기관이 일정한 금액을 목적으로 하지 아니하는 채권을 담보하기 위한 저당권설정의 등기를 할 때에는 그 채권의 평가액을 기록하여야 한다.

④ 등기관이 채권의 일부에 대한 양도 또는 대위변제로 인한 저당권 일부이전등기를 할 때에는 양도액 또는 변제액을 기록하여야 한다.

⑤ 등기관은 동일한 채권에 관하여 여러 개의 부동산에 관한 권리를 목적으로 저당권설정등기를 하는 경우에 부동산이 5개 이상일 때에는 공동담보목록을 작성하여야 한다.

23. 소유권보존등기의 판결에 관한 설명으로 소유권보존등기를 신청할 수 있는 판결을 모두 고른 것은?

ㄱ. 건물에 대하여 국가를 상대로 한 소유권확인판결
ㄴ. 해당 부동산이 보존등기 신청인의 소유임을 이유로 소유권보존등기의 말소를 명한 판결
ㄷ. 토지대장상 공유인 미등기토지에 대한 공유물분할의 판결
ㄹ. 건물에 대하여 건축허가명의인(또는 건축주)을 상대로 한 소유권확인판결
ㅁ. 토지대장상 소유자표시에 일부 누락이 있어 소유자를 특정할 수 없는 경우에는 국가를 상대로 한 확인판결

① ㄱ, ㄴ, ㄷ　　② ㄱ, ㄴ, ㅁ
③ ㄱ, ㄷ, ㄹ　　④ ㄴ, ㄷ, ㅁ
⑤ ㄷ, ㄹ, ㅁ

24. 가등기에 기한 본등기에 대한 설명으로 틀린 것은?

① 소유권이전청구권가등기권자가 가등기에 의한 본등기를 하지 않고 다른 원인에 의한 소유권이전등기를 한 후에는 그 가등기에 의한 본등기는 허용되지 아니한다.

② 가등기는 권리의 설정 · 이전 · 변경 · 소멸의 청구권을 보전하기 위하여 한다.

③ 소유권이전의 가등기에 기한 본등기 신청의 등기의무자는 가등기를 할 때의 소유자이며, 가등기 후에 소유권이 제3자에게 이전된 경우에도 본등기의무자는 변동되지 않는다.

④ 소유권보존 또는 처분제한등기에 관하여는 가등기를 할 수 없다.

⑤ 수인의 가등기권리자 중 1인은 자기 지분만에 관하여 본등기를 신청할 수 있다.

25. 조세수입의 용도가 특정된 목적세이면서 부동산취득 · 보유 · 양도의 모든 단계에서 부과될 수 있는 조세는?

① 지방교육세　　② 지역자원시설세
③ 종합부동산세　　④ 종합소득세
⑤ 농어촌특별세

26. 다음 중 「지방세기본법」 및 「국세기본법」상 납세의무 성립시기로 틀린 것은?

① 「국세기본법」 제47조의4 제1항 제1호 · 제2호에 따른 신고납부하는 국세의 (납부고지 전)납부지연가산세 - 법정납부기한 경과 후 1일마다 그 날이 경과하는 때

② 재산세, 지역자원시설세(소방분), 종합부동산세 - 과세기준일(6월 1일)

③ 사업소분 및 개인분 주민세 - 과세기준일(7월 1일)

④ 취득세 - 과세물건을 취득하고 60일이 경과하는 때

⑤ 소득세 - 12월 31일

27. 지방세법령상 취득세에 관한 설명으로 틀린 것은?

① 부동산의 승계취득은 「민법」 등 관계 법령에 따른 등기를 하지 아니한 경우라도 사실상 취득하면 취득한 것으로 보고 그 부동산의 양수인을 취득자로 한다.

② 「도시개발법」에 따른 환지방식에 의한 도시개발사업의 시행으로 토지의 지목이 사실상 변경됨으로써 그 가액이 증가한 경우에는 그 환지계획에 따라 공급되는 환지는 조합원이, 체비지 또는 보류지는 사업시행자가 각각 취득한 것으로 본다.

③ 경매를 통하여 배우자의 부동산을 취득하는 경우에는 유상으로 취득한 것으로 본다.

④ 형제자매인 증여자의 채무를 인수하는 부동산의 부담부증여의 경우에는 그 채무액에 상당하는 부분은 부동산을 무상으로 취득하는 것으로 본다.

⑤ 「도시 및 주거환경정비법」에 따른 정비사업의 시행으로 해당 사업의 대상이 되는 부동산의 소유자가 관리처분계획에 따라 토지상환채권으로 상환받는 건축물은 그 소유자가 원시취득한 것으로 보며, 토지의 경우에는 그 소유자가 승계취득(당초 소유한 토지 면적을 초과하는 경우로서 그 초과한 면적에 해당하는 부분)한 것으로 본다.

28. 취득세 과세표준에 관한 설명으로 틀린 것은?

① 취득세의 과세표준의 기준은 취득 당시의 가액으로 한다.

② 부동산을 무상(상속 제외, 시가표준액 1억원 초과)으로 취득하는 경우에는 시가인정액을 과세표준으로 한다.

③ 취득물건에 대한 시가표준액이 1억원 이하인 부동산 등을 무상취득(상속의 경우 제외)하는 경우에는 시가인정액과 시가표준액 중에서 납세자가 정하는 가액으로 한다.

④ 부동산 등을 유상거래로 승계취득하는 경우 취득당시 가액은 취득시기 이전에 해당 물건을 취득하기 위하여 거래 상대방이나 제3자에게 지급하였거나 지급하여야 할 일체의 비용으로서 대통령령으로 정하는 사실상의 취득가격으로 한다.

⑤ 지방자치단체의 장은 「지방세기본법」 제2조 제1항 제34호에 따른 특수관계인간의 거래로 그 취득에 대한 조세부담을 부당하게 감소시키는 행위 또는 계산을 한 것으로 인정되는 경우('부당행위계산'이라 함)에는 ④에도 불구하고 시가표준액을 취득당시가액으로 결정할 수 있다.

29. 다음의 자료에 의하는 경우 취득세와 등록에 대한 등록면허세의 산출세액으로 옳게 연결된 것은?

> ○ 토지의 지목을 밭에서 대지로 변경하는 경우이다.
> ○ 지목변경 전(지목변경공사 착공일 현재 결정 · 고시되어 있는 개별공시지가)의 토지의 시가표준액: 1억원
> ○ 지목변경 후의 토지의 시가표준액: 5억원
> ○ 개인이 지목변경 하는 경우로서 사실상 취득가격을 확인할 수 없는 경우이다.

	취득세 산출세액	등록면허세 산출세액
①	400만원	12,000원
②	800만원	0원
③	800만원	6,000원
④	1,000만원	800만원
⑤	1,200만원	6,000원

30. 지방세법령상 등록에 대한 등록면허세가 비과세되는 경우로 틀린 것은?

① 지방자치단체조합이 자기를 위하여 받는 등록

② 무덤과 이에 접속된 부속시설물의 부지로 사용되는 토지로서 지적공부상 지목이 묘지인 토지에 관한 등기

③ 「채무자 회생 및 파산에 관한 법률」 상 법원사무관 등의 촉탁이나 등기소의 직권에 의해 이루어지는 등기 · 등록

④ 대한민국 정부기관의 등록에 대하여 과세하는 외국정부의 등록

⑤ 등기 담당 공무원의 착오로 인한 주소 등의 단순한 표시변경 등기

31. 다음 중 「지방세법」상 등록면허세에 관한 설명으로 틀린 것은?

① 같은 채권의 담보를 위하여 설정하는 둘 이상의 저당권을 등록하는 경우에는 이를 각각의 등록으로 보아 그 등록에 관계되는 재산을 나중에 등록하는 등록관청의 소재지를 납세지로 한다.

② 등록 당시 중과세대상이 아니었으나 등록 후 중과세대상이 된 경우에는 구정된 날로부터 60일 이내에 이미 납부한 세액(가산세 제외)을 공제한 금액을 세액으로 하여 신고 · 납부하여야 한다.

③ 지목이 묘지인 토지를 등기하는 경우에 등록면허세는 과세하지 아니한다.

④ 부동산을 등기하려는 자는 과세표준에 세율을 적용하여 산출한 세액을 등기하기 전까지 납세지를 관할하는 지방자치단체의 장에게 신고 · 납부하여야 한다.

⑤ 같은 채권을 위하여 담보물을 추가하는 등기 또는 등록에 대해서는 건수에 따라 등록면허세를 부과한다.

32. **다음 2025년도에 시행되는 종합부동산세에 대한 내용의 (　　)에 들어갈 내용으로 옳게 묶인 것은?**

> ○ 1세대 1주택자에 대한 연령별 공제와 보유기간별 공제는 (ㄱ) 범위 내에서 중복공제가 허용된다.
> ○ 개인이 조정대상지역 내 2주택을 소유하는 경우에 종합부동산세 세율은 0.5~2.7% (ㄴ) 초과누진 세율을 적용한다.
> ○ 1세대 1주택자가 (ㄷ) 이상 장기보유하는 경우는 산출된 주택분 종합부동산세의 세액에서 100분의 50을 곱한 금액을 공제한다.
> ○ 관할 세무서장은 종합부동산세로 납부하여야 할 세액이 250만원을 초과하는 경우에는 그 세액의 일부를 납부기한이 경과한 날부터 (ㄹ) 이내에 분할 납부하게 할 수 있다.
> ○ 혼인함으로써 1세대를 구성하는 경우에는 혼인한 날부터 (ㅁ) 동안은 주택 또는 토지를 소유하는 자와 그 혼인한 자별로 각각 1세대로 본다.

	ㄱ	ㄴ	ㄷ	ㄹ	ㅁ
①	70%	4단계	10년	2개월	5년
②	80%	6단계	15년	6개월	5년
③	80%	7단계	15년	6개월	10년
④	90%	6단계	15년	2개월	10년
⑤	90%	7단계	10년	6개월	15년

33. **다음 「지방세법」상 재산세에 관한 내용 중 (　　)에 들어갈 내용이 옳게 연결된 것은?**

> ○ 건축물(공장용 및 주거용 건축물 제외)의 시가표준액이 해당 부속토지의 시가표준액의 (ㄱ)에 미달하는 건축물의 부속토지 중 그 건축물의 바닥면적을 제외한 부속토지는 종합합산대상이다.
> ○ 해당 연도에 부과할 주택분 재산세액이 (ㄴ)원 이하인 경우 조례로 정하는 바에 따라 납기를 7월 16일부터 7월 31일까지로 하여 한꺼번에 부과 · 징수할 수 있다.
> ○ 과세대상 주택의 부속토지의 경계가 명백하지 아니할 때에는 그 주택의 바닥면적의 (ㄷ)배에 해당하는 토지를 주택의 부속토지로 한다.

	ㄱ	ㄴ	ㄷ
①	100분의 2	20만	5
②	100분의 2	20만	10
③	100분의 3	5만	7
④	100분의 3	20만	7
⑤	100분의 5	5만	10

34. **다음 중 2025년도 귀속 「지방세법」상 재산세에 관한 설명으로 옳은 것은? (단, 사치성 재산의 경우에 지방세 관계 법령에 따른 요건을 충족한 것으로 가정하며, 1세대 1주택은 아님)**

① 고급주택에 대한 세율은 1,000분의 40의 비례세율을 적용한다.
② 특정자원분 및 특정시설분에 대한 지역자원시설세의 납기와 재산세의 납기가 같을 때에는 재산세의 납세고지서에 나란히 적어 고지할 수 있다.
③ 「지방세법」상 별장의 재산세 표준세율은 1,000분의 1에서 1,000분의 4의 4단계 초과누진세율을 적용한다.
④ 토지에 대한 산출세액이 20만원 이하인 경우에는 조례가 정하는 바에 따라 정기분 납기를 7월 16일부터 7월 31일까지로 하여 한꺼번에 부과 · 징수할 수 있다.
⑤ 공시가격이 3억원인 상가 건축물의 재산세 세 부담 상한은 전년도 세액의 100분의 105이다.

35. **다음 공인중개사가 고객에게 종합부동산세에 대하여 설명한 내용 중 옳은 것은 모두 몇 개인가?**

> ㄱ. 1세대 1주택자는 주택의 공시가격을 합산한 금액에서 12억원을 공제한 금액에 공정시장가액비율을 곱한 금액을 과세표준으로 한다.
> ㄴ. 「지방세법」상 별장과 고급주택은 과세대상이 될 수 있다.
> ㄷ. 법인소유 주택은 세 부담 상한에 관한 규정을 적용하지 아니한다.
> ㄹ. 관할 세무서장은 종합부동산세로 납부하여야 할 세액이 700만원인 경우에는 최대 350만원을 납부기한이 경과한 날부터 6개월 이내에 분할납부하게 할 수 있다.
> ㅁ. 지방세법령상 종합합산대상토지에 대한 종합부동산세 납기는 매년 9월 16일부터 9월 30일까지이다.

① 1개　　② 2개
③ 3개　　④ 4개
⑤ 5개

36. 「소득세법」상 양도소득세 과세대상이 아닌 것은?

① 사업에 사용하는 건물과 함께 양도하는 영업권
② 「개발제한구역의 지정 및 관리에 관한 특별조치법」 제12조 제1항 제2호 및 제3호의2에 따른 이축을 할 수 있는 권리(이축권)의 가액을 별도로 평가하여 구분신고하는 경우
③ 손해배상에 있어서 당사자간의 합의에 의하거나 법원의 확정판결에 의하여 위자료 지급에 갈음하여 부동산을 이전한 경우
④ 양도담보계약을 체결한 후 채무불이행으로 인하여 양도담보자산을 변제에 충당한 경우
⑤ 「도시개발법」 기타 법률의 규정에 의한 환지처분으로 인하여 그 권리면적이 감소된 경우(단, 금전적인 보상을 받은 경우)

37. 거주자 甲이 2025년 9월 1일 아파트를 양도하는 경우에 양도소득세 계산상 양도차익은 얼마인가? (단, 증빙서류는 수취 · 보관하거나 계좌이체 등 금융거래자료에 의해 입증되는 것으로 가정함)

○ 실지양도가액: 10억원
○ 양도 당시 기준시가: 7억원
○ 실지취득가액: 5억원
○ 취득 당시 기준시가: 3억원
○ 취득세(납부영수증은 없음) 및 중개수수료 등 합계액: 5,000만원
○ 재산세 및 종합부동산세: 1,000만원
○ 도장비용 등 수익적 지출액: 4,000만원
○ 양도시 양도소득세 신고서 작성비용, 공증비용, 인지대 등: 1,000만원
○ 양도자산 보유기간에 그 자산에 대한 감가상각비로서 각 과세기간의 사업소득금액을 계산하는 경우 필요경비에 산입한 금액: 1,000만원

① 3억 5,000만원
② 4억 4,000만원
③ 4억 5,000만원
④ 4억 6,000만원
⑤ 4억 7,000만원

38. 「소득세법」상 양도소득세 신고 · 납부에 관한 내용으로 옳은 것은?

① 거주자가 건물을 증축(증축의 경우 바닥면적 합계가 $85m^2$ 초과하는 경우에 한정)하고 그 건물의 증축일부터 5년 이내에 해당 건물을 양도하는 경우로서 감정가액을 그 취득가액으로 하는 경우에는 해당 건물 산출세액(증축의 경우 증축한 부분에 한정)의 100분의 3에 해당하는 금액을 양도소득 결정세액에 더한다.
② 주식 또는 출자지분을 양도한 경우 양도소득 예정신고 기한은 양도일이 속하는 분기의 말일부터 2개월이다.
③ 양도를 하였는데 양도차익이 없는 경우에는 양도소득세 예정신고는 하지 아니한다.
④ 당해 연도에 누진세율의 적용대상 자산에 대한 예정신고를 2회 이상 한 자가 이미 신고한 양도소득금액과 합산하여 신고하지 아니한 경우에는 예정신고를 한 경우에도 확정신고를 이행하여야 한다.
⑤ 예정신고기한 내 무신고 · 과소신고 후 확정신고기한까지 신고 · 수정 신고한 경우에는 해당 무신고 · 과소신고 가산세 100분의 20을 감면한다.

39. 현행 고가주택(등기됨)을 2025년 7월 1일에 양도하는 경우로서 「소득세법」상 양도소득세의 고가주택에 대한 설명으로 <u>틀린</u> 것은?

① 고가주택의 경우에는 양도소득기본공제를 적용하지 아니하며, 등기여부나 보유기간에 관계없이 70%의 세율이 적용된다.
② 양도소득세에서 고가주택이란 면적기준에 관계없이 주택과 그에 딸린 토지의 양도 당시 실지거래가액의 합계액이 12억원을 초과하는 단독주택 및 공동주택을 말하며, 고가의 조합원입주권도 실거래가가 12억원을 초과하는 고가주택과 동일한 방식으로 양도소득금액을 계산한다.
③ 고가주택을 적용함에 있어서 겸용주택의 주택으로 보는 부분(이에 부수되는 토지 포함)에 해당하는 실지거래가액을 포함한다.
④ 단독주택으로 보는 다가구주택의 경우에는 그 전체를 하나의 주택으로 보아 고가주택 해당 여부를 판단한다.
⑤ 1세대가 1주택인 고가주택을 양도하는 경우 양도소득세 비과세 요건을 갖춘 경우에 12억원을 초과하는 부분에 대해서만 양도소득세가 과세되므로 안분계산한다.

40. 다음 중 「소득세법」상 거주자의 양도소득에 대한 장기보유특별공제와 관련된 설명으로 틀린 것은? (단, 미등기 양도의 경우는 없다고 가정하며, 2025년 4월 1일에 양도하는 경우임)

① 국외자산을 양도하는 경우에는 공제적용을 받을 수 없다.

② 주택이 아닌 건물을 사실상 주거용으로 사용하는 경우로서 그 자산이 대통령령으로 정하는 1세대 1주택에 해당하는 자산인 경우 장기보유특별공제액은 그 자산의 양도차익에 보유기간별 공제율을 곱하여 계산한 금액과 거주기간별 공제율을 곱하여 계산한 금액을 합산한 것을 말한다.

③ 거주기간에 관계없이 양도소득세가 과세되는 1세대 1주택(10년 보유)의 경우에는 양도차익의 100분의 80을 장기보유특별공제로 공제받을 수 있다.

④ 조정대상지역 내 1세대 2주택 및 3주택을 양도하는 경우에도 공제대상이 될 수 있다.

⑤ 장기보유특별공제의 적용대상 자산은 토지와 건물로서 보유기간이 3년 이상인 것 및 부동산을 취득할 수 있는 권리 중 조합원입주권(조합원으로부터 취득한 것은 제외)에 대하여 적용한다.

학습일자: ______/______

2025년도 제36회 공인중개사 2차 국가자격시험

실전모의고사 제5회

교 시	문제형별	시 간	시 험 과 목
1교시	A	100분	① 공인중개사의 업무 및 부동산 거래신고에 관한 법령 및 중개실무 ② 부동산공법 중 부동산 중개에 관련되는 규정

수험번호		성 명	

【 수험자 유의사항 】

1. **시험문제지는 단일 형별(A형)이며, 답안카드 형별 기재란에 표시된 형별(A형)을 확인하시기 바랍니다.** 시험문제지의 **총면수, 문제번호 일련순서, 인쇄상태** 등을 확인하시고, 문제지 표지에 수험번호와 성명을 기재하시기 바랍니다.
2. 답은 각 문제마다 요구하는 **가장 적합하거나 가까운 답 1개**만 선택하고, 답안카드 작성 시 시험문제지 **형별누락, 마킹착오**로 인한 불이익은 전적으로 **수험자에게 책임**이 있음을 알려드립니다.
3. 답안카드는 국가전문자격 공통 표준형으로 문제번호가 1번부터 125번까지 인쇄되어 있습니다. 답안 마킹 시에는 반드시 **시험문제지의 문제번호와 동일한 번호에 마킹**하여야 합니다. (2차 1교시: 1번~80번)
4. **감독위원의 지시에 불응하거나 시험시간 종료 후 답안카드를 제출하지 않을 경우** 불이익이 발생할 수 있음을 알려 드립니다.
5. 시험문제지는 시험 종료 후 가져가시기 바랍니다.
6. 답안작성은 **시험 시행일(2025.10.25.) 현재 시행되는 법령 등**을 적용하시기 바랍니다.
7. 가답안 의견제시에 대한 개별회신 및 공고는 하지 않으며, **최종 정답 발표로 갈음**합니다.
8. 시험 중 **중간 퇴실은 불가**합니다. 단, 부득이하게 퇴실할 경우 **시험포기각서 제출 후 퇴실은 가능**하나 **재입실이 불가**하며, **해당시험은 무효처리됩니다.**

해커스 공인중개사

제1과목: 공인중개사의 업무 및 부동산 거래신고에 관한 법령 및 중개실무

1. **공인중개사법령상 용어의 정의와 관련한 설명으로 옳은 것은? (다툼이 있으면 판례에 따름)**
   ① 중개대상물의 거래당사자들로부터 보수를 현실적으로 받지 아니하고 단지 보수를 받을 것을 약속·요구하는 데 그친 경우도 중개업에 해당한다.
   ② 법정지상권을 양도하는 행위를 알선하는 것은 중개에 해당한다.
   ③ 토지를 거래당사자간에 교환하는 행위는 중개에 해당한다.
   ④ 거래의 일방당사자의 의뢰에 의하여 중개대상물의 매매·교환·임대차 그 밖의 권리의 득실변경에 관한 행위를 알선하는 경우는 중개에 해당하지 아니한다.
   ⑤ 중개행위에 의한 권리의 득실변경에 관한 법률행위가 강행법규에 반한 경우에는 중개행위에서 제외된다.

2. **공인중개사법령상 중개대상물에 관한 설명으로 <u>틀린</u> 것은? (다툼이 있으면 판례에 따름)**
   ① 당첨이 되면 당연히 분양받게 되는 동·호수를 특정하지 않은 준공된 아파트의 분양행위를 알선하는 것은 중개대상물인 '건축물의 중개'에 해당한다.
   ② 중개대상물인 건축물은 토지의 정착물로서, 「민법」상의 부동산에 해당하는 건축물에 한정된다.
   ③ 공장재단의 소유권보존등기의 효력은 소유권보존등기를 한 날부터 10개월 내에 저당권설정등기를 하지 아니하면 상실된다.
   ④ 입목을 목적으로 하는 저당권의 효력은 입목을 베어낸 경우 그 토지로부터 분리된 수목에는 미치지 아니한다.
   ⑤ 입목의 소유자는 토지와 분리하여 입목을 양도할 수 있다.

3. **공인중개사법령상 공인중개사 정책심의위원회(이하 '심의위원회'라 함)에 관한 설명으로 옳은 것을 모두 고른 것은?**

   > ㄱ. 개업공인중개사의 손해배상책임의 보장 등에 관한 사항은 심의위원회의 심의사항에 해당한다.
   > ㄴ. 변호사는 심의위원회의 위원이 될 수 있다.
   > ㄷ. 심의위원회의 위원의 임명·위촉은 위원장이 하고, 위원의 임기는 2년으로 한다.
   > ㄹ. 심의위원회의 위원장이 부득이한 사유로 직무를 수행할 수 없을 때에는 부위원장이 그 직무를 대행한다.
   > ㅁ. 위원의 사임 등으로 새로 위촉된 위원의 임기는 전임위원 임기의 남은 기간으로 한다.

   ① ㄴ, ㄹ　② ㄷ, ㄹ
   ③ ㄱ, ㄴ, ㅁ　④ ㄱ, ㄹ, ㅁ
   ⑤ ㄴ, ㄷ, ㄹ

4. **공인중개사법령상 중개사무소의 개설등록을 신청한 자 중 등록이 가능한 자는? (주어진 조건만을 고려함)**

   > ㄱ. 甲법인의 대표자는 공인중개사이나, 대표자를 제외한 업무집행자 3인 중 1인만 공인중개사인 「상법」상 유한책임회사이다.
   > ㄴ. 乙법인은 중개업과 부동산컨설팅업만을 영위할 목적으로 설립된 「상법」상 합자회사이다.
   > ㄷ. 丙법인은 「협동조합 기본법」상 사회적 협동조합이다.
   > ㄹ. 丁법인은 「상법」상 주식회사로서, 그 이사 중에 집행유예기간 중인 자가 있다.
   > ㅁ. 戊는 휴업기간 중인 중개사무소의 소속공인중개사로서 그 기간 중에 중개업을 하고자 등록을 신청하였다.

   ① ㄱ, ㄴ　② ㄷ, ㄹ
   ③ ㄹ, ㅁ　④ ㄱ, ㄷ, ㅁ
   ⑤ ㄴ, ㄷ, ㄹ

5. **공인중개사법령상 2025년 10월 25일 현재 중개사무소 개설등록 결격사유에 해당하지 <u>않는</u> 자를 모두 고른 것은?**

   > ㄱ. 2006년 10월 25일 오후 5시에 출생한 자
   > ㄴ. 2022년 10월 13일 「건축법」을 위반하여 징역 1년을 선고받은 자
   > ㄷ. 2025년 7월 10일 업무정지처분 4개월을 받고 2025년 8월 10일 폐업신고를 한 자
   > ㄹ. 2022년 10월 10일 「공인중개사법」상 양벌규정에 의하여 벌금 300만원을 선고받은 자
   > ㅁ. 2022년 10월 17일 「형법」 위반으로 징역 1년형의 집행유예 2년을 선고받은 자

   ① ㄱ, ㄹ　② ㄴ, ㄷ
   ③ ㄱ, ㄴ, ㅁ　④ ㄴ, ㄷ, ㅁ
   ⑤ ㄱ, ㄷ, ㄹ, ㅁ

6. 공인중개사인 개업공인중개사 甲은 등록관청의 관할구역 내에서 중개사무소를 이전하였다. 이와 관련한 설명으로 공인중개사법령상 옳은 것은?
① 甲은 이전한 날로부터 7일 내에 등록관청에 신고해야 한다.
② 등록관청은 중개사무소등록증을 재교부할 수 없고, 종전의 등록증에 변경사항만을 적어 교부해야 한다.
③ 甲은 이전 전 중개사무소의 간판을 10일 내에 철거해야 한다.
④ 甲은 중개사무소 이전신고 시에 중개사무소등록증과 보증관계증서 사본을 첨부해야 한다.
⑤ 甲이 기한 내에 이전신고를 하지 않은 경우 100만원 이하의 과태료가 부과된다.

7. 공인중개사법령상 중개사무소의 명칭 등과 관련한 설명으로 옳은 것은? (다툼이 있는 경우 판례에 따름)
① 개업공인중개사인 A는 중개사무소의 이전신고를 하면서 중개사무소의 명칭을 변경하였다.
② 공인중개사가 아닌 개인인 개업공인중개사 B는 중개사무소의 명칭을 '삼성공인중개사사무소'라고 하였다.
③ 분사무소의 책임자인 C는 그 분사무소의 간판에 자신의 성명 대신 그 법인의 대표자의 성명을 인식할 수 있는 크기로 표기하였다.
④ 개업공인중개사가 아닌 D는 그 사무소의 명칭을 '발품부동산'이라고 하였다.
⑤ 개업공인중개사 E는 옥외광고물에 성명을 거짓으로 표기하여 100만원의 벌금을 부과받았다.

8. 공인중개사법령상 인터넷을 통한 중개대상물에 대한 표시·광고 등과 관련한 설명으로 <u>틀린</u> 것은?
① 중개대상물에 대한 표시·광고 모니터링의 기준, 절차 및 방법 등에 관한 세부적인 사항은 국토교통부장관이 정하여 고시한다.
② 소속공인중개사는 중개대상물에 대한 표시·광고를 할 수 없다.
③ 개업공인중개사가 중개대상물이 존재하지 않아서 실제로 거래를 할 수 없는 중개대상물에 대한 표시·광고를 한 경우 1년 이하의 징역 또는 1천만원 이하의 벌금에 처한다.
④ 중개대상물의 표시·광고 모니터링 업무 수탁기관은 기본 모니터링 계획서를 매년 12월 31일까지 국토교통부장관에게 제출해야 한다.
⑤ 중개대상물의 표시·광고 모니터링 업무 수탁기관은 기본계획서에 따라 분기마다 기본 모니터링 업무를 수행한다.

9. 공인중개사법령상 개업공인중개사가 고용한 소속공인중개사 甲에 대한 설명으로 옳은 것은?
① 甲에 대한 고용신고는 고용일로부터 10일 이내에 해야 한다.
② 甲은 다른 개업공인중개사의 소속공인중개사가 될 수 없다.
③ 甲에 대한 고용신고를 하는 경우에는 甲의 공인중개사 자격증 사본을 제출해야 한다.
④ 甲의 모든 행위는 그를 고용한 개업공인중개사의 행위로 본다.
⑤ 甲은 중개완성시 거래계약서 작성의무가 있다.

10. 공인중개사법령상 전자문서로 할 수 <u>없는</u> 것은?
① 인장의 등록 또는 변경등록
② 신고한 휴업기간의 변경신고
③ 휴업신고한 중개업의 재개신고
④ 중개업의 휴업 및 폐업신고
⑤ 중개보조원에 대한 고용신고

11. 공인중개사법령상 전속중개계약시에 공개할 정보와 중개대상물에 관한 확인·설명사항으로 차이가 있는 것을 모두 고른 것은?

ㄱ. 권리자의 주소·성명 등 인적 사항
ㄴ. 취득 관련 조세의 종류 및 세율
ㄷ. 중개보수 및 실비의 금액과 산출내역
ㄹ. 공법상 이용제한 및 거래규제에 관한 사항

① ㄹ　② ㄱ, ㄹ　③ ㄴ, ㄷ
④ ㄱ, ㄴ, ㄷ　⑤ ㄴ, ㄷ, ㄹ

12. 공인중개사법령상 거래정보사업자에 대한 설명으로 옳은 것은?
① 「전기통신사업법」에 의한 부가통신사업자이어야 거래정보사업자로 지정을 받을 수 있다.
② 거래정보사업자 지정신청을 받은 국토교통부장관은 15일 내에 이를 검토하여 지정 여부를 결정하여야 한다.
③ 거래정보사업자로 지정을 받고자 하는 자는 지정을 신청한 날로부터 3개월 내에 운영규정을 정하여 국토교통부장관의 승인을 얻어야 한다.
④ 거래정보사업자로 지정을 받은 자는 6개월 내에 부동산거래정보망을 설치하고 운영하여야 한다.
⑤ 거짓 그 밖의 부정한 방법으로 거래정보사업자 지정을 받은 자는 그 지정이 취소된다.

13. **공인중개사법령상 개업공인중개사 등의 의무와 관련한 설명으로 틀린 것은?**
① 개업공인중개사 및 소속공인중개사는 전문직업인으로서 지녀야 할 품위를 유지하고 신의와 성실로써 공정하게 중개 관련 업무를 수행하여야 한다.
② 개업공인중개사 등이 그 업무를 떠난 후에는 업무상 알게 된 비밀을 준수할 의무가 없다.
③ 비밀누설죄는 피해자의 명시한 의사에 반하여 처벌할 수 없는 범죄에 해당한다.
④ 개업공인중개사는 중개대상물의 확인·설명을 위하여 권리이전 중개의뢰인에게 해당 중개대상물의 상태에 관한 자료를 요구할 수 있다.
⑤ 개업공인중개사는 확인·설명을 함에 있어서 그 근거자료를 제시해야 한다.

14. **공인중개사법령상 개업공인중개사가 작성하는 거래계약서의 필수적 기재사항을 모두 고른 것은?**

ㄱ. 거래예정금액 ㄴ. 물건의 인도일시 ㄷ. 권리이전의 내용 ㄹ. 공법상 이용제한 및 거래규제에 관한 사항 ㅁ. 중개대상물 확인·설명서 교부일자

① ㄱ, ㄴ ② ㄷ, ㄹ
③ ㄴ, ㄷ, ㄹ ④ ㄴ, ㄷ, ㅁ
⑤ ㄱ, ㄴ, ㄷ, ㅁ

15. **공인중개사법령상 손해배상책임과 보증설정에 관한 설명으로 틀린 것은? (다툼이 있으면 판례에 따름)**
① 보증으로 공탁한 공탁금은 개업공인중개사가 폐업 또는 사망을 하더라도 3년간은 회수할 수 없다.
② 보증을 다른 보증으로 변경하고자 하는 경우에는 이미 설정한 보증의 효력이 있는 기간 중에 다른 보증을 설정하고 그 증명서류를 갖추어 등록관청에 신고하여야 한다.
③ 개업공인중개사는 보증보험금·공제금 또는 공탁금으로 손해배상을 한 때에는 30일 이내에 보증보험 또는 공제에 다시 가입하거나 공탁금 중 부족하게 된 금액을 보전해야 한다.
④ 공제계약이 유효하게 성립하기 위해서는 공제계약 당시에 공제사고의 발생 여부가 확정되어 있지 않아야 한다.
⑤ 「공인중개사법」상 개업공인중개사가 배상해야 할 손해는 재산상 손해에 한하고, 정신적 손해는 「민법」상 배상책임이 발생한다.

16. **공인중개사법령상 소속공인중개사에게 금지되는 행위를 모두 고른 것은? (다툼이 있으면 판례에 따름)**

ㄱ. 토지의 소유자로부터 거래에 관한 대리권을 수여받은 대리인과 그 토지를 직접거래하는 행위 ㄴ. 건축물의 매매를 업으로 하는 행위 ㄷ. 상가건물의 분양을 대행해 주고 그 보수로 상가의 중개보수 한도를 초과하여 금품을 받는 행위 ㄹ. 공인중개사 자격증의 대여를 알선하는 행위

① ㄱ, ㄴ ② ㄷ, ㄹ
③ ㄱ, ㄴ, ㄹ ④ ㄴ, ㄷ, ㄹ
⑤ ㄱ, ㄴ, ㄷ, ㄹ

17. **공인중개사법령상 중개보수 및 실비에 관한 설명으로 틀린 것은? (다툼이 있으면 판례에 따름)**
① 중개대상물인 건축물 중 주택의 면적이 2분의 1 미만인 경우는 면적을 기준으로 주택과 주택 외의 중개대상물에 관한 중개보수 규정을 각각 적용한다.
② 주택의 부속 토지는 주택에 대한 중개보수를 적용한다.
③ 공인중개사 자격이 없는 자가 우연한 기회에 단 1회 타인간의 거래행위를 중개하고 그에 따른 과다하지 않은 중개보수 지급약정을 한 경우 그 약정은 유효하다.
④ 공인중개사 자격이 없는 자가 중개사무소 개설등록을 하지 아니한 채 중개업을 하면서 거래당사자와 체결한 중개보수 지급약정은 무효이다.
⑤ 계약금 등의 반환채무이행 보장에 소요된 실비는 영수증 등을 첨부하여 권리취득 중개의뢰인에게 청구할 수 있다.

18. **공인중개사법령상 교육과 관련하여 (　　)에 들어갈 말이 옳게 나열된 것은?**

○ 중개보조원이 되려는 자는 고용신고일 전 1년 내에 (ㄱ)을 이수하여야 한다. ○ 실무교육을 받은 소속공인중개사는 매 (ㄴ)마다 연수교육을 이수하여야 한다. ○ 부동산거래사고 예방교육을 하고자 하는 자는 교육일 (ㄷ) 전까지 대상자에게 통지 또는 공고하여야 한다.

① ㄱ(실무교육), ㄴ(2년), ㄷ(10일)
② ㄱ(연수교육), ㄴ(1년), ㄷ(7일)
③ ㄱ(직무교육), ㄴ(1년), ㄷ(10일)
④ ㄱ(직무교육), ㄴ(2년), ㄷ(7일)
⑤ ㄱ(직무교육), ㄴ(2년), ㄷ(10일)

19. **공인중개사법령상 포상금 제도에 관한 설명으로 옳은 것을 모두 고른 것은?**

> ㄱ. 하나의 사건에 2인 이상이 공동으로 신고한 경우 포상금 배분에 관한 합의가 있다면 포상금지급신청서에 포상금 배분에 관한 합의각서를 첨부하여 제출해야 한다.
> ㄴ. 포상금은 해당 신고 · 고발사건에 관하여 검사가 기소중지처분을 한 경우에도 지급한다.
> ㄷ. 포상금은 시 · 도에서 100분의 50을 보조한다.
> ㄹ. 수사기관에 신고 · 고발을 한 경우 포상금은 수사기관이 지급한다.
> ㅁ. 수사기관에 고발한 경우 포상금지급신청서에는 수사기관의 고발확인서가 첨부되어야 한다.

① ㄱ, ㄷ ② ㄱ, ㅁ
③ ㄴ, ㄷ, ㄹ ④ ㄴ, ㄹ, ㅁ
⑤ ㄱ, ㄴ, ㄷ, ㅁ

20. **공인중개사법령상 공인중개사협회의 공제사업에 관한 설명으로 틀린 것은?**

① 공제료는 공제사고 발생률, 보증보험료 등을 종합적으로 고려하여 결정한 금액으로 한다.
② 협회는 재무건전성 기준으로 지급여력비율은 100분의 100 이상을 유지하여야 한다.
③ 공제규정의 변경은 국토교통부장관의 승인사항이다.
④ 공제사업운영위원회의 위원은 성별을 고려하여 19명 이내로 구성한다.
⑤ 공제사업운영위원회의 회의는 재적위원 과반수의 찬성으로 의결한다.

21. **공인중개사법령상 개업공인중개사의 행위 중 절대적 등록취소사유를 모두 고른 것은?**

> ㄱ. 업무정지기간 중에 중개업무를 한 경우
> ㄴ. 「변호사법」 위반으로 징역 1년형의 집행유예 2년을 선고받은 경우
> ㄷ. 개업공인중개사인 법인이 겸업제한을 위반한 경우
> ㄹ. 중개보조원 수 제한을 초과하여 중개보조원을 고용한 경우
> ㅁ. 공정거래위원회로부터 사업자단체의 금지행위 위반으로 최근 2년 내에 2회 이상의 시정조치를 받은 경우

① ㄱ, ㄴ, ㄷ ② ㄱ, ㄴ, ㄹ
③ ㄴ, ㄷ, ㄹ ④ ㄴ, ㄹ, ㅁ
⑤ ㄷ, ㄹ, ㅁ

22. **공인중개사법령상 개업공인중개사의 행위로서 업무정지의 기준기간이 6개월 아닌 경우는?**

① 손해배상책임을 보장하는 조치를 이행하지 아니하고 중개업무를 개시한 경우
② 최근 1년 내에 「공인중개사법」에 위반하여 2회 이상 업무정지 또는 과태료처분을 받고 다시 과태료처분에 해당하는 행위를 한 경우
③ 의뢰받은 중개대상물에 대한 정보를 부동산거래정보망에 거짓으로 공개한 경우
④ 거래계약서를 보존기간 동안 보존하지 아니한 경우
⑤ 결격사유자를 소속공인중개사 또는 중개보조원으로 둔 경우(2개월 내 해소시 제외)

23. **공인중개사법령상 공인중개사의 자격취소사유에 해당하지 않는 것은?**

① 다른 사람에게 자기의 성명을 사용하여 중개업무를 하게 한 경우
② 「공인중개사법」을 위반하여 징역 1년에 집행유예 2년을 선고받은 경우
③ 「형법」상의 위증죄로 징역 8개월을 선고받은 경우
④ 자격정지처분을 받고 그 자격정지기간 중에 다른 개업공인중개사인 법인의 임원이 된 경우
⑤ 부정한 방법으로 공인중개사의 자격을 취득한 경우

24. **공인중개사법령상 1년 이하의 징역 또는 1천만원 이하의 벌금에 처하는 사유는?**

① 거래정보사업자가 개업공인중개사로부터 의뢰받지 아니한 중개대상물을 공개한 경우
② 개업공인중개사가 단체를 구성하여 특정 중개대상물에 대한 중개를 제한한 경우
③ 정보통신서비스 제공자가 국토교통부장관의 자료제출 요구에 불응한 경우
④ 개업공인중개사 게시의무를 위반한 경우
⑤ 개업공인중개사가 중개보조원을 고용하고 신고를 하지 않은 경우

25. **공인중개사법령상 과태료와 관련한 설명으로 틀린 것은?**

① 연수교육을 기한 내에 받지 아니한 개업공인중개사에 대한 과태료는 등록관청이 부과한다.

② 공인중개사 자격취소처분을 받고 자격증을 기한 내에 반납하지 아니한 자에 대하여는 100만원 이하의 과태료를 부과한다.

③ 과태료의 부과기준은 대통령령으로 정한다.

④ 개업공인중개사가 중개의뢰인에게 중개대상물에 대한 확인·설명을 성실·정확하게 하지 아니한 경우에는 500만원 이하의 과태료가 부과된다.

⑤ 중개의뢰인에게 본인이 중개보조원이라는 사실을 미리 알리지 아니한 중개보조원 및 그가 소속된 개업공인중개사에 대하여는 500만원 이하의 과태료를 부과한다. 다만, 개업공인중개사가 그 위반행위를 방지하기 위하여 해당 업무에 관하여 상당한 주의와 감독을 게을리 하지 아니한 경우는 제외한다.

26. **부동산 거래신고 등에 관한 법령상 부동산거래의 신고절차 등에 관한 설명으로 틀린 것은?**

① 매수인이 외국인으로서 국내에 주소가 없거나, 국내 거소신고를 한 경우라도 그 체류기간 만료일이 잔금 지급일부터 60일 이내인 경우에는 위탁관리인의 인적사항을 신고해야 한다.

② 거래당사자 일방의 신고거부로 다른 일방이 단독신고하는 경우에는 단독신고를 하는 사유서와 거래계약서 사본을 첨부하여야 한다.

③ 신고내용의 정정을 신청하려는 자는 발급받은 신고필증에 정정사항을 표시하고 해당 정정 부분에 서명 또는 날인을 하여 신고관청에 제출해야 한다.

④ 부동산거래신고를 한 후 공동 매수인의 일부를 추가하거나 교체하는 경우에는 변경신고를 할 수 있다.

⑤ 부동산거래신고를 한 후 부동산 등의 면적 변경이 없는 상태에서 거래가격이 변경된 경우에는 거래계약서 사본 등 그 사실을 증명할 수 있는 서류를 변경신고시 첨부해야 한다.

27. **부동산 거래신고 등에 관한 법령상 위반행위와 그 제재의 연결이 틀린 것은?**

① 거래당사자로서 거짓된 내용으로 부동산거래신고 할 것을 요구한 경우 - 500만원 이하의 과태료

② 부동산거래신고 대상 계약을 체결하지 아니하였음에도 불구하고 거짓으로 부동산거래신고를 한 경우 - 3천만원 이하의 과태료(벌칙 부과된 경우 제외)

③ 제출요구에도 불구하고 거래대금 지급을 증명할 수 있는 자료를 제출하지 아니한 경우 - 3천만원 이하의 과태료

④ 부당하게 재산상 이득을 취득할 목적으로 부동산거래신고 후 해당 계약이 해제되지 아니하였음에도 불구하고 거짓으로 부동산거래계약의 해제신고를 한 경우 - 3년 이하의 징역 또는 3천만원 이하의 벌금

⑤ 신고의무자가 아닌 자로서 거짓으로 부동산거래계약신고를 한 경우 - 500만원 이하의 과태료

28. **부동산 거래신고 등에 관한 법령상 부동산거래계약신고서 작성요령으로 틀린 것은?**

① 물건별 거래금액란에는 각각의 부동산별 거래금액을 적는다.

② '법인 신고서 등'란은 법인 신고서 등을 부동산거래계약신고서와 함께 제출하는지, 별도로 제출하는지 등을 적는다.

③ 거래당사자가 다수인 경우 매도인 또는 매수인의 주소란에 거래대상별 거래지분을 기준으로 각자의 거래지분비율을 적되, 매도인과 매수인의 거래지분비율은 일치해야 한다.

④ 거래계약의 체결일이란 원칙적으로 계약금의 전부를 지급한 날을 말한다.

⑤ 다수의 부동산, 관련 필지, 매도·매수인, 개업공인중개사 등 기재사항이 복잡한 경우에는 다른 용지에 작성하여 간인 처리한 후 첨부한다.

29. **부동산 거래신고 등에 관한 법령상 주택임대차계약의 신고와 관련한 설명으로 옳은 것을 모두 고른 것은?**

ㄱ. 임대차계약 당사자 중 일방이 국가 등인 경우에는 국가 등이 신고하여야 한다. ㄴ. 임대차계약 당사자가 자연인인 경우 성명, 주소, 주민등록번호(외국인은 외국인등록번호) 및 연락처는 신고사항이다. ㄷ. 해당 주택임대차계약을 중개한 개업공인중개사의 사무소 명칭, 사무소 소재지, 대표자 성명, 등록번호, 전화번호 및 소속공인중개사 성명은 신고사항이다. ㄹ. 주택임대차계약신고·변경신고·해제신고를 하지 아니하거나(공동신고 거부자 포함) 신고를 거짓으로 한 자에 대하여는 100만원 이하의 과태료를 부과한다.

① ㄱ, ㄴ　　② ㄷ, ㄹ
③ ㄱ, ㄴ, ㄹ　　④ ㄴ, ㄷ, ㄹ
⑤ ㄱ, ㄴ, ㄷ, ㄹ

30. 부동산 거래신고 등에 관한 법령상 외국인 등의 국내 부동산 등의 취득 등에 관한 설명으로 틀린 것은? (상호주의는 고려하지 않음)

① 특별자치시장은 외국인 등이 신고한 부동산 등의 취득·계속보유 신고내용을 매 분기 종료일부터 1개월 이내에 직접 국토교통부장관에게 제출하여야 한다.

② 국제연합의 산하기구가 국내 부동산 등을 증여받아 취득신고를 하는 경우에는 증여계약서를 신고서에 첨부하여 취득일부터 6개월 이내에 취득신고를 해야 한다.

③ 외국인이 토지취득의 허가를 신청하는 경우에는 토지거래계약 당사자간의 합의서를 허가신청서에 첨부하여야 한다.

④ 외국인 등의 신고서 또는 허가신청서의 작성 및 제출을 대행하는 자는 위임한 외국인 등의 서명 또는 날인이 있는 위임장과 신분증명서 사본을 제출하여야 한다.

⑤ 외국인이 국내 부동산취득시 허가 규정을 위반한 때에는 2년 이하의 징역 또는 2천만원 이하의 벌금에 처한다.

31. 부동산 거래신고 등에 관한 법령상 토지거래허가구역 등에 관한 설명으로 틀린 것은?

① 시·도지사가 허가구역을 지정 및 해제·축소하려면 시·도 도시계획위원회의 심의를 거쳐야 한다.

② 중개거래인 경우 토지거래계약허가신청서에는 중개한 개업공인중개사의 인적사항을 기재해야 한다.

③ 국토교통부장관 또는 시·도지사는 허가대상자, 허가대상 용도와 지목을 각각 특정하여 허가구역을 지정할 수 있다.

④ 토지거래허가증을 받은 경우 「부동산등기 특별조치법」에 따른 계약서의 검인을 받은 것으로 본다.

⑤ 농업인은 본인이 거주하는 주소지로부터 30km 이내에 소재하는 토지거래허가구역 내의 농지를 농업경영을 위하여 취득할 수 있다.

32. 부동산 거래신고 등에 관한 법령상 토지거래허가제에 관한 내용으로 옳은 것(○), 틀린 것(×)의 표시가 바르게 된 것은?

> ㄱ. 허가구역의 지정은 지정을 공고한 날부터 5일 후에 그 효력이 발생한다.
> ㄴ. 허가구역 지정권자의 다른 정함이 없는 한 도시지역 중 상업지역은 그 면적이 $250m^2$ 이하인 경우 허가를 요하지 아니한다.
> ㄷ. 토지를 허가받은 목적대로 이용하지 아니한 경우 허가관청은 6개월 이내의 기간을 정하여 이용의무를 이행하도록 명할 수 있다.

① ㄱ(○), ㄴ(○), ㄷ(○) ② ㄱ(○), ㄴ(○), ㄷ(×)
③ ㄱ(○), ㄴ(×), ㄷ(×) ④ ㄱ(×), ㄴ(○), ㄷ(○)
⑤ ㄱ(×), ㄴ(×), ㄷ(○)

33. 부동산 거래신고 등에 관한 법령상 토지거래허가구역 내의 토지로서 그 면적이 $3,100m^2$인 경우 토지거래계약허가를 받아야 하는 경우는?

① 증여에 의하여 이 토지를 취득하는 경우

② 「민사집행법」에 따른 경매를 통해 이 토지를 취득하는 경우

③ 관련 법령에 따라 임대사업을 하는 자가 임대사업을 위하여 이 토지를 매수하는 경우

④ 채권 확보를 위하여 이 토지에 저당권설정등기를 하는 경우

⑤ 국세 및 지방세의 처납처분 또는 강제집행을 하는 경우

34. 「공인중개사법 시행규칙」이 정한 일반중개계약서와 전속중개계약서의 서식에 공통으로 기재되는 사항을 모두 고른 것은?

> ㄱ. 중개의뢰인의 소요비용 지급 의무
> ㄴ. 유효기간
> ㄷ. 개업공인중개사의 손해배상책임
> ㄹ. 중개보수

① ㄱ ② ㄱ, ㄴ
③ ㄱ, ㄴ, ㄹ ④ ㄴ, ㄷ, ㄹ
⑤ ㄱ, ㄴ, ㄷ, ㄹ

35. 「장사 등에 관한 법률」에 대한 설명으로 틀린 것은?

① 화장한 유골의 골분을 해양에 뿌리는 경우 육지의 해안선으로부터 5km 이상 떨어진 곳에서 골분이 흩날리지 않도록 수면 가까이 뿌려야 한다.

② 개인묘지란 1기의 분묘 또는 해당 분묘에 매장된 자와 배우자 관계였던 자의 분묘를 같은 구역 안에 설치하는 묘지를 말한다.

③ 시장 등은 「민법」에 따라 설립된 재단법인에 한정하여 법인묘지의 설치·관리를 허가할 수 있다.

④ 봉안시설 중 봉안묘의 높이는 70cm, 봉안묘의 1기당 면적은 $2m^2$를 초과하여서는 아니 된다.

⑤ 「장사 등에 관한 법률」 시행 후 다른 사람의 토지에 그의 승낙 없이 분묘를 설치한 자도 분묘의 보존을 위한 권리를 주장할 수 있다.

36. 공인중개사법령상 중개대상물 확인 · 설명서와 관련한 설명으로 옳은 것은?

① 토지에 관한 확인 · 설명서에는 '비선호시설(1km 이내)' 기재란이 없다.

② '실제 권리관계 또는 공시되지 아니한 물건의 권리사항'은 개업공인중개사가 직접 조사하여 기재한다.

③ 주거용 건축물 확인 · 설명서의 '내 · 외부 시설물의 상태'란에는 교육시설, 판매 및 의료시설을 기재한다.

④ 주거용 건축물 확인 · 설명서의 '도시 · 군계획시설', '지구단위계획구역, 그 밖의 도시 · 군관리계획'은 중개의뢰인에게 상태에 관한 자료를 요구하여 기재한다.

⑤ 비주거용 건축물 확인 · 설명서상 '그 밖의 시설물'란에는 상업용의 경우 오수정화시설 용량을 기재한다.

37. 甲은 친구 乙과 명의신탁약정을 하고, 甲은 X부동산의 소유자 丙과 X부동산에 대한 매매계약을 체결한 다음 등기는 乙의 명의로 하였다. 이에 관한 설명으로 옳은 것은? (다툼이 있으면 판례에 따름)

① 甲과 乙의 명의신탁약정이 조세포탈, 강제집행의 면탈 또는 법령상 제한의 회피를 목적으로 하지 않았다면 乙 명의의 등기는 유효하다.

② 甲은 丙에게 매매계약에 기하여 X부동산에 대한 소유권이전등기를 청구할 수 있다.

③ 甲은 乙에게 부당이득반환청구권을 행사할 수 있다.

④ 乙 명의의 등기는 「민법」상의 불법원인급여에 해당한다.

⑤ 乙로부터 X부동산의 소유권을 이전받은 丁이 명의신탁약정사실을 알고 있었다면 丁은 X부동산의 소유권을 취득할 수 없다.

38. 개업공인중개사가 甲 소유의 서울특별시 소재 X주택을 乙에게 보증금 1억원, 월 차임 100만원에 임대하는 임대차계약을 중개하면서 양 당사자에게 설명한 내용으로 옳은 것을 모두 고른 것은?

> ㄱ. 乙이 X주택의 일부를 주거 외의 목적으로 사용하면 「주택임대차보호법」의 적용을 받지 못한다.
> ㄴ. 甲은 경제사정의 변동 등으로 월 차임만을 증액하는 경우 10만원을 증액할 수 있다.
> ㄷ. 임차권등기가 되었더라도 X주택의 점유를 상실하면 乙은 대항력을 잃는다.
> ㄹ. 乙은 이 주택의 경매시 현재 규정에 따르면 최우선변제를 받을 수 있는 소액임차인에 해당한다.

① ㄹ ② ㄱ, ㄹ ③ ㄴ, ㄷ
④ ㄱ, ㄴ, ㄷ ⑤ 없음

39. 개업공인중개사가 중개의뢰인에게 「상가건물 임대차보호법」에 대해 설명한 내용으로 틀린 것은?

① 상가건물을 1년 6개월 이상 영리목적으로 사용하지 아니한 경우 임대인은 임차인이 주선한 신규 임차인이 되려는 자와 임대차계약의 체결을 거절할 수 있다.

② 국토교통부장관은 법무부장관과 협의를 거쳐 권리금 계약을 체결하기 위한 표준권리금계약서를 정하여 그 사용을 권장할 수 있다.

③ 권리금에 관한 분쟁이 발생하였을 경우에는 임대인과 임차인은 상가건물임대차 분쟁조정위원회에 조정을 신청할 수 있다.

④ 임차인은 대항력과 확정일자를 갖춘 경우, 경매에 의해 매각된 임차건물을 양수인에게 인도하지 않더라도 배당에서 보증금을 수령할 수 있다.

⑤ 이 법이 적용되는 상가건물임대차라면 임대인과 임차인이 합의하여 임대차등기를 한 경우에도 임차인에게 대항력과 우선변제권이 인정된다.

40. 중개사무소의 개설등록과 매수신청대리인 등록을 비교 · 설명한 내용으로 틀린 것은?

① 공인중개사는 중개사무소 개설등록을 하지 않으면 매수신청대리인으로 등록할 수 없다.

② 중개사무소의 개설등록 처리기한은 7일이나, 매수신청대리인 등록의 처리기한은 14일이다.

③ 중개업과 매수신청대리의 경우 공인중개사인 개업공인중개사가 손해배상책임을 보장하기 위한 보증을 설정해야 하는 금액은 다르다.

④ 개업공인중개사의 공인중개사 자격이 취소된 경우 지방법원장은 매수신청대리인 등록을 취소해야 한다.

⑤ 개업공인중개사가 중개업무의 휴업신고를 한 경우 매수신청대리업무에 대하여는 업무정지처분을 받는다.

제2과목: 부동산공법 중 부동산 중개에 관련 되는 규정

41. 국토의 계획 및 이용에 관한 법령상 용어로 옳은 것은?
① 도시·군계획은 특별시·광역시·특별자치시·특별자치도·시 또는 광역시 관할구역 안의 군·구에 대하여 수립한다.
② 지구단위계획은 도시·군계획 수립대상지역의 전부에 대하여 체계적 관리를 위하여 수립하는 도시·군관리계획을 말한다.
③ 기반시설부담구역은 개발밀도관리구역 외의 지역으로서 개발로 인해 기반시설의 설치가 필요한 지역을 대상으로 지정한다.
④ 국가계획은 도시·군관리계획으로 결정하여야 할 사항이 포함되지 않은 계획으로서 중앙행정기관의 장이 수립하는 계획을 말한다.
⑤ 도시·군계획시설사업은 기반시설을 설치·정비 또는 개량하는 사업을 말한다.

42. 국토의 계획 및 이용에 관한 법령상 도시·군기본계획에 관한 설명으로 옳은 것은?
① 도시·군기본계획의 수립 또는 변경시 주민의 의견은 들어야 되나, 관계 전문가로부터 의견을 들을 필요는 없다.
② 시장·군수는 인접한 시·군의 시장·군수와 협의를 거쳐 그 인접 시·군의 관할 구역 전부를 포함하는 도시·군기본계획을 수립할 수 있다.
③ 「수도권정비계획법」에 의한 수도권에 속하지 아니하는 인구 10만명 이하인 시는 도시·군기본계획을 수립하지 아니할 수 있다.
④ 생활권의 설정과 생활권역별 개발·정비 및 보전 등에 관한 사항은 도시·군관리계획에 포함되는 내용이다.
⑤ 도시·군기본계획 수립을 위한 기초조사는 필수적이고 환경성 검토를 포함하여야 한다.

43. 국토의 계획 및 이용에 관한 법령상 도시·군관리계획의 내용이 <u>아닌</u> 것은?
① 농업진흥지역의 지정에 관한 계획
② 개발제한구역의 지정에 관한 계획
③ 도시개발사업에 관한 계획
④ 개발진흥지구의 지정에 관한 계획
⑤ 지구단위계획구역의 지정에 관한 계획

44. 국토의 계획 및 이용에 관한 법령상 주민이 개발진흥지구의 지정을 제안할 수 있는 대상 지역의 요건에 관한 설명으로 <u>틀린</u> 것은?
① 개발진흥지구 중 주거개발진흥지구와 산업·유통개발진흥지구의 지정 또는 변경을 제안할 수 있다.
② 산업·유통개발진흥지구의 지정을 제안하려는 지역은 자연녹지지역·생산관리지역 또는 계획관리지역이어야 한다.
③ ②에 따른 면적 기준은 1만m^2 이상 3만m^2 미만이어야 한다.
④ ②에 따른 조건 중 전체 면적에서 계획관리지역의 면적이 차지하는 비율이 100분의 50 이상이어야 한다.
⑤ 대상 토지(국·공유지는 제외)면적의 3분의 2 이상 토지소유자의 동의를 받아야 한다.

45. 국토의 계획 및 이용에 관한 법령상 도시지역으로 결정·고시된 것으로 볼 수 있는 경우는?
① 「산업입지 및 개발에 관한 법률」에 따라 농공단지로 지정·고시된 지역
② 「어촌·어항법」에 따른 어항구역으로서 농림지역에 연접한 공유수면으로 지정·고시된 지역
③ 취락지구로서 「도시개발법」에 따라 도시개발구역으로 지정·고시된 지역
④ 「항만법」에 따른 항만구역으로서 계획관리지역에 연접한 공유수면으로 지정·고시된 지역
⑤ 「택지개발촉진법」에 따라 택지개발지구로 지정·고시된 지역

46. 국토의 계획 및 이용에 관한 법령에 의한 용도지역의 건폐율이 서로 다른 비율로 짝지어진 것은?
① 제1종 전용주거지역 - 제3종 일반주거지역
② 제1종 일반주거지역 - 제2종 일반주거지역
③ 준주거지역 - 유통상업지역
④ 전용공업지역 - 근린상업지역
⑤ 자연녹지지역 - 생산녹지지역

47. 국토의 계획 및 이용에 관한 법령상 용도지구에 관한 설명으로 틀린 것은?

① 용도지구 안에서의 건축제한은 원칙적으로 도시 · 군계획조례가 정하는 바에 의한다.

② 특정용도제한지구는 문화재, 중요 시설물(항만, 공항 등 대통령령으로 정하는 시설물을 말한다) 및 문화적 · 생태적으로 보존가치가 큰 지역의 보호와 보존을 위하여 필요한 지구이다.

③ 개발제한구역 안에서만 지정할 수 있는 용도지구는 집단취락지구이다.

④ 다른 용도지역이나 용도지구와 중복하여 지정될 수 있다.

⑤ 시 · 도지사 또는 대도시 시장은 지역여건상 필요한 때에는 해당 시 · 도 또는 대도시의 도시 · 군계획조례로 정하는 바에 따라 경관지구를 추가적으로 세분하거나 특정용도제한지구를 세분하여 지정할 수 있다.

48. 국토의 계획 및 이용에 관한 법령상 도시 · 군계획시설사업에 관한 측량을 위하여 행하는 토지에의 출입 등에 관한 설명 중 옳은 것은?

① 행정청인 도시 · 군계획시설사업의 시행자는 상급행정청의 승인을 받아 타인의 토지에 출입할 수 있다.

② 시행자가 타인의 토지에 출입하려면 출입하려는 날의 3일 전까지 토지소유자 등에게 그 일시와 장소를 알려야 한다.

③ 타인의 토지에 출입하려는 자는 그 권한을 표시하는 증표와 허가증을 지니고 이를 관계인에게 내보여야 한다.

④ 타인의 토지에의 출입으로 손실이 발생한 경우 그 행위자가 직접 그 손실을 보상하여야 한다.

⑤ 시행자는 일출 전이라도 소유자 등의 승낙 없이 담장으로 둘러싸인 타인의 토지에 출입할 수 있다.

49. 국토의 계획 및 이용에 관한 법령상 지구단위계획에 대한 설명 중 옳은 것은?

① 지구단위계획구역에서 「건축법」상 대지분할제한 규정은 지구단위계획으로 완화하여 적용할 수 있다.

② 「주택법」에 따라 대지조성사업지구로 지정된 지역의 전부에 대하여 지구단위계획구역을 지정할 수는 없다.

③ 개발제한구역에서 해제되는 구역 중 계획적인 개발 또는 관리가 필요한 지역의 전부 또는 일부에 대하여 지구단위계획구역을 지정할 수 있다.

④ 녹지지역에서 주거지역으로 변경되는 면적이 10만m^2 이상인 경우에는 지구단위계획을 수립해야 한다.

⑤ 도시지역 내에 지정하는 지구단위계획구역에 대해서는 해당 지역에 적용되는 건폐율의 200% 이내에서 건폐율을 완화하여 적용할 수 있다.

50. 국토의 계획 및 이용에 관한 법령상 개발행위허가의 절차에 관한 설명으로 틀린 것은?

① 허가권자는 허가신청 내용이 성장관리계획의 내용에 어긋나는 경우 개발행위허가를 하여서는 아니 된다.

② 허가권자가 개발행위허가에 조건을 붙이려는 때에는 미리 신청한 자의 의견을 들어야 한다.

③ 허가권자는 개발행위허가의 신청에 대하여 특별한 사유가 없으면 15일(협의 또는 심의기간은 제외) 이내에 처분을 하여야 한다.

④ 허가권자가 처분을 할 때에는 허가내용이나 불허가처분의 사유를 서면으로 신청인에게 알려야 한다.

⑤ 개발밀도관리구역 안에서 개발행위허가 신청을 할 때에는 기반시설의 설치나 그에 필요한 용지의 확보에 관한 계획서를 제출하여야 한다.

51. 국토의 계획 및 이용에 관한 법령상 도시 · 군계획시설에 대한 설명으로 틀린 것은?

① 도시 · 군계획시설결정의 고시일부터 10년 이내에 그 도시 · 군계획시설의 설치에 관한 도시 · 군계획시설사업이 시행되지 아니한 경우로서 단계별 집행계획상 해당 도시 · 군계획시설의 실효시까지 집행계획이 없는 경우에는 그 도시 · 군계획시설 부지로 되어 있는 토지의 소유자는 대통령령으로 정하는 바에 따라 해당 도시 · 군계획시설에 대한 도시 · 군관리계획 입안권자에게 그 토지의 도시 · 군계획시설결정 해제를 위한 도시 · 군관리계획 입안을 신청할 수 있다.

② 도시 · 군관리계획 입안권자는 해제를 위한 입안 신청을 받은 날부터 3개월 이내에 입안 여부를 결정하여 토지소유자에게 알려야 한다.

③ 해제 신청을 한 토지소유자는 해당 도시 · 군계획시설결정의 해제를 위한 도시 · 군관리계획이 입안되지 아니하는 등 대통령령으로 정하는 사항에 해당하는 경우에는 해당 도시 · 군계획시설에 대한 도시 · 군관리계획 결정권자에게 그 도시 · 군계획시설결정의 해제를 신청할 수 있다.

④ 도시 · 군관리계획 결정권자는 해제신청을 받은 날부터 3개월 이내에 결정 여부를 정하여 토지소유자에게 알려야 하며, 특별한 사유가 없으면 그 도시 · 군계획시설결정을 해제하여야 한다.

⑤ 해제 신청을 한 토지소유자는 해당 도시 · 군계획시설결정이 해제되지 아니하는 등 대통령령으로 정하는 사항에 해당하는 경우에는 국토교통부장관에게 그 도시 · 군계획시설결정의 해제 심사를 신청할 수 있다.

52. **국토의 계획 및 이용에 관한 법령상 특정 규정의 실효 내지 해제사유에 해당하지 않는 것은?**

① 도시·군관리계획결정의 고시일부터 2년이 되는 날까지 지형도면을 고시하여야 하며, 위반한 경우 2년이 되는 날의 다음 날에 그 도시·군관리계획결정은 효력을 잃는다.

② 시가화조정구역의 지정에 관한 도시·군관리계획의 결정은 시가화 유보기간이 끝나면 그 다음 날에 효력을 잃는다.

③ 지구단위계획구역의 지정에 관한 도시·군관리계획결정의 고시일부터 3년 이내에 그 지구단위계획구역에 관한 지구단위계획이 결정·고시되지 아니하면, 그 결정은 3년이 되는 날의 다음 날에 효력을 잃는다.

④ 도시·군계획시설결정이 고시된 도시·군계획시설에 대하여 그 고시일부터 20년이 지날 때까지 그 시설의 설치에 관한 도시·군계획시설사업이 시행되지 아니하는 경우, 그 20년이 되는 날의 다음 날에 도시·군계획시설결정은 효력을 잃는다.

⑤ 기반시설부담구역의 지정고시일부터 1년이 되는 날까지 기반시설설치계획을 수립하지 아니하면 그 1년이 되는 날의 다음 날에 기반시설부담구역의 지정은 해제된 것으로 본다.

53. **도시개발법령상 국토교통부장관이 도시개발구역을 지정할 수 있는 경우가 아닌 것은?**

① 국가가 도시개발사업을 실시할 필요가 있는 경우

② 경기도 수원시에서 수원시장이 개발구역의 지정을 요청하는 경우

③ 도시개발사업의 시행자가 될 수 있는 정부출연기관의 장이 30만m^2 이상으로 도시개발구역의 지정을 제안하는 경우

④ 천재지변으로 인하여 도시개발사업을 긴급하게 할 필요가 있는 경우

⑤ 도시개발사업이 필요하다고 인정되는 지역이 2 이상의 광역시와 대도시의 행정구역에 걸치는 때 해당 시장 간의 협의가 성립되지 않는 경우

54. **다음은 도시개발법령상 도시개발구역의 지정제안에 관한 내용으로 틀린 것은?**

① 도시개발조합은 특별자치도지사, 시장·군수 또는 구청장에게 도시개발구역의 지정을 제안할 수 있다.

② 토지소유자가 도시개발구역의 지정을 제안하려는 경우에는 대상구역의 토지면적의 3분의 2 이상에 해당하는 토지소유자(지상권자를 포함)의 동의를 얻어야 한다.

③ 도시개발구역 지정의 제안을 받은 자는 제안내용의 수용 여부를 1개월 이내에 제안자에게 통보하여야 한다. 다만, 1개월 이내의 범위에서 통보기간을 연장할 수 있다.

④ 한국토지주택공사의 사장은 30만m^2 이상으로 국가계획과 밀접한 관련이 있는 도시개발구역의 지정을 국토교통부장관에게 제안할 수 있다.

⑤ 도시개발구역의 지정을 제안하려는 지역이 2 이상의 시·군 또는 구의 행정구역에 걸치는 경우에는 그 지역에 포함된 면적이 가장 큰 지역의 시장·군수 또는 구청장에게 제안서류를 제출하여야 한다.

55. **도시개발법령상 도시개발조합에 관한 내용으로 틀린 것은?**

① 조합을 설립하려면 도시개발구역의 토지소유자 7명 이상이 정관을 작성하여 지정권자에게 조합설립의 인가를 받아야 한다.

② 조합설립인가를 받은 후 정관기재사항인 주된 사무소의 소재지를 변경하려는 경우에는 지정권자에게 변경신고를 하여야 한다.

③ 조합원은 도시개발구역 내에 보유한 토지면적에 비례하여 의결권을 가진다.

④ 조합에 대하여 「도시개발법」에서 규정한 것 이외에는 「민법」 중 사단법인에 관한 규정을 준용한다.

⑤ 조합원이 정관에 따라 부과된 부과금을 체납하는 경우 조합은 특별자치도지사·시장·군수 또는 구청장에게 그 징수를 위탁할 수 있다.

56. **도시개발법령상 도시개발사업의 시행 등에 관한 설명 중 옳은 것은?**

① 지정권자가 실시계획을 작성하거나 인가하는 경우 국토교통부장관인 지정권자는 시장·군수 또는 구청장의 의견을 미리 들어야 한다.

② 도시개발사업의 실시계획은 개발계획에 맞게 작성되어야 하고, 지구단위계획이 포함되어야 한다.

③ 수용 또는 사용방식은 도시개발사업을 시행하는 지역의 지가가 인근의 다른 지역에 비하여 현저히 높은 경우에 시행하는 방식이다.

④ 해당 도시의 주택건설에 필요한 택지 등의 집단적인 조성이 필요한 경우에 환지방식으로 시행할 수 있다.

⑤ 시행자는 사업시행면적을 100분의 10의 범위에서 감소시키고자 하는 경우 인가받은 실시계획에 관하여 변경인가를 받아야 한다.

57. **도시개발법령상 수용방식에 의한 도시개발사업의 시행과 관련된 설명 중 틀린 것은?**

① 지방공사인 시행자는 도시개발사업에 필요한 토지 등을 수용 또는 사용하는 경우 토지소유자의 일정비율의 동의를 얻어야 한다.

② 도시개발구역의 토지소유자인 시행자가 토지상환채권을 발행하는 때에는 금융기관의 지급보증을 받아야 한다.

③ 원형지는 도시개발구역 안에서 도시개발사업으로 조성되지 아니한 상태의 토지를 말한다.

④ 시행자(지정권자가 시행자인 경우 제외)는 지정권자의 승인을 얻어 선수금을 받을 수 있다.

⑤ 지정권자는 원형지 공급 · 개발의 승인을 할 때에는 교통처리계획 및 기반시설의 설치 등에 관한 이행조건을 붙일 수 있다.

58. **도시개발사업의 환지계획과 관련하여 옳은 것은?**

① 시행자는 환지방식으로 시행하는 경우 조성토지 등의 가격을 평가하고자 할 때 감정평가업자가 평가한 경우에는 토지평가협의회의 심의를 거치지 아니할 수 있다.

② 시행자는 면적이 작은 토지에 대하여는 과소토지가 되지 아니하도록 면적을 증가하여 환지를 정할 수 있으나, 면적이 넓은 토지에 대하여는 그 면적을 감소하여 환지를 정할 수 없다.

③ 토지소유자의 신청이 있는 때에는 해당 토지의 전부 또는 일부에 대하여 환지를 정하지 아니할 수 있다. 다만, 그 토지에 관하여 임차권자 등이 있는 때에는 그 동의를 얻어야 한다.

④ 행정청이 아닌 사업시행자가 환지계획을 작성한 경우에는 특별자치도지사, 시 · 도지사의 인가를 받아야 한다.

⑤ 환지로 지정된 토지나 건축물을 금전으로 청산하는 내용으로 환지계획을 변경하는 경우에는 변경인가를 받아야 한다.

59. **도시 · 주거환경정비기본계획(이하 '기본계획')에 관한 설명으로 옳은 것은?**

① 기본계획은 20년 단위로 수립하여야 한다.

② 지구단위계획은 기본계획에 포함되어야 한다.

③ 기본계획의 작성기준 및 작성방법은 특별시장 · 광역시장 · 특별자치시장 · 특별자치도지사 또는 시장이 이를 정한다.

④ 기본계획의 수립권자는 기본계획을 고시한 때에는 국토교통부령으로 정하는 방법 및 절차에 따라 국토교통부장관에게 보고하여야 한다.

⑤ 시장은 기본계획에 대하여 10년마다 그 타당성 여부를 검토하여 그 결과를 기본계획에 반영하여야 한다.

60. **도시 및 주거환경정비법령상 정비구역 등의 해제와 관련된 설명으로 틀린 것은?**

① 구청장 등은 해제사유에 해당하는 경우에는 특별시장 · 광역시장에게 정비구역 등의 해제를 요청하여야 한다.

② 토지등소유자가 시행하는 재개발사업으로서 토지등소유자가 정비구역으로 지정 · 고시된 날부터 5년이 되는 날까지 사업시행계획인가를 신청하지 아니하는 경우 지정권자는 정비구역을 해제하여야 한다.

③ 정비구역 등이 해제 · 고시된 경우 추진위원회 구성승인 또는 조합설립인가는 취소된 것으로 보고, 시장 · 군수 등은 해당 지방자치단체의 공보에 그 내용을 고시하여야 한다.

④ 정비구역 등이 해제된 경우에는 정비계획으로 변경된 용도지역, 정비기반시설 등은 정비구역 지정 이전의 상태로 환원된 것으로 본다.

⑤ 정비구역 등(재개발사업 및 재건축사업을 시행하려는 경우로 한정한다)이 해제된 경우 정비구역의 지정권자는 해제된 정비구역 등을 '스스로개량방식'의 방법으로 시행하는 주거환경개선구역으로 반드시 지정하여야 한다.

61. **도시 및 주거환경정비법령상 정비사업 시행에 관한 설명 중 틀린 것은?**

① 재건축사업은 조합이 조합원 과반수의 동의를 얻어 시장 · 군수 등, 토지주택공사 등, 건설업자 또는 등록사업자와 공동으로 이를 시행할 수 있다.

② 시장 · 군수 등은 장기간 정비사업이 지연되거나 권리관계에 관한 분쟁 등으로 해당 조합 또는 토지등소유자가 시행하는 정비사업을 계속 추진하기 어렵다고 인정하는 경우에는 해당 조합 또는 토지등소유자를 대신하여 직접 정비사업을 시행하거나 토지주택공사 등 또는 지정개발자에게 해당 조합 또는 토지등소유자를 대신하여 정비사업을 시행하게 할 수 있다.

③ 시장 · 군수 등은 지정개발자를 사업시행자로 지정하는 때에는 정비사업 시행구역 등 토지등소유자에게 알릴 필요가 있는 사항으로서 대통령령으로 정하는 사항을 해당 지방자치단체의 공보에 고시하여야 한다.

④ 주거환경개선사업은 토지등소유자 과반수의 동의를 얻어 시장 · 군수 등이 직접 시행할 수 있다.

⑤ 재건축사업조합은 조합설립인가를 받은 후 시공자를 선정하여야 한다.

62. **도시 및 주거환경정비법령상 정비사업을 시행하는 절차를 시행 순서에 따라 나열한 것은?**

> ㄱ. 사업시행인가
> ㄴ. 정비계획 수립 및 정비구역 지정
> ㄷ. 도시 및 주거환경정비기본계획 수립
> ㄹ. 준공인가
> ㅁ. 관리처분계획인가

① ㄱ - ㄷ - ㄴ - ㅁ - ㄹ ② ㄴ - ㄷ - ㄱ - ㅁ - ㄹ
③ ㄷ - ㄱ - ㅁ - ㄴ - ㄹ ④ ㄷ - ㄴ - ㄱ - ㅁ - ㄹ
⑤ ㄷ - ㄴ - ㅁ - ㄱ - ㄹ

63. **도시 및 주거환경정비법령상 재건축진단에 관한 설명으로 옳은 것은?**

① 시장 · 군수 등은 재건축진단의 요청이 있는 때에는 요청일부터 20일 이내에 재건축진단의 실시 여부를 결정하여 요청인에게 통보하여야 한다.

② 주택의 구조안전상 사용금지가 필요하다고 시장 · 군수 등이 인정할 때에는 재건축진단을 실시하여야 한다.

③ 재건축사업의 재건축진단은 주택단지(연접한 단지를 포함한다)의 건축물을 대상으로 한다. 다만, 대통령령으로 정하는 주택단지의 건축물인 경우에는 재건축진단 대상에서 제외할 수 있다.

④ 천재지변 등으로 주택이 붕괴되어 신속히 재건축을 추진할 필요가 있다고 시 · 도지사가 인정하는 경우에는 재건축진단 대상에서 제외할 수 있다.

⑤ 국토교통부장관은 정비예정구역별 정비계획의 수립시기가 도래한 때부터 사업시행계획인가 전까지 재건축진단을 실시하여야 한다.

64. **도시 및 주거환경정비법령상 정비사업조합에 관한 설명으로 <u>틀린</u> 것은?**

① 토지 또는 건축물의 소유권과 지상권이 수인의 공유에 속한 때에는 그 수인을 대표하는 1인을 정비사업의 조합원으로 본다.

② 재건축사업의 토지등소유자는 의무적으로 조합원이 된다.

③ 조합은 조합설립인가를 받은 날부터 30일 이내에 주된 사무소의 소재지에서 대통령령으로 정하는 사항을 등기하는 때에 성립한다.

④ 조합장 또는 이사가 자기를 위하여 조합과 계약이나 소송을 할 때에는 감사가 조합을 대표한다.

⑤ 투기과열지구로 지정된 지역에서 재건축사업을 시행하는 경우에는 조합설립인가 후, 재개발사업을 시행하는 경우에는 관리처분계획의 인가 후 해당 정비사업의 건축물 또는 토지를 양수(매매 · 증여, 그 밖의 권리의 변동을 수반하는 일체의 행위를 포함하되, 상속 · 이혼으로 인한 양도 · 양수의 경우는 제외한다)한 자는 조합원이 될 수 없다.

65. **건축법령의 용어정의로 옳은 것은?**

① 주요구조부란 내력벽 · 기둥 · 기초 · 지붕틀 및 주계단을 말한다.

② 20층의 위락시설은 다중이용건축물에 해당하지 않는다.

③ 리모델링이란 건축물의 노후화 억제 또는 기능향상 등을 위하여 대수선 또는 일부 증축 또는 개축하는 행위를 말한다.

④ 도로란 보행 또는 자동차 통행이 가능한 너비 4m 이상의 도로를 말한다.

⑤ 지하층이란 건축물의 바닥이 지표면 아래에 있는 층으로서 그 바닥으로부터 지표면까지의 최고높이가 해당 층 높이의 2분의 1 이상인 것을 말한다.

66. **건축법령상 용도별 건축물의 종류에 관한 설명으로 <u>틀린</u> 것은?**

① 한방병원, 정신병원 및 요양소는 의료시설이다.

② 자동차운전학원, 무도학원은 교육연구시설이다.

③ 마을회관, 미용원, 한의원, 안다원, 산후조리원은 제1종 근린생활시설이다.

④ 독서실, 일반음식점, 기원은 제2종 근린생활시설이다.

⑤ 산업전시장, 동물원, 식물원은 문화 및 집회시설이다.

67. 「건축법」의 적용에 관한 설명으로 틀린 것은?

① 철도의 선로부지에 있는 운전보안시설을 건축하는 경우에는 「건축법」상 용적률 규정이 적용되지 않는다.

② 고속도로 통행료 징수시설을 건축하는 경우에는 「건축법」상 대지의 분할제한 규정이 적용되지 않는다.

③ 지구단위계획구역이 아닌 계획관리지역으로서 동이나 읍이 아닌 지역에서는 「건축법」상 대지의 분할제한 규정이 적용되지 않는다.

④ 지구단위계획구역이 아닌 계획관리지역으로서 동이나 읍이 아닌 지역에서는 「건축법」상 건축선에 따른 건축제한 규정이 적용되지 않는다.

⑤ 지구단위계획구역이 아닌 계획관리지역으로서 동이나 읍이 아닌 지역에서는 「건축법」상 건폐율 규정이 적용되지 않는다.

68. 건축법령상 건축허가에 관한 내용으로 틀린 것은?

① 건축허가는 상대적금지의 해제인 명령적 행정행위에 속한다.

② 연면적 200m^2 이상이거나 3층 이상인 건축물의 건축과 대수선의 행위는 건축허가를 받아야 한다.

③ 숙박시설에 해당하는 건축물의 건축을 허가하는 경우 건축물의 용도 · 규모 또는 형태가 주거환경이나 교육환경 등 주변 환경을 고려할 때 부적합하다고 인정되면 건축위원회의 심의를 거쳐 건축허가를 하지 않을 수 있다.

④ 허가권자는 허가를 받은 자가 허가를 받은 날부터 2년 이내에 공사에 착수하지 아니하거나, 공사를 착수하였으나 공사의 완료가 불가능하다고 인정하는 경우에는 그 허가를 취소하여야 한다.

⑤ 층수가 21층이거나 연면적의 합계가 10만m^2 이상인 건축물(공장 · 창고 등은 제외)을 특별시 또는 광역시에 건축하려는 경우에는 특별시장 또는 광역시장의 승인을 얻어야 한다.

69. 건축법령상 시장 · 군수가 건축허가를 하기 전에 도지사의 승인을 받아야 하는 건축물은?

① 연면적의 10분의 2를 증축하여 층수가 21층이 되는 공장

② 연면적의 합계가 10만m^{2}인 창고

③ 자연환경을 보호하기 위하여 도지사가 지정 · 공고한 구역에 건축하는 연면적의 합계가 300m^{2}인 1층의 위락시설

④ 주거환경 등 주변환경을 보호하기 위하여 도지사가 지정 · 공고한 구역에 건축하는 숙박시설

⑤ 수질을 보호하기 위하여 도지사가 지정 · 공고한 구역에 건축하는 연면적의 합계가 900m^{2}인 2층의 숙박시설

70. 건축법령상 조경 등의 조치를 하지 아니할 수 있는 경우로서 틀린 것은?

① 녹지지역에 건축하는 건축물

② 면적 5,000m^2 미만인 대지에 건축하는 공장

③ 지구단위계획구역으로 지정된 관리지역 안의 건축물

④ 연면적의 합계가 1,500m^2 미만인 공장

⑤ 연면적의 합계가 1,500m^2 미만인 물류시설(주거지역, 상업지역 제외)

71. 건축법령상 건축선에 관한 설명으로 틀린 것은?

① 도로와 접한 부분에 있어서 건축물을 건축할 수 있는 선은 원칙적으로 대지와 도로의 경계선으로 한다.

② 소요너비에 못 미치는 도로의 반대쪽에 경사지, 하천 등이 있는 경우에는 경사지 등이 있는 쪽의 도로경계선에서 소요너비에 해당하는 수평거리의 선을 건축선으로 한다.

③ 특별자치시장 · 특별자치도지사 또는 시장 · 군수 · 구청장은 건축물의 위치나 환경을 정비하기 위하여 필요하다고 인정하면 도시지역에서 4m 이하의 범위에서 건축선을 따로 지정할 수 있다.

④ 소요너비에 못 미치는 너비의 도로인 경우 도로와 건축선 사이의 부분은 대지면적을 산정하는 경우에 이를 제외한다.

⑤ 건축물과 담장은 지표의 위, 아래 부분에서 건축선의 수직면을 넘어서는 아니 된다.

72. 건축법령상 건축물의 면적 등의 산정방법에 관한 설명으로 옳은 것은?

① 대지에 도시 · 군계획시설인 도로, 공원 등이 있는 경우 그 도시 · 군계획시설에 포함되는 부분은 대지의 수평투영면적으로 산입한다.

② 바닥면적은 건축물의 외벽의 중심선으로 둘러싸인 부분의 수평투영면적으로 한다.

③ 건축물 중 지표면으로부터 1m 이하에 있는 부분은 건축면적에 산입하지 아니한다.

④ 벽 · 기둥의 구획이 없는 건축물은 그 지붕 끝부분으로부터 수평거리 1m를 후퇴한 선으로 둘러싸인 수평투영면적을 건축면적으로 한다.

⑤ 건축물의 노대 등의 바닥은 노대 등의 면적에서 노대 등이 접한 가장 긴 외벽에 접한 길이에 1.2m를 곱한 값을 뺀 면적을 바닥면적에 산입한다.

73. 주택법령상 용어에 관한 설명으로 틀린 것은?

① 폭 20m 이상인 일반도로로 분리된 주택단지는 이를 각각 별개의 주택단지로 본다.

② 주택단지의 안과 밖을 연결시키는 전기시설은 간선시설에 해당한다.

③ 「건축법 시행령」에 따른 숙박시설에 해당하는 다중생활시설은 준주택에 해당한다.

④ 도시형 생활주택이란 300세대 미만의 국민주택규모에 해당하는 주택으로서 대통령령으로 정하는 주택을 말한다.

⑤ 국가 · 지방자치단체, 한국토지주택공사 또는 지방공사가 건설하는 주택은 민영주택이다.

74. 주택법령상 사업계획의 승인을 받아 건설하는 공동주택의 경우 세대구분형 공동주택에 관한 설명으로 틀린 것을 모두 고른 것은?

ㄱ. 구분된 공간의 세대수는 기존 세대를 포함하여 2세대 이하일 것
ㄴ. 주택단지 공동주택 전체 세대수의 3분의 1을 넘지 아니하여야 한다.
ㄷ. 세대구분형 공동주택의 세대별로 구분된 각각의 공간마다 별도의 욕실, 부엌과 현관을 설치하여야 한다.
ㄹ. 하나의 세대가 통합하여 사용할 수 있도록 세대간에 연결문 또는 경량구조의 경계벽 등을 설치하여야 한다.
ㅁ. 세대별로 구분된 각각의 공간의 주거전용면적합계가 해당 주택단지 전체 주거전용면적 합계의 2분의 1을 넘지 않는 등 국토교통부장관이 정하여 고시하는 주거전용면적의 비율에 관한 기준을 충족하여야 한다.

① ㄱ, ㄴ
② ㄱ, ㅁ
③ ㄴ, ㄷ
④ ㄷ, ㄹ
⑤ ㄹ, ㅁ

75. 주택법령상 주택건설사업 또는 대지조성사업의 등록에 관한 설명 중 옳은 것은?

① 지방자치단체가 주택건설사업을 시행하려는 경우에는 국토교통부장관에게 등록하여야 한다.

② 주택건설사업의 등록을 하려는 자가 개인인 경우에는 자산평가액 5억원 이상이 되어야 한다.

③ 등록사업자와 공동으로 주택건설사업을 하는 주택조합은 등록하지 않고 30세대 이상의 공동주택의 건설사업을 시행할 수 있다.

④ 근로자를 고용하고 있는 고용자가 등록사업자와 공동으로 근로자의 주택을 건설하려는 경우에는 국토교통부장관에게 등록하여야 한다.

⑤ 한국토지주택공사가 1만m^2 이상의 대지조성사업을 시행하려는 경우에는 국토교통부장관에게 등록하여야 한다.

76. 주택법령상 리모델링주택조합에 관한 설명으로 옳은 것은?

① 리모델링주택조합은 설립인가를 받은 후에는 원칙적으로 해당 조합원을 교체하거나 신규로 가입하게 할 수 없다.

② 리모델링주택조합의 설립인가를 받으려는 자는 인가신청서에 해당 주택소재지의 100분의 80 이상의 토지에 대한 토지사용승낙서를 첨부하여 관할 시장 · 군수 또는 구청장에게 제출하여야 한다.

③ 리모델링주택조합은 그 리모델링 결의에 찬성하지 아니하는 자의 주택 및 토지에 대하여 매도청구를 할 수 있다.

④ 수직증축형 리모델링의 경우 리모델링주택조합의 설립인가신청서에 해당 주택이 사용검사를 받은 후 10년 이상의 기간이 지났음을 증명하는 서류를 첨부하여야 한다.

⑤ 리모델링주택조합은 주택건설 예정 세대수의 2분의 1 이상의 조합원으로 구성하되, 조합원은 20명 이상이어야 한다.

77. 주택법령상 주택건설사업계획의 승인을 받은 사업주체에게 인정되는 매도청구권에 관한 설명으로 틀린 것은?

① 매도청구권은 국민주택규모를 초과하는 주택의 주택건설사업에 대해서도 인정된다.

② 주택건설대지 중 사용권원을 확보하지 못한 대지는 물론 건축물에 대해서도 매도청구권이 인정된다.

③ 주택건설대지면적 중 100분의 95 이상에 대해 사용권원을 확보한 경우에는 사용권원을 확보하지 못한 대지의 모든 소유자에게 매도청구할 수 있다.

④ 사업주체는 매도청구 대상 대지의 소유자에게 그 대지를 공시지가로 매도할 것을 청구할 수 있다.

⑤ 매도청구를 하기 위해서는 매도청구 대상 대지의 소유자와 3개월 이상 협의를 하여야 한다.

78. **A는 주택법령상 분양가상한제 적용주택(이하 '대상주택')을 공급받아 소유하는 자로서 전매제한의 적용을 받고 있다. 이에 관한 설명으로 <u>틀린</u> 것은?**

① A에 대한 전매제한기간의 기산점은 주택의 입주자로 선정된 날이다.

② 대상주택이 수도권 외의 지역으로 비투기과열지구인 공공택지에 소재할 경우 A에 대한 전매제한기간은 1년이다.

③ A가 대상주택을 전매하는 경우 사업주체인 한국토지주택공사가 그 주택을 우선 매입할 수 있다.

④ A가 상속에 의하여 주택을 취득하여 A의 세대원 전원이 그 주택으로 이전하면서 한국토지주택공사의 동의를 받은 경우 A는 대상주택을 전매할 수 있다.

⑤ A가 근무로 인하여 세대원 전원과 함께 수도권으로 이전할 경우 A는 대상주택을 전매할 수 있다.

79. **농지법령상 농지취득자격증명의 발급 없이 농지를 취득할 수 있는 경우는?**

① 농업연구기관이 그 목적사업을 수행하기 위하여 필요한 연구지로 쓰기 위하여 농지를 취득하는 경우

② 주말 · 체험영농을 하려고 농지를 소유하는 경우

③ 농업인이 농업경영을 목적으로 농지를 취득하는 경우

④ 농지전용협의를 거친 농지를 취득하여 소유하는 경우

⑤ 농지전용허가를 받거나 농지전용신고를 한 자가 그 농지를 소유하는 경우

80. **농지법령상 농지의 대리경작 및 임대차에 관한 설명으로 <u>틀린</u> 것은?**

① 유휴농지의 대리경작 기간은 원칙적으로 1년으로 한다.

② 시장 · 군수 · 구청장은 대리경작자를 직권으로 지정하려는 경우 농업인 또는 농업법인으로서 대리경작을 하려는 자 중에서 지정하여야 한다.

③ 지력의 증진을 위하여 필요한 기간 동안 휴경하는 농지에 대하여는 대리경작자를 지정할 수 없다.

④ 임대인은 질병 · 징집 등 불가피한 사유가 있는 경우에는 임대차 기간을 3년 미만으로 정할 수 있다.

⑤ 농지를 소유하는 자는 주말 · 체험영농을 하려는 자에게 임대하는 것을 업(業)으로 하는 자에게 자신의 농지를 임대할 수 있다.

학습일자: ______ / ______

2025년도 제36회 공인중개사 2차 국가자격시험

실전모의고사 제5회

교 시	문제형별	시 간	시 험 과 목
2교시	A	50분	① 부동산 공시에 관한 법령 및 부동산 관련 세법

수험번호		성 명	

【 수험자 유의사항 】

1. **시험문제지는 단일 형별(A형)이며, 답안카드 형별 기재란에 표시된 형별(A형)을 확인하시기 바랍니다.** 시험문제지의 **총면수, 문제번호 일련순서, 인쇄상태** 등을 확인하시고, 문제지 표지에 수험번호와 성명을 기재하시기 바랍니다.
2. 답은 각 문제마다 요구하는 **가장 적합하거나 가까운 답 1개**만 선택하고, 답안카드 작성 시 시험문제지 **형별누락, 마킹착오**로 인한 불이익은 전적으로 **수험자에게 책임**이 있음을 알려드립니다.
3. 답안카드는 국가전문자격 공통 표준형으로 문제번호가 1번부터 125번까지 인쇄되어 있습니다. 답안 마킹 시에는 반드시 **시험문제지의 문제번호와 동일한 번호에 마킹**하여야 합니다. (2차 2교시: 1번~40번)
4. **감독위원의 지시에 불응하거나 시험시간 종료 후 답안카드를 제출하지 않을 경우** 불이익이 발생할 수 있음을 알려 드립니다.
5. 시험문제지는 시험 종료 후 가져가시기 바랍니다.
6. 답안작성은 **시험 시행일(2025.10.25.) 현재 시행되는 법령 등**을 적용하시기 바랍니다.
7. 가답안 의견제시에 대한 개별회신 및 공고는 하지 않으며, **최종 정답 발표로 갈음**합니다.
8. 시험 중 **중간 퇴실은 불가**합니다. 단, 부득이하게 퇴실할 경우 **시험포기각서 제출 후 퇴실은 가능**하나 **재입실이 불가**하며, **해당시험은 무효처리됩니다.**

해커스 공인중개사

제1과목: 부동산 공시에 관한 법령 및 부동산 관련 세법

1. 「공간정보의 구축 및 관리 등에 관한 법률」상 지번의 부여에 관한 설명 중 틀린 것은?

① 신규등록의 대상토지가 그 지번부여지역의 최종 지번의 토지에 인접한 경우에는 최종 본번의 다음 순번부터 본번으로 지번을 부여할 수 있다.

② 분할의 경우에 주거 · 사무실 등의 건축물이 있는 필지에 대해서는 분할 전의 지번을 우선하여 부여하여야 한다.

③ 지적확정측량 지역에 부여할 수 있는 종전 지번의 수가 새로 부여할 지번의 수보다 적을 때에는 블록 단위로 하나의 본번을 부여한 후 필지별로 부번을 부여할 수 있다.

④ 지적확정측량을 실시한 지역에서 지번을 새로 부여하는 경우에 지적확정측량을 실시한 지역의 종전 지번과 지적확정측량을 실시한 지역 밖에 있는 본번이 같은 지번이 있을 때에는 그 지번을 부여한다.

⑤ 지적소관청은 도시개발사업 등이 준공되기 전에 지번을 부여하는 때에는 사업계획도에 따르되, 지적확정측량의 방법에 따라 부여하여야 한다.

2. 지목을 결정하는 경우로 옳은 것을 모두 고른 것은?

ㄱ. 용수 또는 배수를 위하여 일정한 형태를 갖춘 인공적인 수로 · 둑 및 그 부속시설물의 부지와 자연의 유수가 있거나 있을 것으로 예상되는 소규모 수로부지는 '구거'로 한다.

ㄴ. 일반 공중의 보건 · 휴양 및 정서생활에 이용하기 위한 시설을 갖춘 토지로서 「국토의 계획 및 이용에 관한 법률」에 따라 녹지로 결정 · 고시된 토지는 '유원지'로 한다.

ㄷ. 「주차장법」에 따른 노상주차장 및 부설주차장, 자동차 등의 판매 목적으로 설치된 물류장 및 야외전시장은 '잡종지'로 한다.

ㄹ. 학교용지 · 공원 · 종교용지 등 다른 지목으로 된 토지에 있는 유적 · 고적 · 기념물 등을 보호하기 위하여 구획된 토지는 '사적지'에서 제외한다.

① ㄱ, ㄴ　　② ㄱ, ㄹ
③ ㄴ, ㄷ　　④ ㄴ, ㄹ
⑤ ㄷ, ㄹ

3. 토지의 고유번호 11번째가 2인 지역에서 1필지의 면적이 $234.5454m^2$로 측정되었다면 토지대장 또는 임야대장에 등록할 면적은 얼마인가?

① $234m^2$　　② $234.5m^2$
③ $234.54m^2$　　④ $234.6m^2$
⑤ $235m^2$

4. 대장 및 경계점좌표등록부에 관한 설명으로 틀린 것은?

① 토지대장에 소유자의 성명과 주소 및 주민등록번호, 소유권 지분, 지적도의 번호와 필지별 토지대장의 장번호 및 축척을 등록한다.

② 임야대장에 토지의 이동사유, 개별공시지가와 그 기준일, 토지등급 또는 기준수확량등급을 등록한다.

③ 경계점좌표등록부에는 토지의 고유번호, 지적도면의 번호, 필지별 경계점좌표등록부의 장번호를 등록한다.

④ 공유지연명부에 토지의 고유번호, 필지별 공유지연명부의 장번호, 토지소유자가 변경된 날과 그 원인을 등록한다.

⑤ 대지권등록부에 전유부분의 건물표시, 건물의 명칭, 집합건물별 대지권등록부의 장번호, 소유권 지분을 등록한다.

5. 다음 지적도면에 관한 설명으로 옳은 것은?

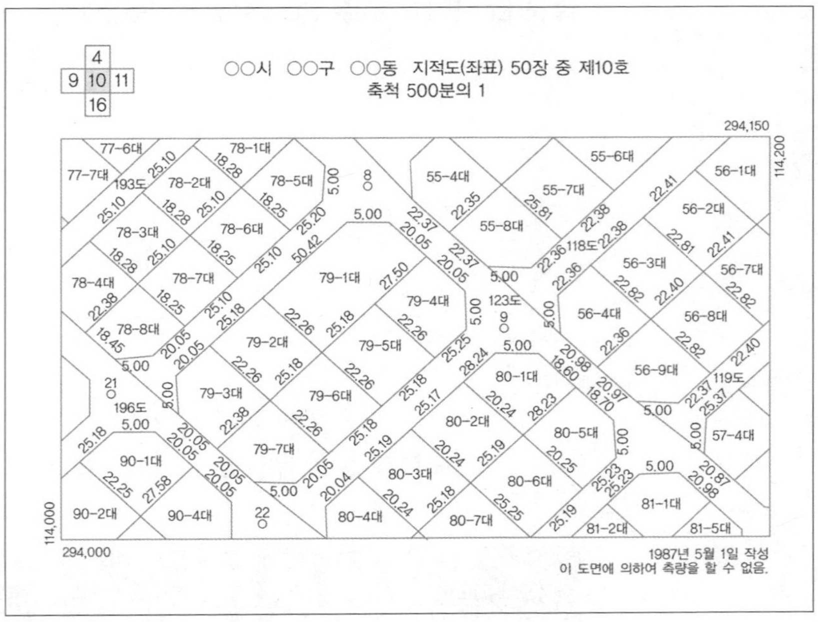

① 위 지역은 경계점좌표등록부를 비치한 지역이며, 위의 도면은 50장 중에 10번 도면이다.

② 토지의 소재, 지번, 경계, 좌표, 건축물의 위치, 도곽선과 그 수치는 도면의 등록사항이다.

③ 79-1의 좌측에 등록된 50.42는 도면에 의하여 계산한 경계점간의 거리를 나타낸다.

④ 도곽선 수치를 계산하면 위 도면의 포용면적은 $50{,}000m^2$이다.

⑤ 위 도면의 도로 중간에 표시된 ○는 지적삼각점을 나타낸다.

6. **지적공부의 보존 및 공개에 관한 설명으로 옳은 것을 모두 고른 것은?**

> ㄱ. 지적공부를 정보처리시스템을 통하여 기록·저장한 경우 관할 시·도지사, 시장·군수 또는 구청장은 그 지적공부를 지적정보관리체계에 영구히 보존하여야 한다.
> ㄴ. 지적공부를 열람하거나 그 등본을 발급받으려는 자는 해당 지적소관청에 그 열람 또는 발급을 신청하여야 한다.
> ㄷ. 정보처리시스템을 통하여 기록·저장된 지적공부(지적도 및 임야도는 제외한다)를 열람하거나 그 등본을 발급받으려는 경우에는 특별자치시장, 시장·군수 또는 구청장이나 읍·면·동의 장에게 신청할 수 있다.
> ㄹ. 지적소관청은 정보처리시스템을 통하여 보존하여야 하는 지적공부가 멸실되거나 훼손될 경우를 대비하여 지적공부를 복제하여 관리하는 정보관리체계를 구축하여야 한다.

① ㄱ, ㄴ, ㄷ
② ㄱ, ㄴ, ㄹ
③ ㄱ, ㄷ, ㄹ
④ ㄴ, ㄷ, ㄹ
⑤ ㄱ, ㄴ, ㄷ, ㄹ

7. **「공간정보의 구축 및 관리 등에 관한 법률」상 토지이동에 관한 설명으로 <u>틀린</u> 것은?**

① 「건축법」에 따른 건축허가·신고 또는 그 밖의 관계 법령에 따른 개발행위 허가 등을 받은 경우에 등록전환을 신청할 수 있다.
② 분할 전후 면적의 차이가 허용범위 이내인 경우에는 그 오차를 분할 후의 각 필지의 면적에 따라 나눈다.
③ 합병하려는 토지에 소유권·지상권·전세권 또는 임차권의 등기, 승역지에 대한 지역권의 등기 외의 등기가 있는 경우에 합병할 수 있다.
④ 도시개발사업 등의 원활한 추진을 위하여 사업시행자가 공사 준공 전에 토지의 합병을 신청하는 경우에 지목변경을 신청할 수 있다.
⑤ 지적소관청은 토지소유자가 통지를 받은 날부터 90일 이내에 등록말소 신청을 하지 아니하면 직권으로 등록을 말소한다.

8. **축척변경의 절차와 청산방법에 관한 설명 중 옳은 것은?**

① 지적소관청은 확정공고일 현재를 기준으로 그 축척변경 시행지역 안의 토지에 대하여 지번별 m^2당 금액을 미리 조사하여 축척변경위원회에 제출하여야 한다.
② 필지별 증감면적이 허용범위 이내인 경우 또는 소유자 전원이 청산하지 아니하기로 구두로 합의한 경우에는 청산금을 산출하지 않을 수 있다.
③ 지적소관청은 이의신청이 있는 때에는 6개월 이내에 축척변경위원회의 심의·의결을 거쳐 그 내용을 이의신청인에게 알려야 한다.
④ 지적소관청은 축척변경시행기간 중에는 지적공부정리 등을 정지하지만 경계점표지의 설치를 위한 경계복원측량은 그러하지 아니하다.
⑤ 합병하려는 토지가 축척이 다른 지적도에 등록되어 있어 축척변경을 하는 경우에도 축척변경위원회의 의결과 시·도지사 등의 승인을 받아야 한다.

9. **「공간정보의 구축 및 관리 등에 관한 법률」에 의한 지적공부의 정리에 관한 설명으로 옳은 것은?**

> ㄱ. 지적소관청은 토지의 이동이 있는 경우에는 토지이동정리 결의서를, 토지소유자의 변동 등에 따라 지적공부를 정리하려는 경우에는 소유자정리 결의서를 작성하여야 한다.
> ㄴ. 신규등록지의 토지소유자의 변경사항은 등기필증, 등기완료통지서, 등기사항증명서 또는 등기전산정보자료에 따라 정리한다.
> ㄷ. 등기부와 지적공부의 토지의 표시가 일치하지 아니하면 소유권변경사실의 통지에 따라 토지소유자를 정리할 수 없다. 이 경우 토지의 표시와 지적공부가 일치하지 아니하다는 사실을 관할 등기관서에 통지하여야 한다.
> ㄹ. 지적소관청은 필요하다고 인정하는 경우에는 관할 등기관서의 등기부를 열람하여 지적공부와 부동산등기부가 일치하는지 여부를 조사·확인하여 직권으로 정리하며, 소유자에게 신청을 요구할 수 없다.

① ㄱ, ㄷ
② ㄱ, ㄹ
③ ㄴ, ㄷ
④ ㄱ, ㄴ, ㄹ
⑤ ㄴ, ㄷ, ㄹ

10. **지적측량절차에 관한 설명으로 틀린 것은?**

① 토지소유자 등은 검사측량과 지적재조사측량은 지적측량수행자에게 지적측량을 의뢰할 수 없다.

② 지적소관청은 지적측량을 하려는 지역의 지적공부와 부동산종합공부에 관한 전산자료를 지적측량수행자에게 제공하여야 한다.

③ 지적공부를 정리하지 아니하는 측량으로서 경계복원측량과 지적현황측량은 검사측량을 요하지 아니한다.

④ 지적소관청은 측량성과가 정확하다고 인정하면 지적측량성과도를 지적측량의뢰인에게 발급하여야 한다.

⑤ 지적삼각점성과 또는 그 측량부를 열람하거나 등본을 발급받으려는 자는 시 · 도지사 또는 지적소관청에 신청하여야 한다.

11. **지적측량적부재심사에 관한 설명으로 틀린 것은?**

① 지방지적위원회의 의결서를 받은 자가 의결에 불복하는 경우에는 그 의결서를 받은 날부터 90일 이내에 국토교통부장관을 거쳐 중앙지적위원회에 재심사를 청구할 수 있다.

② 지적측량 적부재심사청구를 회부받은 중앙지적위원회는 그 심사청구를 회부받은 날부터 60일 이내에 심의 · 의결하여야 한다.

③ 중앙지적위원회로부터 의결서를 받은 국토교통부장관은 그 의결서를 지적소관청에 송부하여야 한다.

④ 시 · 도지사가 중앙지적위원회의 의결서를 받은 경우에는 그 의결서 사본에 지방지적위원회의 의결서 사본을 첨부하여 지적소관청에 보내야 한다.

⑤ 중앙지적위원회의 의결서 사본을 받은 지적소관청은 그 내용에 따라 지적공부의 등록사항을 정정하거나 측량성과를 수정하여야 한다.

12. **「공간정보의 구축 및 관리 등에 관한 법률」상 시 · 도지사 또는 대도시 시장의 승인사항인 것을 모두 고른 것은?**

ㄱ. 지적공부의 반출
ㄴ. 지적공부의 복구
ㄷ. 지번변경
ㄹ. 축척변경
ㅁ. 측량결과도를 도시개발사업 등 시행지역과 축척변경 시행지역에서는 1/500로 작성하지만, 농지구획정리 시행지역에서 1/6,000로 작성하는 경우

① ㄱ, ㄴ, ㄷ, ㄹ ② ㄱ, ㄴ, ㄷ, ㅁ
③ ㄱ, ㄴ, ㄹ, ㅁ ④ ㄱ, ㄷ, ㄹ, ㅁ
⑤ ㄴ, ㄷ, ㄹ, ㅁ

13. **등기에 관한 다음 설명 중 틀린 것은?**

① 「하천법」상 하천에 대하여는 소유권, 저당권, 권리질권에 대한 권리의 설정, 보존, 이전, 변경, 처분의 제한 또는 소멸에 대하여 등기할 수 있다.

② 권리소멸약정등기, 공유물불분할약정등기는 부기등기로 실행한다.

③ 권리변경등기는 등기상 이해관계인의 승낙을 얻으면 부기등기로 실행할 수 있다.

④ 집합건물 착공 전의 나대지에 대하여 근저당권이 설정된 경우, 그 근저당권등기는 집합건물을 위한 대지권등기에 우선한다.

⑤ 사망자 명의의 신청으로 마쳐진 이전등기에 대해서는 그 등기의 무효를 주장하는 자가 현재의 실체관계와 부합하지 않음을 증명할 책임이 있다.

14. **등기기록의 보관 및 열람 · 발급 등에 관한 다음 설명 중 틀린 것은?**

① 등기관이 법원으로부터 신청서나 그 밖의 부속서류의 송부명령을 받았을 때에는 그 명령과 관계가 있는 부분만 법원에 송부하여야 한다.

② 대리인이 신청서나 그 밖의 부속서류의 열람을 신청할 때에는 신청서에 그 권한을 증명하는 서면을 첨부하지 아니한다.

③ 신탁원부, 공동담보목록, 도면 또는 매매목록은 그 사항의 증명도 함께 신청하는 뜻의 표시가 있는 경우에만 등기사항증명서에 이를 포함하여 발급한다.

④ 등기신청이 접수된 부동산에 관하여는 등기관이 그 등기를 마칠 때까지 등기사항증명서를 발급하지 못한다.

⑤ 인터넷에 의한 열람의 경우에 신용카드로 수수료의 결제가 끝난 경우에는 등기사항증명서 발급 신청은 수수료를 결제한 당일에 한하여 철회할 수 있다.

15. **전자신청을 하고자 하는 당사자 또는 자격자대리인의 사용자등록과 전자신청의 절차에 관한 다음 설명 중 틀린 것은?**

① 사용자등록을 신청하는 당사자 또는 자격자대리인은 등기소에 출석하여 신청서를 제출하여야 한다.

② 사용자등록의 유효기간 연장은 전자문서로 신청할 수 있다.

③ 변호사나 법무사[법무법인 · 법무법인(유한) · 법무사법인 · 법무사법인(유한)을 포함한다. 이하 '자격자대리인'이라 한다]는 다른 사람을 대리하여 전자신청을 할 수 있다.

④ 전자신청의 경우에 보정사항이 있는 경우 등기관은 사유를 등록한 후 전자우편 방법에 의해 사유를 신청인에게 통지하여야 한다.

⑤ 전자신청에 대한 각하 결정의 방식 및 고지방법은 서면신청과 동일한 방법으로 처리한다.

16. **다음 중 등기필정보를 작성하여 등기권리자에게 통지하여야 하는 등기신청에 해당하는 것은?**

① 말소된 전세권설정등기에 대한 회복등기를 등기권리자가 판결을 받아 단독으로 신청한 경우

② 甲, 乙 공유를 甲, 乙 합유로 변경하는 등기를 甲과 乙 공동으로 신청한 경우

③ 합유자 甲, 乙, 丙 중 丙의 사망을 원인으로 잔존 합유자 甲, 乙이 합유명의인 변경등기신청을 한 경우

④ 소유권이전등기절차의 인수를 명하는 판결에 의하여 승소한 등기의무자가 단독으로 소유권이전등기를 신청한 경우

⑤ 소유권이전청구권 가등기를 등기권리자가 법원의 가등기 가처분명령을 받아 단독으로 신청한 경우

17. **등기에 관한 설명으로 옳은 것은?**

① 甲이 그 소유 부동산을 乙에게 매도하고 사망한 경우, 甲의 단독상속인 丙은 등기의무자로서 甲과 乙의 매매를 원인으로 하여 甲으로부터 乙로의 이전등기를 신청할 수 없다.

② 구분건물로서 그 대지권의 변경이 있는 경우에는 구분건물의 소유권의 등기명의인은 1동의 건물에 속하는 다른 구분건물의 소유권의 등기명의인을 대위하여 그 변경등기를 신청할 수 있다.

③ 상속인이 상속포기를 할 수 있는 기간 내에는 상속인의 채권자가 대위권을 행사하여 상속등기를 신청할 수 없다.

④ 건물이 멸실된 경우, 그 건물소유권의 등기명의인이 1개월 이내에 멸실등기신청을 하지 않으면 그 건물대지의 소유자가 대위하여 멸실등기를 신청할 수 없다.

⑤ 채권자 甲이 채권자대위권에 의하여 채무자 乙을 대위하여 등기신청하는 경우에 乙이 등기신청인이다.

18. **상속인이 소유권이전등기를 신청하는 경우에 관한 설명으로 <u>틀린</u> 것은?**

① 상속으로 인한 소유권이전등기는 상속인이 단독으로 신청할 수 있다.

② 상속인이 여러 명인 경우에 공동상속인 중 일부가 상속등기에 협력하지 않는다 하여 일부 상속등기를 신청할 수 없고, 상속인 전원이 신청하거나 상속인 중 1인이 상속인 모두를 위해 신청할 수 있다.

③ 상속재산의 분할 또는 다른 상속인의 상속포기로 인하여 상속인 중 일부만이 신청 부동산의 소유자인 경우에는 상속인 전원이 상속으로 인한 소유권이전등기를 신청할 수 있다.

④ 여러 명의 상속인이 있는 경우에는 공동상속인 전원을 등기권리자로 기재하고 각 상속인별로 상속지분을 반드시 기재하여야 하며, 상속분이 같을 때에도 또한 같다.

⑤ 상속재산에 관하여 협의분할을 하였을 경우에는 상속을 증명하는 서면으로 상속재산분할협의서 및 상속인의 인감증명을 추가로 제출하여야 한다.

19. **토지수용으로 인한 소유권이전등기를 하는 경우에 등기관이 직권으로 말소할 수 없는 등기에 해당하는 것을 모두 고른 것은?**

> ㄱ. 수용의 개시일 이후에 경료된 소유권이전등기
> ㄴ. 수용의 개시일 이전의 상속을 원인으로 한 소유권이전등기
> ㄷ. 소유권 이외의 권리, 즉 지상권, 지역권, 전세권, 저당권, 권리질권 및 임차권에 관한 등기
> ㄹ. 그 부동산을 위하여 존재하는 지역권의 등기
> ㅁ. 가등기, 가압류, 가처분, 압류등기

① ㄱ, ㄷ　　② ㄴ, ㄹ
③ ㄷ, ㅁ　　④ ㄱ, ㄹ, ㅁ
⑤ ㄴ, ㄷ, ㅁ

20. **신탁등기의 경우에 신탁원부 기록의 변경에 관한 설명으로 옳은 것을 모두 고른 것은?**

> ㄱ. 수익자 또는 신탁관리인이 변경된 경우에는 수탁자는 지체 없이 신탁원부 기록의 변경등기를 신청하여야 한다.
> ㄴ. 법원이 수탁자를 해임하는 재판을 한 경우 또는 신탁관리인을 선임하는 재판을 한 경우에는 등기관은 법원의 촉탁에 의하여 신탁원부 기록을 변경하여야 한다.
> ㄷ. 수탁자의 경질르 인한 권리이전등기 또는 여러 명의 수탁자 중 1인의 임무종료로 인한 합유명의인 변경등기를 한 경우에는 등기관은 직권으로 신탁원부 기록을 변경하여야 한다.

① ㄴ　　② ㄷ
③ ㄱ, ㄴ　　④ ㄴ, ㄷ
⑤ ㄱ, ㄴ, ㄷ

21. 용익권등기에 관한 설명으로 틀린 것은?

① 구분지상권설정등기를 신청하는 경우에 도면은 첨부하지 아니한다.

② 등기관이 승역지에 지역권설정등기를 하였을 때에 승역지와 요역지의 관할이 동일한 경우에만 직권으로 요역지 등기기록에 요역지지역권을 기록하여야 한다.

③ 전세권설정등기가 된 후에 존속기간이 만료되어 법정갱신이 된 경우, 전세권자는 존속기간 연장을 위한 변경등기를 하여야 그 전세권에 대한 저당권설정등기를 할 수 있다.

④ 전세권의 존속기간 만료 전에 전세금반환채권의 일부양도를 원인으로 한 전세권의 일부이전등기를 신청하는 경우에는 전세권의 소멸을 증명하는 정보를 첨부하여야 한다.

⑤ 등기관이 임차권설정등기를 할 때에 등기원인에 임차보증금에 관한 사항이 있는 경우에 등기기록에 기록하여야 한다.

22. (근)저당권등기에 관한 다음 설명 중 틀린 것은?

① 저당권이 이전된 후 저당권설정등기의 말소등기를 신청하는 경우에 저당권의 양수인이 저당권설정자와 공동으로 신청한다.

② 저당권설정등기 후 소유권이 제3자에게 이전된 경우에 저당권말소등기는 저당권설정자 또는 제3취득자가 저당권자와 공동으로 신청한다.

③ 근저당권의 피담보채권이 확정된 후에 근저당권의 기초가 되는 기본계약상의 채권자 지위가 제3자에게 전부 양도된 경우에 계약 양도를 원인으로 근저당권이전등기를 신청할 수 있다.

④ 근저당권의 피담보채권이 확정되기 전에 그 피담보채권이 양도된 경우에는 이를 원인으로 근저당권이전등기를 신청할 수는 없다.

⑤ 채권최고액을 감액하는 근저당권변경등기를 신청하는 경우에 근저당권설정자가 등기권리자, 근저당권자가 등기의무자가 되어 공동으로 신청한다.

23. 가등기에 관한 설명으로 옳은 것은?

① 가등기를 명하는 법원의 가처분명령이 있는 경우에는 법원의 촉탁에 따라 가등기를 실행한다.

② 가등기의 본등기금지가처분등기는 허용되지 않지만, 가등기된 권리의 이전금지가처분등기는 허용된다.

③ 하나의 가등기에 관하여 여러 사람의 가등기권자가 있는 경우에 그중 일부의 가등기권자가 자기의 가등기지분에 관하여 본등기를 신청할 수 없다.

④ 소유권이전청구권가등기권자가 가등기에 의한 본등기를 하지 않고 다른 원인에 의한 소유권이전등기를 한 후에도 언제나 가등기에 의한 본등기를 할 수 있다.

⑤ 가등기에 관하여 등기상 이해관계 있는 자는 가등기명의인의 승낙을 받아 가등기의 말소를 대위신청할 수 있다.

24. 처분금지가처분채권자가 본안사건에서 승소하여 그 승소판결에 의한 소유권이전등기를 신청하는 경우에 관한 설명으로 옳은 것을 모두 고른 것은?

ㄱ. 그 가처분등기 이후에 제3자 명의의 소유권이전등기가 경료되어 있을 때에는 반드시 위 소유권이전등기신청과 함께 단독으로 그 가처분등기 이후에 경료된 제3자 명의의 소유권이전등기의 말소신청도 동시에 신청하여야 한다.
ㄴ. 그 가처분등기 이후에 제3자 명의의 소유권 이외의 권리에 관한 등기가 경료되어 있을 때에는 위 소유권이전등기신청과 함께 단독으로 그 가처분등기 이후에 경료된 제3자 명의의 등기말소신청도 동시에 신청하여야 한다.
ㄷ. 등기관이 가처분채권자의 신청에 의하여 가처분등기 이후의 등기를 말소하였을 때에는 직권으로 그 가처분등기도 말소하여야 한다.

① ㄱ
② ㄷ
③ ㄱ, ㄴ
④ ㄴ, ㄷ
⑤ ㄱ, ㄴ, ㄷ

25. 다음은 2025년도에 시행되는 부동산세법에 대한 설명으로 옳은 것은?

① 압류는 제척기간이 중단하는 사유이다.

② 5천만원(가산세를 제외한 금액) 이상의 지방세 소멸시효는 5년이다.

③ 국세징수금의 징수순위는 '국세(가산세 제외), 강제징수비, 가산세'의 순서로 한다.

④ 「지방세기본법」상 법정신고기한이 지난 후 1개월 초과 3개월 이내에 기한 후 신고를 한 경우에는 무신고가산세 및 납부지연가산세의 100분의 30에 상당하는 금액을 감면한다.

⑤ 체납된 국세의 납부고지서별 · 세목별 세액이 150만원 미만인 경우에는 납부고지서에 따른 납부기한의 다음 날부터 적용되는 1일 0.022%의 납부지연가산세를 적용하지 아니한다.

26. 「지방세법」상 취득세의 납세의무 성립시기가 되는 부동산의 취득시기에 관한 설명으로 옳은 것은 모두 몇 개인가?

> ㄱ. 매매 등 유상취득의 경우에는 원칙적으로 계약상 잔금지급일을 취득일로 한다.
> ㄴ. 「민법」 제245조 및 제247조에 따른 점유로 인한 취득의 경우에는 취득물건의 시효만료일을 취득일로 본다.
> ㄷ. 관계 법령에 따라 매립·간척 등으로 토지를 원시취득하는 경우에는 공사준공인가일을 취득일로 본다.
> ㄹ. 상속으로 인하여 부동산을 취득한 경우에는 상속개시일에 취득한 것으로 본다.
> ㅁ. 「민법」 제839조의2 및 제843조에 따른 재산분할로 인한 취득의 경우에는 취득물건의 등기일 또는 등록일을 취득일로 본다.

① 1개 ② 2개
③ 3개 ④ 4개
⑤ 5개

27. 다음 중 취득세가 과세되는 토지의 지목변경에 대한 내용으로 옳은 것은?

① 토지의 지목을 변경하는 경우 그로 인하여 가액의 증가 여부와 관계없이 취득세가 부과된다.
② 과세표준은 그 변경으로 증가한 가액에 해당하는 사실상 취득가격으로 하되, 법인이 아닌 자가 취득하는 경우로서 사실상 취득가격을 확인할 수 있는 경우에도 토지의 지목이 공부상 변경된 때를 기준으로 지목변경 이후의 토지에 대한 시가표준액에서 지목변경 전의 토지에 대한 시가표준액을 뺀 가액으로 한다.
③ 취득세 세율은 중과기준세율(1,000분의 20)을 적용한다.
④ 토지의 지목변경에 따른 취득은 지목변경일 이전에 그 사용여부와 관계없이 사실상 변경된 날과 공부상 변경된 날 중 빠른 날을 취득일로 본다.
⑤ 토지의 지목변경에 따라 사실상 그 가액이 증가된 경우, 취득세의 신고를 하지 않고 매각하는 경우에는 취득세 중가산세 규정을 적용한다.

28. 「지방세법」상 취득세의 부과·징수에 관한 설명으로 <u>틀린</u> 것은?

① 「지방세법」 제13조의2 제1항 제2호에 따라 일시적 2주택으로 신고하였으나 그 취득일로부터 대통령령으로 정하는 기간 내(3년 이내)에 대통령령으로 정하는 종전 주택을 처분하지 못하여 1주택으로 되지 아니한 경우 가산세를 적용한다.
② 재산권과 그 밖의 권리의 취득·이전에 관한 사항을 공부(公簿)에 등기하거나 등록하려는 경우에는 등기 또는 등록신청서를 등기·등록관서에 접수하는 날까지 취득세를 신고납부하여야 한다.
③ 납세의무자가 신고기한까지 취득세를 시가인정액으로 신고한 후 지방자치단체의 장이 세액을 경정하기 전에 그 시가인정액을 수정신고한 경우에는 「지방세기본법」 제53조 및 제54조에 따른 가산세를 부과하지 아니한다.
④ 취득세 납세의무자가 신고 또는 납부의무를 다하지 아니하면 산출세액 또는 그 부족세액에 「지방세기본법」의 규정에 따라 산출한 가산세를 합한 금액을 세액으로 하여 보통징수의 방법으로 징수한다.
⑤ 증여로 인한 무상취득의 경우에는 취득일부터 3개월 이내에 신고하고 납부하여야 한다.

29. 다음 중 「지방세법」상 등록에 대한 등록면허세에 대한 설명으로 옳은 것은?

① 금융기관이 甲소유의 부동산에 저당권을 설정하는 경우 납세의무자는 설정자인 甲이다.
② 증여를 원인으로 하는 부동산등기의 경우 증여계약일로부터 3개월 내에 신고하고 납부하여야 한다.
③ 취득세 부과제척기간이 경과한 물건의 등기·등록에 대한 등록면허세 과세표준은 등록당시가액과 취득당시가액 중 높은 가액으로 한다.
④ 저당권말소등기를 하는 경우 과세표준은 채권금액이다.
⑤ 부동산등기를 하는 경우에 취득일로부터 60일 이내에 신고납부하여야 한다.

30. 「지방세기본법」상 이의신청과 심판청구에 관한 설명으로 옳은 것을 모두 고른 것은?

> ㄱ. 과태료 부과처분은 이의신청 또는 심판청구의 대상이 되는 처분에 포함된다.
> ㄴ. 이의신청인은 신청금액이 1,800만원인 경우에는 그의 배우자를 대리인으로 선임할 수 있다.
> ㄷ. 지방세에 관한 불복시 불복청구인은 조세불복절차 또는 감사원의 심사청구를 거치지 아니하면 행정소송을 제기할 수 없다.
> ㄹ. 이의신청을 거치지 아니하고 바로 심판청구를 할 수는 없다.

① ㄱ ② ㄴ
③ ㄱ, ㄹ ④ ㄴ, ㄷ
⑤ ㄷ, ㄹ

31. 다음 중 재산세를 부과하는 경우에 비례세율이 적용되는 토지는? (단, 해당 토지의 관련 요건은 갖춘 것으로 가정함)

① 자동차운전교육장용 토지
② 운수회사의 차고용 토지
③ 레미콘 제조업용 토지
④ 견인된 차 보관용 토지
⑤ 국가가 국방상의 목적 외에는 그 사용 및 처분 등을 제한하는 공장 구내의 토지

32. 「지방세법」상 재산세 과세대상에서 「국토의 계획 및 이용에 관한 법률 규정」에 의한 도시지역 내에 공업지역에 있는 일반건축물의 바닥면적이 200m²이고, 그에 딸린 토지 면적이 1,500m²일 때 종합합산과세대상토지에 해당하는 면적은? (단, 공업지역의 용도지역별 적용배율은 4배임)

① 200m²
② 700m²
③ 800m²
④ 1,500m²
⑤ 1,700m²

33. 「종합부동산세법」상 1세대 1주택자에 관한 설명으로 옳은 것은?

① 합산배제 신고한 「근현대문화유산의 보존 및 활용에 관한 법률」에 따른 등록문화유산에 해당하는 주택은 1세대가 소유한 주택 수에서 제외한다.
② 과세기준일 현재 세대원 중 1인과 그 배우자만이 공동으로 1주택을 소유하고 해당 세대원 및 다른 세대원이 다른 주택을 소유하지 아니한 경우 신청하지 않더라도 공동명의 1주택자를 해당 1주택에 대한 납세의무자로 한다.
③ 1세대가 일반 주택과 합산배제 신고한 임대주택을 각각 1채씩 소유한 경우 해당 일반 주택에 그 주택소유자가 실제 거주하지 않더라도 1세대 1주택자에 해당한다.
④ 1세대 1주택자는 주택의 공시가격을 합산한 금액에서 11억원을 공제한 금액에 공정시장가액비율을 곱한 금액을 과세표준으로 한다.
⑤ 60세 이상의 직계존속을 동거봉양하기 위하여 합가함으로써 1세대를 구성하는 경우에는 최초로 합가한 날부터 5년 동안에 한하여 주택 또는 토지를 소유하는 자와 그 합가한 자별로 각각 1세대로 본다.

34. 「종합부동산세법」상 종합부동산세에 관한 설명으로 <u>틀린</u> 것은? (단, 주택은 「종합부동산세법」상 합산배제주택에 해당하지 아니하며, 지방세관계법상 재산세 특례 및 감면은 없음)

① 종합부동산세의 납세의무자가 비거주자인 개인으로서 국내사업장이 없고 국내원천소득이 발생하지 않는 1주택을 소유한 경우 그 주택 소재지를 납세지로 정한다.
② 개인소유 주택은 주택 수에 관계없이 차등비례세율이 적용되며, 법인소유주택은 주택 수에 따라 원칙적으로 초과누진세율이 적용된다.
③ 「지방세특례제한법」 또는 「조세특례제한법」에 의한 재산세의 감면 규정은 종합부동산세를 부과함에 있어서 이를 준용한다.
④ 납세의무자가 법인 또는 법인으로 보는 단체로서 「종합부동산세법」 제9조 제2항 각 호의 비례세율이 적용되는 경우는 세 부담 상한에 관한 규정을 적용하지 아니한다.
⑤ 개인소유 주택분 종합부동산세액의 결정세액은 주택분 종합부동산세액에서 '(주택의 공시가격 합산액 - 공제금액) × 재산세 공정시장가액비율 × 재산세 표준세율'의 산식에 따라 산정한 재산세액을 공제하여 계산한다.

35. 거주자 甲이 국내 소재 상시주거용 건물(이하 '주택'이라 함)을 임대하고 있는 경우 「소득세법」상 설명으로 <u>틀린</u> 것은? (단, 고가주택이 아니며 부수토지는 고려하지 않음)

① 자기소유의 부동산을 타인의 담보로 사용하게 하고 그 사용대가로 받는 것은 사업소득이다.
② 주택임대로 인하여 발생하는 소득에 대한 총 수입금액의 수입할 시기는 계약에 의하여 지급일이 정하여진 경우, 그 정하여진 날로 한다.
③ 만일 당해 주택이 국외에 소재하는 경우라면 주택임대로 인하여 발생하는 소득은 주택 수에 관계없이 과세된다.
④ 주택임대로 인하여 발생하는 소득에 대한 비과세 여부를 판단함에 있어서 甲과 그 배우자가 각각 주택을 소유하는 경우, 이를 합산하여 주택 수를 계산한다.
⑤ 해당 과세기간의 주택임대소득이 1,800만원인 경우에는 분리과세(분리과세시 소득세율은 25%)를 선택할 수 없으며, 종합소득에 합산하여 과세한다.

36. 「소득세법」 제101조 양도소득의 부당행위계산 규정 중 증여 후 우회양도에 관한 설명으로 틀린 것은? (단, 양도소득이 해당 수증자에게 실질적으로 귀속된 경우는 아님)

① 거주자가 특수관계인(이월과세 규정을 적용받는 배우자 및 직계존비속의 경우는 제외)에게 자산을 증여한 후 그 자산을 증여받은 자가 그 증여일부터 8년이 되는 때 다시 타인에게 양도한 경우에도 적용된다.

② 증여받은 자의 증여세와 양도소득세를 합한 세액이 증여자가 직접 양도하는 경우로 보아 계산한 양도소득세 세액보다 적은 경우에는 증여자가 그 자산을 직접 양도한 것으로 본다.

③ 위 ②의 경우에 양도소득세 납세의무자는 당초 증여자이다.

④ 증여자에게 양도소득세가 과세되는 경우에는 기납부한 증여세는 필요경비로 공제받을 수 없다.

⑤ 증여자와 수증자는 해당 조세에 대해 연대납세의무가 없다.

37. 다음 자료에 의하는 경우 양도소득세 산출세액은 얼마인가? (단, 국내자산을 양도하는 경우이며, 다른 조건은 고려하지 않음)

> ○ 등기된 상가 건물
> ○ 보유기간: 2년 6개월
> ○ 과세표준금액: 1,400만원

① 60만원 ② 84만원
③ 210만원 ④ 560만원
⑤ 700만원

38. 다음 중 「소득세법」상 양도소득세의 양도 또는 취득시기에 대한 내용으로 옳은 것은?

① 사실상 대금청산일이 분명하지 않은 경우에는 계약서상 잔금지급일을 양도 또는 취득시기로 한다.

② 장기할부조건으로 매매하는 경우에는 소유권이전등기(등록 및 명의개서를 포함)접수일 · 인도일 또는 사용수익일 중 빠른 날을 양도 또는 취득시기로 한다.

③ 1984년 12월 31일 이전에 취득한 토지는 1986년 1월 1일에 취득한 것으로 본다.

④ 「민법」 제245조 제1항의 규정(부동산소유권의 취득시효)에 의하여 부동산의 소유권을 취득하는 경우에는 해당 부동산의 등기접수일을 취득시기로 한다.

⑤ 동일 필지를 2회 이상에 걸쳐 지분으로 각각 취득한 부동산 중에 일부를 양도한 경우로서 취득시기가 분명하지 아니한 경우에는 먼저 취득한 부동산을 나중에 양도한 것으로 본다.

39. 거주자 甲이 2025년도 4월 13일에 국내에 소재하는 토지를 양도하는 경우 양도소득세에 관한 다음 설명 중 옳은 것은?

① 예정신고는 6월 13일까지 토지소재지 관할 세무서에 하여야 한다.

② 양도소득과세표준 예정신고기한 내에 무신고한 후 확정신고기한까지 신고한 경우에도 예정신고 무신고에 대한 가산세는 감면되지 않는다.

③ 예정신고를 1회 한 경우에도 해당 소득에 대한 확정신고를 생략할 수 없다.

④ 甲이 시가 3억원의 토지를 동생에게 채무 1억원을 인수하는 조건으로 양도하는 경우 예정신고기한은 2025년 7월 31일이다.

⑤ 토지거래허가구역 내의 토지를 양도하는 경우로서 허가일 전에 대금이 청산된 경우라면 양도일이 속하는 달의 말일로부터 2개월 이내에 신고하여야 한다.

40. 「소득세법」상 국내자산 양도시 양도소득세 계산과정에서 양도소득과세표준을 감소시킬 수 있는 항목에 해당하지 <u>않는</u> 것은?

① 매입가액과 취득세
② 장기보유특별공제액
③ 자본적 지출액
④ 양도소득기본공제액
⑤ 감면세액

학습일자: ______ / ______

2025년도 제36회 공인중개사 2차 국가자격시험

실전모의고사 제6회

교 시	문제형별	시 간	시 험 과 목
1교시	A	100분	① 공인중개사의 업무 및 부동산 거래신고에 관한 법령 및 중개실무 ② 부동산공법 중 부동산 중개에 관련되는 규정

수험번호		성 명	

【 수험자 유의사항 】

1. **시험문제지는 단일 형별(A형)이며, 답안카드 형별 기재란에 표시된 형별(A형)을 확인하시기 바랍니다.** 시험문제지의 **총면수, 문제번호 일련순서, 인쇄상태** 등을 확인하시고, 문제지 표지에 수험번호와 성명을 기재하시기 바랍니다.
2. 답은 각 문제마다 요구하는 **가장 적합하거나 가까운 답 1개**만 선택하고, 답안카드 작성 시 시험문제지 **형별누락, 마킹착오**로 인한 불이익은 전적으로 **수험자에게 책임**이 있음을 알려드립니다.
3. 답안카드는 국가전문자격 공통 표준형으로 문제번호가 1번부터 125번까지 인쇄되어 있습니다. 답안 마킹 시에는 반드시 **시험문제지의 문제번호와 동일한 번호에 마킹**하여야 합니다. (2차 1교시: 1번~80번)
4. **감독위원의 지시에 불응하거나 시험시간 종료 후 답안카드를 제출하지 않을 경우** 불이익이 발생할 수 있음을 알려 드립니다.
5. 시험문제지는 시험 종료 후 가져가시기 바랍니다.
6. 답안작성은 **시험 시행일(2025.10.25.) 현재 시행되는 법령 등**을 적용하시기 바랍니다.
7. 가답안 의견제시에 대한 개별회신 및 공고는 하지 않으며, **최종 정답 발표로 갈음**합니다.
8. 시험 중 **중간 퇴실은 불가**합니다. 단, 부득이하게 퇴실할 경우 **시험포기각서 제출 후 퇴실은 가능**하나 **재입실이 불가**하며, **해당시험은 무효처리됩니다.**

해커스 공인중개사

제1과목: 공인중개사의 업무 및 부동산 거래신고에 관한 법령 및 중개실무

1. 공인중개사법령상 중개사무소 안의 보기 쉬운 곳에 게시해야 할 사항을 모두 고른 것은?

> ㄱ. 중개보수 · 실비의 요율 및 한도액표
> ㄴ. 소속공인중개사가 있는 경우 그의 공인중개사 자격증 사본
> ㄷ. 사업자등록증
> ㄹ. 보증의 설정을 증명할 수 있는 서류
> ㅁ. 실무교육수료증 원본

① ㄱ, ㄴ　② ㄱ, ㄷ, ㄹ
③ ㄴ, ㄷ, ㅁ　④ ㄷ, ㄹ, ㅁ
⑤ ㄱ, ㄷ, ㄹ, ㅁ

2. 공인중개사법령상 용어와 관련된 설명으로 <u>틀린</u> 것은? (다툼이 있으면 판례에 따름)

① “공인중개사”란 「공인중개사법」에 의하여 중개사무소의 개설등록을 한 자를 말한다.
② “중개”란 「공인중개사법」 제3조의 규정에 의한 중개대상물에 대하여 거래당사자간의 매매 · 교환 · 임대차 그 밖의 권리의 득실변경에 관한 행위를 알선하는 것을 말한다.
③ 금전채권의 매매계약을 중개한 것은 중개행위에 해당하지 않는다.
④ 영업용 건물의 영업시설, 비품 등의 거래를 알선하는 행위는 중개행위에 해당하지 아니한다.
⑤ 거래당사자 사이에 부동산에 관한 환매계약이 성립하도록 알선하는 행위는 중개에 해당한다.

3. 공인중개사법령상 공인중개사 정책심의위원회의 소관사항이 <u>아닌</u> 것은?

① 심의위원에 대한 기피신청을 받아들일 것인지 여부에 관한 의결
② 중개보수 변경에 관한 사항의 심의
③ 부동산중개업의 육성에 관한 사항의 심의
④ 거래정보사업자 지정 여부에 관한 의결
⑤ 부득이한 사정으로 당해 연도의 공인중개사 자격시험을 시행하지 않을 것인지 여부에 관한 의결

4. 「공인중개사법」상 등록의 결격사유에 해당하지 <u>않는</u> 자는?

① 피성년후견인
② 사기죄로 징역형의 집행유예를 받고 그 유예기간 중에 있는 자
③ 공인중개사 자격시험에서 부정행위처분을 받은 자로서 처분일로부터 5년이 지나지 않은 자
④ 6개월의 업무정지처분을 받고 폐업을 한 자로서 업무정지기간 중에 있는 자
⑤ 자신의 행위로 「공인중개사법」을 위반하여 500만원의 벌금형의 선고를 받고 3년이 지나지 아니한 자

5. 공인중개사법령상 중개사무소 또는 분사무소와 관련한 설명으로 <u>틀린</u> 것을 모두 고른 것은?

> ㄱ. 법인이 아닌 개업공인중개사는 분사무소를 둘 수 없다.
> ㄴ. 개업공인중개사는 등록관청의 허가를 받아 천막 등 임시 중개시설물을 설치할 수 있다.
> ㄷ. 다른 법률의 규정에 따라 중개업을 할 수 있는 법인의 분사무소에는 공인중개사를 책임자로 두어야 한다.
> ㄹ. 분사무소 설치신고시 건축물대장에 기재되지 않은 건물에 분사무소를 확보한 경우, 건축물대장의 기재가 지연되는 사유를 적은 서류를 첨부하여야 한다.
> ㅁ. 공인중개사인 개업공인중개사가 둘 이상의 중개사무소를 둔 때에는 개설등록이 취소된다.

① ㄱ, ㄷ　② ㄴ, ㄹ
③ ㄷ, ㅁ　④ ㄱ, ㄹ, ㅁ
⑤ ㄴ, ㄷ, ㅁ

6. 공인중개사법령상 중개대상물이 <u>아닌</u> 것은? (다툼이 있으면 판례에 따름)

① 소유권보존등기를 한 수목의 집단
② 분양계약이 체결된 특정 아파트에 대한 분양권
③ 주택이 철거될 경우 일정한 요건하에서 택지개발지구 내 이주자택지를 공급받을 수 있는 지위에 불과한 대토권
④ 건축 중인 건물로서 기둥과 지붕 그리고 주벽이 이루어지고 쉽게 해체될 수 없는 것
⑤ 유치권이 행사되고 있는 건물

7. **공인중개사법령상 중개대상물의 표시·광고와 관련한 설명으로 옳은 것은?**

① 중개보조원은 개업공인중개사의 성명을 명시하여 중개대상물에 대한 표시·광고를 할 수 있다.

② 개업공인중개사가 인터넷을 이용하여 건축물에 대한 표시·광고를 하는 경우 내진설계 적용 여부와 내진능력을 명시해야 한다.

③ 국토교통부장관은 인터넷을 이용한 중개대상물에 대한 표시·광고가 공인중개사법령의 규정을 준수하는지 여부를 모니터링 할 수 있다.

④ 모니터링 기관은 수시 모니터링 업무를 수행한 경우 그 결과보고서를 모니터링 업무를 완료한 날부터 30일 내에 국토교통부장관에게 제출해야 한다.

⑤ 시·도지사 및 등록관청 등은 모니터링 결과에 따른 조사 및 조치결과를 15일 이내에 모니터링 기관에 통보해야 한다.

8. **공인중개사법령상 법인인 개업공인중개사가 할 수 있는 겸업으로 옳은 것은? (다른 법률에 따라 중개업을 할 수 있는 법인은 제외함)**

① 중개의뢰인의 의뢰에 따른 주거이전에 부수되는 용역의 제공

② 상업용 건축물의 임대업

③ 공인중개사를 대상으로 한 부동산중개업의 창업상담

④ 다가구 주택의 임대관리

⑤ 「민사집행법」에 따른 경매대상 동산의 권리분석 및 취득의 알선

9. **공인중개사법령상 법인의 중개사무소 개설등록요건 중 옳은 것은? (다른 법률에 의하여 중개업을 할 수 있는 경우를 제외함)**

① 면적 $50m^2$ 이상의 중개사무소를 확보할 것

② 대표자는 공인중개사이어야 하고, 대표자를 포함한 임원 또는 사원의 3분의 1 이상이 공인중개사일 것

③ 중개업만을 영위할 목적으로 설립되었을 것

④ 소유·전세·임대차 등의 방법으로 중개사무소 확보계획을 수립할 것

⑤ 자본금은 5천만원 이상일 것

10. **개업공인중개사 甲은 소속공인중개사 乙, 중개보조원 丙을 고용하였다. 이에 관한 설명으로 공인중개사법령상 옳은 것은?**

① 甲은 乙, 丙에 대한 고용신고를 전자문서로 할 수 있다.

② 甲은 丙에 대한 고용신고시에 직무교육수료증 사본을 첨부하여야 한다.

③ 乙이 외국인인 경우 甲은 乙에 대한 고용신고시 乙의 공인중개사 자격증 사본을 첨부해야 한다.

④ 丙이 중개업무 수행 중 중개의뢰인에게 손해를 입힌 경우 甲, 乙, 丙 모두는 연대하여 손해배상책임을 진다.

⑤ 乙 또는 丙이 업무상 행위로 「공인중개사법」에 위반하여 행정형벌을 받은 경우 甲은 해당 업무에 관하여 상당한 주의와 감독을 다하였다면 2분의 1 범위 내에서 그 형이 감경된다.

11. **공인중개사법령상 중개업의 휴업 및 폐업신고 등에 대한 설명으로 옳은 것(○)과 틀린 것(×)을 바르게 표시한 것은?**

> ㄱ. 분사무소의 폐업신고시에는 주된 사무소의 중개사무소등록증을 첨부해야 한다.
> ㄴ. 중개사무소의 개설등록을 하고 즉시 업무를 개시하지 아니할 경우에는 휴업신고를 하여야 한다.
> ㄷ. 출산의 경우 10개월의 휴업을 할 수 있다.

① ㄱ(○), ㄴ(○), ㄷ(○)

② ㄱ(○), ㄴ(×), ㄷ(○)

③ ㄱ(×), ㄴ(○), ㄷ(○)

④ ㄱ(×), ㄴ(×), ㄷ(○)

⑤ ㄱ(×), ㄴ(×), ㄷ(×)

12. **공인중개사법령상 거래정보사업자에 관한 설명으로 옳은 것은?**

① 거래정보사업자로 지정을 받으려면 해당 부동산거래정보망에 가입·이용신청을 한 개업공인중개사가 2개 이상의 시·도에서 각 50명 이상이어야 한다.

② 거래정보사업자가 지정을 받은 날로부터 3개월 내에 운영규정의 제정승인을 받지 아니한 경우에는 500만원 이하의 과태료가 부과된다.

③ 거래정보사업자로 지정을 받으려는 자는 공인중개사 1인 이상을 확보하되, 지정신청시 공인중개사 자격증 사본을 제출할 필요는 없다.

④ 거래정보사업자는 중개의뢰인으로부터 의뢰받은 중개대상물의 정보에 한하여 이를 공개하여야 한다.

⑤ 거래정보사업자가 개업공인중개사에 따라 차별적으로 중개대상물 정보를 공개한 경우에는 그 사업자 지정이 취소된다.

13. 공인중개사법령상 업무정지처분과 관련한 설명으로 옳은 것을 모두 고른 것은?

> ㄱ. 법인인 개업공인중개사에 대하여는 분사무소별로 업무정지를 명할 수 있다.
> ㄴ. 폐업신고 전의 개업공인중개사에 대한 업무정지처분의 효과는 그 처분일로부터 10개월이 된 때에 재등록을 한 개업공인중개사에게 승계된다.
> ㄷ. 광역시장은 업무정지 기준기간의 2분의 1 범위 안에서 가중할 수 있다.
> ㄹ. 개업공인중개사가 다른 개업공인중개사의 소속공인중개사가 된 경우 업무정지처분을 받을 수 있다.

① ㄱ, ㄴ ② ㄱ, ㄹ
③ ㄴ, ㄷ ④ ㄱ, ㄴ, ㄷ
⑤ ㄴ, ㄷ, ㄹ

14. 공인중개사법령상 중개대상물의 확인 · 설명 의무 등과 관련한 설명으로 옳은 것은?

① 토지이용계획은 주거용 건축물 매매계약 중개시 확인 · 설명해야 할 사항에 포함되지 않는다.
② 중개보조원은 중개대상물에 관한 확인 · 설명의무가 있다.
③ 소속공인중개사가 확인 · 설명서를 작성한 경우 개업공인중개사는 해당 확인 · 설명서에 서명 및 날인할 필요가 없다.
④ 개업공인중개사가 확인 · 설명서를 보존기간 동안 보존하지 아니한 경우 500만원 이하의 과태료가 부과된다.
⑤ 중개업무를 수행하는 소속공인중개사가 성실 · 정확하게 중개대상물의 확인 · 설명을 하지 않은 것은 소속공인중개사의 자격정지사유에 해당한다.

15. 공인중개사법령상 개업공인중개사의 손해배상책임의 보장을 위한 보증설정에 관한 설명으로 <u>틀린</u> 것은?

① 법인이 아닌 개업공인중개사는 2억원 이상의 보증을 설정하여야 한다.
② 법인인 개업공인중개사는 분사무소를 두는 경우 분사무소마다 2억원 이상의 보증을 추가로 설정하여야 한다.
③ 보증설정신고를 할 때 그 증명서류는 전자문서로 제출할 수 없다.
④ 보증보험 또는 공제에 가입한 개업공인중개사로서 보증기간이 만료되어 다시 보증을 설정하고자 하는 자는 그 보증기간 만료일까지 다시 보증을 설정하여야 한다.
⑤ 개업공인중개사는 보증보험금 · 공제금 또는 공탁금으로 손해배상을 한 때에는 15일 이내에 보증보험 또는 공제에 다시 가입하거나 공탁금 중 부족하게 된 금액을 보전하여야 한다.

16. 개업공인중개사 乙은 토지의 매도를 의뢰한 甲과 전속중개계약을 체결하였다. 이에 관한 설명으로 공인중개사법령상 <u>틀린</u> 것은?

① 乙은 甲의 성명, 주소 등 인적사항을 공개해서는 아니 된다.
② 乙은 토지의 정보를 공개한 경우 지체 없이 甲에게 공개한 내용을 문서로 통지하여야 한다.
③ 甲과 乙의 별도의 약정이 없으면 전속중개계약의 유효기간은 3개월로 한다.
④ 乙은 甲의 비공개요청이 없는 한 10일 내에 부동산거래정보망 또는 일간신문에 이 토지에 대한 공시지가를 공개하여야 한다.
⑤ 甲은 전속중개계약의 유효기간 내에 다른 개업공인중개사 丙에게 이 토지의 중개를 의뢰하여 거래한 경우 위약금을 乙에게 지급하여야 한다.

17. 공인중개사법령상 계약금 등의 반환채무이행 보장제도와 관련한 설명으로 <u>틀린</u> 것은?

① 개업공인중개사는 계약금 등을 중개사무소 수입 · 지출을 관리하는 개업공인중개사 본인의 예금통장에 예치할 수 있다.
② 거래당사자는 계약금 등을 반드시 예치해야 하는 것은 아니다.
③ 예치대상은 계약금 · 중도금 또는 잔금이다.
④ 「공인중개사법」에 따른 공제사업자는 계약금 등의 예치기관이 될 수 있다.
⑤ 개업공인중개사는 계약금 등을 자기 명의로 예치하는 경우 거래당사자와 계약금 등의 인출에 대한 거래당사자의 동의방법, 실비 등 필요한 사항을 약정하여야 한다.

18. 공인중개사법령상 중개보수에 관한 설명으로 옳은 것을 모두 고른 것은? (다툼이 있는 경우 판례에 따름)

> ㄱ. 상가 및 토지에 대한 중개보수의 한도는 국토교통부령으로 정한다.
> ㄴ. 공매 부동산에 대한 취득의 알선은 중개보수 규정을 적용한다.
> ㄷ. 교환계약은 교환대상 부동산의 평균가액을 기준으로 중개보수를 계산한다.
> ㄹ. 임대차는 월 단위의 차임액에 100을 곱한 금액을 보증금에 합산한 금액을 거래금액으로 하되, 합산금액이 5천만원 미만인 경우에는 그 금액의 70%를 거래금액으로 한다.

① ㄴ ② ㄱ, ㄴ ③ ㄴ, ㄹ
④ ㄱ, ㄴ, ㄹ ⑤ ㄱ, ㄴ, ㄷ, ㄹ

19. **공인중개사법령상 포상금에 관한 설명으로 옳은 것은?**

① 중개대상물의 가격 등 내용을 사실과 다르게 거짓으로 표시 · 광고한 자를 신고한 경우 포상금이 지급될 수 있다.

② 포상금의 지급에 소요되는 비용 중 국고에서 보조할 수 있는 비율은 100분의 30 이내로 한다.

③ 포상금 지급대상에 대한 신고 · 고발은 등록관청, 수사기관, 부동산거래질서교란행위 신고센터에 할 수 있다.

④ 하나의 사건에 대하여 2인 이상이 공동으로 신고한 경우 공인중개사법령이 정한 균등배분방법은 공동포상금을 수령할 자가 합의한 배분방법에 우선하여 적용된다.

⑤ 포상금은 건당 100만원을 지급한다.

20. **공인중개사법령상 공인중개사협회(이하 '협회'라 함)에 관한 설명으로 옳은 것은?**

① 협회는 국토교통부장관의 허가를 받아 설립하는 비영리 재단법인이다.

② 협회가 지부를 설치한 때에는 7일 내에 시 · 도지사에게 신고하여야 한다.

③ 협회는 공제사업 운용실적을 매 회계연도 종료 후 30일 내에 공시하여야 한다.

④ 공제사업운영위원회 위원의 임기는 2년으로 하고, 연임할 수 없다.

⑤ 국토교통부장관은 협회의 공제사업 운영개선을 위하여 업무집행방법의 변경을 명할 수 있다.

21. **공인중개사법령상 개업공인중개사의 상습위반에 대한 가중처벌로써 그 연결이 <u>틀린</u> 것은?**

① 최근 1년 내에 업무정지처분 2회, 과태료처분 1회를 받고 다시 업무정지처분사유에 해당하는 행위를 한 경우 - 절대적 등록취소

② 최근 1년 내에 업무정지처분 1회, 과태료처분 1회를 받고 다시 과태료처분사유에 해당하는 행위를 한 경우 - 업무정지

③ 최근 1년 내에 업무정지처분 1회, 과태료처분 2회를 받고 다시 업무정지처분사유에 해당하는 행위를 한 경우 - 절대적 등록취소

④ 최근 1년 내에 2회의 업무정지처분을 받고 다시 업무정지처분사유에 해당하는 행위를 한 경우 - 절대적 등록취소

⑤ 최근 1년 내에 과태료처분 3회를 받고 다시 업무정지처분사유에 해당하는 행위를 한 경우 - 상대적 등록취소

22. **공인중개사법령상 벌칙과 관련한 설명으로 옳은 것을 모두 고른 것은?**

> ㄱ. 업무상 알게 된 비밀을 누설한 개업공인중개사는 피해자의 명시한 의사에 반하여 벌하지 아니한다.
> ㄴ. 공인중개사법령상 1건의 위반행위로 징역형과 과태료가 병과되는 경우는 없다.
> ㄷ. 중개보조원 고용 인원수 제한을 초과하여 중개보조원을 고용한 개업공인중개사에 대하여는 3년 이하의 징역 또는 3천만원 이하의 벌금에 처한다.

① ㄱ
② ㄱ, ㄴ
③ ㄱ, ㄷ
④ ㄴ, ㄷ
⑤ ㄱ, ㄴ, ㄷ

23. **甲은 X도 Y군에 있는 녹지지역 내의 토지 300m²를 소유한 자로서, X도 관할 도지사는 甲의 토지 전부가 포함된 지역을 토지거래허가구역으로 지정하였다. 이와 관련한 설명으로 부동산 거래신고 등에 관한 법령상 <u>틀린</u> 것은? (X도 도지사는 허가를 요하지 아니하는 토지의 면적을 따로 정하지 않았음)**

① 甲이 허가구역 지정 후에 사적으로 이 토지를 분할하여 기준면적 이하가 된 토지를 乙에게 최초로 매도하는 경우 甲과 乙은 계약 체결 전에 Y군 군수에게 토지거래허가를 받아야 한다.

② 甲의 토지가 농지라면 토지거래허가를 받은 경우에는 「농지법」에 따른 농지취득자격증명을 받은 것으로 본다.

③ Y군 군수는 甲의 토지에 대한 토지거래허가신청이 있는 경우 15일 내에 허가 또는 불허가의 처분(선매가 진행 중인 경우에는 그 사실을 통지)을 하여야 한다.

④ 허가구역에 거주하는 농업인 丙이 그 허가구역에서 농업을 경영하기 위해 甲의 토지 전부를 임의 매수하는 경우에는 토지거래허가가 필요하지 않다.

⑤ 토지거래허가신청에 대해 불허가처분을 받은 경우 甲은 그 통지를 받은 날부터 1개월 이내에 Y군 군수에게 해당 토지에 관한 권리의 매수를 청구할 수 있다.

24. 공인중개사법령상 금지행위와 관련한 설명으로 옳은 것은? (다툼이 있으면 판례에 따름)

① 개업공인중개사가 매도의뢰인과 서로 짜고 매도의뢰가격을 숨긴 채 이에 비하여 무척 높은 가격으로 매수의뢰인에게 부동산을 매도하고 그 차액을 취득한 행위는 금지행위이다.

② 직접거래를 금지하는 규정은 효력규정이다.

③ 상가 전부의 매도시에 사용하려고 매각조건 등을 기재하여 인쇄해 놓은 양식에 매매대금과 지급기일 등 해당 사항을 기재한 분양계약서는 양도·알선 등이 금지된 부동산의 분양 등과 관련 있는 증서에 해당한다.

④ 중개의뢰인이 중간생략등기의 방법으로 전매하여 세금을 포탈하려는 것을 개업공인중개사가 알고도 투기목적의 전매를 중개하였으나, 전매차익이 발생하지 않은 경우 그 중개행위는 금지행위에 해당하지 않는다.

⑤ 중개의뢰인의 아파트에 대하여 배우자 명의로 전세계약하는 것을 중개한 행위는 직접거래에 해당하지 않는다.

25. 공인중개사법령상 500만원 이하의 과태료 부과사유가 <u>아닌</u> 것은?

① 중개보조원이 중개보조원이라는 사실을 중개의뢰인에게 고지하지 않은 경우 상당한 주의·감독을 다하지 못한 개업공인중개사

② 공제사업의 운영실적을 기한 내에 공시하지 아니한 공인중개사협회

③ 정당한 사유 없이 조치요구에 불응한 정보통신서비스 제공자

④ 중개대상물에 대한 표시·광고를 하면서 중개보조원을 명시한 개업공인중개사

⑤ 중개대상물에 대하여 사실을 과장하여 표시·광고한 개업공인중개사

26. 부동산 거래신고 등에 관한 법령상 부동산거래신고대상이 <u>아닌</u> 것은?

① 토지지분의 매매계약

② 「산업입지 및 개발에 관한 법률」에 따른 토지의 공급계약

③ 토지거래허가를 받은 토지의 매매계약

④ 「빈집 및 소규모주택 정비에 관한 특례법」에 따른 사업시행계획인가로 취득한 입주자로 선정된 지위의 매매계약

⑤ 건물의 저당권설정계약

27. 개업공인중개사가 X시에 소재하는 주택의 면적이 3분의 1인 주상복합건축물에 대하여 매매와 임대차계약을 동시에 중개하였다. 개업공인중개사가 甲으로부터 받을 수 있는 중개보수의 최고 한도액은?

<계약조건>
1. 계약당사자: 甲(매도인, 임차인)과 乙(매수인, 임대인)
2. 매매계약
  1) 매매대금: 5억원
  2) 합의된 중개보수: 500만원
3. 임대차계약
  1) 임대보증금: 1억원
  2) 월 차임: 100만원
  3) 임대기간: 2년

<X시 중개보수 조례 기준>
1. 매매대금 2억원 이상 9억원 미만: 상한요율 0.4%
2. 임대차금액 1억원 이상 6억원 미만: 상한요율 0.3%

① 200만원 ② 260만원
③ 450만원 ④ 500만원
⑤ 630만원

28. 부동산 거래신고 등에 관한 법령상 부동산거래신고 등과 관련한 설명으로 <u>틀린</u> 것은?

① 신고관청은 부동산거래계약의 신고를 받은 경우 부동산거래가격 검증체계를 활용하여 그 적정성을 검증하여야 한다.

② 甲, 乙, 丙 공동매수의 경우 甲을 제외한 乙, 丙만을 공동매수인으로 하는 변경신고는 가능하다.

③ 법인이 주택의 거래계약(국가 등이 포함된 경우나 공급계약, 분양권 전매계약 제외)을 체결하는 경우에는 법인 주택거래계약신고서를 제출해야 한다.

④ 부당하게 재산상 이득을 취득할 목적으로 신고대상 계약이 체결되지 않았음에도 불구하고 부동산거래신고를 한 자에게는 1년 이하의 징역 또는 1천만원 이하의 벌금에 처한다.

⑤ 신고관청은 3천만원 이하의 과태료에 대하여는 기준금액의 5분의 1 범위에서 위반행위의 동기 등을 고려하여 그 금액을 늘리거나 줄일 수 있다.

29. 부동산 거래신고 등에 관한 법령상 주택임대차계약 신고대상이 아닌 것은? (신규 계약임을 가정함)

① 울산광역시 울주군 소재 주택임대차계약으로서 보증금이 3천만원이고, 월 차임이 50만원인 경우

② 전라북도 전주시 소재 주택임대차계약으로서 보증금이 7천만원이고, 월 차임이 50만원인 경우

③ 충청북도 청원군 소재 주택임대차계약으로서 보증금이 7천만원이고, 월 차임이 40만원인 경우

④ 경기도 가평군 소재 주택임대차계약으로서 보증금이 5천만원이고, 월 차임이 40만원인 경우

⑤ 제주특별자치도 제주시 소재 주택임대차계약으로서 보증금이 8천만원인 전세계약인 경우

30. 부동산 거래신고 등에 관한 법령상 토지거래허가와 관련한 설명으로 틀린 것은?

① 시 · 도지사가 토지거래허가구역을 다시 지정할 경우에는 해당 토지 소재지 시장 · 군수 · 구청장의 의견을 청취하여야 한다.

② 시장 · 군수 또는 구청장은 허가받은 토지의 이용의무 위반에 따른 이행명령을 받은 자가 그 명령을 이행하는 경우에는 새로운 이행강제금의 부과를 즉시 중지하고, 명령을 이행하기 전에 이미 부과된 이행강제금도 징수하여서는 아니 된다.

③ 토지거래허가 또는 불허가처분에 이의가 있는 자는 그 처분을 받은 날부터 1개월 이내에 시장 · 군수 또는 구청장에게 이의를 신청할 수 있다.

④ 허가신청에 대하여 처리기한 내에 허가 또는 불허가처분의 통지가 없는 경우에는 그 기간이 끝난 날의 다음 날에 허가가 있는 것으로 본다.

⑤ 허가 또는 변경허가를 받지 아니하고 토지거래계약을 체결하거나, 속임수나 그 밖의 부정한 방법으로 토지거래계약허가를 받은 자는 2년 이하의 징역 또는 계약체결 당시의 개별공시지가에 따른 해당 토지가격의 100분의 30에 해당하는 금액 이하의 벌금에 처한다.

31. 「상가건물 임대차보호법」에 대하여 설명한 내용으로 옳은 것은?

① 국토교통부장관은 권리금에 대한 기준을 정하여 고시할 수 있다.

② 권리금계약이란 임차인이 임대인에게 권리금을 지급하기로 하는 계약을 말한다.

③ 보증금 6,500만원, 월 차임이 100만원인 상가건물이 서울특별시에 있을 경우 그 건물의 경매시 임차인은 2,200만원을 다른 담보권자보다 우선하여 변제받을 수 있다.

④ 차임 또는 보증금의 감액이 있은 후 1년 이내에는 다시 감액을 하지 못한다.

⑤ 임대차계약의 당사자가 아닌 이해관계인도 관할 세무서장에게 임대인 · 임차인의 인적사항이 기재된 서면의 열람을 요청할 수 있다.

32. 부동산 거래신고 등에 관한 법령상 포상금이 지급되는 신고 또는 고발대상을 모두 고른 것은?

> ㄱ. 주택임대차계약의 보증금 · 차임 등 계약금액을 거짓으로 신고한 자
> ㄴ. 신고대상 계약이 체결되지 않았음에도 불구하고 거짓으로 부동산거래신고를 한 자
> ㄷ. 부동산 등의 실제 거래가격을 거짓으로 신고한 자
> ㄹ. 토지거래계약허가를 받아 취득한 토지에 대하여 허가받은 목적대로 이용하지 아니한 자
> ㅁ. 부동산거래신고의 거짓신고를 방조한 자

① ㄱ, ㄴ　② ㄱ, ㄴ, ㅁ
③ ㄴ, ㄷ, ㅁ　④ ㄴ, ㄹ, ㅁ
⑤ ㄱ, ㄴ, ㄷ, ㄹ

33. 법정지상권에 관한 개업공인중개사의 설명으로 옳은 것을 모두 고른 것은? (다툼이 있으면 판례에 따름)

> ㄱ. 토지에 저당권이 설정된 후 토지소유자가 그 위에 건물을 건축하였다가 경매로 인하여 그 토지와 지상건물의 소유자가 달라진 경우 관습상의 법정지상권이 인정된다.
> ㄴ. 건물의 소유자는 건물과 법정지상권 중 건물만을 처분하는 것은 불가능하다.
> ㄷ. 법정지상권의 경우 특약이 없는 한 지료를 지급해야 한다.
> ㄹ. 건물을 위한 관습상의 법정지상권을 취득한 후에 그 대지에 대한 임대차계약을 체결하더라도 관습상의 법정지상권을 포기한 것은 아니다.

① ㄷ　② ㄱ, ㄷ
③ ㄴ, ㄷ　④ ㄷ, ㄹ
⑤ ㄱ, ㄴ, ㄹ

34. 「공인중개사의 매수신청대리인 등록 등에 관한 규칙」에 따른 매수신청대리인과 관련한 설명으로 옳은 것은?

① 매수신청대리인으로 등록된 개업공인중개사는 매수신청대리의 위임을 받은 경우 법원의 부당한 매각허가결정에 대하여 항고할 수 있다.

② 「입목에 관한 법률」에 따른 입목은 매수신청대리의 대상물이다.

③ 매수신청대리인으로 등록된 개업공인중개사는 매수신청대리행위를 함에 있어 매각장소 또는 집행법원에 소속공인중개사를 대리 출석하게 할 수 있다.

④ 매수신청대리인으로 등록된 개업공인중개사는 본인의 인감증명서가 첨부된 위임장과 매수신청대리인등록증 사본을 한번 제출하면 그 다음 날부터는 대리행위마다 대리권을 증명할 필요가 없다.

⑤ 매수신청대리인이 되고자 하는 법인인 개업공인중개사는 그 대표자와 임원 · 사원 모두가 법원행정처장이 지정하는 교육기관에서 경매에 관한 실무교육을 받아야 한다.

35. 개업공인중개사가 「농지법」에 대하여 중개의뢰인에게 설명한 내용으로 <u>틀린</u> 것은? (다툼이 있으면 판례에 따름)

① 농지취득자격증명은 농지취득의 원인이 되는 법률행위의 효력발생요건이 아니다.

② 농지전용협의에 의하여 농지를 취득하는 경우에는 농지취득자격증명을 발급받을 필요가 없다.

③ 농지의 임대인이 임대차기간이 끝나기 3개월 전까지 임차인에게 갱신거절 또는 조건변경의 뜻을 통지하지 아니하면 그 임대차기간이 끝난 때에 이전의 임대차계약과 같은 조건으로 다시 임대차계약을 한 것으로 본다.

④ 시 · 구 · 읍 · 면의 장은 농업경영계획서를 10년간 보존하여야 한다.

⑤ 고정식 온실, 비닐하우스로 사용하기 위한 농지의 임대차계약은 3년 이상으로 하여야 한다.

36. 국내 부동산 등을 취득하려는 외국인에게 개업공인중개사가 부동산 거래신고 등에 관한 법령에 대하여 설명한 내용으로 <u>틀린</u> 것은? (상호주의는 고려하지 않음)

① 외국인이 허가대상 토지에 대하여 허가를 받지 아니하고 체결한 토지거래계약은 그 효력이 발생하지 아니한다.

② 부동산을 소유한 대한민국 국민이 대한민국 국적을 상실한 경우 부동산을 계속 보유하려면 국적을 상실한 때부터 6개월 이내에 계속보유신고를 해야 한다.

③ 토지취득의 허가신청을 받은 신고관청은 허가신청을 받은 날부터 15일(군사시설보호구역은 30일) 이내에 허가 또는 불허가의 처분을 하여야 한다.

④ 외국인이 경매에 의하여 국내 부동산을 취득하는 경우에는 매각결정기일로부터 6개월 내에 신고해야 하고, 이를 위반한 때에는 100만원 이하의 과태료가 부과된다.

⑤ 신고 및 허가신청은 전자문서로도 할 수 있고, 첨부서류는 전자문서로 제출하기 곤란한 경우에는 14일 이내에 우편 또는 팩스로 제출할 수 있다.

37. 「공인중개사법 시행규칙」이 정한 중개대상물 확인 · 설명서 서식 4종 모두에 공통으로 기재하는 사항을 모두 고른 것은?

ㄱ. 권리관계(등기부 기재사항) ㄴ. 입지조건 ㄷ. 공법상 이용제한 및 거래규제에 관한 사항 ㄹ. 실제 권리관계 또는 공시되지 아니한 물건의 권리에 관한 사항 ㅁ. 중개보수 및 실비의 금액과 산출내역

① ㄱ, ㄹ ② ㄴ, ㅁ
③ ㄱ, ㄹ, ㅁ ④ ㄴ, ㄷ, ㄹ
⑤ ㄴ, ㄷ, ㄹ, ㅁ

38. 「부동산 실권리자명의 등기에 관한 법률」의 내용으로 옳은 것은?

① 종교단체의 명의로 그 산하조직이 보유한 부동산에 관한 물권을 등기한 경우, 그 등기는 언제나 유효이다.

② 위법한 명의신탁약정에 따라 수탁자 명의로 등기한 명의신탁자에게는 해당 부동산가액의 100분의 30에 해당하는 확정금액의 과징금을 부과한다.

③ 명의신탁을 이유로 과징금을 부과받은 자에게는 과징금 부과일부터 부동산평가액의 100분의 10에 해당하는 금액을 매년 이행강제금으로 부과한다.

④ 위법한 명의신탁의 신탁자라도 이미 실명등기를 하였을 경우에는 과징금을 부과하지 않는다.

⑤ 위법한 명의신탁의 신탁자는 5년 이하의 징역 또는 2억원 이하의 벌금에 처한다.

39. 「주택임대차보호법」의 내용을 설명한 것으로 옳은 것은?

① 임차인의 요구에 따라 임대차기간을 1년으로 정한 경우 임대인은 그 기간의 유효함을 주장할 수 있다.

② 임대차가 종료한 경우에도 임차인이 보증금을 반환받을 때까지는 임대차관계가 존속하는 것으로 본다.

③ 2025년 10월 5일 확정일자를 갖추고 동년 10월 6일 주택의 인도와 주민등록 전입신고를 한 임차인의 경우 경매에서 우선변제권 발생일은 동년 10월 6일로 보아야 한다.

④ 묵시적 갱신의 경우 계약의 해지통지는 임대인이 이 통지를 받은 날로부터 1개월이 경과하면 해지의 효력이 발생한다.

⑤ 광역시 내에 있는 행정구역이 군 지역인 경우에도 광역시의 기준에 따라 최우선변제를 받을 수 있다.

40. 「민사집행법」에 의한 부동산경매에 대하여 설명한 것으로 옳은 것은?

① 담보목적이 아닌 최선순위 소유권이전등기청구권보전의 가등기는 매각으로 소멸하지 않는다.

② 법원에서 정한 최저매각가격이 2억원(보증금액은 최저매각가격의 10분의 1)이고, 최고가매수신고인의 신고액이 2억 5천만원인 경우, 차순위매수신고를 하려면 그 신고액이 2억 4천만원을 넘어야 한다.

③ 최고가매수신고를 한 사람이 2명인 때에는 법원은 그 2명뿐만 아니라 모든 사람에게 다시 입찰하게 해야 하고, 이 경우 전의 입찰가격에 못 미치는 금액으로 입찰할 수 없다.

④ 차순위매수신고인은 매각기일이 종결되면 즉시 매수신청의 보증을 돌려줄 것을 신청할 수 있다.

⑤ 경매개시결정이 등기된 뒤에 저당권설정등기를 한 채권자는 배당요구를 할 수 없다.

제2과목: 부동산공법 중 부동산 중개에 관련되는 규정

41. 국토의 계획 및 이용에 관한 법령상 도시 · 군관리계획에 관한 내용 중 틀린 것은?

① 도시 · 군관리계획의 입안을 위한 기초조사의 내용에는 환경성 검토, 토지적성평가 및 재해취약성분석을 포함하여야 한다.

② 도시지역의 축소에 따른 용도지역의 변경을 내용으로 하는 도시 · 군관리계획을 입안하는 경우에는 기초조사를 생략할 수 있다.

③ 도시 · 군관리계획은 광역도시계획과 도시 · 군기본계획에 부합되어야 한다.

④ 도시 · 군관리계획결정은 지형도면을 고시한 날부터 그 효력이 발생한다.

⑤ 도시 · 군관리계획결정 당시 이미 사업에 착수한 자는 해당 도시 · 군관리계획결정의 고시가 있은 날로부터 3개월 이내에 그 사업의 내용을 신고하고 계속할 수 있다.

42. 국토의 계획 및 이용에 관한 법령상 주민이 산업 · 유통개발진흥지구의 지정에 관한 도시 · 군관리계획의 입안을 제안할 수 있는 요건으로 틀린 것은?

① 대상 토지(국 · 공유지는 포함)면적의 3분의 2 이상 토지소유자의 동의를 받아야 한다.

② 지정 대상 지역의 면적은 1만m^2 이상 3만m^2 미만이어야 한다.

③ 지정 대상 지역이 자연녹지지역 · 계획관리지역 또는 생산관리지역이어야 한다.

④ 전체 면적에서 계획관리지역의 면적이 차지하는 비율이 100분의 50 이상이어야 한다.

⑤ 토지특성이 과도한 개발행위의 방지를 위하여 국토교통부장관이 정하여 고시하는 기준에 적합하여야 한다.

43. 국토의 계획 및 이용에 관한 법령상 용도지역 · 용도지구 및 용도구역에 관한 설명 중 옳은 것은?

① 용도지역은 중복되게 지정할 수 있으나, 용도지구는 중복되게 지정할 수 없다.

② 중심상업지역에는 고도지구가 지정될 수 없다.

③ 공유수면의 매립구역이 2 이상의 용도지역에 걸쳐 있는 경우에는 걸친 부분의 면적이 가장 큰 용도지역과 같은 용도지역으로 지정된 것으로 본다.

④ 세부 용도지역으로 지정되지 아니한 관리지역에서는 건축물의 건축 또는 공작물의 설치가 금지된다.

⑤ 국방부장관의 요청에 의해 보안상 도시의 개발을 제한할 필요가 있다고 인정되는 경우에는 개발제한구역이 지정될 수 있다.

44. 국토의 계획 및 이용에 관한 법령상 용도지역 안에서의 건축제한에 관한 설명으로 <u>틀린</u> 것은?

① 제2종 전용주거지역에서 독서실은 건축할 수 있다.

② 단독주택과 공동주택의 건축이 모두 금지되는 지역은 유통상업지역이다.

③ 제1종 일반주거지역에서는 아파트를 건축할 수 없다.

④ 준주거지역에서는 위락시설을 건축할 수 없다.

⑤ 자연환경보전지역 안에서 초등학교는 건축할 수 있다.

45. 국토의 계획 및 이용에 관한 법령상 용도지구에 해당하지 <u>않는</u> 것으로 묶인 것은?

① 경관지구, 복합용도지구, 특정용도제한지구

② 미관지구, 시설보호지구, 보존지구

③ 보호지구, 취락지구, 개발진흥지구

④ 취락지구, 방화지구, 방재지구

⑤ 고도지구, 방재지구, 복합용도지구

46. 1,000m^{2}의 대지가 그중 800m^{2}는 제2종 일반주거지역, 나머지는 제1종 일반주거지역에 걸쳐 있을 때, 국토의 계획 및 이용에 관한 법령상 이 대지에 적용되는 용적률은? (다만, 해당 대지가 속해 있는 지역의 제2종 일반주거지역 및 제1종 일반주거지역의 용적률의 최대한도는 150% 및 100%로 하고, 다른 건축제한이나 인센티브는 고려하지 않음)

① 110% ② 120%

③ 130% ④ 140%

⑤ 150%

47. 국토의 계획 및 이용에 관한 법령상 기반시설의 설치 등에 관한 설명으로 <u>틀린</u> 것은?

① 기반시설을 설치하려는 때에는 그 시설의 종류 · 명칭 · 위치 · 규모 등을 미리 도시 · 군기본계획으로 결정하여야 한다.

② 도시 · 군계획시설을 국가가 관리하는 경우에는 대통령령으로 그 관리에 관한 사항을 정한다.

③ 특별시장 · 광역시장 · 특별자치시장 · 특별자치도지사 · 시장 또는 군수는 매년 1월 1일을 기준으로 6개월에 1회 이상 공동구의 정기점검을 실시하여야 한다.

④ 공동구의 설치에 필요한 비용은 이 법 또는 다른 법률에 특별한 규정이 있는 경우를 제외하고는 공동구 점용예정자와 사업시행자가 부담한다.

⑤ 도시 · 군계획시설사업의 시행자가 공동구를 설치하는 경우 시 · 도지사, 시장 · 군수는 공동구의 원활한 설치를 지원하기 위하여 그 비용의 일부를 보조할 수 있다.

48. 국토의 계획 및 이용에 관한 법령상 도시 · 군계획시설사업과 관련하여 허용되지 <u>않는</u> 것은?

① 「지방공기업법」에 의한 지방공사를 사업시행자로 지정하는 것

② 기반시설의 설치에 필요한 용지의 확보를 조건으로 도시 · 군계획시설사업에 관한 실시계획을 인가하는 것

③ 도시 · 군계획시설사업을 분할 시행하면서 분할된 지역별로 실시계획을 작성하는 것

④ 국토교통부장관이 그가 시행한 도시 · 군계획시설사업으로 현저히 이익을 받는 시 · 도에 대하여 사업에 소요된 비용의 50%를 넘지 않는 범위 안에서 그 비용의 일부를 부담시키는 것

⑤ 행정청이 아닌 사업시행자의 처분에 대하여 시 · 도지사 또는 대도시의 시장에게 행정심판을 제기하는 것

49. **국토의 계획 및 이용에 관한 법령상 장기미집행 시설부지의 매수청구에 대하여 가장 옳은 것은?**

① 도시 · 군계획시설 부지에 대한 매수청구의 대상은 지목이 대(垈)인 토지에 한정되며, 그 토지에 있는 건축물은 포함되지 않는다.

② 매수의무자는 특별시장 · 광역시장 · 특별자치시장 · 특별자치도지사 · 시장 또는 군수로 한정된다.

③ 매수의무자가 매수청구를 받은 비업무용 토지를 매수하는 때에는 도시 · 군계획시설채권을 발행하여 그 대금을 지급하여야 한다.

④ 매수의무자는 매수청구가 있은 날부터 1년 이내에 매수 여부를 결정하여야 하며, 매수하기로 결정한 토지는 매수 결정을 통지한 날부터 2년 이내에 매수하여야 한다.

⑤ 매수청구토지를 매수하지 아니하기로 결정한 경우 매수청구토지의 소유자는 개발행위허가를 받아 3층 이하의 치과의원을 건축할 수 있다.

50. **국토의 계획 및 이용에 관한 법령상 지구단위계획에 관한 설명으로 옳은 것은?**

① 지구단위계획의 수립기준은 시 · 도지사가 국토교통부장관과 협의하여 정한다.

② 지구단위계획구역의 지정 후 5년 이내에 지구단위계획이 결정 · 고시되어야 한다.

③ 도시지역 내 지구단위계획구역에서 완화하여 적용되는 용적률은 당해 용도지역 또는 용도지구에 적용되는 용적률의 200%를 초과할 수 없다.

④ 지구단위계획에 의해 제2종 일반주거지역을 준주거지역으로 변경할 수는 없다.

⑤ 생산관리지역에 지정된 주거개발진흥지구는 지구단위계획을 수립하여 개발할 수 있다.

51. **국토의 계획 및 이용에 관한 법령상 개발행위허가에 관한 설명으로 옳은 것은?**

① 허가권자는 허가내용과 다르게 형질변경을 한 자에게 그 토지의 원상회복을 명할 수 없다.

② 개발행위허가를 받은 사업면적을 5% 범위 안에서 확대 또는 축소하는 경우에는 변경허가를 받지 않아도 된다.

③ 개발행위를 허가하는 경우에는 조건을 붙일 수 없다.

④ 성장관리방안은 국토교통부장관 또는 시 · 도지사가 수립한다.

⑤ 지구단위계획을 수립한 지역에서 개발행위허가를 할 때에는 지방도시계획위원회의 심의를 거치지 아니한다.

52. **국토의 계획 및 이용에 관한 법령상 기반시설부담구역과 기반시설설치비용에 관한 설명 중 옳은 것은?**

① 기반시설부담구역은 개발밀도관리구역과 중첩하여 지정할 수 있다.

② 기반시설부담구역은 도시 · 군관리계획의 결정으로 지정하여야 한다.

③ 법령의 개정으로 인하여 행위제한이 강화되는 지역에 대하여 개발밀도관리구역으로 지정하고 행위제한이 완화되는 지역을 기반시설부담구역을 지정하여야 한다.

④ 기반시설부담구역의 지정 · 고시일부터 3년이 되는 날까지 기반시설설치계획을 수립하지 아니하면 그 3년이 되는 날의 다음 날에 기반시설부담구역의 지정은 해제된 것으로 본다.

⑤ 기반시설부담구역에서 $150m^2$인 건축물이 있는 대지에 별도의 $80m^2$의 건축물을 건축하려는 경우 기반시설설치비용의 부과대상이 된다.

53. **도시개발법령상 도시개발구역으로 지정할 수 있는 규모로 옳은 것은?**

① 도시지역 안의 준주거지역 - 1만m^2 이상

② 도시지역 안의 일반상업지역 - 3만m^2 이상

③ 도시지역 안의 전용공업지역 - 2만m^2 이상

④ 도시지역 안의 자연녹지지역 - 5천m^2 이상

⑤ 계획관리지역 - 20만m^2 이상

54. **도시개발법령상 도시개발구역을 지정한 후에 개발계획을 수립할 수 있는 지역에 해당하지 <u>않는</u> 것은?**

① 개발계획을 공모한 지역

② 해당 도시개발구역에 포함되는 공업지역의 면적이 전체 도시개발구역 지정면적의 100분의 30 이상인 지역

③ 국가균형발전을 위하여 관계 행정기관의 장과 협의하여 국토교통부장관이 지정한 지역(자연환경보전지역이 아님)

④ 도시지역 외의 지역

⑤ 생산녹지지역(도시개발구역 지정면적의 100분의 30 이하인 경우)

55. **도시개발법령상 도시개발구역의 지정 등에 대한 설명 중 <u>틀린</u> 것은?**

① 서울특별시와 광역시를 제외한 인구 50만 이상의 대도시의 시장은 도시개발구역을 지정할 수 있다.

② 도시개발구역을 둘 이상의 사업시행지구로 분할하는 경우 분할 후 사업시행지구의 면적은 각각 1만m^2 이상이어야 한다.

③ 도시개발구역이 지정·고시된 경우에는 도시지역과 지구단위계획구역으로 결정·고시된 것으로 본다.

④ 도시개발구역이 지정·고시된 날부터 3년이 되는 날까지 실시계획의 인가를 받지 않는 경우 도시개발구역의 지정은 해제된 것으로 본다.

⑤ 도시개발구역 안에서 죽목의 벌채 및 식재를 하려는 자는 특별시장·광역시장·특별자치도지사·시장 또는 군수의 허가를 받아야 한다.

56. **도시개발법령상 조합임원에 관하여 <u>틀린</u> 것은?**

① 조합장은 의결권이 있는 조합원이어야 한다.

② 이사는 그 조합의 조합장을 겸할 수 없다.

③ 감사의 선임은 총회의 의결을 거쳐야 한다.

④ 조합의 임원으로 선임된 자가 금고 이상의 실형의 선고를 받은 경우에는 그 다음 날부터 임원의 자격을 상실한다.

⑤ 이사의 자기를 위한 조합과의 계약에 관하여는 조합장이 조합을 대표한다.

57. **도시개발법령상 원형지의 공급과 개발에 관한 설명으로 <u>틀린</u> 것은?**

① 사업시행자는 지정권자의 승인을 얻어 지방공사에게 원형지를 공급하여 개발하게 할 수 있다.

② 공급될 수 있는 원형지의 면적은 해당 도시개발구역 전체 토지면적의 3분의 1 이내로 한정된다.

③ 원형지 공급가격은 시행자와 원형지개발자가 협의하여 결정한다.

④ 원형지를 공장부지로 직접 사용하는 자를 원형지개발자로 선정하는 경우 수의계약의 방법으로 한다.

⑤ 지방자치단체가 원형지개발자인 경우 원형지 공사완료 공고일부터 5년이 지나기 전에도 원형지를 매각할 수 있다.

58. **도시개발법령상 환지방식에 의한 사업시행에 관한 설명으로 옳은 것은?**

① 환지계획 작성에 따른 환지계획의 기준 등에 관하여 필요한 사항은 시행자가 정한다.

② 체비지는 환지계획에서 정한 자가 환지처분이 공고된 날에 해당 소유권을 취득한다.

③ 환지를 정한 경우 그 과부족분에 대한 청산금은 환지처분을 하는 때에 결정하여야 하고, 환지처분이 공고된 날의 다음 날에 확정된다.

④ 과소토지여서 환지대상에서 제외한 토지에 대하여는 환지처분이 공고된 후에 청산금을 결정하여야 한다.

⑤ 환지처분은 행정상 처분으로서 종전의 토지에 전속(專屬)하는 것에 관하여 영향을 미친다.

59. **도시 및 주거환경정비법령상 용어의 정의에 관한 설명으로 <u>틀린</u> 것은?**

① 도시 미관을 저해하거나 노후화로 인하여 구조적 결함 등이 있는 건축물로서 준공된 후 20년 이상 30년 이하의 범위에서 조례가 정하는 기간이 지난 건축물은 노후·불량건축물에 해당한다.

② 재개발사업은 도시저소득 주민이 집단거주하는 지역으로서 정비기반시설이 극히 열악하고 노후·불량건축물이 과도하게 밀집한 지역의 주거환경을 개선하거나 단독주택 및 다세대주택이 밀집한 지역에서 정비기반시설과 공동이용시설 확충을 통하여 주거환경을 보전·정비·개량하기 위하여 시행하는 사업이다.

③ 도로, 상하수도, 공동구, 광장은 정비기반시설에 해당한다.

④ 재개발사업의 정비구역 안에 소재한 토지의 지상권자는 토지등소유자에 해당한다.

⑤ 「건축법」에 따라 건축허가를 받아 아파트 또는 연립주택을 건설한 일단의 토지는 주택단지에 해당한다.

60. **도시 및 주거환경정비법령상 정비구역 안에서의 행위제한에 관한 설명으로 틀린 것은?**

① 건축물(가설건축물을 포함한다)의 건축, 용도변경은 시장 · 군수등의 허가를 받아야 한다.

② 시장 · 군수 등이 허가를 하려는 경우 시행자가 있으면 미리 그 시행자의 의견을 들어야 한다.

③ 허가받은 사항을 변경하려는 때에는 시장 · 군수 등에게 신고하여야 한다.

④ 허가를 받아야 하는 행위로서 정비구역의 지정 · 고시 당시 이미 공사에 착수한 자는 정비구역이 지정 · 고시된 날부터 30일 이내에 시장 · 군수 등에게 신고한 후 이를 계속 시행할 수 있다.

⑤ 정비구역 안에서 허가받은 행위는 「국토의 계획 및 이용에 관한 법률」에 따른 개발행위허가를 받은 것으로 본다.

61. **도시 및 주거환경정비법령상 시공자의 선정 등에 관한 설명으로 틀린 것은?**

① 사업시행자(사업대행자를 포함한다)는 선정된 시공자와 공사에 관한 계약을 체결할 때에는 기존 건축물의 철거 공사(「석면안전관리법」에 따른 석면 조사 · 해체 · 제거를 포함한다)에 관한 사항을 포함시켜야 한다.

② 누구든지 시공자 선정과 관련하여 금품 · 향응 또는 그 밖의 재산상 이익을 제공하거나 제공의사를 표시하거나 제공을 약속하는 행위를 할 수 없다.

③ 조합은 조합설립인가를 받은 후 조합총회에서 경쟁입찰 또는 수의계약(2회 이상 경쟁입찰이 유찰된 경우로 한정한다)의 방법으로 건설업자 또는 등록사업자를 시공자로 선정하여야 한다.

④ 토지등소유자가 재개발사업을 시행하는 경우에는 경쟁입찰의 방법으로 시공자를 선정해야 한다.

⑤ 시장 · 군수 등이 직접 정비사업을 시행하거나 토지주택공사 등 또는 지정개발자를 사업시행자로 지정한 경우 사업시행자는 사업시행자 지정 · 고시 후 경쟁입찰 또는 수의계약의 방법으로 건설업자 또는 등록사업자를 시공자로 선정하여야 한다.

62. **시장 · 군수 등은 정비계획의 수립 또는 재건축사업의 시행 여부를 결정하기 위하여 재건축진단을 실시하여야 하는 경우로서 (   )에 알맞은 것으로 묶은 것은?**

> ○ 시장 · 군수 등은 정비예정구역별 (ㄱ)의 수립시기가 도래한 때부터 제50조에 따른 사업시행계획인가 전까지 재건축진단을 실시하여야 한다.
> ○ 정비계획의 입안을 제안하려는 자가 입안을 제안하기 전에 해당 정비예정구역에 위치한 건축물 및 그 부속토지의 소유자 (ㄴ) 이상의 동의를 받아 재건축진단의 실시를 요청하는 경우
> ○ 정비계획을 입안하여 주민에게 공람한 지역 또는 정비구역으로 지정된 지역에서 재건축사업을 시행하려는 자가 해당 구역에 위치한 건축물 및 그 부속토지의 소유자 (ㄷ) 이상의 동의를 받아 재건축진단의 실시를 요청하는 경우

	ㄱ	ㄴ	ㄷ
①	정비계획,	과반수,	10분의 1
②	정비계획,	3분의 1,	10분의 1
③	정비계획,	10분의 1,	10분의 1
④	정비기본계획,	과반수,	10분의 1
⑤	정비기본계획,	10분의 1,	10분의 1

63. **도시 및 주거환경정비법령상 정비사업조합에 관한 사항으로 옳은 것은?**

① 재건축사업은 조합을 설립하지 않고 토지등소유자가 직접 시행할 수 있다.

② 조합원의 수가 50인 이상인 조합은 대의원회를 두어야 한다.

③ 조합임원의 임기는 3년 이하의 범위에서 정관으로 정하되, 연임할 수 있다.

④ 토지 또는 건축물의 소유권이나 지상권을 수인이 공유하는 경우 각각을 조합원으로 본다.

⑤ 조합이 정관을 변경하려는 경우에는 조합원의 동의 없이 시장 · 군수에게 신고하면 된다.

64. 도시 및 주거환경정비법령상 관리처분계획의 기준에 관한 설명으로 옳은 것은?

① 정비구역 지정 후 분할된 토지를 취득한 자에 대하여는 현금으로 청산할 수 없다.

② 분양설계에 관한 계획은 사업시행인가의 고시가 있은 날을 기준으로 수립한다.

③ 같은 세대에 속하지 아니하는 2인 이상이 1주택을 공유한 경우에는 2주택을 공급할 수 있다.

④ 「수도권정비계획법」상의 과밀억제권역에 위치한 재건축사업의 경우에는 토지등소유자가 소유한 주택수의 범위에서 3주택까지 공급할 수 있다. 다만, 투기과열지구 또는 조정대상지역에서 사업시행계획인가(최초 사업시행계획인가를 말한다)를 신청하는 재건축사업의 경우에는 그러하지 아니하다.

⑤ 관리처분계획에는 분양대상자의 종전의 토지 또는 건축물에 관한 소유권 외의 권리명세가 포함되지 아니한다.

65. 건축법령상 용어의 정의로 틀린 것은?

① 고층건축물이란 층수가 30층 이상이거나 높이가 120m 이상인 건축물을 말한다.

② 대지는 「공간정보의 구축 및 관리 등에 관한 법률」에 의하여 각 필지로 나눈 토지를 말한다.

③ 거실이란 주택의 침실뿐만 아니라 공장의 작업장, 학교의 교실 등을 말한다.

④ 지하의 공작물에 설치되는 사무소나 창고 등은 대지가 없으므로 건축물이 아니다.

⑤ 부속건축물이란 같은 대지에서 주된 건축물과 분리된 부속용도의 건축물로서 주된 건축물을 이용 또는 관리하는 데 필요한 건축물을 말한다.

66. 건축법령상 대수선으로 볼 수 없는 것은?

① 내력벽의 벽면적을 $30m^2$ 이상 수선 · 변경하는 것

② 건축물의 외벽에 사용하는 창문틀을 증설 · 해체하는 것

③ 지붕틀(한옥의 경우에는 지붕틀의 범위에서 서까래는 제외한다)을 증설 또는 해체하거나 세 개 이상 수선 또는 변경하는 것

④ 건축물의 방화구획을 위한 바닥을 증설 · 해체하는 것

⑤ 다세대주택의 세대간 경계벽을 수선 또는 변경하는 것

67. 건축법령상 건축허가 등에 관한 설명으로 틀린 것은?

① 연면적의 합계가 $200m^2$인 건축물의 높이를 2m 증축할 경우 건축신고를 하면 건축허가를 받은 것으로 본다.

② 연면적의 10분의 3을 증축하여 연면적의 합계가 10만m^2가 되는 창고를 광역시에 건축하려는 자는 광역시장의 허가를 받아야 한다.

③ 국가가 건축물을 건축하기 위하여 미리 건축물의 소재지를 관할하는 허가권자와 협의한 경우에는 건축허가를 받았거나 신고한 것으로 본다.

④ 건축신고를 한 자가 신고일부터 1년 이내에 공사에 착수하지 아니하면 그 신고의 효력은 없어진다.

⑤ 건축허가를 받은 경우에는 「국토의 계획 및 이용에 관한 법률」에 따른 개발행위허가를 받은 것으로 본다.

68. 건축법령상 건축허가의 제한에 관하여 옳은 것은?

① 국토교통부장관은 국방부장관이 국방을 위하여 특히 필요하다고 인정하여 요청한 경우 허가권자의 건축허가를 제한할 수 있다.

② 건축허가를 제한하려는 경우에는 주민의견을 청취할 필요는 없지만, 건축위원회의 심의는 거쳐야 한다.

③ 건축허가를 제한하는 경우 제한기간은 2년 이내로 하며, 그 기간은 연장할 수 없다.

④ 특별시장 · 광역시장 · 도지사가 시장 · 군수 · 구청장의 건축허가를 제한한 경우 국토교통부장관에게 보고하여야 하며, 국토교통부장관은 보고받은 내용을 공고하여야 한다.

⑤ 특별시장 · 광역시장 · 도지사는 시장 · 군수 · 구청장의 건축허가 제한이 지나치다고 인정하면 직권으로 이를 해제할 수 있다.

69. 건축법령상 건축절차 등에 관한 설명으로 틀린 것은?

① 바닥면적이 각 $80m^2$인 3층의 건축물을 신축하려는 자는 건축허가의 신청 전에 허가권자에게 그 건축의 허용성에 대한 사전결정을 신청할 수 있다.

② 사전결정신청자가 사전결정을 통지받은 날부터 2년 이내에 건축허가를 신청하지 아니하면 사전결정의 효력이 상실된다.

③ 허가권자는 연면적이 $5,000m^2$ 이상인 건축물의 경우에는 장기간 공사현장방치에 대비하여 미리 안전관리 비용 등을 예치하게 할 수 있다.

④ 허가권자는 안전에 위해하다고 판단되는 경우 건축주에게 안전관리를 위한 개선명령을 할 수 있다.

⑤ 건축주가 위 ④에 따른 개선명령을 이행하지 아니하는 경우 허가권자는 예치금을 사용하여 대집행을 할 수 있다.

70. **건축법령상 지역 및 지구 안에서의 건축제한 등에 관한 설명으로 옳은 것은?**

① 건축물이 방화지구에 걸치는 경우에는 그 건축물 전부에 대하여 방화지구 안의 건축물과 대지에 관한 「건축법」의 규정을 적용한다.

② 허가권자는 같은 가로구역에서는 건축물의 높이를 다르게 정할 수 없다.

③ 일조 등의 확보를 위하여 건축물의 높이를 제한하는 지역은 모든 주거지역이다.

④ 일반상업지역에 건축하는 공동주택으로서 하나의 대지에 두 동(棟) 이상을 건축하는 경우에는 채광의 확보를 위한 높이 제한이 적용된다.

⑤ 녹지지역에서 건축물이 있는 대지는 $100m^2$ 이상의 범위에서 조례가 정하는 면적에 못 미치게 분할할 수 없다.

71. **건축법령상 대지면적이 $200m^2$인 대지에 건축되어 있고, 각 층의 바닥면적이 동일한 지하 1층 · 지상 3층인 하나의 평지붕 건축물로서 용적률이 150%라고 할 때, 이 건축물의 바닥면적은 얼마인가? (단, 제시된 조건 이외의 다른 조건이나 제한은 고려하지 아니함)**

① $60m^2$
② $70m^2$
③ $80m^2$
④ $100m^2$
⑤ $120m^2$

72. **건축법령상 건축물이 용적률이나 건폐율을 초과하여 건축된 경우 또는 허가를 받지 아니하거나 신고를 하지 아니하고 건축된 경우에는 「지방세법」에 따라 해당 건축물에 적용되는 $1m^2$의 시가표준액의 100분의 50에 해당하는 금액에 위반면적을 곱한 금액 이하의 범위에서 위반 내용에 따라 다음의 구분에 따른 비율을 곱한 금액의 이행강제금을 부과한다. (   )에 알맞은 내용을 바르게 나열한 것은?**

○ 용적률을 초과하여 건축한 경우: 100분의 (ㄱ)
○ 건폐율을 초과하여 건축한 경우: 100분의 (ㄴ)
○ 허가를 받지 아니하고 건축한 경우: 100분의 (ㄷ)
○ 신고를 하지 아니하고 건축한 경우: 100분의 (ㄹ)

	ㄱ	ㄴ	ㄷ	ㄹ
①	70,	80,	90,	100
②	80,	70,	100,	90
③	90,	80,	70,	100
④	90,	80,	100,	70
⑤	100,	90,	80,	70

73. **주택법령에 규정된 용어의 설명으로 옳은 것은?**

① 주택은 세대의 세대원이 장기간 독립된 주거생활을 할 수 있는 구조로 된 건축물의 전부 또는 일부를 말하며, 그 부속토지는 제외된다.

② 세대구분형 공동주택은 주택 내부 공간의 일부를 세대별로 구분하여 생활이 가능한 구조로 하되, 그 구분된 공간 일부에 대하여 구분소유를 할 수 있는 주택이다.

③ 복리시설은 어린이놀이터, 유치원, 경로당과 같은 주택단지 안의 입주자 등의 생활복리를 위한 공동시설을 의미하며 근린생활시설도 이에 포함된다.

④ 다수의 구성원이 주택을 마련하거나 리모델링하기 위하여 결성하는 주택조합의 종류로는 지역주택조합, 직장주택조합, 재건축주택조합이 있다.

⑤ 국민주택을 제외한 주택을 임대주택이라 한다.

74. **주택법령상 도시형 생활주택에 관하여 <u>틀린</u> 것은?**

① 아파트형 주택은 세대별 주거전용면적이 $70m^2$인 주택도 포함한다.

② 주택의 수는 최대 299세대이다.

③ 「국토의 계획 및 이용에 관한 법률」에 따른 도시지역에 건설하는 경우에만 도시형 생활주택으로 본다.

④ 도시형 생활주택에는 분양가상한제가 적용되지 아니한다.

⑤ 준주거지역에서 도시형 생활주택인 아파트형 주택과 도시형 생활주택이 아닌 주택 1세대는 하나의 건축물에 함께 건축할 수 없다.

75. **주택법령상 주택조합에 관한 설명으로 옳은 것은?**

① 지역주택조합의 설립인가를 받은 후 승인을 얻어 조합원을 추가 모집하는 경우 추가 모집되는 자의 조합원 자격요건의 충족 여부는 해당 조합의 설립인가신청일을 기준으로 판단한다.

② 주거전용면적 $60m^2$의 주택 1채를 소유하고 있는 세대주인 자는 국민주택을 공급받기 위하여 설립하는 직장주택조합의 조합원이 될 수 있다.

③ 지역주택조합에서 조합원의 사망으로 인하여 조합원의 지위를 상속받으려는 자는 무주택자이어야 한다.

④ 조합원은 조합규약으로 정하는 바에 따라 조합에 탈퇴 의사를 알리더라도 탈퇴할 수 없다.

⑤ 지역주택조합의 경우 그 설립인가를 받은 날부터 3년 이내에 사업계획승인을 신청하여야 한다.

76. **주택법령상 사업주체의 주택건설용 토지의 취득에 관한 내용 중 틀린 것은?**

① 국민주택규모의 주택 비율을 50%로 하는 주택의 건설을 위해 국·공유지의 매수를 원하는 자에게 국가 또는 지방자치단체는 해당 토지를 우선 매각할 수 있다.

② 사업주체가 국민주택용지로 사용하기 위하여 체비지의 매각을 요구한 때에는 도시개발사업시행자는 체비지 총면적의 2분의 1의 범위 안에서 이를 우선적으로 사업주체에게 매각할 수 있다.

③ 체비지 양도가격은 원칙적으로 조성원가를 기준으로 하되, 예외적으로 감정평가업자의 감정가격으로 한다.

④ 지방공사인 사업주체가 국민주택을 건설하기 위한 대지를 조성하는 경우에는 토지 등을 수용 또는 사용할 수 있다.

⑤ 국가 또는 지방자치단체는 그가 소유하는 토지를 매각할 때 인가를 받아 설립된 주택조합이 조합주택의 건설을 목적으로 그 토지의 매수를 원하는 경우 그에게 우선적으로 매각할 수 있다.

77. **주택법령상 주택상환사채에 관한 설명 중 틀린 것은?**

① 주택상환사채를 발행할 수 있는 자는 한국토지주택공사와 등록사업자에 한한다.

② 등록사업자의 경우 법인으로서 자본금이 5억원 이상이며, 최근 5년간 연평균 주택건설실적이 500세대 이상일 것 등의 일정한 조건을 충족하여야 한다.

③ 주택상환사채는 기명증권으로 하고, 액면 또는 할인의 방법으로 발행한다.

④ 주택상환사채의 상환기간은 3년을 초과할 수 없다.

⑤ 등록사업자는 자본금·자산평가액 및 기술인력 등이 대통령령으로 정하는 기준에 맞고 금융기관 등의 보증을 받은 경우에만 주택상환사채를 발행할 수 있다.

78. **주택법령상 투기과열지구에 관한 설명으로 옳은 것은?**

① 일정한 지역의 주택가격상승률이 물가상승률보다 현저히 높은 경우 관할 시장·군수·구청장은 해당 지역을 투기과열지구로 지정할 수 있다.

② 시·도지사가 투기과열지구를 지정하는 경우 해당 지역의 시장·군수·구청장과 협의하여야 한다.

③ 투기과열지구에서 건설·공급되는 주택의 입주자로 선정된 지위의 전매제한기간은 수도권·충청권 외의 지역의 경우 3년이다.

④ 제한되는 전매에는 매매·증여·상속이나 그 밖에 권리의 변동을 수반하는 모든 행위가 포함된다.

⑤ 투기과열지구에서 건설·공급되는 주택의 입주자로 선정된 지위를 세대원 전원이 해외로 이주하게 되어 한국토지주택공사의 동의를 받은 경우에는 전매제한이 적용되지 않는다.

79. **농지법령상 농업진흥지역에 관하여 틀린 것은?**

① 시·도지사는 농지를 효율적으로 이용·보전하기 위하여 농업진흥지역을 지정한다.

② 농업보호구역은 농업진흥구역의 용수원 확보, 수질보전 등 농업환경을 보호하기 위하여 필요한 지역이다.

③ 농업진흥지역은 녹지지역(특별시는 제외)·관리지역·농림지역 및 자연환경보전지역을 대상으로 지정한다.

④ 농업진흥구역 안에서는 농업생산 또는 농지개량과 직접 관련되지 아니한 토지이용행위를 할 수 없다.

⑤ 1필지의 토지가 농업진흥구역과 농업보호구역에 걸치는 경우에는 행위제한을 적용함에 있어서 농업진흥구역의 규정을 적용한다.

80. **농지법령상 농지보전부담금에 관한 설명으로 틀린 것은?**

① 농림축산식품부장관은 농지보전부담금을 한꺼번에 내기 어렵다고 인정되는 경우에는 대통령령으로 정하는 바에 따라 농지보전부담금을 나누어 내게 할 수 있다.

② 농지보전부담금의 납부기한은 납부통지서 발행일부터 농지전용허가 또는 농지전용신고 전까지로 한다.

③ 농지의 전용신고를 하고 농지를 전용하려는 자도 농지보전부담금을 납부하여야 한다.

④ 농지의 타용도 일시사용허가를 받는 자는 농지보전부담금을 납부하여야 한다.

⑤ 농림축산식품부장관은 부담금을 내지 아니한 경우에는 납부기한이 지난 날부터 체납된 부담금의 100분의 3에 상당하는 금액을 가산금으로 부과한다.

학습일자: ______/______

2025년도 제36회 공인중개사 2차 국가자격시험

실전모의고사 제6회

교 시	문제형별	시 간	시 험 과 목
2교시	A	50분	① 부동산 공시에 관한 법령 및 부동산 관련 세법

수험번호		성 명	

【 수험자 유의사항 】

1. **시험문제지는 단일 형별(A형)이며, 답안카드 형별 기재란에 표시된 형별(A형)을 확인하시기 바랍니다.** 시험문제지의 **총면수, 문제번호 일련순서, 인쇄상태** 등을 확인하시고, 문제지 표지에 수험번호와 성명을 기재하시기 바랍니다.
2. 답은 각 문제마다 요구하는 **가장 적합하거나 가까운 답 1개**만 선택하고, 답안카드 작성 시 시험문제지 **형별누락, 마킹착오**로 인한 불이익은 전적으로 **수험자에게 책임**이 있음을 알려드립니다.
3. 답안카드는 국가전문자격 공통 표준형으로 문제번호가 1번부터 125번까지 인쇄되어 있습니다. 답안 마킹 시에는 반드시 **시험문제지의 문제번호와 동일한 번호에 마킹**하여야 합니다. (2차 2교시: 1번~40번)
4. **감독위원의 지시에 불응하거나 시험시간 종료 후 답안카드를 제출하지 않을 경우** 불이익이 발생할 수 있음을 알려 드립니다.
5. 시험문제지는 시험 종료 후 가져가시기 바랍니다.
6. 답안작성은 **시험 시행일(2025.10.25.) 현재 시행되는 법령 등**을 적용하시기 바랍니다.
7. 가답안 의견제시에 대한 개별회신 및 공고는 하지 않으며, **최종 정답 발표로 갈음**합니다.
8. 시험 중 **중간 퇴실은 불가**합니다. 단, 부득이하게 퇴실할 경우 **시험포기각서 제출 후 퇴실은 가능**하나 **재입실이 불가**하며, **해당시험은 무효처리됩니다.**

해커스 공인중개사

제1과목: 부동산 공시에 관한 법령 및 부동산 관련 세법

1. 아래의 괄호 속에 들어갈 용어를 옳게 연결한 것은?

> ○ 관할 등기소가 소유권이전등기를 경료한 경우에 해당 지적소관청에 (ㄱ)을(를) 하여야 한다.
> ○ 지적소관청이 토지표시에 관한 사항을 지적정리한 경우에 관할 등기소에 (ㄴ)을(를) 하여야 한다.

	ㄱ	ㄴ
①	등기촉탁	소유권변경사실의 통지
②	소유권변경사실의 통지	등기필정보의 교부
③	등기완료통지	등기촉탁
④	소유권변경사실의 통지	등기촉탁
⑤	등기촉탁	등기완료통지

2. 다음 중 지번부여방식이 <u>다른</u> 것은?

① 도시개발사업을 실시하여 지번을 새로이 부여하는 경우
② 지번부여지역 안의 지번변경을 하는 때
③ 행정구역개편에 따라 새로이 지번을 부여하는 때
④ 축척변경시행지역 안의 필지에 지번을 부여하는 때
⑤ 임야도에 등록된 토지를 지적도로 옮겨 등록한 경우

3. 지목에 관한 설명 중 괄호 안에 들어갈 내용으로 옳은 것은?

> ○ 자연의 유수(流水)가 있거나 있을 것으로 예상되는 소규모 수로부지는 (ㄱ)(으)로 한다.
> ○ 일반 공중의 위락 · 휴양 등에 적합한 시설물을 종합적으로 갖춘 수영장 · 유선장 · 낚시터 · 어린이놀이터 · 경마장 · 야영장 등의 토지와 이에 접속된 부속시설물의 부지는 (ㄴ)(으)로 한다.
> ○ 여객자동차터미널, 자동차운전학원 및 폐차장 등 자동차와 관련된 독립적인 시설물을 갖춘 부지는 (ㄷ)(으)로 한다.

	ㄱ	ㄴ	ㄷ
①	구거	공원	주차장
②	유지	체육용지	잡종지
③	하천	체육용지	주차장
④	구거	유원지	잡종지
⑤	유지	유원지	주차장

4. 경계의 결정에 관한 설명으로 옳은 것을 모두 고른 것은?

> ㄱ. 시 · 도지사 또는 대도시시장은 토지의 이동에 따라 지상경계를 새로 정한 경우에는 지상경계점등록부를 작성 · 관리하여야 한다.
> ㄴ. 지상 경계의 구획을 형성하는 구조물 등의 소유자가 다른 경우에는 그 소유권에 따라 지상 경계를 결정한다.
> ㄷ. 지적확정측량의 경계는 공사가 완료된 현황대로 결정하되, 공사가 완료된 현황이 사업계획도와 다를 때에는 미리 사업시행자에게 그 사실을 통지하여야 한다.
> ㄹ. 관계 법령에 따라 인가 · 허가 등을 받아 토지를 분할하려는 경우에는 지상 경계점에 경계점표지를 설치하여 측량할 수 없다.

① ㄱ, ㄴ　② ㄱ, ㄹ
③ ㄴ, ㄷ　④ ㄴ, ㄹ
⑤ ㄷ, ㄹ

5. 지적공부와 그 등록사항을 틀리게 연결한 것은?

① 토지대장: 지적도의 번호와 필지별 토지대장의 장번호 및 축척, 개별공시지가와 그 기준일
② 임야대장: 토지의 고유번호, 토지이동의 사유, 토지등급 및 기준수확량, 소유권의 지분
③ 공유지연명부: 토지의 소재와 지번, 소유자에 관한 사항, 소유권의 지분
④ 대지권등록부: 토지의 고유번호, 소유권의 지분, 전유부분 건물의 표시
⑤ 경계점좌표등록부: 토지의 고유번호, 좌표, 지적도면의 번호, 부호 및 부호도

6. 지적도의 등록사항에 대한 설명 중 <u>틀린</u> 것은?

① 색인도란 인접도면의 연결순서를 표시하기 위하여 기재한 도표와 번호를 말한다.
② 도곽선은 도면의 기준선으로의 역할을 하는 것으로 모든 지적도와 임야도에 등록된다.
③ 지적기준점의 위치와 「건축법」 등에 의한 적법한 건축물 및 구조물 등의 위치를 등록한다.
④ 축척이 1/500인 지적도의 도곽의 크기는 가로 40cm, 세로 30cm이므로 1/500의 지적도가 포용하는 실제면적은 $50,000m^2$이다.
⑤ 경계점좌표등록부 시행지역의 지적도에는 도면의 제명 끝에 '(좌표)'라고 표시하고, 좌표에 의하여 계산된 경계점간 거리를 등록한다.

7. 토지이동 사유에 대한 설명 중 틀린 것을 모두 고른 것은?

> ㄱ. 「산지관리법」 또는 그 밖의 관계 법령에 따른 개발행위허가 등을 받아 지목변경을 수반하는 경우에 등록전환을 신청할 수 있다.
> ㄴ. 임야대장의 면적과 등록전환될 면적의 차이가 법령에 규정된 허용범위를 초과하는 경우에는 임야대장의 면적 또는 임야도의 경계는 토지소유자의 신청에 의하여 정정한다.
> ㄷ. 1필지의 일부가 형질변경 등으로 용도가 변경되어 분할을 신청할 때에는 지목변경 신청서를 함께 제출하여야 한다.
> ㄹ. 주택건설사업승인 이후 원활한 사업추진을 위하여 사업시행자 또는 소유자가 공사준공 전에 토지합병을 신청하는 경우에 지목변경을 할 수 없다.

① ㄱ, ㄴ　② ㄱ, ㄹ
③ ㄷ, ㄹ　④ ㄱ, ㄴ, ㄹ
⑤ ㄴ, ㄷ, ㄹ

8. 축척변경위원회의 구성에 관한 설명으로 틀린 것은?

① 축척변경위원회는 5명 이상 10명 이하의 위원으로 구성하되, 위원의 3분의 2 이상을 토지소유자로 하여야 한다.
② 축척변경 시행지역의 토지소유자가 5명 이하일 때에는 토지소유자 전원을 위원으로 위촉하여야 한다.
③ 축척변경위원회 위원장은 위원 중에서 지적소관청이 지명한다.
④ 축척변경위원회는 지적소관청이 회부하는 지번별 제곱미터당 금액의 결정과 청산금의 산정에 관한 사항을 심의·의결한다.
⑤ 축척변경위원회의 위원장이 회의를 소집할 때에는 회의일시·장소 및 심의안건을 회의 개최 5일 전까지 각 위원에게 서면으로 통지하여야 한다.

9. 공간정보의 구축 및 관리 등에 관한 법령상 지적소관청이 토지소유자에게 지적정리 등을 통지하는 경우를 모두 고른 것은?

> ㄱ. 지적공부의 등록사항에 잘못이 있음을 발견하여 지적소관청이 직권으로 조사·측량하여 정정 등록한 경우
> ㄴ. 토지소유자의 신청으로 지적소관청이 지적공부에 등록하는 토지표시를 변경하여 등록한 경우
> ㄷ. 지번부여지역의 일부가 행정구역의 개편으로 다른 지번부여지역에 속하게 되어 새로운 지번을 부여하여 등록한 경우
> ㄹ. 토지이동 신청을 「민법」 제404조에 따른 채권자가 대위하여 지적소관청이 등록한 경우

① ㄱ, ㄴ　② ㄱ, ㄷ
③ ㄴ, ㄷ　④ ㄱ, ㄴ, ㄹ
⑤ ㄱ, ㄷ, ㄹ

10. 공간정보의 구축 및 관리 등에 관한 법령상 지적측량에 관한 설명으로 틀린 것은?

① 토지소유자 등은 지적측량수행자에게 지적재조사측량 측량의뢰를 할 수 있다.
② 지적기준점을 설치하여 측량 또는 측량검사를 하는 경우 지적기준점이 15점 이하인 경우에는 4일을, 15점을 초과하는 경우에는 4일에 15점을 초과하는 4점마다 1일을 가산한다.
③ 경계복원측량과 지적현황측량은 검사측량을 요하지 않는다.
④ 지적기준점표지를 설치하는 경우에 기초측량을 실시한다.
⑤ 지상건축물 등의 현황을 지적도 및 임야도에 등록된 경계와 대비하여 표시하는 데에 필요한 경우에는 지적현황측량을 실시한다.

11. 지적기준점의 설치 및 성과의 관리 등에 관한 다음 설명 중 틀린 것은?

① 지적소관청은 연 1회 이상 지적기준점표지의 이상 유무를 조사하여야 한다. 이 경우 멸실되거나 훼손된 지적기준점표지를 계속 보존할 필요가 없을 때에는 폐기할 수 있다.
② 지적소관청이 지적삼각점을 설치하거나 변경하였을 때에는 그 측량성과를 시·도지사에게 통보하여야 한다.
③ 지적삼각점성과는 시·도지사가 관리하고, 지적삼각보조점성과 및 지적도근점성과는 지적소관청이 관리한다.
④ 지적기준점성과의 등본이나 그 측량기록의 사본을 발급받으려는 자는 시·도지사에게 그 발급을 신청하여야 한다.
⑤ 지적측량기준점성과를 열람하거나 등본을 발급받으려는 자는 지적삼각점성과에 대해서는 시·도지사 또는 지적소관청에 신청하고, 지적삼각보조점성과 및 지적도근점성과에 대해서는 지적소관청에 신청하여야 한다.

12. 지적측량 적부심사에 관한 설명 중에서 (   ) 안에 들어갈 내용을 옳게 연결한 것은?

> ○ 시·도지사는 지적측량 적부심사의결서를 송부받은 날부터 (ㄱ) 이내에 적부심사청구인 및 이해관계인에게 통지하여야 한다.
> ○ 지적측량 적부심사의결서를 통지받은 자가 지방지적위원회의 의결에 불복하는 때에는 의결서를 통지받은 날부터 (ㄴ) 이내에 국토교통부장관을 거쳐 중앙지적위원회에 재심사를 청구할 수 있다.

	ㄱ	ㄴ		ㄱ	ㄴ
①	7일	90일	②	5일	60일
③	10일	90일	④	7일	60일
⑤	5일	90일			

13. 다음 중 등기에 관한 설명으로 <u>틀린</u> 것은? (다툼이 있으면 판례에 따름)

① 존속기간의 만료로 전세권이 소멸되었다 하더라도 그 전세권설정등기를 말소하지 않는 한 제3자를 위한 전세권설정등기 신청은 수리될 수 없다.
② 가등기권리자는 중복된 소유권보존등기의 말소를 청구할 권리가 없다.
③ 등기된 부동산에 대하여 점유의 추정력을 부정하는 것이 판례의 입장이다.
④ 소유권이전등기가 경료된 경우 그 등기명의자는 제3자에 대하여 적법한 원인에 의하여 소유권을 취득한 것으로 추정되고, 그 전 소유자에 대해서는 추정이 되지 않는다.
⑤ 대지권등기와 대지권의 목적인 토지등기기록의 해당구에 한 등기의 전후는 접수번호에 의한다.

14. 구분건물의 등기기록에 관한 설명 중 괄호 안에 들어갈 내용을 옳게 연결한 것은?

> ○ 1동의 건물의 표제부에는 표시번호란, 접수란, 소재지번·건물명칭 및 번호란, 건물내역란, 등기원인 및 기타사항란을 두고, (ㄱ)를 위한 표시번호란, 소재지번란, 지목란, 면적란, 등기원인 및 기타사항란을 둔다.
> ○ 전유부분의 표제부에는 표시번호란, 접수란, 건물번호란, 건물내역란, 등기원인 및 기타사항란을 두고, (ㄴ)를 위한 표시번호란, 대지권종류란, 대지권비율란, 등기원인 및 기타사항란을 둔다.

① ㄱ: 대지권의 목적인 토지의 표시, ㄴ: 대지권 뜻의 표시
② ㄱ: 대지권 뜻의 표시, ㄴ: 대지권의 표시
③ ㄱ: 대지권의 목적인 토지의 표시, ㄴ: 대지권의 표시
④ ㄱ: 대지권의 표시, ㄴ: 대지권의 목적인 토지의 표시
⑤ ㄱ: 대지권 뜻의 표시, ㄴ: 대지권의 목적인 토지의 표시

15. 등기신청에 관한 설명으로 옳은 것은?

① 甲 → 乙 → 丙으로 소유권이전등기가 이루어졌으나 乙 명의의 등기가 원인무효임을 이유로 甲이 丙을 상대로 丙 명의의 등기 말소를 명하는 확정판결을 얻은 경우, 그 판결에 따른 등기에 있어서 등기권리자는 甲이다.
② 부동산이 甲 → 乙 → 丙으로 매도되었으나 등기명의가 甲에게 남아 있어 丙이 乙을 대위하여 소유권이전등기를 신청하는 경우, 乙이 절차법상 등기권리자에 해당한다.
③ 채권최고액을 증액하는 경우에는 근저당권설정자가 등기권리자가 되고 근저당권자가 등기의무자가 되어 근저당권변경등기를 신청하여야 한다.
④ 「민법」상 조합을 등기의무자로 한 근저당권설정등기는 신청할 수 없지만, 「민법」상 조합을 채무자로 표시한 근저당권설정등기는 신청할 수 있다.
⑤ 등기의 말소를 공동으로 신청해야 하는 경우, 등기의무자의 소재불명이라면 권리의 소멸을 증명하는 서류를 첨부하여 단독으로 등기의 말소를 신청할 수 있다.

16. 다음 중 신청정보 및 첨부정보에 관한 설명으로 <u>틀린</u> 것은?

① 상속, 포괄유증, 상속인에 대한 특정적 유증, 취득시효완성 등을 원인으로 하여 소유권이전등기를 신청하는 경우에는 농지취득자격증명의 첨부를 요하지 아니한다.
② 신탁해지약정서를 원인정보로 첨부하여 소유권이전등기를 신청하는 경우에 검인을 받아야 한다.
③ 주민등록번호가 없는 재외국민의 등록번호는 대법원 소재지 관할 등기소의 등기관이 부여한다.
④ 승소한 등기의무자가 소유권이전등기를 신청하는 경우에 등기필정보를 첨부하지 않지만, 등기완료 후 등기권리자에게 등기필정보를 교부한다.
⑤ 전세권설정등기를 신청하는 경우에 전세권설정자의 인감증명을 첨부하지만, 전세권말소등기를 신청하는 경우에 인감증명을 첨부하지 아니한다.

17. 다음 중 전자신청에 관한 설명으로 틀린 것은?

① 전자증명서를 발급받은 법인은 전자신청을 할 수 있으나, 법인 아닌 사단이나 재단은 전자신청을 할 수 없다.

② 전자신청에 대한 보정 통지는 전자우편의 방법으로만 하여야 하는 것은 아니며, 구두 · 전화 등의 방법으로도 할 수 있다.

③ 전자신청을 하기 위한 자격자대리인의 사용자등록의 유효기간은 3년이며, 유효기간 만료일 3개월 전부터 만료일까지는 그 유효기간의 연장을 신청할 수 있다.

④ 자격자대리인이 아닌 사람은 다른 사람을 대리하여 전자신청을 할 수 없다.

⑤ 전자신청에 대한 각하 결정의 고지는 전산정보처리조직을 이용하여 전자우편의 방법으로 하여야 한다.

18. 등기를 실행한 처분에 대하여는 등기상 이해관계 있는 제3자가 그 처분에 대한 이의신청을 할 수 있다. 이해관계인에 해당하는 경우를 모두 고른 것은?

ㄱ. 채권자가 채무자를 대위하여 경료한 등기가 채무자의 신청에 의하여 말소된 경우에는 그 말소처분에 대하여 채권자
ㄴ. 상속등기가 위법한 경우에 상속인이 아닌 자
ㄷ. 저당권의 양수인과 양도인 사이의 저당권이전의 부기등기에 대하여 저당권설정자
ㄹ. 등기의 말소신청에 있어 이해관계 있는 제3자의 승낙서 등 서면이 첨부되어 있지 아니하였다는 사유에 대하여 말소등기의무자

① ㄱ
② ㄱ, ㄷ
③ ㄴ, ㄷ
④ ㄷ, ㄹ
⑤ ㄱ, ㄷ, ㄹ

19. 권리등기의 통칙에 관한 다음 설명 중 틀린 것은?

① 권리의 변경등기는 이해관계인의 승낙이 없는 경우에 주등기로 실행한다.

② 등기명의인표시변경등기는 부기등기로 실행한다.

③ 말소등기에 등기상 이해관계 있는 제3자가 있을 때에는 신청서에 그 승낙서 또는 이에 대항할 수 있는 재판의 등본을 첨부하면 부기등기로 실행한다.

④ 등기권리자는 등기의무자가 소재불명인 경우 「민사소송법」에 따라 공시최고를 신청하고 제권판결이 있으면 등기권리자가 단독으로 등기의 말소를 신청할 수 있다.

⑤ 전부말소회복등기는 주등기, 일부말소회복등기는 부기등기로 실행한다.

20. 소유권이전등기에 관한 설명으로 옳은 것은?

① 토지대장상의 소유자표시란이 공란으로 되어 있어 대장상의 소유자를 특정할 수 없는 경우에는 국가를 상대방으로 한 판결은 소유권보존등기를 신청할 수 있다.

② 미등기부동산이 특정유증된 경우, 수증자는 자신의 명의로 소유권보존등기를 신청한다.

③ 수용으로 인한 소유권이전등기가 된 후 토지수용위원회의 재결이 실효된 경우, 그 소유권이전등기의 말소등기는 단독으로 신청할 수 있다.

④ 甲과 乙의 가장매매에 의해 甲에서 乙 앞으로 소유권이전등기가 된 후에 선의의 丙 앞으로 저당권설정등기가 설정된 경우, 甲과 乙은 공동으로 진정명의회복을 위한 이전등기를 신청할 수 없다.

⑤ 환매등기의 경우 매도인이 아닌 제3자를 환매권리자로 하는 환매등기를 할 수 있다.

21. 「부동산등기법」상 신탁등기에 관한 설명 중에서 틀린 것을 모두 고른 것은?

ㄱ. 신탁등기의 신청은 해당 부동산에 관한 권리의 설정등기, 보존등기, 이전등기 또는 변경등기의 신청과 동시에 하여야 한다.
ㄴ. 수익자나 위탁자는 수탁자를 대위하여 신탁등기를 신청할 수 있다. 이 경우 동시신청을 적용한다.
ㄷ. 법원이 수탁자 해임의 재판을 한 경우 지체 없이 신탁원부 기록의 변경등기를 등기관이 직권으로 실행하여야 한다.
ㄹ. 수탁자가 여러 명인 경우 등기관은 신탁재산이 합유인 뜻을 기록하여야 한다.

① ㄱ, ㄴ
② ㄱ, ㄷ
③ ㄴ, ㄷ
④ ㄴ, ㄹ
⑤ ㄷ, ㄹ

22. **상속 · 유증 사건의 관할에 관한 특례에 따른 신청 및 처리에 관한 설명으로 틀린 것은?**

① 상속으로 인한 소유권이전등기를 신청하는 경우에는 부동산의 관할 등기소가 아닌 등기소에도 그 신청을 할 수 있다.

② 법정상속분에 따라 상속등기를 마친 후에 상속재산 협의분할 등이 있어 이를 원인으로 상속등기의 경정등기를 신청하는 경우에는 부동산의 관할 등기소가 아닌 등기소에도 상속등기의 경정 · 말소등기를 신청할 수 있다.

③ 포괄유증 또는 특정유증으로 인한 소유권이전등기를 신청하는 경우에는 부동산의 관할 등기소가 아닌 등기소에도 그 신청을 할 수 있다.

④ 채권자가 상속등기를 대위신청하는 경우에는 부동산의 관할 등기소가 아닌 등기소에도 그 신청을 할 수 있다.

⑤ 관공서가 체납처분으로 인한 압류등기를 촉탁하면서 상속인을 갈음하여 상속으로 인한 소유권이전등기를 함께 촉탁하는 경우에는 부동산의 관할 등기소가 아닌 등기소에도 그 신청을 할 수 없다.

23. **다음 중 가등기의 대상이 될 수 있는 것을 모두 고른 것은?**

> ㄱ. 채권적청구권보전의 가등기
> ㄴ. 권리의 설정 · 이전 · 변경 · 소멸의 청구권
> ㄷ. 가등기의 처분제한등기
> ㄹ. 처분제한등기의 가등기
> ㅁ. 소유권보존등기의 가등기
> ㅂ. 가등기에 기한 본등기금지가처분등기

① ㄱ, ㄴ, ㄷ ② ㄱ, ㄴ, ㄹ ③ ㄴ, ㄷ, ㄹ
④ ㄴ, ㄹ, ㅂ ⑤ ㄹ, ㅁ, ㅂ

24. **다음 중 가압류 · 가처분등기에 관한 설명으로 틀린 것은?**

① 가압류는 금전채권을 대상으로 하며, 청구금액을 기록하여야 한다.

② 피보전권리가 지상권설정청구권인 처분제한등기는 갑구에 기록한다.

③ 소유권의 일부에 대한 가처분은 허용되지만, 1필지의 일부에 대한 가처분등기는 허용되지 아니한다.

④ 가처분채권자가 가처분채무자를 등기의무자로 하여 권리의 이전등기를 신청하는 경우에, 그 가처분등기 이후에 된 등기로서 가처분채권자의 권리를 침해하는 등기는 등기관이 직권으로 말소한다.

⑤ 등기관이 가처분에 저촉되는 가처분등기 이후의 등기를 말소할 때에는 직권으로 해당 가처분등기를 말소하여야 한다.

25. **「지방세기본법」상의 기한 후 신고 및 수정신고에 관한 설명으로 틀린 것은?**

① 기한 후 신고는 지방자치단체의 장이 「지방세법」에 따라 그 지방세의 과세표준과 세액(가산세 포함)을 결정하여 통지하기 전까지 할 수 있다.

② 법정신고기한 후 1개월 초과 3개월 이내에 기한 후 신고를 한 경우 무신고가산세와 납부지연가산세 100분의 50을 감면받을 수 있다.

③ 법정신고기한 후 1개월 이내 수정신고를 한 경우에는 과소신고가산세 100분의 90을 감면받을 수 있다.

④ 법정신고기한 내에 과세표준신고서를 제출하지 아니한 자에 한하여 기한 후 신고를 할 수 있다.

⑤ 기한 후 신고서를 제출한 자로서 납부하여야 할 세액이 있는 자는 그 세액을 납부하여야 한다.

26. **취득세 과세표준에 관한 설명으로 틀린 것은?**

① 증여자의 채무를 인수하는 부담부증여의 경우 유상으로 취득한 것으로 보는 채무액에 상당하는 부분에 대해서는 유상승계취득에서의 과세표준을 적용하고, 취득물건의 시가인정액에서 채무부담액을 뺀 잔액에 대해서는 무상취득에서의 과세표준을 적용한다.

② 지방자치단체의 장은 특수관계인간의 거래로 그 취득에 대한 조세부담을 부당하게 감소시키는 행위 또는 계산을 한 것으로 인정되는 경우에는 시가인정액을 취득당시가액으로 결정할 수 있다.

③ ②의 부당행위계산은 특수관계인으로부터 시가인정액보다 낮은 가격으로 부동산을 취득한 경우로서 시가인정액과 사실상 취득가격의 차액이 5억원 이상이거나 시가인정액의 100분의 3에 상당하는 금액 이상인 경우로 한다.

④ 대물변제의 경우 과세표준은 대물변제액(대물변제액 외에 추가로 지급한 금액이 있는 경우에는 그 금액을 포함)으로 한다. 다만, 대물변제액이 시가인정액보다 적은 경우 취득당시가액은 시가인정액으로 한다.

⑤ 교환의 경우 과세표준은 교환을 원인으로 이전받는 부동산 등의 시가인정액과 이전하는 부동산 등의 시가인정액 중 높은 가액으로 한다.

27. **다음 「지방세법」상 취득세에 대한 설명 중 (　　)에 들어갈 말로 옳게 묶인 것은?**

> ○ 국가가 취득세 과세물건을 매각하면 매각일로부터 (ㄱ) 이내에 지방자치단체의 장에게 신고하여야 한다.
> ○ 취득 후 중과세대상이 된 경우에는 법령에 정하는 날로부터 (ㄴ) 이내에 신고납부하여야 한다.
> ○ 고급주택을 취득하여 (ㄷ) 이내에 용도변경공사에 착공한 경우에는 이를 중과하지 아니한다.

	ㄱ	ㄴ	ㄷ
①	30일	30일	60일
②	30일	60일	60일
③	60일	60일	60일
④	60일	60일	30일
⑤	3개월	60일	60일

28. **「지방세법」상 취득세 세율 중 중과기준세율이 적용되는 경우로 옳은 것을 모두 고른 것은? (단, 취득세가 중과되는 경우는 없는 것으로 함)**

> ㄱ. 합유물 · 공유물의 분할(단, 본인 지분을 초과하는 경우에는 제외)
> ㄴ. 임시흥행장 등 존속기간이 1년을 초과하는 임시용 건축물
> ㄷ. 택지공사가 준공된 토지에 정원 또는 부속시설물 등을 조성 · 설치하는 경우 토지의 소유자의 취득
> ㄹ. 토지의 지목변경으로 인한 가액증가

① ㄱ, ㄴ　② ㄱ, ㄷ
③ ㄱ, ㄹ　④ ㄱ, ㄴ, ㄷ
⑤ ㄴ, ㄷ, ㄹ

29. **다음 중 부동산등기를 하는 경우 등록에 대한 등록면허세에 대한 내용으로 옳은 것은?**

① 등록을 하려는 자가 신고의무를 다하지 않은 경우 등록면허세 산출세액을 등록하기 전까지 납부하였을 때에는 신고 · 납부한 것으로 보지만 무신고가산세는 부과된다.
② 등록면허세를 비과세받은 후 해당 부동산이 등록면허세 과세대상이 된 경우에는 그 사유발생일로부터 60일 이내에 등록면허세를 신고하고 납부하여야 한다.
③ 부동산등기에 대한 등록면허세 납세지는 원칙적으로 부동산 소유자의 주소지이다.
④ 부동산의 등록에 대한 등록면허세의 과세표준은 원칙적으로 취득 당시의 가액으로 한다.
⑤ 대도시(단, 대도시 중과세 제외 업종은 중과세하지 않음)에서 법인설립등기에 대해서는 표준세율의 100분의 300에서 중과기준세율의 100분의 200을 뺀 세율을 적용한다.

30. **부동산등기를 하는 경우 등록에 대한 등록면허세에 관한 내용 중 <u>틀린</u> 것은?**

① 행정구역의 변경, 주민등록번호의 변경, 지적(地籍)소관청의 지번 변경, 등기 또는 등록 담당 공무원의 착오 및 이와 유사한 사유로 인한 등기 또는 등록으로서 단순한 표시변경 · 회복 또는 경정등기 또는 등록은 비과세한다.
② 무덤과 이에 접속된 부속시설물의 부지로 사용되는 토지로서 지적공부상 지목이 묘지인 토지에 관한 등기는 비과세한다.
③ 채권자대위자는 납세의무자를 대위하여 부동산의 등기에 대한 등록면허세를 신고납부할 수 있다. 이 경우 채권자대위자는 행정안전부령으로 정하는 바에 따라 납부확인서를 발급받을 수 있다.
④ 지방자치단체의 장은 위 ③에 따른 채권자대위자의 신고납부가 있는 경우 납세의무자에게 그 사실을 즉시 통보하여야 한다.
⑤ 「의료법」 제3조에 따른 의료업을 영위하기 위하여 대도시에서 법인을 설립함에 따른 등기를 할 때에는 그 세율을 해당 표준세율의 100분의 300으로 한다. 단, 그 등기일부터 2년 이내에 업종변경이나 업종추가는 없다.

31. **「지방세법」상 재산세의 과세표준과 세율에 관한 설명으로 옳은 것을 모두 고른 것은? (단, 법령에 따른 재산세의 경감은 고려하지 않음)**

> ㄱ. 지방자치단체의 장은 조례로 정하는 바에 따라 표준세율의 100분의 50의 범위에서 가감할 수 있으며, 가감한 세율은 해당 연도부터 다음 연도에 한하여 적용한다.
> ㄴ. 법령이 정한 골프장용 토지의 표준세율은 1,000분의 40이다.
> ㄷ. 법령이 정한 고급주택(1세대 1주택 아님)의 과세표준은 법령에 따른 시가표준액에 공정시장가액비율(시가표준액의 100분의 60)을 곱하여 산정한 가액으로 한다.

① ㄱ　② ㄷ　③ ㄱ, ㄴ
④ ㄴ, ㄷ　⑤ ㄱ, ㄴ, ㄷ

32. 다음 중 「지방세법」상 재산세에 대한 설명으로 틀린 것은?

① 재산세는 보통징수의 방법으로 부과 · 징수하며, 신고납부를 선택할 수 없다.

② 여러 곳에 토지를 보유하는 경우에 납세지는 각각의 토지 소재지이다.

③ 소유권의 귀속이 분명하지 아니하여 사실상의 소유자를 확인할 수 없는 경우에는 그 사용자가 재산세를 납부할 의무가 있다.

④ 지방자치단체의 장은 납세의무자가 과세기준일 현재 만60세 이상인 경우에는 1세대 2주택자인 경우에도 주택분 재산세 납부유예를 허가할 수 있다.

⑤ 지방자치단체의 장은 주택 재산세의 납부가 유예된 납세의무자가 해당 주택을 타인에게 양도하거나 사망하여 상속이 개시되는 경우에는 그 납부유예 허가를 취소하여야 한다.

33. 종합부동산세법령상 종합부동산세 과세표준 계산 등에 대한 설명으로 틀린 것은?

① 주택의 과세표준을 계산할 때 1주택(주택의 부속토지만을 소유한 경우는 제외)과 다른 주택의 부속토지(주택의 건물과 부속토지의 소유자가 다른 경우의 그 부속토지)를 함께 소유하고 있는 경우는 1세대 1주택자로 본다.

② 혼인으로 인한 1세대 2주택의 경우 납세의무자가 해당 연도 9월 16일부터 9월 30일까지 관할 세무서장에게 합산배제를 신청하면 1세대 1주택자로 본다.

③ 2주택을 소유하여 1,000분의 27의 세율이 적용되는 법인의 경우 주택에 대한 종합부동산세의 과세표준은 납세의무자별로 주택의 공시가격을 합산한 금액에서 0원을 공제한 금액에 100분의 60을 곱한 금액으로 한다. 다만, 그 금액이 영보다 작은 경우에는 영으로 본다.

④ 법령에 정하는 사회적 기업, 종중 등이 주택분 납세의무자인 경우에는 초과누진세율을 적용한다.

⑤ 주택분 세액계산시에 다가구주택은 1주택으로 본다.

34. 다음 중 2025년 귀속 종합부동산세에 관한 내용으로 옳은 것은?

① 부부 공동명의 1세대 1주택의 경우에도 1주택자로 신고가 허용되어 종합부동산세 과세표준 계산시 12억원을 공제하며, 연령별 및 보유기간별 세액공제를 적용받을 수 있다.

② 상업용 건축물과 그 부속토지(법정 기준면적이며 공시가격 80억원 초과)는 모두 종합부동산세 과세대상이 아니다.

③ 법인소유 주택에 대해 종합부동산세를 부과하는 경우에 납세의무자별로 공시가격 합계액이 9억원을 초과하는 경우에만 납세의무자가 된다.

④ 종합부동산세는 토지분과 주택분의 구별없이 관할 세무서장이 납부하여야 할 종합부동산세의 세액을 결정하여 당해 연도 12월 16일부터 12월 31일까지 부과 · 징수한다.

⑤ 1세대 1주택자에 대해 연령별 및 보유기간별 세액공제는 100분의 90의 범위에서 중복하여 적용할 수 있다.

35. 공인중개사 甲이 2025년 6월 1일에 부동산을 양도하는 고객 乙에게 양도소득세에 관하여 설명한 내용으로 틀린 것은?

① 조정대상지역 내 1세대 2주택을 2년 보유하고 양도하는 경우에 6~45%의 초과누진세율을 적용한다.

② 조정대상지역 내 1세대 3주택을 2년 보유하고 양도하는 경우에 6~45%의 초과누진세율을 적용한다.

③ 위 ①과 ②의 경우, 3년 보유한 경우에도 장기보유특별공제를 적용받을 수 없다.

④ 주택이 아닌 건물을 사실상 주거용으로 사용하는 경우로서 그 자산이 대통령령으로 정하는 1세대 1주택에 해당하는 자산인 경우 장기보유특별공제액은 그 자산의 양도차익에 보유기간별 공제율을 곱하여 계산한 금액과 거주기간별 공제율을 곱하여 계산한 금액을 합산한 것을 말한다.

⑤ 만약, 법령에 정하는 비사업용 토지(등기되고 3년 보유)를 양도하는 경우에도 장기보유특별공제는 적용받을 수 있다.

36. 거주자가 국내소재 등기된 상가건물(2년 6개월 보유)을 다음과 같이 2025년 7월 20일에 양도하는 경우에 양도소득과세표준금액은 얼마인가? (단, 자본적 지출액 등 필요경비는 증빙서류를 수취 · 보관하고 있음)

○ 취득시 기준시가 7,000만원
○ 취득시 실지거래가액: 1억 2,000만원
○ 양도시 기준시가: 2억원
○ 양도시 실지거래가액: 2억 2,500만원
○ 자본적 지출액 및 양도직접비용: 250만원

① 7,000만원 ② 1억원
③ 1억 250만원 ④ 1억 500만원
⑤ 1억 2,500만원

37. 양도소득세는 과세기간 중 양도한 자산에 양도차손이 발생하거나 양도소득금액이 발생한 경우를 통산하여 계산한다. 이에 대한 설명으로 틀린 것은?

① 토지를 양도함으로써 발생하는 양도차손은 비상장주식을 양도함으로써 발생하는 양도소득금액과 통산할 수 없다.

② 건물을 양도함으로써 발생하는 양도차손은 지상권을 양도함으로써 발생하는 양도소득금액과 통산한다.

③ 골프회원권을 양도함으로써 발생하는 양도차손은 비상장주식을 양도함으로써 발생하는 양도소득금액과 통산하지 아니한다.

④ 자산종류별 양도차손은 같은 세율이 적용되는 자산의 양도소득금액에서 먼저 통산한 후 미공제분은 다른 세율이 적용되는 자산의 양도소득금액에서 통산한다.

⑤ 각 양도자산에서 발생한 양도차손과 양도소득금액을 통산한 후 남은 결손금이 발생한 경우에는 5년 범위 내에서 다음 연도로 이월하여 공제받을 수 있다.

38. 「소득세법」상 양도소득세 과세대상으로 틀린 것은?

① 관련 법령에 따라 토지가 수용되는 경우

② 이혼으로 인하여 혼인 중에 형성된 부부 공동재산을 「민법」 제839조의2에 따라 재산 분할하는 경우

③ 손해배상에 있어서 당사자간의 합의에 의하거나 법원의 확정판결에 의하여 위자료 지급에 갈음하여 부동산을 이전한 경우

④ 양도담보 계약을 체결한 후 채무불이행으로 인하여 양도담보 자산을 변제에 충당한 경우

⑤ 「도시개발법」 및 기타 법률의 규정에 의한 환지처분으로 인하여 그 권리면적이 감소된 경우(단, 금전적인 보상을 받은 경우)

39. 「소득세법」상 양도소득세의 비과세에 관한 설명으로 옳은 것을 모두 고른 것은?

> ㄱ. 경작상 필요에 의하여 농지를 교환하는 경우로서 쌍방 토지가액의 차액이 큰 편의 4분의 1 이하인 경우에 한하여 양도소득세를 비과세하므로, 각각 10억원과 8억원인 농지는 비과세한다(단, 신농지에서 3년 이상 거주하여 경작함).
> ㄴ. 1세대 1주택 비과세 적용시 주택의 매매계약을 체결한 후 해당 계약에 따라 주택을 주택 외의 용도로 용도변경하여 양도하는 경우에 양도일은 해당 주택의 매매계약일을 말한다.
> ㄷ. 실지양도가액이 12억원인 1세대 1주택(비과세요건을 충족함)의 경우에는 12억원 초과액 부분만 과세한다.

① ㄱ　② ㄱ, ㄴ
③ ㄱ, ㄷ　④ ㄴ, ㄷ
⑤ ㄱ, ㄴ, ㄷ

40. 다음 중 (　　)에 공통적으로 들어갈 내용으로 옳은 것은? (단, 양도차익을 최소화하기 위한 고려를 하는 경우임)

> 취득가액을 (　　)으로 계산하는 경우 다음 중 큰 금액을 납세자가 필요경비로 선택할 수 있다.
> ㄱ. (　　) + 필요경비개산공제액
> ㄴ. 자본적 지출액 및 양도직접비용의 합계액

① 실지거래가액　② 환산취득가액
③ 감정가액　④ 매매사례가액
⑤ 기준시가

학습일자: ________/________

2025년도 제36회 공인중개사 2차 국가자격시험

실전모의고사 제7회

교 시	문제형별	시 간	시 험 과 목
1교시	A	100분	① 공인중개사의 업무 및 부동산 거래신고에 관한 법령 및 중개실무 ② 부동산공법 중 부동산 중개에 관련되는 규정

수험번호		성 명	

【 수험자 유의사항 】

1. **시험문제지는 단일 형별(A형)이며, 답안카드 형별 기재란에 표시된 형별(A형)을 확인하시기 바랍니다.** 시험문제지의 **총면수, 문제번호 일련순서, 인쇄상태** 등을 확인하시고, 문제지 표지에 수험번호와 성명을 기재하시기 바랍니다.
2. 답은 각 문제마다 요구하는 **가장 적합하거나 가까운 답 1개**만 선택하고, 답안카드 작성 시 시험문제지 **형별누락, 마킹착오**로 인한 불이익은 전적으로 **수험자에게 책임**이 있음을 알려드립니다.
3. 답안카드는 국가전문자격 공통 표준형으로 문제번호가 1번부터 125번까지 인쇄되어 있습니다. 답안 마킹 시에는 반드시 **시험문제지의 문제번호와 동일한 번호에 마킹**하여야 합니다. (2차 1교시: 1번~80번)
4. **감독위원의 지시에 불응하거나 시험시간 종료 후 답안카드를 제출하지 않을 경우** 불이익이 발생할 수 있음을 알려 드립니다.
5. 시험문제지는 시험 종료 후 가져가시기 바랍니다.
6. 답안작성은 **시험 시행일(2025.10.25.) 현재 시행되는 법령 등**을 적용하시기 바랍니다.
7. 가답안 의견제시에 대한 개별회신 및 공고는 하지 않으며, **최종 정답 발표로 갈음**합니다.
8. 시험 중 **중간 퇴실은 불가**합니다. 단, 부득이하게 퇴실할 경우 **시험포기각서 제출 후 퇴실은 가능**하나 **재입실이 불가**하며, **해당시험은 무효처리됩니다.**

해커스 공인중개사

제1과목: 공인중개사의 업무 및 부동산 거래신고에 관한 법령 및 중개실무

1. **「공인중개사법」상 용어의 정의와 관련한 설명으로 옳은 것을 모두 고른 것은?**

> ㄱ. 개업공인중개사는 이 법에 의하여 중개사무소의 개설등록을 한 공인중개사를 말한다.
> ㄴ. 중개란 중개대상물에 대하여 거래당사자간의 매매 · 교환 · 임대차를 알선하는 것을 말한다.
> ㄷ. 개업공인중개사인 법인의 사원으로서 중개업무를 보조하는 공인중개사인 자는 소속공인중개사이다.
> ㄹ. 외국에서 공인중개사 자격을 취득한 자는 공인중개사가 아니다.

① ㄱ, ㄷ
② ㄴ, ㄹ
③ ㄷ, ㄹ
④ ㄱ, ㄷ, ㄹ
⑤ ㄴ, ㄷ, ㄹ

2. **공인중개사법령상 중개대상물에 해당하는 것을 모두 고른 것은? (다툼이 있으면 판례에 따름)**

> ㄱ. 「공장 및 광업재단 저당법」에 따른 공장재단
> ㄴ. 분양계약이 체결된 아파트 분양권
> ㄷ. 접도구역 내의 사유지
> ㄹ. 점유
> ㅁ. 공용폐지가 되지 아니한 행정재산인 토지

① ㄱ, ㄴ, ㄷ
② ㄱ, ㄷ, ㄹ
③ ㄱ, ㄷ, ㅁ
④ ㄴ, ㄷ, ㄹ
⑤ ㄴ, ㄷ, ㅁ

3. **공인중개사법령상 공인중개사와 관련한 설명으로 옳은 것은? (다툼이 있으면 판례에 따름)**

① 시 · 도지사는 공인중개사 자격시험 합격자 결정공고일로부터 2개월 내에 시험 합격자에게 공인중개사 자격증을 교부해야 한다.
② 시험의 개략사항 공고 후 합격자 결정방법, 응시수수료의 반환에 관한 사항 등 시험의 세부사항의 공고는 시험시행일 60일 전까지 해야 한다.
③ 국토교통부장관이 직접 공인중개사 자격시험 문제를 출제하거나 시험을 시행하려는 경우에는 공인중개사 정책심의위원회의 의결을 미리 거쳐야 한다.
④ 공인중개사 자격증의 대여를 알선한 자에 대하여는 3년 이하의 징역 또는 3천만원 이하의 벌금에 처한다.
⑤ 무자격자가 단지 자신의 명함에 '부동산뉴스(중개사무소의 상호임) 대표'라는 명칭을 기재하여 사용한 것은 공인중개사와 유사한 명칭을 사용한 것에 해당하지 않는다.

4. **공인중개사법령상 중개사무소의 개설등록과 관련한 설명으로 <u>틀린</u> 것은?**

① 공인중개사(소속공인중개사 제외) 또는 법인이 아닌 자는 중개사무소의 개설등록을 신청할 수 없다.
② 대표자가 공인중개사인 법인 아닌 사단은 개설등록을 할 수 있다.
③ 개설등록신청을 받은 등록관청은 개업공인중개사의 종별에 따라 구분하여 개설등록을 하고, 개설등록신청을 받은 날부터 7일 이내에 등록신청인에게 서면으로 통지하여야 한다.
④ 중개업과 부동산개발 상담만을 영위할 목적으로 설립된 「협동조합 기본법」에 따른 협동조합은 중개사무소의 개설등록을 할 수 있다.
⑤ 등록관청은 개설등록신청이 이 법 또는 다른 법령에 따른 제한에 위반되는 경우에는 개설등록을 거부할 수 있다.

5. **「공인중개사법」상 결격사유에 해당하는 자를 모두 고른 것은?**

> ㄱ. 금고 이상의 실형의 선고를 받고 그 집행이 면제된 날부터 3년이 지나지 아니한 자
> ㄴ. 「형법」 위반으로 징역 1년에 집행유예 2년을 선고받고 3년이 지난 자
> ㄷ. 개업공인중개사인 법인이 해산하여 그 등록이 취소된 후 3년이 지나지 않은 경우
> ㄹ. 자격정지처분을 받고 6개월이 지난 소속공인중개사이었던 자
> ㅁ. 「민법」상 피특정후견인

① ㄱ, ㄴ
② ㄱ, ㄹ
③ ㄴ, ㄷ
④ ㄷ, ㄹ, ㅁ
⑤ ㄱ, ㄴ, ㄷ

6. **공인중개사법령상 중개사무소 이전과 관련한 설명으로 옳은 것은 모두 몇 개인가?**

> ㄱ. 중개사무소의 이전신고는 이전한 날로부터 7일 내에 하여야 한다.
> ㄴ. 등록관청의 관할구역 외의 지역으로 중개사무소를 이전한 경우에는 이전 후 등록관청에 이전신고를 해야 한다.
> ㄷ. 업무정지기간 중인 개업공인중개사는 다른 개업공인중개사의 중개사무소로 이전신고를 할 수 없다.
> ㄹ. 중개사무소 이전신고서에는 중개사무소 확보증명 서류를 첨부해야 한다.
> ㅁ. 등록관청의 관할구역 외의 지역으로 중개사무소를 이전한 경우 이전 전 등록관청이 송부할 서류에 중개사무소등록대장은 포함되지 않는다.

① 1개 ② 2개
③ 3개 ④ 4개
⑤ 5개

7. **공인중개사법령상 중개사무소의 명칭과 관련한 설명으로 옳은 것은?**

① 공인중개사라도 개설등록을 하지 않았다면 '공인중개사'라는 문자를 사용할 수 없다.
② 위법하게 설치된 사무소 간판의 철거절차는 「민사집행법」에 따른다.
③ 개업공인중개사가 아닌 자가 "부동산중개"라는 명칭을 사용한 경우, 국토교통부장관은 그 명칭이 사용된 간판 등의 철거를 명할 수 있다.
④ 공인중개사 자격이 없는 개인인 개업공인중개사는 사무소의 명칭에 "공인중개사사무소"라는 문자를 사용할 수 없다.
⑤ 중개사무소의 옥외광고물에는 연락처를 명시해야 한다.

8. **공인중개사법령상 중개대상물에 대한 표시 · 광고와 관련한 설명으로 옳은 것을 모두 고른 것은?**

> ㄱ. 인터넷을 이용하여 표시 · 광고를 하는 경우 중개사무소의 소재지는 명시하지 않아도 된다.
> ㄴ. 인터넷을 이용하여 상업용 건축물을 표시 · 광고하는 경우에는 방향, 관리비는 명시하지 않아도 된다.
> ㄷ. 소속공인중개사는 중개대상물에 대한 표시 · 광고를 할 수 없다.
> ㄹ. 중개대상물이 존재는 하지만 중개할 의사가 없는 중개대상물에 관한 표시 · 광고를 한 경우에는 500만원 이하의 과태료가 부과된다.

① ㄱ, ㄴ ② ㄱ, ㄷ
③ ㄴ, ㄷ ④ ㄴ, ㄹ
⑤ ㄷ, ㄹ

9. **공인중개사법령상 개업공인중개사 甲과 그가 고용한 소속공인중개사 乙에 대한 설명으로 옳은 것은?**

① 甲은 乙에 대한 고용신고를 하는 경우에는 乙의 공인중개사 자격을 증명하는 서류를 첨부해야 한다.
② 甲은 乙과의 고용관계가 종료된 때에는 고용관계가 종료된 날부터 7일 이내에 등록관청에 신고하여야 한다.
③ 乙이 업무상 행위로 「공인중개사법」을 위반하여 300만원의 벌금형을 선고받은 경우 甲도 벌금형을 선고받을 수 있다.
④ 乙이 업무상 행위로 중개보수 한도를 초과하여 받은 경우 등록관청은 甲의 중개사무소의 개설등록을 취소해야 한다.
⑤ 甲은 乙의 공인중개사 자격증 사본을 중개사무소 안의 보기 쉬운 곳에 게시하여야 한다.

10. **개업공인중개사가 집합건물을 매수하려는 의뢰인에게 「집합건물의 소유 및 관리에 관한 법률」에 관하여 설명한 것으로 <u>틀린</u> 것은?**

① 공용부분에 대한 공유자의 지분은 그가 가지는 전유부분의 처분에 따른다.
② 일부 공용부분의 관리에 관한 사항 중 구분소유자 전원에게 이해관계가 있는 사항과 규약으로써 정한 사항은 구분소유자 전원의 집회결의로써 결정한다.
③ 각 공유자의 지분은 그가 가지는 전유부분의 면적 비율에 따른다.
④ 일부의 구분소유자만이 공용하도록 제공되는 것임이 명백한 공용부분은 그들 구분소유자의 공유에 속한다.
⑤ 공용부분에 관한 물권의 득실변경은 등기가 필요하다.

11. **공인중개사법령상 인장등록에 관한 설명으로 틀린 것은?**

① 개업공인중개사의 인장등록은 중개사무소의 개설등록 신청과 함께 할 수 있다.

② 법인인 개업공인중개사의 공인중개사인 임원 또는 사원은 중개행위에 사용할 인장을 등록하여야 한다.

③ 등록한 인장의 변경신고는 전자문서로 할 수 있다.

④ 분사무소는 「상업등기규칙」에 따라 신고한 법인의 인장을 등록해야 한다.

⑤ 법인인 개업공인중개사의 인장등록은 「상업등기규칙」에 따른 인감증명서의 제출로 갈음한다.

12. **공인중개사법령상 휴업 및 폐업 등에 관한 설명으로 틀린 것은?**

① 중개사무소의 개설등록 후 3개월을 초과하여 업무를 개시하지 아니할 경우에는 휴업신고를 하여야 한다.

② 중개업무의 재개신고를 받은 등록관청은 반납받은 중개사무소등록증을 즉시 반환하여야 한다.

③ 정당한 사유 없이 신고하지 않고 6개월을 초과하는 휴업을 한 때에는 중개사무소의 개설등록이 취소될 수 있다.

④ 관할 세무서장이 「부가가치세법 시행령」에 따라 중개업의 폐업신고서를 받아 해당 등록관청에 송부한 경우에는 중개업의 폐업신고서가 제출된 것으로 본다.

⑤ 중개업을 폐업한 자는 지체 없이 중개사무소등록증을 첨부하여 등록관청에 신고하여야 한다.

13. **개업공인중개사 乙은 X건물의 소유자인 甲과 매도에 관한 전속중개계약을 체결하였다. 공인중개사법령상 옳은 것을 모두 고른 것은?**

ㄱ. 乙은 전속중개계약서를 작성하고, 甲에게 교부 후 이를 3년간 보존하여야 한다.
ㄴ. X건물을 임대 중인 경우에는 임차인의 성명을 공개하여야 한다.
ㄷ. 乙이 인터넷을 통하여 X건물을 광고할 경우에는 방 및 욕실의 개수, 주차대수 등을 명시하여야 한다.
ㄹ. 甲과 乙은 전속중개계약의 유효기간을 3개월 이상으로 약정할 수 있다.

① ㄱ, ㄷ ② ㄱ, ㄴ, ㄷ
③ ㄱ, ㄴ, ㄹ ④ ㄱ, ㄷ, ㄹ
⑤ ㄱ, ㄴ, ㄷ, ㄹ

14. **공인중개사법령상 개업공인중개사의 거래계약서 작성과 관련한 설명으로 옳은 것을 모두 고른 것은?**

ㄱ. 거래계약서에는 확인 · 설명서 교부일자가 포함되어야 한다.
ㄴ. 거래계약서는 공인중개사법령상 서식이 정해져 있다.
ㄷ. 거래계약서를 보존할 경우 전자문서로는 보존할 수 없다.
ㄹ. 개업공인중개사가 거래계약서에 거래금액을 거짓으로 기재한 경우에는 등록을 취소당할 수 있다.

① ㄱ, ㄴ ② ㄱ, ㄹ ③ ㄴ, ㄷ
④ ㄱ, ㄴ, ㄹ ⑤ ㄴ, ㄷ, ㄹ

15. **공인중개사법령상 손해배상책임 등에 관한 설명으로 옳은 것을 모두 고른 것은? (다툼이 있으면 판례에 따름)**

ㄱ. 개업공인중개사는 중개의뢰를 받으면 손해배상책임의 보장에 관한 사항을 중개의뢰인에게 설명하여야 한다.
ㄴ. 개업공인중개사의 손해배상책임은 보증설정금액을 한도로 한다.
ㄷ. 중개법인이 1개의 분사무소를 두는 경우에는 최소한 6억원의 보증을 설정하여야 한다.
ㄹ. 중개의뢰인이 개업공인중개사에게 소정의 보수를 지급하지 아니한 무상중개의 경우에 개업공인중개사는 손해배상의무가 없다.

① ㄷ ② ㄱ, ㄷ
③ ㄱ, ㄹ ④ ㄱ, ㄴ, ㄹ
⑤ ㄱ, ㄴ, ㄷ, ㄹ

16. **공인중개사법령상 금지행위로 볼 수 없는 것은? (다툼이 있는 경우 판례에 따름)**

① 법정 한도를 초과하여 중개보수를 수령한 다음 후일 초과액 상당의 중개보수를 반환한 행위

② 부당한 이익을 얻을 목적으로 거짓으로 거래가 완료된 것처럼 꾸미는 등 시세에 부당한 영향을 주는 행위

③ 다른 개업공인중개사의 중개로 부동산을 매수하고 또 다른 개업공인중개사의 중개로 부동산을 매도한 행위

④ 시세에 부당한 영향을 줄 목적으로 온라인 커뮤니티를 이용하여 특정 가격 이하로 중개를 의뢰하지 아니하도록 유도하여 개업공인중개사의 업무를 방해하는 행위

⑤ 중개사무소의 개설등록을 하지 아니하고 중개업을 영위하는 자인 사실을 알면서 그를 통하여 중개의뢰를 받는 행위

17. A시에 중개사무소를 둔 개업공인중개사 甲은 B시에 소재하는 乙 소유의 건축물(주택의 면적은 3분의 1임)에 대하여 乙과 丙 사이의 매매계약과 동시에 乙을 임차인으로 하는 임대차계약을 중개하였다. 이에 관한 설명으로 공인중개사법령상 옳은 것을 모두 고른 것은?

ㄱ. 甲은 乙과 丙으로부터 각각 중개보수를 받을 수 있다.
ㄴ. 甲은 매매계약에 대한 중개보수만을 받을 수 있다.
ㄷ. 甲은 A시가 속한 시·도의 조례에서 정한 기준에 따라 실비를 받을 수 있다.
ㄹ. 주택(부속토지 포함)의 중개에 대한 보수규정을 적용한다.

① ㄹ ② ㄱ, ㄷ
③ ㄴ, ㄹ ④ ㄱ, ㄴ, ㄷ
⑤ ㄱ, ㄴ, ㄷ, ㄹ

18. 공인중개사법령상 교육에 대한 설명으로 옳은 것은?
① 교육을 위탁받으려는 기관은 과목별 전문강사와 $100m^2$ 이상의 강의실을 1개소 이상 확보하여야 한다.
② 등록관청은 중개보조원만을 대상으로 하는 부동산거래사고 예방교육을 실시할 수 없다.
③ 국토교통부장관이 마련하여 시행하는 교육지침에는 교육대상, 교육과목 및 교육시간 등이 포함되어야 하나, 수강료는 제외된다.
④ 중개보조원이 받는 직무교육에는 부동산중개 관련법·제도의 변경사항이 포함된다.
⑤ 연수교육을 실시하려는 경우 그 교육의 일시·장소 등을 2년이 되기 2개월 전까지 대상자에게 통지해야 한다.

19. 공인중개사법령상 포상금이 지급되는 신고·고발대상자를 모두 고른 것은?

ㄱ. 탈세 등을 목적으로 소유권이전등기를 하지 아니한 부동산의 매매를 중개하는 등 부동산투기를 조장하는 행위를 한 자
ㄴ. 개업공인중개사가 아닌 자로서 "공인중개사사무소", "부동산중개" 또는 이와 유사한 명칭을 사용한 자
ㄷ. 개업공인중개사가 아닌 자로서 중개대상물에 대한 표시·광고를 한 자
ㄹ. 시세에 부당한 영향을 줄 목적으로 정당한 사유 없이 개업공인중개사 등의 중개대상물에 대한 정당한 표시·광고 행위를 방해한 자

① ㄱ, ㄴ ② ㄱ, ㄹ
③ ㄷ, ㄹ ④ ㄱ, ㄴ, ㄷ
⑤ ㄱ, ㄴ, ㄷ, ㄹ

20. 공인중개사법령상 지방자치단체의 조례가 정하는 바에 따른 수수료를 납부하여야 하는 것을 모두 고른 것은?

ㄱ. 공인중개사 자격증을 교부받는 자
ㄴ. 분사무소설치의 신고를 하는 자
ㄷ. 소속공인중개사의 고용신고를 하는 자
ㄹ. 중개사무소등록증의 재교부를 신청하는 자
ㅁ. 국토교통부장관이 시행하는 시험 응시자

① ㄴ, ㄹ ② ㄱ, ㄴ, ㄹ
③ ㄱ, ㄷ, ㅁ ④ ㄴ, ㄹ, ㅁ
⑤ ㄱ, ㄴ, ㄷ, ㄹ

21. 공인중개사법령상 공인중개사협회(이하 '협회'라 함)에 관한 설명으로 옳은 것은? (다툼이 있으면 판례에 따름)
① 개업공인중개사는 협회에 가입하여야 한다.
② 협회는 책임준비금을 다른 용도로 사용한 경우에는 국토교통부장관에게 신고하여야 한다.
③ 협회는 총회의 의결사항을 국토교통부장관에게 15일 내에 보고하여야 한다.
④ 협회는 정관이 정하는 바에 따라 시·도에 지부를 두어야 한다.
⑤ 협회와 개업공인중개사간에 체결된 공제계약이 유효하게 성립하려면 공제계약 당시에 공제사고의 발생 여부가 확정되어 있지 않은 것을 대상으로 해야 한다.

22. **공인중개사법령상 행정처분과 관련한 설명으로 옳은 것을 모두 고르면 몇 개인가?**

> ㄱ. 부정한 방법으로 공인중개사의 자격을 취득한 경우 자격취소사유에 해당하며, 1년 이하의 징역 또는 1천만원 이하의 벌금에 처해진다.
> ㄴ. 2024.5.25. 업무정지처분 3개월을 받은 개업공인중개사가 2024.11.25. 폐업신고를 하고, 2025.6.15. 다시 중개사무소의 개설등록을 한 경우, 위 업무정지처분의 효과는 승계된다.
> ㄷ. 2022.3.2. 다른 사람에게 성명을 사용하여 중개업무를 하게 한 개업공인중개사가 2022.8.31. 폐업신고를 하고, 2025.6.12. 다시 중개사무소의 개설등록을 하였다면, 등록관청은 개설등록을 취소해야 한다.
> ㄹ. 행정처분은 그 사유가 발생한 날부터 3년이 경과한 때에는 이를 할 수 없다.
> ㅁ. 등록기준 미달로 인하여 등록취소처분을 받은 자는 결격사유에 해당하지 아니한다.

① 1개 ② 2개 ③ 3개
④ 4개 ⑤ 5개

23. **공인중개사법령상 자격정지사유를 나열한 것이다. 이 중 개업공인중개사가 위반했을 경우 업무정지사유에 해당하는 것이 아닌 것은?**

① 제3자에게 부당한 이익을 줄 목적으로 중개대상물 시세에 부당한 영향을 준 경우
② 중개행위에 사용할 인장을 등록하지 않은 경우
③ 확인 · 설명서에 서명 및 날인하지 아니한 경우
④ 둘 이상의 중개사무소에 소속한 경우
⑤ 거래계약서에 거래금액을 거짓으로 기재한 경우

24. **공인중개사법령상 3년 이하의 징역 또는 3천만원 이하의 벌금사유에 해당하는 것을 모두 고른 것은?**

> ㄱ. 공인중개사가 아닌 자로서 공인중개사 명칭을 사용한 자
> ㄴ. 둘 이상의 중개사무소의 개설등록을 한 자
> ㄷ. 개업공인중개사 등으로서 단체를 구성하여 단체 구성원 이외의 자와 공동중개를 제한 한 자
> ㄹ. 시세에 부당한 영향을 줄 목적으로 안내문 등을 이용하여 특정 개업공인중개사에 대한 중개의뢰를 제한하여 개업공인중개사의 업무를 방해한 자

① ㄱ, ㄴ ② ㄱ, ㄷ
③ ㄱ, ㄹ ④ ㄴ, ㄹ
⑤ ㄷ, ㄹ

25. **「공인중개사법」상 법정 과태료 부과 기준금액이 가장 적은 것은?**

① 중개사무소등록증 게시의무를 위반한 경우
② 거래정보사업자로서 업무에 대한 보고명령을 위반한 경우
③ 연수교육을 정당한 사유 없이 6개월 이상 받지 아니한 경우
④ 공인중개사협회가 시정명령을 이행하지 아니한 경우
⑤ 정보통신서비스 제공자로서 자료제출 요구에 불응한 경우

26. **부동산 거래신고 등에 관한 법령상 부동산거래신고와 관련한 설명으로 옳은 것을 모두 고른 것은?**

> ㄱ. 부동산 등의 매수인은 신고인이 부동산거래계약 신고필증을 발급받은 때에 「부동산등기 특별조치법」에 따른 검인을 받은 것으로 본다.
> ㄴ. 자금조달 · 입주계획서를 제출해야 하는 경우, 자금조달 · 입주계획서에 매수인과 매도인은 공동으로 서명 및 날인하여야 한다.
> ㄷ. 토지거래허가구역이 아닌 대구광역시에 소재하는 나대지의 지분을 개인이 3천만원에 매수하는 경우에는 취득자금조달계획 및 이용계획을 신고하여야 한다.
> ㄹ. 개업공인중개사에게 과태료를 부과한 신고관청은 10일 내에 등록관청에 그 사실을 통보하여야 한다.

① ㄱ, ㄴ ② ㄴ, ㄹ
③ ㄱ, ㄷ, ㄹ ④ ㄴ, ㄷ, ㄹ
⑤ ㄱ, ㄴ, ㄷ, ㄹ

27. **부동산 거래신고 등에 관한 법령상 부동산거래계약신고서 작성방법으로 틀린 것은?**

① 해당 부동산이 집합건축물인 경우 등기사항증명서를 확인하여 대지권의 비율을 적는다.

② 계약대상 면적에는 실제 거래면적을 계산하여 적되, 건축물 면적은 집합건축물이 아닌 경우 연면적을 적는다.

③ 공급계약은 시행사 또는 건축주 등이 최초로 부동산을 공급(분양)하는 계약인 경우 표시한다.

④ 종전 부동산란은 입주권 매매의 경우에만 작성하고, 거래금액란에는 추가 지급액 등(프리미엄 등 분양가격을 초과 또는 미달하는 금액) 및 권리가격, 합계 금액, 계약금, 중도금, 잔금을 적는다.

⑤ 임대주택 분양전환은 법인이 아닌 임대주택사업자가 임대기한이 완료되어 분양전환하는 주택인 경우에 표시한다.

28. **부동산 거래신고 등에 관한 법령상 주택임대차계약의 신고와 관련한 설명으로 틀린 것은?**

① 주택임대사업자는 관련 법령에 따른 주택임대차계약의 신고 또는 변경신고를 한 경우 이 법령에 따른 주택임대차계약의 신고 또는 변경신고를 한 것으로 본다.

② 신고를 한 후 해당 주택임대차계약의 보증금, 차임 등 임대차 가격이 변경된 경우 반드시 변경신고를 해야 하는 것은 아니다.

③ 주택임대차계약서를 작성한 경우 임대차계약 당사자 일방이 주택임대차계약신고서에 단독으로 서명 또는 날인한 후 임대차계약서를 첨부해 신고관청에 제출한 경우에는 임대차계약 당사자가 공동으로 임대차신고서를 제출한 것으로 본다.

④ 계약당사자 일방 또는 위임을 받은 사람이 신고사항이 모두 적혀 있고 계약당사자의 서명이나 날인이 되어 있는 계약서를 제출하면 임대차계약 당사자가 공동으로 임대차신고서를 제출한 것으로 본다.

⑤ 임대차계약당사자는 주택임대차계약을 신고한 후 해당 계약이 해제된 때에는 해제가 확정된 날부터 30일 이내에 신고하여야 한다.

29. **부동산 거래신고 등에 관한 법령상 외국인 등의 국내 부동산 등의 취득 · 보유 등에 관한 설명으로 틀린 것은? (상호주의는 고려하지 않음)**

① 외국의 법령에 따라 설립된 법인이라도 그 구성원의 2분의 1이 대한민국 국민인 경우에는 이 법상 '외국인 등'에 해당하지 아니한다.

② 외국인이 교환계약으로 대한민국 안의 토지를 취득하는 때에는 계약을 체결한 날로부터 60일 내에 신고해야 한다.

③ 신축에 의하여 건물의 소유권을 취득한 외국인은 취득한 날로부터 6개월 내에 취득신고를 하여야 한다.

④ 외국법인이 합병에 의하여 국내 건축물을 취득하는 때에는 취득일부터 6개월 이내에 이를 신고해야 한다.

⑤ 신고관청으로부터 외국인에 대한 허가내용을 제출받은 시 · 도지사는 제출받은 날부터 1개월 이내에 그 내용을 국토교통부장관에게 제출하여야 한다.

30. **부동산 거래신고 등에 관한 법령상 토지거래허가구역(이하 '허가구역'이라 함)의 지정에 관한 설명으로 옳은 것은?**

① 지가가 급격히 상승하는 지역의 경우에는 10년 이내의 범위에서 허가구역을 지정할 수 있다.

② 허가구역의 지정은 시장 · 군수 · 구청장이 지정통지를 받은 날부터 5일 후에 그 효력이 발생한다.

③ 허가구역을 지정한 경우 지정권자는 지체 없이 그 공고내용을 그 허가구역을 관할하는 등기소의 장에게 통지해야 한다.

④ 허가구역 지정공고에는 허가구역에 대한 축척 5만분의 1 또는 2만 5천분의 1의 지형도가 포함되어야 한다.

⑤ 허가구역의 지정을 해제하거나 지정된 허가구역의 일부를 축소하는 경우에는 도시계획위원회의 심의를 거칠 필요가 없다.

31. **개업공인중개사 甲은 토지거래허가구역 내의 녹지지역에 소재한 $300m^2$의 농지의 매매 중개를 의뢰받았다. 부동산 거래신고 등에 관한 법령상 개업공인중개사 甲의 설명 중 옳은 것은? (허가구역 지정권자는 허가의 기준면적에 대하여 달리 정한 바가 없으며, 이 토지는 도시계획시설사업에 사용할 계획은 없음)**

① 토지거래허가를 받을 필요는 없으나 농지취득자격증명은 받아야 한다.

② 토지거래허가를 받아야 하고, 허가를 받으면 농지취득자격증명은 발급받을 필요가 없다.

③ 토지거래허가를 받아야 하고, 농지취득자격증명도 별도로 발급받아야 한다.

④ 토지거래허가대상이 아니며, 농지취득자격증명의 발급대상도 아니다.

⑤ 토지거래허가를 받으면 별도로 부동산거래신고나 검인은 필요하지 않다.

32. **부동산 거래신고 등에 관한 법령상 토지거래계약의 허가를 받은 경우 그 토지의 이용의무에 대한 설명으로 틀린 것은?**

① 허가관청은 토지거래계약을 허가받은 자가 허가받은 목적대로 이용하고 있는지를 매년 1회 이상 토지의 개발 및 이용 등의 실태를 조사하여야 한다.

② 허가관청은 토지의 이용의무를 이행하지 아니한 자에 대하여는 3개월 이내의 기간을 정하여 문서로 토지의 이용의무를 이행하도록 명할 수 있다.

③ 토지거래계약허가를 받아 토지를 취득한 자가 직접 이용하지 아니하고 임대한 경우에는 토지취득가액의 100분의 5에 상당하는 금액의 이행강제금을 부과한다.

④ 허가관청은 법령이 정하는 이용의무기간이 지난 후에는 이행강제금을 부과할 수 없다.

⑤ 이행강제금 부과에 대한 이의제기는 30일 내에 해야 한다.

33. **분묘기지권과 「장사 등에 관한 법률」을 설명한 내용으로 옳은 것은? (다툼이 있으면 판례에 따름)**

① 가족묘지는 그 면적이 $100m^2$를 초과하여 설치할 수 없고, 분묘 1기 및 상석 등 시설물의 설치구역 면적은 $10m^2$(합장은 $15m^2$)를 초과할 수 없다.

② 분묘기지권에 관한 지료가 정해진 경우 토지소유자는 분묘기지권자가 2년분 지료의 지급을 지체한 경우라도 분묘기지권의 소멸을 청구할 수는 없다.

③ 자기 소유 토지에 분묘를 설치한 사람이 분묘 이장의 특약 없이 토지를 양도함으로써 분묘기지권을 취득한 경우에는 양수인의 지료 지급청구가 있는 때로부터 지료지급의무가 있다.

④ 분묘기지권의 효력이 미치는 범위는 분묘의 기지 자체에 한정된다.

⑤ 「장사 등에 관한 법률」 시행일 이전에 설치된 분묘일지라도 이 법 시행일 이후에는 분묘기지권을 시효취득할 수 없다.

34. **공인중개사법령상 주거용 건축물 확인 · 설명서 작성시 개업공인중개사의 세부 확인사항이 아닌 것은?**

① 벽면 · 바닥면 및 도배상태

② 수도 · 전기 등 내부 · 외부 시설물의 상태

③ 관리비 등 관리에 관한 사항

④ 일조 · 소음 · 진동 등 환경조건

⑤ 현장안내

35. **甲과 乙은 명의신탁약정을 한 뒤, 甲은 乙에게 자금을 지원하여 乙이 X부동산의 매도인 丙(甲과 乙 사이에 명의신탁약정 사실을 모름)과 매매계약을 체결하고 소유권이전등기가 乙의 명의로 경료되었다. 그 후 乙은 丁과 매매계약을 체결하고, 丁이 소유권이전등기를 하였다. 이에 관한 설명으로 옳은 것을 모두 고른 것은? (다툼이 있으면 판례에 따름)**

> ㄱ. 乙의 명의로 경료된 소유권이전등기의 효력은 유효하다.
> ㄴ. 丁이 명의신탁약정사실을 알았다면 乙과 丁간의 X부동산에 대한 매매계약은 무효이다.
> ㄷ. 乙의 처분행위는 횡령죄로 처벌된다.
> ㄹ. 甲은 3년 이하의 징역 또는 1억원 이하의 벌금에 처한다.

① ㄱ　　② ㄱ, ㄴ

③ ㄴ, ㄷ　　④ ㄷ, ㄹ

⑤ ㄱ, ㄴ, ㄹ

36. **개업공인중개사 甲이 乙 소유의 서울특별시 소재 X주택을 丙에게 임대하는 임대차계약을 중개하면서 설명한 내용으로 옳은 것은? (다툼이 있으면 판례에 따름)**

① 임차보증금 1억 6,500만원에 월 차임이 30만원이 있는 경우 X주택이 경매되면 丙은 보증금 중 일정액을 우선변제 받을 수 없다.

② 乙이 임대차기간이 끝나기 6개월 전까지 丙에게 갱신거절 등의 통지를 하지 아니하면 임대차기간이 끝난 때에 전 임대차와 동일한 조건으로 다시 임대차한 것으로 본다.

③ 丙이 2기의 차임액에 달하도록 차임을 연체한 경우라 하더라도 묵시적 갱신규정은 적용된다.

④ 임대차계약을 체결하려는 자는 丙의 동의를 받아 확정일자 부여기관에 X주택의 확정일자 부여일 등 정보의 제공을 요청할 수 있다.

⑤ 선순위 담보권의 실행에 의하여 X주택이 경매로 매각된 경우, 매각으로 인하여 임차권은 소멸한다.

37. **개업공인중개사가 甲 소유의 서울특별시 소재 X주택을 乙에게 임대하는 임대차계약을 중개하면서 계약갱신요구권을 설명한 내용으로 옳은 것은?**

① 乙은 계약기간 만료 3개월 전부터 계약 종료시까지 甲에게 계약의 갱신을 요구할 수 있다.

② 乙이 1회라도 차임을 연체한 경우 乙은 계약갱신요구권을 행사할 수 없다.

③ 乙이 계약의 갱신을 요구한 경우 甲은 그의 자(子)가 거주함을 이유로 乙의 계약갱신요구를 거절할 수 없다.

④ 乙의 계약갱신요구로 임대차계약이 갱신된 경우 존속기간은 2년으로 보나, 乙은 언제든지 계약의 해지를 통지할 수 있다.

⑤ 乙은 1회에 한하여 계약갱신요구권을 행사할 수 있고, 갱신되는 임대차는 전 임대차와 동일한 조건으로 다시 계약된 것으로 보므로, 차임과 보증금은 증감할 수 없다.

38. **甲과 乙은 2025.10.5. 서울특별시 소재 甲 소유 X상가건물에 대하여 보증금 2억원, 월 차임 800만원으로 하는 임대차계약을 체결한 후, 乙은 X상가건물을 인도받고 사업자등록을 신청하였다. 乙이 「상가건물 임대차보호법」상 보호를 받을 수 있는 규정을 모두 고른 것은?**

> ㄱ. 甲은 임대차기간이 끝나기 6개월 전부터 임대차 종료시까지 乙이 주선한 신규임차인이 되려는 자로부터 권리금을 지급받는 것을 방해하여서는 아니 된다.
> ㄴ. 甲과 乙이 존속기간을 정하지 않은 경우 그 기간은 1년으로 본다.
> ㄷ. 乙이 대항력을 취득하고 임대차계약서에 관할 세무서장에게 확정일자를 받은 경우 X건물에 대한 경매시에 乙은 우선변제권이 있다.
> ㄹ. 乙이 3기의 차임액에 달하도록 차임을 연체한 경우 甲은 임대차계약을 해지할 수 있다.

① ㄱ, ㄹ ② ㄴ, ㄷ
③ ㄷ, ㄹ ④ ㄱ, ㄷ, ㄹ
⑤ ㄱ, ㄴ, ㄷ, ㄹ

39. **「민사집행법」에 의한 부동산 강제매각절차에 관한 설명으로 옳은 것은?**

① 매각목적물에 대한 매수신고가 있은 뒤에는 경매신청을 취하할 수 없다.

② 공유자는 매각기일까지 보증을 제공하고 최고매수신고가격과 같은 가격으로 채무자의 지분을 우선 매수하겠다는 신고를 할 수 있다.

③ 건축허가를 받고 채무자의 소유임이 입증되더라도 미등기건물에 대하여는 강제경매를 신청할 수 없다.

④ 경매목적물의 취득에 관청의 증명이나 허가를 필요로 하는 경우에는 매수신청시에 이를 제출하여야 한다.

⑤ 채권자의 배당요구는 배당요구의 종기가 지난 뒤라도 언제든지 철회할 수 있다.

40. **「공인중개사의 매수신청대리인 등록 등에 관한 규칙」에 따라 매수신청대리인 등록을 한 甲에 대한 설명으로 <u>틀린</u> 것은?**

① 甲은 구 「임대주택법」상 임차인의 우선매수신고에 따라 최고가매수신고인을 차순위매수신고인으로 보게 되는 경우 그 차순위매수신고인의 지위를 포기할 수 있다.

② 甲이 중개업 폐업신고에 따라 매수신청대리인 등록이 취소된 경우 甲은 3년간은 매수신청대리인 등록의 결격사유에 해당한다.

③ 甲은 매수신청대리 업무정지처분을 받은 때에는 업무정지사실을 당해 중개사무소의 출입문에 표시해야 한다.

④ 甲은 매수신청대리에 관하여 위임인으로부터 보수를 받은 경우, 그 영수증에는 중개행위에 사용하기 위해 등록한 인장을 사용해야 한다.

⑤ 甲은 법원행정처장이 인정하는 특별한 경우 그 사무소의 간판에 "법원"의 휘장 등을 표시할 수 있다.

제2과목: 부동산공법 중 부동산 중개에 관련 되는 규정

41. 국토의 계획 및 이용에 관한 법령에 따른 광역도시계획에 대한 설명 중 틀린 것은?

① 광역도시계획은 국토교통부장관 또는 도지사가 지정한 광역계획권의 장기발전방향을 제시하는 계획을 말한다.

② 광역계획권이 둘 이상의 시·도의 관할 구역에 걸쳐 있는 경우 국토교통부장관이 광역계획권을 지정한다.

③ 광역도시계획을 공동으로 수립하는 시·도지사는 그 내용에 관하여 서로 협의가 되지 아니하면 공동이나 단독으로 국토교통부장관에게 조정을 신청할 수 있다.

④ 국토교통부장관은 광역도시계획을 승인하거나 직접 광역도시계획을 수립 또는 변경하려면 관계 중앙행정기관과 협의한 후 중앙도시계획위원회의 심의를 거쳐야 한다.

⑤ 도지사가 수립하는 광역도시계획은 국토교통부장관의 승인을 받아야 한다.

42. 국토의 계획 및 이용에 관한 법령상 다음의 도시·군관리계획 중 국토교통부장관이 결정할 수 있는 사항이 아닌 것은 몇 개인가?

> ㄱ. 개발제한구역의 지정 및 변경에 관한 도시·군관리계획
> ㄴ. 수산자원보호구역의 지정 및 변경에 관한 도시·군관리계획
> ㄷ. 국가계획과 관련이 있는 시가화조정구역의 지정 및 변경에 관한 도시·군관리계획
> ㄹ. 국가계획과 관련되어 국토교통부장관이 입안한 도시·군관리계획
> ㅁ. 특별시장·광역시장·특별자치시장·특별자치도지사·시장 또는 군수가 이 법 제138조에 따른 기한까지 국토교통부장관의 도시·군관리계획 조정 요구에 따라 도시·군관리계획을 정비하지 아니하여 국토교통부장관이 입안한 도시·군관리계획

① 0개　　② 1개
③ 2개　　④ 3개
⑤ 4개

43. 다음은 국토의 계획 및 이용에 관한 법령상 도시·군계획에 관한 설명으로 옳은 것은?

① 도시·군계획은 시·도의 관할 구역 안에서만 수립되는 다른 법률에 따른 토지의 이용·개발 및 보전에 관한 계획의 기본이 된다.

② 광역도시계획이란 특별시·광역시·특별자치시·특별자치도·시 또는 군의 관할 구역에 대하여 기본적인 공간구조와 장기발전방향을 제시하는 종합계획으로서 도시·군기본계획수립의 지침이 되는 계획을 말한다.

③ 특별시장·광역시장·특별자치시장·특별자치도지사·시장 또는 군수가 관할 구역에 대하여 다른 법률에 따른 환경·교통·수도·하수도·주택 등에 관한 부문별 계획을 수립하는 때에는 단계별집행계획의 내용과 부합되게 하여야 한다.

④ 도시·군계획은 도시·군기본계획과 도시·군관리계획으로 구분한다. 광역도시계획은 도시·군계획에 포함되지 않는다.

⑤ 도시·군계획은 특별시·광역시·특별자치시·특별자치도·시 또는 군의 관할 구역에 대하여 수립하는 공간구조와 발전방향에 대한 계획이며, 장기적인 비구속적 계획이므로 일반사인에게는 구속력을 갖지 아니한다.

44. 국토의 계획 및 이용에 관한 법령상 도시·군관리계획 결정·고시의 효력에 관한 설명으로 틀린 것은?

① 도시·군관리계획 결정의 효력은 지형도면을 고시한 날부터 발생한다.

② 도시·군관리계획 결정 당시 이미 사업 또는 공사에 착수한 자는 해당 도시·군관리계획 결정에 관계없이 그 사업 또는 공사를 계속할 수 있다.

③ 위의 ②의 경우, 수산자원보호구역에 대해서는 그 구역의 지정·고시 후 3월 이내에 해당 사업 또는 공사의 내용을 특별시장·광역시장·특별자치시장·특별자치도지사·시장 또는 군수에게 신고하여야 한다.

④ 위의 ②의 경우 시가화조정구역에 대해서는 그 구역의 지정·고시 후 3월 이내에 해당 사업 또는 공사의 내용을 특별시장·광역시장·특별자치시장·특별자치도지사·시장 또는 군수에게 신고하여야 한다.

⑤ 도시·군관리계획 결정에 따른 지형도면은 특별시장·광역시장·특별자치시장·특별자치도지사·시장 또는 군수만이 작성하고 시장 또는 군수는 도지사의 승인을 받아야 한다.

45. 국토의 계획 및 이용에 관한 법령에 따른 용도지역에서의 건축제한에 대한 설명 중 틀린 것은?

① 용도지역에서의 건축물(부속건축물에 대하여는 주된 건축물에 대한 건축제한에 의한다)이나 그 밖의 시설의 용도·종류 및 규모 등의 제한에 관한 사항은 대통령령(「국토계획법 시행령」)으로 정한다.

② 자연취락지구에서의 건축제한은 대통령령으로 정하나, 집단취락지구에서의 건축제한은 「개발제한구역의 지정 및 관리에 관한 특별조치법령」에 따른다.

③ 농림지역 중 농업진흥지역, 보전산지 또는 초지인 경우에는 각각 「농지법」, 「산지관리법」 또는 「초지법」에서 정하는 바에 따른다.

④ 농공단지에서 건축물이나 그 밖의 시설의 용도·종류 및 규모 등의 제한에 관하여는 「산업집적활성화 및 공장설립에 관한 법률」에서 정하는 바에 따른다.

⑤ 자연환경보전지역 중 수산자원보호구역인 경우에는 「수산자원관리법」에서 정하는 바에 따른다.

46. 국토의 계획 및 이용에 관한 법령상 개발행위허가의 제한에 관한 내용으로 옳은 것은?

① 국토교통부장관은 중앙도시계획위원회의 심의를 거쳐 개발행위허가를 제한할 수 있다. 그 기간을 연장하는 경우에는 중앙도시계획위원회의 심의를 거치지 않는다.

② 기반시설부담구역으로 지정된 지역은 1회에 한하며 3년 이내이고 그 기간을 연장할 수는 없다.

③ 지구단위계획구역으로 지정된 지역은 최장 3년 이내에서 개발행위허가를 제한할 수 있다.

④ 생산관리지역으로서 수목이 집단적으로 자라고 있는 지역은 개발행위허가를 제한할 수 있다.

⑤ 개발밀도관리구역으로 지정된 지역은 개발행위허가를 제한할 수 있다.

47. 국토의 계획 및 이용에 관한 법령상 지구단위계획구역으로 지정하여야 하는 경우가 아닌 것은?

① 정비구역에서 시행하는 사업이 끝난 후 10년이 경과한 지역

② 시가화조정구역 또는 공원에서 해제되는 지역으로서 그 면적이 30만m^2 이상인 지역. 다만, 녹지지역으로 지정 또는 존치되거나 개발계획이 수립되지 아니하는 경우를 제외한다.

③ 녹지지역에서 주거지역으로 변경되는 지역으로서 그 면적이 30만m^2 이상인 지역

④ 개발제한구역에서 해제되는 지역으로서 그 면적이 30만m^2 이상인 지역

⑤ 택지개발지구에서 시행되는 사업이 끝난 후 10년이 지난 지역

48. 국토의 계획 및 이용에 관한 법령상 도시·군기본계획을 수립하지 않을 수 있는 지방자치단체는? (단, 수도권은 「수도권정비계획법」상의 수도권을 의미함)

① 수도권에 속하는 인구 10만명 이하인 군

② 수도권에서 광역시·특별시와 경계를 같이하는 인구 10만명 이하인 시

③ 수도권 외 지역에서 광역시와 경계를 같이하지 아니하는 인구 10만명 이하인 시

④ 관할 구역 일부에 더하여 광역도시계획이 수립되어 있는 시로서 광역도시계획에 도시·군기본계획의 내용이 모두 포함되어 있는 시

⑤ 관할 구역 전부에 대하여 광역도시계획이 수립되어 있는 군으로서 광역도시계획에 도시·군기본계획의 내용이 일부 포함되어 있는 군

49. 국토의 계획 및 이용에 관한 법령상 도시·군계획시설 부지의 매수청구에 관한 설명으로 옳지 않은 것은?

① 매수청구대상에는 드시·군계획시설의 부지로 되어 있는 토지 중 지목이 잡종지인 토지는 포함되지 않는다.

② 매수의무자가 지자체인 경우에 부재부동산 소유자의 토지로서 매수대금이 2,000만원을 초과하는 경우 매수의무자는 도시·군계획시설채권을 발행하여 지급할 수 있다.

③ 도시·군계획시설사업의 시행자가 정하여진 경우 매수대상인 토지의 소유자는 시행자에게 그 토지의 매수를 청구할 수 있다.

④ 도시·군계획시설채권의 상환기간은 10년 이내에서 조례로 한다.

⑤ 매수의무자가 매수하기로 결정한 토지는 매수 결정을 알린 날부터 2년 이내에 매수하여야 한다.

50. 국토의 계획 및 이용에 관한 법령상 기반시설부담구역에 대한 설명으로 틀린 것은?

① 특별시장 · 광역시장 · 특별자치시장 · 특별자치도지사 · 시장 또는 군수는 기반시설부담구역을 지정 또는 변경하려면 주민의 의견을 들어야 하며, 해당 지방자치단체에 설치된 지방도시계획위원회의 심의를 거쳐 이를 고시하여야 한다.

② 기반시설부담구역에서 기반시설설치비용을 부담해야 하는 개발행위는 $200m^2$ 초과의 신축과 증축행위를 대상으로 하는 것이지 모든 개발행위는 아니다.

③ 특별시장 · 광역시장 · 특별자치시장 · 특별자치도지사 · 시장 또는 군수는 기반시설부담구역이 지정되면 기반시설설치계획을 수립하여야 하며, 이를 도시 · 군관리계획에 반영하여야 한다.

④ 지구단위계획을 수립한 경우에는 기반시설설치계획을 수립한 것으로 본다.

⑤ 기반시설유발계수에 있어 단독주택과 공동주택은 동일하고, 제1종 근린생활시설과 의료시설은 기반시설유발계수가 같다.

51. 국토의 계획 및 이용에 관한 법령상의 제도로 볼 수 있는 것은?

① 분양가상한제 적용지역 ② 토지상환채권

③ 특별건축구역 ④ 투기과열지구

⑤ 시범도시

52. 「국토의 계획 및 이용에 관한 법률」상 용도지역 등의 행위제한에 대한 설명 중 틀린 것은?

① 도시지역 · 관리지역 · 농림지역 또는 자연환경보전지역으로 용도지역이 지정되지 아니한 지역에 대하여는 용도지역 안의 건축제한 · 건폐율 · 용적률의 적용에 대해서는 자연환경보전지역에 대한 규정을 적용한다.

② 도시지역에서는 원칙적으로 「농지법」상의 농지취득자격증명제도는 적용되지 아니한다.

③ 관리지역이 세부용도지역으로 지정되지 아니한 경우에는 용도지역 안의 건축제한 · 건폐율 · 용적률의 적용에 대해서는 생산관리지역에 대한 규정을 적용한다.

④ 도시지역이 세부용도지역으로 지정되지 아니한 경우에는 용도지역 안의 건축제한 · 건폐율 · 용적률의 적용에 대해서는 보전녹지지역에 대한 규정을 적용한다.

⑤ 농림지역 중 농업진흥지역, 보전산지 또는 초지인 경우에는 각각 「농지법」 · 「산지관리법」 또는 「초지법」이 정하는 바에 의한다.

53. 도시개발법령상 도시개발구역의 지정권자와 환지계획의 인가권자를 순서대로 바르게 나열한 것은?

① 국토교통부장관, 시 · 도지사, 대도시의 시장 - 특별자치도지사, 시장 · 군수 · 구청장

② 국토교통부장관, 시 · 도지사, 대도시의 시장 - 국토교통부장관, 시 · 도지사, 대도시의 시장

③ 특별자치도지사, 시장 · 군수 · 구청장 - 국토교통부장관, 시 · 도지사, 대도시의 시장

④ 특별자치도지사, 시장 · 군수 · 구청장 - 특별자치도지사, 시장 · 군수 · 구청장

⑤ 국토교통부장관, 시 · 도지사 - 대도시의 시장, 시장 · 군수 · 구청장

54. 「도시개발법」상 개발구역을 지정한 후에 개발계획에 포함할 수 있는 사항은?

① 전시장 · 공연장 등의 문화시설계획

② 도로, 상하수도 등 주요 기반시설의 설치계획

③ 수용 · 사용대상이 되는 토지 또는 건축물과 권리 등에 관한 세부목록

④ 존치하는 기존 건축물 및 공작물 등에 관한 계획

⑤ 원형지로 공급될 대상 토지 및 개발 방향

55. 도시개발법령상 조합에 대한 설명으로 틀린 것은?

① 조합을 설립하고자 하는 때에는 도시개발구역 안의 토지소유자 7인 이상이 대통령령이 정하는 사항을 기재한 정관을 작성하여 지정권자에게 조합설립의 인가를 받아야 한다.

② 조합설립의 인가를 신청하고자 하는 때에는 해당 도시개발구역 안의 토지면적의 4분의 3 이상에 해당하는 토지소유자와 그 구역 안의 토지소유자 총수의 3분의 2 이상의 동의를 얻어야 한다.

③ 보유토지의 면적과 관계없는 평등한 의결권. 다만, 다른 조합원으로부터 해당 도시개발구역에 그가 가지고 있는 토지 소유권 전부를 이전받은 조합원은 정관으로 정하는 바에 따라 본래의 의결권과는 별도로 그 토지 소유권을 이전한 조합원의 의결권을 승계할 수 있다.

④ 감사는 조합의 사무 및 재산상태와 회계에 관한 사항을 감사한다.

⑤ 조합은 그 사업에 필요한 비용을 조성하기 위하여 정관이 정하는 바에 따라 조합원에 대하여 경비를 부과 · 징수할 수 있다.

56. **도시개발법령상 동의자 수의 산정기준에 관한 설명 중 <u>틀린</u> 것은?**

① 전부 환지방식으로 토지소유자가 시행자인 경우로서 개발계획을 수립하는 경우에는 도시개발구역의 토지면적의 3분의 2 이상에 해당하는 토지소유자와 그 지역의 토지소유자 총수의 2분의 1 이상의 동의를 받아야 한다.

② 도시개발구역의 지정이 제안된 후부터 개발계획이 수립되기 전까지의 사이에 토지소유자가 변경된 경우 또는 개발계획의 변경을 요청받은 후부터 개발계획이 변경되기 전까지의 사이에 토지소유자가 변경된 경우 기존 토지소유자의 동의서를 기준으로 한다.

③ 도시개발구역의 토지소유자가 도시개발구역의 지정을 제안한 때에는 토지면적의 3분의 2 이상에 해당하는 토지소유자(지상권자 포함)의 동의를 받아야 한다.

④ 도시개발조합 설립인가 신청하는 경우 토지면적의 3분의 2 이상에 해당하는 토지소유자와 토지소유자 총수의 2분의 1 이상의 동의를 받아야 한다.

⑤ 위 ④의 경우 동의자 산정시 「집합건물의 소유 및 관리에 관한 법률」에 따른 구분소유자는 다른 공유자의 동의를 받은 대표 공유자 1명만을 해당 토지소유자로 본다.

57. **도시개발법령상 토지상환채권에 관한 설명 중 <u>틀린</u> 것은?**

① 토지상환채권이란 토지소유자가 원하는 경우 토지 등의 매수대금의 일부를 지급하기 위하여 도시개발사업 시행으로 조성된 토지 · 건축물로 상환하는 채권을 말한다. 토지만을 대상으로 하는 것이 아니다.

② 토지상환채권의 발행규모는 그 토지상환채권으로 상환할 토지 · 건축물이 당해 도시개발사업으로 조성되는 분양토지 또는 분양건축물의 2분의 1을 초과하지 아니하여야 한다.

③ 토지상환채권은 기명식증권으로 하며 양도가 가능하다.

④ 토지상환채권은 대표적인 경쟁입찰방식에 의한 공급방법이다.

⑤ 토지상환채권의 이율은 발행 당시의 금융기관의 예금금리 및 부동산 수급상황을 고려하여 발행자가 정한다.

58. **도시개발법령상 감가보상금에 대한 설명으로 <u>틀린</u> 것은?**

① 감가보상금은 토지수용의 경우에 있어서 손실보상금과 같은 성질을 가진다.

② 감가보상금은 토지소유자 및 임차권자 등에게 지급하여야 한다.

③ 감가보상금은 청산금과는 별개로 청산금을 교부 받은 경우에도 감가보상금을 지급 받을 수 있다.

④ 토지소유자인 시행자는 도시개발사업의 시행으로 인하여 사업시행 후의 토지가액의 총액이 사업시행 전의 토지가액의 총액보다 감소한 때에 그 차액을 보상하여야 한다.

⑤ 개인적 과부족분에 대하여는 청산의 문제만 발생할 뿐 감가보상의 문제가 발생하지 않는다.

59. **도시 및 주거환경정비법령상 토지등소유자가 단독으로 사업을 시행할 수 있는 사업은?**

① 도시개발사업

② 재건축사업

③ 재정비촉진사업

④ 주거환경개선사업

⑤ 재개발사업

60. **도시 및 주거환경정비법령상 시공자의 선정 등에 관한 내용으로 <u>틀린</u> 것은?**

① 조합은 조합설립인가를 받은 후 경쟁입찰의 방법으로 시공자를 선정하여야 한다.

② 조합원이 100명 이하인 경우에는 정관으로 정하는 바에 따라 시공자를 선정할 수 있다.

③ 재개발사업을 토지등소유자가 시행하는 경우에는 사업시행인가를 받은 후 경쟁입찰의 방법으로 시공자를 선정하여야 한다.

④ 시장 · 군수가 직접 정비사업을 시행하거나 토지주택공사 등을 사업시행자로 지정한 경우 사업시행자 지정 · 고시 후 시공자를 선정하여야 한다.

⑤ 주민대표회의 또는 입주자대표회의는 경쟁입찰방법에 따라 시공자를 추천할 수 있고, 추천한 때에는 추천한 자를 시공자로 선정하여야 한다.

61. **도시 및 주거환경정비법령상 정비사업의 특례 등에 대한 설명으로 틀린 것은 몇 개인가?**

> ㄱ. 재건축사업의 사업시행자는 사업시행계획인가의 고시가 있은 날부터 60일 이내에 조합설립에 동의하지 아니한 자에게 조합설립 또는 사업시행자의 지정에 관한 동의 여부를 회답할 것을 서면으로 촉구하여야 한다.
> ㄴ. ㄱ의 촉구를 받은 토지등소유자는 촉구를 받은 날부터 3개월 이내에 회답하여야 한다.
> ㄷ. ㄴ의 기간 내에 회답하지 않으면 동의한 것으로 간주한다.
> ㄹ. 주거환경개선구역은 당해 정비구역의 지정고시가 있은 날부터 스스로개량방식과 환지방식으로 사업을 시행하는 경우 주거지역을 세분하여 정하는 지역 중 제3종 일반주거지역으로 결정 · 고시된 것으로 본다. 다만, 당해 정비구역에서의 정비사업이 수용방식과 관리처분방식으로 시행되는 경우에는 제2종 일반주거지역을 말한다.
> ㅁ. "사업시행계획인가를 받은 경우" 지상권 · 전세권 설정계약 또는 임대차계약의 계약기간에 대하여는 「민법」 제280조 · 제281조 및 제312조 제2항의 규정은 이를 적용하지 아니한다.

① 1개　② 2개
③ 3개　④ 4개
⑤ 5개

62. **도시 및 주거환경정비법령상 정비구역에서 원칙적으로 종전의 토지 또는 건축물의 사용 · 수익이 금지되는 시기이며, 건축물의 철거 가능시기이며, 기존 임차권자 등이 계약을 해제할 수 있는 공통되는 날짜는?**

① 관리처분계획의 인가 · 고시일
② 정비구역의 지정 · 고시일
③ 도시및주거환경정비기본계획의 고시일
④ 정비사업시행인가신청일 다음 날
⑤ 소유권이전고시일

63. **도시 및 주거환경정비법령상 관리처분계획에 관한 설명으로 옳은 것은?**

① 시행자는 인가된 관리처분계획에 따라 분양대상에서 제외된 자에 대해서는 관리처분계획 인가를 받은 날로부터 90일 이내에 토지, 건축물 또는 그 밖의 권리의 손실보상에 관한 협의를 하여야 한다.
② 사업시행자는 사업시행계획인가의 고시가 있은 날(사업시행계획인가 이후 시공자를 선정한 경우에는 시공자와 계약을 체결한 날)부터 90일(대통령령으로 정하는 경우에는 1회에 한정하여 30일의 범위에서 연장할 수 있다) 이내에 다음 각 호의 사항을 토지등소유자에게 통지하고, 분양의 대상이 되는 대지 또는 건축물의 내역 등 대통령령으로 정하는 사항을 해당 지역에서 발간되는 일간신문에 공고하여야 한다.
③ 관리처분계획에는 세입자별 손실보상을 위한 권리명세 및 그 평가액이 포함되지 않는다.
④ 분양설계에 관한 계획은 분양신청기간이 만료하는 날의 다음 날을 기준으로 하여 수립한다.
⑤ 종전 주택의 주거전용면적의 범위에서 3주택을 공급할 수 있고, 이 중 1주택은 주거전용면적을 $60m^2$ 이하로 한다.

64. **도시 및 주거환경정비법령상 조합이 재건축사업을 시행하는 때 사업시행계획 등에 관한 설명으로 옳은 것은? (단, 경미한 변경 및 대의원회 대행은 고려하지 아니함)**

① 시행자는 임대주택건설계획, 국민주택규모 주택건설계획을 포함하는 사업시행계획서를 작성하여야 한다.
② 시장 · 군수 등은 지정개발자인 토지등소유자가 시행자인 때 정비사업비의 20% 범위 이내에서 시 · 도 조례가 정하는 금액을 예치하게 할 수 있다.
③ 조합설립의 동의요건을 충족시키기 위하여 필요한 경우 사업시행자 또는 추진위원회는 그 주택단지 안의 일부 토지에 대하여 분할하려는 토지면적이 대지분할제한 면적에 미달되더라도 토지분할을 청구할 수 있다.
④ 시장 · 군수 등은 특별한 사유가 없으면 사업시행계획서의 제출이 있은 날부터 30일 이내 인가 여부를 결정하여 시행자에게 통보하여야 한다.
⑤ 사업시행자는 정비구역에서 토지 등을 수용할 수 있다.

65. **건축법령상 대수선에 해당하지 않는 것은?**

① 바닥판을 증설 · 해체하거나 바닥판의 면적을 $30m^2$ 이상 수선 또는 변경하는 것
② 기둥을 증설 · 해체하거나 기둥을 3개 이상 수선 또는 변경하는 것
③ 주계단 · 피난계단 또는 특별피난계단을 증설 · 해체하거나 수선 · 변경하는 것
④ 건축물의 외벽에 사용하는 마감재료를 증설 또는 해체하거나 벽면적 $30m^2$ 이상 수선 또는 변경하는 것
⑤ 다가구주택 및 다세대주택의 가구 및 세대간 경계벽을 증설 · 해체하거나 수선 · 변경하는 것

66. **건축법령상 대지면적의 산정에 관한 설명 중 틀린 것은?**

① 도로의 모퉁이에 위치하여 대지에 건축선이 정하여진 경우 그 건축선과 도로 사이의 부분은 대지면적 산정시 제외한다.

② 대지에 도시 · 군계획시설인 도로 · 공원 등이 있는 경우 그 도시 · 군계획시설에 포함되는 부분은 대지면적 산정시 제외한다.

③ 특별자치시장 · 특별자치도지사 또는 시장 · 군수 · 구청장에 의하여 소요너비 이상 되는 도로에서 건축선이 별도 지정된 경우 그 건축선과 도로 사이의 부분은 대지면적에서 제외한다.

④ 소요너비에 못 미치는 너비의 도로에 접하여 대지에 건축선이 정하여진 경우 그 건축선과 도로 사이의 부분은 대지면적 산정시 제외한다.

⑤ 대지면적은 대지의 수평투영면적으로 한다.

67. **건축법령상 건축허가에 관한 설명으로 틀린 것은?**

① 허가권자는 위락시설 또는 숙박시설에 해당하는 건축물의 건축을 허가하는 경우 해당 대지에 건축하고자 하는 건축물의 용도 · 규모 또는 형태가 주거환경 또는 교육환경 등 주변환경을 감안할 때 부적합하다고 인정하는 경우에는 이 법 또는 다른 법률의 규정에 불구하고 건축위원회의 심의를 거쳐 건축허가를 하지 아니할 수 있다.

② 시장 · 군수는 주거환경 또는 교육환경 등 주변환경의 보호상 필요하다고 인정하여 도지사가 지정 · 공고하는 구역 안에 건축하는 위락시설 및 숙박시설의 건축물의 건축허가를 하고자 하는 경우, 도지사의 사전 승인을 얻어야 한다.

③ 시장 · 군수는 층수가 21층 이상인 건축물의 건축허가를 하고자 하는 경우에도 도지사의 사전 승인을 얻어야 한다.

④ 연면적의 합계가 10만m^2 이상 또는 층수가 21층 이상인 건축물의 건축을 하고자 하는 경우, 특별시장 · 광역시장 · 또는 도지사의 건축허가를 받아야 한다.

⑤ 국토교통부장관, 특별시장 · 광역시장 · 도지사는 필요한 경우 건축허가나 허가를 받은 건축물의 착공을 제한할 수 있다.

68. **다음은 건축법령상 건축물의 용도분류에 관한 내용으로 옳은 것은?**

① 변전소 - 발전시설

② 총포판매소 - 위험물저장 및 처리시설

③ 주유소 - 자동차관련시설

④ 동물전용 장례식장 - 장례시설

⑤ 기숙사 - 교육연구시설

69. **건축법령상 대지와 도로의 관계에 관한 설명 중 틀린 것은?**

① 허가권자가 도로의 위치를 지정 · 공고하려는 경우라도 주민이 오랫동안 통행로로 이용하고 있는 사실상의 통로로서 해당 지방자치단체의 조례로 정하는 것인 경우에는 이해관계인의 동의를 받을 필요가 없다.

② 허가권자가 지정한 도로를 폐지하거나 변경하려면 그 도로에 대한 이해관계인의 동의를 받아야 한다.

③ 건축물의 대지는 2m 이상이 도로(자동차만의 통행에 사용되는 도로는 제외함)에 접하여야 한다.

④ 건축물의 주변에 광장, 공원, 유원지, 그 밖에 관계 법령에 따라 건축이 금지되고 공중의 통행에 지장이 없는 공지로서 허가권자가 인정한 공지가 있는 경우에는 ③의 의무가 없다.

⑤ 연면적의 합계가 2천m^2 이상인 공장의 대지는 너비 6m 이상의 도로에 4m 이상 접하여야 한다.

70. **건축법령상 건축허가의 취소 등에 대한 설명 중 틀린 것은?**

① 건축위원회의 심의를 받은 자가 심의 결과를 통지 받은 날부터 2년 이내에 건축허가를 신청하지 아니하면 건축위원회 심의의 효력이 상실된다.

② 건축허가를 받은 자는 허가를 받은 날부터 2년(공장은 3년) 이내에 공사에 착수하여야 하며, 정당한 사유가 있다고 인정되면 1년의 범위에서 공사의 착수기간을 연장할 수 있다.

③ 허가를 받은 날부터 2년(공장은 3년) 이내에 공사에 착수하지 아니한 경우에는 허가권자는 그 허가를 취소할 수 있다.

④ 「자연재해대책법」에 따른 자연재해위험개선지구 등 상습적으로 침수되는 지역에 건축물의 지하층을 주거용으로 사용하려는 경우에 허가권자는 건축위원회의 심의를 거쳐 건축허가를 하지 아니할 수 있다.

⑤ 국가나 지방자치단체는 건축물을 건축하거나 대수선하려는 경우에는 미리 건축물의 소재지를 관할하는 허가권자와 협의하여야 한다.

71. **건축법령상 특별건축구역으로 지정할 수 없는 구역은?**

① 「개발제한구역의 지정 및 관리에 관한 특별조치법」에 따른 개발제한구역

② 「택지개발촉진법」에 따른 택지개발사업구역

③ 「국민임대주택건설 등에 관한 특별조치법」에 따른 국민임대주택건설사업구역

④ 「도시 및 주거환경정비법」에 따른 정비구역

⑤ 「도시개발법」에 따른 도시개발구역

72. **주택법령상 도시형 생활주택에 관한 설명 중 옳은 것은?**

① 도시형 생활주택은 300세대로 건설이 가능하다.

② 도시형 생활주택은 「국토의 계획 및 이용에 관한 법률」에 따른 도시지역에 건설하여야 한다. 도시지역 이외에서는 불가능하다.

③ 도시형 생활주택은 분양가상한제가 적용된다.

④ 하나의 건축물에는 원칙적으로 도시형 생활주택과 그 밖의 주택을 함께 건축할 수 없으나 준주거지역에서는 단지형 연립주택과 그 밖의 주택을 함께 건축할 수 있다.

⑤ 전용면적이 80m^2인 아파트는 도시형 생활주택이 될 수 없다.

73. **주택법령상 복리시설에 속하는 것은?**

① 입주자집회소

② 주차장

③ 경비실

④ 지역난방시설

⑤ 관리사무소

74. **다음은 부동산공법상 채권발행에 관한 설명으로 틀린 것은?**

① 주택상환사채는 기명식증권으로 발행한다.

② 주택상환사채의 발행자는 한국토지주택공사와 등록업자이다.

③ 도시개발채권은 시 · 도지사가 국토교통부장관의 승인을 얻어 기명증권으로 발행한다.

④ 토지상환채권은 도시개발사업시행자(지정권자가 아님)가 지정권자의 승인을 얻어 기명증권으로 발행한다.

⑤ 등록업자가 주택상환사채를 발행하기 위해서는 금융기관 또는 주택도시보증공사의 보증을 받아야만 한다.

75. **다음 중 주택법령상 주택조합에 대한 설명으로 틀린 것은?**

① 많은 수의 구성원이 주택을 마련하거나 리모델링하기 위하여 주택조합을 설립하려는 경우(직장주택조합의 경우는 제외한다)에는 관할 시장 · 군수 · 구청장의 인가를 받아야 한다.

② 주택조합과 등록사업자가 공동으로 사업을 시행하면서 시공할 경우 등록사업자는 시공자로서의 책임뿐만 아니라 자신의 귀책사유로 사업 추진이 불가능하게 되거나 지연됨으로 인하여 조합원에게 입힌 손해를 배상할 책임이 있다.

③ 국민주택을 공급받기 위하여 직장주택조합을 설립하려는 자는 관할 시장 · 군수 · 구청장의 인가를 받아야 한다.

④ 주택조합(리모델링주택조합은 제외한다)은 그 구성원을 위하여 건설하는 주택을 그 조합원에게 우선 공급할 수 있으며, 직장주택조합에 대하여는 사업주체가 국민주택을 그 직장주택조합원에게 우선 공급할 수 있다.

⑤ 리모델링주택조합의 설립에 동의한 자로부터 건축물을 취득한 자는 조합의 설립에 동의한 것으로 본다.

76. **주택법령상 저당권설정 등의 제한에 대한 내용이다. (　　) 안에 들어갈 내용으로 옳은 것은?**

> 사업주체는 사업계획승인을 받아 시행하는 주택건설사업에 의하여 건설된 주택 및 대지에 대하여는 입주자 모집공고 승인 신청일(주택조합의 경우에는 사업계획승인 신청일을 말한다) 이후부터 입주예정자가 그 주택 및 대지의 소유권이전등기를 신청할 수 있는 날 이후 (　　)까지의 기간 동안 입주예정자의 동의 없이 다음의 어느 하나에 해당하는 행위를 하여서는 아니 된다.
>
> 1. 해당 주택 및 대지에 저당권 또는 가등기담보권 등 담보물권을 설정하는 행위
> 2. 해당 주택 및 대지에 전세권 · 지상권 또는 등기되는 부동산임차권을 설정하는 행위
> 3. 해당 주택 및 대지를 매매 또는 증여 등의 방법으로 처분하는 행위

① 30일　② 60일

③ 90일　④ 120일

⑤ 150일

77. **주택법령상 주택의 공급질서 교란금지를 위한 일정 지위·증서의 양도 또는 알선행위에 해당하지 않는 것은?**

① 시장 등이 발행한 무허가 건물확인서의 증여
② 고용주가 건설한 주택을 공급받을 수 있는 지위의 양도
③ 주택상환사채의 상속
④ 입주자 저축증서의 매매
⑤ 주택조합원의 지위를 양도하는 경우

78. **주택법령상 주택공급 및 분양가상한제 적용주택에 대한 설명으로 옳은 것은?**

① 지방공사가 입주자를 모집하려는 경우에는 시장·군수·구청장의 승인(복리시설의 경우에는 신고를 말한다)을 받아야 한다.
② 공공택지에서 사업주체가 일반인에게 공급하는 공동주택은 분양가상한제를 적용받지 아니한다.
③ 직전월부터 소급하여 3개월간의 주택매매거래량이 전년 동기 대비 20% 이상 증가한 지역은 분양가상한제 적용지역으로 지정할 수 있다.
④ 시·도지사가 분양가상한제 적용지역을 지정하는 경우에는 미리 국토교통부장관과 협의를 하여야 한다.
⑤ 국토교통부장관은 분양가격의 적정성 등의 사항을 심의하기 위하여 분양가심사위원회를 설치·운영하여야 한다.

79. **농지법령상 농업경영계획서를 작성하지 아니하고 농지취득자격증명의 발급을 신청할 수 있는 자가 아닌 것은?**

① 학교가 그 목적사업을 수행하기 위하여 필요로 하는 시험·연구·실습지로 농지를 취득하여 소유하는 경우
② 농업진흥지역 밖의 농지 중 최상단부터 최하단부까지의 평균 경사율이 15% 이상인 농지로서 대통령령으로 정하는 농지를 소유하는 경우
③ 농지전용협의를 완료한 농지를 소유하는 경우
④ 농지전용허가를 받거나 농지전용신고를 한 자가 해당 농지를 소유하는 경우
⑤ 농지의 개발사업지구 안에 소재하는 농지로서 1,500m^2 미만의 농지를 취득하여 소유하는 경우

80. **농지법령상 농지의 처분의무와 관련된 설명 중 틀린 것은?**

① 농지의 소유자는 처분사유에 해당하게 된 때에는 그 사유가 발생한 날부터 1년 이내에 당해 농지를 처분하여야 한다.
② 시장·군수 또는 구청장은 처분의무기간 내에 처분대상 농지를 처분하지 아니한 농지의 소유자에 대하여는 6월 이내에 당해 농지를 처분할 것을 명할 수 있다.
③ 시장·군수·구청장의 처분명령을 받은 자는 한국농어촌공사에게 당해 농지의 매수를 청구할 수 있다.
④ 한국농어촌공사는 매수청구가 있는 때에는 「감정평가사 및 감정평가에 관한 법률」에 의한 공시지가를 기준으로 당해 농지를 매수할 수 있다. 이 경우 인근지역의 실제거래가격이 공시지가보다 낮더라도 공시지가를 기준으로 매수하여야 한다.
⑤ 시장·군수 또는 구청장은 농지의 처분명령을 받은 후 정당한 사유 없이 지정기간 안에 당해 처분명령의 이행을 하지 아니한 자에 대하여는 당해 농지의 감정가격과 개별공시지가 중 높은 금액의 25%에 상당하는 이행강제금을 매년 1회 부과·징수한다.

학습일자: ______/______

2025년도 제36회 공인중개사 2차 국가자격시험

실전모의고사 제7회

교 시	문제형별	시 간	시 험 과 목
2교시	A	50분	① 부동산 공시에 관한 법령 및 부동산 관련 세법

수험번호		성 명	

【 수험자 유의사항 】

1. **시험문제지는 단일 형별(A형)이며, 답안카드 형별 기재란에 표시된 형별(A형)을 확인하시기 바랍니다.** 시험문제지의 **총면수, 문제번호 일련순서, 인쇄상태** 등을 확인하시고, 문제지 표지에 수험번호와 성명을 기재하시기 바랍니다.
2. 답은 각 문제마다 요구하는 **가장 적합하거나 가까운 답 1개**만 선택하고, 답안카드 작성 시 시험문제지 **형별누락, 마킹착오**로 인한 불이익은 전적으로 **수험자에게 책임**이 있음을 알려드립니다.
3. 답안카드는 국가전문자격 공통 표준형으로 문제번호가 1번부터 125번까지 인쇄되어 있습니다. 답안 마킹 시에는 반드시 **시험문제지의 문제번호와 동일한 번호에 마킹**하여야 합니다. (2차 2교시: 1번~40번)
4. **감독위원의 지시에 불응하거나 시험시간 종료 후 답안카드를 제출하지 않을 경우** 불이익이 발생할 수 있음을 알려 드립니다.
5. 시험문제지는 시험 종료 후 가져가시기 바랍니다.
6. 답안작성은 **시험 시행일(2025.10.25.) 현재 시행되는 법령 등**을 적용하시기 바랍니다.
7. 가답안 의견제시에 대한 개별회신 및 공고는 하지 않으며, **최종 정답 발표로 갈음**합니다.
8. 시험 중 **중간 퇴실은 불가**합니다. 단, 부득이하게 퇴실할 경우 **시험포기각서 제출 후 퇴실은 가능**하나 **재입실이 불가**하며, **해당시험은 무효처리됩니다.**

해커스 공인중개사

제1과목: 부동산 공시에 관한 법령 및 부동산 관련 세법

1. 「공간정보의 구축 및 관리 등에 관한 법률」이 규정하고 있는 토지의 조사 · 등록에 관한 설명으로 옳은 것을 모두 고른 것은?

> ㄱ. 지적공부에 등록하는 지번 · 지목 · 면적 · 경계 또는 좌표는 토지의 이동이 있을 때 소유자의 신청에 관계없이 지적소관청이 직권으로 조사 · 측량하여 결정한다.
> ㄴ. 지적소관청은 토지의 이동현황을 직권으로 조사 · 측량하여 토지의 지번 · 지목 · 면적 · 경계 또는 좌표를 결정하려는 때에는 토지이동현황 조사계획을 수립하여야 한다.
> ㄷ. 지적소관청은 지적공부를 정리하려는 때에는 토지이동 조사부를 근거로 지번별 조서를 작성하여 토지이동정리 결의서에 첨부하여야 한다.

① ㄱ
② ㄴ
③ ㄷ
④ ㄱ, ㄴ
⑤ ㄴ, ㄷ

2. 「공간정보의 구축 및 관리 등에 관한 법률」상 지번부여방법으로 <u>틀린</u> 것은?

① 신규등록의 대상토지가 그 지번부여지역의 최종 지번의 토지에 인접한 경우에는 그 지번부여지역의 최종 본번의 다음 순번부터 본번으로 하여 순차적으로 지번을 부여할 수 있다.
② 합병의 경우에 합병대상 지번 중 본번으로 된 지번이 있을 때에는 본번 중 선순위의 지번을 합병 후의 지번으로 부여한다.
③ 지번부여지역의 일부가 행정구역의 개편으로 다른 지번부여지역에 속하게 되었으면 지적소관청은 새로 속하게 된 지번부여지역의 지번을 부여하여야 한다.
④ 축척변경 시행지역의 필지에 지번을 부여할 때에는 신규등록을 준용하여 지번을 부여한다.
⑤ 지적소관청은 도시개발사업 등이 준공되기 전에 지번을 부여하는 때에는 사업계획도에 따르되, 지적확정측량 방식에 따라 부여하여야 한다.

3. 다음 지목에 관련한 설명 중 <u>틀린</u> 것은?

① 물건 등을 보관하거나 저장하기 위하여 독립적으로 설치된 보관시설물의 부지와 이에 접속된 부속시설물의 부지는 '창고용지'로 한다.
② 고속도로의 휴게소 부지, 2필지 이상에 진입하는 통로로 이용되는 토지는 '대'로 한다.
③ 용수(用水) 또는 배수(排水)를 위하여 일정한 형태를 갖춘 인공적인 수로 · 둑 및 그 부속시설물의 부지와 자연의 유수(流水)가 있거나 있을 것으로 예상되는 소규모 수로부지는 '구거'로 한다.
④ 일반 공중의 위락 · 휴양 등에 적합한 시설물을 종합적으로 갖춘 수영장 · 유선장 · 낚시터 · 어린이놀이터 · 경마장 · 야영장 등의 토지와 이에 접속된 부속시설물의 부지는 '유원지'로 한다.
⑤ 여객자동차터미널, 자동차운전학원 및 폐차장 등 자동차와 관련된 독립적인 시설물을 갖춘 부지, 공항시설 및 항만시설 부지는 '잡종지'로 한다.

4. 공간정보의 구축 및 관리 등에 관한 법령상 대지권등록부의 등록사항에 해당하지 <u>않는</u> 것은?

① 토지의 고유번호, 토지의 소재와 지번
② 전유부분 건물의 표시, 소유권 지분
③ 대지권 비율, 집합건물별 대지권등록부의 장번호
④ 건물의 경계, 소유자의 성명, 주소 및 주민등록번호
⑤ 건물의 명칭, 토지소유자가 변경된 날과 그 원인

5. 지적도면에 관한 다음 설명 중 옳은 것은?

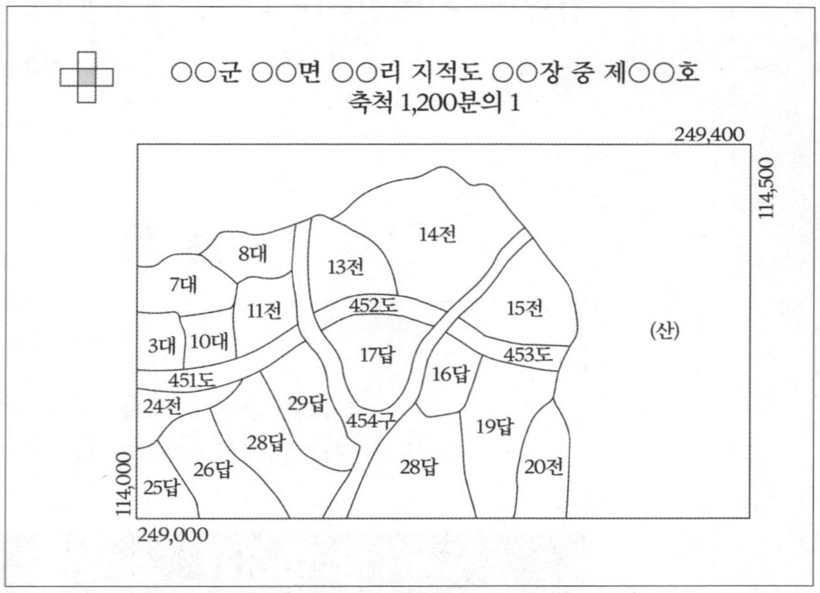

① 지적도면에 등록하는 토지의 표시는 소재, 지번, 지목, 경계, 면적이다.
② 위 도면이 포용하는 면적은 200,000m^{2}이다.
③ 좌측 상단의 일람도는 도면의 연결관계를 나타낸다.
④ '14전'과 '15전'은 지목이 같은 토지이고 연접하므로 1필지로 합병할 수 있다.
⑤ (산)으로 표시된 부분은 임야도에 등록된 토지이므로 지목은 '임야'이다.

6. **지적공부의 공개 등에 관한 설명으로 틀린 것은?**

① 정보처리시스템을 통하여 기록 · 저장된 지적공부(지적도 및 임야도는 제외한다)를 열람하려는 경우에는 특별자치시장, 시장 · 군수 또는 구청장이나 읍 · 면 · 동의 장에게 신청할 수 있다.

② 국토교통부장관은 부동산종합공부의 멸실 또는 훼손에 대비하여 이를 별도로 복제하여 관리하는 정보관리체계를 구축하여야 한다.

③ 지적소관청은 부동산종합공부의 불일치 등록사항에 대해서는 등록사항을 관리하는 기관의 장에게 그 내용을 통지하여 등록사항 정정을 요청할 수 있다.

④ 정보처리시스템을 통하여 기록 · 저장한 지적공부가 멸실되거나 훼손된 경우에는 시 · 도지사, 시장 · 군수 또는 구청장은 지체 없이 이를 복구하여야 한다.

⑤ 지적소관청은 지적공부를 복구하려는 경우에는 복구하려는 토지의 표시 등을 시 · 군 · 구 게시판 및 인터넷 홈페이지에 15일 이상 게시하여야 한다.

7. **공간정보의 구축 및 관리 등에 관한 법령상 토지이동 신청에 관한 설명으로 틀린 것은?**

① 도시개발사업 등의 사업의 착수 또는 변경의 신고가 된 토지의 소유자가 해당 토지의 이동을 원하는 경우에는 해당 사업의 시행자에게 그 토지이동을 신청하도록 요청하여야 한다.

② 「도시개발법」에 따른 도시개발사업의 시행자는 그 사업의 착수변경 또는 완료 사실의 신고를 그 사유가 발생한 날로부터 15일 이내에 하여야 한다.

③ 도시개발사업의 사업시행자가 토지의 이동을 신청한 경우 토지의 이동은 토지의 형질변경 등의 공사가 준공된 때에는 이루어진 것으로 본다.

④ 공동주택의 부지인 경우에 「집합건물의 소유 및 관리에 관한 법률」에 따른 관리인 또는 해당 사업의 시행자가 대위신청할 수 있다.

⑤ 공공사업 등에 따라 학교용지 · 도로 · 철도용지 · 하천 · 구거 · 유지 · 유원지 등의 지목으로 되는 토지인 경우에 해당 사업의 시행자가 대위신청할 수 있다.

8. **공간정보의 구축 및 관리 등에 관한 법령상 축척변경절차에 관한 내용이다. 아래의 서류에 해당하지 않는 것은?**

> 지적소관청은 축척변경을 할 때에는 축척변경 사유를 적은 승인신청서에 다음 각 호의 서류를 첨부하여 시 · 도지사 또는 대도시 시장에게 제출하여야 한다. 이 경우 시 · 도지사 또는 대도시 시장은 행정정보의 공동이용을 통하여 축척변경 대상지역의 지적도를 확인하여야 한다.

① 축척변경의 사유

② 지번 등 명세

③ 지번별 조서

④ 축척변경위원회의 의결서 사본

⑤ 토지소유자의 동의서

9. **바다로 된 토지의 등록말소 신청에 관한 설명 중 틀린 것은?**

> ㄱ. 토지소유자가 바다로 된 날로부터 90일 이내에 등록말소 신청을 하지 아니하면 지적소관청이 직권으로 지적공부의 등록사항을 말소하여야 한다.
> ㄴ. 지적소관청이 직권으로 지적공부의 등록사항을 말소하였을 때에는 그 정리 결과를 토지소유자 및 해당 공유수면의 관리청에 통지하여야 한다.
> ㄷ. 지적소관청은 말소한 토지가 지형의 변화 등으로 다시 토지가 된 경우에는 90일 이내에 토지로 회복등록을 신청할 수 있다.

① ㄱ　　② ㄴ

③ ㄷ　　④ ㄱ, ㄷ

⑤ ㄴ, ㄷ

10. **다음 중 「공간정보의 구축 및 관리 등에 관한 법률」상 지적공부의 정리에 관한 설명으로 틀린 것은?**

① 지적공부에 등록된 토지소유자의 변경사항은 등기관서에서 등기한 것을 증명하는 등기필증, 등기완료통지서, 등기사항증명서 또는 등기전산정보자료에 따라 정리한다.

② 소유권변경사실의 통지를 받은 지적소관청은 등기부에 적혀 있는 토지의 표시가 지적공부와 일치하지 아니하면 토지소유자를 정리할 수 없다.

③ 지적소관청은 지적공부 정리를 하여야 할 토지의 이동이 있는 경우에는 토지이동정리 결의서를 작성하여야 한다.

④ 지번부여지역의 일부가 행정구역의 개편으로 다른 지역에 속하게 되어 새로 속하게 된 지번부여지역의 지번을 부여한 경우 지적소관청은 토지소유자에게 지적정리의 통지를 하여야 한다.

⑤ 지적소관청은 토지의 표시에 관한 변경등기가 필요한 경우 지적정리의 통지는 지적공부에 등록한 날부터 15일 이내에 토지소유자에게 하여야 한다.

11. **지적측량에 관한 다음 설명 중 틀린 것은?**

① 토지소유자 등 이해관계인은 지적측량을 하여야 할 필요가 있는 때에는 지적측량수행자에게 지적측량을 의뢰하여야 한다.

② 토지소유자 등 이해관계인은 검사측량과 지적재조사측량은 지적측량수행자에게 지적측량을 의뢰할 수 없다.

③ 경계복원측량은 등록 당시의 측량방법이나 기술이 발전하지 못하여 정확성이 없는 경우에는 등록 당시의 측량방법보다 정밀한 측량방법에 의하여야 한다.

④ 지적기준점을 설치하여 측량 또는 측량검사를 하는 경우 지적기준점이 15점 이하인 경우에는 4일을, 15점을 초과하는 경우에는 4일에 15점을 초과하는 4점마다 1일을 가산한다.

⑤ 지적소관청은 관계 법령에 따른 측량성과가 정확하다고 인정하면 지적측량성과도를 지적측량수행자에게 발급하여야 한다.

12. **「공간정보의 구축 및 관리 등에 관한 법률」에 관한 설명 중 옳은 것을 모두 고른 것은?**

ㄱ. 중앙지적위원회의 위원은 지적에 관한 학식과 경험이 풍부한 사람 중에서 국토교통부장관이 임명하거나 위촉한다.
ㄴ. 국토교통부장관은 연속지적도를 체계적으로 관리하기 위하여 연속지적도 정보관리체계를 구축 · 운영할 수 있다.
ㄷ. 국토교통부장관은 지적도 · 임야도에 등록된 사항에 대하여 토지의 이동 또는 오류사항을 정비한 때에는 이를 연속지적도에 반영하여야 한다.
ㄹ. 국토교통부장관은 지적공부의 효율적인 관리 및 활용을 위하여 지적정보 전담 관리기구를 설치 · 운영한다.

① ㄱ, ㄴ ② ㄱ, ㄷ
③ ㄴ, ㄹ ④ ㄱ, ㄴ, ㄹ
⑤ ㄴ, ㄷ, ㄹ

13. **「부동산등기법」에 의한 부기등기의 예에 해당하지 않는 것은?**

① 공유물 분할금지의 약정등기

② 등기명의인표시의 변경이나 경정의 등기

③ 등기상 이해관계 있는 제3자의 승낙이 없는 경우에 권리의 변경이나 경정의 등기

④ 신탁등기와 신탁등기의 주의사항등기

⑤ 일부말소회복등기

14. **법인 아닌 사단의 등기신청에 관한 다음 설명 중 틀린 것은? (다툼이 있는 경우 판례 · 등기예규에 따름)**

① 종중, 문중, 그 밖에 대표자나 관리인이 있는 법인 아닌 사단에 속하는 부동산의 등기는 법인 아닌 사단을 등기권리자 또는 등기의무자로 한다.

② 동민이 법인 아닌 사단을 구성하고 그 명칭을 행정구역인 동 명의와 동일하게 한 경우에는 그 동민의 대표자가 동 명의로 등기신청을 할 수 있다.

③ 법인 아닌 사단이 등기권리자로서 소유권이전등기를 신청할 때에는 사원총회결의가 있음을 증명하는 정보를 등기소에 제공하여야 한다.

④ 법인 아닌 사단명의로 등기를 신청하는 경우에 대표자 또는 관리인임을 증명하는 서면과 대표자 또는 관리인의 주민등록등본을 첨부하여야 한다.

⑤ 법인 아닌 사단명의로 등기하는 경우에 대표자의 성명과 주소 및 주민등록번호를 기록하여야 한다.

15. **다음 등기 중 등기신청형태가 다른 것은?**

① 수용재결이 실효된 경우 수용을 원인으로 하여 경료된 소유권이전등기의 말소등기

② 승역지에 지역권설정의 등기를 하였을 때에는 요역지의 지역권등기

③ 환매권행사로 인한 소유권이전등기를 하는 경우 환매특약등기의 말소등기

④ 소유권이전등기의무자의 등기기록상 주소가 신청정보의 주소로 변경된 사실이 명백한 때에는 등기명의인표시변경등기

⑤ 토지수용으로 인한 소유권이전등기를 하는 경우에 수용의 개시일 이후에 경료된 가압류등기

16. **다음 중 등기신청시에 첨부하는 첨부정보에 관한 설명으로 옳은 것은?**

① 甲과 乙의 공유를 甲과 乙의 합유로 변경하는 등기를 한 경우에 등기필정보를 작성 · 교부한다.

② 서면에 적은 문자의 정정 또는 삭제를 한 경우에는 그 글자 수를 난외에 적으며 문자의 앞뒤에 괄호를 붙이고 이에 날인 및 서명하여야 한다.

③ 계약을 원인으로 소유권이전등기를 신청하는 경우 원인정보가 집행력이 있는 판결서인 경우에도 그 판결서에 검인을 받아야 한다.

④ 신고필증에 기재된 부동산이 1개라면 수인과 수인 사이의 매매인 경우에는 매매목록을 첨부하지 아니한다.

⑤ 소유권 이외의 권리의 등기명의인이 등기의무자로서 등기필정보를 멸실하여 등기소에 출석하여 등기관으로부터 등기의무자임을 확인받고 등기를 신청하는 경우에는 인감증명을 첨부하지 아니한다.

17. **부동산등기에 대한 설명 중 <u>틀린</u> 것은?**

① 토지등기기록 표제부의 등기사항에 변경이 있는 경우에는 그 토지 소유권의 등기명의인은 그 사실이 있는 때부터 1개월 이내에 그 등기를 신청하여야 한다.

② 소유권이전등기를 신청하는 경우에 쌍무계약의 경우에는 반대급부의 이행이 완료된 날로부터 60일 이내에 신청하여야 한다.

③ 미등기부동산에 소유권을 이전하는 계약을 체결하는 경우 계약체결한 후에 등기를 신청할 수 있게 된 경우에는 계약을 체결한 날로부터 60일 이내에 소유권보존등기를 하여야 한다.

④ 수증자가 여럿인 포괄유증의 경우에는 수증자 전원이 공동으로 신청하거나 각자가 자기 지분만에 대하여 소유권이전등기를 신청할 수 있다.

⑤ 유증을 원인으로 한 소유권이전등기를 신청하는 경우에는 유증자의 등기필정보를 신청정보의 내용으로 제공한다.

18. **다음 중 「부동산등기법」 제29조 제2호의 '사건이 등기할 것이 아닌 경우'에 해당하는 각하사유가 <u>아닌</u> 것은?**

① 사건이 그 등기소의 관할이 아닌 경우

② 관공서의 공매처분으로 인한 권리이전의 등기를 매수인이 신청한 경우

③ 구분건물의 전유부분과 대지사용권의 분리처분 금지에 위반한 등기를 신청한 경우

④ 가등기에 기한 본등기금지가처분 등기를 신청한 경우

⑤ 가압류결정에 의하여 가압류채권자 甲이 乙소유 토지에 대하여 가압류등기를 신청한 경우

19. **소유권이전등기에 관한 설명으로 <u>틀린</u> 것을 모두 고른 것은?**

> ㄱ. 수증자가 여럿인 포괄유증의 경우에 수증자 중 1인이 자기 지분만에 대하여 소유권이전등기를 신청할 수 없다.
>
> ㄴ. 토지수용으로 인한 소유권이전등기를 하는 경우에 수용의 개시일 이후에 경료된 소유권이전등기는 등기관이 이를 직권으로 말소하여야 한다.
>
> ㄷ. 환매권설정등기는 소유권이전등기와 동일한 신청정보에 의하여 동시에 신청하여야 한다.
>
> ㄹ. 신탁등기는 신탁으로 인한 소유권이전등기와 동일한 신청정보로 동시신청하여야 한다.

① ㄱ, ㄴ　　② ㄱ, ㄷ

③ ㄴ, ㄷ　　④ ㄴ, ㄹ

⑤ ㄷ, ㄹ

20. **경정등기에 관한 다음 설명 중 <u>틀린</u> 것은?**

① 甲과 乙의 공동소유에서 丙과 丁의 공동소유로 경정하는 소유권경정등기신청은 수리할 수 없다.

② 법인 아닌 사단을 법인으로 경정하는 등기명의인표시경정등기신청은 인격의 동일성을 해하는 경우이므로 이를 수리할 수 없다.

③ 임차권설정등기를 전세권설정등기로 경정하는 경우와 같이 권리 자체를 경정하는 등기신청은 수리할 수 없다.

④ 등기관이 등기의 착오나 빠진 부분이 등기관의 잘못으로 인한 것임을 발견한 경우에는 지체 없이 그 등기를 직권으로 경정하여야 한다.

⑤ 등기관이 직권으로 경정등기를 하여야 할 경우에 지방법원장에게 허가를 받아야 한다.

21. **토지 또는 건물의 소유권보존등기에 관한 설명으로 중 옳은 것은?**

① 군수의 확인에 의해 미등기토지에 대한 자기의 소유권을 증명하는 자는 보존등기를 신청할 수 있다.

② 미등기 건물의 건축물대장상 소유자로부터 특정유증을 받은 자는 자기 명의로 소유권보존등기를 신청할 수 있다.

③ 토지에 대한 소유권보존등기의 경우, 등기원인과 그 연월일을 기록해야 한다.

④ 토지대장상 최초의 소유자인 甲의 미등기토지가 상속된 경우, 甲명의로 보존등기를 한 후 상속인명의로 소유권이전등기를 한다.

⑤ 등기관이 미등기 부동산에 관하여 과세관청의 촉탁에 따라 체납처분으로 인한 압류등기를 하기 위해서는 직권으로 소유권보존등기를 할 수 없다.

22. **근저당권의 등기에 관한 다음 설명 중 옳게 연결한 것은?**

> ○ 피담보채권액이 확정되기 전에 그 피담보채권이 양도 또는 대위변제된 경우에는 이를 원인으로 하여 근저당권이전등기를 신청할 수 (ㄱ).
> ○ 피담보채권액이 확정되기 전에 그 피담보채권이 양도된 경우에는 근저당권자 및 그 채권양수인은 (ㄴ)를 등기원인으로 하여 근저당권이전등기를 신청한다.
> ○ 피담보채권액이 확정된 후에 제3자가 기본계약 전부를 인수하는 경우에는 등기원인을 (ㄷ)로 기재한다.

① ㄱ: 없다, ㄴ: 계약양도, ㄷ: 확정채무인수
② ㄱ: 없다, ㄴ: 채권양도, ㄷ: 확정채무인수
③ ㄱ: 있다, ㄴ: 계약양도, ㄷ: 계약인수
④ ㄱ: 있다, ㄴ: 채권양도, ㄷ: 계약인수
⑤ ㄱ: 있다, ㄴ: 계약양도, ㄷ: 확정채무인수

23. **대지권의 등기에 관련된 다음 설명 중 <u>틀린</u> 것은?**
① 대지권이 등기된 구분건물의 등기기록에는 건물만에 관한 소유권이전등기는 할 수 없다.
② 대지권을 등기한 건물의 등기기록에는 그 건물만에 관한 전세권설정등기를 할 수 있다.
③ 대지권에 대한 전세권설정등기는 하지 못한다.
④ 토지의 전세권이 대지권인 경우에 토지의 등기기록에 전세권이전등기를 할 수 있다.
⑤ 토지에 지상권이 대지권인 경우에 토지소유자의 토지를 목적으로 하는 소유권이전등기는 할 수 있다.

24. **가등기에 대한 설명 중 옳은 것을 모두 고른 것은?**

> ㄱ. 가등기를 명하는 법원의 가처분명령이 있는 경우, 등기관은 법원의 촉탁에 따라 그 가등기를 한다.
> ㄴ. 甲이 자신의 토지에 대해 乙에게 저당권설정청구권 보전을 위한 가등기를 해준 뒤 丙에게 그 토지에 대해 소유권이전등기를 했더라도 가등기에 기한 본등기 신청의 등기의무자는 甲이다.
> ㄷ. 가등기된 권리의 이전등기가 제3자에게 마쳐진 경우, 그 제3자가 본등기의 권리자가 된다.
> ㄹ. 가등기권리자가 여럿인 경우, 그 중 1인이 공유물보존행위에 준하여 가등기 전부에 관한 본등기를 신청할 수 있다.

① ㄱ, ㄴ ② ㄱ, ㄹ
③ ㄴ, ㄷ ④ ㄴ, ㄹ
⑤ ㄷ, ㄹ

25. **다음 조세 중에서 납세의무자가 과세관청에 과세표준과 세액을 신고함으로써 납세의무가 확정되는 지방세는 모두 몇 개인가?**

> ㄱ. 취득세
> ㄴ. 양도소득세
> ㄷ. 재산세
> ㄹ. 지역자원시설세(소방분)
> ㅁ. 지방교육세(재산세의 부가세)

① 1개 ② 2개 ③ 3개
④ 4개 ⑤ 5개

26. **국내 소재 부동산의 보유단계에서 부담할 수 있는 세목은 모두 몇 개인가?**

> ○ 농어촌특별세 ○ 지방교육세
> ○ 개인지방소득세 ○ 종합부동산세

① 0개 ② 1개 ③ 2개
④ 3개 ⑤ 4개

27. **「지방세법」상 취득세의 과세표준과 세율에 관한 설명으로 옳은 것은? (단, 2025년 중 취득한 과세대상 재산에 한함)**
① 건축물 개수(면적 증가 제외)로 인한 취득의 경우에 과세표준은 「지방세법」 제10조의6 제3항에 따라 사실상 취득가격으로 하여 1,000분의 28의 세율을 적용한다.
② 같은 취득물건에 대하여 둘 이상의 세율이 해당되는 경우에는 그 중 낮은 세율을 적용한다.
③ 취득세의 과세표준은 취득 당시의 가액으로 한다. 다만, 연부로 취득하는 경우 취득세의 과세표준은 연부금액(매회 사실상 지급되는 금액을 말하며, 취득금액에 포함되는 계약보증금을 포함)으로 한다.
④ 대도시에서 법인이 「의료법」 제3조에 따른 의료업을 영위하기 위하여 부동산을 취득하는 경우에는 중과세율을 적용한다. 단, 취득일부터 2년 내에 업종변경이나 업종추가는 없다.
⑤ 법인이 합병 또는 분할에 따라 농지 외의 토지를 취득하는 경우에는 2.3%의 세율을 적용한다.

28. **다음 자료에 따라 제조업을 영위하는 A비상장법인의 주주인 甲이 과점주주가 됨으로써 과세되는 「지방세법」상 취득세(비과세 또는 감면은 고려하지 않음)의 과세표준은 얼마인가?**

> <A법인의 증자 전 자산가액 및 주식발행 현황>
> ○ 해당 법인의 결산서와 그 밖의 장부 등에 따른 그 부동산 등의 총가액(「지방세법」상 취득세 과세표준임)
> - 건물: 4억원
> - 차량: 1억원
> - 토지: 5억원
>
> ○ 주식발행 현황
> - 2021년 3월 10일 설립시 발행주식총수: 50,000주
> - 2025년 10월 5일 증자 후 발행주식총수: 100,000주
>
> <甲의 A법인 주식 취득 현황>
> ○ 2021년 3월 10일 A법인설립시 30,000주 취득
> ○ 2025년 10월 5일 증자로 40,000주 추가 취득

① 1억원　② 4억원
③ 5억 1,000만원　④ 6억원
⑤ 10억원

29. **「지방세법」상 등록면허세가 과세되는 등록 또는 등기가 <u>아닌</u> 것은? (단, 2025년 1월 1일 이후 등록 또는 등기한 것으로 가정함)**

① 양식업권의 취득에 따른 등록
② 외국인 소유의 선박을 직접 사용하기 위하여 연부취득 조건으로 수입하는 선박의 등록
③ 취득세 부과제척기간이 경과한 주택의 등기
④ 취득가액이 50만원 이하인 차량의 등록
⑤ 「채무자 회생 및 파산에 관한 법률」상 법원사무관 등의 촉탁이나 등기소의 직권에 의해 이루어지는 등기 · 등록

30. **「지방세법」상 등록에 대한 등록면허세의 납세절차에 관한 설명 중 <u>틀린</u> 것은?**

① 등록면허세는 원칙적으로 등기 · 등록하기 전까지 납세지를 관할하는 지방자치단체의 장에게 신고하고 납부하여야 한다.
② 등록면허세 과세물건을 등기 또는 등록한 후에 해당 과세물건이 중과세대상이 되는 경우에는 그 규정된 날로부터 60일 이내에 해당 세율을 적용하여 산출한 세액에서 이미 납부한 세액(가산세는 제외)을 공제한 금액을 세액으로 하여 신고납부방법에 의하여 징수한다.
③ 부동산등기 산출세액이 그 밖의 등기세율보다 적을 때에는 그 밖의 등기세율을 적용한다.
④ 같은 등록에 관계되는 재산이 둘 이상의 지방자치단체에 걸쳐 있어 등록면허세를 지방자치단체별로 부과할 수 없을 때에는 소재지별로 안분계산하여 각각의 재산소재지를 납세지로 한다.
⑤ 등록면허세 납세의무자는 납부하여야 할 등록면허세액의 20%를 지방교육세로 하여 등록면허세와 함께 신고하고 납부하여야 한다.

31. **다음 중 「지방세법」상 재산세의 납세의무자, 과세표준과 세율에 대한 내용으로 <u>틀린</u> 것은?**

① 토지 · 건축물 · 주택에 대한 재산세 과세표준은 과세기준일 현재의 시가표준액에 공정시장가액비율을 곱하여 산정한 가액으로 한다.
② 법인이 소유하는 재산의 과세표준은 개인소유와 구별없이 시가표준액을 기준으로 한다.
③ 분리과세대상 토지는 비례세율이 적용된다.
④ 일반 건축물의 경우에 비례세율이 적용된다.
⑤ 주택의 건축물과 그 부속토지의 소유자가 다를 경우에 그 주택에 대한 산출세액을 건축물과 그 부속토지의 면적 비율로 나누어 그 소유자를 납세의무자로 본다.

32. **「지방세법」상 재산세의 비과세대상이 <u>아닌</u> 것은? (단, 아래의 답항별로 주어진 자료 외의 비과세 요건은 충족된 것으로 가정함)**

① 임시로 사용하기 위하여 건축된 건축물로서 재산세 과세기준일 현재 1년 미만의 것
② 「군사기지 및 군사시설 보호법」에 따른 군사기지 및 군사시설 보호구역 중 통제보호구역에 있는 전 · 답 · 과수원 및 대지
③ 「백두대간 보호에 관한 법률」 제6조에 따라 지정된 백두대간보호지역의 임야
④ 재산세를 부과하는 해당 연도에 철거하기로 계획이 확정되어 재산세 과세기준일 현재 행정관청으로부터 철거명령을 받은 주택(그 부속토지인 대지는 제외)
⑤ 「도로법」에 따른 도로(도로관리시설, 휴게시설, 주차장, 주유소, 충전소, 교통 · 관광안내소, 연구시설은 제외)와 그 밖에 일반인의 자유로운 통행을 위하여 제공할 목적으로 개설한 사설도로(「건축법 시행령」 제80조의2에 따른 대지 안의 공지는 제외)

33. **다음은 2025년도 주택분 종합부동산세 과세표준을 계산하는 경우의 법령 내용이다. (　　)에 들어갈 금액을 각각 옳게 연결한 것은?**

> 주택에 대한 종합부동산세의 과세표준은 납세의무자별로 주택의 공시가격을 합산한 금액에서 다음의 금액을 공제한 금액에 부동산 시장의 동향과 재정 여건 등을 고려하여 100분의 60부터 100분의 100까지의 범위에서 대통령령으로 정하는 공정시장가액비율을 곱한 금액으로 한다. 다만, 그 금액이 영보다 작은 경우에는 영으로 본다.
> 1. 대통령령으로 정하는 1세대 1주택자: (　　)원
> 2. 제9조 제2항 제3호 각 목의 세율이 적용되는 법인 또는 법인으로 보는 단체: (　　)원
> 3. 제1호 및 제2호에 해당하지 아니하는 자: (　　)원

① 9억 - 9억 - 9억
② 9억 - 12억 - 6억
③ 12억 - 6억 - 0
④ 12억 - 0 - 9억
⑤ 18억 - 0 - 12억

34. **다음 종합부동산세에 대한 설명 중 <u>틀린</u> 것을 모두 고른 것은?**

> ㄱ. 관할 세무서장은 납부하여야 할 세액이 1,000만원을 초과하면 물납을 허가할 수 있다.
> ㄴ. 별도합산과세대상 토지의 재산세로 부과된 세액이 세 부담 상한을 적용받는 경우 그 상한을 적용받기 전의 세액을 별도합산과세대상 토지분 종합부동산세액에서 공제한다.
> ㄷ. 과세대상 토지가 매매로 유상이전되는 경우로서 매매계약서 작성일이 2025년 6월 1일이고 잔금지급 및 소유권이전등기일이 2025년 6월 29일인 경우, 종합부동산세의 납세의무자는 매도인이다.
> ㄹ. 관할 세무서장이 종합부동산세를 부과 · 징수하는 경우 납부고지서에 주택 및 토지로 구분한 과세표준과 세액을 기재하여 납부기간 개시 5일 전까지 발부하여야 한다.

① ㄱ　　② ㄷ
③ ㄱ, ㄴ　　④ ㄴ, ㄹ
⑤ ㄱ, ㄷ, ㄹ

35. **다음 중 「소득세법」상 거주자가 국내소재 부동산 등을 임대하여 발생하는 소득에 대한 설명으로 <u>틀린</u> 것은?**

① 공익사업과 관련된 지역권을 대여함으로 발생하는 소득은 사업소득이다.
② 다가구주택은 1개의 주택으로 보되, 구분등기된 경우에는 각각을 1개의 주택으로 계산한다.
③ 과세기간 종료일 또는 주택 양도일 현재의 기준시가가 12억원을 초과하는 고가주택의 임대소득은 주택 수에 관계없이 과세한다.
④ 주거용 건물임대업에서 발생한 결손금은 종합소득 과세표준을 계산할 때 공제한다.
⑤ 국내에 소재하는 논 · 밭을 작물 생산에 이용하게 함으로써 발생하는 사업소득은 소득세를 과세하지 아니한다.

36. **「소득세법」상 거주자의 양도소득세 과세대상에 대한 설명으로 <u>틀린</u> 것은? (단, 국내자산으로 가정함)**

① 본인소유 자산을 경매 · 공매로 인하여 자기가 재취득하는 경우는 양도로 보지 아니한다.
② 위탁자와 수탁자간 신임관계에 기하여 위탁자의 자산에 신탁이 설정되고 그 신탁재산의 소유권이 수탁자에게 이전된 경우로서 위탁자가 신탁 설정을 해지하거나 신탁의 수익자를 변경할 수 있는 등 신탁재산을 실질적으로 지배하고 소유하는 것으로 볼 수 있는 경우 양도로 보지 아니한다.
③ 토지의 이용상 불합리한 지상경계를 합리적으로 바꾸기 위하여 법률에 따라 토지를 분할하여 교환하는 경우로서 분할된 토지의 전체 면적이 분할 전 토지의 전체면적의 100분의 20을 초과하는 경우 양도로 보지 아니한다.
④ 「도시개발법」이나 그 밖의 법률에 따른 환지처분으로 지목 또는 지번이 변경되는 경우로써 환지처분시 교부받은 토지의 면적이 감소되어 관련 법령에 따른 청산금을 수령하는 경우에는 양도로 본다.
⑤ 신탁수익권의 양도를 통하여 신탁재산에 대한 지배 · 통제권이 사실상 이전되는 경우는 신탁재산 자체의 양도로 본다.

37. **다음 중 양도소득금액 계산시 양도차익에서 차감하는 장기보유특별공제 대상 자산은?**

① 5년 보유한 국외소재 토지
② 3년 보유한 국내소재 비사업용 토지(등기된 경우)
③ 조합원으로부터 취득한 조합원입주권
④ 실지거래가액이 13억원인 국내소재 고가주택(1세대 1주택이며 2년 6개월 보유)
⑤ 7년 보유한 미등기 건물

38. 「소득세법」상 사업소득이 있는 거주자가 실지거래가액에 의하여 부동산의 양도차익을 계산하는 경우 양도가액에서 공제할 자본적 지출액 또는 양도비용에 포함되지 <u>않는</u> 것은? (단, 자본적 지출액에 대해서는 법령에 따른 증명서류가 수취 · 보관되어 있음)

① 매매계약상의 인도의무를 이행하기 위해 양도자가 지출한 명도소송비 등의 명도비용

② 납부의무자와 양도자가 동일한 경우 「재건축초과이익 환수에 관한 법률」에 따른 재건축부담금

③ 양도자산의 이용편의를 위하여 지출한 비용

④ 양도자산의 취득 후 쟁송이 있는 경우 그 소유권을 확보하기 위하여 직접 소요된 소송비용으로서 그 지출한 연도의 각 사업소득금액 계산시 필요경비에 산입된 금액

⑤ 자산을 양도하기 위하여 직접 지출한 공증비용

39. 다음 중 국외자산의 양도소득에 대한 설명으로 옳은 것은?

① 외국에서 납부한 국외자산 양도소득세액은 국내에서 세액공제방법으로만 공제가 가능하다.

② 국외자산의 양도소득금액을 계산함에 있어서 3년 이상 보유한 부동산에 대하여는 장기보유특별공제를 적용한다.

③ 물납과 분할납부는 모두 허용되지 아니한다.

④ 양도 당시의 실지거래가액이 확인되더라도 외국정부의 평가가액을 양도가액으로 먼저 적용한다.

⑤ 1년 미만 보유하고 양도하는 부동산의 경우에 100분의 6에서 100분의 45의 초과누진세율을 적용한다.

40. 「소득세법」상 거주자의 양도소득세 신고 및 납부에 관한 설명으로 옳은 것은?

① 토지 또는 건물을 양도한 경우에는 그 양도일이 속하는 분기의 말일부터 2개월 이내에 양도소득과세표준을 신고하여야 한다.

② 양도차익이 없거나 양도차손이 발생한 경우에는 양도소득과세표준 예정신고의무가 없다.

③ 건물을 신축하고 그 신축한 건물의 취득일부터 5년 이내에 해당 건물을 양도하는 경우로서 취득 당시의 실지거래가액을 확인할 수 없어 환산취득가액을 그 취득가액으로 하는 경우에는 양도소득세 산출세액의 100분의 3에 해당하는 금액을 양도소득 결정세액에 더한다.

④ 양도소득과세표준 예정신고시 납부할 세액이 1,000만원을 초과하더라도 그 납부할 세액의 일부를 분할납부할 수 없다.

⑤ 확정신고납부를 하는 경우 「소득세법」 제107조에 따른 예정신고 산출세액, 동법 제114조에 따라 결정 · 경정한 세액 또는 동법 제82조, 제118조에 따른 수시부과세액이 있을 때에는 이를 공제하여 납부한다.

MEMO

MEMO

MEMO

(　　　)년도 (　　　　　　) 제(　)차 국가전문자격시험 답안지

성 명

교시 기재란			
(　)교시	①	②	③

문제지 형별 기재란		
(　　)형	Ⓐ	Ⓑ

선 택 과 목 1

선 택 과 목 2

수 험 번 호							
⓪	⓪	⓪	⓪	⓪	⓪	⓪	⓪
①	①	①	①	①	①	①	①
②	②	②	②	②	②	②	②
③	③	③	③	③	③	③	③
④	④	④	④	④	④	④	④
⑤	⑤	⑤	⑤	⑤	⑤	⑤	⑤
⑥	⑥	⑥	⑥	⑥	⑥	⑥	⑥
⑦	⑦	⑦	⑦	⑦	⑦	⑦	⑦
⑧	⑧	⑧	⑧	⑧	⑧	⑧	⑧
⑨	⑨	⑨	⑨	⑨	⑨	⑨	⑨

감독위원 확인
인

1	① ② ③ ④ ⑤	21	① ② ③ ④ ⑤	41	① ② ③ ④ ⑤	61	① ② ③ ④ ⑤	81	① ② ③ ④ ⑤	101	① ② ③ ④ ⑤	121	① ② ③ ④ ⑤
2	① ② ③ ④ ⑤	22	① ② ③ ④ ⑤	42	① ② ③ ④ ⑤	62	① ② ③ ④ ⑤	82	① ② ③ ④ ⑤	102	① ② ③ ④ ⑤	122	① ② ③ ④ ⑤
3	① ② ③ ④ ⑤	23	① ② ③ ④ ⑤	43	① ② ③ ④ ⑤	63	① ② ③ ④ ⑤	83	① ② ③ ④ ⑤	103	① ② ③ ④ ⑤	123	① ② ③ ④ ⑤
4	① ② ③ ④ ⑤	24	① ② ③ ④ ⑤	44	① ② ③ ④ ⑤	64	① ② ③ ④ ⑤	84	① ② ③ ④ ⑤	104	① ② ③ ④ ⑤	124	① ② ③ ④ ⑤
5	① ② ③ ④ ⑤	25	① ② ③ ④ ⑤	45	① ② ③ ④ ⑤	65	① ② ③ ④ ⑤	85	① ② ③ ④ ⑤	105	① ② ③ ④ ⑤	125	① ② ③ ④ ⑤
6	① ② ③ ④ ⑤	26	① ② ③ ④ ⑤	46	① ② ③ ④ ⑤	66	① ② ③ ④ ⑤	86	① ② ③ ④ ⑤	106	① ② ③ ④ ⑤		
7	① ② ③ ④ ⑤	27	① ② ③ ④ ⑤	47	① ② ③ ④ ⑤	67	① ② ③ ④ ⑤	87	① ② ③ ④ ⑤	107	① ② ③ ④ ⑤		
8	① ② ③ ④ ⑤	28	① ② ③ ④ ⑤	48	① ② ③ ④ ⑤	68	① ② ③ ④ ⑤	88	① ② ③ ④ ⑤	108	① ② ③ ④ ⑤		
9	① ② ③ ④ ⑤	29	① ② ③ ④ ⑤	49	① ② ③ ④ ⑤	69	① ② ③ ④ ⑤	89	① ② ③ ④ ⑤	109	① ② ③ ④ ⑤		
10	① ② ③ ④ ⑤	30	① ② ③ ④ ⑤	50	① ② ③ ④ ⑤	70	① ② ③ ④ ⑤	90	① ② ③ ④ ⑤	110	① ② ③ ④ ⑤		
11	① ② ③ ④ ⑤	31	① ② ③ ④ ⑤	51	① ② ③ ④ ⑤	71	① ② ③ ④ ⑤	91	① ② ③ ④ ⑤	111	① ② ③ ④ ⑤		
12	① ② ③ ④ ⑤	32	① ② ③ ④ ⑤	52	① ② ③ ④ ⑤	72	① ② ③ ④ ⑤	92	① ② ③ ④ ⑤	112	① ② ③ ④ ⑤		
13	① ② ③ ④ ⑤	33	① ② ③ ④ ⑤	53	① ② ③ ④ ⑤	73	① ② ③ ④ ⑤	93	① ② ③ ④ ⑤	113	① ② ③ ④ ⑤		
14	① ② ③ ④ ⑤	34	① ② ③ ④ ⑤	54	① ② ③ ④ ⑤	74	① ② ③ ④ ⑤	94	① ② ③ ④ ⑤	114	① ② ③ ④ ⑤		
15	① ② ③ ④ ⑤	35	① ② ③ ④ ⑤	55	① ② ③ ④ ⑤	75	① ② ③ ④ ⑤	95	① ② ③ ④ ⑤	115	① ② ③ ④ ⑤		
16	① ② ③ ④ ⑤	36	① ② ③ ④ ⑤	56	① ② ③ ④ ⑤	76	① ② ③ ④ ⑤	96	① ② ③ ④ ⑤	116	① ② ③ ④ ⑤		
17	① ② ③ ④ ⑤	37	① ② ③ ④ ⑤	57	① ② ③ ④ ⑤	77	① ② ③ ④ ⑤	97	① ② ③ ④ ⑤	117	① ② ③ ④ ⑤		
18	① ② ③ ④ ⑤	38	① ② ③ ④ ⑤	58	① ② ③ ④ ⑤	78	① ② ③ ④ ⑤	98	① ② ③ ④ ⑤	118	① ② ③ ④ ⑤		
19	① ② ③ ④ ⑤	39	① ② ③ ④ ⑤	59	① ② ③ ④ ⑤	79	① ② ③ ④ ⑤	99	① ② ③ ④ ⑤	119	① ② ③ ④ ⑤		
20	① ② ③ ④ ⑤	40	① ② ③ ④ ⑤	60	① ② ③ ④ ⑤	80	① ② ③ ④ ⑤	100	① ② ③ ④ ⑤	120	① ② ③ ④ ⑤		

수험자 여러분의 합격을 기원합니다.

(　　　)년도 (　　　　　　) 제(　)차 국가전문자격시험 답안지

성 명

교시 기재란 (　)교시 ① ② ③

문제지 형별 기재란 (　　)형 Ⓐ Ⓑ

선 택 과 목 1

선 택 과 목 2

수 험 번 호

⓪ ⓪ ⓪ ⓪ ⓪ ⓪ ⓪ ⓪
① ① ① ① ① ① ① ①
② ② ② ② ② ② ② ②
③ ③ ③ ③ ③ ③ ③ ③
④ ④ ④ ④ ④ ④ ④ ④
⑤ ⑤ ⑤ ⑤ ⑤ ⑤ ⑤ ⑤
⑥ ⑥ ⑥ ⑥ ⑥ ⑥ ⑥ ⑥
⑦ ⑦ ⑦ ⑦ ⑦ ⑦ ⑦ ⑦
⑧ ⑧ ⑧ ⑧ ⑧ ⑧ ⑧ ⑧
⑨ ⑨ ⑨ ⑨ ⑨ ⑨ ⑨ ⑨

감독위원 확인 인

1	① ② ③ ④ ⑤	21	① ② ③ ④ ⑤	41	① ② ③ ④ ⑤	61	① ② ③ ④ ⑤	81	① ② ③ ④ ⑤	101	① ② ③ ④ ⑤	121	① ② ③ ④ ⑤
2	① ② ③ ④ ⑤	22	① ② ③ ④ ⑤	42	① ② ③ ④ ⑤	62	① ② ③ ④ ⑤	82	① ② ③ ④ ⑤	102	① ② ③ ④ ⑤	122	① ② ③ ④ ⑤
3	① ② ③ ④ ⑤	23	① ② ③ ④ ⑤	43	① ② ③ ④ ⑤	63	① ② ③ ④ ⑤	83	① ② ③ ④ ⑤	103	① ② ③ ④ ⑤	123	① ② ③ ④ ⑤
4	① ② ③ ④ ⑤	24	① ② ③ ④ ⑤	44	① ② ③ ④ ⑤	64	① ② ③ ④ ⑤	84	① ② ③ ④ ⑤	104	① ② ③ ④ ⑤	124	① ② ③ ④ ⑤
5	① ② ③ ④ ⑤	25	① ② ③ ④ ⑤	45	① ② ③ ④ ⑤	65	① ② ③ ④ ⑤	85	① ② ③ ④ ⑤	105	① ② ③ ④ ⑤	125	① ② ③ ④ ⑤
6	① ② ③ ④ ⑤	26	① ② ③ ④ ⑤	46	① ② ③ ④ ⑤	66	① ② ③ ④ ⑤	86	① ② ③ ④ ⑤	106	① ② ③ ④ ⑤		
7	① ② ③ ④ ⑤	27	① ② ③ ④ ⑤	47	① ② ③ ④ ⑤	67	① ② ③ ④ ⑤	87	① ② ③ ④ ⑤	107	① ② ③ ④ ⑤		
8	① ② ③ ④ ⑤	28	① ② ③ ④ ⑤	48	① ② ③ ④ ⑤	68	① ② ③ ④ ⑤	88	① ② ③ ④ ⑤	108	① ② ③ ④ ⑤		
9	① ② ③ ④ ⑤	29	① ② ③ ④ ⑤	49	① ② ③ ④ ⑤	69	① ② ③ ④ ⑤	89	① ② ③ ④ ⑤	109	① ② ③ ④ ⑤		
10	① ② ③ ④ ⑤	30	① ② ③ ④ ⑤	50	① ② ③ ④ ⑤	70	① ② ③ ④ ⑤	90	① ② ③ ④ ⑤	110	① ② ③ ④ ⑤		
11	① ② ③ ④ ⑤	31	① ② ③ ④ ⑤	51	① ② ③ ④ ⑤	71	① ② ③ ④ ⑤	91	① ② ③ ④ ⑤	111	① ② ③ ④ ⑤		
12	① ② ③ ④ ⑤	32	① ② ③ ④ ⑤	52	① ② ③ ④ ⑤	72	① ② ③ ④ ⑤	92	① ② ③ ④ ⑤	112	① ② ③ ④ ⑤		
13	① ② ③ ④ ⑤	33	① ② ③ ④ ⑤	53	① ② ③ ④ ⑤	73	① ② ③ ④ ⑤	93	① ② ③ ④ ⑤	113	① ② ③ ④ ⑤		
14	① ② ③ ④ ⑤	34	① ② ③ ④ ⑤	54	① ② ③ ④ ⑤	74	① ② ③ ④ ⑤	94	① ② ③ ④ ⑤	114	① ② ③ ④ ⑤		
15	① ② ③ ④ ⑤	35	① ② ③ ④ ⑤	55	① ② ③ ④ ⑤	75	① ② ③ ④ ⑤	95	① ② ③ ④ ⑤	115	① ② ③ ④ ⑤		
16	① ② ③ ④ ⑤	36	① ② ③ ④ ⑤	56	① ② ③ ④ ⑤	76	① ② ③ ④ ⑤	96	① ② ③ ④ ⑤	116	① ② ③ ④ ⑤		
17	① ② ③ ④ ⑤	37	① ② ③ ④ ⑤	57	① ② ③ ④ ⑤	77	① ② ③ ④ ⑤	97	① ② ③ ④ ⑤	117	① ② ③ ④ ⑤		
18	① ② ③ ④ ⑤	38	① ② ③ ④ ⑤	58	① ② ③ ④ ⑤	78	① ② ③ ④ ⑤	98	① ② ③ ④ ⑤	118	① ② ③ ④ ⑤		
19	① ② ③ ④ ⑤	39	① ② ③ ④ ⑤	59	① ② ③ ④ ⑤	79	① ② ③ ④ ⑤	99	① ② ③ ④ ⑤	119	① ② ③ ④ ⑤		
20	① ② ③ ④ ⑤	40	① ② ③ ④ ⑤	60	① ② ③ ④ ⑤	80	① ② ③ ④ ⑤	100	① ② ③ ④ ⑤	120	① ② ③ ④ ⑤		

수험자 여러분의 합격을 기원합니다.

해커스 공인중개사

마킹주의	바르게 마킹 : ● 잘 못 마킹 : ⊗ ⊙ ⓥ ◎ ⦶ ⊖ ◔ ●

(예 시) →

성 명
해커스

교시 기재란		
(1)교시	●	② ③

문제지 형별 기재란		
(A)형	●	Ⓑ

선택과목 1

선택과목 2

수험번호

1	5	8	8	2	3	3	2
⓪	⓪	⓪	⓪	⓪	⓪	⓪	⓪
●	①	①	①	①	①	①	①
②	②	②	②	●	②	②	●
③	③	③	③	③	●	●	③
④	④	④	④	④	④	④	④
⑤	●	⑤	⑤	⑤	⑤	⑤	⑤
⑥	⑥	⑥	⑥	⑥	⑥	⑥	⑥
⑦	⑦	⑦	⑦	⑦	⑦	⑦	⑦
⑧	⑧	●	●	⑧	⑧	⑧	⑧
⑨	⑨	⑨	⑨	⑨	⑨	⑨	⑨

감독위원 확인
김합독

수험자 유의사항

1. 시험 중에는 통신기기(휴대전화·소형 무전기 등) 및 전자기기(초소형 카메라 등)을 소지하거나 사용할 수 없습니다.
2. 부정행위 예방을 위해 시험문제지에도 수험번호와 성명을 반드시 기재하시기 바랍니다.
3. 시험시간이 종료되면 즉시 답안작성을 멈춰야 하며, 종료시간 이후 계속 답안을 작성하거나 감독위원의 답안카드 제출지시에 불응할 때에는 당해 시험이 무효처리 됩니다.
4. 기타 감독위원의 정당한 지시에 불응하여 타 수험자의 시험에 방해가 될 경우 퇴실조치 될 수 있습니다.

답안카드 작성 시 유의사항

1. 답안카드 기재·마킹 시에는 반드시 검정색 사인펜을 사용해야 합니다.
2. 답안카드를 잘못 작성했을 시에는 카드를 교체하거나 수정테이프를 사용하여 수정할 수 있습니다.
   그러나 불완전한 수정처리로 인해 발생하는 전산자동판독불가 등 불이익은 수험자의 귀책사유입니다.
   - 수정테이프 이외의 수정액, 스티커 등은 사용 불가
   - 답안카드 왼쪽(성명·수험번호 등)을 제외한 '답안란'만 수정테이프로 수정 가능
3. 성명란은 수험자 본인의 성명을 정자체로 기재합니다.
4. 교시 기재란은 해당교시를 기재하고 해당 란에 마킹합니다.
5. 시험문제지 형별기재란에 해당 형별을 마킹합니다.
6. 수험번호란은 숫자로 기재하고 아래 해당번호에 마킹합니다.
7. 시험문제지 형별 및 수험번호 등 마킹착오로 인한 불이익은 전적으로 수험자의 귀책사유입니다.
8. 감독위원의 날인이 없는 답안카드는 무효처리 됩니다.
9. 상단과 우측의 검은색 띠(▌▌▌) 부분은 낙서를 금지합니다.
10. 답안카드의 채점은 전산판독결과에 따르며, 문제지 형별 및 답안 란의 마킹누락, 마킹착오, 불완전한 마킹 등은 수험자의 귀책사유에 해당하므로 이의제기를 하더라도 받아들여지지 않습니다.

부정행위 처리규정

시험 중 다음과 같은 행위를 하는 자는 당해 시험을 무효처리하고 자격별 관련 규정에 따라 일정기간 동안 시험에 응시할 수 있는 자격을 정지합니다.

1. 시험과 관련된 대화, 답안카드 교환, 다른 수험자의 답안·문제지를 보고 답안 작성, 대리시험을 치르거나 치르게 하는 행위, 시험문제 내용과 관련된 물건을 휴대하거나 이를 주고받는 행위
2. 시험장 내외로부터 도움을 받아 답안을 작성하는 행위, 공인어학성적 및 응시자격서류를 허위기재하여 제출하는 행위
3. 통신기기(휴대전화·소형 무전기 등) 및 전자기기(초소형 카메라 등)를 휴대하거나 사용하는 행위
4. 다른 수험자와 성명 및 수험번호를 바꾸어 작성·제출하는 행위
5. 기타 부정 또는 불공정한 방법으로 시험을 치르는 행위

마킹주의	바르게 마킹 : ● 잘 못 마킹 : ⊗ ⊙ ⓥ ◎ ⦶ ⊖ ◔ ●

(예 시) →

성 명
해커스

교시 기재란		
(1)교시	●	② ③

문제지 형별 기재란		
(A)형	●	Ⓑ

선택과목 1

선택과목 2

수험번호

1	5	8	8	2	3	3	2
⓪	⓪	⓪	⓪	⓪	⓪	⓪	⓪
●	①	①	①	①	①	①	①
②	②	②	②	●	②	②	●
③	③	③	③	③	●	●	③
④	④	④	④	④	④	④	④
⑤	●	⑤	⑤	⑤	⑤	⑤	⑤
⑥	⑥	⑥	⑥	⑥	⑥	⑥	⑥
⑦	⑦	⑦	⑦	⑦	⑦	⑦	⑦
⑧	⑧	●	●	⑧	⑧	⑧	⑧
⑨	⑨	⑨	⑨	⑨	⑨	⑨	⑨

감독위원 확인
김합독

수험자 유의사항

1. 시험 중에는 통신기기(휴대전화·소형 무전기 등) 및 전자기기(초소형 카메라 등)을 소지하거나 사용할 수 없습니다.
2. 부정행위 예방을 위해 시험문제지에도 수험번호와 성명을 반드시 기재하시기 바랍니다.
3. 시험시간이 종료되면 즉시 답안작성을 멈춰야 하며, 종료시간 이후 계속 답안을 작성하거나 감독위원의 답안카드 제출지시에 불응할 때에는 당해 시험이 무효처리 됩니다.
4. 기타 감독위원의 정당한 지시에 불응하여 타 수험자의 시험에 방해가 될 경우 퇴실조치 될 수 있습니다.

답안카드 작성 시 유의사항

1. 답안카드 기재·마킹 시에는 반드시 검정색 사인펜을 사용해야 합니다.
2. 답안카드를 잘못 작성했을 시에는 카드를 교체하거나 수정테이프를 사용하여 수정할 수 있습니다.
   그러나 불완전한 수정처리로 인해 발생하는 전산자동판독불가 등 불이익은 수험자의 귀책사유입니다.
   - 수정테이프 이외의 수정액, 스티커 등은 사용 불가
   - 답안카드 왼쪽(성명·수험번호 등)을 제외한 '답안란'만 수정테이프로 수정 가능
3. 성명란은 수험자 본인의 성명을 정자체로 기재합니다.
4. 교시 기재란은 해당교시를 기재하고 해당 란에 마킹합니다.
5. 시험문제지 형별기재란에 해당 형별을 마킹합니다.
6. 수험번호란은 숫자로 기재하고 아래 해당번호에 마킹합니다.
7. 시험문제지 형별 및 수험번호 등 마킹착오로 인한 불이익은 전적으로 수험자의 귀책사유입니다.
8. 감독위원의 날인이 없는 답안카드는 무효처리 됩니다.
9. 상단과 우측의 검은색 띠(▌▌▌) 부분은 낙서를 금지합니다.
10. 답안카드의 채점은 전산판독결과에 따르며, 문제지 형별 및 답안 란의 마킹누락, 마킹착오, 불완전한 마킹 등은 수험자의 귀책사유에 해당하므로 이의제기를 하더라도 받아들여지지 않습니다.

부정행위 처리규정

시험 중 다음과 같은 행위를 하는 자는 당해 시험을 무효처리하고 자격별 관련 규정에 따라 일정기간 동안 시험에 응시할 수 있는 자격을 정지합니다.

1. 시험과 관련된 대화, 답안카드 교환, 다른 수험자의 답안·문제지를 보고 답안 작성, 대리시험을 치르거나 치르게 하는 행위, 시험문제 내용과 관련된 물건을 휴대하거나 이를 주고받는 행위
2. 시험장 내외로부터 도움을 받아 답안을 작성하는 행위, 공인어학성적 및 응시자격서류를 허위기재하여 제출하는 행위
3. 통신기기(휴대전화·소형 무전기 등) 및 전자기기(초소형 카메라 등)를 휴대하거나 사용하는 행위
4. 다른 수험자와 성명 및 수험번호를 바꾸어 작성·제출하는 행위
5. 기타 부정 또는 불공정한 방법으로 시험을 치르는 행위

성 명

교시 기재란			
( )교시	①	②	③

문제지 형별 기재란		
( )형	Ⓐ	Ⓑ

선 택 과 목 1

선 택 과 목 2

수 험 번 호							
⓪	⓪	⓪	⓪	⓪	⓪	⓪	⓪
①	①	①	①	①	①	①	①
②	②	②	②	②	②	②	②
③	③	③	③	③	③	③	③
④	④	④	④	④	④	④	④
⑤	⑤	⑤	⑤	⑤	⑤	⑤	⑤
⑥	⑥	⑥	⑥	⑥	⑥	⑥	⑥
⑦	⑦	⑦	⑦	⑦	⑦	⑦	⑦
⑧	⑧	⑧	⑧	⑧	⑧	⑧	⑧
⑨	⑨	⑨	⑨	⑨	⑨	⑨	⑨

감독위원 확인
인

( )년도 ( ) 제( )차 국가전문자격시험 답안지

1	① ② ③ ④ ⑤	21	① ② ③ ④ ⑤	41	① ② ③ ④ ⑤	61	① ② ③ ④ ⑤	81	① ② ③ ④ ⑤	101	① ② ③ ④ ⑤	121	① ② ③ ④ ⑤
2	① ② ③ ④ ⑤	22	① ② ③ ④ ⑤	42	① ② ③ ④ ⑤	62	① ② ③ ④ ⑤	82	① ② ③ ④ ⑤	102	① ② ③ ④ ⑤	122	① ② ③ ④ ⑤
3	① ② ③ ④ ⑤	23	① ② ③ ④ ⑤	43	① ② ③ ④ ⑤	63	① ② ③ ④ ⑤	83	① ② ③ ④ ⑤	103	① ② ③ ④ ⑤	123	① ② ③ ④ ⑤
4	① ② ③ ④ ⑤	24	① ② ③ ④ ⑤	44	① ② ③ ④ ⑤	64	① ② ③ ④ ⑤	84	① ② ③ ④ ⑤	104	① ② ③ ④ ⑤	124	① ② ③ ④ ⑤
5	① ② ③ ④ ⑤	25	① ② ③ ④ ⑤	45	① ② ③ ④ ⑤	65	① ② ③ ④ ⑤	85	① ② ③ ④ ⑤	105	① ② ③ ④ ⑤	125	① ② ③ ④ ⑤
6	① ② ③ ④ ⑤	26	① ② ③ ④ ⑤	46	① ② ③ ④ ⑤	66	① ② ③ ④ ⑤	86	① ② ③ ④ ⑤	106	① ② ③ ④ ⑤		
7	① ② ③ ④ ⑤	27	① ② ③ ④ ⑤	47	① ② ③ ④ ⑤	67	① ② ③ ④ ⑤	87	① ② ③ ④ ⑤	107	① ② ③ ④ ⑤		
8	① ② ③ ④ ⑤	28	① ② ③ ④ ⑤	48	① ② ③ ④ ⑤	68	① ② ③ ④ ⑤	88	① ② ③ ④ ⑤	108	① ② ③ ④ ⑤		
9	① ② ③ ④ ⑤	29	① ② ③ ④ ⑤	49	① ② ③ ④ ⑤	69	① ② ③ ④ ⑤	89	① ② ③ ④ ⑤	109	① ② ③ ④ ⑤		
10	① ② ③ ④ ⑤	30	① ② ③ ④ ⑤	50	① ② ③ ④ ⑤	70	① ② ③ ④ ⑤	90	① ② ③ ④ ⑤	110	① ② ③ ④ ⑤		
11	① ② ③ ④ ⑤	31	① ② ③ ④ ⑤	51	① ② ③ ④ ⑤	71	① ② ③ ④ ⑤	91	① ② ③ ④ ⑤	111	① ② ③ ④ ⑤		
12	① ② ③ ④ ⑤	32	① ② ③ ④ ⑤	52	① ② ③ ④ ⑤	72	① ② ③ ④ ⑤	92	① ② ③ ④ ⑤	112	① ② ③ ④ ⑤		
13	① ② ③ ④ ⑤	33	① ② ③ ④ ⑤	53	① ② ③ ④ ⑤	73	① ② ③ ④ ⑤	93	① ② ③ ④ ⑤	113	① ② ③ ④ ⑤		
14	① ② ③ ④ ⑤	34	① ② ③ ④ ⑤	54	① ② ③ ④ ⑤	74	① ② ③ ④ ⑤	94	① ② ③ ④ ⑤	114	① ② ③ ④ ⑤		
15	① ② ③ ④ ⑤	35	① ② ③ ④ ⑤	55	① ② ③ ④ ⑤	75	① ② ③ ④ ⑤	95	① ② ③ ④ ⑤	115	① ② ③ ④ ⑤		
16	① ② ③ ④ ⑤	36	① ② ③ ④ ⑤	56	① ② ③ ④ ⑤	76	① ② ③ ④ ⑤	96	① ② ③ ④ ⑤	116	① ② ③ ④ ⑤		
17	① ② ③ ④ ⑤	37	① ② ③ ④ ⑤	57	① ② ③ ④ ⑤	77	① ② ③ ④ ⑤	97	① ② ③ ④ ⑤	117	① ② ③ ④ ⑤		
18	① ② ③ ④ ⑤	38	① ② ③ ④ ⑤	58	① ② ③ ④ ⑤	78	① ② ③ ④ ⑤	98	① ② ③ ④ ⑤	118	① ② ③ ④ ⑤		
19	① ② ③ ④ ⑤	39	① ② ③ ④ ⑤	59	① ② ③ ④ ⑤	79	① ② ③ ④ ⑤	99	① ② ③ ④ ⑤	119	① ② ③ ④ ⑤		
20	① ② ③ ④ ⑤	40	① ② ③ ④ ⑤	60	① ② ③ ④ ⑤	80	① ② ③ ④ ⑤	100	① ② ③ ④ ⑤	120	① ② ③ ④ ⑤		

수험자 여러분의 합격을 기원합니다.

성 명

교시 기재란			
( )교시	①	②	③

문제지 형별 기재란		
( )형	Ⓐ	Ⓑ

선 택 과 목 1

선 택 과 목 2

수 험 번 호							
⓪	⓪	⓪	⓪	⓪	⓪	⓪	⓪
①	①	①	①	①	①	①	①
②	②	②	②	②	②	②	②
③	③	③	③	③	③	③	③
④	④	④	④	④	④	④	④
⑤	⑤	⑤	⑤	⑤	⑤	⑤	⑤
⑥	⑥	⑥	⑥	⑥	⑥	⑥	⑥
⑦	⑦	⑦	⑦	⑦	⑦	⑦	⑦
⑧	⑧	⑧	⑧	⑧	⑧	⑧	⑧
⑨	⑨	⑨	⑨	⑨	⑨	⑨	⑨

감독위원 확인
인

( )년도 ( ) 제( )차 국가전문자격시험 답안지

1	① ② ③ ④ ⑤	21	① ② ③ ④ ⑤	41	① ② ③ ④ ⑤	61	① ② ③ ④ ⑤	81	① ② ③ ④ ⑤	101	① ② ③ ④ ⑤	121	① ② ③ ④ ⑤
2	① ② ③ ④ ⑤	22	① ② ③ ④ ⑤	42	① ② ③ ④ ⑤	62	① ② ③ ④ ⑤	82	① ② ③ ④ ⑤	102	① ② ③ ④ ⑤	122	① ② ③ ④ ⑤
3	① ② ③ ④ ⑤	23	① ② ③ ④ ⑤	43	① ② ③ ④ ⑤	63	① ② ③ ④ ⑤	83	① ② ③ ④ ⑤	103	① ② ③ ④ ⑤	123	① ② ③ ④ ⑤
4	① ② ③ ④ ⑤	24	① ② ③ ④ ⑤	44	① ② ③ ④ ⑤	64	① ② ③ ④ ⑤	84	① ② ③ ④ ⑤	104	① ② ③ ④ ⑤	124	① ② ③ ④ ⑤
5	① ② ③ ④ ⑤	25	① ② ③ ④ ⑤	45	① ② ③ ④ ⑤	65	① ② ③ ④ ⑤	85	① ② ③ ④ ⑤	105	① ② ③ ④ ⑤	125	① ② ③ ④ ⑤
6	① ② ③ ④ ⑤	26	① ② ③ ④ ⑤	46	① ② ③ ④ ⑤	66	① ② ③ ④ ⑤	86	① ② ③ ④ ⑤	106	① ② ③ ④ ⑤		
7	① ② ③ ④ ⑤	27	① ② ③ ④ ⑤	47	① ② ③ ④ ⑤	67	① ② ③ ④ ⑤	87	① ② ③ ④ ⑤	107	① ② ③ ④ ⑤		
8	① ② ③ ④ ⑤	28	① ② ③ ④ ⑤	48	① ② ③ ④ ⑤	68	① ② ③ ④ ⑤	88	① ② ③ ④ ⑤	108	① ② ③ ④ ⑤		
9	① ② ③ ④ ⑤	29	① ② ③ ④ ⑤	49	① ② ③ ④ ⑤	69	① ② ③ ④ ⑤	89	① ② ③ ④ ⑤	109	① ② ③ ④ ⑤		
10	① ② ③ ④ ⑤	30	① ② ③ ④ ⑤	50	① ② ③ ④ ⑤	70	① ② ③ ④ ⑤	90	① ② ③ ④ ⑤	110	① ② ③ ④ ⑤		
11	① ② ③ ④ ⑤	31	① ② ③ ④ ⑤	51	① ② ③ ④ ⑤	71	① ② ③ ④ ⑤	91	① ② ③ ④ ⑤	111	① ② ③ ④ ⑤		
12	① ② ③ ④ ⑤	32	① ② ③ ④ ⑤	52	① ② ③ ④ ⑤	72	① ② ③ ④ ⑤	92	① ② ③ ④ ⑤	112	① ② ③ ④ ⑤		
13	① ② ③ ④ ⑤	33	① ② ③ ④ ⑤	53	① ② ③ ④ ⑤	73	① ② ③ ④ ⑤	93	① ② ③ ④ ⑤	113	① ② ③ ④ ⑤		
14	① ② ③ ④ ⑤	34	① ② ③ ④ ⑤	54	① ② ③ ④ ⑤	74	① ② ③ ④ ⑤	94	① ② ③ ④ ⑤	114	① ② ③ ④ ⑤		
15	① ② ③ ④ ⑤	35	① ② ③ ④ ⑤	55	① ② ③ ④ ⑤	75	① ② ③ ④ ⑤	95	① ② ③ ④ ⑤	115	① ② ③ ④ ⑤		
16	① ② ③ ④ ⑤	36	① ② ③ ④ ⑤	56	① ② ③ ④ ⑤	76	① ② ③ ④ ⑤	96	① ② ③ ④ ⑤	116	① ② ③ ④ ⑤		
17	① ② ③ ④ ⑤	37	① ② ③ ④ ⑤	57	① ② ③ ④ ⑤	77	① ② ③ ④ ⑤	97	① ② ③ ④ ⑤	117	① ② ③ ④ ⑤		
18	① ② ③ ④ ⑤	38	① ② ③ ④ ⑤	58	① ② ③ ④ ⑤	78	① ② ③ ④ ⑤	98	① ② ③ ④ ⑤	118	① ② ③ ④ ⑤		
19	① ② ③ ④ ⑤	39	① ② ③ ④ ⑤	59	① ② ③ ④ ⑤	79	① ② ③ ④ ⑤	99	① ② ③ ④ ⑤	119	① ② ③ ④ ⑤		
20	① ② ③ ④ ⑤	40	① ② ③ ④ ⑤	60	① ② ③ ④ ⑤	80	① ② ③ ④ ⑤	100	① ② ③ ④ ⑤	120	① ② ③ ④ ⑤		

수험자 여러분의 합격을 기원합니다.

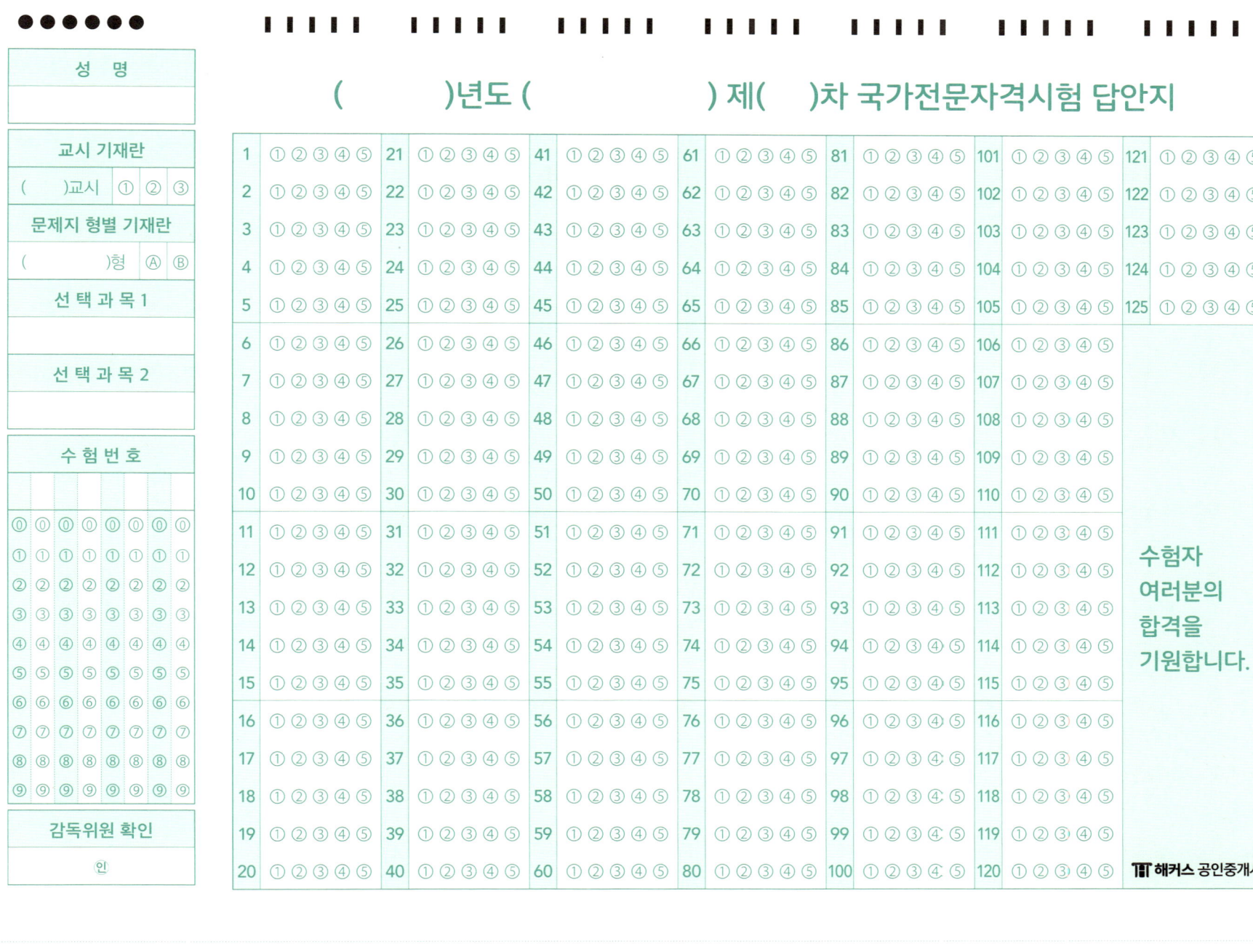

마킹주의	바르게 마킹 : ● 잘 못 마킹 : ⊗ ⊙ ⓥ ○ ⦶ ⊖ ◌ ◉

(예 시)

성 명
해커스

교시 기재란			
(1)교시	●	②	③

문제지 형별 기재란		
(A)형	●	Ⓑ

선택과목 1

선택과목 2

수험번호							
1	5	8	8	2	3	3	2

감독위원 확인
김합독

수험자 유의사항

1. 시험 중에는 통신기기(휴대전화·소형 무전기 등) 및 전자기기(초소형 카메라 등)을 소지하거나 사용할 수 없습니다.
2. 부정행위 예방을 위해 시험문제지에도 수험번호와 성명을 반드시 기재하시기 바랍니다.
3. 시험시간이 종료되면 즉시 답안작성을 멈춰야 하며, 종료시간 이후 계속 답안을 작성하거나 감독위원의 답안카드 제출지시에 불응할 때에는 당해 시험이 무효처리 됩니다.
4. 기타 감독위원의 정당한 지시에 불응하여 타 수험자의 시험에 방해가 될 경우 퇴실조치 될 수 있습니다.

답안카드 작성 시 유의사항

1. 답안카드 기재·마킹 시에는 반드시 검정색 사인펜을 사용해야 합니다.
2. 답안카드를 잘못 작성했을 시에는 카드를 교체하거나 수정테이프를 사용하여 수정할 수 있습니다.
   그러나 불완전한 수정처리로 인해 발생하는 전산자동판독불가 등 불이익은 수험자의 귀책사유입니다.
   - 수정테이프 이외의 수정액, 스티커 등은 사용 불가
   - 답안카드 왼쪽(성명·수험번호 등)을 제외한 '답안란'만 수정테이프로 수정 가능
3. 성명란은 수험자 본인의 성명을 정자체로 기재합니다.
4. 교시 기재란은 해당교시를 기재하고 해당 란에 마킹합니다.
5. 시험문제지 형별기재란에 해당 형별을 마킹합니다.
6. 수험번호란은 숫자로 기재하고 아래 해당번호에 마킹합니다.
7. 시험문제지 형별 및 수험번호 등 마킹착오로 인한 불이익은 전적으로 수험자의 귀책사유입니다.
8. 감독위원의 날인이 없는 답안카드는 무효처리 됩니다.
9. 상단과 우측의 검은색 띠(▌▌▌) 부분은 낙서를 금지합니다.
10. 답안카드의 채점은 전산판독결과에 따르며, 문제지 형별 및 답안 란의 마킹누락, 마킹착오, 불완전한 마킹 등은 수험자의 귀책사유에 해당하므로 이의제기를 하더라도 받아들여지지 않습니다.

부정행위 처리규정

시험 중 다음과 같은 행위를 하는 자는 당해 시험을 무효처리하고 자격별 관련 규정에 따라 일정기간 동안 시험에 응시할 수 있는 자격을 정지합니다.

1. 시험과 관련된 대화, 답안카드 교환, 다른 수험자의 답안·문제지를 보고 답안 작성, 대리시험을 치르거나 치르게 하는 행위, 시험문제 내용과 관련된 물건을 휴대하거나 이를 주고받는 행위
2. 시험장 내외로부터 도움을 받아 답안을 작성하는 행위, 공인어학성적 및 응시자격서류를 허위기재하여 제출하는 행위
3. 통신기기(휴대전화·소형 무전기 등) 및 전자기기(초소형 카메라 등)를 휴대하거나 사용하는 행위
4. 다른 수험자와 성명 및 수험번호를 바꾸어 작성·제출하는 행위
5. 기타 부정 또는 불공정한 방법으로 시험을 치르는 행위

마킹주의	바르게 마킹 : ● 잘 못 마킹 : ⊗ ⊙ ⓥ ○ ⦶ ⊖ ◌ ◉

(예 시)

성 명
해커스

교시 기재란			
(1)교시	●	②	③

문제지 형별 기재란		
(A)형	●	Ⓑ

선택과목 1

선택과목 2

수험번호							
1	5	8	8	2	3	3	2

감독위원 확인
김합독

수험자 유의사항

1. 시험 중에는 통신기기(휴대전화·소형 무전기 등) 및 전자기기(초소형 카메라 등)을 소지하거나 사용할 수 없습니다.
2. 부정행위 예방을 위해 시험문제지에도 수험번호와 성명을 반드시 기재하시기 바랍니다.
3. 시험시간이 종료되면 즉시 답안작성을 멈춰야 하며, 종료시간 이후 계속 답안을 작성하거나 감독위원의 답안카드 제출지시에 불응할 때에는 당해 시험이 무효처리 됩니다.
4. 기타 감독위원의 정당한 지시에 불응하여 타 수험자의 시험에 방해가 될 경우 퇴실조치 될 수 있습니다.

답안카드 작성 시 유의사항

1. 답안카드 기재·마킹 시에는 반드시 검정색 사인펜을 사용해야 합니다.
2. 답안카드를 잘못 작성했을 시에는 카드를 교체하거나 수정테이프를 사용하여 수정할 수 있습니다.
   그러나 불완전한 수정처리로 인해 발생하는 전산자동판독불가 등 불이익은 수험자의 귀책사유입니다.
   - 수정테이프 이외의 수정액, 스티커 등은 사용 불가
   - 답안카드 왼쪽(성명·수험번호 등)을 제외한 '답안란'만 수정테이프로 수정 가능
3. 성명란은 수험자 본인의 성명을 정자체로 기재합니다.
4. 교시 기재란은 해당교시를 기재하고 해당 란에 마킹합니다.
5. 시험문제지 형별기재란에 해당 형별을 마킹합니다.
6. 수험번호란은 숫자로 기재하고 아래 해당번호에 마킹합니다.
7. 시험문제지 형별 및 수험번호 등 마킹착오로 인한 불이익은 전적으로 수험자의 귀책사유입니다.
8. 감독위원의 날인이 없는 답안카드는 무효처리 됩니다.
9. 상단과 우측의 검은색 띠(▌▌▌) 부분은 낙서를 금지합니다.
10. 답안카드의 채점은 전산판독결과에 따르며, 문제지 형별 및 답안 란의 마킹누락, 마킹착오, 불완전한 마킹 등은 수험자의 귀책사유에 해당하므로 이의제기를 하더라도 받아들여지지 않습니다.

부정행위 처리규정

시험 중 다음과 같은 행위를 하는 자는 당해 시험을 무효처리하고 자격별 관련 규정에 따라 일정기간 동안 시험에 응시할 수 있는 자격을 정지합니다.

1. 시험과 관련된 대화, 답안카드 교환, 다른 수험자의 답안·문제지를 보고 답안 작성, 대리시험을 치르거나 치르게 하는 행위, 시험문제 내용과 관련된 물건을 휴대하거나 이를 주고받는 행위
2. 시험장 내외로부터 도움을 받아 답안을 작성하는 행위, 공인어학성적 및 응시자격서류를 허위기재하여 제출하는 행위
3. 통신기기(휴대전화·소형 무전기 등) 및 전자기기(초소형 카메라 등)를 휴대하거나 사용하는 행위
4. 다른 수험자와 성명 및 수험번호를 바꾸어 작성·제출하는 행위
5. 기타 부정 또는 불공정한 방법으로 시험을 치르는 행위

성 명

교시 기재란			
(　　)교시	①	②	③

문제지 형별 기재란		
(　　　)형	Ⓐ	Ⓑ

선 택 과 목 1

선 택 과 목 2

수 험 번 호							
⓪	⓪	⓪	⓪	⓪	⓪	⓪	⓪
①	①	①	①	①	①	①	①
②	②	②	②	②	②	②	②
③	③	③	③	③	③	③	③
④	④	④	④	④	④	④	④
⑤	⑤	⑤	⑤	⑤	⑤	⑤	⑤
⑥	⑥	⑥	⑥	⑥	⑥	⑥	⑥
⑦	⑦	⑦	⑦	⑦	⑦	⑦	⑦
⑧	⑧	⑧	⑧	⑧	⑧	⑧	⑧
⑨	⑨	⑨	⑨	⑨	⑨	⑨	⑨

감독위원 확인
인

(　　　)년도 (　　　　　　) 제(　　)차 국가전문자격시험 답안지

1	① ② ③ ④ ⑤	21	① ② ③ ④ ⑤	41	① ② ③ ④ ⑤	61	① ② ③ ④ ⑤	81	① ② ③ ④ ⑤	101	① ② ③ ④ ⑤	121	① ② ③ ④ ⑤
2	① ② ③ ④ ⑤	22	① ② ③ ④ ⑤	42	① ② ③ ④ ⑤	62	① ② ③ ④ ⑤	82	① ② ③ ④ ⑤	102	① ② ③ ④ ⑤	122	① ② ③ ④ ⑤
3	① ② ③ ④ ⑤	23	① ② ③ ④ ⑤	43	① ② ③ ④ ⑤	63	① ② ③ ④ ⑤	83	① ② ③ ④ ⑤	103	① ② ③ ④ ⑤	123	① ② ③ ④ ⑤
4	① ② ③ ④ ⑤	24	① ② ③ ④ ⑤	44	① ② ③ ④ ⑤	64	① ② ③ ④ ⑤	84	① ② ③ ④ ⑤	104	① ② ③ ④ ⑤	124	① ② ③ ④ ⑤
5	① ② ③ ④ ⑤	25	① ② ③ ④ ⑤	45	① ② ③ ④ ⑤	65	① ② ③ ④ ⑤	85	① ② ③ ④ ⑤	105	① ② ③ ④ ⑤	125	① ② ③ ④ ⑤
6	① ② ③ ④ ⑤	26	① ② ③ ④ ⑤	46	① ② ③ ④ ⑤	66	① ② ③ ④ ⑤	86	① ② ③ ④ ⑤	106	① ② ③ ④ ⑤		
7	① ② ③ ④ ⑤	27	① ② ③ ④ ⑤	47	① ② ③ ④ ⑤	67	① ② ③ ④ ⑤	87	① ② ③ ④ ⑤	107	① ② ③ ④ ⑤		
8	① ② ③ ④ ⑤	28	① ② ③ ④ ⑤	48	① ② ③ ④ ⑤	68	① ② ③ ④ ⑤	88	① ② ③ ④ ⑤	108	① ② ③ ④ ⑤		
9	① ② ③ ④ ⑤	29	① ② ③ ④ ⑤	49	① ② ③ ④ ⑤	69	① ② ③ ④ ⑤	89	① ② ③ ④ ⑤	109	① ② ③ ④ ⑤		
10	① ② ③ ④ ⑤	30	① ② ③ ④ ⑤	50	① ② ③ ④ ⑤	70	① ② ③ ④ ⑤	90	① ② ③ ④ ⑤	110	① ② ③ ④ ⑤		
11	① ② ③ ④ ⑤	31	① ② ③ ④ ⑤	51	① ② ③ ④ ⑤	71	① ② ③ ④ ⑤	91	① ② ③ ④ ⑤	111	① ② ③ ④ ⑤		
12	① ② ③ ④ ⑤	32	① ② ③ ④ ⑤	52	① ② ③ ④ ⑤	72	① ② ③ ④ ⑤	92	① ② ③ ④ ⑤	112	① ② ③ ④ ⑤		
13	① ② ③ ④ ⑤	33	① ② ③ ④ ⑤	53	① ② ③ ④ ⑤	73	① ② ③ ④ ⑤	93	① ② ③ ④ ⑤	113	① ② ③ ④ ⑤		
14	① ② ③ ④ ⑤	34	① ② ③ ④ ⑤	54	① ② ③ ④ ⑤	74	① ② ③ ④ ⑤	94	① ② ③ ④ ⑤	114	① ② ③ ④ ⑤		
15	① ② ③ ④ ⑤	35	① ② ③ ④ ⑤	55	① ② ③ ④ ⑤	75	① ② ③ ④ ⑤	95	① ② ③ ④ ⑤	115	① ② ③ ④ ⑤		
16	① ② ③ ④ ⑤	36	① ② ③ ④ ⑤	56	① ② ③ ④ ⑤	76	① ② ③ ④ ⑤	96	① ② ③ ④ ⑤	116	① ② ③ ④ ⑤		
17	① ② ③ ④ ⑤	37	① ② ③ ④ ⑤	57	① ② ③ ④ ⑤	77	① ② ③ ④ ⑤	97	① ② ③ ④ ⑤	117	① ② ③ ④ ⑤		
18	① ② ③ ④ ⑤	38	① ② ③ ④ ⑤	58	① ② ③ ④ ⑤	78	① ② ③ ④ ⑤	98	① ② ③ ④ ⑤	118	① ② ③ ④ ⑤		
19	① ② ③ ④ ⑤	39	① ② ③ ④ ⑤	59	① ② ③ ④ ⑤	79	① ② ③ ④ ⑤	99	① ② ③ ④ ⑤	119	① ② ③ ④ ⑤		
20	① ② ③ ④ ⑤	40	① ② ③ ④ ⑤	60	① ② ③ ④ ⑤	80	① ② ③ ④ ⑤	100	① ② ③ ④ ⑤	120	① ② ③ ④ ⑤		

수험자 여러분의 합격을 기원합니다.

해커스 공인중개사

성 명

교시 기재란			
(　　)교시	①	②	③

문제지 형별 기재란		
(　　　)형	Ⓐ	Ⓑ

선 택 과 목 1

선 택 과 목 2

수 험 번 호							
⓪	⓪	⓪	⓪	⓪	⓪	⓪	⓪
①	①	①	①	①	①	①	①
②	②	②	②	②	②	②	②
③	③	③	③	③	③	③	③
④	④	④	④	④	④	④	④
⑤	⑤	⑤	⑤	⑤	⑤	⑤	⑤
⑥	⑥	⑥	⑥	⑥	⑥	⑥	⑥
⑦	⑦	⑦	⑦	⑦	⑦	⑦	⑦
⑧	⑧	⑧	⑧	⑧	⑧	⑧	⑧
⑨	⑨	⑨	⑨	⑨	⑨	⑨	⑨

감독위원 확인
인

(　　　)년도 (　　　　　　) 제(　　)차 국가전문자격시험 답안지

1	① ② ③ ④ ⑤	21	① ② ③ ④ ⑤	41	① ② ③ ④ ⑤	61	① ② ③ ④ ⑤	81	① ② ③ ④ ⑤	101	① ② ③ ④ ⑤	121	① ② ③ ④ ⑤
2	① ② ③ ④ ⑤	22	① ② ③ ④ ⑤	42	① ② ③ ④ ⑤	62	① ② ③ ④ ⑤	82	① ② ③ ④ ⑤	102	① ② ③ ④ ⑤	122	① ② ③ ④ ⑤
3	① ② ③ ④ ⑤	23	① ② ③ ④ ⑤	43	① ② ③ ④ ⑤	63	① ② ③ ④ ⑤	83	① ② ③ ④ ⑤	103	① ② ③ ④ ⑤	123	① ② ③ ④ ⑤
4	① ② ③ ④ ⑤	24	① ② ③ ④ ⑤	44	① ② ③ ④ ⑤	64	① ② ③ ④ ⑤	84	① ② ③ ④ ⑤	104	① ② ③ ④ ⑤	124	① ② ③ ④ ⑤
5	① ② ③ ④ ⑤	25	① ② ③ ④ ⑤	45	① ② ③ ④ ⑤	65	① ② ③ ④ ⑤	85	① ② ③ ④ ⑤	105	① ② ③ ④ ⑤	125	① ② ③ ④ ⑤
6	① ② ③ ④ ⑤	26	① ② ③ ④ ⑤	46	① ② ③ ④ ⑤	66	① ② ③ ④ ⑤	86	① ② ③ ④ ⑤	106	① ② ③ ④ ⑤		
7	① ② ③ ④ ⑤	27	① ② ③ ④ ⑤	47	① ② ③ ④ ⑤	67	① ② ③ ④ ⑤	87	① ② ③ ④ ⑤	107	① ② ③ ④ ⑤		
8	① ② ③ ④ ⑤	28	① ② ③ ④ ⑤	48	① ② ③ ④ ⑤	68	① ② ③ ④ ⑤	88	① ② ③ ④ ⑤	108	① ② ③ ④ ⑤		
9	① ② ③ ④ ⑤	29	① ② ③ ④ ⑤	49	① ② ③ ④ ⑤	69	① ② ③ ④ ⑤	89	① ② ③ ④ ⑤	109	① ② ③ ④ ⑤		
10	① ② ③ ④ ⑤	30	① ② ③ ④ ⑤	50	① ② ③ ④ ⑤	70	① ② ③ ④ ⑤	90	① ② ③ ④ ⑤	110	① ② ③ ④ ⑤		
11	① ② ③ ④ ⑤	31	① ② ③ ④ ⑤	51	① ② ③ ④ ⑤	71	① ② ③ ④ ⑤	91	① ② ③ ④ ⑤	111	① ② ③ ④ ⑤		
12	① ② ③ ④ ⑤	32	① ② ③ ④ ⑤	52	① ② ③ ④ ⑤	72	① ② ③ ④ ⑤	92	① ② ③ ④ ⑤	112	① ② ③ ④ ⑤		
13	① ② ③ ④ ⑤	33	① ② ③ ④ ⑤	53	① ② ③ ④ ⑤	73	① ② ③ ④ ⑤	93	① ② ③ ④ ⑤	113	① ② ③ ④ ⑤		
14	① ② ③ ④ ⑤	34	① ② ③ ④ ⑤	54	① ② ③ ④ ⑤	74	① ② ③ ④ ⑤	94	① ② ③ ④ ⑤	114	① ② ③ ④ ⑤		
15	① ② ③ ④ ⑤	35	① ② ③ ④ ⑤	55	① ② ③ ④ ⑤	75	① ② ③ ④ ⑤	95	① ② ③ ④ ⑤	115	① ② ③ ④ ⑤		
16	① ② ③ ④ ⑤	36	① ② ③ ④ ⑤	56	① ② ③ ④ ⑤	76	① ② ③ ④ ⑤	96	① ② ③ ④ ⑤	116	① ② ③ ④ ⑤		
17	① ② ③ ④ ⑤	37	① ② ③ ④ ⑤	57	① ② ③ ④ ⑤	77	① ② ③ ④ ⑤	97	① ② ③ ④ ⑤	117	① ② ③ ④ ⑤		
18	① ② ③ ④ ⑤	38	① ② ③ ④ ⑤	58	① ② ③ ④ ⑤	78	① ② ③ ④ ⑤	98	① ② ③ ④ ⑤	118	① ② ③ ④ ⑤		
19	① ② ③ ④ ⑤	39	① ② ③ ④ ⑤	59	① ② ③ ④ ⑤	79	① ② ③ ④ ⑤	99	① ② ③ ④ ⑤	119	① ② ③ ④ ⑤		
20	① ② ③ ④ ⑤	40	① ② ③ ④ ⑤	60	① ② ③ ④ ⑤	80	① ② ③ ④ ⑤	100	① ② ③ ④ ⑤	120	① ② ③ ④ ⑤		

수험자 여러분의 합격을 기원합니다.

해커스 공인중개사

마 킹 주 의	바르게 마킹 : ● 잘 못 마킹 : ⊗ ⊙ Ⓥ ○ ⦶ ⊖ ◐ ●

(예 시) →

성 명
해커스

교시 기재란			
(1)교시	●	②	③

문제지 형별 기재란		
(A)형	●	Ⓑ

선 택 과 목 1

선 택 과 목 2

수 험 번 호							
1	5	8	8	2	3	3	2
⓪	⓪	⓪	⓪	⓪	⓪	⓪	⓪
●	①	①	①	①	①	①	①
②	②	②	②	●	②	②	●
③	③	③	③	③	●	●	③
④	④	④	④	④	④	④	④
⑤	●	⑤	⑤	⑤	⑤	⑤	⑤
⑥	⑥	⑥	⑥	⑥	⑥	⑥	⑥
⑦	⑦	⑦	⑦	⑦	⑦	⑦	⑦
⑧	⑧	●	●	⑧	⑧	⑧	⑧
⑨	⑨	⑨	⑨	⑨	⑨	⑨	⑨

감독위원 확인
김합독

수험자 유의사항

1. 시험 중에는 통신기기(휴대전화·소형 무전기 등) 및 전자기기(초소형 카메라 등)을 소지하거나 사용할 수 없습니다.
2. 부정행위 예방을 위해 시험문제지에도 수험번호와 성명을 반드시 기재하시기 바랍니다.
3. 시험시간이 종료되면 즉시 답안작성을 멈춰야 하며, 종료시간 이후 계속 답안을 작성하거나 감독위원의 답안카드 제출지시에 불응할 때에는 당해 시험이 무효처리 됩니다.
4. 기타 감독위원의 정당한 지시에 불응하여 타 수험자의 시험에 방해가 될 경우 퇴실조치 될 수 있습니다.

답안카드 작성 시 유의사항

1. 답안카드 기재·마킹 시에는 반드시 검정색 사인펜을 사용해야 합니다.
2. 답안카드를 잘못 작성했을 시에는 카드를 교체하거나 수정테이프를 사용하여 수정할 수 있습니다.
   그러나 불완전한 수정처리로 인해 발생하는 전산자동판독불가 등 불이익은 수험자의 귀책사유입니다.
   - 수정테이프 이외의 수정액, 스티커 등은 사용 불가
   - 답안카드 왼쪽(성명·수험번호 등)을 제외한 '답안란'만 수정테이프로 수정 가능
3. 성명란은 수험자 본인의 성명을 정자체로 기재합니다.
4. 교시 기재란은 해당교시를 기재하고 해당 란에 마킹합니다.
5. 시험문제지 형별기재란에 해당 형별을 마킹합니다.
6. 수험번호란은 숫자로 기재하고 아래 해당번호에 마킹합니다.
7. 시험문제지 형별 및 수험번호 등 마킹착오로 인한 불이익은 전적으로 수험자의 귀책사유입니다.
8. 감독위원의 날인이 없는 답안카드는 무효처리 됩니다.
9. 상단과 우측의 검은색 띠(▌▌▌) 부분은 낙서를 금지합니다.
10. 답안카드의 채점은 전산판독결과에 따르며, 문제지 형별 및 답안 란의 마킹누락, 마킹착오, 불완전한 마킹 등은 수험자의 귀책사유에 해당하므로 이의제기를 하더라도 받아들여지지 않습니다.

부정행위 처리규정

시험 중 다음과 같은 행위를 하는 자는 당해 시험을 무효처리하고 자격별 관련 규정에 따라 일정기간 동안 시험에 응시할 수 있는 자격을 정지합니다.

1. 시험과 관련된 대화, 답안카드 교환, 다른 수험자의 답안·문제지를 보고 답안 작성, 대리시험을 치르거나 치르게 하는 행위, 시험문제 내용과 관련된 물건을 휴대하거나 이를 주고받는 행위
2. 시험장 내외로부터 도움을 받아 답안을 작성하는 행위, 공인어학성적 및 응시자격서류를 허위기재하여 제출하는 행위
3. 통신기기(휴대전화·소형 무전기 등) 및 전자기기(초소형 카메라 등)를 휴대하거나 사용하는 행위
4. 다른 수험자와 성명 및 수험번호를 바꾸어 작성·제출하는 행위
5. 기타 부정 또는 불공정한 방법으로 시험을 치르는 행위

마 킹 주 의 바르게 마킹 : ● 잘 못 마킹 : ⊗ ⊙ Ⓥ ○ ⦶ ⊖ ◐ ●
(예 시) →
성 명 해커스
교시 기재란 (1)교시 ● ② ③
문제지 형별 기재란 (A)형 ● Ⓑ
선 택 과 목 1
선 택 과 목 2
수 험 번 호 1 5 8 8 2 3 3 2
감독위원 확인 김합독

수험자 유의사항
1. 시험 중에는 통신기기(휴대전화·소형 무전기 등) 및 전자기기(초소형 카메라 등)을 소지하거나 사용할 수 없습니다.
2. 부정행위 예방을 위해 시험문제지에도 수험번호와 성명을 반드시 기재하시기 바랍니다.
3. 시험시간이 종료되면 즉시 답안작성을 멈춰야 하며, 종료시간 이후 계속 답안을 작성하거나 감독위원의 답안카드 제출지시에 불응할 때에는 당해 시험이 무효처리 됩니다.
4. 기타 감독위원의 정당한 지시에 불응하여 타 수험자의 시험에 방해가 될 경우 퇴실조치 될 수 있습니다.

답안카드 작성 시 유의사항
1. 답안카드 기재·마킹 시에는 반드시 검정색 사인펜을 사용해야 합니다.
2. 답안카드를 잘못 작성했을 시에는 카드를 교체하거나 수정테이프를 사용하여 수정할 수 있습니다.
그러나 불완전한 수정처리로 인해 발생하는 전산자동판독불가 등 불이익은 수험자의 귀책사유입니다.
- 수정테이프 이외의 수정액, 스티커 등은 사용 불가
- 답안카드 왼쪽(성명·수험번호 등)을 제외한 '답안란'만 수정테이프로 수정 가능
3. 성명란은 수험자 본인의 성명을 정자체로 기재합니다.
4. 교시 기재란은 해당교시를 기재하고 해당 란에 마킹합니다.
5. 시험문제지 형별기재란에 해당 형별을 마킹합니다.
6. 수험번호란은 숫자로 기재하고 아래 해당번호에 마킹합니다.
7. 시험문제지 형별 및 수험번호 등 마킹착오로 인한 불이익은 전적으로 수험자의 귀책사유입니다.
8. 감독위원의 날인이 없는 답안카드는 무효처리 됩니다.
9. 상단과 우측의 검은색 띠(▌▌▌) 부분은 낙서를 금지합니다.
10. 답안카드의 채점은 전산판독결과에 따르며, 문제지 형별 및 답안 란의 마킹누락, 마킹착오, 불완전한 마킹 등은 수험자의 귀책사유에 해당하므로 이의제기를 하더라도 받아들여지지 않습니다.

부정행위 처리규정
시험 중 다음과 같은 행위를 하는 자는 당해 시험을 무효처리하고 자격별 관련 규정에 따라 일정기간 동안 시험에 응시할 수 있는 자격을 정지합니다.
1. 시험과 관련된 대화, 답안카드 교환, 다른 수험자의 답안·문제지를 보고 답안 작성, 대리시험을 치르거나 치르게 하는 행위, 시험문제 내용과 관련된 물건을 휴대하거나 이를 주고받는 행위
2. 시험장 내외로부터 도움을 받아 답안을 작성하는 행위, 공인어학성적 및 응시자격서류를 허위기재하여 제출하는 행위
3. 통신기기(휴대전화·소형 무전기 등) 및 전자기기(초소형 카메라 등)를 휴대하거나 사용하는 행위
4. 다른 수험자와 성명 및 수험번호를 바꾸어 작성·제출하는 행위
5. 기타 부정 또는 불공정한 방법으로 시험을 치르는 행위

성 명

교시 기재란			
( )교시	①	②	③

문제지 형별 기재란		
( )형	Ⓐ	Ⓑ

선 택 과 목 1

선 택 과 목 2

수 험 번 호							
⓪	⓪	⓪	⓪	⓪	⓪	⓪	⓪
①	①	①	①	①	①	①	①
②	②	②	②	②	②	②	②
③	③	③	③	③	③	③	③
④	④	④	④	④	④	④	④
⑤	⑤	⑤	⑤	⑤	⑤	⑤	⑤
⑥	⑥	⑥	⑥	⑥	⑥	⑥	⑥
⑦	⑦	⑦	⑦	⑦	⑦	⑦	⑦
⑧	⑧	⑧	⑧	⑧	⑧	⑧	⑧
⑨	⑨	⑨	⑨	⑨	⑨	⑨	⑨

감독위원 확인
㊞

(   )년도 (   ) 제(   )차 국가전문자격시험 답안지

1	① ② ③ ④ ⑤	21	① ② ③ ④ ⑤	41	① ② ③ ④ ⑤	61	① ② ③ ④ ⑤	81	① ② ③ ④ ⑤	101	① ② ③ ④ ⑤	121	① ② ③ ④ ⑤
2	① ② ③ ④ ⑤	22	① ② ③ ④ ⑤	42	① ② ③ ④ ⑤	62	① ② ③ ④ ⑤	82	① ② ③ ④ ⑤	102	① ② ③ ④ ⑤	122	① ② ③ ④ ⑤
3	① ② ③ ④ ⑤	23	① ② ③ ④ ⑤	43	① ② ③ ④ ⑤	63	① ② ③ ④ ⑤	83	① ② ③ ④ ⑤	103	① ② ③ ④ ⑤	123	① ② ③ ④ ⑤
4	① ② ③ ④ ⑤	24	① ② ③ ④ ⑤	44	① ② ③ ④ ⑤	64	① ② ③ ④ ⑤	84	① ② ③ ④ ⑤	104	① ② ③ ④ ⑤	124	① ② ③ ④ ⑤
5	① ② ③ ④ ⑤	25	① ② ③ ④ ⑤	45	① ② ③ ④ ⑤	65	① ② ③ ④ ⑤	85	① ② ③ ④ ⑤	105	① ② ③ ④ ⑤	125	① ② ③ ④ ⑤
6	① ② ③ ④ ⑤	26	① ② ③ ④ ⑤	46	① ② ③ ④ ⑤	66	① ② ③ ④ ⑤	86	① ② ③ ④ ⑤	106	① ② ③ ④ ⑤		
7	① ② ③ ④ ⑤	27	① ② ③ ④ ⑤	47	① ② ③ ④ ⑤	67	① ② ③ ④ ⑤	87	① ② ③ ④ ⑤	107	① ② ③ ④ ⑤		
8	① ② ③ ④ ⑤	28	① ② ③ ④ ⑤	48	① ② ③ ④ ⑤	68	① ② ③ ④ ⑤	88	① ② ③ ④ ⑤	108	① ② ③ ④ ⑤		
9	① ② ③ ④ ⑤	29	① ② ③ ④ ⑤	49	① ② ③ ④ ⑤	69	① ② ③ ④ ⑤	89	① ② ③ ④ ⑤	109	① ② ③ ④ ⑤		
10	① ② ③ ④ ⑤	30	① ② ③ ④ ⑤	50	① ② ③ ④ ⑤	70	① ② ③ ④ ⑤	90	① ② ③ ④ ⑤	110	① ② ③ ④ ⑤		
11	① ② ③ ④ ⑤	31	① ② ③ ④ ⑤	51	① ② ③ ④ ⑤	71	① ② ③ ④ ⑤	91	① ② ③ ④ ⑤	111	① ② ③ ④ ⑤		
12	① ② ③ ④ ⑤	32	① ② ③ ④ ⑤	52	① ② ③ ④ ⑤	72	① ② ③ ④ ⑤	92	① ② ③ ④ ⑤	112	① ② ③ ④ ⑤		
13	① ② ③ ④ ⑤	33	① ② ③ ④ ⑤	53	① ② ③ ④ ⑤	73	① ② ③ ④ ⑤	93	① ② ③ ④ ⑤	113	① ② ③ ④ ⑤		
14	① ② ③ ④ ⑤	34	① ② ③ ④ ⑤	54	① ② ③ ④ ⑤	74	① ② ③ ④ ⑤	94	① ② ③ ④ ⑤	114	① ② ③ ④ ⑤		
15	① ② ③ ④ ⑤	35	① ② ③ ④ ⑤	55	① ② ③ ④ ⑤	75	① ② ③ ④ ⑤	95	① ② ③ ④ ⑤	115	① ② ③ ④ ⑤		
16	① ② ③ ④ ⑤	36	① ② ③ ④ ⑤	56	① ② ③ ④ ⑤	76	① ② ③ ④ ⑤	96	① ② ③ ④ ⑤	116	① ② ③ ④ ⑤		
17	① ② ③ ④ ⑤	37	① ② ③ ④ ⑤	57	① ② ③ ④ ⑤	77	① ② ③ ④ ⑤	97	① ② ③ ④ ⑤	117	① ② ③ ④ ⑤		
18	① ② ③ ④ ⑤	38	① ② ③ ④ ⑤	58	① ② ③ ④ ⑤	78	① ② ③ ④ ⑤	98	① ② ③ ④ ⑤	118	① ② ③ ④ ⑤		
19	① ② ③ ④ ⑤	39	① ② ③ ④ ⑤	59	① ② ③ ④ ⑤	79	① ② ③ ④ ⑤	99	① ② ③ ④ ⑤	119	① ② ③ ④ ⑤		
20	① ② ③ ④ ⑤	40	① ② ③ ④ ⑤	60	① ② ③ ④ ⑤	80	① ② ③ ④ ⑤	100	① ② ③ ④ ⑤	120	① ② ③ ④ ⑤		

수험자
여러분의
합격을
기원합니다.

해커스 공인중개사

성 명

교시 기재란			
( )교시	①	②	③

문제지 형별 기재란		
( )형	Ⓐ	Ⓑ

선 택 과 목 1

선 택 과 목 2

수 험 번 호							
⓪	⓪	⓪	⓪	⓪	⓪	⓪	⓪
①	①	①	①	①	①	①	①
②	②	②	②	②	②	②	②
③	③	③	③	③	③	③	③
④	④	④	④	④	④	④	④
⑤	⑤	⑤	⑤	⑤	⑤	⑤	⑤
⑥	⑥	⑥	⑥	⑥	⑥	⑥	⑥
⑦	⑦	⑦	⑦	⑦	⑦	⑦	⑦
⑧	⑧	⑧	⑧	⑧	⑧	⑧	⑧
⑨	⑨	⑨	⑨	⑨	⑨	⑨	⑨

감독위원 확인
㊞

(   )년도 (   ) 제(   )차 국가전문자격시험 답안지

1	① ② ③ ④ ⑤	21	① ② ③ ④ ⑤	41	① ② ③ ④ ⑤	61	① ② ③ ④ ⑤	81	① ② ③ ④ ⑤	101	① ② ③ ④ ⑤	121	① ② ③ ④ ⑤
2	① ② ③ ④ ⑤	22	① ② ③ ④ ⑤	42	① ② ③ ④ ⑤	62	① ② ③ ④ ⑤	82	① ② ③ ④ ⑤	102	① ② ③ ④ ⑤	122	① ② ③ ④ ⑤
3	① ② ③ ④ ⑤	23	① ② ③ ④ ⑤	43	① ② ③ ④ ⑤	63	① ② ③ ④ ⑤	83	① ② ③ ④ ⑤	103	① ② ③ ④ ⑤	123	① ② ③ ④ ⑤
4	① ② ③ ④ ⑤	24	① ② ③ ④ ⑤	44	① ② ③ ④ ⑤	64	① ② ③ ④ ⑤	84	① ② ③ ④ ⑤	104	① ② ③ ④ ⑤	124	① ② ③ ④ ⑤
5	① ② ③ ④ ⑤	25	① ② ③ ④ ⑤	45	① ② ③ ④ ⑤	65	① ② ③ ④ ⑤	85	① ② ③ ④ ⑤	105	① ② ③ ④ ⑤	125	① ② ③ ④ ⑤
6	① ② ③ ④ ⑤	26	① ② ③ ④ ⑤	46	① ② ③ ④ ⑤	66	① ② ③ ④ ⑤	86	① ② ③ ④ ⑤	106	① ② ③ ④ ⑤		
7	① ② ③ ④ ⑤	27	① ② ③ ④ ⑤	47	① ② ③ ④ ⑤	67	① ② ③ ④ ⑤	87	① ② ③ ④ ⑤	107	① ② ③ ④ ⑤		
8	① ② ③ ④ ⑤	28	① ② ③ ④ ⑤	48	① ② ③ ④ ⑤	68	① ② ③ ④ ⑤	88	① ② ③ ④ ⑤	108	① ② ③ ④ ⑤		
9	① ② ③ ④ ⑤	29	① ② ③ ④ ⑤	49	① ② ③ ④ ⑤	69	① ② ③ ④ ⑤	89	① ② ③ ④ ⑤	109	① ② ③ ④ ⑤		
10	① ② ③ ④ ⑤	30	① ② ③ ④ ⑤	50	① ② ③ ④ ⑤	70	① ② ③ ④ ⑤	90	① ② ③ ④ ⑤	110	① ② ③ ④ ⑤		
11	① ② ③ ④ ⑤	31	① ② ③ ④ ⑤	51	① ② ③ ④ ⑤	71	① ② ③ ④ ⑤	91	① ② ③ ④ ⑤	111	① ② ③ ④ ⑤		
12	① ② ③ ④ ⑤	32	① ② ③ ④ ⑤	52	① ② ③ ④ ⑤	72	① ② ③ ④ ⑤	92	① ② ③ ④ ⑤	112	① ② ③ ④ ⑤		
13	① ② ③ ④ ⑤	33	① ② ③ ④ ⑤	53	① ② ③ ④ ⑤	73	① ② ③ ④ ⑤	93	① ② ③ ④ ⑤	113	① ② ③ ④ ⑤		
14	① ② ③ ④ ⑤	34	① ② ③ ④ ⑤	54	① ② ③ ④ ⑤	74	① ② ③ ④ ⑤	94	① ② ③ ④ ⑤	114	① ② ③ ④ ⑤		
15	① ② ③ ④ ⑤	35	① ② ③ ④ ⑤	55	① ② ③ ④ ⑤	75	① ② ③ ④ ⑤	95	① ② ③ ④ ⑤	115	① ② ③ ④ ⑤		
16	① ② ③ ④ ⑤	36	① ② ③ ④ ⑤	56	① ② ③ ④ ⑤	76	① ② ③ ④ ⑤	96	① ② ③ ④ ⑤	116	① ② ③ ④ ⑤		
17	① ② ③ ④ ⑤	37	① ② ③ ④ ⑤	57	① ② ③ ④ ⑤	77	① ② ③ ④ ⑤	97	① ② ③ ④ ⑤	117	① ② ③ ④ ⑤		
18	① ② ③ ④ ⑤	38	① ② ③ ④ ⑤	58	① ② ③ ④ ⑤	78	① ② ③ ④ ⑤	98	① ② ③ ④ ⑤	118	① ② ③ ④ ⑤		
19	① ② ③ ④ ⑤	39	① ② ③ ④ ⑤	59	① ② ③ ④ ⑤	79	① ② ③ ④ ⑤	99	① ② ③ ④ ⑤	119	① ② ③ ④ ⑤		
20	① ② ③ ④ ⑤	40	① ② ③ ④ ⑤	60	① ② ③ ④ ⑤	80	① ② ③ ④ ⑤	100	① ② ③ ④ ⑤	120	① ② ③ ④ ⑤		

수험자
여러분의
합격을
기원합니다.

해커스 공인중개사

마 킹 주 의	바르게 마킹 : ● 잘 못 마킹 : ⊗ ⊙ ⓥ ○ ⦶ ⊖ ◔ ◍

(예 시) →

성 명
해커스

교시 기재란			
(1)교시	●	②	③

문제지 형별 기재란		
(A)형	●	Ⓑ

선 택 과 목 1

선 택 과 목 2

수 험 번 호							
1	5	8	8	2	3	3	2

감독위원 확인
김 (인) 독

수험자 유의사항

1. 시험 중에는 통신기기(휴대전화·소형 무전기 등) 및 전자기기(초소형 카메라 등)을 소지하거나 사용할 수 없습니다.
2. 부정행위 예방을 위해 시험문제지에도 수험번호와 성명을 반드시 기재하시기 바랍니다.
3. 시험시간이 종료되면 즉시 답안작성을 멈춰야 하며, 종료시간 이후 계속 답안을 작성하거나 감독위원의 답안카드 제출지시에 불응할 때에는 당해 시험이 무효처리 됩니다.
4. 기타 감독위원의 정당한 지시에 불응하여 타 수험자의 시험에 방해가 될 경우 퇴실조치 될 수 있습니다.

답안카드 작성 시 유의사항

1. 답안카드 기재·마킹 시에는 반드시 검정색 사인펜을 사용해야 합니다.
2. 답안카드를 잘못 작성했을 시에는 카드를 교체하거나 수정테이프를 사용하여 수정할 수 있습니다.
   그러나 불완전한 수정처리로 인해 발생하는 전산자동판독불가 등 불이익은 수험자의 귀책사유입니다.
   - 수정테이프 이외의 수정액, 스티커 등은 사용 불가
   - 답안카드 왼쪽(성명·수험번호 등)을 제외한 '답안란'만 수정테이프로 수정 가능
3. 성명란은 수험자 본인의 성명을 정자체로 기재합니다.
4. 교시 기재란은 해당교시를 기재하고 해당 란에 마킹합니다.
5. 시험문제지 형별기재란에 해당 형별을 마킹합니다.
6. 수험번호란은 숫자로 기재하고 아래 해당번호에 마킹합니다.
7. 시험문제지 형별 및 수험번호 등 마킹착오로 인한 불이익은 전적으로 수험자의 귀책사유입니다.
8. 감독위원의 날인이 없는 답안카드는 무효처리 됩니다.
9. 상단과 우측의 검은색 띠(▌▌▌) 부분은 낙서를 금지합니다.
10. 답안카드의 채점은 전산판독결과에 따르며, 문제지 형별 및 답안 란의 마킹누락, 마킹착오, 불완전한 마킹 등은 수험자의 귀책사유에 해당하므로 이의제기를 하더라도 받아들여지지 않습니다.

부정행위 처리규정

시험 중 다음과 같은 행위를 하는 자는 당해 시험을 무효처리하고 자격별 관련 규정에 따라 일정기간 동안 시험에 응시할 수 있는 자격을 정지합니다.

1. 시험과 관련된 대화, 답안카드 교환, 다른 수험자의 답안·문제지를 보고 답안 작성, 대리시험을 치르거나 치르게 하는 행위, 시험문제 내용과 관련된 물건을 휴대하거나 이를 주고받는 행위
2. 시험장 내외로부터 도움을 받아 답안을 작성하는 행위, 공인어학성적 및 응시자격서류를 허위기재하여 제출하는 행위
3. 통신기기(휴대전화·소형 무전기 등) 및 전자기기(초소형 카메라 등)를 휴대하거나 사용하는 행위
4. 다른 수험자와 성명 및 수험번호를 바꾸어 작성·제출하는 행위
5. 기타 부정 또는 불공정한 방법으로 시험을 치르는 행위

마 킹 주 의	바르게 마킹 : ● 잘 못 마킹 : ⊗ ⊙ ⓥ ○ ⦶ ⊖ ◔ ◍

(예 시) →

성 명
해커스

교시 기재란			
(1)교시	●	②	③

문제지 형별 기재란		
(A)형	●	Ⓑ

선 택 과 목 1

선 택 과 목 2

수 험 번 호							
1	5	8	8	2	3	3	2

감독위원 확인
김 (인) 독

수험자 유의사항

1. 시험 중에는 통신기기(휴대전화·소형 무전기 등) 및 전자기기(초소형 카메라 등)을 소지하거나 사용할 수 없습니다.
2. 부정행위 예방을 위해 시험문제지에도 수험번호와 성명을 반드시 기재하시기 바랍니다.
3. 시험시간이 종료되면 즉시 답안작성을 멈춰야 하며, 종료시간 이후 계속 답안을 작성하거나 감독위원의 답안카드 제출지시에 불응할 때에는 당해 시험이 무효처리 됩니다.
4. 기타 감독위원의 정당한 지시에 불응하여 타 수험자의 시험에 방해가 될 경우 퇴실조치 될 수 있습니다.

답안카드 작성 시 유의사항

1. 답안카드 기재·마킹 시에는 반드시 검정색 사인펜을 사용해야 합니다.
2. 답안카드를 잘못 작성했을 시에는 카드를 교체하거나 수정테이프를 사용하여 수정할 수 있습니다.
   그러나 불완전한 수정처리로 인해 발생하는 전산자동판독불가 등 불이익은 수험자의 귀책사유입니다.
   - 수정테이프 이외의 수정액, 스티커 등은 사용 불가
   - 답안카드 왼쪽(성명·수험번호 등)을 제외한 '답안란'만 수정테이프로 수정 가능
3. 성명란은 수험자 본인의 성명을 정자체로 기재합니다.
4. 교시 기재란은 해당교시를 기재하고 해당 란에 마킹합니다.
5. 시험문제지 형별기재란에 해당 형별을 마킹합니다.
6. 수험번호란은 숫자로 기재하고 아래 해당번호에 마킹합니다.
7. 시험문제지 형별 및 수험번호 등 마킹착오로 인한 불이익은 전적으로 수험자의 귀책사유입니다.
8. 감독위원의 날인이 없는 답안카드는 무효처리 됩니다.
9. 상단과 우측의 검은색 띠(▌▌▌) 부분은 낙서를 금지합니다.
10. 답안카드의 채점은 전산판독결과에 따르며, 문제지 형별 및 답안 란의 마킹누락, 마킹착오, 불완전한 마킹 등은 수험자의 귀책사유에 해당하므로 이의제기를 하더라도 받아들여지지 않습니다.

부정행위 처리규정

시험 중 다음과 같은 행위를 하는 자는 당해 시험을 무효처리하고 자격별 관련 규정에 따라 일정기간 동안 시험에 응시할 수 있는 자격을 정지합니다.

1. 시험과 관련된 대화, 답안카드 교환, 다른 수험자의 답안·문제지를 보고 답안 작성, 대리시험을 치르거나 치르게 하는 행위, 시험문제 내용과 관련된 물건을 휴대하거나 이를 주고받는 행위
2. 시험장 내외로부터 도움을 받아 답안을 작성하는 행위, 공인어학성적 및 응시자격서류를 허위기재하여 제출하는 행위
3. 통신기기(휴대전화·소형 무전기 등) 및 전자기기(초소형 카메라 등)를 휴대하거나 사용하는 행위
4. 다른 수험자와 성명 및 수험번호를 바꾸어 작성·제출하는 행위
5. 기타 부정 또는 불공정한 방법으로 시험을 치르는 행위

성 명

교시 기재란			
( )교시	①	②	③
문제지 형별 기재란			
( )형	Ⓐ	Ⓑ	
선 택 과 목 1			
선 택 과 목 2			

수 험 번 호							
⓪	⓪	⓪	⓪	⓪	⓪	⓪	⓪
①	①	①	①	①	①	①	①
②	②	②	②	②	②	②	②
③	③	③	③	③	③	③	③
④	④	④	④	④	④	④	④
⑤	⑤	⑤	⑤	⑤	⑤	⑤	⑤
⑥	⑥	⑥	⑥	⑥	⑥	⑥	⑥
⑦	⑦	⑦	⑦	⑦	⑦	⑦	⑦
⑧	⑧	⑧	⑧	⑧	⑧	⑧	⑧
⑨	⑨	⑨	⑨	⑨	⑨	⑨	⑨

감독위원 확인
인

( )년도 ( ) 제( )차 국가전문자격시험 답안지

1	①②③④⑤	21	①②③④⑤	41	①②③④⑤	61	①②③④⑤	81	①②③④⑤	101	①②③④⑤	121	①②③④⑤
2	①②③④⑤	22	①②③④⑤	42	①②③④⑤	62	①②③④⑤	82	①②③④⑤	102	①②③④⑤	122	①②③④⑤
3	①②③④⑤	23	①②③④⑤	43	①②③④⑤	63	①②③④⑤	83	①②③④⑤	103	①②③④⑤	123	①②③④⑤
4	①②③④⑤	24	①②③④⑤	44	①②③④⑤	64	①②③④⑤	84	①②③④⑤	104	①②③④⑤	124	①②③④⑤
5	①②③④⑤	25	①②③④⑤	45	①②③④⑤	65	①②③④⑤	85	①②③④⑤	105	①②③④⑤	125	①②③④⑤
6	①②③④⑤	26	①②③④⑤	46	①②③④⑤	66	①②③④⑤	86	①②③④⑤	106	①②③④⑤		
7	①②③④⑤	27	①②③④⑤	47	①②③④⑤	67	①②③④⑤	87	①②③④⑤	107	①②③④⑤		
8	①②③④⑤	28	①②③④⑤	48	①②③④⑤	68	①②③④⑤	88	①②③④⑤	108	①②③④⑤		
9	①②③④⑤	29	①②③④⑤	49	①②③④⑤	69	①②③④⑤	89	①②③④⑤	109	①②③④⑤		
10	①②③④⑤	30	①②③④⑤	50	①②③④⑤	70	①②③④⑤	90	①②③④⑤	110	①②③④⑤		
11	①②③④⑤	31	①②③④⑤	51	①②③④⑤	71	①②③④⑤	91	①②③④⑤	111	①②③④⑤		
12	①②③④⑤	32	①②③④⑤	52	①②③④⑤	72	①②③④⑤	92	①②③④⑤	112	①②③④⑤		
13	①②③④⑤	33	①②③④⑤	53	①②③④⑤	73	①②③④⑤	93	①②③④⑤	113	①②③④⑤		
14	①②③④⑤	34	①②③④⑤	54	①②③④⑤	74	①②③④⑤	94	①②③④⑤	114	①②③④⑤		
15	①②③④⑤	35	①②③④⑤	55	①②③④⑤	75	①②③④⑤	95	①②③④⑤	115	①②③④⑤		
16	①②③④⑤	36	①②③④⑤	56	①②③④⑤	76	①②③④⑤	96	①②③④⑤	116	①②③④⑤		
17	①②③④⑤	37	①②③④⑤	57	①②③④⑤	77	①②③④⑤	97	①②③④⑤	117	①②③④⑤		
18	①②③④⑤	38	①②③④⑤	58	①②③④⑤	78	①②③④⑤	98	①②③④⑤	118	①②③④⑤		
19	①②③④⑤	39	①②③④⑤	59	①②③④⑤	79	①②③④⑤	99	①②③④⑤	119	①②③④⑤		
20	①②③④⑤	40	①②③④⑤	60	①②③④⑤	80	①②③④⑤	100	①②③④⑤	120	①②③④⑤		

수험자
여러분의
합격을
기원합니다.

해커스 공인중개사

성 명

교시 기재란			
( )교시	①	②	③
문제지 형별 기재란			
( )형	Ⓐ	Ⓑ	
선 택 과 목 1			
선 택 과 목 2			

수 험 번 호							
⓪	⓪	⓪	⓪	⓪	⓪	⓪	⓪
①	①	①	①	①	①	①	①
②	②	②	②	②	②	②	②
③	③	③	③	③	③	③	③
④	④	④	④	④	④	④	④
⑤	⑤	⑤	⑤	⑤	⑤	⑤	⑤
⑥	⑥	⑥	⑥	⑥	⑥	⑥	⑥
⑦	⑦	⑦	⑦	⑦	⑦	⑦	⑦
⑧	⑧	⑧	⑧	⑧	⑧	⑧	⑧
⑨	⑨	⑨	⑨	⑨	⑨	⑨	⑨

감독위원 확인
인

( )년도 ( ) 제( )차 국가전문자격시험 답안지

1	①②③④⑤	21	①②③④⑤	41	①②③④⑤	61	①②③④⑤	81	①②③④⑤	101	①②③④⑤	121	①②③④⑤
2	①②③④⑤	22	①②③④⑤	42	①②③④⑤	62	①②③④⑤	82	①②③④⑤	102	①②③④⑤	122	①②③④⑤
3	①②③④⑤	23	①②③④⑤	43	①②③④⑤	63	①②③④⑤	83	①②③④⑤	103	①②③④⑤	123	①②③④⑤
4	①②③④⑤	24	①②③④⑤	44	①②③④⑤	64	①②③④⑤	84	①②③④⑤	104	①②③④⑤	124	①②③④⑤
5	①②③④⑤	25	①②③④⑤	45	①②③④⑤	65	①②③④⑤	85	①②③④⑤	105	①②③④⑤	125	①②③④⑤
6	①②③④⑤	26	①②③④⑤	46	①②③④⑤	66	①②③④⑤	86	①②③④⑤	106	①②③④⑤		
7	①②③④⑤	27	①②③④⑤	47	①②③④⑤	67	①②③④⑤	87	①②③④⑤	107	①②③④⑤		
8	①②③④⑤	28	①②③④⑤	48	①②③④⑤	68	①②③④⑤	88	①②③④⑤	108	①②③④⑤		
9	①②③④⑤	29	①②③④⑤	49	①②③④⑤	69	①②③④⑤	89	①②③④⑤	109	①②③④⑤		
10	①②③④⑤	30	①②③④⑤	50	①②③④⑤	70	①②③④⑤	90	①②③④⑤	110	①②③④⑤		
11	①②③④⑤	31	①②③④⑤	51	①②③④⑤	71	①②③④⑤	91	①②③④⑤	111	①②③④⑤		
12	①②③④⑤	32	①②③④⑤	52	①②③④⑤	72	①②③④⑤	92	①②③④⑤	112	①②③④⑤		
13	①②③④⑤	33	①②③④⑤	53	①②③④⑤	73	①②③④⑤	93	①②③④⑤	113	①②③④⑤		
14	①②③④⑤	34	①②③④⑤	54	①②③④⑤	74	①②③④⑤	94	①②③④⑤	114	①②③④⑤		
15	①②③④⑤	35	①②③④⑤	55	①②③④⑤	75	①②③④⑤	95	①②③④⑤	115	①②③④⑤		
16	①②③④⑤	36	①②③④⑤	56	①②③④⑤	76	①②③④⑤	96	①②③④⑤	116	①②③④⑤		
17	①②③④⑤	37	①②③④⑤	57	①②③④⑤	77	①②③④⑤	97	①②③④⑤	117	①②③④⑤		
18	①②③④⑤	38	①②③④⑤	58	①②③④⑤	78	①②③④⑤	98	①②③④⑤	118	①②③④⑤		
19	①②③④⑤	39	①②③④⑤	59	①②③④⑤	79	①②③④⑤	99	①②③④⑤	119	①②③④⑤		
20	①②③④⑤	40	①②③④⑤	60	①②③④⑤	80	①②③④⑤	100	①②③④⑤	120	①②③④⑤		

수험자
여러분의
합격을
기원합니다.

해커스 공인중개사

마킹주의	바르게 마킹 : ● 잘 못 마킹 : ⊗ ⊙ ⓥ ○ ⦶ ⊖ ◔ ●

(예 시) →

성 명
해커스

교시 기재란			
(1)교시	●	②	③

문제지 형별 기재란		
(A)형	●	Ⓑ

선택과목 1

선택과목 2

수험번호

1	5	8	8	2	3	3	2
⓪	⓪	⓪	⓪	⓪	⓪	⓪	⓪
●	①	①	①	①	①	①	①
②	②	②	②	●	②	②	●
③	③	③	③	③	●	●	③
④	④	④	④	④	④	④	④
⑤	●	⑤	⑤	⑤	⑤	⑤	⑤
⑥	⑥	⑥	⑥	⑥	⑥	⑥	⑥
⑦	⑦	⑦	⑦	⑦	⑦	⑦	⑦
⑧	⑧	●	●	⑧	⑧	⑧	⑧
⑨	⑨	⑨	⑨	⑨	⑨	⑨	⑨

감독위원 확인
김합독

수험자 유의사항

1. 시험 중에는 통신기기(휴대전화·소형 무전기 등) 및 전자기기(초소형 카메라 등)을 소지하거나 사용할 수 없습니다.
2. 부정행위 예방을 위해 시험문제지에도 수험번호와 성명을 반드시 기재하시기 바랍니다.
3. 시험시간이 종료되면 즉시 답안작성을 멈춰야 하며, 종료시간 이후 계속 답안을 작성하거나 감독위원의 답안카드 제출지시에 불응할 때에는 당해 시험이 무효처리 됩니다.
4. 기타 감독위원의 정당한 지시에 불응하여 타 수험자의 시험에 방해가 될 경우 퇴실조치 될 수 있습니다.

답안카드 작성 시 유의사항

1. 답안카드 기재·마킹 시에는 반드시 검정색 사인펜을 사용해야 합니다.
2. 답안카드를 잘못 작성했을 시에는 카드를 교체하거나 수정테이프를 사용하여 수정할 수 있습니다.
   그러나 불완전한 수정처리로 인해 발생하는 전산자동판독불가 등 불이익은 수험자의 귀책사유입니다.
   - 수정테이프 이외의 수정액, 스티커 등은 사용 불가
   - 답안카드 왼쪽(성명·수험번호 등)을 제외한 '답안란'만 수정테이프로 수정 가능
3. 성명란은 수험자 본인의 성명을 정자체로 기재합니다.
4. 교시 기재란은 해당교시를 기재하고 해당 란에 마킹합니다.
5. 시험문제지 형별기재란에 해당 형별을 마킹합니다.
6. 수험번호란은 숫자로 기재하고 아래 해당번호에 마킹합니다.
7. 시험문제지 형별 및 수험번호 등 마킹착오로 인한 불이익은 전적으로 수험자의 귀책사유입니다.
8. 감독위원의 날인이 없는 답안카드는 무효처리 됩니다.
9. 상단과 우측의 검은색 띠(▌▌▌) 부분은 낙서를 금지합니다.
10. 답안카드의 채점은 전산판독결과에 따르며, 문제지 형별 및 답안 란의 마킹누락, 마킹착오, 불완전한 마킹 등은 수험자의 귀책사유에 해당하므로 이의제기를 하더라도 받아들여지지 않습니다.

부정행위 처리규정

시험 중 다음과 같은 행위를 하는 자는 당해 시험을 무효처리하고 자격별 관련 규정에 따라 일정기간 동안 시험에 응시할 수 있는 자격을 정지합니다.

1. 시험과 관련된 대화, 답안카드 교환, 다른 수험자의 답안·문제지를 보고 답안 작성, 대리시험을 치르거나 치르게 하는 행위, 시험문제 내용과 관련된 물건을 휴대하거나 이를 주고받는 행위
2. 시험장 내외로부터 도움을 받아 답안을 작성하는 행위, 공인어학성적 및 응시자격서류를 허위기재하여 제출하는 행위
3. 통신기기(휴대전화·소형 무전기 등) 및 전자기기(초소형 카메라 등)를 휴대하거나 사용하는 행위
4. 다른 수험자와 성명 및 수험번호를 바꾸어 작성·제출하는 행위
5. 기타 부정 또는 불공정한 방법으로 시험을 치르는 행위

마킹주의	바르게 마킹 : ● 잘 못 마킹 : ⊗ ⊙ ⓥ ○ ⦶ ⊖ ◔ ●

(예 시) →

성 명
해커스

교시 기재란			
(1)교시	●	②	③

문제지 형별 기재란		
(A)형	●	Ⓑ

선택과목 1

선택과목 2

수험번호

1	5	8	8	2	3	3	2
⓪	⓪	⓪	⓪	⓪	⓪	⓪	⓪
●	①	①	①	①	①	①	①
②	②	②	②	●	②	②	●
③	③	③	③	③	●	●	③
④	④	④	④	④	④	④	④
⑤	●	⑤	⑤	⑤	⑤	⑤	⑤
⑥	⑥	⑥	⑥	⑥	⑥	⑥	⑥
⑦	⑦	⑦	⑦	⑦	⑦	⑦	⑦
⑧	⑧	●	●	⑧	⑧	⑧	⑧
⑨	⑨	⑨	⑨	⑨	⑨	⑨	⑨

감독위원 확인
김합독

수험자 유의사항

1. 시험 중에는 통신기기(휴대전화·소형 무전기 등) 및 전자기기(초소형 카메라 등)을 소지하거나 사용할 수 없습니다.
2. 부정행위 예방을 위해 시험문제지에도 수험번호와 성명을 반드시 기재하시기 바랍니다.
3. 시험시간이 종료되면 즉시 답안작성을 멈춰야 하며, 종료시간 이후 계속 답안을 작성하거나 감독위원의 답안카드 제출지시에 불응할 때에는 당해 시험이 무효처리 됩니다.
4. 기타 감독위원의 정당한 지시에 불응하여 타 수험자의 시험에 방해가 될 경우 퇴실조치 될 수 있습니다.

답안카드 작성 시 유의사항

1. 답안카드 기재·마킹 시에는 반드시 검정색 사인펜을 사용해야 합니다.
2. 답안카드를 잘못 작성했을 시에는 카드를 교체하거나 수정테이프를 사용하여 수정할 수 있습니다.
   그러나 불완전한 수정처리로 인해 발생하는 전산자동판독불가 등 불이익은 수험자의 귀책사유입니다.
   - 수정테이프 이외의 수정액, 스티커 등은 사용 불가
   - 답안카드 왼쪽(성명·수험번호 등)을 제외한 '답안란'만 수정테이프로 수정 가능
3. 성명란은 수험자 본인의 성명을 정자체로 기재합니다.
4. 교시 기재란은 해당교시를 기재하고 해당 란에 마킹합니다.
5. 시험문제지 형별기재란에 해당 형별을 마킹합니다.
6. 수험번호란은 숫자로 기재하고 아래 해당번호에 마킹합니다.
7. 시험문제지 형별 및 수험번호 등 마킹착오로 인한 불이익은 전적으로 수험자의 귀책사유입니다.
8. 감독위원의 날인이 없는 답안카드는 무효처리 됩니다.
9. 상단과 우측의 검은색 띠(▌▌▌) 부분은 낙서를 금지합니다.
10. 답안카드의 채점은 전산판독결과에 따르며, 문제지 형별 및 답안 란의 마킹누락, 마킹착오, 불완전한 마킹 등은 수험자의 귀책사유에 해당하므로 이의제기를 하더라도 받아들여지지 않습니다.

부정행위 처리규정

시험 중 다음과 같은 행위를 하는 자는 당해 시험을 무효처리하고 자격별 관련 규정에 따라 일정기간 동안 시험에 응시할 수 있는 자격을 정지합니다.

1. 시험과 관련된 대화, 답안카드 교환, 다른 수험자의 답안·문제지를 보고 답안 작성, 대리시험을 치르거나 치르게 하는 행위, 시험문제 내용과 관련된 물건을 휴대하거나 이를 주고받는 행위
2. 시험장 내외로부터 도움을 받아 답안을 작성하는 행위, 공인어학성적 및 응시자격서류를 허위기재하여 제출하는 행위
3. 통신기기(휴대전화·소형 무전기 등) 및 전자기기(초소형 카메라 등)를 휴대하거나 사용하는 행위
4. 다른 수험자와 성명 및 수험번호를 바꾸어 작성·제출하는 행위
5. 기타 부정 또는 불공정한 방법으로 시험을 치르는 행위

성 명

교시 기재란			
(　　)교시	①	②	③

문제지 형별 기재란		
(　　　)형	Ⓐ	Ⓑ

선 택 과 목 1

선 택 과 목 2

수 험 번 호							
⓪	⓪	⓪	⓪	⓪	⓪	⓪	⓪
①	①	①	①	①	①	①	①
②	②	②	②	②	②	②	②
③	③	③	③	③	③	③	③
④	④	④	④	④	④	④	④
⑤	⑤	⑤	⑤	⑤	⑤	⑤	⑤
⑥	⑥	⑥	⑥	⑥	⑥	⑥	⑥
⑦	⑦	⑦	⑦	⑦	⑦	⑦	⑦
⑧	⑧	⑧	⑧	⑧	⑧	⑧	⑧
⑨	⑨	⑨	⑨	⑨	⑨	⑨	⑨

감독위원 확인
인

(　　　)년도 (　　　　　　) 제(　)차 국가전문자격시험 답안지

1	① ② ③ ④ ⑤	21	① ② ③ ④ ⑤	41	① ② ③ ④ ⑤	61	① ② ③ ④ ⑤	81	① ② ③ ④ ⑤	101	① ② ③ ④ ⑤	121	① ② ③ ④ ⑤
2	① ② ③ ④ ⑤	22	① ② ③ ④ ⑤	42	① ② ③ ④ ⑤	62	① ② ③ ④ ⑤	82	① ② ③ ④ ⑤	102	① ② ③ ④ ⑤	122	① ② ③ ④ ⑤
3	① ② ③ ④ ⑤	23	① ② ③ ④ ⑤	43	① ② ③ ④ ⑤	63	① ② ③ ④ ⑤	83	① ② ③ ④ ⑤	103	① ② ③ ④ ⑤	123	① ② ③ ④ ⑤
4	① ② ③ ④ ⑤	24	① ② ③ ④ ⑤	44	① ② ③ ④ ⑤	64	① ② ③ ④ ⑤	84	① ② ③ ④ ⑤	104	① ② ③ ④ ⑤	124	① ② ③ ④ ⑤
5	① ② ③ ④ ⑤	25	① ② ③ ④ ⑤	45	① ② ③ ④ ⑤	65	① ② ③ ④ ⑤	85	① ② ③ ④ ⑤	105	① ② ③ ④ ⑤	125	① ② ③ ④ ⑤
6	① ② ③ ④ ⑤	26	① ② ③ ④ ⑤	46	① ② ③ ④ ⑤	66	① ② ③ ④ ⑤	86	① ② ③ ④ ⑤	106	① ② ③ ④ ⑤		
7	① ② ③ ④ ⑤	27	① ② ③ ④ ⑤	47	① ② ③ ④ ⑤	67	① ② ③ ④ ⑤	87	① ② ③ ④ ⑤	107	① ② ③ ④ ⑤		
8	① ② ③ ④ ⑤	28	① ② ③ ④ ⑤	48	① ② ③ ④ ⑤	68	① ② ③ ④ ⑤	88	① ② ③ ④ ⑤	108	① ② ③ ④ ⑤		
9	① ② ③ ④ ⑤	29	① ② ③ ④ ⑤	49	① ② ③ ④ ⑤	69	① ② ③ ④ ⑤	89	① ② ③ ④ ⑤	109	① ② ③ ④ ⑤		
10	① ② ③ ④ ⑤	30	① ② ③ ④ ⑤	50	① ② ③ ④ ⑤	70	① ② ③ ④ ⑤	90	① ② ③ ④ ⑤	110	① ② ③ ④ ⑤		
11	① ② ③ ④ ⑤	31	① ② ③ ④ ⑤	51	① ② ③ ④ ⑤	71	① ② ③ ④ ⑤	91	① ② ③ ④ ⑤	111	① ② ③ ④ ⑤		
12	① ② ③ ④ ⑤	32	① ② ③ ④ ⑤	52	① ② ③ ④ ⑤	72	① ② ③ ④ ⑤	92	① ② ③ ④ ⑤	112	① ② ③ ④ ⑤		
13	① ② ③ ④ ⑤	33	① ② ③ ④ ⑤	53	① ② ③ ④ ⑤	73	① ② ③ ④ ⑤	93	① ② ③ ④ ⑤	113	① ② ③ ④ ⑤		
14	① ② ③ ④ ⑤	34	① ② ③ ④ ⑤	54	① ② ③ ④ ⑤	74	① ② ③ ④ ⑤	94	① ② ③ ④ ⑤	114	① ② ③ ④ ⑤		
15	① ② ③ ④ ⑤	35	① ② ③ ④ ⑤	55	① ② ③ ④ ⑤	75	① ② ③ ④ ⑤	95	① ② ③ ④ ⑤	115	① ② ③ ④ ⑤		
16	① ② ③ ④ ⑤	36	① ② ③ ④ ⑤	56	① ② ③ ④ ⑤	76	① ② ③ ④ ⑤	96	① ② ③ ④ ⑤	116	① ② ③ ④ ⑤		
17	① ② ③ ④ ⑤	37	① ② ③ ④ ⑤	57	① ② ③ ④ ⑤	77	① ② ③ ④ ⑤	97	① ② ③ ④ ⑤	117	① ② ③ ④ ⑤		
18	① ② ③ ④ ⑤	38	① ② ③ ④ ⑤	58	① ② ③ ④ ⑤	78	① ② ③ ④ ⑤	98	① ② ③ ④ ⑤	118	① ② ③ ④ ⑤		
19	① ② ③ ④ ⑤	39	① ② ③ ④ ⑤	59	① ② ③ ④ ⑤	79	① ② ③ ④ ⑤	99	① ② ③ ④ ⑤	119	① ② ③ ④ ⑤		
20	① ② ③ ④ ⑤	40	① ② ③ ④ ⑤	60	① ② ③ ④ ⑤	80	① ② ③ ④ ⑤	100	① ② ③ ④ ⑤	120	① ② ③ ④ ⑤		

수험자
여러분의
합격을
기원합니다.

해커스 공인중개사

성 명

교시 기재란			
(　　)교시	①	②	③

문제지 형별 기재란		
(　　　)형	Ⓐ	Ⓑ

선 택 과 목 1

선 택 과 목 2

수 험 번 호							
⓪	⓪	⓪	⓪	⓪	⓪	⓪	⓪
①	①	①	①	①	①	①	①
②	②	②	②	②	②	②	②
③	③	③	③	③	③	③	③
④	④	④	④	④	④	④	④
⑤	⑤	⑤	⑤	⑤	⑤	⑤	⑤
⑥	⑥	⑥	⑥	⑥	⑥	⑥	⑥
⑦	⑦	⑦	⑦	⑦	⑦	⑦	⑦
⑧	⑧	⑧	⑧	⑧	⑧	⑧	⑧
⑨	⑨	⑨	⑨	⑨	⑨	⑨	⑨

감독위원 확인
인

(　　　)년도 (　　　　　　) 제(　)차 국가전문자격시험 답안지

1	① ② ③ ④ ⑤	21	① ② ③ ④ ⑤	41	① ② ③ ④ ⑤	61	① ② ③ ④ ⑤	81	① ② ③ ④ ⑤	101	① ② ③ ④ ⑤	121	① ② ③ ④ ⑤
2	① ② ③ ④ ⑤	22	① ② ③ ④ ⑤	42	① ② ③ ④ ⑤	62	① ② ③ ④ ⑤	82	① ② ③ ④ ⑤	102	① ② ③ ④ ⑤	122	① ② ③ ④ ⑤
3	① ② ③ ④ ⑤	23	① ② ③ ④ ⑤	43	① ② ③ ④ ⑤	63	① ② ③ ④ ⑤	83	① ② ③ ④ ⑤	103	① ② ③ ④ ⑤	123	① ② ③ ④ ⑤
4	① ② ③ ④ ⑤	24	① ② ③ ④ ⑤	44	① ② ③ ④ ⑤	64	① ② ③ ④ ⑤	84	① ② ③ ④ ⑤	104	① ② ③ ④ ⑤	124	① ② ③ ④ ⑤
5	① ② ③ ④ ⑤	25	① ② ③ ④ ⑤	45	① ② ③ ④ ⑤	65	① ② ③ ④ ⑤	85	① ② ③ ④ ⑤	105	① ② ③ ④ ⑤	125	① ② ③ ④ ⑤
6	① ② ③ ④ ⑤	26	① ② ③ ④ ⑤	46	① ② ③ ④ ⑤	66	① ② ③ ④ ⑤	86	① ② ③ ④ ⑤	106	① ② ③ ④ ⑤		
7	① ② ③ ④ ⑤	27	① ② ③ ④ ⑤	47	① ② ③ ④ ⑤	67	① ② ③ ④ ⑤	87	① ② ③ ④ ⑤	107	① ② ③ ④ ⑤		
8	① ② ③ ④ ⑤	28	① ② ③ ④ ⑤	48	① ② ③ ④ ⑤	68	① ② ③ ④ ⑤	88	① ② ③ ④ ⑤	108	① ② ③ ④ ⑤		
9	① ② ③ ④ ⑤	29	① ② ③ ④ ⑤	49	① ② ③ ④ ⑤	69	① ② ③ ④ ⑤	89	① ② ③ ④ ⑤	109	① ② ③ ④ ⑤		
10	① ② ③ ④ ⑤	30	① ② ③ ④ ⑤	50	① ② ③ ④ ⑤	70	① ② ③ ④ ⑤	90	① ② ③ ④ ⑤	110	① ② ③ ④ ⑤		
11	① ② ③ ④ ⑤	31	① ② ③ ④ ⑤	51	① ② ③ ④ ⑤	71	① ② ③ ④ ⑤	91	① ② ③ ④ ⑤	111	① ② ③ ④ ⑤		
12	① ② ③ ④ ⑤	32	① ② ③ ④ ⑤	52	① ② ③ ④ ⑤	72	① ② ③ ④ ⑤	92	① ② ③ ④ ⑤	112	① ② ③ ④ ⑤		
13	① ② ③ ④ ⑤	33	① ② ③ ④ ⑤	53	① ② ③ ④ ⑤	73	① ② ③ ④ ⑤	93	① ② ③ ④ ⑤	113	① ② ③ ④ ⑤		
14	① ② ③ ④ ⑤	34	① ② ③ ④ ⑤	54	① ② ③ ④ ⑤	74	① ② ③ ④ ⑤	94	① ② ③ ④ ⑤	114	① ② ③ ④ ⑤		
15	① ② ③ ④ ⑤	35	① ② ③ ④ ⑤	55	① ② ③ ④ ⑤	75	① ② ③ ④ ⑤	95	① ② ③ ④ ⑤	115	① ② ③ ④ ⑤		
16	① ② ③ ④ ⑤	36	① ② ③ ④ ⑤	56	① ② ③ ④ ⑤	76	① ② ③ ④ ⑤	96	① ② ③ ④ ⑤	116	① ② ③ ④ ⑤		
17	① ② ③ ④ ⑤	37	① ② ③ ④ ⑤	57	① ② ③ ④ ⑤	77	① ② ③ ④ ⑤	97	① ② ③ ④ ⑤	117	① ② ③ ④ ⑤		
18	① ② ③ ④ ⑤	38	① ② ③ ④ ⑤	58	① ② ③ ④ ⑤	78	① ② ③ ④ ⑤	98	① ② ③ ④ ⑤	118	① ② ③ ④ ⑤		
19	① ② ③ ④ ⑤	39	① ② ③ ④ ⑤	59	① ② ③ ④ ⑤	79	① ② ③ ④ ⑤	99	① ② ③ ④ ⑤	119	① ② ③ ④ ⑤		
20	① ② ③ ④ ⑤	40	① ② ③ ④ ⑤	60	① ② ③ ④ ⑤	80	① ② ③ ④ ⑤	100	① ② ③ ④ ⑤	120	① ② ③ ④ ⑤		

수험자
여러분의
합격을
기원합니다.

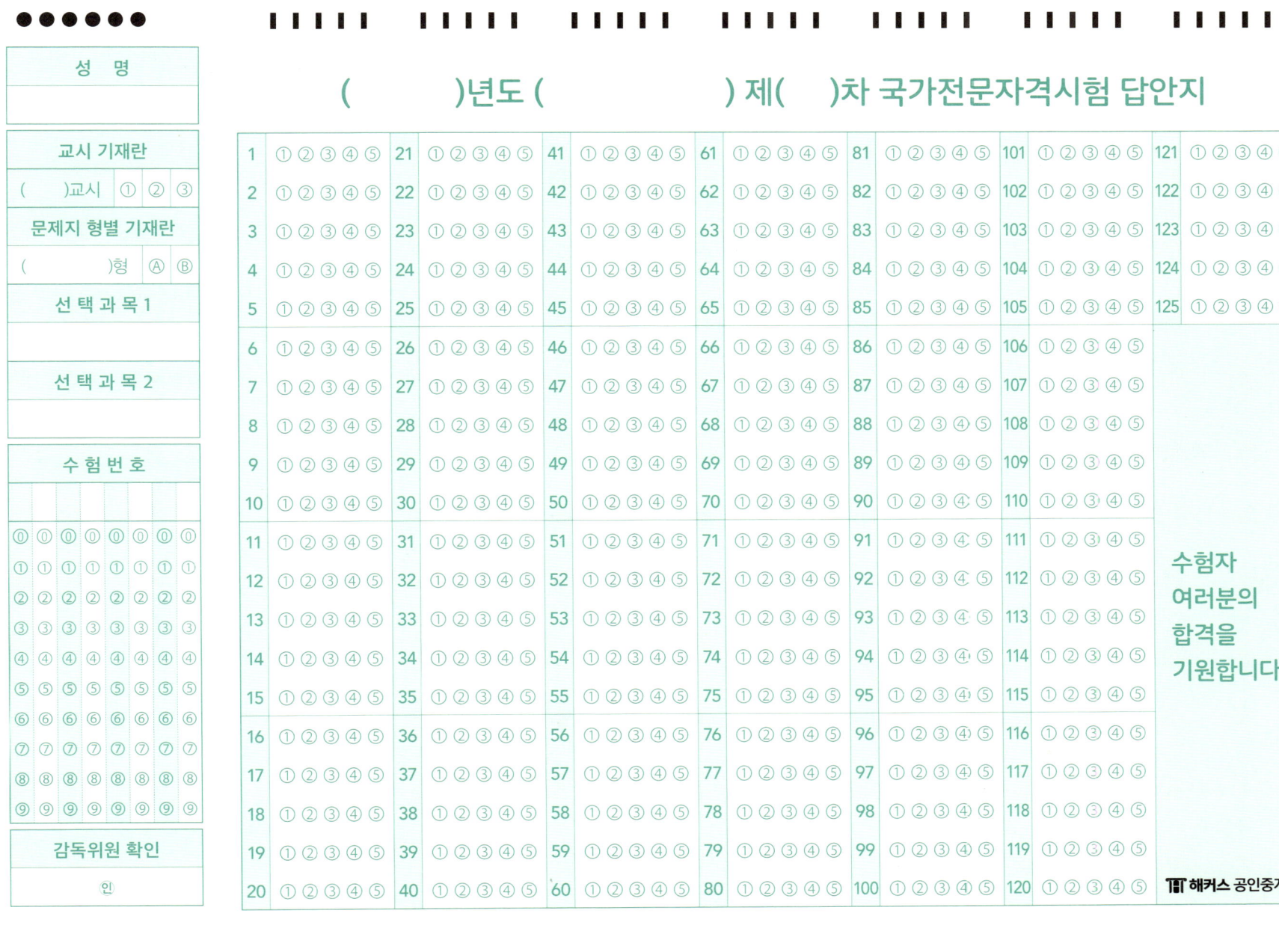

해커스 공인중개사

마 킹 주 의	바르게 마킹 : ● 잘 못 마킹 : ⊗ ⊙ ⓥ ◯ ⦶ ⊖ ◌ ◉

(예 시) →

성 명
해커스

교시 기재란			
(1)교시	●	②	③

문제지 형별 기재란		
(A)형	●	Ⓑ

선 택 과 목 1

선 택 과 목 2

수 험 번 호							
1	5	8	8	2	3	3	2
⓪	⓪	⓪	⓪	⓪	⓪	⓪	⓪
●	①	①	①	①	①	①	①
②	②	②	②	●	②	②	●
③	③	③	③	③	●	●	③
④	④	④	④	④	④	④	④
⑤	●	⑤	⑤	⑤	⑤	⑤	⑤
⑥	⑥	⑥	⑥	⑥	⑥	⑥	⑥
⑦	⑦	⑦	⑦	⑦	⑦	⑦	⑦
⑧	⑧	●	●	⑧	⑧	⑧	⑧
⑨	⑨	⑨	⑨	⑨	⑨	⑨	⑨

감독위원 확인
김합독

수험자 유의사항

1. 시험 중에는 통신기기(휴대전화 · 소형 무전기 등) 및 전자기기(초소형 카메라 등)을 소지하거나 사용할 수 없습니다.
2. 부정행위 예방을 위해 시험문제지에도 수험번호와 성명을 반드시 기재하시기 바랍니다.
3. 시험시간이 종료되면 즉시 답안작성을 멈춰야 하며, 종료시간 이후 계속 답안을 작성하거나 감독위원의 답안카드 제출지시에 불응할 때에는 당해 시험이 무효처리 됩니다.
4. 기타 감독위원의 정당한 지시에 불응하여 타 수험자의 시험에 방해가 될 경우 퇴실조치 될 수 있습니다.

답안카드 작성 시 유의사항

1. 답안카드 기재 · 마킹 시에는 반드시 검정색 사인펜을 사용해야 합니다.
2. 답안카드를 잘못 작성했을 시에는 카드를 교체하거나 수정테이프를 사용하여 수정할 수 있습니다.
   그러나 불완전한 수정처리로 인해 발생하는 전산자동판독불가 등 불이익은 수험자의 귀책사유입니다.
   - 수정테이프 이외의 수정액, 스티커 등은 사용 불가
   - 답안카드 왼쪽(성명 · 수험번호 등)을 제외한 '답안란'만 수정테이프로 수정 가능
3. 성명란은 수험자 본인의 성명을 정자체로 기재합니다.
4. 교시 기재란은 해당교시를 기재하고 해당 란에 마킹합니다.
5. 시험문제지 형별기재란에 해당 형별을 마킹합니다.
6. 수험번호란은 숫자로 기재하고 아래 해당번호에 마킹합니다.
7. 시험문제지 형별 및 수험번호 등 마킹착오로 인한 불이익은 전적으로 수험자의 귀책사유입니다.
8. 감독위원의 날인이 없는 답안카드는 무효처리 됩니다.
9. 상단과 우측의 검은색 띠(▌▌▌) 부분은 낙서를 금지합니다.
10. 답안카드의 채점은 전산판독결과에 따르며, 문제지 형별 및 답안 란의 마킹누락, 마킹착오, 불완전한 마킹 등은 수험자의 귀책사유에 해당하므로 이의제기를 하더라도 받아들여지지 않습니다.

부정행위 처리규정

시험 중 다음과 같은 행위를 하는 자는 당해 시험을 무효처리하고 자격별 관련 규정에 따라 일정기간 동안 시험에 응시할 수 있는 자격을 정지합니다.

1. 시험과 관련된 대화, 답안카드 교환, 다른 수험자의 답안 · 문제지를 보고 답안 작성, 대리시험을 치르거나 치르게 하는 행위, 시험문제 내용과 관련된 물건을 휴대하거나 이를 주고받는 행위
2. 시험장 내외로부터 도움을 받아 답안을 작성하는 행위, 공인어학성적 및 응시자격서류를 허위기재하여 제출하는 행위
3. 통신기기(휴대전화 · 소형 무전기 등) 및 전자기기(초소형 카메라 등)를 휴대하거나 사용하는 행위
4. 다른 수험자와 성명 및 수험번호를 바꾸어 작성 · 제출하는 행위
5. 기타 부정 또는 불공정한 방법으로 시험을 치르는 행위

마 킹 주 의	바르게 마킹 : ● 잘 못 마킹 : ⊗ ⊙ ⓥ ◯ ⦶ ⊖ ◌ ◉

(예 시) →

성 명
해커스

교시 기재란			
(1)교시	●	②	③

문제지 형별 기재란		
(A)형	●	Ⓑ

선 택 과 목 1

선 택 과 목 2

수 험 번 호							
1	5	8	8	2	3	3	2
⓪	⓪	⓪	⓪	⓪	⓪	⓪	⓪
●	①	①	①	①	①	①	①
②	②	②	②	●	②	②	●
③	③	③	③	③	●	●	③
④	④	④	④	④	④	④	④
⑤	●	⑤	⑤	⑤	⑤	⑤	⑤
⑥	⑥	⑥	⑥	⑥	⑥	⑥	⑥
⑦	⑦	⑦	⑦	⑦	⑦	⑦	⑦
⑧	⑧	●	●	⑧	⑧	⑧	⑧
⑨	⑨	⑨	⑨	⑨	⑨	⑨	⑨

감독위원 확인
김합독

수험자 유의사항

1. 시험 중에는 통신기기(휴대전화 · 소형 무전기 등) 및 전자기기(초소형 카메라 등)을 소지하거나 사용할 수 없습니다.
2. 부정행위 예방을 위해 시험문제지에도 수험번호와 성명을 반드시 기재하시기 바랍니다.
3. 시험시간이 종료되면 즉시 답안작성을 멈춰야 하며, 종료시간 이후 계속 답안을 작성하거나 감독위원의 답안카드 제출지시에 불응할 때에는 당해 시험이 무효처리 됩니다.
4. 기타 감독위원의 정당한 지시에 불응하여 타 수험자의 시험에 방해가 될 경우 퇴실조치 될 수 있습니다.

답안카드 작성 시 유의사항

1. 답안카드 기재 · 마킹 시에는 반드시 검정색 사인펜을 사용해야 합니다.
2. 답안카드를 잘못 작성했을 시에는 카드를 교체하거나 수정테이프를 사용하여 수정할 수 있습니다.
   그러나 불완전한 수정처리로 인해 발생하는 전산자동판독불가 등 불이익은 수험자의 귀책사유입니다.
   - 수정테이프 이외의 수정액, 스티커 등은 사용 불가
   - 답안카드 왼쪽(성명 · 수험번호 등)을 제외한 '답안란'만 수정테이프로 수정 가능
3. 성명란은 수험자 본인의 성명을 정자체로 기재합니다.
4. 교시 기재란은 해당교시를 기재하고 해당 란에 마킹합니다.
5. 시험문제지 형별기재란에 해당 형별을 마킹합니다.
6. 수험번호란은 숫자로 기재하고 아래 해당번호에 마킹합니다.
7. 시험문제지 형별 및 수험번호 등 마킹착오로 인한 불이익은 전적으로 수험자의 귀책사유입니다.
8. 감독위원의 날인이 없는 답안카드는 무효처리 됩니다.
9. 상단과 우측의 검은색 띠(▌▌▌) 부분은 낙서를 금지합니다.
10. 답안카드의 채점은 전산판독결과에 따르며, 문제지 형별 및 답안 란의 마킹누락, 마킹착오, 불완전한 마킹 등은 수험자의 귀책사유에 해당하므로 이의제기를 하더라도 받아들여지지 않습니다.

부정행위 처리규정

시험 중 다음과 같은 행위를 하는 자는 당해 시험을 무효처리하고 자격별 관련 규정에 따라 일정기간 동안 시험에 응시할 수 있는 자격을 정지합니다.

1. 시험과 관련된 대화, 답안카드 교환, 다른 수험자의 답안 · 문제지를 보고 답안 작성, 대리시험을 치르거나 치르게 하는 행위, 시험문제 내용과 관련된 물건을 휴대하거나 이를 주고받는 행위
2. 시험장 내외로부터 도움을 받아 답안을 작성하는 행위, 공인어학성적 및 응시자격서류를 허위기재하여 제출하는 행위
3. 통신기기(휴대전화 · 소형 무전기 등) 및 전자기기(초소형 카메라 등)를 휴대하거나 사용하는 행위
4. 다른 수험자와 성명 및 수험번호를 바꾸어 작성 · 제출하는 행위
5. 기타 부정 또는 불공정한 방법으로 시험을 치르는 행위

성 명

교시 기재란			
(　　)교시	①	②	③

문제지 형별 기재란		
(　　　)형	Ⓐ	Ⓑ

선 택 과 목 1

선 택 과 목 2

수 험 번 호							
⓪	⓪	⓪	⓪	⓪	⓪	⓪	⓪
①	①	①	①	①	①	①	①
②	②	②	②	②	②	②	②
③	③	③	③	③	③	③	③
④	④	④	④	④	④	④	④
⑤	⑤	⑤	⑤	⑤	⑤	⑤	⑤
⑥	⑥	⑥	⑥	⑥	⑥	⑥	⑥
⑦	⑦	⑦	⑦	⑦	⑦	⑦	⑦
⑧	⑧	⑧	⑧	⑧	⑧	⑧	⑧
⑨	⑨	⑨	⑨	⑨	⑨	⑨	⑨

감독위원 확인
인

(　　　　)년도 (　　　　　　　) 제(　　)차 국가전문자격시험 답안지

1	① ② ③ ④ ⑤	21	① ② ③ ④ ⑤	41	① ② ③ ④ ⑤	61	① ② ③ ④ ⑤	81	① ② ③ ④ ⑤	101	① ② ③ ④ ⑤	121	① ② ③ ④ ⑤
2	① ② ③ ④ ⑤	22	① ② ③ ④ ⑤	42	① ② ③ ④ ⑤	62	① ② ③ ④ ⑤	82	① ② ③ ④ ⑤	102	① ② ③ ④ ⑤	122	① ② ③ ④ ⑤
3	① ② ③ ④ ⑤	23	① ② ③ ④ ⑤	43	① ② ③ ④ ⑤	63	① ② ③ ④ ⑤	83	① ② ③ ④ ⑤	103	① ② ③ ④ ⑤	123	① ② ③ ④ ⑤
4	① ② ③ ④ ⑤	24	① ② ③ ④ ⑤	44	① ② ③ ④ ⑤	64	① ② ③ ④ ⑤	84	① ② ③ ④ ⑤	104	① ② ③ ④ ⑤	124	① ② ③ ④ ⑤
5	① ② ③ ④ ⑤	25	① ② ③ ④ ⑤	45	① ② ③ ④ ⑤	65	① ② ③ ④ ⑤	85	① ② ③ ④ ⑤	105	① ② ③ ④ ⑤	125	① ② ③ ④ ⑤
6	① ② ③ ④ ⑤	26	① ② ③ ④ ⑤	46	① ② ③ ④ ⑤	66	① ② ③ ④ ⑤	86	① ② ③ ④ ⑤	106	① ② ③ ④ ⑤		
7	① ② ③ ④ ⑤	27	① ② ③ ④ ⑤	47	① ② ③ ④ ⑤	67	① ② ③ ④ ⑤	87	① ② ③ ④ ⑤	107	① ② ③ ④ ⑤		
8	① ② ③ ④ ⑤	28	① ② ③ ④ ⑤	48	① ② ③ ④ ⑤	68	① ② ③ ④ ⑤	88	① ② ③ ④ ⑤	108	① ② ③ ④ ⑤		
9	① ② ③ ④ ⑤	29	① ② ③ ④ ⑤	49	① ② ③ ④ ⑤	69	① ② ③ ④ ⑤	89	① ② ③ ④ ⑤	109	① ② ③ ④ ⑤		
10	① ② ③ ④ ⑤	30	① ② ③ ④ ⑤	50	① ② ③ ④ ⑤	70	① ② ③ ④ ⑤	90	① ② ③ ④ ⑤	110	① ② ③ ④ ⑤		
11	① ② ③ ④ ⑤	31	① ② ③ ④ ⑤	51	① ② ③ ④ ⑤	71	① ② ③ ④ ⑤	91	① ② ③ ④ ⑤	111	① ② ③ ④ ⑤		
12	① ② ③ ④ ⑤	32	① ② ③ ④ ⑤	52	① ② ③ ④ ⑤	72	① ② ③ ④ ⑤	92	① ② ③ ④ ⑤	112	① ② ③ ④ ⑤		
13	① ② ③ ④ ⑤	33	① ② ③ ④ ⑤	53	① ② ③ ④ ⑤	73	① ② ③ ④ ⑤	93	① ② ③ ④ ⑤	113	① ② ③ ④ ⑤		
14	① ② ③ ④ ⑤	34	① ② ③ ④ ⑤	54	① ② ③ ④ ⑤	74	① ② ③ ④ ⑤	94	① ② ③ ④ ⑤	114	① ② ③ ④ ⑤		
15	① ② ③ ④ ⑤	35	① ② ③ ④ ⑤	55	① ② ③ ④ ⑤	75	① ② ③ ④ ⑤	95	① ② ③ ④ ⑤	115	① ② ③ ④ ⑤		
16	① ② ③ ④ ⑤	36	① ② ③ ④ ⑤	56	① ② ③ ④ ⑤	76	① ② ③ ④ ⑤	96	① ② ③ ④ ⑤	116	① ② ③ ④ ⑤		
17	① ② ③ ④ ⑤	37	① ② ③ ④ ⑤	57	① ② ③ ④ ⑤	77	① ② ③ ④ ⑤	97	① ② ③ ④ ⑤	117	① ② ③ ④ ⑤		
18	① ② ③ ④ ⑤	38	① ② ③ ④ ⑤	58	① ② ③ ④ ⑤	78	① ② ③ ④ ⑤	98	① ② ③ ④ ⑤	118	① ② ③ ④ ⑤		
19	① ② ③ ④ ⑤	39	① ② ③ ④ ⑤	59	① ② ③ ④ ⑤	79	① ② ③ ④ ⑤	99	① ② ③ ④ ⑤	119	① ② ③ ④ ⑤		
20	① ② ③ ④ ⑤	40	① ② ③ ④ ⑤	60	① ② ③ ④ ⑤	80	① ② ③ ④ ⑤	100	① ② ③ ④ ⑤	120	① ② ③ ④ ⑤		

수험자
여러분의
합격을
기원합니다.

해커스 공인중개사

성 명

교시 기재란			
(　　)교시	①	②	③

문제지 형별 기재란		
(　　　)형	Ⓐ	Ⓑ

선 택 과 목 1

선 택 과 목 2

수 험 번 호							
⓪	⓪	⓪	⓪	⓪	⓪	⓪	⓪
①	①	①	①	①	①	①	①
②	②	②	②	②	②	②	②
③	③	③	③	③	③	③	③
④	④	④	④	④	④	④	④
⑤	⑤	⑤	⑤	⑤	⑤	⑤	⑤
⑥	⑥	⑥	⑥	⑥	⑥	⑥	⑥
⑦	⑦	⑦	⑦	⑦	⑦	⑦	⑦
⑧	⑧	⑧	⑧	⑧	⑧	⑧	⑧
⑨	⑨	⑨	⑨	⑨	⑨	⑨	⑨

감독위원 확인
인

(　　　　)년도 (　　　　　　　) 제(　　)차 국가전문자격시험 답안지

1	① ② ③ ④ ⑤	21	① ② ③ ④ ⑤	41	① ② ③ ④ ⑤	61	① ② ③ ④ ⑤	81	① ② ③ ④ ⑤	101	① ② ③ ④ ⑤	121	① ② ③ ④ ⑤
2	① ② ③ ④ ⑤	22	① ② ③ ④ ⑤	42	① ② ③ ④ ⑤	62	① ② ③ ④ ⑤	82	① ② ③ ④ ⑤	102	① ② ③ ④ ⑤	122	① ② ③ ④ ⑤
3	① ② ③ ④ ⑤	23	① ② ③ ④ ⑤	43	① ② ③ ④ ⑤	63	① ② ③ ④ ⑤	83	① ② ③ ④ ⑤	103	① ② ③ ④ ⑤	123	① ② ③ ④ ⑤
4	① ② ③ ④ ⑤	24	① ② ③ ④ ⑤	44	① ② ③ ④ ⑤	64	① ② ③ ④ ⑤	84	① ② ③ ④ ⑤	104	① ② ③ ④ ⑤	124	① ② ③ ④ ⑤
5	① ② ③ ④ ⑤	25	① ② ③ ④ ⑤	45	① ② ③ ④ ⑤	65	① ② ③ ④ ⑤	85	① ② ③ ④ ⑤	105	① ② ③ ④ ⑤	125	① ② ③ ④ ⑤
6	① ② ③ ④ ⑤	26	① ② ③ ④ ⑤	46	① ② ③ ④ ⑤	66	① ② ③ ④ ⑤	86	① ② ③ ④ ⑤	106	① ② ③ ④ ⑤		
7	① ② ③ ④ ⑤	27	① ② ③ ④ ⑤	47	① ② ③ ④ ⑤	67	① ② ③ ④ ⑤	87	① ② ③ ④ ⑤	107	① ② ③ ④ ⑤		
8	① ② ③ ④ ⑤	28	① ② ③ ④ ⑤	48	① ② ③ ④ ⑤	68	① ② ③ ④ ⑤	88	① ② ③ ④ ⑤	108	① ② ③ ④ ⑤		
9	① ② ③ ④ ⑤	29	① ② ③ ④ ⑤	49	① ② ③ ④ ⑤	69	① ② ③ ④ ⑤	89	① ② ③ ④ ⑤	109	① ② ③ ④ ⑤		
10	① ② ③ ④ ⑤	30	① ② ③ ④ ⑤	50	① ② ③ ④ ⑤	70	① ② ③ ④ ⑤	90	① ② ③ ④ ⑤	110	① ② ③ ④ ⑤		
11	① ② ③ ④ ⑤	31	① ② ③ ④ ⑤	51	① ② ③ ④ ⑤	71	① ② ③ ④ ⑤	91	① ② ③ ④ ⑤	111	① ② ③ ④ ⑤		
12	① ② ③ ④ ⑤	32	① ② ③ ④ ⑤	52	① ② ③ ④ ⑤	72	① ② ③ ④ ⑤	92	① ② ③ ④ ⑤	112	① ② ③ ④ ⑤		
13	① ② ③ ④ ⑤	33	① ② ③ ④ ⑤	53	① ② ③ ④ ⑤	73	① ② ③ ④ ⑤	93	① ② ③ ④ ⑤	113	① ② ③ ④ ⑤		
14	① ② ③ ④ ⑤	34	① ② ③ ④ ⑤	54	① ② ③ ④ ⑤	74	① ② ③ ④ ⑤	94	① ② ③ ④ ⑤	114	① ② ③ ④ ⑤		
15	① ② ③ ④ ⑤	35	① ② ③ ④ ⑤	55	① ② ③ ④ ⑤	75	① ② ③ ④ ⑤	95	① ② ③ ④ ⑤	115	① ② ③ ④ ⑤		
16	① ② ③ ④ ⑤	36	① ② ③ ④ ⑤	56	① ② ③ ④ ⑤	76	① ② ③ ④ ⑤	96	① ② ③ ④ ⑤	116	① ② ③ ④ ⑤		
17	① ② ③ ④ ⑤	37	① ② ③ ④ ⑤	57	① ② ③ ④ ⑤	77	① ② ③ ④ ⑤	97	① ② ③ ④ ⑤	117	① ② ③ ④ ⑤		
18	① ② ③ ④ ⑤	38	① ② ③ ④ ⑤	58	① ② ③ ④ ⑤	78	① ② ③ ④ ⑤	98	① ② ③ ④ ⑤	118	① ② ③ ④ ⑤		
19	① ② ③ ④ ⑤	39	① ② ③ ④ ⑤	59	① ② ③ ④ ⑤	79	① ② ③ ④ ⑤	99	① ② ③ ④ ⑤	119	① ② ③ ④ ⑤		
20	① ② ③ ④ ⑤	40	① ② ③ ④ ⑤	60	① ② ③ ④ ⑤	80	① ② ③ ④ ⑤	100	① ② ③ ④ ⑤	120	① ② ③ ④ ⑤		

수험자
여러분의
합격을
기원합니다.

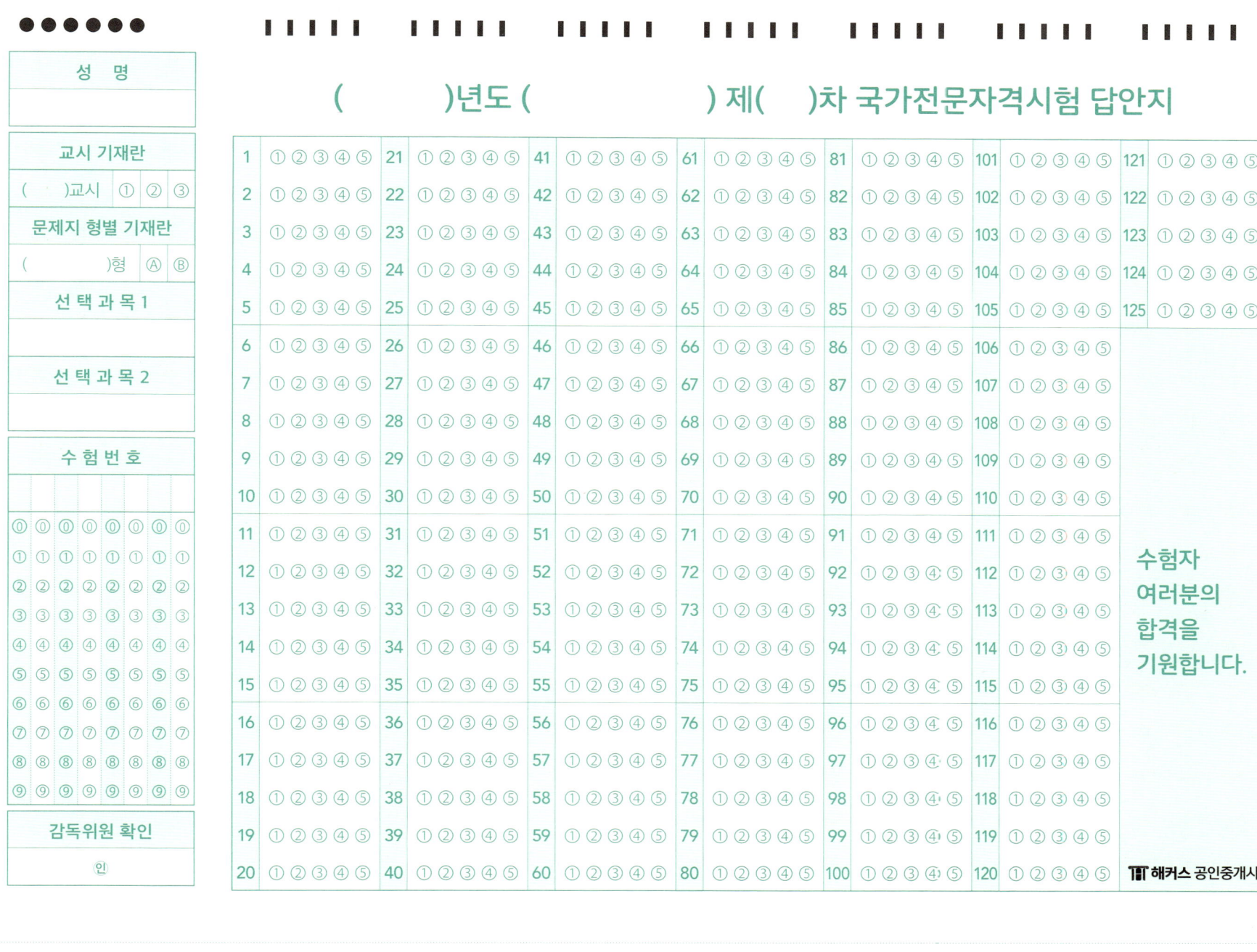

해커스 공인중개사

마킹주의	바르게 마킹 : ● 잘 못 마킹 : ⊗ ⊙ Ⓥ ◎ ⦶ ⊖ ◒ ◍

(예 시)

성 명
해커스
교시 기재란
(1)교시 ● ② ③
문제지 형별 기재란
(A)형 ● Ⓑ
선택과목 1
선택과목 2
수험번호
1 5 8 8 2 3 3 2
감독위원 확인
김합독

수험자 유의사항

1. 시험 중에는 통신기기(휴대전화·소형 무전기 등) 및 전자기기(초소형 카메라 등)을 소지하거나 사용할 수 없습니다.
2. 부정행위 예방을 위해 시험문제지에도 수험번호와 성명을 반드시 기재하시기 바랍니다.
3. 시험시간이 종료되면 즉시 답안작성을 멈춰야 하며, 종료시간 이후 계속 답안을 작성하거나 감독위원의 답안카드 제출지시에 불응할 때에는 당해 시험이 무효처리 됩니다.
4. 기타 감독위원의 정당한 지시에 불응하여 타 수험자의 시험에 방해가 될 경우 퇴실조치 될 수 있습니다.

답안카드 작성 시 유의사항

1. 답안카드 기재·마킹 시에는 반드시 검정색 사인펜을 사용해야 합니다.
2. 답안카드를 잘못 작성했을 시에는 카드를 교체하거나 수정테이프를 사용하여 수정할 수 있습니다.
   그러나 불완전한 수정처리로 인해 발생하는 전산자동판독불가 등 불이익은 수험자의 귀책사유입니다.
   - 수정테이프 이외의 수정액, 스티커 등은 사용 불가
   - 답안카드 왼쪽(성명·수험번호 등)을 제외한 '답안란'만 수정테이프로 수정 가능
3. 성명란은 수험자 본인의 성명을 정자체로 기재합니다.
4. 교시 기재란은 해당교시를 기재하고 해당 란에 마킹합니다.
5. 시험문제지 형별기재란에 해당 형별을 마킹합니다.
6. 수험번호란은 숫자로 기재하고 아래 해당번호에 마킹합니다.
7. 시험문제지 형별 및 수험번호 등 마킹착오로 인한 불이익은 전적으로 수험자의 귀책사유입니다.
8. 감독위원의 날인이 없는 답안카드는 무효처리 됩니다.
9. 상단과 우측의 검은색 띠(▌▌▌) 부분은 낙서를 금지합니다.
10. 답안카드의 채점은 전산판독결과에 따르며, 문제지 형별 및 답안 란의 마킹누락, 마킹착오, 불완전한 마킹 등은 수험자의 귀책사유에 해당하므로 이의제기를 하더라도 받아들여지지 않습니다.

부정행위 처리규정

시험 중 다음과 같은 행위를 하는 자는 당해 시험을 무효처리하고 자격별 관련 규정에 따라 일정기간 동안 시험에 응시할 수 있는 자격을 정지합니다.

1. 시험과 관련된 대화, 답안카드 교환, 다른 수험자의 답안·문제지를 보고 답안 작성, 대리시험을 치르거나 치르게 하는 행위, 시험문제 내용과 관련된 물건을 휴대하거나 이를 주고받는 행위
2. 시험장 내외로부터 도움을 받아 답안을 작성하는 행위, 공인어학성적 및 응시자격서류를 허위기재하여 제출하는 행위
3. 통신기기(휴대전화·소형 무전기 등) 및 전자기기(초소형 카메라 등)를 휴대하거나 사용하는 행위
4. 다른 수험자와 성명 및 수험번호를 바꾸어 작성·제출하는 행위
5. 기타 부정 또는 불공정한 방법으로 시험을 치르는 행위

마킹주의	바르게 마킹 : ● 잘 못 마킹 : ⊗ ⊙ Ⓥ ◎ ⦶ ⊖ ◒ ◍

(예 시)

성 명
해커스
교시 기재란
(1)교시 ● ② ③
문제지 형별 기재란
(A)형 ● Ⓑ
선택과목 1
선택과목 2
수험번호
1 5 8 8 2 3 3 2
감독위원 확인
김합독

수험자 유의사항

1. 시험 중에는 통신기기(휴대전화·소형 무전기 등) 및 전자기기(초소형 카메라 등)을 소지하거나 사용할 수 없습니다.
2. 부정행위 예방을 위해 시험문제지에도 수험번호와 성명을 반드시 기재하시기 바랍니다.
3. 시험시간이 종료되면 즉시 답안작성을 멈춰야 하며, 종료시간 이후 계속 답안을 작성하거나 감독위원의 답안카드 제출지시에 불응할 때에는 당해 시험이 무효처리 됩니다.
4. 기타 감독위원의 정당한 지시에 불응하여 타 수험자의 시험에 방해가 될 경우 퇴실조치 될 수 있습니다.

답안카드 작성 시 유의사항

1. 답안카드 기재·마킹 시에는 반드시 검정색 사인펜을 사용해야 합니다.
2. 답안카드를 잘못 작성했을 시에는 카드를 교체하거나 수정테이프를 사용하여 수정할 수 있습니다.
   그러나 불완전한 수정처리로 인해 발생하는 전산자동판독불가 등 불이익은 수험자의 귀책사유입니다.
   - 수정테이프 이외의 수정액, 스티커 등은 사용 불가
   - 답안카드 왼쪽(성명·수험번호 등)을 제외한 '답안란'만 수정테이프로 수정 가능
3. 성명란은 수험자 본인의 성명을 정자체로 기재합니다.
4. 교시 기재란은 해당교시를 기재하고 해당 란에 마킹합니다.
5. 시험문제지 형별기재란에 해당 형별을 마킹합니다.
6. 수험번호란은 숫자로 기재하고 아래 해당번호에 마킹합니다.
7. 시험문제지 형별 및 수험번호 등 마킹착오로 인한 불이익은 전적으로 수험자의 귀책사유입니다.
8. 감독위원의 날인이 없는 답안카드는 무효처리 됩니다.
9. 상단과 우측의 검은색 띠(▌▌▌) 부분은 낙서를 금지합니다.
10. 답안카드의 채점은 전산판독결과에 따르며, 문제지 형별 및 답안 란의 마킹누락, 마킹착오, 불완전한 마킹 등은 수험자의 귀책사유에 해당하므로 이의제기를 하더라도 받아들여지지 않습니다.

부정행위 처리규정

시험 중 다음과 같은 행위를 하는 자는 당해 시험을 무효처리하고 자격별 관련 규정에 따라 일정기간 동안 시험에 응시할 수 있는 자격을 정지합니다.

1. 시험과 관련된 대화, 답안카드 교환, 다른 수험자의 답안·문제지를 보고 답안 작성, 대리시험을 치르거나 치르게 하는 행위, 시험문제 내용과 관련된 물건을 휴대하거나 이를 주고받는 행위
2. 시험장 내외로부터 도움을 받아 답안을 작성하는 행위, 공인어학성적 및 응시자격서류를 허위기재하여 제출하는 행위
3. 통신기기(휴대전화·소형 무전기 등) 및 전자기기(초소형 카메라 등)를 휴대하거나 사용하는 행위
4. 다른 수험자와 성명 및 수험번호를 바꾸어 작성·제출하는 행위
5. 기타 부정 또는 불공정한 방법으로 시험을 치르는 행위

성 명

교시 기재란			
( )교시	①	②	③

문제지 형별 기재란		
( )형	Ⓐ	Ⓑ

선택과목 1

선택과목 2

수험번호							
⓪	⓪	⓪	⓪	⓪	⓪	⓪	⓪
①	①	①	①	①	①	①	①
②	②	②	②	②	②	②	②
③	③	③	③	③	③	③	③
④	④	④	④	④	④	④	④
⑤	⑤	⑤	⑤	⑤	⑤	⑤	⑤
⑥	⑥	⑥	⑥	⑥	⑥	⑥	⑥
⑦	⑦	⑦	⑦	⑦	⑦	⑦	⑦
⑧	⑧	⑧	⑧	⑧	⑧	⑧	⑧
⑨	⑨	⑨	⑨	⑨	⑨	⑨	⑨

감독위원 확인
인

(   )년도 (   ) 제(   )차 국가전문자격시험 답안지

1 ①②③④⑤	21 ①②③④⑤	41 ①②③④⑤	61 ①②③④⑤	81 ①②③④⑤	101 ①②③④⑤	121 ①②③④⑤
2 ①②③④⑤	22 ①②③④⑤	42 ①②③④⑤	62 ①②③④⑤	82 ①②③④⑤	102 ①②③④⑤	122 ①②③④⑤
3 ①②③④⑤	23 ①②③④⑤	43 ①②③④⑤	63 ①②③④⑤	83 ①②③④⑤	103 ①②③④⑤	123 ①②③④⑤
4 ①②③④⑤	24 ①②③④⑤	44 ①②③④⑤	64 ①②③④⑤	84 ①②③④⑤	104 ①②③④⑤	124 ①②③④⑤
5 ①②③④⑤	25 ①②③④⑤	45 ①②③④⑤	65 ①②③④⑤	85 ①②③④⑤	105 ①②③④⑤	125 ①②③④⑤
6 ①②③④⑤	26 ①②③④⑤	46 ①②③④⑤	66 ①②③④⑤	86 ①②③④⑤	106 ①②③④⑤	
7 ①②③④⑤	27 ①②③④⑤	47 ①②③④⑤	67 ①②③④⑤	87 ①②③④⑤	107 ①②③④⑤	
8 ①②③④⑤	28 ①②③④⑤	48 ①②③④⑤	68 ①②③④⑤	88 ①②③④⑤	108 ①②③④⑤	
9 ①②③④⑤	29 ①②③④⑤	49 ①②③④⑤	69 ①②③④⑤	89 ①②③④⑤	109 ①②③④⑤	
10 ①②③④⑤	30 ①②③④⑤	50 ①②③④⑤	70 ①②③④⑤	90 ①②③④⑤	110 ①②③④⑤	
11 ①②③④⑤	31 ①②③④⑤	51 ①②③④⑤	71 ①②③④⑤	91 ①②③④⑤	111 ①②③④⑤	수험자 여러분의 합격을 기원합니다.
12 ①②③④⑤	32 ①②③④⑤	52 ①②③④⑤	72 ①②③④⑤	92 ①②③④⑤	112 ①②③④⑤	
13 ①②③④⑤	33 ①②③④⑤	53 ①②③④⑤	73 ①②③④⑤	93 ①②③④⑤	113 ①②③④⑤	
14 ①②③④⑤	34 ①②③④⑤	54 ①②③④⑤	74 ①②③④⑤	94 ①②③④⑤	114 ①②③④⑤	
15 ①②③④⑤	35 ①②③④⑤	55 ①②③④⑤	75 ①②③④⑤	95 ①②③④⑤	115 ①②③④⑤	
16 ①②③④⑤	36 ①②③④⑤	56 ①②③④⑤	76 ①②③④⑤	96 ①②③④⑤	116 ①②③④⑤	
17 ①②③④⑤	37 ①②③④⑤	57 ①②③④⑤	77 ①②③④⑤	97 ①②③④⑤	117 ①②③④⑤	
18 ①②③④⑤	38 ①②③④⑤	58 ①②③④⑤	78 ①②③④⑤	98 ①②③④⑤	118 ①②③④⑤	
19 ①②③④⑤	39 ①②③④⑤	59 ①②③④⑤	79 ①②③④⑤	99 ①②③④⑤	119 ①②③④⑤	
20 ①②③④⑤	40 ①②③④⑤	60 ①②③④⑤	80 ①②③④⑤	100 ①②③④⑤	120 ①②③④⑤	해커스 공인중개사

성 명

교시 기재란			
( )교시	①	②	③

문제지 형별 기재란		
( )형	Ⓐ	Ⓑ

선택과목 1

선택과목 2

수험번호							
⓪	⓪	⓪	⓪	⓪	⓪	⓪	⓪
①	①	①	①	①	①	①	①
②	②	②	②	②	②	②	②
③	③	③	③	③	③	③	③
④	④	④	④	④	④	④	④
⑤	⑤	⑤	⑤	⑤	⑤	⑤	⑤
⑥	⑥	⑥	⑥	⑥	⑥	⑥	⑥
⑦	⑦	⑦	⑦	⑦	⑦	⑦	⑦
⑧	⑧	⑧	⑧	⑧	⑧	⑧	⑧
⑨	⑨	⑨	⑨	⑨	⑨	⑨	⑨

감독위원 확인
인

(   )년도 (   ) 제(   )차 국가전문자격시험 답안지

1 ①②③④⑤	21 ①②③④⑤	41 ①②③④⑤	61 ①②③④⑤	81 ①②③④⑤	101 ①②③④⑤	121 ①②③④⑤
2 ①②③④⑤	22 ①②③④⑤	42 ①②③④⑤	62 ①②③④⑤	82 ①②③④⑤	102 ①②③④⑤	122 ①②③④⑤
3 ①②③④⑤	23 ①②③④⑤	43 ①②③④⑤	63 ①②③④⑤	83 ①②③④⑤	103 ①②③④⑤	123 ①②③④⑤
4 ①②③④⑤	24 ①②③④⑤	44 ①②③④⑤	64 ①②③④⑤	84 ①②③④⑤	104 ①②③④⑤	124 ①②③④⑤
5 ①②③④⑤	25 ①②③④⑤	45 ①②③④⑤	65 ①②③④⑤	85 ①②③④⑤	105 ①②③④⑤	125 ①②③④⑤
6 ①②③④⑤	26 ①②③④⑤	46 ①②③④⑤	66 ①②③④⑤	86 ①②③④⑤	106 ①②③④⑤	
7 ①②③④⑤	27 ①②③④⑤	47 ①②③④⑤	67 ①②③④⑤	87 ①②③④⑤	107 ①②③④⑤	
8 ①②③④⑤	28 ①②③④⑤	48 ①②③④⑤	68 ①②③④⑤	88 ①②③④⑤	108 ①②③④⑤	
9 ①②③④⑤	29 ①②③④⑤	49 ①②③④⑤	69 ①②③④⑤	89 ①②③④⑤	109 ①②③④⑤	
10 ①②③④⑤	30 ①②③④⑤	50 ①②③④⑤	70 ①②③④⑤	90 ①②③④⑤	110 ①②③④⑤	
11 ①②③④⑤	31 ①②③④⑤	51 ①②③④⑤	71 ①②③④⑤	91 ①②③④⑤	111 ①②③④⑤	수험자 여러분의 합격을 기원합니다.
12 ①②③④⑤	32 ①②③④⑤	52 ①②③④⑤	72 ①②③④⑤	92 ①②③④⑤	112 ①②③④⑤	
13 ①②③④⑤	33 ①②③④⑤	53 ①②③④⑤	73 ①②③④⑤	93 ①②③④⑤	113 ①②③④⑤	
14 ①②③④⑤	34 ①②③④⑤	54 ①②③④⑤	74 ①②③④⑤	94 ①②③④⑤	114 ①②③④⑤	
15 ①②③④⑤	35 ①②③④⑤	55 ①②③④⑤	75 ①②③④⑤	95 ①②③④⑤	115 ①②③④⑤	
16 ①②③④⑤	36 ①②③④⑤	56 ①②③④⑤	76 ①②③④⑤	96 ①②③④⑤	116 ①②③④⑤	
17 ①②③④⑤	37 ①②③④⑤	57 ①②③④⑤	77 ①②③④⑤	97 ①②③④⑤	117 ①②③④⑤	
18 ①②③④⑤	38 ①②③④⑤	58 ①②③④⑤	78 ①②③④⑤	98 ①②③④⑤	118 ①②③④⑤	
19 ①②③④⑤	39 ①②③④⑤	59 ①②③④⑤	79 ①②③④⑤	99 ①②③④⑤	119 ①②③④⑤	
20 ①②③④⑤	40 ①②③④⑤	60 ①②③④⑤	80 ①②③④⑤	100 ①②③④⑤	120 ①②③④⑤	해커스 공인중개사

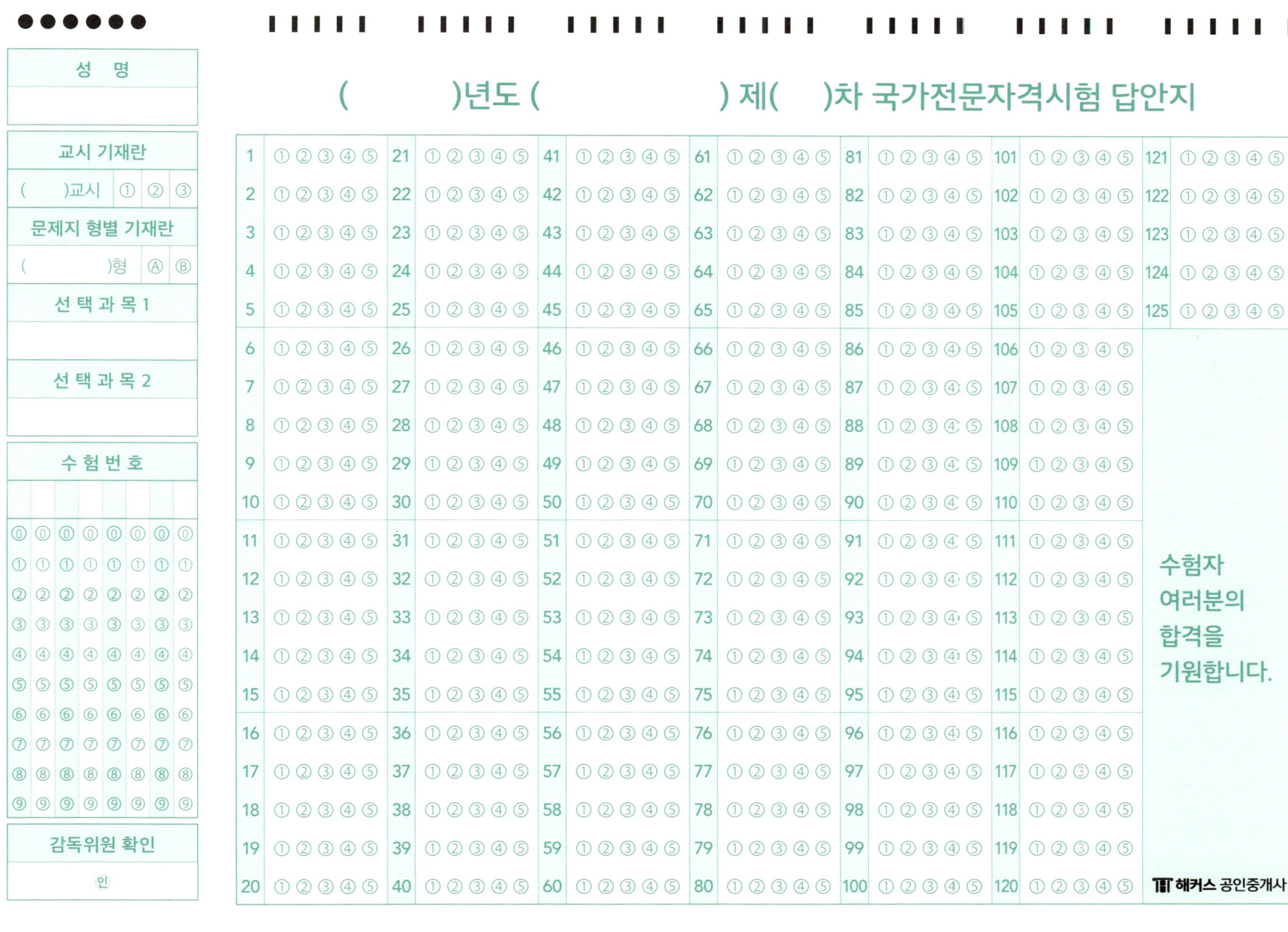

마킹주의	바르게 마킹 : ● 잘 못 마킹 : ⊗ ⊙ ⊘ ○ ⦶ ⊖ ◔ ◉

(예 시)

성 명
해커스

교시 기재란	
(1)교시	● ② ③

문제지 형별 기재란	
(A)형	● Ⓑ

선택과목 1

선택과목 2

수험번호							
1	5	8	8	2	3	3	2

감독위원 확인
김감독

수험자 유의사항

1. 시험 중에는 통신기기(휴대전화·소형 무전기 등) 및 전자기기(초소형 카메라 등)을 소지하거나 사용할 수 없습니다.
2. 부정행위 예방을 위해 시험문제지에도 수험번호와 성명을 반드시 기재하시기 바랍니다.
3. 시험시간이 종료되면 즉시 답안작성을 멈춰야 하며, 종료시간 이후 계속 답안을 작성하거나 감독위원의 답안카드 제출지시에 불응할 때에는 당해 시험이 무효처리 됩니다.
4. 기타 감독위원의 정당한 지시에 불응하여 타 수험자의 시험에 방해가 될 경우 퇴실조치 될 수 있습니다.

답안카드 작성 시 유의사항

1. 답안카드 기재·마킹 시에는 반드시 검정색 사인펜을 사용해야 합니다.
2. 답안카드를 잘못 작성했을 시에는 카드를 교체하거나 수정테이프를 사용하여 수정할 수 있습니다.
   그러나 불완전한 수정처리로 인해 발생하는 전산자동판독불가 등 불이익은 수험자의 귀책사유입니다.
   - 수정테이프 이외의 수정액, 스티커 등은 사용 불가
   - 답안카드 왼쪽(성명·수험번호 등)을 제외한 '답안란'만 수정테이프로 수정 가능
3. 성명란은 수험자 본인의 성명을 정자체로 기재합니다.
4. 교시 기재란은 해당교시를 기재하고 해당 란에 마킹합니다.
5. 시험문제지 형별기재란에 해당 형별을 마킹합니다.
6. 수험번호란은 숫자로 기재하고 아래 해당번호에 마킹합니다.
7. 시험문제지 형별 및 수험번호 등 마킹착오로 인한 불이익은 전적으로 수험자의 귀책사유입니다.
8. 감독위원의 날인이 없는 답안카드는 무효처리 됩니다.
9. 상단과 우측의 검은색 띠(▌▌▌) 부분은 낙서를 금지합니다.
10. 답안카드의 채점은 전산판독결과에 따르며, 문제지 형별 및 답안 란의 마킹누락, 마킹착오, 불완전한 마킹 등은 수험자의 귀책사유에 해당하므로 이의제기를 하더라도 받아들여지지 않습니다.

부정행위 처리규정

시험 중 다음과 같은 행위를 하는 자는 당해 시험을 무효처리하고 자격별 관련 규정에 따라 일정기간 동안 시험에 응시할 수 있는 자격을 정지합니다.

1. 시험과 관련된 대화, 답안카드 교환, 다른 수험자의 답안·문제지를 보고 답안 작성, 대리시험을 치르거나 치르게 하는 행위, 시험문제 내용과 관련된 물건을 휴대하거나 이를 주고받는 행위
2. 시험장 내외로부터 도움을 받아 답안을 작성하는 행위, 공인어학성적 및 응시자격서류를 허위기재하여 제출하는 행위
3. 통신기기(휴대전화·소형 무전기 등) 및 전자기기(초소형 카메라 등)를 휴대하거나 사용하는 행위
4. 다른 수험자와 성명 및 수험번호를 바꾸어 작성·제출하는 행위
5. 기타 부정 또는 불공정한 방법으로 시험을 치르는 행위

마킹주의	바르게 마킹 : ● 잘 못 마킹 : ⊗ ⊙ ⊘ ○ ⦶ ⊖ ◔ ◉

(예 시)

성 명
해커스

교시 기재란	
(1)교시	● ② ③

문제지 형별 기재란	
(A)형	● Ⓑ

선택과목 1

선택과목 2

수험번호							
1	5	8	8	2	3	3	2

감독위원 확인
김감독

수험자 유의사항

1. 시험 중에는 통신기기(휴대전화·소형 무전기 등) 및 전자기기(초소형 카메라 등)을 소지하거나 사용할 수 없습니다.
2. 부정행위 예방을 위해 시험문제지에도 수험번호와 성명을 반드시 기재하시기 바랍니다.
3. 시험시간이 종료되면 즉시 답안작성을 멈춰야 하며, 종료시간 이후 계속 답안을 작성하거나 감독위원의 답안카드 제출지시에 불응할 때에는 당해 시험이 무효처리 됩니다.
4. 기타 감독위원의 정당한 지시에 불응하여 타 수험자의 시험에 방해가 될 경우 퇴실조치 될 수 있습니다.

답안카드 작성 시 유의사항

1. 답안카드 기재·마킹 시에는 반드시 검정색 사인펜을 사용해야 합니다.
2. 답안카드를 잘못 작성했을 시에는 카드를 교체하거나 수정테이프를 사용하여 수정할 수 있습니다.
   그러나 불완전한 수정처리로 인해 발생하는 전산자동판독불가 등 불이익은 수험자의 귀책사유입니다.
   - 수정테이프 이외의 수정액, 스티커 등은 사용 불가
   - 답안카드 왼쪽(성명·수험번호 등)을 제외한 '답안란'만 수정테이프로 수정 가능
3. 성명란은 수험자 본인의 성명을 정자체로 기재합니다.
4. 교시 기재란은 해당교시를 기재하고 해당 란에 마킹합니다.
5. 시험문제지 형별기재란에 해당 형별을 마킹합니다.
6. 수험번호란은 숫자로 기재하고 아래 해당번호에 마킹합니다.
7. 시험문제지 형별 및 수험번호 등 마킹착오로 인한 불이익은 전적으로 수험자의 귀책사유입니다.
8. 감독위원의 날인이 없는 답안카드는 무효처리 됩니다.
9. 상단과 우측의 검은색 띠(▌▌▌) 부분은 낙서를 금지합니다.
10. 답안카드의 채점은 전산판독결과에 따르며, 문제지 형별 및 답안 란의 마킹누락, 마킹착오, 불완전한 마킹 등은 수험자의 귀책사유에 해당하므로 이의제기를 하더라도 받아들여지지 않습니다.

부정행위 처리규정

시험 중 다음과 같은 행위를 하는 자는 당해 시험을 무효처리하고 자격별 관련 규정에 따라 일정기간 동안 시험에 응시할 수 있는 자격을 정지합니다.

1. 시험과 관련된 대화, 답안카드 교환, 다른 수험자의 답안·문제지를 보고 답안 작성, 대리시험을 치르거나 치르게 하는 행위, 시험문제 내용과 관련된 물건을 휴대하거나 이를 주고받는 행위
2. 시험장 내외로부터 도움을 받아 답안을 작성하는 행위, 공인어학성적 및 응시자격서류를 허위기재하여 제출하는 행위
3. 통신기기(휴대전화·소형 무전기 등) 및 전자기기(초소형 카메라 등)를 휴대하거나 사용하는 행위
4. 다른 수험자와 성명 및 수험번호를 바꾸어 작성·제출하는 행위
5. 기타 부정 또는 불공정한 방법으로 시험을 치르는 행위

저자 약력

한민우 교수

현 | 해커스 공인중개사학원 공인중개사법령 및 실무 대표강사
해커스 공인중개사 공인중개사법령 및 실무 동영상강의 대표강사

전 | EBS 공인중개사법령 및 실무 전임강사
금융연수원, 한국경제TV 공인중개사법령 및 실무 강사
새롬행정고시학원, 웅진패스원, 안산법학원 공인중개사법령 및 실무 전임강사
새대한공인중개사협회 실무교육 강사

홍승한 교수

서울시립대학교 법학과 졸업
서울시립대학교 대학원 부동산학과 졸업(부동산학 석사)
상명대학교 일반대학원 부동산학 박사

현 | 해커스 공인중개사학원 부동산공시법령 대표강사
해커스 공인중개사 부동산공시법령 동영상강의 대표강사

전 | 금융연수원 부동산공시법령 강의
EBS 부동산공시법령 강의
웅진랜드캠프 부동산공시법령 강의
한국법학원 부동산공시법령 강의
새롬행정고시학원 부동산공시법령 강의

고상철 교수

서울시립대학교 법학과 졸업 및 동대학원 수료

현 | 해커스 공인중개사학원 부동산공법 강사
㈜미스터홈즈 FC 대표이사
법무법인 ㈜윤강 부동산 관련 법률 자문위원
인하대학교 정책대학원 부동산학과 초빙교수
건국대학교 미래지식교육원 부동산개발과정 강사
서울사이버대학교 AI부동산 빅데이터 학과 교수
한국부동산개발협회 부동산공법 교수
한국감정평가사협회 부동산법률 자문교수
스터디파이터 감정평가관계법규 교수

전 | EBS 명품직업 공인중개사 부동산공법 전임강사

강성규 교수

현 | 해커스 공인중개사학원 부동산세법 대표강사
해커스 공인중개사 부동산세법 동영상강의 대표강사
세종사이버대학교 겸임교수

전 | 랜드프로 부동산세법 강사 역임
공인단기 부동산세법 강사 역임
새롬에듀 부동산세법 강사 역임
서울시 공무원교육원 강사 역임
EBS 전국모의고사 출제위원 역임
EBS PLUS2 방송 강의

해커스 공인중개사

실전모의고사 7회분

2차 공인중개사법령 및 실무 · 부동산공법
부동산공시법령 · 부동산세법

초판 1쇄 발행 2025년 6월 30일

지은이	한민우, 고상철, 홍승한, 강성규, 해커스 공인중개사시험 연구소 공편저
펴낸곳	해커스패스
펴낸이	해커스 공인중개사 출판팀
주소	서울시 강남구 강남대로 428 해커스 공인중개사
고객센터	1588-2332
교재 관련 문의	land@pass.com 해커스 공인중개사 사이트(land.Hackers.com) 1:1 무료상담 카카오톡 플러스 친구 [해커스 공인중개사]
학원 강의 및 동영상강의	land.Hackers.com
ISBN	979-11-7404-228-6 (13360)
Serial Number	01-01-01

해커스 공인중개사

실전모의고사

2차 공인중개사법령 및 실무 · 부동산공법
부동산공시법령 · 부동산세법

해설집

빠른 정답확인 + 정답 및 해설

해커스 공인중개사

실전모의고사

2차 공인중개사법령 및 실무 · 부동산공법
부동산공시법령 · 부동산세법

7회분

해커스 공인중개사 실전모의고사

합격점검 성적표 2차

자신의 점수와 실제 풀이시간을 적어보면서 실력을 점검해 보세요.

합격점검 체크 활용 방법

- 양호: 제한 시간 내 문제 풀이를 완료하고, 평균 60점 이상 달성
- 부족: 제한 시간을 넘기거나, 평균 60점 미만
- 위험: 제한 시간을 초과하고, 평균 60점 미만
  또는 한 과목이라도 40점 미만인 경우

"부족"이나 "위험"이 나온 경우 틀린 출제포인트를 중점적으로 다시 학습하여 약점을 보완하세요.

일자	회차	점수				풀이시간		합격점검		
		1교시		2교시						
		공인중개사 법령 및 실무	부동산공법	부동산 공시·세법	평균	1교시	2교시	양호	부족	위험
/	제1회	/100점	/100점	/100점	/100점	/100분	/50분	☐	☐	☐
/	제2회	/100점	/100점	/100점	/100점	/100분	/50분	☐	☐	☐
/	제3회	/100점	/100점	/100점	/100점	/100분	/50분	☐	☐	☐
/	제4회	/100점	/100점	/100점	/100점	/100분	/50분	☐	☐	☐
/	제5회	/100점	/100점	/100점	/100점	/100분	/50분	☐	☐	☐
/	제6회	/100점	/100점	/100점	/100점	/100분	/50분	☐	☐	☐
/	제7회	/100점	/100점	/100점	/100점	/100분	/50분	☐	☐	☐

빠른 정답확인

제 1 회

1교시

제1과목 공인중개사법령 및 실무

1	2	3	4	5	6	7	8	9	10
③	⑤	④	②	①	②	②	⑤	③	④
11	12	13	14	15	16	17	18	19	20
④	③	①	②	⑤	①	④	③	②	②
21	22	23	24	25	26	27	28	29	30
③	⑤	④	①	②	③	④	①	②	⑤
31	32	33	34	35	36	37	38	39	40
④	①	③	②	②	③	⑤	⑤	④	①

제2과목 부동산공법

41	42	43	44	45	46	47	48	49	50
③	①	①	④	①	⑤	⑤	②	②	③
51	52	53	54	55	56	57	58	59	60
①	③	⑤	①	④	③	②	③	②	④
61	62	63	64	65	66	67	68	69	70
③	⑤	①	③	③	③	⑤	③	④	②
71	72	73	74	75	76	77	78	79	80
⑤	④	②	④	③	②	③	④	③	④

2교시

제1과목 부동산 공시에 관한 법령 및 부동산 관련 세법

1	2	3	4	5	6	7	8	9	10
⑤	③	⑤	①	②	③	②	②	④	⑤
11	12	13	14	15	16	17	18	19	20
①	④	④	①	②	③	⑤	①	③	④

21	22	23	24	25	26	27	28	29	30
⑤	④	①	②	①	②	⑤	④	⑤	④
31	32	33	34	35	36	37	38	39	40
③	②	②	①	②	②	④	④	④	①

제 2 회

1교시

제1과목 공인중개사법령 및 실무

1	2	3	4	5	6	7	8	9	10
①	④	②	③	③	③	①	②	⑤	④
11	12	13	14	15	16	17	18	19	20
③	①	⑤	④	②	③	④	②	①	②
21	22	23	24	25	26	27	28	29	30
①	③	⑤	④	①	⑤	①	③	②	⑤
31	32	33	34	35	36	37	38	39	40
④	②	④	②	⑤	③	③	①	②	④

제2과목 부동산공법

41	42	43	44	45	46	47	48	49	50
③	①	①	④	④	①	③	③	③	⑤
51	52	53	54	55	56	57	58	59	60
⑤	①	②	⑤	④	⑤	④	③	④	④
61	62	63	64	65	66	67	68	69	70
①	①	②	②	②	②	③	①	①	③
71	72	73	74	75	76	77	78	79	80
③	④	④	④	④	③	④	④	④	①

2교시

제1과목 부동산 공시에 관한 법령 및 부동산 관련 세법

1	2	3	4	5	6	7	8	9	10
⑤	③	⑤	④	⑤	⑤	②	④	④	③
11	12	13	14	15	16	17	18	19	20
④	③	④	③	②	①	④	④	⑤	③

21	22	23	24	25	26	27	28	29	30
③	②	④	⑤	③	⑤	①	③	④	③
31	32	33	34	35	36	37	38	39	40
⑤	③	⑤	③	④	①	②	②	③	⑤

빠른 정답확인

제 3 회

1교시

제1과목 공인중개사법령 및 실무

1	2	3	4	5	6	7	8	9	10
⑤	④	①	①	②	③	①	①	②	⑤
11	12	13	14	15	16	17	18	19	20
④	④	③	⑤	②	①	④	②	②	③
21	22	23	24	25	26	27	28	29	30
②	③	⑤	②	⑤	①	③	④	①	③
31	32	33	34	35	36	37	38	39	40
⑤	②	④	③	④	②	①	②	③	③

제2과목 부동산공법

41	42	43	44	45	46	47	48	49	50
①	②	⑤	③	④	④	③	③	②	④
51	52	53	54	55	56	57	58	59	60
③	①	③	⑤	④	①	⑤	②	②	③
61	62	63	64	65	66	67	68	69	70
④	②	⑤	③	①	②	④	②	③	①
71	72	73	74	75	76	77	78	79	80
②	③	④	③	①	④	①	④	③	⑤

2교시

제1과목 부동산 공시에 관한 법령 및 부동산 관련 세법

1	2	3	4	5	6	7	8	9	10
①	②	⑤	③	④	④	⑤	①	①	⑤
11	12	13	14	15	16	17	18	19	20
⑤	④	③	④	①	④	③	⑤	③	⑤

21	22	23	24	25	26	27	28	29	30
④	②	①	②	④	③	⑤	⑤	④	④
31	32	33	34	35	36	37	38	39	40
⑤	①	①	⑤	④	②	①	③	③	④

제 4 회

1교시

제1과목 공인중개사법령 및 실무

1	2	3	4	5	6	7	8	9	10
②	⑤	③	①	④	⑤	①	④	③	④
11	12	13	14	15	16	17	18	19	20
①	④	②	③	⑤	①	①	④	③	⑤
21	22	23	24	25	26	27	28	29	30
⑤	③	③	④	①	②	①	④	②	③
31	32	33	34	35	36	37	38	39	40
⑤	④	①	②	②	③	①	①	④	⑤

제2과목 부동산공법

41	42	43	44	45	46	47	48	49	50
②	④	④	③	④	③	④	②	①	①
51	52	53	54	55	56	57	58	59	60
③	④	①	④	②	①	④	③	③	⑤
61	62	63	64	65	66	67	68	69	70
③	④	③	④	①	②	①	②	①	③
71	72	73	74	75	76	77	78	79	80
④	①	④	②	④	③	③	④	③	③

2교시

제1과목 부동산 공시에 관한 법령 및 부동산 관련 세법

1	2	3	4	5	6	7	8	9	10
②	①	②	⑤	①	④	④	①	④	⑤
11	12	13	14	15	16	17	18	19	20
②	②	⑤	③	⑤	②	③	①	②	③

21	22	23	24	25	26	27	28	29	30
⑤	②	④	①	⑤	④	④	⑤	③	④
31	32	33	34	35	36	37	38	39	40
①	③	②	③	④	②	③	④	①	③

빠른 정답확인

제 5 회

1교시

제1과목 공인중개사법령 및 실무

1	2	3	4	5	6	7	8	9	10
②	④	③	①	①	⑤	①	③	②	④
11	12	13	14	15	16	17	18	19	20
④	①	②	④	③	③	①	⑤	②	⑤
21	22	23	24	25	26	27	28	29	30
②	④	③	①	①	④	⑤	④	⑤	②
31	32	33	34	35	36	37	38	39	40
②	③	③	④	⑤	⑤	②	①	④	③

제2과목 부동산공법

41	42	43	44	45	46	47	48	49	50
③	②	①	①	⑤	③	②	③	③	⑤
51	52	53	54	55	56	57	58	59	60
④	①	②	①	③	②	①	③	④	⑤
61	62	63	64	65	66	67	68	69	70
④	④	③	②	③	②	⑤	⑤	④	③
71	72	73	74	75	76	77	78	79	80
⑤	③	⑤	②	③	③	④	⑤	④	①

2교시

제1과목 부동산 공시에 관한 법령 및 부동산 관련 세법

1	2	3	4	5	6	7	8	9	10
④	②	⑤	①	①	①	③	④	①	④
11	12	13	14	15	16	17	18	19	20
③	④	⑤	②	④	⑤	②	③	②	⑤

21	22	23	24	25	26	27	28	29	30
②	③	②	⑤	⑤	③	③	⑤	③	④
31	32	33	34	35	36	37	38	39	40
⑤	②	①	②	⑤	⑤	②	②	④	⑤

제 6 회

1교시

제1과목 공인중개사법령 및 실무

1	2	3	4	5	6	7	8	9	10
②	①	④	③	⑤	③	③	④	⑤	①
11	12	13	14	15	16	17	18	19	20
④	②	①	⑤	③	④	①	②	③	⑤
21	22	23	24	25	26	27	28	29	30
③	②	④	①	④	⑤	③	④	③	②
31	32	33	34	35	36	37	38	39	40
①	⑤	①	②	⑤	④	③	⑤	②	①

제2과목 부동산공법

41	42	43	44	45	46	47	48	49	50
⑤	①	⑤	①	②	④	①	⑤	⑤	③
51	52	53	54	55	56	57	58	59	60
⑤	⑤	①	②	④	⑤	④	③	②	③
61	62	63	64	65	66	67	68	69	70
④	③	③	④	④	②	②	①	③	①
71	72	73	74	75	76	77	78	79	80
④	④	③	⑤	①	③	②	⑤	⑤	④

2교시

제1과목 부동산 공시에 관한 법령 및 부동산 관련 세법

1	2	3	4	5	6	7	8	9	10
④	⑤	④	③	②	④	④	①	⑤	①
11	12	13	14	15	16	17	18	19	20
④	①	④	③	②	④	⑤	①	③	①

21	22	23	24	25	26	27	28	29	30
③	⑤	①	④	②	③	②	⑤	②	⑤
31	32	33	34	35	36	37	38	39	40
④	④	②	①	③	②	⑤	②	⑤	②

빠른 정답확인

제 7 회

1교시

제1과목 공인중개사법령 및 실무

1	2	3	4	5	6	7	8	9	10
③	①	③	②	①	③	④	⑤	③	⑤
11	12	13	14	15	16	17	18	19	20
④	⑤	④	②	①	③	④	⑤	③	①
21	22	23	24	25	26	27	28	29	30
⑤	②	④	⑤	①	③	⑤	②	①	④
31	32	33	34	35	36	37	38	39	40
②	③	①	③	①	⑤	④	①	②	②

제2과목 부동산공법

41	42	43	44	45	46	47	48	49	50
⑤	②	④	⑤	④	①	④	③	②	⑤
51	52	53	54	55	56	57	58	59	60
⑤	③	①	③	②	⑤	④	④	⑤	③
61	62	63	64	65	66	67	68	69	70
⑤	①	②	③	①	③	④	④	⑤	③
71	72	73	74	75	76	77	78	79	80
①	②	①	③	③	②	③	③	③	④

2교시

제1과목 부동산 공시에 관한 법령 및 부동산 관련 세법

1	2	3	4	5	6	7	8	9	10
②	④	②	④	②	②	⑤	③	④	⑤
11	12	13	14	15	16	17	18	19	20
③	④	④	③	①	③	③	①	②	⑤

21	22	23	24	25	26	27	28	29	30
⑤	①	④	③	①	⑤	③	①	⑤	④
31	32	33	34	35	36	37	38	39	40
⑤	②	④	③	①	③	②	④	⑤	⑤

제1회 정답 및 해설

▶ 맛보기 해설강의 ▶ 실시간 합격예측 서비스

난이도 및 출제포인트 분석

★ 난이도가 낮은 문제는 해설 페이지를 찾아가 꼭 익혀두세요.

1교시 제1과목 공인중개사법령 및 실무

문제 번호	난이도 및 출제포인트 분석	문제 번호	난이도 및 출제포인트 분석
1	하 공인중개사법령 총칙 p.8	21	중 지도 · 감독 및 벌칙 p.10
2	하 공인중개사법령 총칙 p.8	22	중 지도 · 감독 및 벌칙 p.10
3	하 공인중개사 제도 p.8	23	중 지도 · 감독 및 벌칙 p.10
4	하 중개사무소의 개설등록 p.8	24	중 지도 · 감독 및 벌칙 p.10
5	중 중개사무소의 개설등록 p.8	25	하 부동산거래신고제도 p.10
6	하 중개업무 p.8	26	하 부동산거래신고제도 p.11
7	중 중개업무 p.8	27	중 부동산거래신고제도 p.11
8	중 중개업무 p.8	28	중 주택임대차계약의 신고 p.11
9	하 중개업무 p.9	29	중 외국인 등의 부동산취득 등에 관한 특례 p.11
10	중 중개업무 p.9	30	중 토지거래허가제도 p.11
11	중 중개계약 및 부동산거래정보망 p.9	31	중 토지거래허가제도 p.11
12	중 중개계약 및 부동산거래정보망 p.9	32	하 토지거래허가제도 p.11
13	중 개업공인중개사 등의 의무 p.9	33	중 중개대상물의 조사 · 확인 p.11
14	중 개업공인중개사 등의 의무 p.9	34	중 중개대상물의 조사 · 확인 p.11
15	중 개업공인중개사 등의 의무 p.9	35	상 중개대상물의 조사 · 확인 p.11
16	하 중개보수 및 실비 p.9	36	중 개별적 중개실무 p.12
17	중 교육, 업무위탁 및 포상금 제도 p.9	37	상 개별적 중개실무 p.12
18	중 교육, 업무위탁 및 포상금 제도 p.9	38	상 개별적 중개실무 p.12
19	상 교육, 업무위탁 및 포상금 제도 p.10	39	중 개별적 중개실무 p.12
20	중 지도 · 감독 및 벌칙 p.10	40	중 개별적 중개실무 p.12

1교시 제2과목 부동산공법

문제 번호	난이도 및 출제포인트 분석	문제 번호	난이도 및 출제포인트 분석
41	하 국토계획법 용어정의 p.13	61	중 정비구역의 해제사유 p.15
42	상 광역도시계획 p.13	62	중 토지등소유자의 정의 p.15
43	하 도시 · 군기본계획 p.13	63	하 재건축사업의 정의 p.15
44	중 도시 · 군관리계획 p.13	64	중 관리처분계획 p.15
45	중 광역도시계획 p.13	65	하 징수위탁 수수료 p.15
46	하 건폐율 상한 p.13	66	중 시공자 선정 p.15
47	상 용도지역의 지정과 행위제한 p.13	67	하 건축의 개념 p.16
48	하 용도지역의 정의 p.14	68	중 건축절차 p.16
49	중 용도지역 p.14	69	하 건축법 적용 제외대상 건축물 p.16
50	중 개발행위 허가대상 p.14	70	중 건축법 용어정의 p.16
51	하 용도지구 p.14	71	중 건축법 적용대상지역 p.16
52	중 매수청구제도 p.14	72	중 허가권한자 p.16
53	하 도시개발구역의 지정권자 p.14	73	중 건축허가 p.16
54	중 도시개발구역의 지정 p.14	74	하 복리시설과 부대시설 p.16
55	중 감가보상금 p.14	75	중 도시형 생활주택 p.16
56	중 원형지 p.14	76	상 사용검사 p.16
57	하 환지의 소유권 이전 p.14	77	중 주택의 종류 p.16
58	중 도시개발조합 p.14	78	하 주택법령의 범위 p.17
59	중 재개발조합설립 동의요건 p.14	79	하 농지법 용어정의 p.17
60	하 정비법상 지정권자 p.15	80	중 농지의 처분의무 p.17

2교시 제1과목 부동산 공시에 관한 법령 및 부동산 관련 세법

문제 번호	난이도 및 출제포인트 분석	문제 번호	난이도 및 출제포인트 분석
1	하 공간정보관리법 총칙 p.17	21	상 권리에 관한 등기 p.19
2	하 토지의 등록 p.17	22	중 권리에 관한 등기 p.19
3	하 토지의 등록 p.17	23	중 권리에 관한 등기 p.19
4	중 지적공부 p.17	24	중 권리에 관한 등기 p.19
5	하 지적공부 p.18	25	중 재산세 p.19
6	하 지적공부 p.18	26	중 재산세 p.19
7	중 토지의 이동 및 지적정리 p.18	27	중 재산세 p.19
8	중 토지의 이동 및 지적정리 p.18	28	하 조세의 기초 이론 p.19
9	하 토지의 이동 및 지적정리 p.18	29	하 납세의무의 성립 · 확정 · 소멸 p.19
10	중 토지의 이동 및 지적정리 p.18	30	중 취득세 p.20
11	하 지적측량 p.18	31	하 취득세 p.20
12	중 지적측량 p.18	32	중 취득세 p.20
13	상 부동산등기법 총칙 p.18	33	하 등록면허세 p.20
14	하 부동산등기법 총칙 p.18	34	하 양도소득세 p.20
15	중 등기절차 총론 p.18	35	중 양도소득세 p.20
16	상 등기절차 총론 p.18	36	상 양도소득세 p.20
17	하 등기절차 총론 p.18	37	상 양도소득세 p.20
18	상 등기절차 총론 p.19	38	중 양도소득세 p.20
19	중 권리에 관한 등기 p.19	39	중 양도소득세 p.20
20	중 권리에 관한 등기 p.19	40	하 종합부동산세 p.20

1교시

제1과목 공인중개사법령 및 실무

1	2	3	4	5	6	7	8	9	10
③	⑤	④	②	①	②	②	⑤	③	④
11	**12**	**13**	**14**	**15**	**16**	**17**	**18**	**19**	**20**
④	③	①	②	⑤	①	④	③	②	②
21	**22**	**23**	**24**	**25**	**26**	**27**	**28**	**29**	**30**
③	⑤	④	①	②	③	④	①	②	⑤
31	**32**	**33**	**34**	**35**	**36**	**37**	**38**	**39**	**40**
④	①	③	②	②	③	⑤	⑤	④	①

선생님의 한마디

1회는 첫 모의고사이므로 기본적인 내용을 확인하는 수준에서 출제하였습니다. 그러나 간혹 난이도 상급의 문제, 암기를 요하는 문제들이 있어서 처음 공부를 시작하는 수험생에게는 다소 어려운 문제들도 있었습니다. 공인중개사법령에서 24문제, 부동산 거래신고 등에 관한 법령에서 8문제, 중개실무에서 8문제를 출제하였고, 박스형의 문제는

13개를 출제하였습니다. 할 수 있다는 자신감을 가지고, 틀린 부분을 다시 한 번 정리해 주시기를 바랍니다.

1. 정답 ③

하 공인중개사법령 총칙

③ 개업공인중개사란 이 법(「공인중개사법」)에 의하여 중개사무소의 개설등록을 한 자를 말한다.

2. 정답 ⑤

하 공인중개사법령 총칙

⑤ 동·호수가 지정된 장차 건축될 특정의 건물은 분양권을 말하는 것으로서, 중개대상물이다.
① 점포위치에 따른 영업상의 이점, 노하우 등 무형의 재산적 가치는 중개대상물이 아니다(대판 2006.9.22, 2005도6054).
② 대토권은 주택이 철거될 경우 일정한 요건하에 택지개발지구 내에 이주자택지를 공급받을 지위에 불과하고 특정한 토지나 건물 기타 정착물 또는 법 시행령이 정하는 재산권 및 물건에 해당한다고 볼 수 없으므로 중개대상물에 해당하지 않는다(대판 2011.5.26, 2011다23682).
③ 볼트조립방식의 쉽게 해체될 수 있는 세차장구조물은 토지의 정착물이라 볼 수 없으므로 중개대상물이 아니다(대판 2009.1.15, 2008도9427).
④ 명인방법을 갖춘 수목의 집단도 중개대상물이 될 수 있다. 단, 저당권의 목적이 될 수는 없다.

3. 정답 ④

하 공인중개사 제도

④ 회의소집 통지는 7일 전까지 하여야 한다. 다만, 긴급하게 개최하여야 하거나 부득이한 사유가 있는 경우에는 회의 개최 전날까지 통보할 수 있다.

Ⓥ 공인중개사 정책심의위원회

설치	국토교통부에 설치, 임의기관
위원장	국토교통부 제1차관(직무수행 불가시 지명한 위원이 대행)
위원	국토교통부장관이 임명·위촉, 위원장 1인 포함 7~11명 이내, 임기 2년
소집	위원장이 7일 전까지 소집통지(긴급시는 전날까지)

4. 정답 ②

하 중개사무소의 개설등록

② 사회적 협동조합은 비영리 법인으로서 중개사무소의 개설등록을 할 수 없다.

Ⓥ 중개법인의 등록기준

1. 법정업무만 영위할 목적으로 설립된, 자본금 5천만원 이상의 「상법」상 회사 또는 「협동조합 기본법」상 협동조합(사회적 협동조합 제외)일 것
2. 대표자는 공인중개사이고, 대표자를 제외한 임원 또는 사원의 3분의 1 이상이 공인중개사일 것
3. 중개사무소를 확보할 것
4. 대표자, 사원·임원 전체가 등록신청 전 1년 내에 실무교육을 받았을 것
5. 법인, 사원 또는 임원 전체 결격사유에 해당하지 않을 것

5. 정답 ①

중 중개사무소의 개설등록

ㄱ이 결격사유에 해당한다.
ㄱ. 혼인하여 성년이 의제되었더라도 미성년자는 결격이다.
ㄴ. 피특정후견인은 질병, 장애, 노령, 그 밖의 사유로 인한 정신적 제약으로 일시적 후원 또는 특정한 사무에 관하여 특정후견개시의 심판을 받은 자를 말하며, 결격사유자가 아니다.
ㄷ. 파산선고를 받고 복권된 자는 결격이 아니다.
ㄹ. 「공인중개사법」이 아닌 다른 법 위반 벌금형은 결격이 아니다.
ㅁ. 선고유예기간 중에 있는 자는 결격사유에 해당하지 아니한다.

6. 정답 ②

하 중개업무

② 주된 사무소 등록관청의 관할구역 내에는 분사무소를 둘 수 없다.

7. 정답 ②

중 중개업무

ㄹ, ㅁ 2개가 옳은 내용이다.
ㄱ. 법인이 아닌 개업공인중개사는 분사무소를 둘 수 없다.
ㄴ. A광역시 갑구(甲區)에 주된 사무소를 둔 법인인 개업공인중개사는 A광역시 내의 갑구가 아닌 다른 구에는 분사무소를 둘 수 있다.
ㄷ. 분사무소 설치신고를 하는 때에는 지방자치단체(주된 사무소 시·군·자치구) 조례가 정하는 수수료를 납부한다.

8. 정답 ⑤

중 중개업무

① 공인중개사 자격증 '원본'을 게시하여야 한다.
② 중개사무소의 명칭에는 '공인중개사사무소' 또는 '부동산중개'라는 문자를 사용하여야 하고, 옥외광고물에 성명을 표기하여야 한다. 다만, 법 제7638호 부칙 제6조 제2항의 개업공인중개사는 그 사무소의 명칭에 '공인중개사사무소'라는 문자를 사용할 수 없다.
③ 개업공인중개사에게 옥외광고물을 설치할 의무는 없다.
④ 등록관청의 관할구역 내·외를 불문하고 중개사무소의 이전신고를 한 경우 종전 사무소의 간판을 지체 없이 철거하여야 한다.

Ⓥ 게시사항 및 간판철거 사유

게시사항	간판철거사유
1. 중개사무소등록증 원본(분사무소는 신고확인서 원본) 2. 공인중개사 자격증 원본(개업공인중개사 및 소속공인중개사) 3. 보증설정 증명 서류 4. 중개보수·실비의 요율 및 한도액 표 5. 사업자등록증	1. 중개사무소 이전신고 2. 중개업의 폐업신고 3. 중개사무소의 개설등록 취소

9. 정답 ③

하 중개업무

③ 甲은 乙과 丙에 대한 고용신고를 전자문서로도 할 수 있다.
④ 중개보조원은 개업공인중개사와 소속공인중개사를 합한 수의 5배를 초과하여 고용할 수 없으므로, 추가로 중개보조원을 9명까지 고용할 수 있다. 따라서 옳은 지문이다.

10. 정답 ④

중 중개업무

옳은 것과 틀린 것을 바르게 표시하면 ㄱ(O), ㄴ(×), ㄷ(O)이다.
ㄴ. 휴업 및 폐업신고는 전자문서로 할 수 없다. 그러나 휴업기간의 변경신고 및 중개업무의 재개신고는 전자문서로 할 수 있다.

11. 정답 ④

중 중개계약 및 부동산거래정보망

④ 전속중개계약을 체결한 중개의뢰인이 전속중개계약의 유효기간 내에 스스로 발견한 상대방과 거래한 경우 중개보수의 '50% 범위 내에서 개업공인중개사가 지출한 소요비용'을 지급하여야 한다.

12. 정답 ③

중 중개계약 및 부동산거래정보망

- 부동산거래정보망을 설치·운영할 자로 지정을 받을 수 있는 자는 부가통신사업자로서, 가입·이용신청을 한 개업공인중개사가 '500명' 이상이어야 한다.
- 국토교통부장관은 거래정보사업자 지정신청을 받은 날부터 '30일' 이내에 이를 검토하여 그 지정 여부를 결정해야 한다.
- 거래정보사업자는 지정받은 날부터 '3개월' 이내에 운영규정을 정하여 국토교통부장관의 승인을 얻어야 한다.

13. 정답 ①

중 개업공인중개사 등의 의무

② 확인·설명서는 그 원본, 사본 또는 전자문서를 3년간 보존하여야 하나, 공인전자문서센터에 보관된 경우에는 예외이다.
③ 확인·설명은 중개가 완성되기 전에 하여야 한다.
④ 중개행위를 한 소속공인중개사는 확인·설명서에 서명 '및' 날인하여야 한다.
⑤ 개업공인중개사의 확인·설명의무 위반은 500만원 이하의 과태료 부과사유이다.

14. 정답 ②

중 개업공인중개사 등의 의무

② 보증은 중개업무를 개시하기 전까지 설정하여 등록관청에 신고하여야 한다.
③ 개업공인중개사나 그 보조원이 아닌 사람에게는 공인중개사법령에 따라 손해배상책임이 발생하지 않는다(대판 2007.11.15, 2007다44156).

15. 정답 ⑤

중 개업공인중개사 등의 의무

⑤ 일방대리로서 금지행위가 아니다.
①은 시세교란목적 업무방해행위, ②는 쌍방대리, ③은 거짓된 언행, ④는 시세교란행위이다.

16. 정답 ①

하 중개보수 및 실비

① 주택 소재지와 중개사무소의 소재지가 다른 경우 중개사무소 소재지를 관할하는 시·도 조례에 따라 중개보수를 받는다.

17. 정답 ④

중 교육, 업무위탁 및 포상금 제도

④ 부동산거래사고 예방교육의 통지 또는 공고는 '10일' 전까지 하면 된다.

Ⓥ 교육제도 비교

구분	실무교육	직무교육	연수교육
실시권자	시·도지사	시·도지사, 등록관청	시·도지사
대상자	등록신청인(임원·사원), 분사무소 책임자, 소속공인중개사	중개보조원	개업공인중개사, 소속공인중개사
시기	등록신청일 전(고용신고일 전) 1년 이내	고용신고일 전 1년 이내	2년마다(2개월 전 통지)
내용	법률지식, 중개·경영실무, 직업윤리	직업윤리	법·제도 변경사항, 중개·경영실무, 직업윤리
시간	28시간~32시간	3시간~4시간	12시간~16시간
제재	-	-	500만원 이하의 과태료

18. 정답 ③

중 교육, 업무위탁 및 포상금 제도

ㄷ, ㄹ이 포상금이 지급되는 신고·고발대상이다.
ㄱ, ㄴ. 부당한 표시·광고를 한 자, 이중소속을 하고 중개업을 영위한 자는 포상금이 지급되는 신고·고발대상이 아니다.

Ⓥ 포상금이 지급되는 신고·고발대상

1. 등록증·자격증 양도·대여한 자 또는 받은 자
2. 부정등록자
3. 무등록중개업자
4. 개업공인중개사가 아닌 자로서 표시·광고한 자
5. 금지행위 중 시세교란행위, 단체구성 중개제한, 시세에 부당한 영향을 줄 목적으로 유·가·강·제·방해한 자

19.

정답 ②

상 교육, 업무위탁 및 포상금 제도

ㄴ, ㄷ이 시·군·자치구 조례가 정하는 바에 따라 수수료를 납부해야 하는 경우이다.

ㄱ. 중개업의 휴업신고시에는 수수료를 납부하지 않는다.

ㄹ. 공인중개사 자격시험 응시수수료는 원칙적으로 시·도 조례가 정하는 바에 따른 수수료이다. 다만, 시험을 국토교통부장관이 시행하는 경우에는 국토교통부장관이 결정·공고하는 수수료를, 시험을 위탁하여 시행하는 경우에는 위탁받은 자가 위탁한 자의 승인을 얻어 결정·공고하는 수수료를 납부한다.

Ⓥ 수수료 납부사유

수수료 납부사유	지방자치단체 조례
1. 공인중개사 자격시험 응시 2. 공인중개사 자격증 재교부신청	시·도 조례
3. 중개사무소 개설등록신청 4. 중개사무소등록증 재교부신청 5. 분사무소 설치신고 6. 분사무소설치신고확인서 재교부신청	시·군·자치구 조례

20.

정답 ②

중 지도·감독 및 벌칙

옳은 것은 ㄷ이다.

ㄱ. 업무정지처분은 그 사유가 발생한 날로부터 '3년'이 경과한 때에는 할 수 없다.

ㄴ. 자격정지처분사항은 국토교통부장관, 다른 시·도지사에게 통보할 사항이 아니다.

ㄹ. 공인중개사 자격증을 교부한 시·도지사와 중개사무소의 소재지를 관할하는 시·도지사가 서로 다른 경우에는 중개사무소의 소재지를 관할하는 시·도지사가 자격취소처분 또는 자격정지처분에 필요한 절차를 모두 이행한 후 자격증을 교부한 시·도지사에게 통보하여야 한다.

21.

정답 ③

중 지도·감독 및 벌칙

ㄷ, ㄹ이 필요적(절대적) 등록취소사유이다.
ㄱ은 업무정지사유, ㄴ과 ㅁ은 임의적(상대적) 등록취소사유이다.

Ⓥ 필요적(절대적) 등록취소사유

1. 개인인 개업공인중개사가 사망하거나 개업공인중개사인 법인이 해산한 경우
2. 거짓 그 밖의 부정한 방법으로 중개사무소의 개설등록을 한 경우
3. 이중으로 중개사무소의 개설등록을 한 경우
4. 다른 개업공인중개사의 소속공인중개사·중개보조원 또는 개업공인중개사인 법인의 사원·임원이 된 경우(이중소속)
5. 등록증 양도·대여, 성명·상호사용 중개업무하게 한 경우
6. 최근 1년 내 2회 이상 업무정지받고 다시 업무정지 해당 행위를 한 경우(삼진)
7. 중개보조원 수 제한을 초과하여 중개보조원을 고용한 경우
8. 결격사유에 해당하게 된 경우(임원 또는 사원의 결격을 2개월 내에 해소하지 아니한 경우 포함)
9. 업무정지기간 중에 중개업무를 하거나 자격정지처분을 받은 소속공인중개사로 하여금 중개업무를 하게 한 경우

22.

정답 ⑤

중 지도·감독 및 벌칙

⑤ 공인중개사 직무와 관련하여 「형법」상의 횡령죄로 징역형 1년에 집행유예 2년을 선고받은 경우는 자격취소사유이다.

Ⓥ 자격정지사유

1. 둘 이상의 중개사무소에 소속된 경우
2. 인장등록을 하지 아니하거나 등록하지 아니한 인장을 사용한 경우
3. 성실·정확하게 중개대상물의 확인·설명을 하지 아니하거나 설명의 근거자료를 제시하지 아니한 경우
4. 중개행위를 한 소속공인중개사가 중개대상물 확인·설명서에 서명 및 날인을 하지 아니한 경우
5. 중개행위를 한 소속공인중개사가 거래계약서에 서명 및 날인을 하지 아니한 경우
6. 거래계약서에 거래금액 등 거래내용을 거짓으로 기재하거나 서로 다른 둘 이상의 거래계약서를 작성한 경우
7. 개업공인중개사 등의 금지행위를 한 경우

23.

정답 ④

중 지도·감독 및 벌칙

ㄱ, ㄷ, ㄹ이 1년 이하의 징역 또는 1천만원 이하의 벌금에 처하는 사유이다.

ㄴ. 시세에 부당한 영향을 줄 목적으로 안내문 등을 이용하여 특정 가격 이하로 중개를 의뢰하지 아니하도록 유도하는 행위를 한 자는 3년 이하의 징역 또는 3천만원 이하의 벌금에 처한다.

Ⓥ 1년 이하의 징역 또는 1천만원 이하의 벌금 사유

1. 이중등록, 이중소속, 이중사무소
2. 중개보조원 수 제한을 초과하여 중개보조원을 고용한 자
3. 자격증, 등록증 양도·대여, 성명·상호 사용, 알선
4. 사칭: 자격 사칭, 명칭 사칭
5. 개업공인중개사가 아닌 자로서 표시·광고를 한 자
6. 개업공인중개사로부터 의뢰받지 아니한 정보공개, 다르게, 차별 공개한 거래정보사업자
7. 임시 중개시설물을 설치한 자
8. 업무상 비밀을 누설한 개업공인중개사 등(반의사불벌죄)
9. 금지행위: 매매업, 무등록중개업자와 거래, 보수초과, 거짓된 언행

24.

정답 ①

중 지도·감독 및 벌칙

① 중개대상물이 존재하지 않아서 실제로 거래를 할 수 없는 중개대상물에 대한 표시·광고를 한 경우는 '500만원 이하의 과태료' 부과사유이다.

25.

정답 ②

하 부동산거래신고제도

② 부동산거래신고대상 계약은 부동산 등에 대한 매매계약 또는 공급계약이므로, 토지 및 건축물의 교환계약은 신고대상이 아니다.

Ⓥ 부동산거래신고대상

1. 토지 또는 건축물, 분양권, 입주권의 매매계약
2. 「주택법」, 「택지개발촉진법」 등에 따른 토지 또는 건축물에 대한 공급계약

26.
정답 ③

하 부동산거래신고제도

③ 부동산거래신고는 계약을 체결한 날로부터 '30일' 내에 하여야 한다.

27.
정답 ④

중 부동산거래신고제도

④ 건축물 면적은 집합건축물의 경우 전용면적을 적고, 그 밖의 건축물은 연면적을 적는다.

28.
정답 ①

중 주택임대차계약의 신고

① 주택임대차계약의 신고는 '계약 체결일'로부터 30일 내에 해야 한다.

29.
정답 ②

중 외국인 등의 부동산취득 등에 관한 특례

① 자본금의 '2분의 1' 이상을 외국법인이 가지고 있는 법인이 "외국인 등"에 해당한다.
③ 외국인이 부동산거래신고의 대상인 계약을 체결하여 부동산거래신고를 한 때에는 별도의 부동산취득신고를 할 필요가 없다.
④ 외국인이 국내 토지를 증여받은 경우에는 계약 체결일부터 '60일' 내에 취득신고를 해야 한다.
⑤ 외국인이 경매로 대한민국 안의 부동산을 취득한 때에는 취득한 날부터 '6개월' 내에 신고해야 한다.

Ⓥ 외국인 등의 정의

1. 대한민국의 국적을 보유하고 있지 아니한 개인
2. 외국의 법령에 따라 설립된 법인 또는 단체
3. 사원 · 구성원 · 업무를 집행하는 사원이나 이사 등 임원의 2분의 1 이상이 외국인인 법인 또는 단체
4. 외국인이나 외국법인 또는 단체가 자본금 또는 의결권의 2분의 1 이상을 가지고 있는 법인 또는 단체
5. 외국 정부, 국제기구(국제연합과 그 산하기구 · 전문기구, 정부간 기구, 준정부간 기구, 비정부간 국제기구)

30.
정답 ⑤

중 토지거래허가제도

ㄷ, ㄹ이 옳은 내용이다.
ㄱ. 허가구역이 2 이상의 '시 · 도'의 관할구역에 걸쳐 있는 경우에는 국토교통부장관이 지정한다. 동일 시 · 도 안의 시 · 군 · 구라면 원칙적으로 시 · 도지사가 지정한다.
ㄴ. 농지에 대하여 토지거래허가증을 받으면 농지취득자격증명을 받은 것으로 본다.

31.
정답 ④

중 토지거래허가제도

ㄱ, ㄷ, ㄹ이 옳은 내용이다.
ㄴ. 허가구역을 포함한 지역의 주민을 위한 편익시설의 설치에 이용하려는 목적으로 취득한 경우에는 토지의 취득시부터 2년이 이용의무기간이다.

Ⓥ 토지의 이용의무기간

1. 거주용 주택용지로 이용: 2년
2. 지역주민 복지시설, 편익시설 이용: 2년
3. 농업인 등이 농업 · 축산업 · 임업 · 어업 경영: 2년
4. 사업 시행: 4년(4년 내에 분양 완료시 4년 경과 간주)
5. 농지 외의 토지 협의양도, 수용된 자가 3년 이내에 대체 토지취득: 2년
6. 사용 · 수익 제한 토지로서 현상보존의 목적: 5년
7. 임대사업: 5년

32.
정답 ①

하 토지거래허가제도

① 토지거래허가구역을 재지정할 경우에 시장 · 군수 · 구청장의 의견을 청취한다.

33.
정답 ③

중 중개대상물 조사 · 확인

③ 개인묘지는 '$30m^2$'를 초과하여 설치할 수 없다.
⑤ 분묘기지권을 시효로 취득하였더라도, 분묘기지권자는 토지소유자가 분묘기지에 관한 지료를 청구하면 그 청구한 날부터의 지료를 지급할 의무가 있다(대판 2021.4.29, 2017다228007 전원합의체).

34.
정답 ②

중 중개대상물의 조사 · 확인

② 농지전용허가 또는 신고를 한 농지를 취득하는 자도 농지취득자격증명을 발급받아야 한다. 그러나 농지전용협의를 마친 농지를 취득하는 자는 농지취득자격증명을 발급받을 필요가 없다.

35.
정답 ②

상 중개대상물의 조사 · 확인

ㄱ, ㄷ. 일조, 소음, 진동 등의 환경조건과 실제 권리관계 또는 공시되지 않은 물건의 권리사항은 개업공인중개사 세부 확인사항이다.

Ⓥ 주거용 건축물 확인 · 설명서상 기본 확인사항과 세부 확인사항

기본 확인사항	세부 확인사항
① 대상물건의 표시 ② 권리관계(등기부 기재사항) ③ 토지이용계획, 공법상 이용제한 및 거래규제에 관한 사항(토지) ④ 임대차 확인사항 ⑤ 입지조건 ⑥ 관리에 관한 사항 ⑦ 비선호시설 ⑧ 거래예정금액 등 ⑨ 취득시 부담할 조세의 종류 및 세율	⑩ 실제 권리관계 또는 공시되지 않은 물건의 권리사항 ⑪ 내 · 외부 시설물의 상태(건축물) ⑫ 벽면 · 바닥면 및 도배상태 ⑬ 환경조건 ⑭ 현장안내

36.

정답 ③

중 개별적 중개실무

③ 丙이 악의이더라도 제3자 丁은 명의신탁약정사실을 알았더라도 X부동산의 소유권을 취득한다.

37.

정답 ⑤

상 개별적 중개실무

⑤ 최우선변제를 받을 수 있는 소액임차인의 범위는 담보권설정일을 기준으로 정해지므로, 옳은 내용이다.
① 서울특별시의 경우 임차보증금이 1억 6,500만원인 이하여야 최우선변제를 받을 수 있으므로, 乙은 경매시 최우선변제를 받을 수 없다.
② 乙의 임차권은 대항력이 있다면 소멸하지 않는다.
③ 입주, 주민등록 및 확정일자를 받은 날과 저당권설정일이 동일한 경우 乙은 대항력을 그 다음날부터 취득하므로, 대항력 및 우선변제권은 丙이 乙에 우선한다.
④ 경제사정의 변동 등으로 인한 보증금 또는 월 차임의 증액은 조례로 달리 정함이 없는 한 기존 보증금 또는 월 차임의 100분의 5의 금액을 초과할 수 없다.

38.

정답 ⑤

상 개별적 중개실무

ㄱ, ㄴ, ㄷ, ㄹ 모두가 보호를 받을 수 있는 규정이다. 서울특별시 소재 상가건물임대차의 경우 환산보증금이 9억원을 초과한 경우 「상가건물 임대차보호법」상의 일부 규정만 적용되는 바, 설문은 환산보증금이 10억원[3억원 + (700만원 × 100)]이 되었으나, 제시된 규정은 임차인 乙에게 모두 적용된다.

Ⓥ 「상가건물 임대차보호법」상 보증금 제한에 따른 적용 여부

보증금 제한을 초과하는 경우에도 적용되는 규정	보증금 제한을 초과하는 경우 적용되지 않는 규정
1. 대항력 규정 2. 권리금 보호규정 3. 3기 차임 연체시 해지규정 4. 계약갱신요구권 규정 5. 표준계약서 규정 6. 감염병 등에 의한 폐업시 해지규정	1. 우선변제권 규정 2. 증액, 월 차임 전환이율 제한규정 3. 임차권등기명령 규정 4. 존속기간 규정 등

39.

정답 ④

중 개별적 중개실무

④ 유치권자는 매수인에 대하여 그 피담보채권의 변제가 있을 때까지 유치목적물인 부동산의 인도를 거절할 수 있을 뿐이고, 그 피담보채권의 변제를 청구할 수는 없다(대판 1996.8.23, 95다8713).

40.

정답 ①

중 개별적 중개실무

① 인도명령신청은 매수신청대리권의 범위에 포함되지 않는다.

Ⓥ 매수신청대리권의 범위

1. 매수신청 보증의 제공
2. 입찰표의 작성 및 제출
3. 차순위매수신고
4. 매수신청의 보증을 돌려 줄 것을 신청하는 행위
5. 공유자의 우선매수신고
6. 구 「임대주택법」상 임차인의 우선매수신고
7. 우선매수신고에 따른 차순위매수신고인의 지위를 포기하는 행위

제2과목 부동산공법

41	42	43	44	45	46	47	48	49	50
③	①	①	④	①	⑤	⑤	②	②	③
51	52	53	54	55	56	57	58	59	60
①	③	⑤	①	④	③	②	③	②	④
61	62	63	64	65	66	67	68	69	70
③	⑤	①	③	③	③	⑤	③	④	②
71	72	73	74	75	76	77	78	79	80
⑤	④	②	④	③	②	③	④	③	④

선생님의 한마디

제1회 실전모의고사는 기출문제를 변형한 문항이 다수 포함되어 있습니다. 기출 지문은 반복적으로 출제되는 핵심 내용을 담고 있으므로 충분히 익숙해질 필요가 있습니다. 부동산공법은 분량이 많은 과목인 만큼, 중간 난이도의 문제를 반복적으로 풀고 오답을 확인하는 과정에서 암기가 이루어집니다. 제1회는 높은 난이도의 문제는 적었으며, 평균 점수인 50점 이상이면 충분히 잘한 것입니다. 틀린 문제는 반드시 정리하여 다음에는 같은 실수를 반복하지 않도록 해야 합니다.

41. 정답 ③

하 국토계획법 용어정의

③ "완화"가 아니라 "강화"이다. 개발밀도관리구역이란 개발로 인하여 기반시설이 부족할 것이 예상되나, 기반시설의 설치가 곤란한 지역을 대상으로 건폐율 또는 용적률을 강화하여 적용하기 위하여 지정하는 구역이다.

42. 정답 ①

상 광역도시계획

① 광역도시계획은 타당성 검토에 관한 규정이 없다.
② 도지사가 단독으로 수립한 광역도시계획의 경우에는 국토교통부장관의 승인을 얻지 않는다. 예전에는 승인을 얻어야 했으나 법 개정으로 승인규정은 삭제되었다.

43. 정답 ①

하 도시 · 군기본계획

① 특별시장 · 광역시장 · 특별자치시장 · 특별자치도지사가 수립을 하면 본인이 직접 도시 · 군기본계획을 확정한다.

44. 정답 ④

중 도시 · 군관리계획

④ 특별건축구역은 「건축법」상에서 지정되는 대상 지역이다. "도시 · 군관리계획"이란 특별시 · 광역시 · 특별자치시 · 특별자치도 · 시 또는 군의 개발 · 정비 및 보전을 위하여 수립하는 토지 이용, 교통, 환경, 경관, 안전, 산업, 정보통신, 보건, 복지, 안보, 문화 등에 관한 다음의 계획을 말한다.

「국토의 계획 및 이용에 관한 법률」 제2조 **【정의】**
가. 용도지역 · 용도지구의 지정 또는 변경에 관한 계획
나. 개발제한구역, 도시자연공원구역, 시가화조정구역(市街化調整區域), 수산자원보호구역의 지정 또는 변경에 관한 계획
다. 기반시설의 설치 · 정비 또는 개량에 관한 계획
라. 도시개발사업이나 정비사업에 관한 계획
마. 지구단위계획구역의 지정 또는 변경에 관한 계획과 지구단위계획
바. 삭제
사. 도시혁신구역의 지정 또는 변경에 관한 계획과 도시혁신계획
아. 복합용도구역의 지정 또는 변경에 관한 계획과 복합용도계획
자. 도시 · 군계획시설입체복합구역의 지정 또는 변경에 관한 계획

45. 정답 ①

중 광역도시계획

② 광역계획권은 국토교통부장관 또는 도지사가 지정한다. 특별시장과 광역시장, 특별자치시장, 특별자치도지사는 지정할 수 없으므로 틀린 지문이다.
③ 도시 · 군기본계획이 광역도시계획에 부합되어야 한다.
④ 공청회를 개최하여 주민과 전문가의 의견을 들어야 한다.
⑤ 수립주기는 정해져 있지 않다.

46. 정답 ⑤

하 건폐율 상한

⑤ 제3종 일반주거지역의 건폐율 최대한도는 50%이다.

47. 정답 ⑤

상 용도지역의 지정과 행위제한

① 하천은 대상이 아니고 '바다'를 매립한 경우에 한한다.
② 「어촌 · 어항법」 규정에 의한 어항구역으로서 도시지역과 연접된 공유수면은 도시지역으로 결정 · 고시된 것으로 본다. '도시지역에 연접된'이라는 지문이 없으면 의제되지 않는다.
③ 관리지역 안에서 「농지법」에 의한 농업진흥지역으로 지정 · 고시된 지역은 「국토의 계획 및 이용에 관한 법률」에 의한 농림지역으로 결정 · 고시된 것으로 본다. 모든 지역이 아니라 관리지역 안에서이므로 '관리지역' 안이라는 문구가 있어야 옳은 지문이다.
④ 「택지개발촉진법」에 의하여 지정된 택지개발지구는 도시지역으로 결정 · 고시된 것으로 본다. '지정'의 특례가 아니라 '결정 · 고시'의 특례이다.

48.
정답 ②

하 용도지역의 정의

주거지역	전용주거지역	제1종	단독주택 중심의 양호한 주거환경을 보호하기 위하여 필요한 지역
		제2종	공동주택 중심의 양호한 주거환경을 보호하기 위하여 필요한 지역
	일반주거지역	제1종	저층(4층 이하) 주택을 중심으로 편리한 주거환경을 조성
		제2종	중층(조례가 정하는) 주택을 중심으로 편리한 주거환경을 조성
		제3종	중고층(층수 제한 X) 주택을 중심으로 편리한 주거환경을 조성
	준주거지역	주거기능을 위주로 이를 지원하는 일부 상업 · 업무기능을 보완하기 위하여 필요한 지역	

49.
정답 ②

중 용도지역

② 용도지역이 미지정된 지역이나 미세분된 지역의 행위제한은 가장 행위제한이 강한 지역의 행위제한을 적용받는다. 따라서 관리지역에서 세분이 되지 않은 지역은 '계획관리지역'이 아니라 '보전관리지역'의 행위제한을 적용받음이 원칙이다.

50.
정답 ③

중 개발행위 허가대상

③ 죽목의 벌채와 식재는 허가대상행위가 아니다. 참고로 도시개발구역과 정비구역 안에서는 허가를 받아야 하는 대상이다.

「국토의 계획 및 이용에 관한 법률」 제56조 【개발행위의 허가】
1. 건축물의 건축 또는 공작물의 설치
2. 토지의 형질 변경(경작을 위한 경우로서 대통령령으로 정하는 토지의 형질 변경은 제외한다)
3. 토석의 채취
4. 토지 분할(건축물이 있는 대지의 분할은 제외한다)
5. 녹지지역 · 관리지역 또는 자연환경보전지역에 물건을 1개월 이상 쌓아놓는 행위

51.
정답 ①

하 용도지구

① 보호지구는 문화재, 중요 시설물(항만, 공항 등 대통령령으로 정하는 시설물을 말한다) 및 문화적·생태적으로 보존가치가 큰 지역의 보호와 보존을 위하여 필요한 지구를 말한다.

52.
정답 ③

중 매수청구제도

③ 제2종 근린생활시설을 설치할 수는 있으나 단란주점, 안마시술소, 노래연습장, 다중생활시설은 제외된다.

53.
정답 ⑤

하 도시개발구역의 지정권자

⑤ 원칙적인 지정권자는 시 · 도지사, 대도시의 시장이고 예외적으로 국토교통부장관이 지정할 수도 있다. 따라서 시장 · 군수는 지정은 할 수 없고, 도지사에게 지정을 요청할 수 있을 뿐이다.

54.
정답 ①

중 도시개발구역의 지정

① 도시개발구역이 지정 · 고시된 경우 해당 도시개발구역은 「국토의 계획 및 이용에 관한 법률」에 따른 도시지역과 지구단위계획구역으로 결정되어 고시된 것으로 본다. 다만, 「국토의 계획 및 이용에 관한 법률」에 따른 지구단위계획구역 및 취락지구로 지정된 지역인 경우에는 그러하지 아니하다.

55.
정답 ④

중 감가보상금

④ 감가보상금과 청산금은 별개의 성질이므로 각각 성립한다. 그러므로 감가보상금을 지급하고 또 청산금을 교부하는 것은 가능하다.

56.
정답 ③

중 원형지

- 원형지에 대한 공사완료 공고일부터 5년
- 원형지 공급 계약일부터 10년

57.
정답 ②

하 환지의 소유권 이전

② 환지처분공고일의 다음 날에 소유권은 확정된다.

58.
정답 ③

중 도시개발조합

③ 행정청인 시행자는 도시개발사업의 시행으로 인하여 사업시행 후의 토지가액의 총액이 사업시행 전의 토지가액의 총액보다 감소한 때에는 그 차액에 상당하는 감가보상금을 대통령령이 정하는 기준에 따라 종전의 토지소유자 또는 임차권자 등에게 지급하여야 한다. 즉, 조합은 비행정청인 시행자이므로 감가보상금 지급의무가 없다.

59.
정답 ②

중 재개발조합설립 동의요건

ㄱ: 4분의 3, ㄴ: 2분의 1

Ⓥ 재개발사업

추진위원회(추진위원회를 구성하지 아니하는 경우에는 토지등소유자를 말한다)가 조합을 설립하려면 토지등소유자의 4분의 3 이상 및 토지면적의 2분의 1 이상의 토지소유자의 동의를 받아 관련서류를 첨부하여 시장·군수 등의 인가를 받아야 한다.

60.
정답 ④

하 정비법상 지정권자

④ 도시개발구역의 지정권자는 국토교통부장관, 시·도지사, 대도시 시장이고 정비구역의 지정권자는 특별시장·광역시장·특별자치시장·특별자치도지사·시장 또는 군수(광역시의 군수는 제외)이다.

61.
정답 ③

중 정비구역의 해제사유

③ 정비구역을 '해제하여야' 하는 강제규정이다. 임의적 해제사유가 아니다.

Ⓥ 정비구역의 임의적 해제사유

정비구역의 지정권자는 다음 어느 하나에 해당하는 경우 지방도시계획위원회의 심의를 거쳐 정비구역 등을 해제할 수 있다. 이 경우 제1호 및 제2호에 따른 구체적인 기준 등에 필요한 사항은 시·도조례로 정한다.

1. 정비사업의 시행으로 토지등소유자에게 과도한 부담이 발생할 것으로 예상되는 경우
2. 정비구역 등의 추진 상황으로 보아 지정 목적을 달성할 수 없다고 인정되는 경우
3. 토지등소유자의 100분의 30 이상이 정비구역 등(추진위원회가 구성되지 아니한 구역으로 한정한다)의 해제를 요청하는 경우
4. 제23조 제1항 제1호(스스로개량방식)에 따른 방법으로 시행 중인 주거환경개선사업의 정비구역이 지정·고시된 날부터 10년 이상 경과하고, 추진 상황으로 보아 지정 목적을 달성할 수 없다고 인정되는 경우로서 토지등소유자의 과반수가 정비구역의 해제에 동의하는 경우
5. 추진위원회 구성 또는 조합 설립에 동의한 토지등소유자의 2분의 1 이상 3분의 2 이하의 범위에서 시·도조례로 정하는 비율 이상의 동의로 정비구역의 해제를 요청하는 경우(사업시행계획인가를 신청하지 아니한 경우로 한정한다)
6. 추진위원회가 구성되거나 조합이 설립된 정비구역에서 토지등소유자 과반수의 동의로 정비구역의 해제를 요청하는 경우(사업시행계획인가를 신청하지 아니한 경우로 한정한다)

62.
정답 ⑤

중 토지등소유자의 정의

⑤ 재건축사업의 정비구역 안에 있는 건축물 및 부속토지소유자가 토지등소유자에 해당한다. 정비구역 밖이 아니라 정비구역 안이다.

① 주거환경개선사업 및 재개발사업의 경우에는 정비구역에 위치한 토지 또는 건축물의 소유자 또는 그 지상권자

② 재건축사업의 경우에는 정비구역에 위치한 건축물 및 그 부속토지의 소유자

Ⓥ 토지등소유자

「자본시장과 금융투자업에 관한 법률」에 따른 신탁업자가 사업시행자로 지정된 경우 토지등소유자가 정비사업을 목적으로 신탁업자에게 신탁한 토지 또는 건축물에 대하여는 위탁자를 토지등소유자로 본다.

✚ 재건축사업의 토지등소유자에는 지상권자는 포함하지 않는다.

63.
정답 ①

하 재건축사업의 정의

① 기반시설이 양호하고, 환지방식이 아니며, 관리처분방식에 따라 건축물을 공급하는 방법은 재건축사업에 대한 설명이다.

64.
정답 ③

중 관리처분계획

③ 분양설계에 관한 계획은 "분양신청기간이 만료되는 날"을 기준으로 하여 수립한다.

65.
정답 ③

하 징수위탁 수수료

③ 시장 乙은 부과·징수를 위탁받은 경우에는 지방세체납처분의 예에 의하여 이를 부과·징수할 수 있다. 이 경우 사업시행자 甲은 징수한 금액의 100분의 4에 해당하는 금액을 당해 시장 乙에게 교부하여야 한다. 따라서 총 금액이 50억원이고, 여기서 4%를 지급해야 하므로 2억원이 수수료로 지급해야 할 금액이다.

66.
정답 ③

중 시공자 선정

③ 재건축조합의 경우에도 조합설립인가 후에 시공자를 선정하여야 한다.

Ⓥ 시공자 선정

1. 조합이 시행자인 경우 시공자 선정
   조합은 조합설립인가를 받은 후 조합총회에서 경쟁입찰 또는 수의계약(2회 이상 경쟁입찰이 유찰된 경우로 한정한다)의 방법으로 건설업자 또는 등록사업자를 시공자로 선정하여야 한다. 다만, 대통령령으로 정하는 규모 이하의 정비사업은 조합총회에서 정관으로 정하는 바에 따라 선정할 수 있다.
2. 토지등소유자가 시행자인 경우 시공자 선정
   토지등소유자가 재개발사업을 시행하는 경우에는 사업시행계획인가를 받은 후 규약에 따라 건설업자 또는 등록사업자를 시공자로 선정하여야 한다.
3. 시장·군수 등이 시행자인 경우 시공자 선정
   - 시장·군수 등이 직접 정비사업을 시행하거나 토지주택공사 등 또는 지정개발자를 사업시행자로 지정한 경우 사업시행자는 사업시행자 지정·고시 후 경쟁입찰 또는 수의계약의 방법으로 건설업자 또는 등록사업자를 시공자로 선정하여야 한다.
   - 시장·군수 등이 시공자를 선정하거나 관리처분방식의 방법으로 시행하는 주거환경개선사업의 사업시행자가 시공자를 선정하는 경우 주민대표회의 또는 토지등소유자 전체회의는 대통령령으로 정하는 경쟁입찰 또는 수의계약(2회 이상 경쟁입찰이 유찰된 경우로 한정한다)의 방법으로 시공자를 추천할 수 있다. 주민대표회의 또는 토지등소유자 전체회의가 시공자를 추천한 경우 사업시행자는 추천받은 자를 시공자로 선정하여야 한다. 이 경우 시공자와의 계약에 관해서는 「지방자치단체를 당사자로 하는 계약에 관한 법률」 또는 「공공기관의 운영에 관한 법률」을 적용하지 아니한다.
4. 시공자 선정

사업	선정시기	
• 조합(경쟁입찰 또는 수의계약(2회 이상 경쟁입찰이 유찰된 경우로 한정)	조합설립인가 후	건설업자 또는 등록사업자를 시공자로 선정하여야 한다.
• 재개발사업을 토지등소유자가 시행하는 경우(규약에 따라)	사업시행인가 후	
• 시장·군수, 토지주택공사 등(경쟁입찰 또는 수의계약)	사업시행자 지정·고시 후	

67.
정답 ⑤

하 건축의 개념

⑤ 이전은 건축물의 주요구조부를 해체하지 아니하고 동일한 대지 안의 다른 위치로 옮기는 것을 말한다.

68.
정답 ③

중 건축절차

③ 「건축법」에서는 사용승인이라는 용어를 사용하고, 「주택법」에서는 사용검사라는 용어를 사용한다.

69.
정답 ④

하 건축법 적용 제외대상 건축물

④ 건축물이란 토지에 정착하는 공작물 중 지붕과 기둥 또는 벽이 있는 것과 이에 부속되는 시설물, 지하 또는 고가의 공작물에 설치하는 사무소·공연장·점포·차고·창고 기타 대통령령으로 정하는 것을 말한다. 단, 여기서 철도관련시설은 「철도법」을 적용받고 「건축법」을 적용받지 않는 건축물에 해당한다.

70.
정답 ②

중 건축법 용어정의

② 지하층이란 건축물의 바닥이 지표면 아래에 있는 층으로서 바닥에서 지표면까지 '평균높이'가 해당 층 높이의 '2분의 1' 이상인 것을 말한다. 즉, '최고높이'가 아니라 '평균높이' 이다.

71.
정답 ⑤

중 건축법 적용대상지역

⑤ 계획관리지역은 도시도 아니고, 지구단위계획구역도 아니고, 동·읍 지역도 아니므로 당연히 전면 적용되는 지역이 아니다.

Ⓥ 「건축법」이 전면 적용되는 건축물

1. 도시지역
2. 도시지역 외에 지정된 지구단위계획구역
3. 동 또는 읍 지역(섬의 경우 인구 500인 이상인 경우에 한함)

72.
정답 ④

중 허가권한자

④ 도지사는 사전승인권자로서 절대로 허가권자에는 도지사는 없다는 점을 유의하여 둔다.
1. 원칙적인 허가권자: 특별자치도지사, 특별자치시장, 시장·군수·구청장
2. 예외적인 허가권자: 일정규모 이상인 경우 특별시장과 광역시장

73.
정답 ②

중 건축허가

② 건축법령상 건축허가를 받은 날로부터 2년 이내에 착수하지 않는 경우는 반드시 취소사유에 해당한다.

74.
정답 ④

하 복리시설과 부대시설

④ 부대시설은 관리사무소, 담장, 경비실, 주차장으로 4개이다. 어린이놀이터와 입주자집회소는 복리시설에 해당한다.

Ⓥ 참고

1. 부대시설: 주택에 부대되는 다음의 시설 또는 설비를 말한다.
   - 주차장·관리사무소·담장 및 주택단지 안의 도로
   - 「건축법」에 의한 건축설비
2. 복리시설: 주택단지 안의 입주자 등의 생활복리를 위한 다음의 공동시설을 말한다.
   - 어린이놀이터·근린생활시설·유치원·주민운동 시설 및 경로당
   - 그 밖에 입주자 등의 생활복리를 위하여 대통령령이 정하는 공동시설

75.
정답 ③

중 도시형 생활주택

① 욕실 및 보일러실을 제외한 부분을 하나의 공간으로 구성하여야 하는 요건은 삭제되었다.
② 아파트형 주택의 세대별 주거전용면적은 85m^2 이하로 하여야 한다.
④ 아파트형 주택의 각 세대는 지하층에 설치할 수 없다.
⑤ 하나의 건축물에는 도시형 생활주택과 그 밖의 주택을 함께 건축할 수 없으며, 단지형 연립주택 또는 단지형 다세대주택과 아파트형 주택을 함께 건축할 수 없다.

76.
정답 ②

상 사용검사

① 공동주택과 부대시설 등은 사용검사를 받기 전에는 원칙적으로 사용이 금지되나, 예외적으로 주택건설사업의 경우에는 건축물의 동별로 공사가 완료된 때, 대지조성사업의 경우에는 구획별로 공사가 완료된 때 그 부분에 대하여 임시사용승인을 얻어 사용할 수 있다.
③ 사업주체와 시공자가 모두 파산한 경우에는 입주예정자대표회의가 시공자를 선정하고 마무리 공사를 하고 사용검사를 받는다.
④ 임시사용승인을 얻은 경우에도 별도의 사용검사를 받아야 한다.
⑤ 원칙적인 사용검사권자는 시장·군수·구청장이다.

77.
정답 ③

중 주택의 종류

③ 3개 층이고 소유권을 각각 소유하므로 일단은 공동주택으로 5층 이상이 아니라 아파트는 아니다. 즉, 연립주택이 아니면 다세대주택인데, 바닥면적의 합계가 600m^{2}이므로 660m^2 이하에 해당한다. 따라서 연립주택은 아니고 다세대주택에 해당한다.

78.
정답 ④

하 주택법령의 범위

④ '기반시설부담구역'은 국토의 계획 및 이용에 관한 법령에 규정되어 있으며, 주택법령과는 아무 관련이 없다.

79.
정답 ③

하 농지법 용어정의

③ '월간'이 아니라 '연간' 판매액이 120만원 이상인 자를 농업인이라 한다.

80.
정답 ④

중 농지의 처분의무

④ 한국농어촌공사는 매수청구를 받으면 「감정평가 및 감정평가사에 관한 법률」에 따른 공시지가를 기준으로 해당 농지를 매수할 수 있다. 이 경우 인근지역의 실제거래가격이 공시지가보다 낮으면 실제거래가격을 기준으로 매수할 수 있다.

2교시

제1과목 부동산 공시에 관한 법령 및 부동산 관련 세법

1	2	3	4	5	6	7	8	9	10
⑤	③	⑤	①	②	③	②	②	④	⑤
11	12	13	14	15	16	17	18	19	20
①	④	④	①	②	③	⑤	①	③	④
21	22	23	24	25	26	27	28	29	30
⑤	④	①	②	①	②	⑤	④	⑤	④
31	32	33	34	35	36	37	38	39	40
③	②	②	①	②	②	④	④	④	①

선생님의 한마디

이제 시작입니다. 너무 걱정하지 마시고 틀린 문제를 반드시 복습하세요. 문제가 출제된 부분의 이론을 7일완성 핵심요약집이나 공부하고 계신 자료로 꼭 확인하시기 바랍니다. 문제를 푸는 것보다 복습이 더 중요합니다.

1.
정답 ⑤

하 공간정보관리법 총칙

⑤ 국토교통부장관은 연속지적도를 체계적으로 관리하기 위하여 연속지적도 정보관리체계를 구축 · 운영할 수 있다.

2.
정답 ③

하 토지의 등록

③ 지적확정측량을 실시한 지역의 각 필지에 지번을 새로 부여하는 경우에 부여할 수 있는 종전 지번의 수가 새로 부여할 지번의 수보다 적을 때에는 블록 단위로 하나의 본번을 부여한 후 필지별로 부번을 부여하거나, 그 지번부여지역의 최종 본번 다음 순번부터 본번으로 하여 차례로 지번을 부여할 수 있다.

3.
정답 ⑤

하 토지의 등록

⑤ 관계 법령에 따라 인가 · 허가 등을 받아 토지를 분할하려는 경우에는 지상 경계점에 경계점표지를 설치하여 측량할 수 있다.

4.
정답 ①

중 지적공부

옳은 것은 ㄱ, ㄴ이다.

ㄷ. 공유지연명부에 토지의 이동사유는 기록하지 아니한다.

ㄹ. 대지권등록부에 개별공시지가와 그 기준일은 기록하지 아니한다.

5.
정답 ②

하 지적공부

② 경계점좌표등록부를 갖춰 두는 지역의 지적도에는 도곽선의 오른쪽 아래 끝에 "이 도면에 의하여 측량을 할 수 없음"이라고 적어야 한다.

6.
정답 ③

하 지적공부

ㄱ은 국토교통부장관, ㄴ은 국토교통부장관, ㄷ은 지적소관청이다.

7.
정답 ②

중 토지의 이동 및 지적정리

② 「국토의 계획 및 이용에 관한 법률」 등 관계 법령에 따른 토지의 형질변경 등의 공사가 준공된 경우는 지목변경의 대상이다.

8.
정답 ②

중 토지의 이동 및 지적정리

ㄱ은 15일, ㄴ은 20일, ㄷ은 1개월이다.

ㄱ. 지적소관청은 청산금을 산정하였을 때에는 청산금 조서를 작성하고, 청산금이 결정되었다는 뜻을 15일 이상 공고하여 일반인이 열람할 수 있게 하여야 한다.

ㄴ. 지적소관청은 청산금의 결정을 공고한 날부터 20일 이내에 토지소유자에게 청산금의 납부고지 또는 수령통지를 하여야 한다.

ㄷ. 납부고지되거나 수령통지된 청산금에 관하여 이의가 있는 자는 납부고지 또는 수령통지를 받은 날부터 1개월 이내에 지적소관청에 이의신청을 할 수 있다.

9.
정답 ④

하 토지의 이동 및 지적정리

④ 도시개발사업의 착수 또는 변경의 신고가 된 토지의 소유자가 해당 토지의 이동을 원하는 경우에는 해당 사업의 시행자에게 그 토지의 이동을 신청하도록 요청하여야 하며, 요청을 받은 시행자는 해당 사업에 지장이 없다고 판단되면 지적소관청에 그 이동을 신청하여야 한다.

10.
정답 ⑤

중 토지의 이동 및 지적정리

⑤ 지적소관청이 토지소유자의 신청 또는 지적소관청의 직권에 따라 등록사항을 정정할 때 그 정정사항이 토지소유자에 관한 사항인 경우에는 등기필증, 등기완료통지서, 등기사항증명서 또는 등기관서에서 제공한 등기전산정보자료에 따라 정정하여야 한다. 가족관계 기록사항에 관한 증명서는 미등기토지의 경우에 해당하는 서류이다.

11.
정답 ①

하 지적측량

지적측량의 대상은 ㄱ, ㄴ이다.

ㄷ. 면적의 증감이 없이 경계위치가 잘못된 경우는 지적측량의 대상이 아니다.

ㄹ. 합병의 경우에 지적측량의 대상이 아니다.

ㅁ. 지상건축물 등의 현황을 지적도 및 임야도에 등록된 경계와 대비하여 표시하는 데에 필요한 경우에 지적현황측량을 실시한다. 경계가 중요한 사항이다.

12.
정답 ④

중 지적측량

④ 시 · 도지사는 의결서를 받은 날부터 7일 이내에 지적측량 적부심사 청구인 및 이해관계인에게 그 의결서를 통지하여야 한다.

13.
정답 ④

상 부동산등기법 총칙

① 권리소멸의 약정등기는 부기등기로 실행한다.
② 소유권을 목적으로 하는 처분제한등기는 주등기로 실행한다.
③ 가등기상의 권리의 이전등기는 부기등기에 의한다. 소유권이전등기는 주등기이고 소유권 이외의 권리의 이전등기는 부기등기이므로 가등기의 이전등기도 부기등기에 의한다.
⑤ 전부말소회복등기는 주등기, 일부말소회복등기는 부기등기로 실행한다.

14.
정답 ①

하 부동산등기법 총칙

① 채권담보권, 권리질권은 등기할 권리에 해당한다.
②③④⑤ 동산질권, 분묘기지권, 부동산유치권 등은 등기할 권리에 해당하지 아니한다.

15.
정답 ②

중 등기절차 총론

전세권설정등기 후에 전세금을 증액하는 전세권변경등기의 경우에 전세권설정자가 등기의무자이다.

16.
정답 ③

상 등기절차 총론

③ 관할 등기소가 다른 여러 개의 부동산과 관련하여 등기목적과 등기원인이 동일한 경우에는 여러 개의 부동산에 관한 신청정보를 일괄하여 제공하는 방법으로 신청할 수 있다.

17.
정답 ⑤

하 등기절차 총론

⑤ ㄱ, ㄴ, ㄷ, ㄹ 모두 제29조 제2호 위반에 해당한다.

18.
정답 ①

ⓐ 등기절차 총론

② 적극적 부당에 대해서는 관할 위반의 등기(「부동산등기법」 제29조 제1호), 사건이 등기할 것이 아닌 때(동법 제29조 제2호)에 해당되는 경우에만 이의신청을 할 수 있다.
③ 등기관의 처분이 부당한지 여부는 그 처분을 한 시점으로 판단한다.
④ 등기관의 처분에 이의가 있는 자는 관할 지방법원에 이의신청을 할 수 있다. 그러나 이의신청서는 처분을 한 등기소에 제출하여야 한다.
⑤ 이의신청은 집행정지의 효력이 없다.

19.
정답 ③

중 권리에 관한 등기

③ 소유권이 甲에서 乙로 이전되고 乙이 丙에게 저당권을 설정한 경우 乙의 소유권이전등기의 말소등기를 신청하는 경우 저당권자인 丙은 이해관계인이므로 丙의 승낙을 요한다.

20.
정답 ④

중 권리에 관한 등기

옳은 것은 ㄱ, ㄴ, ㄷ이다.
ㄹ. 시장, 군수 또는 구청장 등의 확인서에 의하여 토지에 대하여 소유권보존등기를 신청할 수 없으며 건물에 대하여 신청할 수 있다.

21.
정답 ⑤

ⓐ 권리에 관한 등기

⑤ 등기관이 신탁재산에 속하는 부동산에 관한 권리에 대하여 수탁자의 변경으로 인한 이전등기를 할 경우 직권으로 그 부동산에 관한 신탁원부 기록의 변경등기를 하여야 한다.

22.
정답 ④

중 권리에 관한 등기

④ 전세권 일부이전등기의 신청은 전세권의 존속기간의 만료 전에는 할 수 없다. 다만, 존속기간 만료 전이라도 해당 전세권이 소멸하였음을 증명하여 신청하는 경우에는 그러하지 아니하다.

23.
정답 ①

중 권리에 관한 등기

옳은 것은 ㄱ, ㄴ이다.
ㄷ. 대지권도 토지에 대한 지분을 의미하므로 대지권에 대한 전세권설정등기는 허용되지 아니한다.
ㄹ. 대지권등기를 한 때에 그 토지의 등기기록에는 소유권이전등기는 분리처분금지에 해당하므로 허용되지 아니한다.

24.
정답 ②

중 권리에 관한 등기

② 가등기권리자는 가등기의무자의 승낙이 있거나 가등기를 명하는 법원의 가처분명령(假處分命令)이 있을 때에는 단독으로 가등기를 신청할 수 있다.

선생님의 한마디

득점에 실망하기보다는 문제의 지문 내용들의 핵심 포인트를 익히는 것이 중요합니다. 실망하지 않고 끝까지 풀고 익히시면, 실전에서는 아름다운 결실이 있으실 거예요.

25.
정답 ①

중 재산세

① 주택의 과세표준이 법령에 정하는 계산식에 따른 과세표준상한액보다 큰 경우에는 해당 주택의 과세표준은 과세표준상한액으로 한다.

26.
정답 ②

중 재산세

옳은 것은 ㄷ이다.
ㄱ. 재산세 과세기준일은 매년 6월 1일이다.
ㄴ. 지방자치단체의 장은 특별한 재정수요나 재해 등의 발생으로 재산세의 세율 조정이 불가피하다고 인정되는 경우 조례로 정하는 바에 따라 표준세율의 100분의 50의 범위에서 가감할 수 있다. 다만, 가감한 세율은 해당 연도에 한하여 적용한다.

27.
정답 ⑤

중 재산세

① 과세기준일 현재 재산세 과세대상 물건의 소유권이 양도·양수된 때에는 양수인을 해당 연도의 납세의무자로 본다.
② 공유재산의 경우에는 지분권자(지분의 표시가 없는 경우에는 지분이 균등한 것으로 본다)를 납세의무자로 본다.
③ 상속이 개시된 재산으로서 상속등기가 이행되지 아니하고 사실상의 소유자를 신고하지 아니한 대는 주된 상속자를 납세의무자로 본다.
④ 국가·지방자치단체 및 지방자치단체조합과 재산세 과세대상 재산을 연부로 매매계약을 체결하고 그 재산의 사용권을 무상으로 부여받은 경우에는 권리변동이 이루어진 것으로 보아 그 매수계약자를 납세의무자로 본다.

28.
정답 ④

하 조세의 기초 이론

3 - 60 - 45이다.
• 납세고지서에 따른 납부기한까지 납부하지 아니한 세액 또는 과소납부분 세액 × 100분의 (3)
• 체납된 지방세의 월별로 0.66%(0.022% × 30일)를 징수하는 기간은 (60)개월을 초과하지 못한다 단, 이 경우 체납된 지방세가 (45)만원 미만인 경우에는 징수하지 아니한다.

29.
정답 ⑤

하 납세의무의 성립·확정·소멸

⑤ 종합부동산세는 원칙적으로 과세표준과 서액을 정부가 결정할 때에 납세의무가 확정되나, 예외적으로 납세의무자가 신고납부를 선택하는 경우에는 정부의 결정은 없었던 것으로 보아 납세의무자가 신고하는 때 세액이 확정된다.

30.
정답 ④

중 취득세

① 전세권은 취득세 과세대상이 아니므로 전세권을 취득하는 경우에 취득세 납세의무가 없다.
② 상속으로 인하여 취득하는 경우에는 상속인 각자가 상속받는 취득물건(지분을 취득하는 경우에는 그 지분에 해당하는 취득물건을 의미)을 취득한 것으로 본다.
③ 직계비속이 직계존속의 부동산을 공매를 통하여 취득한 경우에는 유상취득한 것으로 본다.
⑤ 「건축법」상 허가받지 아니한 건축물을 취득하는 경우에도 납세의무가 있다.

31.
정답 ③

하 취득세

③ 건축(신축 · 재축 제외) 또는 개수로 인하여 건축물 면적이 증가할 때에는 그 증가된 부분에 대하여 원시취득으로 보아 세율을 적용한다. 즉, 1,000분의 28의 세율이 적용된다.

32.
정답 ②

중 취득세

② 취득세 과세표준에 포함되는 것은 1개이다. 유상취득하는 경우에 취득대금 외에 당사자의 약정에 따른 취득자 조건부담액과 채무인수액은 개인 · 법인 구별 없이 취득세 과세표준(사실상 취득가격)에 포함한다. 이외 나머지는 법인이 취득하는 경우 과세표준(사실상 취득가격)에 포함하나, 개인이 취득하는 경우에는 과세표준(사실상 취득가격)에서 제외한다.

33.
정답 ②

하 등록면허세

② 임차권 설정등기의 과세표준은 월임대차금액이며, 나머지는 건수(건당)가 과세표준이다.

34.
정답 ①

하 양도소득세

① 이축권이란 부동산과 함께 양도하는 「개발제한구역의 지정 및 관리에 관한 특별조치법」 제12조 제1항 제2호 및 제3호의2에 따른 이축을 할 수 있는 권리(이축권)이다. 다만, 해당 이축권가액을 별도로 평가하여 구분신고하는 경우에는 기타소득으로 과세하므로 양도소득세 과세대상이 아니다.

35.
정답 ②

중 양도소득세

② 실지거래가액이 12억원을 초과하는 고가주택이 겸용주택인 경우에는 주거부분과 주거 이외의 부분을 분리하여 과세한다. 즉, 1세대 1주택 비과세 요건을 충족한 고가주택이 겸용주택인 경우에 주거면적이 큰 경우에도 주거부분은 비과세하고, 주거 이외 부분은 과세한다.

> Ⓥ 고가주택의 겸용주택(1세대 1주택 비과세에 해당하는 주택)
>
> 1. 고가주택의 겸용주택은 주택과 주택 외 부분을 분리하여 과세한다.
> 2. 주택면적이 크더라도 주거부분은 안분계산하여 비과세하고 상가부분은 과세한다.

36.
정답 ②

상 양도소득세

② 1세대 1주택 비과세 요건을 갖춘 고가주택의 양도차익(1억원) = 전체 양도차익(5억원) × (15억원 - 12억원)/15억원

> Ⓥ 고가주택의 양도차익
>
> $$\text{고가주택의 양도차익} = \text{전체 양도차익} \times \frac{\text{양도가액} - \text{12억원}}{\text{양도가액}}$$

37.
정답 ④

상 양도소득세

④ 증여자와 수증자가 연대납세의무를 부담하지는 않는다.

38.
정답 ④

중 양도소득세

① 장기보유특별공제는 국내 소재 자산의 양도에 한하여 적용한다.
② 동일 연도에 장기보유특별공제의 대상이 되는 자산을 수회 양도한 경우에도 공제요건에 해당하는 경우에는 양도자산별로 각각 공제한다.
③ 양도소득세가 과세되는 1세대 1주택의 장기보유특별공제액은 양도차익에 보유기간별 공제율 및 거주기간별 공제율을 곱한 금액이다.
⑤ ④의 보유기간별 공제는 주택이 아닌 건물로 보유한 기간에 해당하는 보유기간별 공제율의 경우에 보유연수에 2%씩을 적용하며, 법령에 정하는 계산식에 따라 계산한 공제율이 100분의 40보다 큰 경우에는 100분의 40으로 한다.

39.
정답 ④

중 양도소득세

④ 양도자산의 취득 후 쟁송이 있는 경우 그 소유권을 확보하기 위하여 직접 소요된 소송비용으로서 그 지출한 연도의 각 사업소득금액 계산시 필요경비에 산입된 금액은 포함하지 않는다.

40.
정답 ①

하 종합부동산세

① 관할 세무서장은 납부하여야 할 종합부동산세의 세액을 결정하여 해당 연도 12월 1일부터 12월 15일까지 부과 · 징수한다. 종합부동산세는 재산세와 달리 과세대상에 따라 납기가 달라지지 않는다.

제2회 정답 및 해설

▶ 실시간 합격예측 서비스

난이도 및 출제포인트 분석

★ 난이도가 낮은 문제는 해설 페이지를 찾아가 꼭 익혀두세요.

1교시 제1과목 공인중개사법령 및 실무

문제 번호	난이도 및 출제포인트 분석	문제 번호	난이도 및 출제포인트 분석
1	중 공인중개사법령 총칙 p.22	21	상 토지거래허가제도 p.24
2	중 중개사무소의 개설등록 p.22	22	중 공인중개사협회 p.24
3	중 공인중개사법령 총칙 p.22	23	중 지도 · 감독 및 벌칙 p.24
4	중 중개사무소의 개설등록 p.22	24	중 주택임대차계약의 신고 p.24
5	상 중개업무 p.22	25	상 지도 · 감독 및 벌칙 p.24
6	하 중개업무 p.22	26	중 지도 · 감독 및 벌칙 p.25
7	하 중개업무 p.22	27	중 지도 · 감독 및 벌칙 p.25
8	중 개업공인중개사 등의 의무 p.22	28	상 부동산거래신고제도 p.25
9	하 중개업무 p.23	29	중 외국인 등의 부동산취득 등에 관한 특례 p.25
10	중 중개업무 p.23	30	중 토지거래허가제도 p.25
11	하 중개계약 및 부동산거래정보망 p.23	31	중 개별적 중개실무 p.25
12	상 중개업무 p.23	32	중 포상금 및 부동산 정보관리 p.25
13	상 개업공인중개사 등의 의무 p.23	33	하 개별적 중개실무 p.25
14	중 개업공인중개사 등의 의무 p.23	34	중 중개의뢰접수 및 중개계약 p.25
15	하 개업공인중개사 등의 의무 p.23	35	하 중개대상물의 조사 · 확인 p.25
16	중 중개보수 및 실비 p.23	36	상 중개대상물의 조사 · 확인 p.25
17	중 개업공인중개사 등의 의무 p.23	37	중 개별적 중개실무 p.26
18	상 교육, 업무위탁 및 포상금 제도 p.24	38	상 개별적 중개실무 p.26
19	중 지도 · 감독 및 벌칙 p.24	39	중 부동산거래신고제도 p.26
20	중 교육, 업무위탁 및 포상금 제도 p.24	40	중 개별적 중개실무 p.26

1교시 제2과목 부동산공법

문제 번호	난이도 및 출제포인트 분석	문제 번호	난이도 및 출제포인트 분석
41	중 광역도시계획 p.26	61	중 관리처분계획의 내용 p.29
42	하 국토계획법 용어정의 p.26	62	중 정비조합 p.29
43	상 국토의 보전 p.27	63	상 관리처분계획 p.29
44	중 공간재구조화계획 p.27	64	중 공공시행자 시행사유 p.30
45	중 용도지역의 지정특례 p.27	65	상 도시형 생활주택 p.30
46	상 용도지역의 행위제한 p.27	66	하 공동주택의 종류 p.30
47	중 건폐율과 용적률의 별도규정 p.27	67	중 공법상 채권의 비교정리 p.30
48	상 2 이상의 용도지역에 걸치는 경우 p.27	68	중 입주자 등의 거주의무 p.30
49	중 매수청구제도 p.28	69	중 조정대상지역 p.30
50	중 기반시설부담구역 p.28	70	하 리모델링주택조합 p.30
51	중 도시 · 군계획시설사업 p.28	71	중 토지임대부 분양주택 p.31
52	중 성장관리계획 p.28	72	중 사용승인 p.31
53	하 개발구역 지정 후 개발계획수립대상 p.28	73	상 소음방지를 위한 층간 바닥 설치 p.31
54	하 개발구역 안의 개발행위허가대상 p.28	74	중 건축허가권자 등 p.32
55	중 개발구역 지정의 해제사유 p.28	75	상 건축과 대수선의 비교 p.32
56	중 도시개발조합 p.29	76	중 대지에 조경의무기준 p.32
57	하 토지상환채권 p.29	77	하 용도에 따른 시설군 p.32
58	상 토지부담률 p.29	78	중 건축설비 등 p.32
59	중 재건축사업 p.29	79	중 대리경작제도 p.32
60	상 정비기본계획과 정비계획 p.29	80	중 대리경작제도와 임대차제도 p.32

2교시 제1과목 부동산 공시에 관한 법령 및 부동산 관련 세법

문제 번호	난이도 및 출제포인트 분석	문제 번호	난이도 및 출제포인트 분석
1	하 토지의 등록 p.33	21	중 권리에 관한 등기 p.34
2	중 토지의 등록 p.33	22	상 권리에 관한 등기 p.35
3	중 토지의 등록 p.33	23	상 권리에 관한 등기 p.35
4	하 토지의 등록 p.33	24	상 등기기관과 설비 p.35
5	하 지적공부 p.33	25	중 양도소득세 p.35
6	하 지적공부 p.33	26	중 양도소득세 p.35
7	중 토지의 이동 및 지적정리 p.33	27	하 양도소득세 p.35
8	하 토지의 이동 및 지적정리 p.33	28	하 양도소득세 p.35
9	상 토지의 이동 및 지적정리 p.33	29	하 양도소득세 p.35
10	중 토지의 이동 및 지적정리 p.33	30	하 조세의 기초 이론 p.35
11	중 지적측량 p.34	31	중 조세의 기초 이론 p.35
12	하 지적측량 p.34	32	하 취득세 p.35
13	하 부동산등기법 총칙 p.34	33	상 취득세 p.35
14	중 등기기관과 설비 p.34	34	중 취득세 p.36
15	하 등기절차 총론 p.34	35	상 지방세 종합 p.36
16	상 등기절차 총론 p.34	36	중 등록면허세 p.36
17	중 등기절차 총론 p.34	37	상 재산세 p.36
18	중 등기절차 총론 p.34	38	하 재산세 p.36
19	상 권리에 관한 등기 p.34	39	하 종합부동산세 p.36
20	중 권리에 관한 등기 p.34	40	하 종합부동산세 p.36

1교시

제1과목 공인중개사법령 및 실무

1	2	3	4	5	6	7	8	9	10
①	④	②	③	③	③	①	②	⑤	④
11	**12**	**13**	**14**	**15**	**16**	**17**	**18**	**19**	**20**
③	①	⑤	④	②	③	④	②	①	②
21	**22**	**23**	**24**	**25**	**26**	**27**	**28**	**29**	**30**
①	③	⑤	④	①	⑤	①	③	②	⑤
31	**32**	**33**	**34**	**35**	**36**	**37**	**38**	**39**	**40**
④	②	④	②	⑤	③	③	①	②	④

선생님의 한마디

이번 회차는 기본 문제에서부터 심화 문제까지 구성하여 기본을 확인하고, 응용된 문제를 연습하는데 주안점이 있습니다. 난이도 상급의 문제가 다수 포함되어 있어서 전반적으로 어렵다고 느끼셨을 것입니다. 공인중개사법령에서 25문제, 부동산 거래신고 등에 관한 법령에서 7문제, 중개실무에서 8문제를 출제하였고, 박스형의 문제는 11개를 출제하였습니다. 틀린 부분을 확인하여 어느 부분을 잘못 생각했는지를 체크하고, 다시 한 번 정리해 주시기를 바랍니다.

1.

정답 ①

중 공인중개사법령 총칙

② 중개업이란 다른 사람의 의뢰에 의하여 일정한 보수를 받고 중개를 업으로 행하는 것을 말한다.
③ 분양대행행위는 알선이 아니므로 중개 또는 중개업이 될 수 없다.
④ 공인중개사로서 법인의 사원인 자는 소속공인중개사이다.
⑤ 보수를 받고 토지 매매만의 중개를 업으로 하는 경우도 중개업에 해당한다.

2.

정답 ④

중 중개사무소의 개설등록

④ 질병 등 정신적 제약으로 인하여 한정후견개시의 심판을 받은 자는 피한정후견인으로서 결격이다.
① 양벌규정에 의한 벌금은 결격이 아니다(대판 2008.5.29, 2007두26568).
② 자격이 취소된 자는 3년이 결격이므로, 자격이 취소된 후 3년이 지난 자는 결격사유자가 아니다.
③ 집행유예를 받은 자는 집행유예기간 + 2년이 결격이므로, 「도로교통법」 위반으로 징역 1년형의 집행유예 2년을 선고받고 4년이 지난 자는 결격사유자가 아니다.
⑤ 업무정지사유 발생 당시의 임원이 해당 법인의 업무정지기간 중 결격이므로, 업무정지사유 발생 후 취임했다가 사임한 임원이었던 자는 결격사유에 해당하지 아니한다.

Ⓥ 결격사유자 중 수형자

1. (법 불문) 금고 이상의 실형을 선고받고 집행종료 또는 집행면제 후 3년 지나지 아니한 자
2. (법 불문) 금고 이상의 형의 집행유예를 선고받고 집행유예기간이 만료된 날로부터 2년이 지나지 아니한 자
   ✚ 선고유예 ×
3. 이 법(「공인중개사법」) 위반 300만원 이상의 벌금형의 선고를 받고 3년이 지나지 아니한 자
   ✚ 양벌규정 벌금 ×

3.

정답 ②

중 공인중개사법령 총칙

ㄴ, ㄷ이 중개대상물에 해당한다.
ㄱ, ㄹ, ㅁ. 금전채권과 20톤 미만의 선박, 동산질권은 중개대상물이 아니다.
ㄴ. 법정지상권의 성립자체는 중개대상행위가 되지 않으나, 법정지상권이 성립한 토지는 중개대상물이다.
ㄷ. 등기한 수목의 집단은 입목으로 중개대상물이다.

Ⓥ 중개대상물 여부

해당하는 것	해당하지 않는 것
• 토지 • 건축물 그 밖의 토지의 정착물 • 입목, 공장재단, 광업재단 • 분양권, 도로예정지인 사유지 등 • 명인방법을 갖춘 수목의 집단	• 자동차, 항공기, 선박, 기계장치 • 세차장구조물, 권리금, 금전채권 • 포락지, 바닷가, 미채굴의 광물 • 국·공유재산, 온천수, 대토권 • 입주예정자로 선정될 수 있는 지위인 입주권

4.

정답 ③

중 중개사무소의 개설등록

① 이중소속은 금지되므로, 소속공인중개사는 중개사무소의 개설등록을 신청할 수 없다.
② 등록관청이 자격발급 시·도지사에게 확인 요청하므로 자격증 사본은 첨부하지 않는다.
④ 가설건축물에는 개설등록을 할 수 없다.
⑤ 종별 변경시 종전의 등록증을 반납하여야 한다.

5.

정답 ③

상 중개업무

ㄴ, ㄹ이 틀린 내용이다.
ㄴ. 이전신고 전에 발생한 사유로 인한 행정처분은 '이전 후'의 등록관청이 행하므로, B군 군수가 한다.
ㄹ. 등록관청의 관할구역 외로의 이전이므로, 등록증에 변경사항을 기재하여 교부할 수 없고, 재교부하여야 한다.

6.

정답 ③

하 중개업무

③ 개업공인중개사는 중개대상물에 대한 표시·광고시 자신의 성명(법인은 대표자의 성명)을 명시하여야 한다.

7.

정답 ①

하 중개업무

② 등록관청이 교육수료 여부를 직접 확인하므로, 첨부하지 않는다.
③ 중개보조원은 개업공인중개사와 소속공인중개사를 합한 수의 5배를 초과하여 고용할 수 없을 뿐이지, 5명 이상 고용할 수 없는 것이 아니다.
④ 고용관계 종료신고는 10일 내에 하여야 한다.
⑤ 중개보조원의 업무상 행위만 그를 고용한 개업공인중개사의 행위로 본다.

8.

정답 ②

중 개업공인중개사 등의 의무

옳은 것과 틀린 것의 표시를 바르게 하면 ㄱ(×), ㄴ(O), ㄷ(×)이다.
ㄱ. 공인중개사법령상 거래계약서는 정해진 서식이 없다.
ㄷ. 소속공인중개사가 거래계약서에 거래금액을 거짓으로 기재하거나 서로 다른 둘 이상의 거래계약서를 작성하면 자격정지처분을 받을 수 있다.

9.

정답 ⑤

하 중개업무

⑤ 공인중개사인 개업공인중개사가 등록할 인장은 성명이 나타난 것으로서, 그 크기가 가로 · 세로 각각 7mm 이상 30mm 이하이어야 한다.

10.

정답 ④

중 중개업무

① 휴업신고시에 등록증을 반납하였으므로, '휴업기간 변경신고서'에는 중개사무소등록증을 첨부하지 않는다.
② 재개신고 및 휴업기간 변경신고는 전자문서로 할 수 있다.
③ 휴업을 신고한 때에는 간판철거의무가 없다.
⑤ 휴업기간을 변경하고자 하는 때에는 '미리' 신고하여야 한다.

11.

정답 ③

하 중개계약 및 부동산거래정보망

③ 임대차에 관한 전속중개계약의 경우에는 공시지가를 공개하지 아니할 수 있다.

Ⓥ 전속중개계약을 체결한 개업공인중개사의 의무

1. 전속중개계약서 사용
2. 전속중개계약서 보존: 3년
3. 정보공개(비공개요청시 공개 금지)
   • 7일 내 정보망 또는 일간신문에 공개
   • 공개내용 문서 통보
4. 2주에 1회 이상 업무처리상황 문서통지
5. 확인 · 설명 성실이행

12.

정답 ①

상 중개업무

① 부동산의 개발에 대한 상담만 법인인 개업공인중개사가 겸업할 수 있는 업무에 해당한다.
• 관리대행 및 분양대행은 주택 및 상업용 건축물에 대하여만 가능하다.
• 공매대상 '동산'에 대한 입찰신청의 대리는 할 수 없고, 공매대상 '부동산'에 대한 입찰신청의 대리가 가능하다.
• 이사업체 또는 도배업체의 운영은 할 수 없고, 알선까지만 가능하다.

Ⓥ 중개법인의 겸업

1. 주택 및 상가의 임대관리 등 관리대행업
2. 부동산의 이용 · 개발 · 거래에 관한 상담업
3. 개업공인중개사를 대상으로 한 중개업의 경영기법 및 경영정보의 제공업
4. 주택 및 상가의 분양대행업
5. 경 · 공매 부동산에 대한 권리분석 및 취득의 알선, 매수신청대리업(경매부동산 대리업을 할 경우에는 법원에 등록)
6. 주거이전에 부수되는 용역의 알선업

13.

정답 ⑤

상 개업공인중개사 등의 의무

⑤ 판례(대판 2012.8.17, 2010다93053)로서, 옳은 지문이다.
① 다른 법률에 따라 중개업을 할 수 있는 법인은 '2천만원' 이상의 보증을 설정하면 된다.
② 중개법인이 경매대상 부동산에 대한 권리분석 및 취득의 알선을 하면서 의뢰인에게 손해를 입힌 경우도 '중개행위를 함에 있어서 거래당사자에게 재산상의 손해를 발생하게 한 경우'로 볼 수 있다(대판 2007.4.12, 2005다40853).
③ 개업공인중개사는 중개가 완성된 때에는 거래당사자에게 손해배상책임의 보장에 관한 사항을 '설명하고' 관계증서의 사본을 교부하거나 관계증서에 관한 전자문서를 제공해야 한다.
④ 보증기간이 만료되어 다시 보증을 설정하려는 개업공인중개사는 그 보증기간 만료일까지 다시 보증을 설정해야 한다.

14.

정답 ④

중 개업공인중개사 등의 의무

④ 조사 및 조치결과는 '10일' 이내에 신고센터에 통보해야 한다.

15.

정답 ②

하 개업공인중개사 등의 의무

② 매도인 · 매수인 등 거래당사자는 예치명의자가 될 수 없다.

Ⓥ 예치명의자가 될 수 있는 자

개업공인중개사, 은행, 공제사업자, 신탁업자, 보험회사, 체신관서, 계약이행대행 전문회사

16.

정답 ③

중 중개보수 및 실비

③ 환산 합산 보증금이 5천만원 미만인 상가건물임대차의 중개보수 계산에 관한 문제로서, 거래가액은 1,000만원 + (20만원 × 70) = 2,400만원이고, 일방 중개보수는 2,400만원 × 0.9% = 216,000원이다. 쌍방에게 받을 수 있으므로, 중개보수의 최대액은 216,000원 × 2 = 432,000원이다.

17.

정답 ④

중 개업공인중개사 등의 의무

ㄴ, ㄷ, ㄹ이 금지행위에 해당한다.
ㄱ. 분양권 매매의 알선을 업으로 하는 행위는 중개업이므로, 금지행위가 아니다.
ㄴ. 투기조장행위, ㄷ. 직접거래, ㄹ. 단체구성 중개제한 행위로서, 금지행위이다.

Ⓥ 개업공인중개사 등의 금지행위

1. 중개대상물의 매매를 업으로 하는 행위
2. 중개사무소의 개설등록을 하지 아니하고 중개업을 영위하는 자인 사실을 알면서 그를 통하여 중개를 의뢰받거나 그에게 자기의 명의를 이용하게 하는 행위
3. 사례 · 증여 그 밖의 어떠한 명목으로도 법정 중개보수 또는 실비를 초과하여 금품을 받는 행위
4. 해당 중개대상물의 거래상의 중요사항에 관하여 거짓된 언행 그 밖의 방법으로 중개의뢰인의 판단을 그르치게 하는 행위
5. 관계 법령에서 양도 · 알선 등이 금지된 부동산의 분양 · 임대 등과 관련 있는 증서 등의 매매 · 교환 등을 중개하거나 그 매매를 업으로 하는 행위
6. 중개의뢰인과 직접거래를 하거나 거래당사자 쌍방을 대리하는 행위
7. 탈세 등 관계 법령을 위반할 목적으로 소유권보존등기 또는 이전등기를 하지 아니한 부동산이나 관계 법령의 규정에 의하여 전매 등 권리의 변동이 제한된 부동산의 매매를 중개하는 등 부동산투기를 조장하는 행위

8. 부당한 이익을 얻거나 제3자에게 부당한 이익을 얻게 할 목적으로 거짓으로 거래가 완료된 것처럼 꾸미는 등 중개대상물의 시세에 부당한 영향을 주거나 줄 우려가 있는 행위
9. 단체를 구성하여 특정 중개대상물에 대하여 중개를 제한하거나 단체 구성원 이외의 자와 공동중개를 제한하는 행위

18.

정답 ②

상 교육, 업무위탁 및 포상금 제도

① 직무교육 실시권자는 시 · 도지사 또는 등록관청이므로, 시 · 도지사가 실시하는 직무교육을 받을 수도 있다.
③ '개업공인중개사 및 소속공인중개사'가 2년마다 '연수교육'을 이수하여야 한다.
④ 시 · 도지사는 개업공인중개사만을 대상으로 하는 부동산거래사고 예방교육을 실시할 수 있다.
⑤ 시 · 도지사가 연수교육 미 이수자에 대한 과태료를 부과한다.

19.

정답 ①

중 지도 · 감독 및 벌칙

ㄴ이 과태료 부과대상자와 부과권자의 연결이 틀린 내용이다. 자료제출 요구에 불응한 정보통신서비스 제공자에 대한 500만원 이하의 과태료는 국토교통부장관이 부과한다.

20.

정답 ②

중 교육, 업무위탁 및 포상금 제도

① 직접거래 금지행위를 한 자는 포상금이 지급되는 신고 · 고발대상이 아니다.
③ 포상금은 국고에서 50%까지 보조할 수 있다.
④ 포상금은 지급 결정일부터 '1개월' 이내에 지급하여야 한다.
⑤ 하나의 사건에 대하여 2건 이상의 신고 또는 고발이 접수된 경우에는 최초로 신고 · 고발한 자에게 포상금을 지급한다.

21.

정답 ①

상 토지거래허가제도

② 처리기간 내에 허가증의 발급 또는 불허가처분 사유의 통지가 없거나 선매협의 사실의 통지가 없는 경우에는 그 기간이 '끝난 날의 다음 날'에 허가가 있는 것으로 본다.
③ 허가 · 불허가처분에 대한 이의신청은 그 처분을 받은 날부터 '1개월' 이내에 하여야 한다.
④ 당사자의 한쪽 또는 양쪽이 국가 등인 경우에는 그 기관의 장이 시장 · 군수 또는 구청장과 협의할 수 있고, 그 협의가 성립된 때에는 그 토지거래계약에 관한 허가를 받은 것으로 본다. 국가 등이 허가를 신청해야 하는 것은 아니다.
⑤ 불허가처분에 대한 매수청구는 통지를 받은 날부터 '1개월' 이내에 하여야 한다.

Ⓥ 허가 · 불허가처분의 효과

허가를 받은 때	농지취득자격증명의 의제, 검인 의제
불허가처분	매수청구(1개월 이내, 공시지가 기준)
이의신청	허가 · 불허가처분에 대하여 1개월 이내 – 도시계획위원회의 심의 · 결과통지

22.

정답 ③

중 공인중개사협회

① 공제사업 운용실적은 매 회계연도 종료 후 '3개월' 이내에 일간신문 또는 협회보에 공시하고, 인터넷 홈페이지에 게시하여야 한다.
② 국토교통부장관이 공제사업 운영이 적정하지 아니한 경우 자산예탁기관의 변경을 명할 수 있다.
④ 공제사업 책임준비금은 공제료 수입액의 100분의 '10' 이상으로 적립하면 된다.
⑤ 공제사업운영위원회의 위원은 19명 이내로 한다.

23.

정답 ⑤

중 지도 · 감독 및 벌칙

⑤ 둘 이상의 중개사무소를 둔 경우는 임의적(상대적) 등록취소사유이다.

24.

정답 ④

중 주택임대차계약의 신고

ㄱ, ㄴ, ㅁ이 옳은 내용이다.
ㄷ. 보증금이 '6천만원'을 초과하거나 월 차임이 '30만원'을 초과하는 임대차계약이 대상이다.
ㄹ. 계약을 갱신하는 경우로서 보증금 및 차임의 증감 없이 임대차 기간만 연장하는 계약은 제외된다.

Ⓥ 주택임대차계약신고 대상

1. 특별자치시 · 특별자치도 · 시 · 군(광역시 및 경기도의 관할구역에 있는 군으로 한정) · 구(자치구) 소재 주택으로서,
2. 보증금이 6천만원을 초과하거나 월 차임이 30만원을 초과하는 임대차계약(계약을 갱신하는 경우로서 보증금 및 차임의 증감 없이 임대차기간만 연장하는 계약은 제외)

25.

정답 ①

상 지도 · 감독 및 벌칙

②④ 폐업신고 전에 받은 업무정지 또는 과태료처분의 효과는 그 '처분일'로부터 '1년'간 재등록 개업공인중개사에게 승계된다.
③ 폐업기간이 3년을 초과한 경우 폐업신고 전 위반행위를 사유로 하는 등록취소처분을 할 수 없다.
⑤ 중개법인의 대표자에게는 행정제재처분효과 등의 승계규정을 준용한다.

Ⓥ 재등록 개업공인중개사에 대한 행정제재처분효과의 승계 등

1. 폐업기간이 3년을 초과할 경우 폐업신고전 위반행위를 사유로 하는 등록취소 불가
2. 폐업기간이 1년을 초과할 경우 폐업신고전 위반행위를 사유로 하는 업무정지 불가
3. 폐업신고 전 받은 업무정지 또는 과태료처분 효과는 처분일로부터 1년 승계
4. 폐업신고 전 위반행위을 사유로 하는 행정처분시 폐업기간, 폐업사유 고려해야 하고, 법인대표자에게는 준용

26. 정답 ⑤

중 지도 · 감독 및 벌칙

⑤ 「공인중개사법」에 위반하여 500만원의 벌금형을 선고받은 경우는 자격취소사유가 아니다.

Ⓥ 자격취소사유

1. 부정한 방법으로 공인중개사의 자격을 취득한 경우
2. 다른 사람에게 자기의 성명을 사용하여 중개업무를 하게 하거나 공인중개사자격증을 양도 또는 대여한 경우
3. 자격정지처분을 받고 그 자격정지기간 중에 중개업무를 행한 경우나 이중소속한 경우
4. 이 법 또는 공인중개사의 직무와 관련하여 「형법」상의 사기죄, 사문서위조 · 변조 · 행사죄, 범죄단체 등의 조직죄, (업무상) 횡령 · 배임죄로 금고 이상의 형(집행유예 포함)을 선고받은 경우

27. 정답 ①

중 지도 · 감독 및 벌칙

ㄱ, ㄷ이 3년 이하의 징역 또는 3천만원 이하의 벌금 사유에 해당하는 자이다.

ㄴ과 ㄹ은 1년 이하의 징역 또는 1천만원 이하의 벌금 사유이다.

28. 정답 ③

상 부동산거래신고제도

① 매수인은 부동산거래계약신고를 하려는 자에게 계약 체결일부터 '25일' 이내에 자금조달 · 입주계획서를 제공하면 된다.

② 법인이 '주택'을 거래하는 경우에만 법인의 등기현황(공급계약 및 분양권 전매계약은 제외) 등을 신고하고, '주택' 매수시는 취득자금조달계획 등을 신고한다.

④ 시 · 도지사는 취합한 조사결과를 '매월 1회' 국토교통부장관에게 보고하면 된다.

⑤ 신고대상 계약을 체결하지 아니하였음에도 불구하고 거짓으로 부동산거래신고를 하는 행위를 자진 신고한 자는 과태료 감경 또는 면제 대상이 아니다.

29. 정답 ②

중 외국인 등의 부동산취득 등에 관한 특례

① 외국인이 국내 부동산 등의 '소유권'을 취득할 때 신고 · 허가 의무가 있으므로, 지상권을 취득할 때에는 허가를 받을 의무가 없다.

③ 외국인이 개축에 의하여 건축물을 취득할 때에도 취득일로부터 6개월 내에 신고하여야 한다.

④ 외국인의 부동산 등의 취득신고 · 허가신청도 전자문서로 할 수 있다.

⑤ 과태료는 신고관청이 부과 · 징수한다.

30. 정답 ⑤

중 토지거래허가제도

① 주거지역: 60m² 이하

② 상업지역: 150m² 이하

③ 녹지지역: 200m² 이하

④ 도시지역 외의 지역에 위치한 농지: 500m² 이하

Ⓥ 허가가 필요 없는 기준면적

도시지역	도시지역 외
1. 주거지역: 60m² 이하 2. 상업지역: 150m² 이하 3. 공업지역: 150m² 이하 4. 녹지지역: 200m² 이하 5. 미지정 지역: 60m² 이하	1. 250m² 이하 2. 농지: 500m² 이하 3. 임야: 1,000m² 이하

31. 정답 ④

중 개별적 중개실무

④ 보증은 등록신청 전에 미리 설정하여 대리인등록신청시 그 증명서류를 제출하여야 한다.

32. 정답 ②

중 포상금 및 부동산 정보관리

② 포상금의 지급에 드는 비용은 시 · 군 · 구의 재원으로 충당한다.

33. 정답 ④

하 개별적 중개실무

④ 대항력은 주택의 인도와 주민등록을 하면 그 다음 날부터 발생하므로, 임차인이 대항력을 취득하기 위해 주민등록 전입신고 이외에 임대차계약증서에 확정일자도 받아야 하는 것은 아니다.

34. 정답 ②

중 중개의뢰접수 및 중개계약

매수하는 경우이므로, ㄴ. 희망조건을 기재하고, ㄹ. 유효기간은 일반중개계약서 앞면의 내용으로 매도 · 매수 언제나 기재하는 항목이다.

ㄱ, ㄷ. 권리관계와 토지의 소재지, 면적은 매도의뢰를 받을 때 기재하는 사항이다.

35. 정답 ⑤

하 중개대상물의 조사 · 확인

⑤ 분묘의 기지에 대한 지상권 유사의 물권인 관습상의 법정지상권이 점유를 수반하는 물권으로서 권리자가 의무자에 대하여 그 권리를 포기하는 의사표시를 하는 외에 점유까지도 포기하여야만 그 권리가 소멸하는 것은 아니다(대판 1992.6.23, 92다14762).

36. 정답 ③

상 중개대상물의 조사 · 확인

ㄴ, ㄹ이 옳은 내용이다.

ㄱ, ㅁ. 비주거용 건축물 서식에는 비선호시설(1km 이내), 환경조건 기재란이 없다.

ㄷ. "건폐율 상한 · 용적률 상한"은 시 · 군 조례를 확인하여 기재한다.

37.

정답 ③

중 개별적 중개실무

③ 제3자 丙은 악의인 경우라도 그 등기는 유효하고, X부동산의 소유권을 취득한다. 이 경우 乙은 '타인의 재물을 보관하는 자'의 지위에 있다고 볼 수 없어 명의신탁자에 대한 관계에서 횡령죄가 성립하지 아니한다(대판 2021.2.18, 2016도18761).

38.

정답 ①

상 개별적 중개실무

ㄱ, ㄷ이 옳은 내용이다.
ㄴ. 乙은 등기한 때로부터 대항력을 취득한다.
ㄹ. 임대차계약이 묵시적으로 갱신된 경우, 그 존속기간은 '종전의 기간이 만료된 때'로부터 1년으로 본다.

39.

정답 ②

중 부동산거래신고제도

② 투기과열지구 또는 조정대상지역에 소재하는 주택을 매수하는 경우에는 거래금액에 관계없이 자금조달계획을 신고해야 한다.

Ⓥ 취득자금조달계획, 지급방식 및 입주(이용)계획을 신고하는 경우

1. 법인이 주택을 매수하는 경우
2. 투기과열지구, 조정대상지역 내 주택을 매수하는 경우(투기과열지구내 주택 매수시는 자금조달의 증명서류도 첨부)
3. 실제 거래가격 6억원 이상의 주택을 매수하는 경우
4. 수도권 등에 소재하는 토지 1억원(지분거래는 금액 무관), 그 외 지역 6억원 이상 토지 매수(토지거래허가구역, 건물이 있는 토지는 제외)
5. 국가 등이 매수자인 경우 제외

40.

정답 ④

중 개별적 중개실무

④ 매수신청보증금액은 '최저매각가격'의 10분의 1로 한다.

제2과목 부동산공법

41	42	43	44	45	46	47	48	49	50
③	①	①	④	④	①	③	③	③	⑤
51	52	53	54	55	56	57	58	59	60
⑤	①	②	⑤	④	⑤	④	③	④	④
61	62	63	64	65	66	67	68	69	70
①	①	②	②	②	②	③	①	①	③
71	72	73	74	75	76	77	78	79	80
③	④	④	④	④	③	④	④	④	①

선생님의 한마디

제2회 실전모의고사는 기출 지문을 응용한 문제들로 구성되어 있어 실제 시험에 대한 감각을 익히기 좋았습니다. 공법은 처음부터 완벽히 외우기보단 틀리면서 익히는 과목입니다. 중간 난이도 위주의 문제들이 출제되어 50점 이상이면 충분히 좋은 성과입니다. 틀린 문제는 실력 향상의 기회이니, 다음은 더 나은 점수로 이어집니다. 포기하지 마세요!

41.

정답 ③

중 광역도시계획

① 국토교통부장관, 시·도지사, 시장 또는 군수가 기초조사정보체계를 구축한 경우에는 등록된 정보의 현황을 5년마다 확인하고 변동사항을 반영하여야 한다.
② 도지사가 단독으로 수립하는 광역도시계획은 그러하지 아니하다
④ 국토교통부장관은 광역계획권을 지정하거나 변경하려면 관계 시·도지사, 시장 또는 군수의 의견을 들은 후 중앙도시계획위원회의 심의를 거쳐야 한다.
⑤ 국토교통부장관 또는 도지사는 인접한 둘 이상의 특별시·광역시·특별자치시·특별자치도·시 또는 군의 관할 구역의 일부를 광역계획권에 포함시키고자 하는 때에는 구·군(광역시의 관할 구역 안에 있는 군을 말한다)·읍 또는 면의 관할 구역 단위로 하여야 한다.

42.

정답 ①

하 국토계획법 용어정의

② '공간재구조화계획'이란 토지의 이용 및 건축물이나 그 밖의 시설의 용도·건폐율·용적률·높이 등을 완화하는 용도구역의 효율적이고 계획적인 관리를 위하여 수립하는 계획을 말한다.
③ 도시혁신계획이 아니라 복합용도계획에 대한 설명이다.
✚ 최근 개정된 부분으로 반드시 확인하여야 할 부분이다.
④ '도시혁신계획'이란 창의적이고 혁신적인 도시공간의 개발을 목적으로 도시혁신구역에서의 토지의 이용 및 건축물의 용도·건폐율·용적률·높이 등의 제한에 관한 사항을 따로 정하기 위하여 공간재구조화계획으로 결정하는 도시·군관리계획을 말한다.
⑤ '도시군계획사업시행자'란 이 법 또는 다른 법률에 따라 도시·군계획사업을 하는 자를 말한다. 즉, 도시개발사업시행자는 「도시개발법」에서 정하고, 정비사업시행자는 「도시 및 주거환경정비법」에서 정하므로 단순하게 '이 법'인 「국토의 계획 및 이용에 관한 법률」에서만 규제되는 시행자가 아니다.

43.

정답 ①

상 국토의 보전

① 해당하지 않는 것은 0개로, 모두 포함되어야 하는 사항이다.

ⓥ 국토의 관리

국토는 자연환경의 보전과 자원의 효율적 활용을 통하여 환경적으로 건전하고 지속가능한 발전을 이루기 위하여 다음 각 호의 목적을 이룰 수 있도록 이용되고 관리되어야 한다.

1. 국민생활과 경제활동에 필요한 토지 및 각종 시설물의 효율적 이용과 원활한 공급
2. 자연환경 및 경관의 보전과 훼손된 자연환경 및 경관의 개선 및 복원
3. 교통 · 수자원 · 에너지 등 국민생활에 필요한 각종 기초 서비스 제공
4. 주거 등 생활환경 개선을 통한 국민의 삶의 질 향상
5. 지역의 정체성과 문화유산의 보전
6. 지역간 협력 및 균형발전을 통한 공동번영의 추구
7. 지역경제의 발전과 지역 및 지역 내 적절한 기능 배분을 통한 사회적 비용의 최소화
8. 기후변화에 대한 대응 및 풍수해 저감을 통한 국민의 생명과 재산의 보호
9. 저출산 · 인구의 고령화에 따른 대응과 새로운 기술변화를 적용한 최적의 생활환경 제공

44.

정답 ④

중 공간재구조화계획

① 도시 · 군계획시설입체복합구역을 도시혁신구역이나 복합용도구역을 같이 지정하는 경우에 공간재구조화계획을 입안한다. 단독으로 도시 · 군계획시설입체복합구역을 지정하는 것은 도시 · 군관리계획으로 지정한다.

② 도지사는 해당하지 않는다.

③ 공간재구조화계획 결정의 효력은 지형도면을 고시한 날부터 발생한다. 다만, 지형도면이 필요 없는 경우에는 고시한 날부터 효력이 발생한다.

⑤ 환경관리계획 또는 경관계획은 공간재구조화계획의 내용에 포함된다. 공간재구조화 계획의 내용 중 '인근 지역의 주거 · 교통 · 기반시설 등에 미치는 영향 등 대통령령으로 정하는 사항'이란 다음의 사항을 말한다.

1. 공간재구조화계획의 범위 설정에 관한 사항
2. 공간재구조화계획 기본구상 및 토지이용계획
3. 도시혁신구역 및 복합용도구역 내의 도시 · 군기본계획 변경 및 도시 · 군관리계획 결정 · 변경에 관한 사항
4. 도시혁신구역 및 복합용도구역 외의 지역에 대한 주거 · 교통 · 기반시설 등에 미치는 영향 및 이에 대한 관리방안(도시 · 군관리계획 결정 · 변경에 관한 사항을 포함한다)
5. 환경관리계획 또는 경관계획
6. 그 밖에 국토교통부장관이 정하는 사항

45.

정답 ④

중 용도지역의 지정특례

① 하천은 특례규정에 해당하지 않는다. '바다'인 경우에만 적용되는 사항이다.

② 항만구역, 어항구역으로서 도시지역에 연접된 공유수면은 도시지역으로 결정 · 고시된 것으로 본다. 여기서 계획관리지역에 연접은 해당되지 않음에 유의한다.

③ 산업단지라 하면 '국가산업단지 및 일반산업단지 · 도시첨단산업단지와 농공단지, 준산업단지'를 모두 포함하는 개념이므로, 여기서 '농공단지와 준산업단지는 제외한다'는 명문의 규정이 있어야 한다. 농공단지는 도시지역으로 결정 · 고시된 것으로 보지 않는다는 것만 기억한다.

⑤ 관리지역 안의 산림 중 「산지관리법」에 의하여 보전산지로 지정 · 고시된 지역은 당해 고시에서 구분하는 바에 따라 농림지역 또는 자연환경보전지역으로 결정 · 고시된 것으로 본다. 여기서 '농업진흥지역'이 아니라 용도지역인 '농림지역'으로 보는 것임에 유의한다.

46.

정답 ①

상 용도지역의 행위제한

① 기존의 용도지역의 행위제한은 21개 각 용도지역별로 '건축할 수 있는' 건축물이 무엇인지에 대하여 나열하는 형태로 규제를 하였으나 현재는 준주거지역, 상업지역(중심 · 일반 · 유통 · 근린), 준공업지역, 계획관리지역은 건축할 수 '없는' 건축물의 종류를 나열하고 해당하지 않는 건축물은 모두 건축이 가능한 형태로 네거티브 방식으로 규제한다. 따라서 준주거지역은 건축할 수 '없는' 건축물에 대하여 규정하고 있다. 그러므로 ①이 맞는 지문이고 ②③④⑤ 나머지는 모두 반대로 표현하여서 틀린 지문이다.

② 「국토의 계획 및 이용에 관한 법률 시행령」상 중심상업지역 안에서 건축할 수 '없는' 건축물에 대하여 규정하고 있다.

③ 「국토의 계획 및 이용에 관한 법률 시행령」상 일반상업지역 안에서는 건축할 수 '없는' 건축물에 대하여 규정하고 있다.

④ 「국토의 계획 및 이용에 관한 법률 시행령」상 계획관리지역 안에서는 건축할 수 '없는' 건축물에 대하여 규정하고 있다.

⑤ 「국토의 계획 및 이용에 관한 법률 시행령」상 보전관리지역 안에서는 건축할 수 '있는' 건축물에 대하여 규정하고 있다.

47.

정답 ③

중 건폐율과 용적률의 별도규정

지역	건폐율		용적률
1. 개발진흥지구	자연녹지지역	30%	100%
	도시 외 지역	40%	
		계획관리지역에 산업 · 유통개발진흥지구 지정 ➜ 60%	
2. 수산자원보호구역	40%		80%
3. 취락지구(집단: 40%)	60%		×
4. 공원구역	60%		100%
5. 농공단지	70%		150%
6. 공업지역(산업단지)	80%		×

48.

정답 ③

상 2 이상의 용도지역에 걸치는 경우

③ 개정 전의 녹지지역은 그대로 녹지지역의 행위제한을 적용하지만, 법이 개정되면서 가장 작은 면적이 녹지지역으로 $330m^2$ 미만인 경우에는 면적이 큰 지역의 행위제한을 적용한다. 따라서 자연녹지지역 부분은 제1종 일반주거지역의 행위제한을 적용한다.

⑤ 제1종 일반주거지역 $600m^2$ × 건폐율(60%) + 일반상업지역 $400m^2$ × 건폐율(80%) + 자연녹지지역 $200m^2$ × 건폐율(20%)가 최대 건축면적에 해당한다. 따라서 $360m^2 + 320m^2 + 40m^2 = 720m^2$이다.

49.

정답 ③

중 매수청구제도

① 매수하기로 결정한 토지는 매수 결정을 알린 날부터 2년 이내에 매수하여야 한다.
② 매수청구된 토지의 매수가격 · 매수절차 등에 관하여 이 법에 특별한 규정이 있는 경우를 제외하고는 「공익사업을 위한 토지 등의 취득 및 보상에 관한 법률」을 준용한다.
④ 매수의무자는 매수 청구를 받은 날부터 6개월 이내에 매수 여부를 결정하여 토지 소유자와 특별시장 · 광역시장 · 특별자치시장 · 특별자치도지사 · 시장 또는 군수(매수의무자가 특별시장 · 광역시장 · 특별자치시장 · 특별자치도지사 · 시장 또는 군수인 경우는 제외한다)에게 알려야 한다.
⑤ 채권은 지방자치단체인 경우에만 발행이 가능한 것이지 시행자인 경우에는 채권 자체를 발행할 수 없다.

50.

정답 ⑤

중 기반시설부담구역

⑤ 도시 · 군기본계획이 아니라 도시 · 군관리계획에 반영하여야 한다.
④ 위험물 저장 및 처리시설, 자동차관련시설, 동물 및 식물관련시설은 기반시설유발계수가 모두 0.7로 동일하다.

51.

정답 ⑤

중 도시 · 군계획시설사업

① 도시 · 군관리계획결정의 고시가 있은 때에는 국 · 공유지로서 도시 · 군계획시설사업에 필요한 토지는 당해 도시 · 군관리계획으로 정한 목적으로 이외의 목적으로 이를 매각이나 양도를 할 수 없고 이를 위반한 행위는 무효이다.
② 도시 · 군계획시설사업의 비용은 「국토의 계획 및 이용에 관한 법률」 또는 다른 법률에 특별한 규정이 있는 경우를 제외하고는 국가가 행하는 경우에는 국가가, 지방자치단체의 장이 행하는 경우에는 당해 지방자치단체가, 행정청이 아닌 자가 행하는 경우에는 그 자가 부담함을 원칙으로 한다.
③ 국가, 지자체, 공공기관 등은 동의를 얻지 않고도 시행자로 지정받을 수 있다. 대한석탄공사는 공공기관 중 하나이므로 동의를 얻지 않는다.
④ 사업시행자는 사업의 효율적인 추진을 위하여 필요하다고 인정되는 때에는 사업시행대상지역을 2 이상으로 분할하여 도시 · 군계획시설사업을 시행할 수 있다.

52.

정답 ①

중 성장관리계획

ㄱ: 50, ㄴ: 30, ㄷ: 125, ㄹ: 5

제75조의3【성장관리계획의 수립 등】성장관리계획구역에서는 제77조 제1항에도 불구하고 다음 각 호의 구분에 따른 범위에서 성장관리계획으로 정하는 바에 따라 특별시 · 광역시 · 특별자치시 · 특별자치도 · 시 또는 군의 조례로 정하는 비율까지 건폐율을 완화하여 적용할 수 있다.
1. 계획관리지역: 50% 이하
2. 생산관리지역 · 농림지역 및 대통령령으로 정하는 녹지지역: 30% 이하
③ 성장관리계획구역 내 계획관리지역에서는 제78조 제1항에도 불구하고 125% 이하의 범위에서 성장관리계획으로 정하는 바에 따라 특별시 · 광역시 · 특별자치시 · 특별자치도 · 시 또는 군의 조례로 정하는 비율까지 용적률을 완화하여 적용할 수 있다.
④ 생략
⑤ 특별시장 · 광역시장 · 특별자치시장 · 특별자치도지사 · 시장 또는 군수는 5년마다 관할 구역 내 수립된 성장관리계획에 대하여 대통령령으로 정하는 바에 따라 그 타당성 여부를 전반적으로 재검토하여 정비하여야 한다.

53.

정답 ②

하 개발구역 지정 후 개발계획수립대상

② 공업지역은 기개발지로서 구역의 지정과 동시에 개발계획을 수립하여야 한다.

Ⓥ 도시개발구역 지정 후에 개발계획을 수립할 수 있는 지역

1. 자연녹지지역과 생산녹지지역
2. 도시지역 외의 지역(관리지역 · 농림지역 · 자연환경보전지역)
3. 국토교통부장관이 국가균형발전을 위하여 관계 중앙행정기관의 장과 협의하여 도시개발구역으로 지정하고자 하는 지역(「국토의 계획 및 이용에 관한 법률」 규정에 의한 자연환경보전지역을 제외)
4. 당해 도시개발구역에 포함되는 주거지역 · 상업지역 · 공업지역의 면적의 합계가 전체 도시개발구역 지정 면적의 30% 이하인 지역
5. 개발계획을 공모한 경우

54.

정답 ⑤

하 개발구역 안의 개발행위허가대상

⑤ 토지의 분할은 개발행위 허가대상 행위 중 하나이다. 다만, 다음의 어느 하나에 해당하는 행위는 허가를 받지 아니하고 이를 할 수 있다.
1. 재해복구 또는 재난수습에 필요한 응급조치를 위하여 하는 행위
2. 그 밖에 대통령령이 정하는 행위라 함은 다음의 어느 하나에 해당하는 행위로서 「국토의 계획 및 이용에 관한 법률」에 따른 개발행위허가의 대상이 아닌 것을 말한다.
- 농림수산물의 생산에 직접 이용되는 것으로 국토교통부령이 정하는 간이공작물의 설치
- 경작을 위한 토지의 형질변경
- 도시개발구역의 개발에 지장을 주지 아니하고 자연경관을 손상하지 아니하는 범위 안에서의 토석의 채취
- 도시개발구역 안에 존치하기로 결정된 대지 안에서 물건을 쌓아놓는 행위
- 관상용 죽목의 임시식재(경작지에서의 임시식재를 제외한다)

55.

정답 ④

중 개발구역 지정의 해제사유

④ 도시개발구역의 지정 이후에 개발계획을 수립하는 경우로 도시개발구역을 지정 · 고시한 날부터 2년이 되는 날까지 개발계획을 수립 · 고시하지 아니하는 경우에는 그 2년이 되는 날. 다만, 도시개발구역의 면적이 330만m^2 이상인 경우에는 5년으로 한다. 즉, 3년이 아니라 2년임에 유의한다.

Ⓥ 개발구역의 해제

1. 도시개발구역의 지정은 다음에 규정된 날의 다음 날에 해제된 것으로 본다.
ⓐ 도시개발구역의 지정과 동시에 개발계획을 수립하는 경우
- 도시개발구역이 지정 · 고시된 날부터 3년이 되는 날까지 도시개발사업에 관한 실시계획의 인가를 신청하지 아니하는 경우에는 그 3년이 되는 날
- 도시개발사업의 공사완료(환지방식에 의한 사업인 경우에는 그 환지처분)의 공고일

ⓑ 도시개발구역의 지정 이후에 개발계획을 수립하는 경우
도시개발구역 지정 후 개발계획을 수립하는 경우에는 다음에 규정된 날의 다음 날에 도시개발구역의 지정이 해제된 것으로 본다.
- 도시개발구역을 지정 · 고시한 날부터 2년이 되는 날까지 개발계획

을 수립·고시하지 아니하는 경우에는 그 2년이 되는 날. 다만, 도시개발구역의 면적이 330만m^2 이상인 경우에는 5년으로 한다.
- 개발계획을 수립·고시한 날부터 3년이 되는 날까지 실시계획의 인가를 신청하지 아니하는 경우에는 그 3년이 되는 날. 다만, 도시개발구역의 면적이 330만m^2 이상인 경우에는 5년으로 한다.

56.

정답 ⑤

중 도시개발조합

⑤ 조합장은 조합을 대표하고 사무를 총괄하며 총회·대의원회 또는 이사회의 의장이 된다. 즉, 조합장이 대의원회 의장이 되므로 총회를 개최하여 선출하지 않는다.

57.

정답 ④

하 토지상환채권

④ 토지상환채권은 수의계약방식에 의한다. 경쟁입찰방식이 아니다.

58.

정답 ③

상 토지부담률

② 환지계획구역의 평균 토지부담률은 다음의 계산식에 따라 산정한다.

> 평균 토지부담률 = [보류지 면적 - 시행자에게 무상귀속되는 토지(시행자가 소유하는 토지(조합이 아닌 시행자가 환지를 지정받을 목적으로 소유한 토지는 제외한다)] / [환지계획구역 면적 - 시행자에게 무상귀속되는 토지(시행자가 소유하는 토지(조합이 아닌 시행자가 환지를 지정받을 목적으로 소유한 토지는 제외한다)) × 100

위 공식에 대입하여 계산하여 보면

$1,300m^2 - (500m^2 + 100m^2) / 2,000m^2 - (500m^2 + 100m^2)$

$= 700m^2 / 1,400m^2$

$= 0.5$

즉, 50%이다.

59.

정답 ④

중 재건축사업

① '열악'이 아니라 '양호'이다.
② 재건축사업에 있어 토지등소유자는 정비구역에 위치한 건축물 및 부속토지의 소유자이다. 임차인은 포함되지 않으며 건축물과 그 부속토지를 같이 소유한 자이어야 한다.
③ 재건축사업은 주택단지를 대상으로 하며, 주택단지가 아닌 지역도 정비구역에 포함할 수 있다.
⑤ 재건축사업의 경우 재건축사업에 동의하지 않은 토지등소유자는 정비사업의 조합원이 될 수 없고, 매도청구 대상에 해당한다.

60.

정답 ④

상 정비기본계획과 정비계획

④ 30일 이내에 의견제시가 아니라 60일이다. 특별시장·광역시장·특별자치시장·특별자치도지사 또는 시장은 기본계획을 수립 또는 변경하고자 하는 때에는 14일 이상 주민에게 공람하고 지방의회의 의견을 들은 후(이 경우 지방의회는 특별시장·광역시장·특별자치시장·특별자치도지사 또는 시장이 기본계획을 통지한 날부터 60일 이내에 의견을 제시하여야 하며, 의견제시 없이 60일이 도과한 경우 이의가 없는 것으로 본다) 「국토의 계획 및 이용에 관한 법률」에 따른 지방도시계획위원회의 심의(대도시의 시장이 아닌 시장이 기본계획을 수립 또는 변경하는 경우에는 제외한다)를 거쳐야 한다. 다만, 대통령령이 정하는 경미한 사항을 변경하는 경우에는 그러하지 아니하다.

61.

정답 ①

중 관리처분계획의 내용

① 세입자의 주거 및 이주대책은 사업시행계획의 내용이다. 관리처분계획과는 관련이 없다.

62.

정답 ①

중 정비조합

① 조합임원의 선출방법 등은 정관으로 정한다. 다만, 시장·군수 등은 다음의 어느 하나에 해당하는 경우 시·도조례로 정하는 바에 따라 변호사·회계사·기술사 등으로서 대통령령으로 정하는 요건을 갖춘 자를 전문조합관리인으로 선정하여 조합임원의 업무를 대행하게 할 수 있다.
  1. 조합임원이 사임, 해임, 임기만료, 그 밖에 불가피한 사유 등으로 직무를 수행할 수 없는 때부터 6개월 이상 선임되지 아니한 경우
  2. 총회에서 조합원 과반수의 출석과 출석 조합원 과반수의 동의로 전문조합관리인의 선정을 요청하는 경우
② 대의원회는 정비사업전문관리업자의 선정 및 변경에 관한 총회의 권한을 대행할 수 없다.
③ 조합임원은 같은 목적의 정비사업을 하는 다른 조합의 임원 또는 직원을 겸할 수 없다.
④ 조합장이 아닌 조합임원은 대의원이 될 수 없다.
⑤ 재개발사업의 추진위원회가 조합을 설립하려면 토지등소유자의 4분의 3 이상 및 토지면적의 2분의 1 이상의 토지소유자의 동의를 받아야 한다.

63.

정답 ②

상 관리처분계획

① 시행자는 인가된 관리처분계획에 따라 분양대상에서 제외된 자에 대해서는 관리처분계획 인가를 받은 날로부터 90일 이내에 토지, 건축물 또는 그 밖의 권리의 손실보상에 관한 협의를 하여야 한다. '인가를 받은 날로부터'가 아니라 '인가를 받은 날의 다음 날부터'이다.
③ 관리처분계획에는 세입자별 손실보상을 위한 권리명세 및 그 평가액이 포함되어야 한다.
④ 분양설계에 관한 계획은 '분양신청기간이 만료되는 날'을 기준으로 하여 수립한다. 다음 날이 아니다.
⑤ 종전 주택의 주거전용면적의 범위에서 2주택을 공급할 수 있고, 이 중 1주택은 주거전용면적을 60m^2 이하로 한다. 다만, 60m^2 이하로 공급받은 1주택은 이전고시일 다음 날부터 3년이 지나기 전에는 주택을 전매(매매·증여나 그 밖에 권리의 변동을 수반하는 모든 행위를 포함하되 상속의 경우는 제외한다)하거나 전매를 알선할 수 없다. 즉, 3주택이 아니라 2주택이다.

64.
정답 ②

중 공공시행자 시행사유

② 재건축사업의 경우는 제외한다.

Ⓥ 공공시행자 지정 시행사유

시장 · 군수 등은 재개발사업 및 재건축사업이 다음의 어느 하나에 해당하는 때에는 직접 정비사업을 시행하거나 토지주택공사 등(토지주택공사 등이 건설업자 또는 등록사업자와 공동으로 시행하는 경우를 포함한다)을 사업시행자로 지정하여 정비사업을 시행하게 할 수 있다.

1. 천재지변, 「재난 및 안전관리 기본법」 제27조 또는 「시설물의 안전 및 유지관리에 관한 특별법」 제23조에 따른 사용제한 · 사용금지, 그 밖의 불가피한 사유로 긴급하게 정비사업을 시행할 필요가 있다고 인정하는 때
2. 정비계획에서 정한 정비사업시행 예정일부터 2년 이내에 사업시행계획인가를 신청하지 아니하거나 사업시행계획인가를 신청한 내용이 위법 또는 부당하다고 인정하는 때(재건축사업의 경우는 제외한다)
3. 추진위원회가 시장 · 군수 등의 구성승인을 받은 날부터 3년 이내에 조합설립인가를 신청하지 아니하거나 조합이 조합설립인가를 받은 날부터 3년 이내에 사업시행계획인가를 신청하지 아니한 때 (2012.2.1. 전(前)의 정비계획 분을 말한다)
4. 지방자치단체의 장이 시행하는 「국토의 계획 및 이용에 관한 법률」 제2조 제11호에 따른 도시 · 군계획사업과 병행하여 정비사업을 시행할 필요가 있다고 인정하는 때
5. 순환정비방식으로 정비사업을 시행할 필요가 있다고 인정하는 때
6. 사업시행계획인가가 취소된 때
7. 해당 정비구역의 국 · 공유지 면적 또는 국 · 공유지와 토지주택공사 등이 소유한 토지를 합한 면적이 전체 토지면적의 2분의 1 이상으로서 토지등소유자의 과반수가 시장 · 군수 등 또는 토지주택공사 등을 사업시행자로 지정하는 것에 동의하는 때
8. 해당 정비구역의 토지면적 2분의 1 이상의 토지소유자와 토지등소유자의 3분의 2 이상에 해당하는 자가 시장 · 군수 등 또는 토지주택공사 등을 사업시행자로 지정할 것을 요청하는 때. 이 경우 토지등소유자가 정비계획의 입안을 제안한 경우 입안제안에 동의한 토지등소유자는 토지주택공사 등의 사업시행자 지정에 동의한 것으로 본다. 다만, 사업시행자의 지정 요청 전에 시장 · 군수 등 및 주민대표회의에 사업시행자의 지정에 대한 반대의 의사표시를 한 토지등소유자의 경우에는 그러하지 아니하다.

65.
정답 ②

상 도시형 생활주택

① 도시형 생활주택은 300세대 미만으로 건설하여야 한다. 즉, 299세대까지만 건축이 가능하다.
③ 도시형 생활주택은 분양가상한제를 적용하지 않는다. 규모에 상관없이 적용대상에서 제외한다.
④ 준주거지역 · 상업지역에서는 아파트형 주택과 그 밖의 주택을 함께 건축할 수 있다. 단지형연립주택이 아니다.
⑤ 아파트형 주택은 국민주택규모 이하이어야 하므로 80m^2인 아파트라면 도시형 생활주택에 해당할 수도 있다. 개정 전에는 소형 주택으로 전용면적이 60m^2 이하이어야 했는데, 해당 규정이 삭제됨에 따라 80m^2인 아파트도 도시형 생활주택이 될 수 있다.

66.
정답 ②

하 공동주택의 종류

② 단독주택에는 순수 단독주택, 다중주택, 다가구주택, 공관이 있다. 여기서 다중주택과 다가구주택은 단독주택이고 오피스텔은 업무시설에 해당한다. 공동주택에 해당하는 것은 연립주택과 다세대주택이다.

67.
정답 ③

중 공법상 채권의 비교정리

③ 도시개발채권은 시 · 도지사가 행정안전부장관의 승인을 받아 무기명증권으로 발행한다.

68.
정답 ①

중 입주자 등의 거주의무

② 5년 ➜ 3년
③ 3년 ➜ 5년
④ 소유권이전등기 ➜ 소유권보존등기
⑤ 5년 ➜ 3년

69.
정답 ①

중 조정대상지역

② 조정대상지역의 지정권자는 국토교통부장관이다. 시 · 도지사는 지정권한이 없다.
③ 국토교통부장관은 조정대상지역을 지정하였을 때에는 지체 없이 이를 공고하고, 그 조정대상지역을 관할하는 시장 · 군수 · 구청장에게 공고 내용을 통보하여야 한다.
④ 조정대상지역으로 지정된 지역의 시 · 도지사 또는 시장 · 군수 · 구청장은 조정대상지역 지정 후 해당 지역의 주택가격이 안정되는 등 조정대상지역으로 유지할 필요가 없다고 판단되는 경우에는 국토교통부장관에게 그 지정의 해제를 요청할 수 있다. 시 · 도지사에게 해제를 요청하는 것이 아니라 국토교통부장관에게 하여야 한다.
⑤ 조정대상지역이 지정되면 시 · 도지사가 아니라 시장 · 군수 · 구청장이 사업주체로 하여금 입주자 모집공고 시 해당 주택건설 지역이 조정대상지역에 포함된 사실을 공고하게 하여야 한다.

70.
정답 ③

하 리모델링주택조합

③ 리모델링주택조합의 경우에는 해당 주택건설대지의 80% 이상에 해당하는 토지의 사용권원을 확보하였음을 증명하는 서류와 해당 주택건설대지의 15% 이상에 해당하는 토지의 소유권을 확보하였음을 증명하는 서류는 제출대상이 아니다.

Ⓥ 제출서류대상

주택조합의 설립 · 변경 또는 해산의 인가를 받으려는 자는 신청서에 다음 각 호의 구분에 따른 서류를 첨부하여 주택건설대지(리모델링주택조합의 경우에는 해당 주택의 소재지를 말한다. 이하 같다)를 관할하는 시장 · 군수 · 구청장에게 제출해야 한다.

1. 설립인가신청: 다음의 구분에 따른 서류
   - ㉠ 지역주택조합 또는 직장주택조합의 경우
     - ⓐ 창립총회 회의록
     - ⓑ 조합장선출동의서
     - ⓒ 조합원 전원이 자필로 연명(連名)한 조합규약
     - ⓓ 조합원 명부
     - ⓔ 사업계획서
     - ⓕ 해당 주택건설대지의 80% 이상에 해당하는 토지의 사용권원을 확보하였음을 증명하는 서류
     - ⓖ 해당 주택건설대지의 15% 이상에 해당하는 토지의 소유권을 확보하였음을 증명하는 서류
     - ⓗ 그 밖에 국토교통부령으로 정하는 서류
   - ㉡ 리모델링주택조합의 경우
     - ⓐ ㉠의 ⓐ부터 ⓔ까지의 서류

ⓑ 리모델링 결의를 증명하는 서류. 이 경우 결의서에는 별표 4 제1호 나목1)부터 3)까지의 사항이 기재되어야 한다.
ⓒ 건축기준의 완화 적용이 결정된 경우에는 그 증명서류
ⓓ 해당 주택이 사용검사일(주택단지 안의 공동주택 전부에 대하여 같은 조에 따라 임시 사용승인을 받은 경우에는 그 임시 사용승인일을 말한다) 또는 사용승인일부터 다음의 구분에 따른 기간이 지났음을 증명하는 서류
- 대수선인 리모델링: 10년
- 증축인 리모델링: 15년

71.

정답 ③

중 토지임대부 분양주택

① 40년이 넘는 기간이 아니라 40년의 범위 내에서 갱신을 할 수 있다.
② 전세권이 아니라 지상권이다.
④ 토지임대료는 월별 임대료를 원칙으로 하되, 토지소유자와 주택을 공급받은 자가 합의한 경우 대통령령으로 정하는 바에 따라 임대료를 보증금으로 전환하여 납부할 수 있다.
⑤ 토지임대부 분양주택에 관하여 이 법에서 정하지 아니한 사항은 「집합건물의 소유 및 관리에 관한 법률」, 「민법」 순으로 적용한다. 순서가 바뀌었다.

Ⓥ 임대차 관련 최종 서류

1. 토지임대부 분양주택의 토지에 관한 임대차 관계
ⓐ 토지임대부 분양주택의 토지에 대한 임대차기간은 40년 이내로 한다. 이 경우 토지임대부 분양주택 소유자의 75% 이상이 계약갱신을 청구하는 경우 40년의 범위에서 이를 갱신할 수 있다.
ⓑ 토지임대부 분양주택을 공급받은 자가 토지소유자와 임대차계약을 체결한 경우 해당 주택의 구분소유권을 목적으로 그 토지 위에 임대차기간 동안 지상권이 설정된 것으로 본다.
ⓒ 토지임대부 분양주택의 토지에 대한 임대차계약을 체결하고자 하는 자는 국토교통부령으로 정하는 표준임대차계약서를 사용하여야 한다.
ⓓ 토지임대부 분양주택을 양수한 자 또는 상속받은 자는 임대차계약을 승계한다.
ⓔ 토지임대부 분양주택의 토지임대료는 해당 토지의 조성원가 또는 감정가격 등을 기준으로 산정하되, 구체적인 토지임대료의 책정 및 변경기준, 납부 절차 등에 관한 사항은 대통령령으로 정한다.
ⓕ 토지임대료는 월별 임대료를 원칙으로 하되, 토지소유자와 주택을 공급받은 자가 합의한 경우 대통령령으로 정하는 바에 따라 임대료를 보증금으로 전환하여 납부할 수 있다.
ⓖ 토지임대부 분양주택 토지의 임대차 관계는 토지소유자와 주택을 공급받은 자간의 임대차계약에 따른다.
ⓗ 토지임대부 분양주택에 관하여 이 법에서 정하지 아니한 사항은 「집합건물의 소유 및 관리에 관한 법률」, 「민법」 순으로 적용한다.
2. 토지임대료 결정 등
ⓐ 토지임대부 분양주택의 월별 토지임대료는 다음의 구분에 따라 산정한 금액을 12개월로 분할한 금액 이하로 한다.
- 공공택지에 토지임대주택을 건설하는 경우: 해당 공공택지의 조성원가에 입주자모집공고일이 속하는 달의 전전달의 「은행법」에 따른 은행의 3년 만기 정기예금 평균 이자율을 적용하여 산정한 금액
- 공공택지 외의 택지에 토지임대주택을 건설하는 경우: 「감정평가 및 감정평가사에 관한 법률」에 따라 감정평가한 가액에 입주자모집공고일이 속하는 달의 전전달의 「은행법」에 따른 은행의 3년 만기 정기예금 평균이자율을 적용하여 산정한 금액. 이 경우 감정평가액의 산정시기와 산정방법 등은 국토교통부령으로 정한다.
ⓑ 토지소유자는 토지임대주택을 분양받은 자와 토지임대료에 관한 약정(이하 '토지임대료약정'이라 한다)을 체결한 후 2년이 지나기 전에는 토지임대료의 증액을 청구할 수 없다.
ⓒ 토지소유자는 토지임대료약정 체결 후 2년이 지나 토지임대료의 증액을 청구하는 경우에는 시·군·구의 평균지가상승률을 고려하여 증액률을 산정하되, 「주택임대차보호법 시행령」 제8조 제1항에 따른 차임 등의 증액청구 한도 비율을 초과해서는 아니 된다.
ⓓ 토지소유자는 산정한 월별 토지임대료의 납부기한을 정하여 토지임대주택 소유자에게 고지하되, 구체적인 납부 방법, 연체료율 등에 관한 사항은 법 제78조 제3항에 따른 표준임대차계약서에서 정하는 바에 따른다.

72.

정답 ④

중 사용승인

① 사용승인의 신청은 공사감리자가 하는 것이 아니라 건축주가 하여야 한다.
② 도시·군계획시설에서 가설건축물 건축을 위한 허가를 받은 경우에도 건축물 사용승인을 받아야 한다.
③ 임시사용승인의 기간은 2년 이내로 하며, 회수에 관계없이 연장할 수 있다.
⑤ 허가권자인 구청장이 건축물의 사용승인을 하려면 관할 특별시장 또는 광역시장의 동의를 받을 필요가 없다.

73.

정답 ④

상 소음방지를 위한 층간 바닥 설치

④ 산후조리원 안의 임산부실은 경계벽 설치대상이지, 층간 바닥 설치대상에 해당되지 않는다.
✚ 소음방지를 위한 층간 바닥 설치대상은 1. 다가구주택, 2. 공동주택, 3. 오피스텔, 4. 제2종 근생 및 숙박시설의 다중생활시설이 해당한다.

Ⓥ 가끔 한번씩 출제되는 소음방지 '경계벽'과 '바닥' 설치대상

다음의 용도 및 규모의 건축물에 대하여 가구·세대 등간 소음 방지를 위하여 국토교통부령으로 정하는 바에 따라 경계벽 및 바닥을 설치하여야 한다.
1. 다음에 해당하는 건축물의 경계벽은 국토교통부령으로 정하는 기준에 따라 설치해야 한다.
ⓐ 단독주택 중 다가구주택의 각 가구간 또는 공동주택(기숙사는 제외한다)의 각 세대간 경계벽(제2조 제14호 후단에 따라 거실·침실 등의 용도로 쓰지 아니하는 발코니 부분은 제외한다)
ⓑ 공동주택 중 기숙사의 침실, 의료시설의 병실, 교육연구시설 중 학교의 교실 또는 숙박시설의 객실간 경계벽
ⓒ 제1종 근린생활시설 중 산후조리원의 다음의 어느 하나에 해당하는 경계벽
- 임산부실간 경계벽
- 신생아실간 경계벽
- 임산부실과 신생아실간 경계벽
ⓓ 제2종 근린생활시설 중 다중생활시설의 호실간 경계벽
ⓔ 노유자시설 중 노인복지주택의 각 세대간 경계벽
ⓕ 노유자시설 중 노인요양시설의 호실간 경계벽
2. 다음에 해당하는 건축물의 층간바닥(화장실의 바닥은 제외한다)은 국토교통부령으로 정하는 기준에 따라 설치해야 한다.
ⓐ 단독주택 중 다가구주택
ⓑ 공동주택(「주택법」 제15조에 따른 주택건설사업계획승인 대상은 제외한다)
ⓒ 업무시설 중 오피스텔
ⓓ 제2종 근린생활시설 중 다중생활시설
ⓔ 숙박시설 중 다중생활시설

경계벽	층간 바닥 (화장실바닥 제외)
1. 다가구주택, 공동주택(기숙사는 제외) 2. 기숙사의 침실, 의료시설의 병실, 학교의 교실, 객실간 3. 산후조리원 안의 임산부실간, 신생아실간, 임산부실과 신생아실간, 4. 제2종 근생 중 다중생활시설의 호실간 5. 노인복지주택(노인요양시설)의 각 세대간	1. 다가구주택 2. 공동주택 3. 오피스텔 4. 제2종 근생 및 숙박시설의 다중생활시설
• 없는 것: 다중주택, 숙박의 다중생활시설, 오피스텔 ✚ 암기: 누워있는 곳은 조용해야 잠잔다. 서 있는 곳은 아니다로 기억한다.	• 없는 것: 다중주택, 노인복지 및 요양시설, 산후조리원 관련 ✚ 암기: 아파트 형태의 층간소음이다. 아파트랑 유사해서 밑에서 올라올 수 있는 것들이 대상이다.

74.

정답 ④

중 건축허가권자 등

④ 도지사는 일정한 요건에 해당하는 경우에 사전승인권한을 가지고 있고 허가권한은 없다.

75.

정답 ④

상 건축과 대수선의 비교

④ 연면적이 $400m^2$이고 층수가 3층인 건축물은 연23미(✚ 연면적 $200m^2$이고 3층 미만)의 규모를 따지는 것이 아니고 규모에 관계없이 수선만 하는 대수선은 신고대상에 해당한다. 따라서 현재 주계단을 증설하는 것은 대수선에 해당하므로 허가를 받아야 하는 대상이다. 신고로 가능한 행위가 아니다.

① 1층의 바닥면적 $50m^2$, 2층의 바닥면적 $20m^2$인 2층 건축물의 신축은 연면적의 합계가 $100m^2$ 이하인 건축물의 건축에 해당하기 때문에 신고대상이다.

② 연면적이 $500m^2$이고 층수가 5층인 건축물이 있을 뿐이고, 연23미와는 관련이 없다. 기둥을 세 개 수선하는 대수선은 수선만 하는 대수선이므로 신고하면 허가 받은 것으로 본다.

③ 연면적이 $160m^2$이고 층수가 2층인 건축물은 규모가 작은 "연23미" 건물에 해당한다. 따라서 소규모 건축물을 대수선이므로 신고대상이다. 즉, 연면적이 $200m^2$ 미만이고 3층 미만인 건축물을 대수선할 때에는 신고대상이다.

⑤ 「국토의 계획 및 이용에 관한 법률」에 따른 공업지역에 건축하는 층수가 2층이고 연면적의 합계가 $300m^2$인 공장은 $500m^2$ 이하로서 2층 이하에 해당한다(✚ $500m^2$ 이하이고 2층 이하: 오이공장). 따라서 신고대상이다.

76.

정답 ③

중 대지에 조경의무기준

③ 상업지역인 면적 $1,000m^2$인 대지에 건축하는 숙박시설은 조경 등의 설치에 있어서 예외 규정에 해당하지 않으므로 조경 등의 조치를 하여야 한다.

① 녹지지역에는 조경 등의 조치를 하지 않을 수 있다.

② 도시 · 군계획시설예정지에서 건축하는 가설건축물은 조경 등의 조치를 하지 않을 수 있다.

④ 농림지역에 관계없이 축사는 조경 등의 조치를 하지 않을 수 있다.

⑤ $5,000m^2$ 이하의 대지에 건축하는 공장은 조경 등의 조치를 하지 않을 수 있다. 즉, 관리지역인 면적 $1,500m^2$인 대지는 $5,000m^2$ 이하이므로 이 공장은 조경을 하지 않을 수 있다.

77.

정답 ④

하 용도에 따른 시설군

④ 교육 및 복지시설군은 의료시설, 교육연구시설, 노유자시설, 수련시설, 야영장 시설 5가지이다. 동물 및 식물관련시설은 그 밖의 시설군에 속한다.

78.

정답 ④

중 건축설비 등

①② 6층 이상으로서 $2,000m^2$ 이상이다.

③ 41m가 아니라 31m가 기준이다.

⑤ 11층 이상인 모든 건물이 아니라 11층 이상인 건축물로서 11층 이상 층의 바닥면적의 합계가 1만m^2 이상인 경우에 해당한다.

79.

정답 ④

중 대리경작제도

④ 대리경작지를 지정하고자 할 때에는 당해 농지의 소유권 또는 임차권을 가진 자에게 예고하여야 한다. 지정예고에 대하여 이의가 있는 자는 10일 내에 제기하여야 한다. 즉, 예고기간이 10일이다.

80.

정답 ①

중 대리경작제도와 임대차제도

② 수확량의 100분의 10을 지급하여야 한다.

③ 시 · 구 · 읍 · 면의 장은 농업경영계획서를 10년간 보존하여야 한다.

④ 지력의 증진을 위하여 필요한 기간 동안 휴경하는 농지에 대하여는 대리경작자를 지정할 수 없다.

⑤ 임대차 기간은 3년 이상으로 하여야 한다. 다만, 다년생식물 재배지 등 대통령령으로 정하는 농지의 경우에는 5년 이상으로 하여야 한다.

2교시

제1과목 부동산 공시에 관한 법령 및 부동산 관련 세법

1	2	3	4	5	6	7	8	9	10
⑤	③	⑤	④	⑤	⑤	②	④	④	③
11	12	13	14	15	16	17	18	19	20
④	③	④	③	②	①	④	④	⑤	③
21	22	23	24	25	26	27	28	29	30
③	②	④	⑤	③	⑤	①	③	④	③
31	32	33	34	35	36	37	38	39	40
⑤	③	⑤	③	④	①	②	②	③	⑤

선생님의 한마디

처음에는 문제를 푸는 것이 어려운 과정입니다. 과정을 거치다 보면 문제를 푸는 요령을 하나씩 터득하게 될 것입니다. 앞으로 하나씩 풀다보면 정답이 바로 보일 것입니다. 인내심을 가지고 풀어보세요!

1.
정답 ⑤

하 토지의 등록

틀린 것은 ㄷ, ㄹ이다.
ㄷ. 지적소관청은 토지의 이동현황을 직권으로 조사 · 측량하여 토지의 지번 · 지목 · 면적 · 경계 또는 좌표를 결정하려는 때에는 토지이동 현황 조사계획을 수립하여야 한다.
ㄹ. 지적소관청은 지적공부를 정리하려는 때에는 토지이동 조사부를 근거로 토지이동 조서를 작성하여 토지이동정리 결의서에 첨부하여야 한다.

2.
정답 ③

중 토지의 등록

틀린 것은 ㄴ, ㄷ이다.
ㄴ. 종전 지번의 수가 새로이 부여할 지번의 수보다 적은 때에는 블록 단위로 하나의 본번을 부여한 후 필지별로 부번을 부여할 수 있다.
ㄷ. 종전 지번의 수가 새로이 부여할 지번의 수보다 적은 때에는 그 지번부여지역의 최종 본번의 다음 순번부터 본번으로 하여 지번을 부여할 수 있다.

3.
정답 ⑤

중 토지의 등록

⑤ 물을 상시적으로 이용하지 않고 곡물 · 원예작물(과수류는 제외한다) · 약초 · 뽕나무 · 닥나무 · 묘목 · 관상수 등의 식물을 주로 재배하는 토지와 식용(食用)으로 죽순을 재배하는 토지는 '전'으로 한다.

4.
정답 ④

하 토지의 등록

④ 임야도 지역은 축척이 천단우 이므로 354m^{2}는 우선적으로 등록이 된다. 0.55는 0.5를 초과하므로 반올림하여 355m^{2}로 등록한다.

5.
정답 ⑤

하 지적공부

⑤ 도면 중간에 (산)으로 표시된 토지는 임야도에 등록된 토지이며 지목은 알 수 없다.

6.
정답 ⑤

하 지적공부

⑤ 지적소관청은 부동산종합공부의 멸실 또는 훼손에 대비하여 이를 별도로 복제하여 관리하는 정보관리체계를 구축하여야 한다.

7.
정답 ②

중 토지의 이동 및 지적정리

옳은 것은 ㄱ, ㄹ이다.
ㄴ. 합병하려는 토지 전부에 대한 등기원인 및 그 연월일과 접수번호가 같은 저당권등기가 설정된 경우에는 합병 신청을 할 수 있다.
ㄷ. 「국토의 계획 및 이용에 관한 법률」 등 관계 법령에 따른 토지의 형질변경 등의 공사가 준공된 경우에 지목변경을 신청할 수 있다.

8.
정답 ④

하 토지의 이동 및 지적정리

④ 토지개발사업 등으로 토지이동이 있을 때에는 사업시행자가 신청한다. 대위신청이 아니다.

9.
정답 ④

상 토지의 이동 및 지적정리

④ 축척변경위원회의 의결서 사본을 첨부하여야 한다.

Ⓥ 축척변경 사유를 적은 승인신청서에 첨부하여야 하는 서류

- 축척변경의 사유
- 지번 등 명세
- 토지소유자의 동의서
- 축척변경위원회의 의결서 사본
- 그 밖에 축척변경 승인을 위하여 시 · 도지사 또는 대도시 시장이 필요하다고 인정하는 서류

10.
정답 ③

중 토지의 이동 및 지적정리

① 지적소관청은 토지의 이동이 있는 경우에는 토지이동정리 결의서를 작성하여야 한다.
② 지적공부에 등록된 토지소유자의 변경사항은 등기관서에서 등기한 것을 증명하는 등기필증, 등기완료통지서, 등기사항증명서 또는 등기

관서에서 제공한 등기전산정보자료에 따라 정리한다. 다만, 신규등록하는 토지의 소유자는 지적소관청이 직접 조사하여 등록한다.

④ 지적소관청은 지적공부와 부동산등기부가 일치하지 아니하는 사항을 발견하면 등기사항증명서 또는 등기관서에서 제공한 등기전산정보자료에 따라 지적공부를 직권으로 정리하거나, 토지소유자나 그 밖의 이해관계인에게 그 지적공부와 부동산등기부가 일치하게 하는 데에 필요한 신청 등을 하도록 요구할 수 있다.

⑤ 토지이동정리 결의서에는 토지이동신청서 또는 도시개발사업 등의 완료신고서 등을 첨부하여야 하며, 소유자정리 결의서의 작성은 등기필증, 등기부 등본 또는 그 밖에 토지소유자가 변경되었음을 증명하는 서류를 첨부하여야 한다.

11.

정답 ④

중 지적측량

④ 지적삼각점성과를 열람하거나 등본을 발급받으려는 자는 시·도지사 또는 지적소관청에 신청하여야 하며, 지적삼각보조점성과를 열람하거나 등본을 발급받으려는 자는 지적소관청에 신청하여야 한다.

12.

정답 ③

하 지적측량

① 지적측량에 대한 적부심사 청구사항을 심의·의결하기 위하여 시·도에 지방지적위원회를 둔다.

② 중앙지적위원회는 위원장 1명과 부위원장 1명을 포함하여 5명 이상 10명 이하의 위원으로 구성한다.

④ 위원장 및 부위원장을 제외한 위원의 임기는 2년으로 한다.

⑤ 위원장이 중앙지적위원회의 회의를 소집할 때에는 회의 일시·장소 및 심의 안건을 회의 5일 전까지 각 위원에게 서면으로 통지하여야 한다.

13.

정답 ④

하 부동산등기법 총칙

옳은 것은 ㄱ, ㄷ, ㄹ이다.

ㄴ. 등기관이 등기를 마친 경우 그 등기는 접수(저장)한 때부터 효력이 발생한다.

14.

정답 ③

중 등기기관과 설비

③ 상속 또는 유증으로 인한 등기신청의 경우에는 부동산의 관할 등기소가 아닌 등기소도 그 신청에 따른 등기사무를 담당할 수 있다.

15.

정답 ②

하 등기절차 총론

② 특별법상의 조합(농업협동조합, 축산업협동조합)은 명칭은 조합이지만 특별법에서 법인으로 규정하고 있으므로 그 자체명의로 등기할 수 있다.

16.

정답 ①

상 등기절차 총론

① 가처분결정에 등기절차의 이행을 명하는 조항이 기재되어 있어도 등기권리자는 이 가처분결정 등에 의하여 단독으로 등기를 신청할 수 없다.

17.

정답 ④

중 등기절차 총론

옳은 것은 ㄱ, ㄴ이다.

ㄷ. 구분건물에서 대지권의 변경이 있는 경우에는 구분건물의 소유권의 등기명의인은 1동의 건물에 속하는 다른 구분건물의 소유권의 등기명의인을 대위하여 그 변경등기를 신청할 수 있다.

18.

정답 ④

중 등기절차 총론

④ 「부동산등기법」에 따른 사용자등록을 한 자연인(외국인 포함)과 「상업등기법」에 따른 전자증명서를 발급받은 법인은 전자신청을 할 수 있다. 그러나 법인 아닌 사단이나 재단은 전자신청을 할 수 없다.

19.

정답 ⑤

상 권리에 관한 등기

틀린 것은 ㄴ, ㄷ, ㄹ이다.

ㄴ. 토지(임야)대장상의 소유자 표시란이 공란으로 되어 있거나 소유자 표시에 일부 누락이 있어 대장상의 소유자를 특정할 수 없는 경우에는 토지는 국가이나, 건물은 시장, 군수 또는 구청장을 상대로 판결을 받아야 한다.

ㄷ. 구청장의 확인에 의하여 자기의 소유권을 증명하는 자는 건물에 대하여는 보존등기를 신청할 수 있으나, 토지에 대하여는 신청할 수 없다.

ㄹ. 미등기부동산에 과세관청의 촉탁에 따라 체납처분에 의한 압류를 하는 경우에 직권보존등기의 대상이 아니다.

20.

정답 ③

중 권리에 관한 등기

③ 토지수용으로 인한 소유권이전등기를 하는 경우에는 소유권 이외의 권리등기는 등기관이 이를 직권으로 말소하여야 한다. 다만 그 부동산을 위하여 존재하는 지역권의 등기와 토지수용위원회의 재결에 의하여 인정된 권리는 그러하지 아니하다.

21.

정답 ③

중 권리에 관한 등기

③ 등기관이 신탁등기를 마쳤을 때에는 직권으로 신탁등기에 신탁재산에 속하는 부동산의 거래에 관한 주의사항을 부기등기로 기록하여야 한다.

22.
정답 ②

상 권리에 관한 등기

옳은 것은 ㄱ, ㄷ이다.

ㄴ. 저당권이 이전된 후에 말소등기를 신청하는 경우에는 말소할 등기의 표시로는 주등기인 저당권설정등기를 기재하여야 한다.

ㄹ. ㄷ의 경우에 저당권의 원인무효를 이유로 저당권말소등기를 신청하는 경우 제3취득자(현재의 소유자)가 저당권자와 공동으로 저당권말소등기를 신청할 수 있다.

23.
정답 ④

상 권리에 관한 등기

④ 소유권이전등기청구권가등기에 의한 본등기를 하는 경우 전세권설정등기는 양립할 수 없으므로 등기관이 직권으로 말소한다.

① 물권적 청구권을 보전하기 위한 가등기나 소유권보존등기의 가등기는 허용되지 아니한다.

② 가등기가처분명령은 가등기에 관한 판결에 해당하므로 가등기권리자가 단독으로 신청한다.

③ 소유권이전청구권가등기 후 제3자에게 소유권이 이전되었다면 가등기 당시 소유자를 등기의무자로 하여 본등기를 신청하여야 한다.

⑤ 등기상 이해관계인은 가등기명의인의 승낙을 받아 가등기말소를 단독으로 신청할 수 있다. 대위신청이 아니다.

24.
정답 ⑤

상 등기기관과 설비

ㄱ, ㄴ, ㄷ, ㄹ, ㅁ 모두 관련 신청사건의 범위에 해당한다.

선생님의 한마디

2025년 개정세법 내용도 잘 숙지하여야 합니다. 정답 지문만 공부하지 마시고, 출제된 5개의 지문들 중에서 틀리거나 잘 몰랐던 지문들도 체크해 두었다가 다시 보아야 합니다.

25.
정답 ③

중 양도소득세

③ 「민법」 제245조 제1항 규정에 따른 점유시효취득한 부동산의 취득시기는 점유개시일이다.

26.
정답 ⑤

중 양도소득세

⑤ 토지를 매매하는 거래당사자가 매매계약서의 거래가액을 실지거래가액과 다르게 적은 경우에는 해당 자산에 대하여 「소득세법」에 따른 양도소득세의 비과세에 관한 규정을 적용할 때, 비과세 받을 세액에서 '비과세에 관한 규정을 적용하지 아니하였을 경우의 양도소득 산출세액'과 '매매계약서의 거래가액과 실지거래가액과의 차액' 중 적은 금액을 뺀다.

27.
정답 ①

하 양도소득세

① 지역권은 양도소득세 과세대상이 아니다.

28.
정답 ③

하 양도소득세

- 양도가액 - 필요경비 = 양도차익
- 양도차익 - 장기보유특별공제액 = 양도소득금액
- 양도소득금액 - 양도소득기본공제액 = 양도소득과세표준
- 양도소득과세표준 × 세율 = 산출세액

29.
정답 ④

하 양도소득세

④ 예정신고를 이행한 경우에는 확정신고를 하지 아니할 수 있다. 단, 해당 과세기간에 누진세율 적용대상 자산에 대한 예정신고를 2회 이상한 자가 이미 신고한 양도소득금액과 합산하여 예정신고를 하지 않는 경우 등의 경우에는 예정신고를 이행한 경우라도 확정신고를 이행하여야 한다.

30.
정답 ③

하 조세의 기초 이론

③ 지방교육세는 목적세이며 부가세인 지방세이다.

31.
정답 ⑤

중 조세의 기초 이론

⑤ 납세고지서별 · 세목별 세액이 45만원 미만인 경우에는 매 1개월 경과시마다 0.66%(0.022% × 30일)의 가산세는 적용하지 아니한다.

32.
정답 ③

하 취득세

③ 「민법」 제245조 및 제247조에 따른 점유로 인한 취득의 경우에는 취득물건의 등기일 또는 등록일을 취득일로 본다.

33.
정답 ⑤

상 취득세

표준세율에서 중과기준세율을 뺀 세율을 적용하는 것은 ㄱ, ㄷ, ㄹ이다.

ㄴ. 택지공사가 준공된 토지에 정원 또는 부속시설물 등을 조성 · 설치하는 경우에 따른 토지의 소유자의 취득의 경우에는 중과기준세율을 적용한다.

34.
정답 ③

중 취득세

① 취득세의 징수는 원칙적으로 신고납부의 방법으로 한다.
② 상속으로 취득세 과세물건을 취득한 자는 상속개시일이 속하는 달의 말일로부터 6개월(상속인 가운데 외국에 주소를 둔 자가 있는 경우에는 9개월) 이내에 산출한 세액을 신고하고 납부하여야 한다.
④ 취득세 과세물건을 취득한 후에 그 과세물건이 중과세율의 적용대상이 되었을 때에는 중과세율을 적용하여 산출한 세액에서 이미 납부한 세액(가산세 제외)을 공제한 금액을 세액으로 하여 신고·납부하여야 한다.
⑤ 법인의 취득당시가액을 증명할 수 있는 장부가 없는 경우 지방자치단체의 장은 그 산출된 세액의 100분의 10을 징수하여야 할 세액에 가산한다.

35.
정답 ④

상 지방세 종합

④ 토지지목변경의 경우에 취득세 과세표준은 증가한 가액에 해당하는 사실상 취득가격(단, 법인이 아닌 자가 취득하는 경우로서 사실상 취득가격을 확인할 수 없는 경우에는 지목변경 이후의 시가표준액에서 지목변경 전의 시가표준액을 뺀 가액)에 중과기준세율(2%)을 적용한다. 등록면허세 과세표준은 변경등기를 하는 경우에는 '증가한 가액'이 아닌 '건당' 6,000원이 적용된다.
③ 토지지목변경 등 간주취득의 경우에는 취득세 중가산세 규정이 적용되지 않으며, 등록면허세도 중가산세 규정이 적용되지 않는다.

36.
정답 ①

중 등록면허세

② 부동산등기의 등록면허세 납세지는 부동산 소재지이다.
③ 부동산등기를 하는 경우 등록면허세는 등록을 하기 전까지 납세지를 관할하는 지방자치단체의 장에게 신고납부하여야 한다.
④ 등록면허세를 신고하여야 할 자가 법정신고기한 내에 신고를 하지 아니한 경우에도 등록면허세 산출세액을 등록하기 전까지 납부하였을 때에는 신고를 하고 납부한 것으로 본다. 이 경우 무신고가산세 및 과소신고가산세는 적용하지 아니한다.
⑤ 등록면허세를 비과세받은 후에 해당 과세물건이 등록면허세 부과대상이 된 경우에는 그 사유발생일로부터 60일 이내에 납세지를 관할하는 지방자치단체의 장에게 신고납부하여야 한다.

37.
정답 ②

상 재산세

- 지방자치단체의 장은 재산세의 납부세액이 250만원을 초과하는 경우에는 대통령령으로 정하는 바에 따라 납부할 세액의 일부를 납부기한이 지난 날부터 3개월 이내에 분할납부하게 할 수 있다.
- 납부할 재산세액이 500만원 이하인 경우에는 250만원을 초과하는 금액을 분할납부할 수 있으므로 납부할 세액이 400만원인 경우 최대 분할납부 금액은 150만원이다.

38.
정답 ②

하 재산세

② 「신탁법」 제2조에 따른 수탁자의 명의로 등기 또는 등록된 신탁재산의 경우에는 위탁자(「주택법」 제2조 제11호 가목에 따른 지역주택조합 및 같은 호 나목에 따른 직장주택조합이 조합원이 납부한 금전으로 매수하여 소유하고 있는 신탁재산의 경우에는 해당 지역주택조합 및 직장주택조합을 말함)가 재산세 납세의무자가 된다. 이 경우 위탁자가 신탁재산을 소유한 것으로 본다.

39.
정답 ③

하 종합부동산세

종합부동산세 과세대상이 아닌 것은 모두 2개이다.
- 「지방세법」상 재산세 분리과세대상 토지와 건축물(공장용, 상가용, 고급오락장용)은 종합부동산세 과세대상이 아니다.

40.
정답 ⑤

하 종합부동산세

ㄱ. 혼인함으로써 1세대를 구성하는 경우에는 혼인한 날부터 '10'년 동안은 주택 또는 토지를 소유하는 자와 그 혼인한 자별로 각각 1세대로 본다.
ㄴ. 동거봉양(同居奉養)하기 위하여 합가(合家)함으로써 과세기준일 현재 주택 또는 토지의 소유자 본인 또는 그 배우자의 '60'세 이상인 직계존속(그 직계존속 중 어느 한 사람이 '60'세 미만인 경우를 포함한다)과 1세대를 구성하는 경우에는 합가한 날부터 '10'년 동안 주택 또는 토지를 소유하는 자와 그 합가한 자별로 각각 1세대로 본다.

제3회 정답 및 해설

▶ 실시간 합격예측 서비스

난이도 및 출제포인트 분석

★ 난이도가 낮은 문제는 해설 페이지를 찾아가 꼭 익혀두세요.

1교시 제1과목 공인중개사법령 및 실무

문제 번호	난이도	출제포인트	페이지	문제 번호	난이도	출제포인트	페이지
1	상	공인중개사법령 총칙	p.38	21	중	지도 · 감독 및 벌칙	p.40
2	상	공인중개사법령 총칙	p.38	22	상	지도 · 감독 및 벌칙	p.40
3	중	공인중개사법령 총칙	p.38	23	중	개업공인중개사 등의 의무	p.40
4	중	공인중개사 제도	p.38	24	중	지도 · 감독 및 벌칙	p.40
5	상	중개사무소의 개설등록	p.38	25	중	부동산거래신고제도	p.40
6	상	중개사무소의 개설등록	p.38	26	상	부동산거래신고제도	p.40
7	중	중개업무	p.38	27	하	주택임대차계약의 신고	p.40
8	중	중개업무	p.38	28	중	외국인 등의 부동산취득 등에 관한 특례	p.40
9	중	중개업무	p.39	29	상	토지거래허가제도	p.41
10	중	중개업무	p.39	30	상	토지거래허가제도	p.41
11	하	중개계약 및 부동산거래정보망	p.39	31	상	포상금 및 부동산 정보관리	p.41
12	중	중개계약 및 부동산거래정보망	p.39	32	상	포상금 및 부동산 정보관리	p.41
13	하	개업공인중개사 등의 의무	p.39	33	중	중개대상물의 조사 · 확인	p.41
14	중	개업공인중개사 등의 의무	p.39	34	중	중개대상물의 조사 · 확인	p.41
15	중	개업공인중개사 등의 의무	p.39	35	하	계약의 체결	p.41
16	중	중개보수 및 실비	p.39	36	중	중개대상물의 조사 · 확인	p.41
17	상	교육, 업무위탁 및 포상금 제도	p.39	37	중	개별적 중개실무	p.41
18	상	교육, 업무위탁 및 포상금 제도	p.39	38	중	개별적 중개실무	p.41
19	상	공인중개사협회	p.39	39	중	개별적 중개실무	p.41
20	상	지도 · 감독 및 벌칙	p.39	40	중	개별적 중개실무	p.41

1교시 제2과목 부동산공법

문제 번호	난이도	출제포인트	페이지	문제 번호	난이도	출제포인트	페이지
41	중	도시 · 군기본계획	p.42	61	하	정비사업의 시행방식	p.44
42	중	도시 · 군관리계획	p.42	62	중	정비사업조합	p.44
43	하	도시지역 지정특례	p.42	63	중	조합임원	p.44
44	하	용도지역 / 용도지구 / 용도구역	p.42	64	중	관리처분계획의 기준	p.44
45	하	계획관리지역의 건폐율과 용적률	p.42	65	중	건축법 용어정의	p.44
46	하	용도지구	p.42	66	하	건축물의 용도와 종류	p.44
47	중	국토계획법 종합	p.42	67	중	용도변경	p.44
48	중	도시 · 군계획시설사업	p.42	68	중	건축허가와 신고대상	p.44
49	중	매수청구제도	p.43	69	중	대지분할제한면적	p.44
50	중	지구단위계획	p.43	70	중	건축물의 면적 및 높이산정	p.44
51	중	개발행위허가	p.43	71	중	일조높이제한	p.44
52	중	기반시설부담구역 등	p.43	72	중	주택법 용어정의	p.45
53	하	도시개발구역의 지정권자	p.43	73	하	세대구분형 공동주택	p.45
54	중	도시개발구역의 지정효과 등	p.43	74	하	주택건설사업의 등록	p.45
55	중	도시개발조합	p.43	75	하	주택조합	p.45
56	하	수용 또는 사용방식	p.43	76	중	사업계획승인	p.45
57	중	입체환지	p.43	77	중	주택의 공급	p.45
58	하	환지처분의 효과	p.43	78	하	주택공급질서 교란행위	p.45
59	중	정비법 용어정의	p.43	79	하	농지취득자격증명	p.45
60	하	개발행위허가 제외대상	p.44	80	중	농지의 임대차	p.45

2교시 제1과목 부동산 공시에 관한 법령 및 부동산 관련 세법

문제 번호	난이도	출제포인트	페이지	문제 번호	난이도	출제포인트	페이지
1	중	지적공부	p.46	21	중	권리에 관한 등기	p.47
2	중	토지의 등록	p.46	22	중	권리에 관한 등기	p.47
3	상	토지의 등록	p.46	23	상	권리에 관한 등기	p.47
4	하	지적공부	p.46	24	중	권리에 관한 등기	p.48
5	상	지적공부	p.46	25	중	재산세	p.48
6	중	지적공부	p.46	26	상	재산세	p.48
7	중	토지의 이동 및 지적정리	p.46	27	하	재산세	p.48
8	상	토지의 이동 및 지적정리	p.46	28	하	납세의무의 성립 · 확정 · 소멸	p.48
9	하	토지의 이동 및 지적정리	p.46	29	하	조세의 기초 이론	p.48
10	중	토지의 이동 및 지적정리	p.46	30	상	소득세 총설	p.48
11	상	지적측량	p.46	31	중	양도소득세	p.48
12	중	지적측량	p.47	32	상	양도소득세	p.49
13	상	부동산등기법 총칙	p.47	33	하	양도소득세	p.49
14	상	등기기관과 설비	p.47	34	중	양도소득세	p.49
15	중	등기절차 총론	p.47	35	하	양도소득세	p.49
16	중	등기절차 총론	p.47	36	하	종합부동산세	p.49
17	중	등기절차 총론	p.47	37	중	취득세	p.49
18	중	등기절차 총론	p.47	38	상	취득세	p.49
19	상	표시에 관한 등기	p.47	39	중	등록면허세	p.49
20	중	권리에 관한 등기	p.47	40	중	종합부동산세	p.49

1교시

제1과목 공인중개사법령 및 실무

1	2	3	4	5	6	7	8	9	10
⑤	④	①	①	②	③	①	①	②	⑤
11	**12**	**13**	**14**	**15**	**16**	**17**	**18**	**19**	**20**
④	④	③	⑤	②	①	④	②	②	③
21	**22**	**23**	**24**	**25**	**26**	**27**	**28**	**29**	**30**
②	③	⑤	②	⑤	①	③	④	①	③
31	**32**	**33**	**34**	**35**	**36**	**37**	**38**	**39**	**40**
⑤	②	④	③	④	②	①	②	③	③

선생님의 한마디

이 회차는 자주 출제하지는 않지만 한 번쯤은 반드시 정리할 필요가 있는 문제들이 다수 있어서 매우 어려웠다고 느끼실 것으로 생각됩니다. 답이 쉽게 보이는 하급의 문제가 4문제에 불과하고, 난이도 중급의 문제가 22개, 상급의 문제가 14개나 있었습니다. 포상금 계산문제를 비롯하여 출제빈도가 잦지 않은 농지법, 전자계약의 문제가 있었고, 최근 출제하고 있는 「집합건물의 소유 및 관리에 관한 법률」 문제도 있었습니다. 그러나 고득점을 대비하는 연습이라는 점을 염두에 두고, 틀린 부분은 다시 한 번 정리해 주시기 바랍니다. 공인중개사 법령에서는 24문제, 부동산 거래신고 등에 관한 법령에서는 8문제, 중개실무에서 8문제가 출제되었고, 박스형 문제는 15문제가 출제되었습니다.

1.

정답 ⑤

상 공인중개사법령 총칙

ㄹ, ㅁ, ㅂ이 명문으로 규정된 법의 제정목적에 해당한다.

Ⓥ 「공인중개사법」의 제정목적

이 법은 공인중개사의 업무 등에 관한 사항을 정하여 그 전문성을 제고하고, 부동산중개업을 건전하게 육성하여 국민경제에 이바지함을 목적으로 한다(법 제1조).

2.

정답 ④

상 공인중개사법령 총칙

④ '소속공인중개사'라 함은 개업공인중개사에 소속된 공인중개사(법인의 사원·임원인 자로서 공인중개사를 포함)로서 중개업무를 수행하거나 개업공인중개사의 중개업무를 보조하는 자를 말하므로, 법인의 임원·사원으로서 단순업무를 보조하는 자도 소속공인중개사이다.

② 부동산중개업무는 「상법」 제46조 제11호에서 정하고 있는 '중개에 관한 행위'로서 기본적 상행위에 해당한다(대판 2008.12.11, 2007다66590).

3.

정답 ①

중 공인중개사법령 총칙

중개대상물이 될 수 있는 것은 1개(ㅁ) 이다.

ㄱ. 토지로부터 분리된 수목은 중개대상물이 아니다.

ㄴ. 무주의 부동산은 국유로 하므로 중개대상물이 아니다.

ㄷ. 특정한 아파트에 입주할 수 있는 권리가 아니라 아파트에 대한 추첨기일에 신청을 하여 당첨이 되면 아파트의 분양예정자로 선정될 수 있는 지위를 가리키는 데에 불과한 입주권은 중개대상물인 건물에 해당한다고 보기 어렵다(대판 1991.4.23, 90도1287).

ㄹ. 광업권은 미채굴의 광물을 채굴할 수 있는 권리로서, 중개대상물에 성립하는 권리가 아니므로, 중개대상권리가 되지 않는다.

4.

정답 ①

중 공인중개사 제도

① 공인중개사 자격시험은 시·도지사가 시행하는 것이 원칙이나 예외적으로 국토교통부장관이 시행할 수 있다.

Ⓥ 공인중개사 자격시험 제도

시험시행기관	1. 원칙: 시·도지사 2. 예외: 국토교통부장관(심의위원회 사전의결)
응시결격	1. 공인중개사 자격이 취소된 후 3년이 경과되지 아니한 자 2. 공인중개사 자격시험 부정행위자로서 5년이 경과되지 아니한 자
시험방법 등	1. 1차, 2차 구분, 매년 1회 이상 시행 원칙 2. 1차 시험 합격시 다음 회 1차 시험 면제 3. 신뢰도 저하 출제위원 위촉 금지: 5년 4. 시험 세부사항 공고: 시험일 90일 전 5. 자격증 교부: 시·도지사가 합격자 공고일로부터 1개월 이내

5.

정답 ②

상 중개사무소의 개설등록

② 개업공인중개사가 '등록증'을 타인에게 대여한 경우에는 '등록취소'사유가 된다.

① 대판 2007.1.12, 2006도6599

③ 대판 2013.6.27, 2013도3246

⑤ 대판 2006.9.22, 2006도4842

6.

정답 ③

상 중개사무소의 개설등록

① 등록기준 미달로 인하여 등록이 취소된 경우에는 3년의 결격기간이 적용되지 않는다.

② 고용인의 결격을 2개월 내에 해소하지 아니한 경우에는 업무정지처분사유에 해당하나, 임원·사원의 결격을 2개월 내에 해소하지 아니한 경우에는 등록이 취소된다.

④ 개업공인중개사가 「공인중개사법」을 위반하여 300만원 이상의 벌금형을 선고받아 등록이 취소된 경우에는 '벌금형 선고'로부터 3년 동안 결격사유에 해당한다.

⑤ 「공인중개사법」 위반죄와 「형법」 위반죄의 경합범에 대하여 벌금형 선고시에는 이를 분리선고하여야 하는 바, 「공인중개사법」 위반으로는 300만원 미만의 벌금형을 받았으므로 결격이 아니다.

7.

정답 ①

중 중개업무

ㄱ, ㄴ이 옳은 내용이다.

ㄷ. 분사무소설치신고서에 분사무소 설치사유는 기재하지 않는다.

ㄹ. 분사무소를 둘 때마다 보증을 2억원 이상 추가로 설정해야 한다.

8.

정답 ①

중 중개업무

① 법 제7638호 부칙 제6조 제2항의 개업공인중개사(중개인)는 법인의 겸업 중 경·공매대상 부동산에 대한 권리분석 및 취득의 알선과 매수신청·입찰신청대리업을 영위할 수 없다.

9.
정답 ②

중 중개업무

② 공인중개사 자격증을 교부한 시·도지사는 乙의 공인중개사 자격정지처분을 할 수 있다.
③ 고용인의 고의로 인한 불법행위에 개업공인중개사가 가담하지 아니한 경우에는 개업공인중개사의 책임을 정함에 있어서 과실상계를 인정한다(대판 2011.7.14, 2011다21143).

10.
정답 ⑤

중 중개업무

제시된 내용은 모두가 틀린 내용이다.
ㄱ. 휴업신고는 휴업개시 전 미리 신고해야 한다.
ㄴ. '부동산중개업 폐업신고서'에는 '폐업일'을 기재한다.
ㄷ. 휴업한 중개업의 재개신고 위반은 100만원 이하의 과태료 부과사유이다.

11.
정답 ④

하 중개계약 및 부동산거래정보망

① 권리자의 성명·주소 등 인적사항에 대한 정보는 공개하여서는 아니 된다.
② 개업공인중개사에게 일반중개계약서의 작성의무는 없다.
③ '국토교통부장관'은 일반중개계약서의 표준이 되는 서식을 정하여 이의 사용을 권장할 수 있다.
⑤ 공인중개사법령상 일반중개계약서의 서식도 정해져 있다.

12.
정답 ④

중 중개계약 및 부동산거래정보망

첨부서류는 ㄱ, ㄴ, ㄷ, ㅁ이다.
ㄹ. 운영규정은 지정을 받은 자가 3개월 내에 제정하여 국토교통부장관의 승인을 받으므로, 거래정보사업자 지정신청시 제출서류가 아니다.

13.
정답 ③

하 개업공인중개사 등의 의무

③ 근저당권이 설정된 경우에는 채권최고액을 설명하면 족하고, 실제의 피담보채무액까지 조사하여 설명할 의무는 없다(대판 1999.5.14, 98다30667).
① 대판 2015.1.29, 2012다74342.
② 대판 2017.7.11, 2016다261175
④ 대판 2002.2.5, 2001다71484
⑤ 대판 2008.9.25, 2008다42836

14.
정답 ⑤

중 개업공인중개사 등의 의무

① 개업공인중개사에게 계약금 등을 예치하도록 권고할 법률상 의무는 없다.
② 체신관서는 계약금 등의 예치명의자가 될 수 있다.
③ 「한국은행법」에 따른 한국은행은 예치기관이 될 수 없다.
④ 계약금 등을 수령할 권한이 있는 매도인·임대인 등은 금융기관 또는 보증보험회사가 발행하는 보증서를 예치명의자에게 교부하고 계약금 등을 미리 수령할 수 있다.

15.
정답 ②

중 개업공인중개사 등의 의무

ㄹ, ㅁ이 금지행위가 아니다.
ㄱ은 증서 중개, ㄴ은 보수초과, ㄷ은 투기조장행위이다.
ㄹ. 계약의 이행에 대한 쌍방대리로서 금지행위가 아니다.
ㅁ. 중개인이 토지소유자와 사이에 중개인 자신의 비용으로 토지를 택지로 조성하여 분할한 다음 토지 중 일부를 중개인이 임의로 정한 매매대금으로 타에 매도하되, 토지의 소유자에게는 그 매매대금의 수액에 관계없이 확정적인 금원을 지급하고 그로 인한 손익은 중개인에게 귀속시키기로 하는 약정을 한 경우, 이는 직접거래로 보기 어렵다(대판 2005.10.14, 2005도4494).

16.
정답 ①

중 중개보수 및 실비

① 거래계약이 해제된 경우에도 해제의 원인이 개업공인중개사 또는 고용인의 고의·과실로 인한 경우가 아닌 한, 중개보수를 받을 수 있다.

17.
정답 ④

상 교육, 업무위탁 및 포상금 제도

④ 공인중개사로서 부동산 관련 분야에 근무한 경력이 '3년' 이상인 사람이 강사의 자격이 있다.

18.
정답 ②

상 교육, 업무위탁 및 포상금 제도

② 甲은 A에 대한 포상금 50만원, D에 대한 포상금 25만원을 받으므로 75만원, 乙은 B에 대한 포상금 50만원, D에 대한 포상금 25만원을 받으므로 75만원이다. C에 대하여는 무혐의처분되었으므로 포상금을 받을 수 없다. 무죄판결 또는 벌금형을 선고받은 것은 공소제기가 된 것이므로, 포상금을 지급한다.

19.
정답 ②

상 공인중개사협회

옳은 것은 2개(ㄹ, ㅁ)이다.
ㄱ. 협회는 비영리 사단법인이므로, 「공인중개사법」에 규정이 없는 것은 「민법」 중 '사단법인'에 관한 규정을 적용한다.
ㄴ. 개업공인중개사가 협회를 설립해야 하는 것은 아니다.
ㄷ. 협회의 지회 설치신고는 설치한 때에 등록관청에 신고하는 사후신고 사항이다.

20.
정답 ③

상 지도·감독 및 벌칙

ㄴ, ㄷ, ㅁ이 업무정지사유이다.
ㄱ은 필요적 등록취소사유, ㄴ은 임의적 등록취소 또는 업무정지사유, ㄷ, ㅁ은 업무정지처분사유, ㄹ은 100만원 이하의 과태료 부과사유이다.

Ⓥ 업무정지처분사유

1. 최근 1년 내에 2회 이상 업무정지 · 과태료 받고 다시 과태료 부과행위(기준 6개월)
2. 인장등록 위반
3. 임의적 등록취소 사유(기준 6개월)
4. 감독상 명령 위반
5. 결격사유자 소속공인중개사 또는 중개보조원으로 둔 경우(2개월 내 해소 시 제외, 기준 6개월)
6. 중개대상물 정보 거짓공개(기준 6개월), 거래사실 미통보
7. 서류 관련 사항 위반
   • 전속중개계약서 사용 · 보존 위반
   • 확인 · 설명서 교부 · 보존 · 서명 및 날인 위반
   • 거래계약서 교부 · 보존 · 서명 및 날인 위반
8. 중개인이 업무지역 위반
9. 시정조치 또는 과징금처분을 받은 경우
10. 그 밖에 이 법 또는 명령 · 처분 위반

21.

정답 ②

중 지도 · 감독 및 벌칙

② 폐업신고 전에 받은 업무정지처분 또는 과태료처분의 효과는 그 처분일로부터 1년간 승계되므로, 甲은 업무정지처분 또는 과태료처분의 효과를 승계받지 않는다.

④ 폐업신고 전의 위반행위를 사유로 등록취소되었으므로, 3년에서 폐업기간을 공제한 기간만 결격이므로, 옳은 지문이다.

22.

정답 ③

상 지도 · 감독 및 벌칙

기준기간의 연결이 옳은 것은 3개(ㄱ, ㄴ, ㄹ)이다.

ㄷ. 둘 이상의 중개사무소에 소속된 경우는 자격정지 기준기간이 6개월이다.

ㅁ. 중개대상물 확인 · 설명을 하면서 그 근거자료를 제시하지 않은 경우는 자격정지 기준기간이 3개월이다.

Ⓥ 자격정지의 기준기간이 6개월인 경우

1. 이중소속한 경우
2. 거래계약서에 거래금액 등 거래내용을 거짓기재 또는 이중계약서를 작성한 경우
3. 개업공인중개사 등의 금지행위를 한 경우

23.

정답 ⑤

중 개업공인중개사 등의 의무

⑤ 1년 이하의 징역 또는 1천만원 이하의 벌금 사유이다.

①②③④는 3년 이하의 징역 또는 3천만원 이하의 벌금 사유이다.

24.

정답 ②

중 지도 · 감독 및 벌칙

② 정보통신서비스 제공자로서 정당한 사유 없이 자료제출 요구에 불응한 경우에는 500만원 이하의 과태료가 부과된다.

25.

정답 ⑤

중 부동산거래신고제도

⑤ 신고관청(특별자치시장 제외)은 외국인의 신고내용을 매 분기 종료한 날로부터 1개월 내에 시 · 도지사에게 제출하여야 한다.

26.

정답 ①

상 부동산거래신고제도

ㄱ, ㄴ이 정정신청이 가능한 사항이다.

ㄷ과 ㄹ은 변경된 경우이므로 변경신고사항이다.

ㅁ. 거래당사자의 성명이 잘못된 경우는 재신고를 해야 하고, 정정신청을 할 수 없다.

Ⓥ 정정신청사항과 변경신고사항

정정신청사항	변경신고사항
1. 거래당사자의 주소 · 전화번호 또는 휴대전화번호 2. 거래지분비율 3. 개업공인중개사의 전화번호 · 상호 또는 사무소 소재지 4. 거래대상 건축물의 종류 5. 거래대상 부동산 등의 지목, 면적, 거래지분 및 대지권비율	1. 거래지분비율, 거래지분 2. 거래대상 부동산 등의 면적 3. 계약의 조건 또는 기한 4. 거래가격, 중도금 · 잔금 및 지급일 5. 공동매수의 경우 일부 매수인의 변경(일부 제외만 해당) 6. 다수 부동산 등인 경우 일부 부동산 등의 변경(일부 제외만 해당) 7. 위탁관리인의 인적사항

27.

정답 ③

하 주택임대차계약의 신고

③ 신고관청은 그 내용 등을 확인한 후 '지체 없이' 신고필증을 발급한다.

28.

정답 ④

중 외국인 등의 부동산취득 등에 관한 특례

④ 「부동산 거래신고 등에 관한 법률」상 신고 또는 허가의 관할은 부동산 소재지 관할 시장 · 군수 · 구청장이고, 야생생물특별보호구역 내의 토지는 허가를 받아야 한다.

② 매매계약인 경우에는 외국인도 부동산거래신고를 하여야 하므로, 옳은 내용이다.

Ⓥ 외국인 등의 신고의무

계약(교환, 증여) 취득	계약 체결일부터 60일 이내	300만원 이하의 과태료
계약 외 원인 취득 (상속, 판결, 경매, 환매권의 행사, 합병, 신축 등)	취득한 날부터 6개월 이내	100만원 이하의 과태료
계속보유 신고	변경된 날부터 6개월 이내	100만원 이하의 과태료

29.
정답 ①

상 토지거래허가제도

옳은 것은 ㄷ이다.
ㄱ. 토지거래허가구역은 '5년'을 초과하지 않는 범위 내에서 지정할 수 있다.
ㄴ. 허가구역의 지정은 허가구역의 '지정을 공고한 날'부터 5일 후에 그 효력이 발생한다.
ㄹ. 선매자가 토지를 매수할 때의 가격은 '감정가격'을 기준으로 하되, 토지거래계약 허가신청서에 적힌 가격이 감정가격보다 낮은 경우에는 허가신청서에 적힌 가격으로 할 수 있다.

30.
정답 ③

상 토지거래허가제도

③ 토지거래허가받은 목적대로 토지를 이용하지 않은 경우 과징금 부과 규정은 없다.

31.
정답 ⑤

상 포상금 및 부동산 정보관리

옳은 것은 ㄱ, ㄴ, ㄷ이다.
ㄹ. '국토교통부장관'은 효율적인 정보의 관리 및 국민편의 증진을 위하여 부동산거래 및 주택임대차의 계약·신고·허가·관리 등의 업무와 관련된 정보체계를 구축·운영할 수 있다.

32.
정답 ②

상 포상금 및 부동산 정보관리

전자문서로 제출할 수 있는 것은 ㄱ, ㄹ이다.
ㄴ, ㄷ, ㅁ. 전자문서로 제출할 수 없다.

33.
정답 ④

중 중개대상물의 조사·확인

① 농업진흥지역 내 농지는 주말·체험영농을 위해 취득할 수 없다.
② 농지의 임대차 제한에 대한 위반 사실을 알고도 농지임대차를 중개하는 행위에 대하여는 3년 이하의 징역 또는 3천만원 이하의 벌금에 처한다.
③ 주말·체험영농 목적의 농지는 세대원 전부합산 1,000m^2 미만으로 소유할 수 있다.
⑤ 1필지를 공유로 취득하려는 자가 '7인' 이하의 범위에서 시·군·구의 조례로 정한 수를 초과한 경우에는 농지취득자격증명을 발급하지 아니할 수 있다.

34.
정답 ③

중 중개대상물의 조사·확인

③ 비선호시설(1km 이내)은 임대차중개시에도 기재하여야 한다.

35.
정답 ④

하 계약의 체결

④ 본인 인증을 거쳐야 하므로, 대리인을 통한 전자계약은 할 수 없다.

36.
정답 ②

중 중개대상물의 조사·확인

② 대지 위에 구분소유권의 목적인 건물이 속하는 1동의 건물이 있을 때에는 그 대지의 공유자는 그 건물 사용에 필요한 범위의 대지에 대하여는 분할을 청구하지 못한다(「집합건물의 소유 및 관리에 관한 법률」 제8조).

37.
정답 ①

중 개별적 중개실무

ㄱ이 옳은 내용이다.
ㄱ. 판례(대판 2021.6.3, 2016다34007)로서, 옳은 내용이다.
ㄴ. 乙 명의의 등기는 무효이므로, 乙은 X부동산의 소유권을 취득하지 못한다.
ㄷ. 계약명의신탁에 있어서 부동산의 매도인이 선의인 경우, 수탁자 명의의 등기는 유효이므로, 명의수탁자인 乙은 소유권을 취득한다.

38.
정답 ②

중 개별적 중개실무

② 임차인이 별도로 전세권설정등기를 마친 경우 「주택임대차보호법」상의 대항요건을 상실하면 이미 취득한 '「주택임대차보호법」'상의 대항력은 상실한다(대판 1993.11.23, 93다10552).

39.
정답 ③

중 개별적 중개실무

③ 임차인이 3기의 차임액에 해당하는 금액에 이르도록 차임을 연체한 사실이 있는 경우라 하더라도 임대인에 대하여 계약갱신요구를 할 수 있다. 3기의 차임 연체는 임대인의 거절사유이자 해지사유이다.
① 대판 2011.7.28, 2009다40967

40.
정답 ③

중 개별적 중개실무

① 압류의 효력이 발생되기 전에 성립한 유치권만 매수인에게 인수된다.
② 가압류등기보다 후순위이므로, 소유권이전등기청구권보전을 위한 가등기는 말소된다. 그러므로 매수인이 인수하지 않는다.
④ 매수인은 매각대금을 완납한 때에 매각의 목적인 권리를 취득한다.
⑤ 매수인은 법원이 정한 대금지급기한까지 매각대금을 지급하면 된다.

제2과목 부동산공법

41	42	43	44	45	46	47	48	49	50
①	②	⑤	③	④	④	③	③	②	④
51	52	53	54	55	56	57	58	59	60
③	①	③	⑤	④	①	⑤	②	②	③
61	62	63	64	65	66	67	68	69	70
④	②	⑤	③	①	②	④	②	③	①
71	72	73	74	75	76	77	78	79	80
②	③	④	③	①	④	①	④	③	⑤

선생님의 한마디

제3회는 기출 지문 응용을 통한 실제 적응력 강화에 중점을 두었습니다. 출제경향상 반복되는 주제가 많기에 기출에 익숙해지는 것은 필수입니다. 공법의 특성상 분량 부담이 크기 때문에, 고난도 문제보다는 실수 줄이는 데 초점을 맞춰야 합니다. 이번 회차는 난이도는 중하로 판단되며, 55점 이상이면 실력 형성 단계로 볼 수 있습니다. 오답은 주제별로 정리하고, 동일한 패턴 문제로 복습해 두는 것이 중요합니다.

41. 정답 ①

중 도시 · 군기본계획

② 도시 · 군기본계획이란 특별시 · 광역시 · 특별자치시 · 특별자치도 · 시 또는 군의 관할 구역에 대하여 기본적인 공간구조와 장기발전방향을 제시하는 종합계획으로서 도시 · 군관리계획 수립의 지침이 되는 계획을 말한다.

③ 시장 또는 군수는 도시 · 군기본계획을 수립하거나 변경하려면 도지사의 승인을 받아야 한다. 도지사는 도시 · 군기본계획을 수립하지 않는다.

④ 광역도시계획이 수립되어 있는 지역에 대하여 수립하는 도시 · 군기본계획은 그 광역도시계획에 부합되어야 하며, 도시 · 군기본계획의 내용이 광역도시계획의 내용과 다를 때에는 광역도시계획의 내용이 우선한다.

⑤ 「수도권정비계획법」에 의한 수도권에 속하지 아니하고 광역시와 경계를 같이하지 아니한 시 또는 군으로서 인구 10만명 이하인 시 또는 군은 도시 · 군기본계획을 수립하지 아니할 수 있다. A시는 경기도에 속하므로 수도권에 속한다. 따라서 수립의 예외대상에 해당하지 않는다. 따라서 도시 · 군기본계획을 수립하여야 한다.

42. 정답 ②

중 도시 · 군관리계획

② 도시 · 군관리계획입안의 제안을 받은 국토교통부장관, 시 · 도지사, 시장 또는 군수는 제안일부터 45일 이내에 도시 · 군관리계획 입안에의 반영 여부를 제안자에게 통보하여야 한다. 다만, 부득이한 사정이 있는 경우에는 1회에 한하여 30일을 연장할 수 있다.

43. 정답 ⑤

하 도시지역 지정특례

⑤ 국가산업단지는 도시지역으로 결정 · 고시된 것으로 의제하지만, 농공단지는 도시지역으로 결정 · 고시된 것으로 보지 않는다.

44. 정답 ③

하 용도지역 / 용도지구 / 용도구역

③ 도시지역이 세부 용도지역으로 지정되지 아니한 경우 건축물의 건축제한, 건폐율, 용적률 규정을 적용할 때 보전녹지지역에 관한 규정을 적용한다. 용도지역이 지정되지 않은 경우에 자연환경보전지역에 관한 규정을 적용한다.

45. 정답 ④

하 계획관리지역의 건폐율과 용적률

④ 건폐율: 40% 이하, 용적률: 100% 이하, 최대 건축면적: $80m^2$, 최대 연면적: $200m^2$

✚ 대지면적이 $200m^2$이므로 건폐율 (40%)를 적용하면 최대 건축면적은 $80m^2$이고, $200m^2$에 용적률(100%)를 적용하면 최대 연면적은 $200m^2$이다.

46. 정답 ④

하 용도지구

④ 고도지구 안에서는 도시·군관리계획으로 정하는 높이를 초과하는 건축물을 건축할 수 없다. 도시·군계획조례가 아니라 도시·군관리계획으로 규제한다.

47. 정답 ③

중 국토계획법 종합

③ 도시 · 군관리계획으로 결정하여야 한다.

48. 정답 ③

중 도시 · 군계획시설사업

③ 지방자치단체가 사업을 하는 경우에는 이행보증금을 예치하지 않는다.

> Ⓥ 조건부 인가
>
> 특별시장 · 광역시장 · 특별자치시장 · 특별자치도지사 · 시장 또는 군수는 기반시설의 설치나 그에 필요한 용지의 확보, 위해 방지, 환경오염 방지, 경관 조성, 조경 등을 위하여 필요하다고 인정되는 경우로서 대통령령으로 정하는 경우에는 그 이행을 담보하기 위하여 도시 · 군계획시설사업의 시행자에게 이행보증금을 예치하게 할 수 있다. 다만, 다음에 해당하는 자에 대하여는 그러하지 아니하다.
>
> 1. 국가 또는 지방자치단체
> 2. 대통령령으로 정하는 공공기관
> 3. 그 밖에 대통령령으로 정하는 자

49.

정답 ②

중 매수청구제도

① 매수청구할 수 있는 토지는 그 도시 · 군계획시설의 부지로 되어 있는 토지 중 지목이 대(垈)인 토지(건축물 및 정착물 포함)에 한한다.
③ 매수의무자는 매수청구를 받은 날부터 6개월 이내에 매수 여부를 결정하여 토지소유자와 특별시장 · 광역시장 · 특별자치시장 · 특별자치도지사 · 시장 또는 군수에게 알려야 한다.
④ 매수의무자가 지방자치단체인 경우 도시 · 군계획시설채권을 발행하여 지급할 수 있다.
⑤ 매수청구한 토지소유자는 매수하지 아니하기로 결정한 경우 개발행위의 허가를 받아 다음의 건축물 또는 공작물을 설치할 수 있다. 즉, 허가 없이 가능한 것이 아니라 허가를 받아 가능한 것으로 허가기준을 적용하지는 않고 허가를 한다고 보면된다.
  1. 단독주택으로서 3층 이하인 것
  2. 제1종 근린생활시설로서 3층 이하인 것
  3. 제2종 근린생활시설(단란주점 · 안마시술소 · 노래연습장 및 다중생활시설은 제외)로서 3층 이하인 것
  4. 공작물

50.

정답 ④

중 지구단위계획

④ 도시지역 내 지구단위계획구역에서 완화하여 적용되는 건폐율 및 용적률은 당해 용도지역 또는 용도지구에 적용되는 건폐율의 150% 및 용적률의 200%를 각각 초과할 수 없다.

51.

정답 ③

중 개발행위허가

③ 녹지지역, 관리지역, 자연환경보전지역에서 물건을 쌓아놓는 경우에 허가를 받아야 하는데 농림지역이므로 허가를 받지 않아도 된다. 따라서 옳은 설명이다.
① 도시 · 군계획사업에 의한 행위는 허가를 받지 아니한다.
②④ 허가를 받지 아니하고 할 수 있다.
⑤ 부지면적 또는 건축물 연면적을 5% 범위 안에서 축소하는 경우이다.

52.

정답 ①

중 기반시설부담구역 등

① 기반시설부담구역은 개발밀도관리구역 외의 지역을 대상으로 한다. 중복하여 지정될 수 없는 상반되는 개념이다.

53.

정답 ③

하 도시개발구역의 지정권자

③ 지방공사가 아니라 대통령령이 정하는 공공기관 또는 정부출연기관의 장이 30만m^2 이상의 규모로 도시개발구역의 지정을 제안하는 경우이다(단, 국가계획과 밀접한 관련이 있는 경우임).

54.

정답 ⑤

중 도시개발구역의 지정효과 등

⑤ 도시개발구역이 지정 · 고시된 날부터 3년이 되는 날까지 실시계획의 인가를 신청하지 아니하는 경우에는 그 다음 날에 해제된 것으로 본다. 2년이 아니라 3년이다.

55.

정답 ④

중 도시개발조합

① 조합은 설립인가를 받은 날부터 30일 이내에 주된 사무소 소재지에서 등기를 하여야 성립한다.
② 조합원은 도시개발구역 안의 토지소유자이어야 한다.
③ 도시개발조합에 대하여는 「민법」 중 사단법인에 관한 규정을 준용한다.
⑤ 대의원회는 총회의 의결사항 중 다음의 사항을 제외한 총회의 권한을 대행할 수 있다.
  1. 정관의 변경
  2. 개발계획의 수립 및 변경(개발계획의 경미한 변경과 실시계획의 수립 및 변경은 제외한다)
  3. 환지계획의 작성(환지계획의 경미한 변경은 제외한다)
  4. 조합임원의 선임
  5. 조합의 합병 또는 해산에 관한 사항. 다만, 청산금의 징수 · 교부를 완료한 후에 조합을 해산하는 경우는 제외한다.

56.

정답 ①

하 수용 또는 사용방식

① 민간사업시행자는 사업대상 토지면적의 3분의 2 이상에 해당하는 토지를 소유하고 토지소유자 총수의 2분의 1 이상에 해당하는 자의 동의를 받아야 한다. 한국토지주택공사는 동의를 받지 않아도 된다.

57.

정답 ⑤

중 입체환지

⑤ 과밀억제권역에 위치하지 아니하는 도시개발구역의 토지소유자에 대하여는 소유한 주택의 수단큼 공급할 수 있다.

58.

정답 ②

하 환지처분의 효과

② 환지를 정하지 아니한 종전의 토지에 있던 권리는 환지처분의 공고가 있은 날이 끝나는 때에 소멸한다. '다음 날이 끝나는 때'가 아니다.

59.

정답 ②

중 정비법 용어정의

① 주거환경개선사업에 대한 설명이다.
③ 해당 건축물을 준공일 기준으로 40년까지 사용하기 위하여 보수 · 보강하는 데 드는 비용이 철거 후 새로운 건축물을 건설하는 데 드는 비용보다 클 것으로 예상되는 건축물이다.
④ 공원, 공용주차장은 정비기반시설이다.
⑤ 임차권자가 아니라 지상권자이다.

60.
정답 ③

하 개발행위허가 제외대상

③ 경작을 위한 토지의 형질변경은 허가를 받지 아니하고 이를 할 수 있다.

61.
정답 ④

하 정비사업의 시행방식

④ 재건축사업은 환지로 공급하는 방법이 없다.

62.
정답 ②

중 정비사업조합

② • 재건축사업의 추진위원회(추진위원회를 구성하지 아니하는 경우에는 토지등소유자를 말한다)가 조합을 설립하려는 때에는 주택단지의 공동주택의 각 동(복리시설의 경우에는 주택단지의 복리시설 전체를 하나의 동으로 본다)별 구분소유자의 과반수(복리시설로서 대통령령으로 정하는 경우에는 3분의 1 이상으로 한다) 동의(공동주택의 각 동별 구분소유자가 5 이하인 경우는 제외한다)와 주택단지의 전체 구분소유자의 100분의 70 이상 및 토지면적의 100분의 70 이상의 토지소유자의 동의를 받아 시장·군수 등의 인가를 받아야 한다.
• 주택단지가 아닌 지역이 정비구역에 포함된 때에는 주택단지가 아닌 지역의 토지 또는 건축물 소유자의 4분의 3 이상 및 토지면적의 3분의 2 이상의 토지소유자의 동의를 받아야 한다.

63.
정답 ⑤

중 조합임원

① 조합에는 임원(조합장 1인, 이사 및 감사)을 둔다. 즉, 임원은 필수적 집행기관이다.
② 조합장은 조합을 대표하고, 그 사무를 총괄하며, 총회 또는 대의원회의 의장이 된다. 조합장이 대의원회의 의장이 되는 경우에는 대의원으로 본다.
③ 감사가 조합을 대표한다.
④ 겸할 수 없다.

64.
정답 ③

중 관리처분계획의 기준

③ 과밀억제권역에 위치한 재건축사업의 경우에는 토지등소유자가 소유한 주택 수의 범위에서 3주택까지 공급할 수 있다. 다만, 투기과열지구 또는 조정대상지역에서 사업시행계획인가(최초 사업시행계획인가를 말한다)를 신청하는 재건축사업의 경우에는 그러하지 아니하다. 즉, '1주택까지 공급할 수 있다'가 옳은 설명이다.

65.
정답 ①

중 건축법 용어정의

② 건축이란 건축물을 신축·증축·개축·재축 또는 이전하는 것을 말한다.
③ 주요구조부란 내력벽·기둥·바닥·보·지붕틀 및 주계단을 말한다.
④ 도로란 보행과 자동차 통행이 가능한 너비 4m 이상의 도로나 그 예정도로를 말한다.
⑤ 지하층이란 건축물의 바닥이 지표면 아래에 있는 층으로서 바닥에서 지표면까지 평균 높이가 해당 층 높이의 2분의 1 이상인 것을 말한다.

66.
정답 ②

하 건축물의 용도와 종류

① 위락시설
③ 업무시설
④ 관광휴게시설
⑤ 자동차관련시설

67.
정답 ④

중 용도변경

④ 공동주택(주거업무시설군)에서 제1종근린생활시설(근린생활시설군)으로 용도변경은 상위로 변경이 되는 것이므로 허가대상이다.

68.
정답 ②

중 건축허가와 신고대상

② 시장·군수는 층수가 21층 이상이거나 연면적의 합계가 10만m^2 이상인 건축물의 건축을 허가하려면 미리 도지사의 승인을 받아야 한다. 다만, 공장·창고, 건축위원회의 심의를 거친 경우에는 그러하지 아니하다. 해당 지문이 공장이므로 도지사의 승인을 받을 필요는 없다.

69.
정답 ③

중 대지분할제한면적

③ 대지분할제한면적은 주거지역 60m^2, 상업지역 및 공업지역 150m^2, 녹지지역 200m^2이다.

70.
정답 ①

중 건축물의 면적 및 높이산정

① 층고가 1.5m 이하인 다락은 바닥면적에 산입하지 아니한다. 경사지붕의 경우에는 1.8m 이하이다.

71.
정답 ②

중 일조높이제한

② 모든 상업지역이 아니라 중심상업지역과 일반상업지역을 제외한 지역이다.

72.
정답 ③

중 주택법 용어정의

① '국민주택'이란 다음의 어느 하나에 해당하는 주택으로서 국민주택규모 이하인 주택을 말한다.
  1. 국가·지방자치단체, 「한국토지주택공사법」에 따른 한국토지주택공사 또는 「지방공기업법」 제49조에 따라 주택사업을 목적으로 설립된 지방공사(이하 '지방공사'라 한다)가 건설하는 주택
  2. 국가·지방자치단체의 재정 또는 「주택도시기금법」에 따른 주택도시기금으로부터 자금을 지원받아 건설되거나 개량되는 주택

② 민영주택은 국민주택을 제외한 주택을 말한다.
④ 재건축조합은 주택조합이 아니다. 리모델링주택조합이 주택조합에 해당한다.
⑤ 사업주체는 주택건설사업계획 또는 대지조성사업계획의 승인을 얻어 그 사업을 시행하는 자를 말한다. 허가를 받은 자가 아니다.

73.
정답 ④

하 세대구분형 공동주택

④ 세대별로 구분된 각각의 공간의 주거전용면적 합계가 해당 주택단지 전체 주거전용면적 합계의 3분의 1을 넘지 아니하는 등 국토교통부장관이 정하여 고시하는 주거전용면적의 비율에 관한 기준을 충족하여야 한다. 2분의 1이 아니다.

74.
정답 ③

하 주택건설사업의 등록

③ 연간 단독주택의 경우에는 20호, 공동주택의 경우에는 20세대 이상의 주택건설사업을 시행하려는 자 또는 연간 1만m^2 이상의 대지조성사업을 시행하려는 자는 국토교통부장관에게 등록하여야 한다. 다만, 다음의 사업주체의 경우에는 그러하지 아니하다.
  1. 국가·지방자치단체
  2. 한국토지주택공사
  3. 지방공사
  4. 「공익법인의 설립·운영에 관한 법률」 제4조의 규정에 의하여 주택건설사업을 목적으로 설립된 공익법인
  5. 주택조합(등록사업자와 공동으로 주택건설사업을 하는 경우에 한한다)
  6. 근로자를 고용하는 자(등록사업자와 공동으로 주택건설사업을 시행하는 경우에 한한다)

  따라서 지방공사는 공공기관에 해당하므로 국토교통부장관에게 등록을 하지 않아도 된다.

75.
정답 ①

하 주택조합

① 국민주택을 공급하기 위하여 조합을 설립하고자 하는 경우에는 시장·군수 또는 구청장에게 신고를 하여야 한다. 허가가 아니다.
③ 직장주택조합 중 공급받기 위한 조합은 무주택자인 경우에만 가입이므로 무주택자에 한하여 가입이 가능하다. 60m^2 1채를 소유하고 있는 세대주이므로 국민주택을 공급받기 위하여 설립하는 직장주택조합의 조합원이 될 수가 없다.

76.
정답 ④

중 사업계획승인

① 공동주택의 경우에 원칙적으로 30세대 이상이다.
② 특별시장·광역시장·특별자치시장·특별자치도지사·시장 또는 군수에게 사업계획승인을 받아야 한다.
③ 600세대 이상인 주택단지는 공구별로 분할하여 주택을 건설·공급할 수 있다. 500세대가 아니라 600세대이다.
⑤ 지방공사는 주택건설대지의 소유권을 확보하지 않아도 사업계획승인을 받을 수 있다.

77.
정답 ①

중 주택의 공급

① 한국토지주택공사는 입주자를 모집하려는 경우 시장·군수·구청장의 승인을 요하지 아니한다.

78.
정답 ④

하 주택공급질서 교란행위

④ 도시개발채권은 양도 등이 제한되는 증서에 해당하지 아니한다.

79.
정답 ③

하 농지취득자격증명

③ 주말·체험영농을 하려고 농지를 취득하려는 경우에는 농지취득자격증명을 발급받아야 한다. 주말·체험영농계획서도 작성하여야 한다.

80.
정답 ⑤

중 농지의 임대차

⑤ 시·구·읍·면장의 확인을 받고, 인도를 받아야 다음 날에 대항할 수 있다.

2교시

제1과목 부동산 공시에 관한 법령 및 부동산 관련 세법

1	2	3	4	5	6	7	8	9	10
①	②	⑤	③	④	④	⑤	①	①	⑤
11	12	13	14	15	16	17	18	19	20
⑤	④	③	④	①	④	③	⑤	③	⑤
21	22	23	24	25	26	27	28	29	30
④	②	①	②	④	③	⑤	⑤	④	④
31	32	33	34	35	36	37	38	39	40
⑤	①	①	⑤	④	②	①	③	③	④

선생님의 한마디

문제가 앞부분에 비하여 많이 어려워졌습니다. 「부동산등기법」이 개정되었기 때문에 관련된 문제를 접해보기 위하여 새로운 유형의 문제들을 추가하였습니다. 참으시고 풀다 보면 정답이 보이기 시작하니 걱정하지 마세요!^^

1.
정답 ①

중 지적공부

옳은 지문은 ㄱ, ㄴ, ㄷ이다.

ㄹ. 시·도지사, 시장·군수 또는 구청장은 정보처리시스템을 통하여 기록·저장한 지적공부의 전부 또는 일부가 멸실되거나 훼손된 경우에는 지체 없이 이를 복구하여야 한다.

2.
정답 ②

중 토지의 등록

② 고속도로의 휴게소 부지, 2필지 이상에 진입하는 통로 등은 '도로'로 한다. 다만 아파트·공장 등 단일 용도의 일정한 단지 안에 설치된 통로 등은 제외한다.

3.
정답 ⑤

상 토지의 등록

ㄱ, ㄴ, ㄷ 모두 면적의 결정방법으로 옳은 지문이다.

4.
정답 ③

하 지적공부

③ 건축물 및 구조물의 위치, 삼각점 및 지적기준점의 위치는 모든 지적도면에 등록한다.

5.
정답 ④

상 지적공부

④ 경계점좌표등록부에 지번, 좌표, 토지의 고유번호, 부호 및 부호도, 지적도면의 번호를 등록하지만, 경계는 등록하지 아니한다.

6.
정답 ④

중 지적공부

옳은 것은 ㄱ, ㄷ이다.

ㄴ. 지적소관청은 천재지변이나 그 밖에 이에 준하는 재난을 피하기 위하여 필요한 경우와 관할 시·도지사 또는 대도시 시장의 승인을 받은 경우에는 해당 청사 밖으로 지적공부를 반출할 수 있다.

7.
정답 ⑤

중 토지의 이동 및 지적정리

⑤ 지목변경 신청시 첨부하여야 하는 서류를 해당 지적소관청이 관리하는 경우에 지적소관청의 확인으로 그 서류의 제출을 갈음할 수 있다.

8.
정답 ①

상 토지의 이동 및 지적정리

① 공공사업 등에 따라 학교용지·도로·철도용지·제방·하천·구거·유지 등의 지목으로 되는 토지인 경우에는 해당 사업의 시행자가 신청을 대신할 수 있다. 유원지는 해당하지 아니한다.

9.
정답 ①

하 토지의 이동 및 지적정리

- 지적소관청은 청산금을 산정하였을 때에는 청산금 조서를 작성하고, 청산금이 결정되었다는 뜻을 '15일' 이상 공고하여 일반인이 열람할 수 있게 하여야 한다.
- 지적소관청은 청산금의 결정을 공고한 날부터 '20일' 이내에 토지소유자에게 청산금의 납부고지 또는 수령통지를 하여야 한다.
- 수령통지된 청산금에 관하여 이의가 있는 자는 납부고지 또는 수령통지를 받은 날부터 '1개월' 이내에 지적소관청에 이의신청을 할 수 있다.

10.
정답 ⑤

중 토지의 이동 및 지적정리

⑤ 등록사항 정정이 미등기토지의 소유자의 성명에 관한 사항으로서 명백히 잘못 기재된 경우에는 토지소유자의 신청에 따라 가족관계 기록사항에 관한 증명서에 의하여 정정할 수 있다.

11.
정답 ⑤

상 지적측량

⑤ 경계복원측량기간은 5일이고 지적기준점을 설치하여 측량을 하는 경우 지적기준점이 15점 이하인 때에는 4일을, 15점을 초과하는 때에는 4일에 15점을 초과하는 4점마다 1일을 가산한다. 그러므로 지적기준점 설치에 필요한 기간은 6일이며 측량에 필요한 기간은 5일과 6일을 합하여 11일로 한다.

12.
정답 ④

중 지적측량

④ 토지소유자의 신청이 없어 지적소관청이 직권으로 조사·측량하여 지적공부를 정리한 때에는 이에 소요되는 지적측량수수료를 소유자에게 징수한다.

13.
정답 ③

상 부동산등기법 총칙

① 등기명의인 표시변경등기는 항상 부기등기에 의한다.
② 소유권의 이전등기는 주등기, 소유권 이외의 권리의 이전등기는 부기등기에 의한다.
④ 현행법상 부기등기의 부기등기는 허용된다.
⑤ 권리소멸약정등기, 공유물불분할약정등기는 부기등기로 실행한다.

14.
정답 ④

상 등기기관과 설비

④ 여러 부동산에 대하여 '매매'를 원인으로 각각 계약서를 작성하였으나 당사자와 원인일자가 동일한 경우에는 등기원인이 동일하다고 볼 수 있다.

15.
정답 ①

중 등기절차 총론

① 지방자치단체가 등기권리자인 경우에는 지방자치단체는 등기의무자의 승낙을 받아 해당 등기를 지체 없이 등기소에 촉탁하여야 한다.

16.
정답 ④

중 등기절차 총론

④ 매매계약 체결당시에는 토지거래허가구역이었으나 그 후 허가구역 지정이 해제되었으면 등기신청 당시 다시 허가구역으로 지정되었다 하더라도 소유권이전등기 신청서에 토지거래허가증을 첨부할 필요가 없다.

17.
정답 ③

중 등기절차 총론

옳은 것은 ㄴ, ㄷ이다.
ㄱ. 보정사항이 있는 경우 등기관은 보정사유를 등록한 후 전자우편, 문자서비스, 구두, 전화 기타 모사전송의 방법에 의하여 그 사유를 신청인에게 통지하여야 한다.
ㄹ. 전자신청에 대한 각하 결정의 방식은 서면신청과 동일하게 처리한다.

18.
정답 ⑤

중 등기절차 총론

⑤ 관할지방법원은 이의가 이유 있다고 인정하여 등기관에게 그에 해당하는 처분을 명하였을 때에는 그 결정등본을 등기관과 이의신청인 및 등기상 이해관계인에게 송달한다.

19.
정답 ③

상 표시에 관한 등기

③ 모든 토지에 대하여 등기원인 및 그 연월일과 접수번호가 동일한 저당권에 관한 등기가 있는 경우에는 합필등기를 할 수 있다. 그러나 수필의 토지에 대하여 등기원인 및 그 연월일과 접수번호가 동일한 가등기, 가압류등기 등의 등기가 있는 경우 명문의 근거규정이 없으므로 합필할 수 없다(등기선례 제5-518호).

20.
정답 ⑤

중 권리에 관한 등기

⑤ 법원은 수탁자 해임의 재판을 한 경우 지체 없이 신탁원부 기록의 변경등기를 등기소에 촉탁하여야 한다.

21.
정답 ④

중 권리에 관한 등기

옳은 것은 ㄴ, ㄹ이다.
ㄱ. 전세금반환채권 일부양도에 따른 전세권 일부이전등기의 신청은 전세권의 존속기간의 만료 전에는 할 수 없다. 다만, 존속기간 만료 전이라도 해당 전세권이 소멸하였음을 증명하여 신청하는 경우에는 그러하지 아니하다.
ㄷ. 존속기간이 만료된 건물전세권의 존속기간 변경 없이 전세권이전등기 또는 전세권에 대한 저당권을 설정할 수 없다.

22.
정답 ②

중 권리에 관한 등기

옳은 것은 ㄱ, ㄷ이다.
ㄴ. 지상권이 대지권인 경우에 대지권 뜻의 등기가 된 토지의 등기기록에는 소유권이전등기를 할 수 있다.
ㄹ. 토지에 별도등기 있다는 뜻의 등기는 전유부분의 표제부에 하여야 한다.

23.
정답 ①

상 권리에 관한 등기

② 가등기상 권리를 제3자에게 양도한 경우에 양도인과 양수인은 공동신청으로 그 가등기상 권리의 이전등기를 신청할 수 있고, 그 이전등기는 가등기에 대한 부기등기의 형식으로 한다.
③ 甲 명의 부동산에 乙 명의의 소유권이전청구권보전가등기와 丙 명의의 가압류등기가 순차 경료된 후, 乙이 위 가등기에 기한 본등기절차에 의하지 아니하고 甲으로부터 별도의 소유권이전등기를 경료받은 경우에도 乙은 가등기에 기한 본등기를 신청할 수 있다.
④ 소유권이전등기청구권보전가등기에 의하여 본등기를 한 경우 가등기 후 본등기 전에 마쳐진 등기 중 가등기 전에 마쳐진 가압류에 의한 강제경매개시결정등기는 직권으로 말소할 수 없다.
⑤ 지상권설정등기청구권보전 가등기에 의하여 본등기를 한 경우 가등기 후 본등기 전에 마쳐진 저당권설정등기는 직권으로 말소할 수 없다.

24.
정답 ②

중 권리에 관한 등기

② 처분금지 가처분등기의 효력에 관하여 처분금지가처분에 위반한 양도 기타의 처분행위는 당연무효로 되는 것은 아니고 단지 가처분권자에게 대항할 수 없을 뿐이라는 상대적 무효설이 현재의 통설 · 판례이다.

선생님의 한마디

오늘은 힘겹더라도 설움 삼키며 다시 일어서는 여러분께 응원의 갈채를 보냅니다. 힘내세요~! 파이팅~~!!

25.
정답 ④

중 재산세

④ 재산세 신고의무에 관한 내용으로 옳은 지문이다.
① 재산세를 징수하려면 토지, 건축물, 주택, 선박 및 항공기로 구분한 납세고지서에 과세표준과 세액을 적어 늦어도 납기개시 5일 전까지 발급하여야 한다.
② 재산세는 관할 지방자치단체의 장이 세액을 산정하여 보통징수의 방법으로 부과 · 징수한다.
③ 주택에 대한 재산세의 경우 해당 연도에 부과 · 징수할 세액의 2분의 1은 매년 7월 16일부터 7월 31일까지, 나머지 2분의 1은 9월 16일부터 9월 30일까지를 납기로 한다. 다만, 해당 연도에 부과할 세액이 20만원 이하인 경우에는 조례로 정하는 바에 따라 납기를 7월 16일부터 7월 31일까지로 하여 한꺼번에 부과 · 징수할 수 있다.
⑤ 고지서 1장당 재산세로 징수할 세액이 2,000원 미만인 경우에는 해당 재산세를 징수하지 아니하므로 2,000원인 경우에는 징수한다.

26.
정답 ③

상 재산세

옳은 것은 ㄷ, ㄹ이다.
ㄱ. 매매 등의 사유로 소유권에 변동이 있었음에도 공부상의 소유자가 이를 신고하지 아니하여 사실상의 소유자를 알 수 없는 때에는 공부상의 소유자를 납세의무자로 본다. 한편, 소유권의 귀속이 불분명하여 사실상 소유자를 알 수 없을 때에는 그 사용자가 재산세 납세의무자이다.
ㄴ. 주택의 건물과 부속토지의 소유자가 다를 경우에는 그 주택에 대한 산출세액을 건축물과 그 부속토지의 시가표준액 비율로 안분계산한 부분에 대하여 그 소유자가 재산세 납세의무자이다.
ㄷ. 국가가 선수금을 받아 조성하는 매매용 토지로서 사실상 조성이 완료된 토지의 사용권을 무상으로 받은 경우 그 매수계약자를 납세의무자로 본다.
ㄹ. 「신탁법」에 따라 수탁자의 명의로 등기 또는 등록된 신탁재산의 경우 위탁자를 납세의무자로 본다. 다만, 「주택법」 제2조 제11호 가목에 따른 지역주택조합 및 같은 호 나목에 따른 직장주택조합이 조합원이 납부한 금전으로 매수하여 소유하고 있는 신탁재산의 경우에는 해당 지역주택조합 및 직장주택조합을 납세의무자로 한다.

27.
정답 ⑤

하 재산세

⑤ 「지방세법」 제110조 제1항에 따라 산정한 주택의 과세표준이 법령에 따른 과세표준상한액보다 큰 경우에는 해당 주택의 과세표준은 과세표준상한액으로 하며, 토지는 과세표준상한액 규정이 적용되지 않는다.

28.
정답 ⑤

하 납세의무의 성립 · 확정 · 소멸

납세의무 성립시기가 동일한 것은 ㄷ, ㄹ, ㅁ이다.
ㄱ. 소득세: 과세기간이 끝나는 때
ㄴ. 사업소분 주민세: 과세기준일(7월 1일)
ㄷ. 재산세: 과세기준일(6월 1일)
ㄹ. 지역자원시설세(소방분): 과세기준일(6월 1일)
ㅁ. 종합부동산세: 과세기준일(6월 1일)

29.
정답 ④

하 조세의 기초 이론

④ 취득세는 면세점이 적용되지만 소액징수면제는 적용되지 않으며, 등록면허세는 면세점과 소액징수면제 규정이 모두 적용되지 않는다.
① 등록에 대한 등록면허세는 그 세액이 6,000원 미만인 경우에도 수수료적 성격의 조세이므로 최소 6,000원을 징수한다.
② 사업소분 주민세는 사업소 연면적이 $330m^2$ 이하인 때에 사업소분 주민세를 부과하지 않는다.
③ 취득세의 과세대상 물건의 취득가액이 50만원 이하인 때에 취득세를 부과하지 아니한다.
⑤ 고지서 1장당 지방소득세액(가산세 포함)이 2,000원인 경우에는 그 지방소득세를 징수한다.

30.
정답 ④

상 소득세 총설

④ 주택을 대여하고 보증금 등을 받은 경우에는 3주택 이상을 소유하고 보증금 등의 합계액이 3억원을 초과하는 경우에는 간주임대료를 계산한다. 이 경우 1호 또는 1세대당 전용면적 $40m^2$ 이하로서 기준시가 2억원 이하인 주택은 주택수 산정시 2026년 12월 31일까지 제외한다.
① 과세기간 종료일 또는 해당 주택의 양도일을 기준으로 기준시가가 12억원을 초과하는 고가주택은 비과세대상에서 제외한다.
② 국외에 소재하는 주택의 임대소득은 비과세대상에서 제외한다.
③ 공익사업과 무관한 지역권 · 지상권의 설정 · 대여소득은 사업소득이다.
⑤ 부부 합산하여 2주택이므로, 1주택을 임대하고 받은 임대료에 대하여는 과세하여야 한다. 다만 주택임대소득이 2천만원 이하인 경우에는 14%의 세율을 적용하는 분리과세와 종합소득에 합산하는 종합과세 중 선택할 수 있다.

31.
정답 ⑤

중 양도소득세

양도소득 과세대상은 ㄱ, ㄴ, ㄷ, ㅁ이다.
ㄹ. 사업에 사용하는 자산과 분리되어 양도되는 영업권은 양도소득세 과세대상이 아니다.

32.

정답 ①

㊤ 양도소득세

- 양도 당시 실거래가액인 12억원을 초과하였으므로 고가주택에 해당한다.
- 고가주택의 양도차익 = (양도가액 - 필요경비) × $\frac{\text{양도가액 - 12억원}}{\text{양도가액}}$

  = (1,500,000,000원 - 1,000,000,000원) × $\frac{1,500,000,000원 - 1,200,000,000원}{1,500,000,000원}$

  = 100,000,000원
- 장기보유특별공제액 = 양도차익 × (보유기간별 공제율 40% + 거주기간별 공제율 40%)

  = 100,000,000원 × 80% = 80,000,000원

33.

정답 ①

하 양도소득세

② 증여에 의하여 취득한 자산: 증여받은 날
③ 「공익사업을 위한 토지 등의 취득 및 보상에 관한 법률」에 따라 공익사업을 위하여 수용되는 경우로서 소유권에 관한 소송으로 보상금이 공탁된 경우: 소유권 관련 소송판결확정일
④ 장기할부조건의 경우: 소유권이전등기(등록 및 명의개서를 포함)접수일 · 인도일 또는 사용수익일 중 빠른 날
⑤ 부동산의 소유권이 타인에게 이전되었다가 법원의 무효판결에 의하여 해당 자산의 소유권이 환원되는 경우: 그 자산의 당초 취득일

34.

정답 ⑤

㊥ 양도소득세

⑤ 부담부증여의 채무액에 해당하는 부분으로서 양도로 보는 경우 그 양도일이 속하는 달의 말일부터 3개월 이내에 예정신고하여야 한다.

35.

정답 ④

하 양도소득세

④ 환산취득가액은 취득가액을 추계하는 경우에 적용하며, 양도가액을 추계하는 경우에는 적용하지 아니한다.

36.

정답 ②

하 종합부동산세

② 개인소유 주택분 종합부동산세의 세 부담 상한액 비율은 주택 수 및 조정대상지역 여부와 관계없이 100분의 150이다.

37.

정답 ①

㊥ 취득세

② 세대별 소유주택 수에 따른 중과세율을 적용함에 있어 주택으로 재산세를 과세하는 오피스텔(2025년 취득)은 해당 오피스텔을 소유한 자의 주택 수에 가산한다.
③ 세대별 소유주택 수에 따른 중과세율을 적용함에 있어 「신탁법」에 따라 신탁된 주택은 위탁자의 주택 수에 가산한다.
④ 공사현장사무소 등 임시건축물의 취득에 대하여는 그 존속기간이 1년 이내인 경우에는 취득세를 비과세하며, 존속기간이 1년을 초과하는 경우에는 중과기준세율을 적용하여 과세한다.
⑤ 토지를 취득한 자가 취득한 날부터 1년 이내에 그에 인접한 토지를 취득한 경우 그 취득가액이 50만원 이하인 경우에 취득세를 부과하지 아니하므로, 취득가액이 100만원인 경우에는 취득세를 부과한다.

38.

정답 ③

㊤ 취득세

① 취득세가 경감된 과세물건이 추징대상이 된 때에는 그 사유발생일부터 60일 이내에 그 산출세액에서 이미 납부한 세액(가산세 제외)을 공제한 세액을 신고 · 납부하여야 한다.
② 취득세 납세의무자가 부동산을 취득한 후 신고를 하고 매각하는 경우에는 중가산세 규정을 적용하지 아니한다.
④ 지방자치단체의 장은 취득세 납세의무가 있는 법인이 장부 등의 작성과 보존의무를 이행하지 아니한 경우 산출된 세액 또는 부족세액의 100분의 10에 상당하는 금액을 징수하여야 할 세액에 가산한다.
⑤ 「부동산 거래신고 등에 관한 법률」에 따른 토지거래계약에 관한 허가구역에 있는 토지를 취득하는 경우로서 토지거래계약에 관한 허가를 받기 전에 거래대금을 완납한 경우에는 그 허가일로부터 60일 이내에 신고납부하여야 한다.

39.

정답 ③

㊥ 등록면허세

① 부동산의 등록에 대한 등록면허세의 과세표준은 등록자가 등록당시의 신고한 가액으로 하고, 신고가 없거나 신고가액이 시가표준액보다 적은 경우에는 시가표준액으로 한다.
② 저당권에 대한 가등기, 가압류, 가처분의 경우 과세표준은 채권금액이다.
④ 취득세 부과제척기간이 경과한 물건의 등기 · 등록에 대한 등록면허세 과세표준은 등록당시가액과 취득당시가액 중 높은 가액으로 한다.
⑤ 임차권 말소등기의 등록면허세는 건당으로 부과한다.

40.

정답 ④

㊥ 종합부동산세

④ ①~③ 규정에 따른 주택을 보유한 납세의무자는 해당 연도 9월 16일부터 9월 30일까지 대통령령으로 정하는 바에 따라 납세지 관할 세무서장에게 해당 주택의 보유현황을 신고하여야 한다.

제4회 정답 및 해설

▶ 실시간 합격예측 서비스

난이도 및 출제포인트 분석

★ 난이도가 낮은 문제는 해설 페이지를 찾아가 꼭 익혀두세요.

1교시 제1과목 공인중개사법령 및 실무

문제번호	난이도 및 출제포인트 분석		문제번호	난이도 및 출제포인트 분석	
1	중 공인중개사 제도	p.51	21	중 지도 · 감독 및 벌칙	p.53
2	상 공인중개사법령 총칙	p.51	22	중 지도 · 감독 및 벌칙	p.53
3	상 중개사무소의 개설등록	p.51	23	중 부동산거래신고제도	p.53
4	중 공인중개사법령 총칙	p.51	24	중 지도 · 감독 및 벌칙	p.53
5	상 중개사무소의 개설등록	p.51	25	중 부동산거래신고제도	p.53
6	중 중개업무	p.51	26	상 주택임대차계약의 신고	p.53
7	하 중개업무	p.51	27	중 외국인 등의 부동산취득 등에 관한 특례	p.54
8	상 중개업무	p.52	28	상 토지거래허가제도	p.54
9	중 중개업무	p.52	29	상 부동산거래신고제도	p.54
10	하 중개업무	p.52	30	중 토지거래허가제도	p.54
11	중 중개업무	p.52	31	중 포상금 및 부동산 정보관리	p.54
12	중 중개계약 및 부동산거래정보망	p.52	32	중 중개대상물의 조사 · 확인	p.54
13	상 교육, 업무위탁 및 포상금 제도	p.52	33	상 개별적 중개실무	p.54
14	중 개업공인중개사 등의 의무	p.52	34	상 중개대상물의 조사 · 확인	p.54
15	하 개업공인중개사 등의 의무	p.52	35	중 토지거래허가제도	p.55
16	중 중개보수 및 실비	p.52	36	중 중개대상물의 조사 · 확인	p.55
17	중 개업공인중개사 등의 의무	p.52	37	중 개별적 중개실무	p.55
18	하 공인중개사협회	p.53	38	중 개별적 중개실무	p.55
19	하 지도 · 감독 및 벌칙	p.53	39	중 개별적 중개실무	p.55
20	중 개업공인중개사 등의 의무	p.53	40	상 토지거래허가제도	p.55

1교시 제2과목 부동산공법

문제번호	난이도 및 출제포인트 분석		문제번호	난이도 및 출제포인트 분석	
41	상 광역도시계획	p.56	61	중 정비사업의 시행방식	p.57
42	중 도시 · 군기본계획	p.56	62	중 사업시행계획인가	p.57
43	중 도시 · 군관리계획	p.56	63	중 관리처분계획인가	p.58
44	하 용도지역	p.56	64	중 관리처분계획인가의 효과	p.58
45	하 용도지구	p.56	65	하 축조신고대상 공작물	p.58
46	하 지구단위계획구역	p.56	66	중 용도변경	p.58
47	중 용도지역 지정특례	p.56	67	하 건축의 개념	p.58
48	중 개발행위허가제도	p.56	68	중 건축허가제한	p.58
49	하 타인토지의 출입 등	p.56	69	중 대지분할제한	p.58
50	상 기반시설	p.56	70	중 건축신고대상	p.58
51	하 기반시설부담구역	p.57	71	상 공개공지 설치	p.58
52	상 2 이상의 용도지역에 걸치는 경우	p.57	72	하 토지임대부 분양주택	p.58
53	하 도시개발구역의 지정 및 효과	p.57	73	중 사업계획승인 기준	p.59
54	중 도시개발구역의 지정과 해제	p.57	74	중 주택상환사채	p.59
55	중 도시개발조합	p.57	75	상 사업주체의 행위제한	p.59
56	중 토지상환채권	p.57	76	중 주택법 용어정의	p.59
57	중 환지예정지	p.57	77	중 세대구분형 공동주택	p.59
58	중 감가보상금	p.57	78	중 매도청구	p.59
59	하 정비법 용어정의	p.57	79	중 농지의 소유제한	p.59
60	하 정비기본계획	p.57	80	중 대리경작제도	p.59

2교시 제1과목 부동산 공시에 관한 법령 및 부동산 관련 세법

문제번호	난이도 및 출제포인트 분석		문제번호	난이도 및 출제포인트 분석	
1	중 토지의 등록	p.60	21	중 권리에 관한 등기	p.61
2	하 토지의 등록	p.60	22	중 권리에 관한 등기	p.61
3	상 토지의 등록	p.60	23	상 권리에 관한 등기	p.61
4	하 지적공부	p.60	24	중 권리에 관한 등기	p.61
5	중 지적공부	p.60	25	하 조세의 기초 이론	p.62
6	상 토지의 이동 및 지적정리	p.60	26	하 납세의무의 성립 · 확정 · 소멸	p.62
7	중 토지의 이동 및 지적정리	p.60	27	중 취득세	p.62
8	상 토지의 이동 및 지적정리	p.60	28	중 취득세	p.62
9	중 토지의 이동 및 지적정리	p.60	29	상 지방세 종합	p.62
10	하 토지의 이동 및 지적정리	p.60	30	하 등록면허세	p.62
11	중 지적측량	p.61	31	하 등록면허세	p.62
12	중 지적측량	p.61	32	상 종합부동산세	p.62
13	하 부동산등기법 총칙	p.61	33	하 재산세	p.62
14	중 등기기관과 설비	p.61	34	중 재산세	p.62
15	상 부동산등기법 총칙	p.61	35	중 종합부동산세	p.62
16	중 등기절차 총론	p.61	36	하 양도소득세	p.63
17	상 등기절차 총론	p.61	37	상 양도소득세	p.63
18	하 등기절차 총론	p.61	38	하 양도소득세	p.63
19	중 등기절차 총론	p.61	39	중 양도소득세	p.63
20	상 권리에 관한 등기	p.61	40	상 양도소득세	p.63

1교시

제1과목 공인중개사법령 및 실무

1	2	3	4	5	6	7	8	9	10
②	⑤	③	①	④	⑤	①	④	③	④
11	**12**	**13**	**14**	**15**	**16**	**17**	**18**	**19**	**20**
①	④	②	③	⑤	①	①	④	③	⑤
21	**22**	**23**	**24**	**25**	**26**	**27**	**28**	**29**	**30**
⑤	③	③	④	①	②	①	④	②	③
31	**32**	**33**	**34**	**35**	**36**	**37**	**38**	**39**	**40**
⑤	④	①	②	②	③	①	①	④	⑤

선생님의 한마디

이 회차 역시 자주 출제하지는 않지만 한 번쯤은 반드시 정리할 필요가 있는 문제들이 다수 있어서 어려웠습니다. 공인중개사법령에서는 23문제, 부동산 거래신고 등에 관한 법령에서는 10문제, 중개실무에서 7문제가 출제되었습니다. 80점을 넘기고 싶은 마음이 간절하시겠지만, 고득점을 위한 연습이라는 점을 염두에 두고, 득점에 너무 연연하지 않았으면 하는 바람입니다. 틀린 부분은 다시 한 번 정리해 주시되, 틀린 부분이 이해의 부족인지, 암기의 부족인지를 구분하여 보완해 주시기 바랍니다.

1.

정답 ②

중 공인중개사 제도

① 심의위원회는 위원장 1명을 포함하여 7명 이상 11명 이내의 위원으로 구성한다.
③ 심의위원회에서 '공인중개사의 시험 등 공인중개사의 자격 취득에 관한 사항'을 심의한 경우 시·도지사는 이에 따라야 한다.
④ 심의위원회의 회의는 재적위원 과반수의 출석으로 개의(開議)하고, 출석위원 과반수의 찬성으로 의결한다.
⑤ 한국소비자원의 임직원으로 재직하고 있는 사람은 심의위원회의 위원이 될 수 있다.

2.

정답 ⑤

상 총칙

ㄱ, ㄴ, ㄷ, ㄹ 모두 중개대상이 아닌 것이 포함되어 있다.
ㄱ. 유치권의 성립은 중개개입 여지가 없고, 분묘기지권은 이전성이 없어서 중개대상이 되지 아니한다.
ㄴ. 가식(假植)의 수목과 점유는 중개대상이 되지 아니한다.
ㄷ. 채굴되지 아니한 광물은 국유로서, 중개대상물이 아니다.
ㄹ. 온천수와 바닷가는 중개대상물이 아니다.

Ⓥ 중개대상행위 및 중개대상권리

구분	해당하는 것	해당하지 않는 것
중개대상 권리 여부	• 소유권, 지상권, 지역권, 전세권 • 부동산임차권, 등기된 환매권 • 가등기담보권, 유치권 등	• 동산질권, 대토권 • 특허권, 상표권, 저작권 • 어업권, 광업권, 분묘기지권
중개대상 행위 여부	• 매매, 교환, 임대차, 환매계약 • 저당권의 설정 및 이전 • 유치권·법정지상권의 이전	• 증여, 점유, 기부채납 • 상속, 공용수용, 경매 • 유치권·법정지상권의 성립

3.

정답 ③

상 중개사무소의 개설등록

제출서류는 3개(ㄱ, ㅁ, ㅂ)이다.
ㄴ. 법인 등기사항증명서는 「전자정부법」에 따라 직접 확인하므로 제출하지 않는다.
ㄷ. 공인중개사 자격증 사본은 등록관청이 공인중개사 자격증을 발급한 시·도지사에게 공인중개사 자격 확인을 요청하므로 제출하지 않는다.
ㄹ. 보증관계증서 사본은 등록신청시 제출서류가 아니다. 보증설정의 증명서류는 등록 후 업무개시 전까지 설정하여 보증설정신고시 제출한다.

Ⓥ 등록신청시 제출서류

1. 중개사무소 개설등록신청서
2. 여권용 사진
3. 사무소 확보 증명서류
4. 실무교육수료증 사본(전자적 방법으로 확인 가능한 경우는 제외)
5. 외국인의 경우 결격사유에 해당하지 아니함을 증명하는 서류(외국법인은 영업소 등기서류 포함)

4.

정답 ①

중 총칙

① 공인중개사 자격증·등록증을 대여받아 중개사무소를 운영하는 자가 의뢰인과 직접 오피스텔 임대차계약을 체결한 경우는 중개행위에 해당한다고 볼 수 없다(대판 2011.4.14, 2010다101486). 따라서 옳은 내용이다.
② 우연한 기회에 단 1회 건물 전세계약의 중개를 하고 보수를 받은 행위는 중개를 업으로 한 경우라고 볼 수 없다(대판 1988.8.9, 88도998).
③ 무등록중개업자가 중개대상물에 대하여 매매·교환·임대차를 알선한 행위도 중개에 해당한다.
④ 「공인중개사법」 제2조 제1호(중개의 정의)에서 말하는 '그 밖의 권리'에는 저당권 등 담보물권도 포함되고, 따라서 부동산에 대한 저당권의 설정을 알선함을 업으로 하는 것은 그것이 설령 금전소비대차계약에 부수하여 이루어졌다 하더라도 중개업에 해당한다(대판 1996.9.24, 96도1641).
⑤ 부동산 컨설팅에 부수하여 중개를 업으로 한 경우도 중개업에 해당한다(대판 2007.1.11, 2006도7594).

5.

정답 ④

상 중개사무소의 개설등록

ㄴ, ㄷ, ㅁ이 결격사유에 해당하지 않아서 고용인이 될 수 있다.
ㄱ. 가석방된 자는 가석방기간 + 3년이 결격이므로, 징역 3년을 선고받고 2년 복역 후 가석방된 자는 4년이 경과해야 고용인이 될 수 있다.
ㄴ. 특별사면은 집행을 면제하는 제도로서, 3년이 경과하면 결격사유에 해당하지 않게 된다.
ㄷ. 선고유예를 받은 자는 결격사유자가 아니다.
ㄹ. 집행유예를 받은 자는 유예기간 + 2년 동안은 결격사유에 해당하므로, 고용인이 될 수 없다.
ㅁ. 「공인중개사법」이 아닌 다른 법을 위반하여 벌금을 선고받은 경우에는 결격사유자가 아니므로, 고용인이 될 수 있다.

6.

정답 ⑤

중 인장등록

① 개업공인중개사는 '업무개시 전'까지 중개행위에 사용할 인장을 등록하여야 한다.
② 분사무소에서 사용할 인장은 「상업등기규칙」에 따라 법인의 대표자가 보증하는 인장을 등록할 수 있고, 신고한 법인의 인장으로 등록할 수도 있다.
③ 분사무소에서 사용할 인장은 주된 사무소 소재지 등록관청에 등록해야 한다.
④ 등록인장의 변경신고는 변경한 날로부터 '7일' 이내에 하여야 한다.

7.

정답 ①

하 중개업무

① 임시 중개시설물 설치는 임의적 등록취소 또는 업무정지처분사유이므로, 옳은 지문이다.
② 분사무소는 시·군·구별로 1개소를 초과할 수 없다.
③ 법인만이 분사무소를 설치할 수 있다.
④ 공동사용하는 개업공인중개사 甲의 승낙서를 첨부하여야 한다.
⑤ 간판철거의무 위반시 「행정대집행법」에 따른 대집행만 규정되어 있고, 과태료 부과사유로 규정되어 있지 않다.

8.

정답 ④

상 중개업무

'중개사무소 이전신고서'에 기재할 사항은 ㄴ, ㄷ, ㄹ이다.
ㄱ, ㅁ. 최근 1년 내의 행정처분사항, 중개사무소 이전한 날은 '중개사무소 이전신고서'에 기재할 사항이 아니다.

9.

정답 ③

중 중개업무

① 중개사무소의 개설등록 후 '3개월' 내에 업무를 개시하지 아니할 경우에는 휴업신고를 하여야 한다.
② 질병, 입영, 취학 등 부득이한 사유가 없는 경우에도 휴업기간의 변경신고를 할 수 있으나, 그 기간은 6개월을 초과할 수 없다.
④ 중개업의 휴업신고를 하면서 사업자등록의 휴업신고서를 함께 제출할 수 있을 뿐이지 사업자등록의 휴업신고를 한 것으로 보는 것이 아니다.
⑤ 정당한 사유 없이 6개월을 초과하여 무단 휴업한 경우는 임의적 등록취소 또는 업무정지처분사유이다.

10.

정답 ④

하 중개업무

④ 사업자 등록번호는 중개대상물 표시·광고시 명시할 사항이 아니다.

Ⓥ 중개대상물 표시·광고시 공통 명시사항

1. 개업공인중개사의 성명(법인은 대표자)
2. 중개사무소의 명칭
3. 중개사무소 소재지
4. 연락처
5. 개설등록번호

11.

정답 ①

중 중개업무

ㄱ, ㄷ이 법인인 개업공인중개사의 업무범위에 해당한다.
ㄴ. 주택용지(토지)의 분양대행은 영위할 수 없다.
ㄹ. 부동산의 개발에 관한 '상담'까지만 가능하다.
ㅁ. 증권 투자에 대한 컨설팅은 할 수 없다.

12.

정답 ④

중 중개계약 및 부동산거래정보망

옳은 것과 틀린 것이 순서대로 바르게 표시된 것은 ㄱ(O), ㄴ(O), ㄷ(×)이다.
ㄷ. 전속중개계약서를 작성하지 아니한 경우는 업무정지처분사유이다.

13.

정답 ②

상 교육, 업무위탁 및 포상금 등

① 개업공인중개사가 아닌 자가 중개업을 하기 위하여 중개대상물에 관한 표시·광고하는 행위는 부동산거래질서교란행위에 해당하지 않는다.
③ 게시의무를 위반한 행위는 부동산거래질서 교란행위에 해당한다.
④ 보증을 설정하지 하지 아니하고 중개업무를 시작한 행위는 부동산거래질서교란행위에 해당하지 않는다.
⑤ 부동산거래질서교란행위를 신고하려는 자는 그 내용을 서면(전자문서 포함)으로 제출해야 한다.

14.

정답 ③

중 개업공인중개사 등의 의무

틀린 것은 ㄴ, ㄹ이다.
ㄴ. 공동중개시에는 관여 개업공인중개사 모두 거래계약서에 서명 및 날인해야 한다.
ㄹ. 중개보수는 거래계약서의 필수 기재사항이 아니다.

15.

정답 ⑤

하 개업공인중개사 등의 의무

⑤ 관계 법령에 의하여 전매가 제한된 부동산의 전매를 중개하여 부동산 투기를 조장하는 행위는 개업공인중개사 등의 금지행위로서, 시세에 부당한 영향을 줄 목적으로 개업공인중개사 등의 업무를 방해하는 금지행위가 아니다.

16.

정답 ①

중 중개보수 및 실비

① 주택에 대한 중개보수는 사무소 기준 시·도 조례가 적용되므로 경기도 성남시 분당구에 중개사무소를 둔 경우에는 '경기도' 조례가 정하는 바에 따라 받아야 한다.
③ 대판 2024.1.4, 2023다252162
④ 중개보수 규정은 공매 부동산에 대한 취득의 알선을 하는 경우에도 적용된다. 개업공인중개사는 중개대상물에 대한 계약이 완료되지 않을 경우에도 중개행위에 상응하는 보수를 지급하기로 약정할 수 있다. 이 경우 당사자의 약정에서 보수액을 산정하는 구체적인 기준을 정하지 않았으면 중개에 들인 기간과 노력의 정도 등을 고려하여 보수를 정해야 하고, 약정에서 특정 보수액이 정해졌다면 신의성실의 원칙, 형평의 원칙 등을 고려하여 합리적이라고 인정되는 범위 내의 보수만을 청구할 수 있다. 이러한 보수는 계약이 완료되었을 경우에 적용되었을 중개보수 한도를 초과할 수는 없다고 보아야 한다(대판 2021.7.29, 2017다243723).

Ⓥ 중개보수 계산시 거래금액 기준과 적용

1. 매매는 매매가액, 교환은 큰 거래가액, 분양권은 기납입금에 프리미엄 기준
2. 임대차는 보증금 + (월 차임 × 100) 기준. 단, 5천만원 미만인 경우 보증금 + (월 차임 × 70) 적용
3. 주택의 소재지와 중개사무소의 소재지 시·도 조례가 서로 다른 경우 중개사무소 소재지 시·도 조례 적용
4. 건축물 중 주택의 면적이 2분의 1 이상인 경우에는 주택요율을, 주택의 면적이 2분의 1 미만인 경우에는 주택 외의 중개대상물 요율을 적용
5. 동일 중개대상물, 동일 당사자, 동일 기회에 매매를 포함한 그 외의 거래시는 매매만 적용

17.

정답 ①

중 개업공인중개사 등의 의무

① 중개사무소의 개설등록을 한 자는 '업무를 개시하기 전'에 보증을 설정하여 등록관청에 신고하여야 한다.

③ 공인중개사법령에 따라 손해배상책임을 부담하는 자는 '개업공인중개사'에 한정되므로, 개업공인중개사나 그 보조원이 아닌 자에게 「공인중개사법」에 의한 손해배상책임을 물을 수는 없다(대판 2007.11.15, 2007다44156).
④ 임대차계약 체결 이후 과정에서 의뢰인에게 손해를 입힌 경우 개업공인중개사가 '중개행위를 함에 있어서 고의 또는 과실로 인하여 거래당사자에게 재산상의 손해를 발생하게 한 때에 해당한다'고 봄이 상당하다(대판 2007.2.8, 2005다55008).

18.

정답 ④

하 공인중개사협회

④ 협회에 대한 감독은 지부, 지회를 포함하여 모두 국토교통부장관이 한다.

19.

정답 ③

하 지도 · 감독 및 벌칙

③ 업무정지처분은 가중하는 경우에도 6개월을 넘을 수 없다.

20.

정답 ⑤

중 개업공인중개사 등의 의무

⑤ 5개 모두 주택의 임대차를 중개하는 경우 확인 · 설명사항이다.

21.

정답 ⑤

중 지도 · 감독 및 벌칙

⑤ 감독상의 명령에 위반하여 조사 또는 검사를 거부 · 방해 또는 기피한 경우는 업무정지처분사유이다.

Ⓥ 임의적(상대적) 등록취소사유

1. 등록기준에 미달하게 된 경우
2. 둘 이상의 중개사무소를 둔 경우
3. 임시 중개시설물을 설치한 경우
4. 겸업을 위반한 경우
5. 6개월을 초과하여 무단 휴업한 경우
6. 전속중개계약을 체결하고 중개대상물에 관한 정보를 공개하지 아니하거나 중개의뢰인의 비공개요청에도 불구하고 정보를 공개한 경우
7. 거래계약서에 거래금액 등 거래내용을 거짓으로 기재하거나 서로 다른 둘 이상의 거래계약서를 작성한 경우
8. 손해배상책임을 보장하기 위한 조치를 이행하지 아니하고 업무를 개시한 경우
9. 개업공인중개사 등의 금지행위를 한 경우
10. 최근 1년 이내에 이 법에 의하여 3회 이상 업무정지 또는 과태료의 처분을 받고 다시 업무정지 또는 과태료의 처분에 해당하는 행위를 한 경우(필요적 등록취소사유에 해당하는 경우는 제외)
11. 개업공인중개사가 조직한 사업자단체 또는 그 구성원인 개업공인중개사가 「독점규제 및 공정거래에 관한 법률」을 위반하여 시정조치 또는 과징금처분을 최근 2년 이내에 2회 이상 받은 경우

22.

정답 ③

중 지도 · 감독 및 벌칙

1년 이하의 징역 또는 1천만원 이하의 벌금 사유는 3개이다.
개업공인중개사가 중개의뢰인 쌍방을 대리한 경우나 중개사무소의 개설등록을 하지 아니하고 중개업을 한 경우는 3년 이하의 징역 또는 3천만원 이하의 벌금 사유에 해당한다.

23.

정답 ③

중 부동산거래신고제도

③ 개업공인중개사의 상호 · 전화번호 및 사무소 소재지는 거래당사자가 하는 부동산거래계약신고사항이 아니다.

Ⓥ 부동산거래 공통 신고사항

1. 거래당사자의 인적사항
2. 거래대상 부동산 등(권리)의 소재지 · 지번 · 지목 및 면적, 종류
3. 계약 체결일, 중도금 지급일 및 잔금 지급일
4. 실제 거래가격
5. 개업공인중개사가 거래계약서를 작성 · 교부한 경우 개업공인중개사의 인적사항, 상호 · 전화번호 및 소재지
6. 조건 · 기한이 있는 경우 그 조건 · 기한
7. 매수인이 외국인으로서 국내에 주소 또는 거소를 두지 않을 경우에는 위탁관리인의 인적사항

24.

정답 ④

중 지도 · 감독 및 벌칙

④ 중개완성시에 보증설정의 증명서류 교부의무는 개업공인중개사에게 있으므로, 이는 자격정지사유가 아니다. 보증설정의 증명서류 교부의무 위반은 개업공인중개사가 100만원 이하의 과태료를 부과받는다.

25.

정답 ①

중 부동산거래신고제도

① 검증결과에 대한 통보기한은 정해진 바가 없다. 검증결과를 통보받은 세무관서의 장은 해당 신고내용을 국세 또는 지방세 부과를 위한 과세자료로 활용할 수 있다.

26.

정답 ②

상 주택임대차계약의 신고

① 건축물대장상 용도와 관계없이 사실상 주된 부분을 주거용으로 사용하는 경우라면 신고대상이 된다.
③ 광역시 또는 경기도에 있는 군지역의 주택은 신고대상이다.
④ 중도금 지급일, 잔금 지급일은 신고사항이 아니다.
⑤ 면적에 불문하고 신고대상 주택임대차계약은 신고해야 한다.

Ⓥ 주택임대차계약 신고사항

1. 임대차계약 당사자의 인적사항
   - 자연인인 경우: 성명, 주소, 주민등록번호(외국인인 경우에는 외국인등록번호를 말함) 및 연락처
   - 법인인 경우: 법인명, 사무소 소재지, 법인등록번호 및 연락처
   - 법인 아닌 단체인 경우: 단체명, 소재지, 고유번호 및 연락처
2. 임대차 목적물(주택을 취득할 수 있는 권리에 관한 계약인 경우에는 그 권리의 대상인 주택을 말함)의 소재지, 종류, 임대 면적 등 임대차 목적물 현황
3. 보증금 또는 월 차임
4. 계약 체결일 및 계약기간
5. 「주택임대차보호법」에 따른 계약갱신요구권의 행사 여부(계약을 갱신한 경우만 해당)
6. 해당 주택임대차계약을 중개한 개업공인중개사의 사무소 명칭, 사무소 소재지, 대표자 성명, 등록번호, 전화번호 및 소속공인중개사 성명

27.

정답 ①

중 외국인 등의 부동산취득 등에 관한 특례

② 상속, 경매, 환매, 판결, 합병, 신축 · 증축 · 개축 · 재축 등 계약 외의 원인으로 국내 부동산을 취득하는 경우에는 취득한 날로부터 '6개월' 내에 신고하여야 한다.

③ 국토교통부장관은 대한민국 국민에 대하여 자국 안의 토지의 취득을 제한하는 국가의 개인에 대하여 대한민국 안의 토지의 취득을 제한 '할 수 있다.'

④ 부동산거래신고를 한 경우에는 이 법에 따른 별도의 외국인 취득신고를 할 필요가 없다.

⑤ 군사시설보호구역은 허가신청서를 받은 날부터 30일(30일 내 연장 가능) 이내에 허가 또는 불허가처분을 하여야 한다.

28.

정답 ④

상 토지거래허가제도

① 토지의 이용의무의 이행명령은 3개월 이내의 기간을 정하여 문서로 해야 한다.

② 명령을 이행하기 전에 이미 부과된 이행강제금은 징수해야 한다.

③ 이행강제금은 최초의 '이행명령이 있었던 날'을 기준으로 1년에 한 번씩 그 이행명령이 이행될 때까지 반복하여 부과 · 징수할 수 있다.

⑤ 허가관청은 토지거래계약을 허가받은 자가 허가받은 목적대로 이용하고 있는지를 매년 1회 이상 토지의 개발 및 이용 등의 실태를 조사하여야 한다.

Ⓥ 이행강제금 부과기준

1. 방치: 토지취득가액의 100분의 10
2. 임대: 토지취득가액의 100분의 7
3. 무단 변경이용: 토지취득가액의 100분의 5
4. 이 외의 경우: 토지취득가액의 100분의 7

29.

정답 ②

상 부동산거래신고제도

① 중개대상물 중 입목 · 공장재단 · 광업재단의 매매계약은 부동산거래 신고대상이 아니다.

③ 농지의 매매계약을 체결한 경우 농지취득자격증명을 받았더라도 부동산거래신고를 해야 한다.

④ 외국인이 국내 부동산 등의 취득신고 위반사실을 자진 신고한 경우는 과태료를 감경 · 면제받을 수 있다.

⑤ 자진 신고한 날부터 과거 1년 이내에 자진 신고를 하여 '3회 이상' 해당 신고관청에서 과태료의 감경 또는 면제를 받은 경우에는 과태료를 감경 · 면제하지 않는다.

30.

정답 ③

중 토지거래허가제도

③ 허가관청은 선매대상 토지에 대하여 토지거래계약허가신청이 있는 경우에는 그 신청이 있는 날부터 1개월 이내에 선매자를 지정하여 토지소유자에게 알려야 한다. 토지거래허가 신청된 토지에 대하여 선매협의 절차가 진행 중인 경우에는 그 사실을 15일 내에 신청인에게 알린다.

31.

정답 ⑤

중 포상금 및 부동산 정보관리

① 포상금은 포상금지급신청서가 접수된 날부터 2개월 이내에 지급하여야 한다.

② 부동산거래신고를 하지 아니한 자는 포상금이 지급되는 신고 또는 고발대상자가 아니다.

③ 하나의 위반행위에 대하여 2명 이상이 각각 신고 또는 고발한 경우에는 최초로 신고 또는 고발한 사람에게 포상금을 지급한다.

④ 익명이나 가명으로 신고 또는 고발하여 신고인 또는 고발인을 확인할 수 없는 경우에는 포상금을 지급하지 않을 수 있을 뿐, 공탁하는 것이 아니다.

32.

정답 ④

중 중개대상물의 조사 · 확인

옳은 것은 ㄴ, ㄷ, ㄹ이다.

ㄱ. 내진설계 적용 여부 및 내진능력은 건축물대장을 통하여 확인하나, 건물의 방향은 현장답사를 통하여 확인한다.

33.

정답 ①

상 개별적 중개실무

① 판례(대판 2005.9.15, 2005다33039)로서, 옳은 지문이다.

② 강제경매절차 또는 담보권 실행을 위한 경매절차를 개시하는 결정을 한 부동산에 대하여 다른 강제경매의 신청이 있는 때에는 법원은 다시 경매개시결정을 하고, 먼저 경매개시결정을 한 집행절차에 따라 경매한다(「민사집행법」 제87조 제1항).

③ 매각부동산 위의 모든 저당권은 순위에 불문하고 매각으로 소멸한다.

④ 부동산의 매각은 호가경매, 기일입찰 또는 기간입찰의 세 가지 방법 중 집행법원이 정한 방법에 따른다.

⑤ 배당요구는 법원이 첫 매각기일 이전으로 정하여 공고하는 배당요구의 종기까지 하여야 한다.

34.

정답 ②

상 중개대상물의 조사 · 확인

① 평장 · 암장은 분묘라는 점을 공시할 수 없어 분묘기지권이 인정되지 않는다.

③ 승낙에 의하여 성립하는 분묘기지권의 경우 성립 당시 토지소유자와 분묘의 수호 · 관리자가 지료 지급의무의 존부나 범위 등에 관하여 약정을 하였다면 그 약정의 효력은 분묘기지의 승계인에 대하여도

미친다.

④ 화장한 유골의 골분을 묻는 자연장은 지면으로부터 '30cm' 이상의 깊이에 골분을 묻되, 용기를 사용하지 않는 경우에는 흙과 섞어서 묻어야 한다.

⑤ 개인묘지 또는 가족묘지는 도로, 철도의 선로, 하천구역 또는 그 예정지역으로부터 '200m' 이상 떨어진 곳에 설치해야 한다.

35.

정답 ②

중 토지거래허가제도

② 거래계약은 관할관청의 허가를 받아야만 그 효력이 발생하고, 허가를 받기 전에는 물권적 효력은 물론 채권적 효력도 발생하지 아니하여 무효이므로 어떠한 내용의 이행청구도 할 수 없고, 채무불이행을 이유로 거래계약을 해제하거나 그로 인한 손해배상을 청구할 수 없다(대판 1991.12.24, 90다12243 전원합의체).

36.

정답 ③

중 중개대상물의 조사 · 확인

옳은 것은 ㄱ, ㄴ, ㄷ이다.

ㄹ. '임대차 확인사항'란에 개업공인중개사는 서명 '또는' 날인한다.

37.

정답 ①

중 개별적 중개실무

ㄱ, ㄹ이 틀린 내용이다.

ㄱ. 이 법은 일시사용을 위한 임대차임이 명백한 경우에는 적용되지 아니한다.

ㄹ. 임차권등기명령의 집행에 의한 임차권등기가 경료된 주택을 임차한 소액임차인은 경매시에 보증금 중 일정액을 다른 담보권에 우선하여 변제받을 권리(최우선변제)가 없다.

38.

정답 ①

중 개별적 중개실무

② 계약기간 만료 6개월에서 1개월까지 거절통지 등을 하지 않은 경우 계약은 묵시적으로 갱신된다.

③ 3기의 차임액에 달하도록 차임을 연체하여야 계약을 해지할 수 있다.

④ 폐업신고 후 다시 사업자등록을 한 경우 기존의 대항력은 유지되지 않는다(대판 2006.10.13, 2006다56299).

⑤ 甲은 乙이 임대차 종료 6개월 전부터 신규임차인이 되려는 자로부터 권리금을 지급받는 것을 방해하여서는 아니 된다.

39.

정답 ④

중 개별적 중개실무

④ 법원행정처장이 지정하는 교육기관에서 부동산경매에 관한 실무교육을 이수하여야 한다.

40.

정답 ⑤

상 토지거래허가제도

⑤ 허가를 받지 아니하고 계약을 체결한 경우에는 2년 이하의 징역 또는 계약 체결 당시의 개별 공시지가에 따른 해당 토지가격의 100분의 30에 해당하는 금액 이하의 벌금에 처한다.

제2과목 부동산공법

41	42	43	44	45	46	47	48	49	50
②	④	④	③	④	③	④	②	①	①
51	52	53	54	55	56	57	58	59	60
③	④	①	④	②	①	④	③	③	⑤
61	62	63	64	65	66	67	68	69	70
③	④	③	④	①	②	①	②	①	③
71	72	73	74	75	76	77	78	79	80
④	①	④	②	④	③	③	④	③	③

선생님의 한마디

실전감각을 키우기 위한 제4회 모의고사, 어떠셨나요? 이번 시험은 기출문제의 응용을 중심으로 출제되어 실제 시험에 자주 출제되는 주제들을 다뤘습니다. 부동산공법은 범위가 매우 방대하여 처음부터 다 외우기 어렵죠. 그래서 틀린 문제를 통해 익히는 게 효과적입니다. 이번 시험은 크게 어렵지 않았으며, 평균 이상의 성적이면 잘하신 겁니다. 오답은 반드시 체크하고, 반복을 통해 암기력을 높여보세요!

41.
정답 ②

상 광역도시계획

① 승인신청이 없는 경우 국토교통부장관이 수립한다.
③ 수립권자가 지명하는 자가 주재한다.
④ 광역시설의 배치 · 규모 · 설치에 관한 사항이 포함된다.
⑤ 승인권자는 협의와 심의를 거쳐서 승인하는 것이지 지방의회의 의견을 들어 승인하는 것이 아니다. 지방의회의 의견청취는 수립권자가 진행하는 사항이다.

42.
정답 ④

중 도시 · 군기본계획

① 조사하거나 측량하여야 한다.
② 타당하다고 인정되는 경우에 반영하여야 한다.
③ 5년마다 재검토하여 정비하여야 한다.
⑤ 도시 · 군기본계획이 광역도시계획과 상충한 경우에는 광역도시계획이 우선하는 것이지 우선순위를 따지는 것은 아니다.

43.
정답 ④

중 도시 · 군관리계획

④ 전원개발사업구역 및 예정구역(수력발전소, 송 · 변전설비만을 설치하기 위한 구역은 제외)은 도시지역으로 결정 · 고시된 것으로 간주한다.

44.
정답 ③

하 용도지역

① 도시지역은 주거지역, 상업지역, 공업지역, 녹지지역으로 세분된다.
② 주거지역은 1종 · 2종 전용주거지역, 1종 · 2종 · 3종 일반주거지역, 준주거지역으로 세분된다.
④ 관리지역은 보전, 생산, 계획관리지역으로 세분된다.
⑤ 세분되는 것은 도시지역과 관리지역이다. 농림지역과 자연환경보전지역은 세분되지 않는다.

45.
정답 ④

하 용도지구

④ 복합용도지구란 지역의 토지이용 상황, 개발 수요 및 주변 여건 등을 고려하여 효율적이고 복합적인 토지이용을 도모하기 위하여 특정시설의 입지를 완화할 필요가 있는 지구이다. "강화"가 아니라 "완화"이다.

46.
정답 ③

하 지구단위계획구역

③ 지구단위계획으로 지정하여야 하는 경우
① 정비구역, 택지개발지구 등의 사업이 완료된 후 10년이 경과된 지역
② 체계적, 계획적인 개발 또는 관리가 필요한 지역으로 면적이 30만m^2 이상인 시가화조정구역 또는 공원이 해제되는 지역과 녹지지역에서 주거 · 상업 · 공업지역으로 변경되는 지역
⑤ 택지개발지구로 지정이 된 후 10년이 지난 경우가 아니라 지정되고 나서 사업이 완료된 이후에 10년을 말하는 것이다.

47.
정답 ④

중 용도지역 지정특례

④ 도시 · 군관리계획의 입안 및 결정 절차를 거치지 않고 그 매립의 준공인가일부터 농림지역으로 지정된 것으로 본다.

48.
정답 ②

중 개발행위허가제도

② 개발행위를 허가함에 있어 특별시장 · 광역시장 · 특별자치시장 · 특별자치도지사 · 시장 또는 군수가 일정한 사항을 관계행정기관의 장과 협의한 사항에 대해서는 당해 인 · 허가를 받은 것으로 본다. 다만, 건축허가는 의제사항이 아니다.

49.
정답 ①

하 타인토지의 출입 등

① 손실을 받은 자가 있는 경우 그 행위자가 속한 행정청 또는 도시 · 군계획시설사업의 시행자가 그 손실을 보상하여야 한다.

50.
정답 ①

상 기반시설

① 공항은 기반시설부담구역에 설치가 필요한 기반시설이 아니다.

51.
정답 ③

하 기반시설부담구역

③ 기반시설부담구역으로 지정하는 대상지역은 행위제한이 완화되거나 해제되는 지역, 인구증가율 등을 감안하여 지정하여야 한다. 시가화조정구역이 지정되면 행위제한이 강화되어 기반시설의 설치 필요성이 없다. 당연히 지정이 불가능하다.

52.
정답 ④

상 2 이상의 용도지역에 걸치는 경우

④ 1필지의 대지가 2 이상의 용도지역에 걸치는 경우에는 330m^{2}를 기준으로 330m^2 이하이면 큰 지역의 행위제한을 적용하고 건폐율과 용적률은 가중 평균하여 적용한다. 330m^2 초과의 토지 부분은 그대로 해당지역의 행위제한을 적용하나 녹지지역의 경우에는 "각각"(걸치는 부분의 면적이 가장 작은 지역이 녹지지역으로 330m^2 이하인 경우 제외)의 행위제한을 적용한다. 규모제한은 기존의 건폐율과 용적률을 적용하여 건축하므로 가중평균하여 건축을 하여야 한다. 자연녹지지역(300m^2 × 20% = 60m^2), 제2종 일반주거지역(500m^2 × 60% = 300m^2)이므로 360m^{2}가 해당 토지의 최대 건축면적이다.

53.
정답 ①

하 도시개발구역의 지정 및 효과

① 관계 중앙행정기관의 장이 요청하는 경우이다. 지방자치단체장은 본인이 직접 지정하거나 시·도지사에게 지정을 요청하여 시·도지사가 지정하는 사유에 해당한다.

54.
정답 ④

중 도시개발구역의 지정과 해제

④ 도시개발구역이 지정·고시된 날부터 3년이 되는 날까지 실시계획의 인가를 신청하지 아니하는 경우에는 그 3년이 되는 날의 다음 날에 해제된 것으로 본다. "인가를 신청하지 아니하는 경우"이지, "인가를 받지 아니하는 경우"가 아니다.

55.
정답 ②

중 도시개발조합

① 도시개발조합은 토지소유자 7인 이상이 정관을 작성하여 지정권자에게 설립인가를 받아야 한다.
③ 도시개발조합의 조합원은 도시개발구역 안의 토지소유자로 한다.
④ 도시개발조합의 인가를 받은 내용 중 주된 사무소 소재지를 변경하는 경우에는 신고하여야 한다.
⑤ 도시개발조합과 관련하여 「도시개발법」에 규정한 것을 제외하고는 「민법」상 사단법인에 관한 규정을 준용한다.

56.
정답 ①

중 토지상환채권

① 토지상환채권의 이율은 발행자가 정한다.

57.
정답 ④

중 환지예정지

④ 환지예정지 지정의 효과는 원칙적으로 사용권과 수익권의 이전을 목적으로 하는 것이지 소유권의 이전을 목적으로 하지 않는다.

58.
정답 ③

중 감가보상금

③ 모든 사업 시행자가 아니라 행정청인 시행자는 도시개발사업의 시행으로 인하여 사업시행 후의 토지가액의 총액이 사업 시행 전의 토지가액의 총액보다 감소한 때에는 그 차액에 상당하는 감가보상금을 대통령령이 정하는 기준에 따라 종전의 토지소유자 또는 임차권자 등에게 지급하여야 한다.

59.
정답 ③

하 정비법 용어정의

③ 재건축사업이란 정비기반시설은 양호하나 노후·불량건축물에 해당하는 공동주택이 밀집한 지역에서 주거환경을 개선하기 위한 사업을 말한다.

60.
정답 ⑤

하 정비기본계획

⑤ 기본계획의 수립권자 중 대도시가 아닌 시장은 기본계획을 수립 또는 변경할 때에 도지사의 승인을 얻어야 한다.

61.
정답 ③

중 정비사업의 시행방식

① 환지방식으로만 시행하는 것은 아니고 여러 가지 사업방식 중에서 선택하여 시행한다.
② 주거환경개선사업은 조합이 시행할 수도 없고 스스로 주택을 개량하는 방법으로만 해야 하는 것은 아니다.
④ 재건축사업은 정비구역에서 제74조에 따라 인가받은 관리처분계획에 따라 건축물을 건설하여 공급하는 방법으로 진행한다. 환지방식은 진행할 수 없다.
⑤ ④에 따라 건축물을 건설하여 공급하는 경우 주택, 부대시설 및 복리시설을 제외한 건축물(이하 "공동주택 외 건축물"이라 한다)은 「국토의 계획 및 이용에 관한 법률」에 따른 준주거지역 및 상업지역에서만 건설할 수 있다. 이 경우 공동주택 외 건축물의 연면적은 전체 건축물 연면적의 100분의 30 이하이어야 한다. 즉, 준주거지역도 포함된다.

62.
정답 ④

중 사업시행계획인가

④ 시장·군수 등은 재개발사업의 사업시행계획인가를 하는 경우 해당 정비사업의 사업시행자가 지정개발자(지정개발자가 토지등소유자인 경우로 한정한다)인 때에는 정비사업비의 100분의 20의 범위에서 시·도조례로 정하는 금액을 예치하게 할 수 있다. 재건축사업과는 관련이 없다.

63.

정답 ③

중 관리처분계획인가

③ 관리처분인가 고시일로부터가 아니라 "관리처분인가 고시일의 다음 날"로부터이다.

Ⓥ 관리처분계획인가

사업시행자는 관리처분계획이 인가 · 고시된 다음 날부터 90일 이내에 다음에서 정하는 자와 토지, 건축물 또는 그 밖의 권리의 손실보상에 관한 협의를 하여야 한다.
1. 분양신청을 하지 아니한 자
2. 분양신청기간 종료 이전에 분양신청을 철회한 자
3. 제72조 제6항 본문에 따라 분양신청을 할 수 없는 자
4. 제74조에 따라 인가된 관리처분계획에 따라 분양대상에서 제외된 자

64.

정답 ④

중 관리처분계획인가의 효과

④ 주거환경개선구역은 당해 정비구역의 지정고시가 있은 날부터 「국토의 계획 및 이용에 관한 법률」에 따른 주거지역을 세분하여 정하는 지역 중 제2종 일반주거지역으로 결정 · 고시된 것으로 본다. 다만, 당해 정비구역에서의 정비사업이 수용방식과 관리처분방식으로 시행되는 경우에는 제3종 일반주거지역을 말한다.

65.

정답 ①

하 축조신고대상 공작물

① 6m가 넘는 경우 신고의 대상이고, 6m까지는 신고 없이 설치가 가능하다.
②③④⑤는 전부 신고대상이 된다.

Ⓥ 축조신고대상

다음은 공작물 중 축조신고대상이다.
1. 높이 6m를 넘는 굴뚝
2. 삭제
3. 높이 4m를 넘는 광고탑, 광고판, 장식탑, 기념탑, 첨탑
4. 높이 8m를 넘는 고가수조나 그 밖에 이와 비슷한 것
5. 높이 2m를 넘는 옹벽 또는 담장
6. 바닥면적 $30m^2$를 넘는 지하대피호
7. 높이 6m를 넘는 골프연습장 등의 운동시설을 위한 철탑, 주거지역 · 상업지역에 설치하는 통신용 철탑, 그 밖에 이와 비슷한 것
8. 높이 8m(위험을 방지하기 위한 난간의 높이는 제외한다) 이하의 기계식 주차장 및 철골 조립식 주차장(바닥면이 조립식이 아닌 것을 포함한다)으로서 외벽이 없는 것
9. 건축조례로 정하는 제조시설, 저장시설(시멘트사일로를 포함한다), 유희시설, 그 밖에 이와 비슷한 것
10. 건축물의 구조에 심대한 영향을 줄 수 있는 중량물로서 건축조례로 정하는 것
11. 높이 5m를 넘는 「신에너지 및 재생에너지 개발 · 이용 · 보급 촉진법」 제2조 제2호 가목에 따른 태양에너지를 이용하는 발전설비와 그 밖에 이와 비슷한 것

66.

정답 ②

중 용도변경

② 어린이회관은 관광휴게시설(문화집회시설군) ➜ 유스호스텔은 수련시설(교육 및 복지시설군)이므로 아래로의 변경에 해당하므로 신고사항이다. 따라서 신고로 가능하다.

67.

정답 ①

하 건축의 개념

① • 개축: 기존 건축물의 전부 또는 일부(내력벽 · 기둥 · 보 · 지붕틀 중 셋 이상이 포함되는 경우를 말한다)를 해체하고 그 대지에 종전과 같은 규모의 범위에서 건축물을 다시 축조하는 것
• 신축: 기존 건축물을 전부를 해체하고 종전규모를 초과하는 경우

68.

정답 ②

중 건축허가제한

② 제한기간은 2년이고 연장하여 1회에 한하여 1년으로 한다.

69.

정답 ①

중 대지분할제한

① 대지 안의 조경기준과 대지분할의 제한과는 관계가 없다.

70.

정답 ③

상 건축신고대상

대수선의 경우 연면적 $200m^2$ 미만이고 3층 미만인 건축물의 대수선인 경우에 신고로 가능하다. 2가지가 동시충족이 되어야 한다. "이거나"가 아니라 동시충족요건 "이고"이다.

71.

정답 ④

상 공개공지 설치

① 주거지역 중에는 전용주거지역은 제외되고 일반주거지역, 준주거지역만이다.
② 연면적의 합계가 $5,000m^2$ 이상인 문화 및 집회시설, 판매시설(「농수산물유통 및 가격안정에 관한 법률」에 따른 농수산물유통시설은 제외), 업무시설, 숙박시설, 종교시설, 운수시설의 대지에 공개공지 또는 공개공간을 확보하여야 한다.
③ 조경면적은 공개공지 또는 공개공간의 면적으로 할 수 있다.
⑤ 건폐율이 아니라 해당 지역에 적용되는 용적률의 1.2배 이하이다.

72.

정답 ①

하 토지임대부 분양주택

① 토지임대부 분양주택의 토지에 대한 임대차기간은 40년 이내로 한다. 이 경우 토지임대부 분양주택 소유자의 75% 이상이 계약갱신을 청구하는 경우 40년의 범위에서 이를 갱신할 수 있다. 20년이 아니라 40년이다.

73. 정답 ④

중 사업계획승인 기준

④ ㄱ: 30, ㄴ: 50, ㄷ: 30, ㄹ: 30, ㅁ: 50, ㅂ: 30, ㅅ: 6

1. 단독주택: 30호. 다만, 다음 각 목의 어느 하나에 해당하는 주택인 경우에는 50호로 한다.
   가. 공공사업에 따라 조성된 용지를 개별 필지로 구분하지 아니하고 일단(一團)의 토지로 공급받아 해당 토지에 건설하는 단독주택
   나. 한옥
2. 공동주택: 30세대(리모델링의 경우에는 증가하는 세대수가 30세대인 경우). 다만, 다음의 어느 하나에 해당하는 주택인 경우에는 50세대로 한다.
   가. 다음의 요건을 모두 갖춘 단지형 연립주택 또는 단지형 다세대주택
      1) 세대별 주거전용 면적이 $30m^2$ 이상일 것
      2) 해당 주택단지 진입도로의 폭이 6m 이상일 것
   나. 주거환경개선사업(스스로개량방식으로 시행하는 경우로 한정한다)을 시행하기 위한 정비구역(정비기반시설의 설치계획대로 정비기반시설 설치가 이루어지지 아니한 지역으로서 시장·군수 또는 구청장이 지정·고시하는 지역은 제외한다)에서 건설하는 공동주택

74. 정답 ②

중 주택상환사채

② 주택상환사채에 관하여 「주택법」에 특별한 규정이 있는 경우를 제외하고는 「상법」 중 사채발행에 관한 규정을 적용한다.

> Ⓥ 등록사업자의 주택상환사채발행요건
>
> 1. 법인으로서 자본금이 5억원 이상일 것
> 2. 「건설산업기본법」 제9조의 규정에 의한 건설업 등록을 하였거나 제13조② 단서의 규정에 해당하는 등록사업자일 것
> 3. 최근 3년간 연평균 주택건설실적이 300호 이상일 것
> 4. 등록사업자가 발행할 수 있는 주택상환사채의 규모는 최근 3년간의 연평균 주택건설호수 이내로 한다.

75. 정답 ④

상 사업주체의 행위제한

④ 대지는 "입주자모집공고승인 신청"과 동시에 부기등기를 하고, 건설된 주택은 "소유권보존등기"와 동시에 해야 한다.

76. 정답 ③

중 주택법 용어정의

③ 공구별 세대수는 300세대 이상으로 하여야 한다.

77. 정답 ③

중 세대구분형 공동주택

③ ㄱ: 현관, ㄴ: 3분의 1, ㄷ: 3분의 1

1. 세대구분형 공동주택의 세대별로 구분된 각각의 공간마다 별도의 욕실, 부엌과 현관을 설치할 것
2. 하나의 세대가 통합하여 사용할 수 있도록 세대간에 연결문 또는 경량구조의 경계벽 등을 설치할 것
3. 세대구분형 공동주택은 주택단지 공동주택 전체 호수의 3분의 1을 넘지 아니할 것
4. 세대구분형 공동주택의 세대별로 구분된 각각의 공간의 주거전용면적 합계가 주택단지 전체 주거전용면적 합계의 3분의 1을 넘지 아니하는 등 국토교통부장관이 정하는 주거전용면적의 비율에 관한 기준을 충족할 것

78. 정답 ④

중 매도청구

④ 해당 대지면적의 100분의 95 이상을 사용할 수 있는 권원을 확보한 사업주체는 모든 토지소유자에게 매도청구가 가능하다. 지구단위계획구역 결정고시일 "10년" 이전에 해당 대지의 소유권을 취득하여 계속 보유하고 있는 자에게도 매도청구를 할 수 "있다".

79. 정답 ③

중 농지의 소유제한

① 경매에 의한 취득인 경우에는 농지취득자격증명을 발급받아야 한다.
② 시장·군수·구청장이 아니라 한국농어촌공사가 매수청구대상이다.
④ 농림축산식품부장관 ➜ 시장·군수·구청장
⑤ 5년이 아니라 10년이다.

80. 정답 ③

중 대리경작제도

③ 특정한 사유에 해당하는 대리경작자의 지정이 중도에 해지될 수 있다.

> Ⓥ 대리경작자의 지정 해지사유
>
> 1. 대리경작농지의 소유권, 임차권자가 정당사유를 소명하여 지정의 해지를 신청
> 2. 대리경작자의 불성실 경작
> 3. 대리경작자가 지정의 해지를 신청
> 4. 대리경작자가 토지사용료를 미지급 또는 미공탁시

2교시

제1과목 부동산 공시에 관한 법령 및 부동산 관련 세법

1	2	3	4	5	6	7	8	9	10
②	①	②	⑤	①	④	④	①	④	⑤
11	12	13	14	15	16	17	18	19	20
②	②	⑤	③	⑤	②	③	①	②	③
21	22	23	24	25	26	27	28	29	30
⑤	②	④	①	⑤	④	④	⑤	③	④
31	32	33	34	35	36	37	38	39	40
①	③	②	③	④	②	③	④	①	③

선생님의 한마디

「공간정보의 구축 및 관리 등에 관한 법률」은 언제나 유사한 문제가 반복됩니다. 관련 판례가 없기 때문에 법률 조문을 위주로 한 문제가 출제되기 때문입니다. 「부동산등기법」은 출제범위가 넓은 편이지만 출제되는 지문의 유형은 다양하지 않습니다. 공시법은 새로운 문제가 출제되기보다는 기출문제를 변형한 문제가 다수 출제됩니다. 힘내세요. ^^*

1. 정답 ②

중 토지의 등록

② 지적확정측량을 실시한 지역의 종전의 지번과 지적확정측량을 실시한 지역 밖에 있는 본번이 같은 지번이 있을 때에는 그 지번은 부여할 수 없다.

2. 정답 ①

하 토지의 등록

① '공원'이 정식명칭이다. 용지가 붙는 것은 체육용지, 수도용지, 종교용지, 공장용지, 학교용지, 철도용지, 주유소용지, 창고용지, 목장용지이다.

3. 정답 ②

상 토지의 등록

① 동력으로 바닷물을 끌어들여 소금을 제조하는 공장시설물의 부지는 '공장용지'로 한다.
③ 자동차 등의 정비공장 안에 설치된 급유·송유시설 등의 부지는 '공장용지'로 한다.
④ 물을 상시적으로 직접 이용하여 벼·연(蓮)·미나리·왕골 등의 식물을 주로 재배하는 토지는 '답'으로 한다.
⑤ 일반 공중의 위락·휴양 등에 적합한 시설물을 종합적으로 갖춘 수영장·유선장·낚시터·어린이놀이터·경마장·야영장 등의 토지와 이에 접속된 부속시설물의 부지는 '유원지'로 한다.

4. 정답 ⑤

하 지적공부

⑤ 면적은 경계점좌표등록부의 등록사항이 아니다.

5. 정답 ①

중 지적공부

② 지적공부를 정보처리시스템을 통하여 기록·저장한 경우 관할 시·도지사, 시장·군수 또는 구청장은 그 지적공부를 지적정보관리체계에 영구히 보존하여야 한다.
③ 지적전산자료를 신청하려는 자는 지적전산자료의 이용 또는 활용 목적 등에 관하여 미리 관계 중앙행정기관의 심사를 받아야 한다.
④ 부동산종합공부에 부동산의 권리에 관한 사항은 등록하여야 한다.
⑤ 지적소관청은 부동산종합공부의 불일치 등록사항에 대해서는 등록사항을 관리하는 기관의 장에게 그 내용을 통지하여 등록사항 정정을 요청할 수 있다.

6. 정답 ④

상 토지의 이동 및 지적정리

틀린 것은 ㄴ, ㄹ이다.
ㄴ. 구 「지적법」상 분필절차를 거치지 아니한 분필등기는 1부동산 1등기기록 원칙에 반하여 무효이다.
ㄹ. 지목변경에 대한 지적소관청의 거부처분은 행정소송의 대상이 되는 행정처분이 아니라는 것이 판례의 입장이다.

7. 정답 ④

중 토지의 이동 및 지적정리

④ 토지이동 신청의 경우에 지적측량성과를 지적소관청에 제출하지 아니한다.

8. 정답 ①

상 토지의 이동 및 지적정리

① 합병하려는 토지가 축척이 다른 지적도에 각각 등록되어 있어 축척변경을 하는 경우, 도시개발사업 등의 시행지역 안에 있는 토지로서 당해 사업 시행에서 제외된 토지의 축척변경을 하는 경우에는 축척변경위원회의 의결 및 시·도지사의 승인을 요하지 않는다.

9. 정답 ④

중 토지의 이동 및 지적정리

④ 도시개발사업에 따른 토지의 이동 신청은 그 신청대상지역이 환지를 수반하는 경우에는 사업완료 신고로써 이를 갈음할 수 있다.

10. 정답 ⑤

하 토지의 이동 및 지적정리

ㄱ, ㄴ, ㄷ, ㄹ 모두 지적소관청의 직권정정사유에 해당한다.

11. 정답 ②

중 지적측량

② 지적기준점성과의 등본이나 그 측량기록의 사본을 발급받으려는 자는 시·도지사나 지적소관청에 그 발급을 신청하여야 한다.

12. 정답 ②

중 지적측량

② 중앙지적위원회 위원은 지적에 관한 학식과 경험이 풍부한 사람 중에서 국토교통부장관이 임명하거나 위촉한다.

13. 정답 ⑤

하 부동산등기법 총칙

옳은 것은 ㄴ, ㄹ, ㅁ이다.
ㄱ. 1필의 토지의 일부를 목적으로 하는 지상권은 등기할 수 있지만, 저당권은 등기할 수 없다.
ㄷ. 공작물대장에 등재된 해상관광용 호텔선박은 등기할 수 없다.

14. 정답 ③

중 등기기관과 설비

③ 접수번호는 대법원예규에서 정하는 바에 따라 전국 모든 등기소를 통합하여 부여하되, 매년 새로 부여하여야 한다.

15. 정답 ⑤

상 부동산등기법 총칙

⑤ 소유권이전등기를 신청할 때에는 해당 허가서 등의 현존사실이 판결서 등에 기재되어 있다 하더라도 행정관청의 허가 등을 증명하는 서면을 반드시 제출하여야 한다.

16. 정답 ②

중 등기절차 총론

② 임의적 기록사항은 등기원인정보에 기록한 경우에는 신청정보에도 이를 기록하여야 한다.

17. 정답 ③

상 등기절차 총론

ㄴ, ㄷ은 등기필정보를 작성·교부하지 아니한다.
등기명의인이 신청하지 않은 다음의 어느 하나의 등기를 하는 경우에는 등기명의인을 위한 등기필정보를 작성하지 아니한다(등기예규 제1840호).
- 승소한 등기의무자의 신청에 의한 등기
- 채권자대위에 의한 등기(ㄴ)
- 등기관의 직권에 의한 보존등기(ㄷ)
- 공동상속인 중 일부가 신청한 상속등기와 같이 공유자 중 일부가 공유자 전원을 등기권리자로 하여 신청한 권리에 관한 등기(신청인이 아닌 등기명의인을 위한 등기필정보로 한정한다)

18. 정답 ①

하 등기절차 총론

각하사유에 해당하는 것은 ㄱ, ㄴ이다.
ㄱ. 공동상속인 중 1인이 신청한 자기지분만의 상속등기
ㄴ. 미등기부동산의 공유자 중 1인이 자기지분만에 대한 소유권보존등기 신청

19. 정답 ②

중 등기절차 총론

② 저당권이전등기의 당사자는 저당권의 양수인과 양도인이므로 저당권설정자는 이의신청을 할 수 없다.

20. 정답 ③

상 권리에 관한 등기

옳은 것은 ㄱ, ㄷ, ㄹ이다.
ㄴ. 수인의 공유자가 수인에게 지분의 전부 또는 일부를 이전하는 경우의 등기신청은 등기권리자별로 하거나 등기의무자별로 하여야 한다.

21. 정답 ⑤

중 권리에 관한 등기

⑤ 대지권등기가 된 구분건물에 대하여 대지권까지 포함한 전세권설정등기의 신청이 있는 경우 등기관은 그 신청을 수리할 수 없다. 대지권은 토지의 지분에 해당하므로 전세권등기가 허용되지 아니한다.

22. 정답 ②

중 권리에 관한 등기

② 근저당권설정등기를 할 때에는 채권의 최고액과 채무자의 성명과 주소는 필요적 기록사항이지만, 존속기간은 임의적 기록사항이다. 변제기는 저당권등기의 임의적 기록사항이다.

23. 정답 ④

상 권리에 관한 등기

ㄴ, ㄷ, ㅁ이 해당한다.
ㄱ. 건물에 대하여 국가를 상대로 한 소유권확인판결은 상대방을 잘못 지정한 판결이므로 해당하지 아니한다.
ㄹ. 건물에 대하여 건축허가명의인(또는 건축주)을 상대로 한 소유권확인판결은 상대방을 잘못 지정한 판결이므로 해당하지 아니한다.

24. 정답 ①

중 권리에 관한 등기

① 소유권이전청구권가등기권자가 가등기에 의한 본등기를 하지 않고 다른 원인에 의한 소유권이전등기를 한 후에는 원칙은 그 가등기에 의한 본등기를 할 수 없다. 다만, 가등기 후 위 소유권이전등기 전에 제3자 앞으로 처분제한의 등기가 되어 있거나 중간처분의 등기가 된 경우에는 그러하지 아니하다.

선생님의 한마디

이번 4회차는 일부러 어렵게 출제한 회차입니다. 박스형 문제와 괄호 넣기 문제, 계산 사례형 문제의 적응력을 배양하기 위한 회차이므로 득점이 저조해도 실망하지 마세요. 파이팅~~!!

25.

정답 ⑤

하 조세의 기초 이론

⑤ 농어촌특별세는 목적세이며, 부동산취득 · 보유 · 양도 모든 단계에서 부과될 수 있는 국세이다.

26.

정답 ④

하 납세의무의 성립 · 확정 · 소멸

④ 취득세 - 과세물건을 취득하는 때

27.

정답 ④

중 취득세

④ 형제자매인 증여자의 채무를 인수하는 부동산의 부담부증여의 경우에는 그 채무액에 상당하는 부분은 부동산을 유상으로 취득하는 것으로 본다.

28.

정답 ⑤

중 취득세

⑤ 지방자치단체의 장은 「지방세기본법」 제2조 제1항 제34호에 따른 특수관계인간의 거래로 그 취득에 대한 조세부담을 부당하게 감소시키는 행위 또는 계산을 한 것으로 인정되는 경우('부당행위계산'이라 함)에는 시가인정액을 취득당시가액으로 결정할 수 있다.

29.

정답 ③

상 지방세 종합

- 법인이 아닌 자가 지목변경하는 경우로서 사실상 취득가격을 확인할 수 없는 경우 토지의 지목변경으로 가액의 증가가 있는 경우에 취득세는 증가한 가액(4억원)에 중과기준세율(2%)을 적용하여 산출세액(800만원)을 구한다.
- 토지의 지목변경 등기의 경우 등록면허세는 건당 6,000원의 세율을 적용한다.

30.

정답 ④

하 등록면허세

④ 대한민국 정부기관의 등록에 대하여 과세하는 외국정부의 등록은 등록면허세를 과세한다.

31.

정답 ①

하 등록면허세

① 같은 채권의 담보를 위하여 설정하는 둘 이상의 저당권을 등록하는 경우에는 이를 하나의 등록으로 보아 그 등록에 관계되는 재산을 처음 등록하는 등록관청의 소재지를 납세지로 한다.

32.

정답 ③

상 종합부동산세

ㄱ은 80%, ㄴ은 7단계, ㄷ은 15년, ㄹ은 6개월, ㅁ은 10년이다.

- 1세대 1주택자에 대한 연령별 공제와 보유기간별 공제는 80% 범위 내에서 중복공제가 허용된다.
- 개인이 조정대상지역 내 2주택을 소유하는 경우에 종합부동산세 세율은 0.5~2.7% 7단계 초과누진세율을 적용한다.
- 1세대 1주택자가 15년 이상 장기보유하는 경우는 산출된 주택분 종합부동산세의 세액에서 100분의 50을 곱한 금액을 공제한다.
- 관할 세무서장은 종합부동산세로 납부하여야 할 세액이 250만원을 초과하는 경우에는 그 세액의 일부를 납부기한이 경과한 날부터 6개월 이내에 분할납부하게 할 수 있다.
- 혼인함으로써 1세대를 구성하는 경우에는 혼인한 날부터 10년 동안은 주택 또는 토지를 소유하는 자와 그 혼인한 자별로 각각 1세대로 본다.

33.

정답 ②

하 재산세

ㄱ은 100분의 2, ㄴ은 20만, ㄷ은 10이다.

- 건축물(공장용 및 주거용 건축물 제외)의 시가표준액이 해당 부속토지의 시가표준액의 2%에 미달하는 건축물의 부속토지 중 그 건축물의 바닥면적을 제외한 부속토지는 종합합산대상이다.
- 해당 연도에 부과할 주택분 재산세액이 20만원 이하인 경우, 조례로 정하는 바에 따라 납기를 7월 16일부터 7월 31일까지로 하여 한꺼번에 부과 · 징수할 수 있다.
- 과세대상 주택의 부속토지의 경계가 명백하지 아니할 때에는 그 주택의 바닥면적의 10배에 해당하는 토지를 주택의 부속토지로 한다.

34.

정답 ③

중 재산세

③ 2023년 3월 14일 개정으로 별장은 사치성 재산에서 제외되어 1,000분의 1에서 1,000분의 4의 4단계 초과누진세율을 적용한다.
① 고급주택에 대한 세율은 1,000분의 1에서 1,000분의 4의 4단계 초과누진세율을 적용한다.
② 소방분에 대한 지역자원시설세의 납기와 재산세의 납기가 같을 때에는 재산세의 납세고지서에 나란히 적어 고지할 수 있다.
④ 토지에 대한 산출세액이 20만원 이하인 경우에도 정기분에 대한 납기는 매년 9월 16일부터 9월 30일까지이다.
⑤ 공시가격이 3억원인 상가 건축물의 재산세 세 부담 상한은 전년도 세액의 100분의 150이다.

35.

정답 ④

중 종합부동산세

옳은 것은 ㄱ, ㄴ, ㄷ, ㄹ 4개이다.

ㅁ. 종합부동산세 납기는 과세대상 종류에 관계없이 토지분과 주택분 모두 매년 12월 1일부터 12월 15일까지이다.

36.

정답 ②

하 양도소득세

② 「개발제한구역의 지정 및 관리에 관한 특별조치법」 제12조 제1항 제2호 및 제3호의2에 따른 이축을 할 수 있는 권리(이축권)는 과세대상이지만, 이축권 가액을 별도로 평가하여 구분신고하는 경우는 기타소득으로 양도소득세 과세대상이 아니다.

37.

정답 ③

상 양도소득세

- 양도가액 10억원
- 필요경비(취득가액 5억원에서 양도자산 보유기간에 그 자산에 대한 감가상각비로서 각 과세기간의 사업소득금액을 계산하는 경우 필요경비에 산입한 금액인 1,000만원은 이를 취득가액에서 공제한 금액을 그 취득가액으로 하므로 4억 9,000만원이 취득가액이다)
- 취득세(납부영수증은 없다) 및 중개수수료 등 합계액: 5,000만원은 필요경비로 공제한다.
- 재산세 및 종합부동산세: 1,000만원은 필요경비로 공제하지 않는다.
- 도장비용 등 수익적 지출액: 4,000만원은 필요경비로 공제하지 않는다.
- 양도시 양도소득세 신고서 작성비용, 공증비용, 인지대 등: 1,000만원은 필요경비로 공제한다.

∴ 10억원 - (4억 9,000만원 + 5,000만원 + 1,000만원) = 4억 5,000만원

38.

정답 ④

하 양도소득세

④ 예정신고를 이행한 경우에는 확정신고를 하지 아니할 수 있다. 다만, 해당 과세기간에 누진세율 적용대상 자산에 대한 예정신고를 2회 이상 한 자가 이미 신고한 양도소득금액과 합산하여 예정신고를 하지 않는 경우 등의 경우에는 예정신고를 이행한 경우라도 확정신고를 이행하여야 한다.

① 거주자가 건물을 증축(증축의 경우 바닥면적 합계가 $85m^2$ 초과하는 경우에 한정)하고 그 건물의 증축일부터 5년 이내에 해당 건물을 양도하는 경우로서 감정가액을 그 취득가액으로 하는 경우에는 해당 건물 감정가액(증축의 경우 증축한 부분에 한정)의 100분의 5에 해당하는 금액을 양도소득 결정세액에 더한다.

② 주식 또는 출자지분을 양도한 경우 양도소득 예정신고기한은 양도일이 속하는 반기의 말일부터 2개월 이내이다.

③ 양도를 하였는데 양도차익이 없는 경우에도 양도소득세 예정신고는 하여야 한다.

⑤ 예정신고기한 내 무신고 · 과소신고 후 확정신고기한까지 신고 · 수정신고한 경우에는 해당 무신고 · 과소신고가산세 100분의 50을 감면한다.

39.

정답 ①

중 양도소득세

① 고가주택의 경우에도 양도소득기본공제와 세율은 일반주택과 동일하게 계산한다.

40.

정답 ③

상 양도소득세

③ 20~80%의 장기보유특별공제율을 적용받는 1세대 1주택이란 1세대가 양도일(주택의 매매계약을 체결한 후 해당 계약에 따라 주택을 주택 외의 용도로 용도변경하여 양도하는 경우에는 해당 주택의 매매계약일) 현재 국내에 1주택을 보유하고 보유기간 중 거주기간이 2년 이상인 것을 말하며, 보유기간별(보유연수에 4%씩) 및 거주기간별(거주연수에 4%씩)에 따라 최대 80%를 공제 적용받을 수 있다. 즉, 10년 보유 및 10년 거주한 경우에 최대 80%를 공제받을 수 있다.

제5회 정답 및 해설

▶ 실시간 합격예측 서비스

난이도 및 출제포인트 분석

★ 난이도가 낮은 문제는 해설 페이지를 찾아가 꼭 익혀두세요.

1교시 제1과목 공인중개사법령 및 실무

문제 번호	난이도 및 출제포인트 분석	문제 번호	난이도 및 출제포인트 분석
1	중 공인중개사법령 총칙 p.65	21	중 지도 · 감독 및 벌칙 p.67
2	중 공인중개사법령 총칙 p.65	22	상 지도 · 감독 및 벌칙 p.67
3	상 공인중개사 제도 p.65	23	중 지도 · 감독 및 벌칙 p.67
4	중 중개사무소의 개설등록 p.65	24	중 지도 · 감독 및 벌칙 p.67
5	상 중개사무소의 개설등록 p.65	25	하 지도 · 감독 및 벌칙 p.67
6	중 중개업무 p.65	26	중 부동산거래신고제도 p.67
7	상 중개업무 p.65	27	중 부동산거래신고제도 p.67
8	중 중개업무 p.65	28	중 부동산거래신고제도 p.67
9	중 중개업무 p.65	29	중 주택임대차계약의 신고 p.67
10	하 중개업무 p.66	30	중 외국인 등의 부동산취득 등에 관한 특례 p.67
11	상 중개계약 및 부동산거래정보망 p.66	31	중 토지거래허가제도 p.68
12	중 중개계약 및 부동산거래정보망 p.66	32	중 토지거래허가제도 p.68
13	하 개업공인중개사 등의 의무 p.66	33	중 토지거래허가제도 p.68
14	상 개업공인중개사 등의 의무 p.66	34	상 중개의뢰접수 및 중개계약 p.68
15	하 개업공인중개사 등의 의무 p.66	35	중 중개대상물의 조사 · 확인 p.68
16	상 개업공인중개사 등의 의무 p.66	36	중 중개대상물의 조사 · 확인 p.68
17	중 중개보수 및 실비 p.66	37	상 개별적 중개실무 p.68
18	하 교육, 업무위탁 및 포상금 제도 p.66	38	중 개별적 중개실무 p.68
19	중 교육, 업무위탁 및 포상금 제도 p.66	39	하 개별적 중개실무 p.68
20	하 공인중개사협회 p.66	40	중 개별적 중개실무 p.69

1교시 제2과목 부동산공법

문제 번호	난이도 및 출제포인트 분석	문제 번호	난이도 및 출제포인트 분석
41	중 국토계획법 용어정의 p.69	61	중 정비사업의 시행 p.71
42	중 도시 · 군기본계획 p.69	62	중 정비사업의 시행절차 p.71
43	중 도시 · 군관리계획의 내용 p.70	63	상 재건축진단 p.71
44	중 산업 · 유통개발진흥지구의 지정제안 p.70	64	중 정비사업조합 p.71
45	중 도시지역의 결정 · 고시 특례 p.70	65	상 건축법 용어정의 p.71
46	하 용도지역별 건폐율 p.70	66	중 용도별 건축물의 종류 p.71
47	중 용도지구 p.70	67	중 건축법 적용대상 p.72
48	중 타인토지의 출입 등 p.70	68	중 건축허가 p.72
49	중 지구단위계획 p.70	69	중 도지사 사전승인 p.72
50	중 개발행위허가제도 p.70	70	중 건축법상 조경 p.72
51	하 도시 · 군계획시설 p.70	71	중 건축선 p.72
52	중 실효규정 p.70	72	중 면적 등의 산정방법 p.72
53	중 개발구역의 지정권자 p.70	73	중 주택법 용어정의 p.72
54	중 개발구역 지정제안 p.70	74	중 세대구분형 공동주택 p.72
55	하 도시개발조합 p.71	75	중 등록기준 p.72
56	중 도시개발사업의 시행 p.71	76	중 리모델링주택조합 p.72
57	중 수용 · 사용방식 p.71	77	중 매도청구 p.73
58	상 환지계획 p.71	78	중 전매금지 p.73
59	중 정비기본계획 p.71	79	중 농지취득자격증명 p.73
60	중 정비구역의 해제 p.71	80	중 대리경작제도와 임대차 p.73

2교시 제1과목 부동산 공시에 관한 법령 및 부동산 관련 세법

문제 번호	난이도 및 출제포인트 분석	문제 번호	난이도 및 출제포인트 분석
1	중 토지의 등록 p.73	21	중 권리에 관한 등기 p.75
2	하 토지의 등록 p.73	22	중 권리에 관한 등기 p.75
3	하 토지의 등록 p.73	23	중 권리에 관한 등기 p.75
4	하 지적공부 p.74	24	상 권리에 관한 등기 p.75
5	중 지적공부 p.74	25	중 조세의 기초 이론 p.75
6	하 지적공부 p.74	26	중 취득세 p.75
7	중 토지의 이동 및 지적정리 p.74	27	상 취득세 p.75
8	상 토지의 이동 및 지적정리 p.74	28	하 취득세 p.76
9	중 토지의 이동 및 지적정리 p.74	29	중 등록면허세 p.76
10	하 지적측량 p.74	30	상 조세의 불복제도 p.76
11	상 지적측량 p.74	31	중 재산세 p.76
12	중 지적공부 p.74	32	상 재산세 p.76
13	중 부동산등기법 총칙 p.74	33	중 종합부동산세 p.76
14	하 등기기관과 설비 p.74	34	하 종합부동산세 p.76
15	중 등기절차 총론 p.74	35	중 소득세 총설 p.76
16	중 등기절차 총론 p.74	36	상 양도소득세 p.76
17	상 표시에 관한 등기 p.74	37	상 양도소득세 p.76
18	상 권리에 관한 등기 p.75	38	중 양도소득세 p.76
19	중 권리에 관한 등기 p.75	39	중 양도소득세 p.77
20	상 권리에 관한 등기 p.75	40	하 양도소득세 p.77

1교시

제1과목 공인중개사법령 및 실무

1	2	3	4	5	6	7	8	9	10
②	④	③	①	①	⑤	①	③	②	④
11	12	13	14	15	16	17	18	19	20
④	①	②	④	③	③	①	⑤	②	⑤
21	22	23	24	25	26	27	28	29	30
②	④	③	①	①	④	⑤	④	⑤	②
31	32	33	34	35	36	37	38	39	40
②	③	③	④	⑤	⑤	②	①	④	③

선생님의 한마디

이번 회차는 사례형 문제와 절차에 중점을 두고 연습할 수 있는 문제였습니다. 다소 익숙하지 않은 문제가 있어서 어려움이 있었을 것으로 생각됩니다. 공인중개사법령에서는 25문제, 부동산 거래신고 등에 관한 법령에서는 8문제, 중개실무에서 7문제가 출제되었고, 박스형은 13문제, 옳은 것 유형은 21문제였습니다. 상급의 문제가 9문제가 출제되었는데, 이는 실제 시험의 출제비중을 따른 것입니다. 80점 이상의 득점을 하지 못하였더라도 틀린 부분을 다시 한 번 체크하여 보완해 주시고, 자신감을 잃지 않으시길 바랍니다.

1.

정답 ②

중 공인중개사법령 총칙

① 중개대상물의 거래당사자들로부터 보수를 현실적으로 받지 아니하고 단지 보수를 받을 것을 약속 · 요구하는 데 그친 경우는 중개업으로 볼 수 없다(대판 2006.9.22, 2006도4842).
③ 토지를 거래당사자간에 교환하는 행위를 '알선'하는 것이 중개에 해당한다.
④ 거래의 일방당사자의 의뢰에 의하여 중개대상물의 매매 · 교환 · 임대차 그 밖의 권리의 득실변경에 관한 행위를 알선하는 경우도 중개에 해당한다(대판 1995.9.29, 94다47261).
⑤ 중개행위에 의한 권리의 득실변경에 관한 법률행위가 강행법규에 반한다는 사정만으로는 「공인중개사법」에 의한 중개행위에서 제외된다고 할 수 없다(대판 2017.10.26, 2017도11528).

2.

정답 ④

중 공인중개사법령 총칙

④ 입목을 목적으로 하는 저당권의 효력은 입목을 베어낸 경우 그 토지로부터 분리된 수목에도 미친다(「입목에 관한 법률」 제4조 제1항).
① 대판 2013.1.24, 2010다16519.
② 대판 2009.1.15, 2008도9427

3.

정답 ③

상 공인중개사 제도

옳은 것은 ㄱ, ㄴ, ㅁ이다.
ㄷ. 심의위원회의 위원의 임명 · 위촉은 '국토교통부장관'이 한다.
ㄹ. 심의위원회 위원장이 직무를 수행할 수 없을 경우 위원장이 지명한 위원이 그 직무를 대행한다.

4.

정답 ①

중 중개사무소의 개설등록

개설등록이 가능한 경우는 ㄱ, ㄴ이다.
ㄷ. 「협동조합 기본법」상 사회적 협동조합은 개설등록을 할 수 없다.
ㄹ. 임원으로서 집행유예기간 중인 자는 결격사유에 해당하고, 임원이 결격사유에 해당된 경우 해당 법인은 결격이므로 등록을 할 수 없다.
ㅁ. 소속공인중개사인 자는 등록을 신청할 수 없다.

5.

정답 ①

상 중개사무소의 개설등록

ㄱ, ㄹ이 2025년 10월 25일 현재 결격이 아니다.
ㄱ. 2006년 10월 25일 오후 5시에 출생한 자는 2025년 10월 25일 0시부터 결격이 아니다.
ㄴ. 2022년 10월 13일 「건축법」을 위반하여 징역 1년을 선고받은 자는 총 4년이 결격이므로, 2026년 10월 13일 결격사유에서 벗어난다.
ㄷ. 2025년 7월 10일 업무정지처분 4개월을 받은 자는 폐업에 불구하고 업무정지기간은 진행되고, 2025년 11월 10일부터 결격이 아니다.
ㄹ. 양벌규정에 의한 벌금은 결격이 아니다(대판 2008.5.29, 2007두26568).
ㅁ. 2022년 10월 17일 「형법」 위반으로 징역 1년에 집행유예 2년을 선고받은 자는 총 4년이 결격이므로, 2026년 10월 17일부터 결격이 아니다.

6.

정답 ⑤

중 중개업무

① 중개사무소 이전신고는 10일 내에 하면 된다.
② 등록관청은 중개사무소등록증을 재교부하거나 변경사항을 기재하여 교부할 수 있다.
③ 甲은 이전 전 중개사무소의 간판을 지체 없이 철거해야 한다.
④ 보증관계증서 사본은 중개사무소 이전신고시 첨부서면이 아니다.

7.

정답 ①

상 중개업무

① 중개사무소 이전신고시에 중개사무소의 명칭을 변경할 수 있으므로, 옳은 지문이다.
② 공인중개사가 아닌 개인인 개업공인중개사(중개인)는 '공인중개사사무소'라는 명칭을 사용할 수 없다.
③ 분사무소의 옥외광고물에는 책임자의 성명을 표기하여야 한다.
④ '발품부동산' 및 '부동산 Cafe'라고 표시된 옥외광고물을 설치하고, '발품부동산 대표'라는 명칭이 기재된 명함을 사용한 것은 일반인으로 하여금 공인중개사사무소 또는 부동산중개를 하거나 공인중개사인 것으로 오인하도록 할 위험성이 있는 것으로 공인중개사 또는 개업공인중개사와 유사한 명칭을 사용한 경우에 해당한다(대판 2015.7.23, 2014도12437).
⑤ 옥외광고물에 성명을 거짓으로 표기한 경우에는 100만원 이하의 '과태료'가 부과된다.

8.

정답 ③

중 중개업무

③ 개업공인중개사가 중개대상물이 존재하지 않아서 실제로 거래를 할 수 없는 중개대상물에 대한 표시 · 광고를 한 경우는 500만원 이하의 과태료 부과사유이다.
② 개업공인중개사가 아닌 자는 중개업을 하기 위하여 중개대상물에 대한 표시 · 광고를 할 수 없으므로, 소속공인중개사는 중개대상물에 대한 표시 · 광고를 할 수 없다. 따라서 옳은 지문이다.

9.

정답 ②

중 중개업무

① 고용신고는 업무개시 전까지, 고용관계 종료신고는 10일 이내에 해야 한다.
③ 등록관청이 자격확인 요청을 하므로, 소속공인중개사에 대한 고용신고시에 자격증 사본을 첨부하지 않는다.
④ 소속공인중개사의 '업무상 행위'만 그를 고용한 개업공인중개사의 행위로 본다.
⑤ 거래계약서 작성의무는 개업공인중개사에게 있고, 소속공인중개사는 거래계약서를 작성할 수 있다.

10. 정답 ④

하 중개업무

④ 중개업의 휴업 및 폐업신고는 전자문서로 할 수 없다.

11. 정답 ④

상 중개계약 및 부동산거래정보망

ㄱ, ㄴ, ㄷ이 차이가 있다.
ㄱ. 권리자의 주소·성명 등 인적사항은 공개 금지사항이나 확인·설명사항이다.
ㄴ, ㄷ. 취득 관련 조세의 종류 및 세율과 중개보수 및 실비의 금액과 산출내역은 공개할 정보는 아니나 확인·설명사항이다.
ㄹ. 공법상 이용제한 및 거래규제에 관한 사항은 전속중개계약 체결시 공개할 정보이면서 확인·설명사항이다.

Ⓥ 전속중개계약시 공개할 정보와 확인·설명사항의 주요한 차이

1. 권리자의 인적사항: 공개정보 ×, 확인·설명사항 O
2. 공시지가: 공개정보 O, 명문 확인·설명사항 ×,
3. 중개보수 및 실비의 금액과 산출내역: 공개정보 ×, 확인·설명사항 O
4. 취득 관련 조세의 종류 및 세율: 공개정보 ×, 확인·설명사항 O

12. 정답 ①

중 중개계약 및 부동산거래정보망

② 지정신청을 받은 날로부터 '30일' 내에 거래정보사업자 지정 여부를 결정하여야 한다.
③ 운영규정은 '지정을 받은 날'로부터 3개월 내에 제정하여 승인을 얻어야 한다.
④ 거래정보사업자로 지정을 받은 자는 '1년' 내에 부동산거래정보망을 설치하고 운영하여야 한다.
⑤ 거짓 그 밖의 부정한 방법으로 거래정보사업자 지정을 받은 자는 그 지정이 취소'될 수 있다.'

13. 정답 ②

하 개업공인중개사 등의 의무

② 비밀준수의무는 업무를 떠난 후에도 지켜야 할 의무이다.

14. 정답 ④

상 개업공인중개사 등의 의무

ㄴ, ㄷ, ㅁ이 필수 기재사항에 해당한다.
ㄱ, ㄹ. 거래예정금액, 공법상 이용제한 및 거래규제에 관한 사항은 거래계약서의 필수 기재사항에 해당하지 아니한다.

Ⓥ 거래계약서 필수 기재사항

1. 거래당사자의 인적사항
2. 물건의 표시
3. 계약일
4. 거래금액·계약금액 및 그 지급일자 등 지급에 관한 사항
5. 물건의 인도일시
6. 권리이전의 내용
7. 조건이나 기한이 있는 경우에는 그 조건 또는 기한
8. 확인·설명서 교부일자
9. 그 밖의 약정내용

15. 정답 ③

하 개업공인중개사 등의 의무

③ 보증기관을 통하여 손해배상을 한 경우 재가입·보전은 15일 내에 하여야 한다.

Ⓥ 보증의 변경, 재설정 및 재가입·보전

보증의 변경	보증을 변경하고자 하는 경우 이미 설정한 보증의 효력이 있는 기간 중에 다른 보증 설정하여 신고
재설정	보증보험, 공제의 보증기간 만료시에는 보증기간 만료일까지 다시 설정하여 신고
재가입·보전	보증보험금, 공제금 또는 공탁금으로 손해배상시 15일 내 보증보험, 공제에 다시 가입하거나 공탁금 중 부족한 금액을 보전

16. 정답 ③

상 개업공인중개사 등의 의무

소속공인중개사에게 금지되는 행위는 ㄱ, ㄴ, ㄹ이다.
ㄱ은 직접거래, ㄴ은 매매업으로서 금지행위이다.
ㄷ. 상가건물의 분양대행에 대한 보수이므로 보수초과행위가 아니다.
ㄹ. 소속공인중개사도 자격증의 대여를 알선하는 행위를 해서는 아니 된다.

17. 정답 ①

중 중개보수 및 실비

① 중개대상물인 건축물 중 주택의 면적이 2분의 1 미만인 경우에는 주택 외의 중개대상물에 관한 중개보수를 적용한다.

18. 정답 ⑤

하 교육, 업무위탁 및 포상금 제도

⑤ 옳은 것은 ㄱ(직무교육), ㄴ(2년), ㄷ(10일)순이다.

19. 정답 ②

중 교육, 업무위탁 및 포상금 제도

옳은 것은 ㄱ, ㅁ이다.
ㄴ. 포상금은 검사가 공소제기, 기소유예처분을 한 경우에만 지급한다.
ㄷ. 포상금은 '국고'에서 100분의 50까지 보조'할 수 있다'.
ㄹ. 포상금은 등록관청이 지급한다.

20. 정답 ⑤

하 공인중개사협회

⑤ 공제사업운영위원회의 회의는 재적위원 과반수의 출석으로 개의하고, 출석위원 과반수의 찬성으로 의결한다.

Ⓥ 공제사업

성격	비영리 사업, 회원 상호간의 부조목적, 임의 사업
운영규정 제정·변경	국토교통부장관 승인사항
책임준비금 적립비율	공제료 수입액의 100분의 10 이상, 전용시 국토교통부장관 승인
회계분리	공제사업회계는 별도 관리
실적공시	회계연도 종료 후 3개월 내 협회보 또는 일간신문, 홈페이지 게시
조사·검사	국토교통부장관의 요청시 금융감독원장이 가능
개선명령	장부가격의 변경 등을 국토교통부장관이 명할 수 있다.
재무건전성 유지	지급여력비율을 100분의 100 이상으로 유지
시정명령	국토교통부장관이 임원의 징계·해임 요구 또는 시정명령 가능
운영위원회	필수기관, 심의·감독기관, 위원장·부위원장 호선, 위원 19명 이내, 임기 2년

21.
정답 ②

중 지도·감독 및 벌칙

ㄱ, ㄴ, ㄹ이 절대적(필요적) 등록취소사유이다.
ㄷ, ㅁ은 상대적(임의적) 등록취소사유이다.

22.
정답 ④

상 지도·감독 및 벌칙

④ 거래계약서를 보존기간 동안 보존하지 아니한 경우의 업무정지 기준기간은 3개월이다.
①②③⑤ 업무정지 기준기간이 6개월이다.

23.
정답 ③

중 지도·감독 및 벌칙

③ 「형법」상의 위증죄로 징역 8개월을 선고받은 경우는 자격취소사유가 아니다.

24.
정답 ①

중 지도·감독 및 벌칙

② 3년 이하의 징역 또는 3천만원 이하의 벌금 사유이다.
③ 500만원 이하의 과태료 부과사유이다.
④ 100만원 이하의 과태료 부과사유이다.
⑤ 업무정지처분사유(그 밖의 이 법 위반)이다.

25.
정답 ①

하 지도·감독 및 벌칙

① 연수교육을 기한 내에 받지 아니한 자에 대한 과태료는 시·도지사가 부과·징수한다.

Ⓥ 과태료 부과대상자와 부과권자

1. 거래정보사업자, 정보통신서비스 제공자 및 협회: 국토교통부장관
2. 연수교육을 받지 아니한 자 및 자격증 미반납자: 시·도지사
3. 부당한 표시·광고 및 중개업구 관련 위반 개업공인중개사, 중개보조원: 등록관청

26.
정답 ④

중 부동산거래신고제도

④ 공동 매수인의 일부를 추가하거나 교체하는 변경신고는 할 수 없다.

27.
정답 ⑤

중 부동산거래신고제도

⑤ 신고의무자가 아닌 자로서 거짓으로 부동산거래계약신고를 한 경우는 취득가액의 100분의 10 이하의 과태료가 부과된다.

Ⓥ 부동산거래신고 위반에 대한 제재

1. 500만원 이하의 과태료: 신고를 하지 아니한 경우, 대금 외 자료제출 요구 불응, 거짓신고 요구·조장·방조(신고거부자 포함) - 기준금액의 2분의 1 범위 내 가감
2. 3천만원 이하의 과태료: 가장 계약신고, 가장 해제신고, 대금지급 증명자료 제출요구 불응 - 기준금액의 5분의 1 범위 내 가감
3. 취득가액의 10% 이하의 과태료: 거짓신고 - 기준금액의 5분의 1 범위 내 가감
4. 3년 이하의 징역 또는 3천만원 이하의 벌금: 부당한 이득 등 취득 목적 가장 계약신고, 가장 해제신고

✚ 신고관청은 개업공인중개사에게 과태료 부과시 등록관청에 10일 내에 통보

28.
정답 ④

중 부동산거래신고제도

④ 거래계약의 체결일이란 거래당사자가 구체적으로 특정되고, 거래목적물 및 거래대금 등 거래계약의 중요부분에 대하여 거래당사자가 합의한 날을 말한다. 이 경우 합의와 더불어 계약금의 전부 또는 일부를 지급한 경우에는 그 지급일을 거래계약의 체결일로 보되, 합의한 날이 계약금의 전부 또는 일부를 지급한 날보다 앞서는 것이 서면 등을 통해 인정되는 경우에는 합의한 날을 거래계약의 체결일로 본다.

29.
정답 ⑤

중 주택임대차계약의 신고

ㄱ, ㄴ, ㄷ, ㄹ 모두 옳은 내용이다.

30.
정답 ②

중 외국인 등의 부동산취득 등에 관한 특례

② 증여는 계약이므로, '계약 체결일'부터 '60일' 이내에 취득신고를 해야 한다.

Ⓥ 외국인 등의 취득허가

대상토지	• 「군사기지 및 군사시설 보호법」상 군사시설보호구역 등 • 「문화유산의 보존 및 활용에 관한 법률」상 문화유산보호구역 등 • 「자연유산의 보존 및 활용에 관한 법률」상 천연기념물 등 보호구역 • 「야생생물보호 및 관리에 관한 법률」상 야생생물특별보호구역 • 「자연환경보전법」상 생태 · 경관보전지역
처리기한	15일(군사시설보호구역은 30일) 내 허가 또는 불허가 처분(허가 기속성)
위반	1. 계약 무효 2. 2년 이하의 징역 또는 2천만원 이하의 벌금

31.

정답 ②

중 토지거래허가제도

② 중개거래인 경우라도 개업공인중개사는 허가신청의무가 없으므로, 토지거래계약허가신청서에 개업공인중개사의 인적사항은 기재할 사항이 아니다.

32.

정답 ③

중 토지거래허가제도

옳은 것과 틀린 것의 표시가 순서대로 바르게 된 것은 ㄱ(O), ㄴ(×), ㄷ(×)이다.

ㄴ. 따로 정함이 없는 한 도시지역 중 상업지역은 그 면적이 '150m²' 이하인 경우 허가를 요하지 아니한다.

ㄷ. 토지를 허가받은 목적대로 이용하지 아니한 경우 허가관청은 '3개월' 이내의 기간을 정하여 이용의무를 이행하도록 명할 수 있다.

33.

정답 ③

중 토지거래허가제도

③ 임대사업을 하는 자가 임대사업을 위하여 이 토지를 매수하는 경우는 토지거래계약 허가대상이다.

①②④⑤ 토지거래허가는 대가를 수반하는 소유권, 지상권의 설정 및 이전계약에 한하므로 증여, 경매, 저당권설정계약, 국세 및 지방세의 체납처분 또는 강제집행을 하는 경우는 대상이 아니다.

34.

정답 ④

상 중개의뢰접수 및 중개계약

일반중개계약서와 전속중개계약서의 서식에 공통으로 기재되는 사항은 ㄴ, ㄷ, ㄹ이다.

ㄱ. 중개의뢰인의 소요비용 지급 의무는 전속중개계약서에만 기재되는 사항이다.

35.

정답 ⑤

중 중개대상물의 조사 · 확인

⑤ 다른 사람의 토지 또는 묘지에 그의 승낙 없이 분묘를 설치한 자는 토지사용권이나 그 밖에 분묘의 보존을 위한 권리를 주장할 수 없다(「장사 등에 관한 법률」 제27조 제4항).

36.

정답 ⑤

중 중개대상물의 조사 · 확인

① 토지에 관한 확인 · 설명서에 '비선호시설(1km 이내)' 기재란이 있다.

② '실제 권리관계 또는 공시되지 아니한 물건의 권리사항'은 매도 · 임대의뢰인이 고지한 사항(법정지상권, 유치권, 「주택임대차보호법」에 따른 임대차, 토지에 부착된 조각물 및 정원수, 계약 전 소유권 변동여부, 도로의 점용허가 여부 및 권리 · 의무 승계 대상 여부 등)을 적는다.

③ 교육시설은 입지조건란에 기재하고, 판매 및 의료시설은 기재란이 없다. 주거용 건축물 확인 · 설명서의 '내 · 외부 시설물의 상태'란에는 수도, 전기, 가스, 소방(단독경보형감지기), 난방방식 및 연료공급, 승강기, 배수, 그 밖의 시설물을 기재한다.

④ 주거용 건축물 확인 · 설명서의 '도시 · 군계획시설', '지구단위계획구역, 그 밖의 도시 · 군관리계획'은 개업공인중개사가 확인하여 기재한다.

37.

정답 ②

상 개별적 중개실무

② 甲과 丙간의 매매계약은 유효하므로, 甲은 丙에게 매매계약에 기하여 X부동산에 대한 소유권이전등기를 청구할 수 있어 옳은 지문이다.

① 친구간 명의신탁약정을 한 경우는 특례가 적용되지 않으므로, 그 약정이 조세포탈, 강제집행의 면탈 또는 법령상 제한의 회피를 목적으로 하지 않더라도 명의신탁약정 및 등기는 무효이다.

③ 제3자에게 乙이 X부동산을 매각하지 않은 이상 부당이득의 문제가 발생하지 않으므로, 甲은 乙에게 부당이득반환청구권을 행사할 수 없다.

④ 乙 명의의 등기는 「민법」상의 불법원인급여에 해당하지 않는다(대판 2019.6.20, 2013다218156).

⑤ 제3자 丁은 악의인 경우라도 X부동산의 소유권을 취득한다.

38.

정답 ①

중 개별적 중개실무

ㄹ이 옳은 내용이다. 현재 서울특별시 소재 주택임대차로서 보증금이 1억 6,500만원 이하(월 차임은 고려하지 않음)인 임차인은 최우선변제를 받을 수 있다.

ㄱ. 乙이 X주택의 일부를 주거 외의 목적으로 사용하더라도 「주택임대차보호법」의 적용을 받는다.

ㄴ. 증액 제한은 조례로 달리 정함이 없는 한 기존 보증금과 월 차임의 20분의 1을 초과하지 못하므로, 10만원 증액은 불가하다.

ㄷ. 임차권등기가 되었으므로 대항력을 잃지 않는다.

39.

정답 ④

하 개별적 중개실무

④ 임차건물을 양수인에게 인도하여야 배당금을 수령할 수 있다.

40.

정답 ③

중 개별적 중개실무

③ 중개업과 매수신청대리의 경우 공인중개사인 개업공인중개사가 손해배상책임을 보장하기 위한 보증을 설정해야 하는 금액은 2억원 이상으로 서로 같다.

Ⓥ 공인중개사법과 매수신청대리인 등록규칙 비교

구분	공인중개사법	매수신청대리인 등록규칙
등록관할	등록관청	지방법원장
보증설정기한	등록 후 업무개시 전	등록신청 전
등록처리기한	7일	14일
실무교육권한	시 · 도지사	법원행정처장
실무교육대상	등록신청인, 임원 · 사원, 책임자, 소속공인중개사	등록신청인, 법인대표자
실무교육시간	28시간 이상 32시간 이하	32시간 이상 44시간 이하
업무수행	소속공인중개사 대행 가능	개업공인중개사 직접 출석 수행
인장등록	있음	없음
확인 · 설명서 보존	3년	5년
실비	등기부열람비 등 가능	등기부열람비 등 통상실비 제외
영수증 교부	의무 없음(서식 ×)	의무 있음(서식 ○)
업무정지	재량행위	재량행위와 기속행위로 구분
업무정지기간	6개월 이하	1월 이상 2년 이하

제2과목 부동산공법

41	42	43	44	45	46	47	48	49	50
③	②	①	①	⑤	③	②	③	③	⑤
51	52	53	54	55	56	57	58	59	60
④	①	②	①	③	②	①	③	④	⑤
61	62	63	64	65	66	67	68	69	70
④	④	③	②	③	②	⑤	⑤	④	③
71	72	73	74	75	76	77	78	79	80
⑤	③	⑤	②	③	③	④	⑤	④	①

선생님의 한마디

안녕하세요, 수험생 여러분! 제5회 실전모의고사는 기출 지문과 예상 지문을 바탕으로 하되, 난이도는 중간 수준으로 조정하여 실제 시험과 유사한 흐름으로 구성했습니다. 부동산공법은 과목 특성상 범위가 방대하고 체계가 복잡합니다. 완벽한 암기보다는 오답을 통해 익히고 반복하면서 자연스럽게 기억하는 방식이 가장 효과적입니다. 이번 회차에서는 자주 출제되는 핵심 개념과 반복 논점 위주로 문제를 구성하였으니, 점수보다는 틀린 문제에 대한 분석에 집중해 주세요. 50점 이상이면 충분히 잘하신 것이고, 무엇보다 중요한 건 포기하지 않고 끝까지 밀고 나가는 힘입니다. 여러분의 노력은 결코 헛되지 않습니다. 오늘의 오답은 내일의 정답이 됩니다. 끝까지 함께하겠습니다. 파이팅입니다!

41.

정답 ③

중 국토계획법 용어정의

① 도시 · 군계획은 특별시 · 광역시 · 특별자치시 · 특별자치도 · 시 또는 군(광역시 관할 구역 안의 군을 제외한다)의 관할 구역에 대하여 수립하는 공간구조와 발전방향에 대한 계획으로 도시 · 군기본계획과 도시 · 군관리계획으로 구분한다. "구"는 관할 구역이 특별시와 광역시에 포함되어 있기 때문에 구에서는 별도로 수립하지 않는다.

② 지구단위계획은 도시 · 군계획 수립대상지역 안의 일부에 대하여 토지이용을 합리화하고 그 기능을 증진시키며 미관을 개선하고 양호한 환경을 확보하며, 해당 지역을 체계적 · 계획적으로 관리하기 위하여 수립하는 도시 · 군관리계획을 말한다.

④ 국가계획은 중앙행정기관이 법률에 의하여 수립하거나 국가의 정책적인 목적달성을 위하여 수립하는 계획 중 도시 · 군기본계획이나 도시 · 군관리계획으로 결정하여야 할 사항이 포함된 계획을 말한다.

⑤ 도시 · 군계획시설사업은 도시 · 군계획시설을 설치 · 정비 또는 개량하는 사업을 말한다.

42.

정답 ②

중 도시 · 군기본계획

① 도시 · 군기본계획을 수립 또는 변경하는 경우에는 공청회를 통해서 주민 또는 관계 전문가의 의견을 들어야 한다.

③ 「수도권정비계획법」에 의한 수도권에 속하지 아니하고 광역시와 경계를 같이하지 아니한 시 또는 군으로서 인구 10만명 이하인 시 또는 군의 경우 도시 · 군기본계획을 수립하지 아니할 수 있다.

④ 생활권의 설정과 생활권역별 개발 · 정비 및 보전 등에 관한 사항은 도시 · 군기본계획의 내용에 포함되는 내용이다.
⑤ 도시 · 군기본계획 수립을 위한 기초조사에는 토지적성평가와 재해취약성분석을 포함하여야 한다.

43.

정답 ①

중 도시 · 군관리계획의 내용

① 농업진흥지역의 지정은 도시 · 군관리계획의 내용에 해당하지 아니한다. 농업진흥지역은 「농지법」에 따라 시 · 도지사가 지정한다.

44.

정답 ①

중 산업 · 유통개발진흥지구의 지정제안

① 산업 · 유통개발진흥지구의 지정 또는 변경을 제안할 수 있다. 주거개발진흥지구는 지정을 제안할 수 없다.

45.

정답 ⑤

중 도시지역의 결정 · 고시 특례

① 농공단지는 도시지역으로 결정 · 고시된 것으로 보지 않는다.
② 농림지역에 연접이 아니라 '도시지역'에 연접한 공유수면이 특례 대상이다.
③ 취락지구에 도시개발구역으로 지정 · 고시된 지역은 도시지역으로 보지 않는다.
④ 계획관리지역에 연접이 아니라 '도시지역'에 연접한 공유수면이 특례 대상이다.

Ⓥ 비교

도시지역으로 결정 · 고시되는 경우는 다음과 같다.
1. 「항만법」에 따른 항만구역으로서 도시지역에 연접한 공유수면
2. 「어촌 · 어항법」에 따른 어항구역으로서 도시지역에 연접한 공유수면
3. 「산업입지 및 개발에 관한 법률」에 따른 국가산업단지, 일반산업단지 및 도시첨단산업단지
4. 「택지개발촉진법」에 따른 택지개발지구
5. 「전원개발촉진법」에 따른 전원개발사업구역 및 예정구역(수력발전소 또는 송 · 변전설비만을 설치하기 위한 전원개발사업구역 및 예정구역은 제외한다)

46.

정답 ③

하 용도지역별 건폐율

③ 준주거지역은 70% 이하, 유통상업지역은 80% 이하이다.

47.

정답 ②

중 용도지구

② 특정용도제한지구가 아니라 보호지구에 대한 설명이다.

48.

정답 ③

중 타인토지의 출입 등

① 행정청인 시행자가 타인토지에 출입 등을 하려는 경우에는 상급행정청의 승인이나 허가를 요하지 아니한다.
② 7일 전까지 통지하여야 한다.
④ 행위자가 속한 행정청 또는 도시 · 군계획시설사업의 시행자가 보상할 의무를 진다.
⑤ 일출 전이나 일몰 후에 담장으로 둘러싸인 토지에 출입하고자 할 때에는 미리 점유자의 승낙을 받아야 한다.

49.

정답 ③

중 지구단위계획

① 대지의 분할제한은 지구단위계획구역에서 완화하여 적용할 수 있는 사항이 아니다.
② 「주택법」에 따라 대지조성사업지구로 지정된 지역의 전부 또는 일부에 대하여 지구단위계획구역을 지정할 수 있다.
④ 10만m^2 이상이 아니라 30만m^2 이상이다.
⑤ 도시지역 내 지구단위계획구역에서 완화하여 적용되는 건폐율 및 용적률은 당해 용도지역 또는 용도지구에 적용되는 건폐율의 150% 및 용적률의 200%를 각각 초과할 수 없다.

50.

정답 ⑤

중 개발행위허가제도

⑤ 개발밀도관리구역 안에서는 기반시설의 설치나 그에 필요한 용지의 확보에 관한 계획서를 제출하지 아니한다.

51.

정답 ④

하 도시 · 군계획시설

④ 3개월이 아니라 2개월 이내에 알려야 한다.

52.

정답 ①

중 실효규정

① 도시 · 군관리계획이 결정이 된 후 지형도면을 고시하면 효력이 발생한다. 기존에는 효력이 발생된 이후 2년 이내에 지형도면을 고시해야 했으나 현 규정에는 지형도면을 고시해야 효력이 발생하기 때문에 실효규정이 없다.

53.

정답 ②

중 개발구역의 지정권자

② 시장 또는 군수가 요청하는 경우에는 시 · 도지사가 지정하는 것이라 국토교통부장관이 지정하는 사유가 아니다. 즉, 수원시장이 경기도지사에게 요청을 하는 것이다. 국토교통부장관이 지정하는 경우는 관계 중앙행정기관의 장이 요청하는 경우이다.

54.

정답 ①

중 개발구역 지정제안

① 국가 · 지방자치단체 및 도시개발조합을 제외한 사업시행자는 특별자치도지사, 시장 · 군수 또는 구청장에게 도시개발구역의 지정을 제안할 수 있다. 조합의 경우는 개발구역이 지정된 이후에 설립이 되는 것이므로 현재 설립이 되지 않았는데 제안을 할 수는 없다.

55. 정답 ③

하 도시개발조합

③ 조합원은 보유토지의 면적과 관계없는 평등한 의결권을 가진다.

56. 정답 ②

중 도시개발사업의 시행

① 국토교통부장관이 지정권자인 경우에는 시·도지사 또는 대도시 시장의 의견을 미리 들어야 한다.
③ 지가가 인근의 다른 지역에 비하여 현저히 높은 경우에는 환지방식으로 시행할 수 있다.
④ 택지 등의 집단적인 조성·공급이 필요한 경우에는 수용·사용방식으로 시행할 수 있다.
⑤ 사업시행면적의 100분의 10의 범위에서의 면적의 감소 등 경미한 사항을 변경하는 경우에는 지정권자의 변경인가를 받지 아니한다.

57. 정답 ①

중 수용·사용방식

① 민간사업시행자(조합은 제외)가 토지 등을 수용 또는 사용하려는 경우에 토지면적의 3분의 2 이상을 소유하고, 토지소유자 총수의 2분의 1 이상의 동의를 얻어야 한다. 국가·지방자치단체, 공공기관, 정부출연기관 및 지방공사인 사업시행자는 토지 등의 수용을 위하여 토지소유자의 동의를 요하지 아니한다.

58. 정답 ③

상 환지계획

① 조성토지 등의 가격을 평가하려는 때에는 토지평가협의회의 심의를 거쳐 결정하되, 그에 앞서 감정평가업자로 하여금 평가하게 하여야 한다.
② 면적이 넓은 토지에 대하여는 그 면적을 감소하여 환지를 정할 수 있다.
④ 행정청이 아닌 시행자가 환지계획을 작성한 때에는 특별자치도지사, 시장·군수 또는 구청장의 인가를 받아야 한다.
⑤ 환지로 지정된 토지나 건축물을 금전으로 청산하는 경우 등 경미한 사항을 변경하는 경우에는 변경인가를 받지 아니한다.

59. 정답 ④

중 정비기본계획

① 기본계획은 10년 단위로 수립하여야 한다.
② 지구단위계획은 기본계획의 내용이 아니라 정비계획의 내용이다.
③ 기본계획의 작성기준 및 작성방법은 국토교통부장관이 정한다.
⑤ 특별시장·광역시장·특별자치시장·특별자치도지사 또는 시장은 기본계획에 대하여 5년마다 타당성 여부를 검토하여 그 결과를 기본계획에 반영하여야 한다.

60. 정답 ⑤

중 정비구역의 해제

⑤ 정비구역 등(재개발사업 및 재건축사업을 시행하려는 경우로 한정한다)이 해제된 경우 정비구역의 지정권자는 해제된 정비구역 등을 '스스로개량방식'의 방법으로 시행하는 주거환경개선구역으로 지정할 수 있다. 임의적 지정대상이지 필수적 지정이 아님에 유의할 것.

61. 정답 ④

중 정비사업의 시행

④ 수용방식, 환지방식, 관리처분방식으로 정비사업을 시행하려는 경우에는 공람공고일 현재 해당 정비예정구역의 토지 또는 건축물의 소유자 또는 지상권자의 3분의 2 이상의 동의와 세입자(공람공고일 3개월 전부터 해당 정비예정구역에 3개월 이상 거주하고 있는 자를 말한다) 세대수의 과반수의 동의를 각각 받아야 한다.

62. 정답 ④

중 정비사업의 시행절차

④ 도시·주거환경정비기본계획 수립 ➜ 정비계획 수립 및 정비구역 지정 ➜ 사업시행인가 ➜ 관리처분계획인가 ➜ 준공인가의 순으로 시행한다.

63. 정답 ③

상 재건축진단

① 30일 이내에 통보하여야 한다.
②④ 천재지변 등으로 주택이 붕괴되어 신속히 재건축을 추진할 필요가 있다고 시장·군수 등이 인정하는 경우 또는 주택의 구조안전상 사용금지가 필요하다고 시장·군수 등이 인정하는 경우에는 재건축진단 대상에서 제외할 수 있다. 시·도지사의 권한이 아니다.
⑤ 시장·군수 등은 정비예정구역별 정비계획의 수립시기가 도래한 때부터 사업시행계획인가 전까지 재건축진단을 실시하여야 한다. 국토교통부장관의 권한이 아니다.

64. 정답 ②

중 정비사업조합

② 재건축사업의 조합원은 토지등소유자로서 사업에 동의한 자에 한한다. 정비사업의 조합원(사업시행자가 신탁업자인 경우에는 위탁자를 말한다)은 토지등소유자(재건축사업의 경우에는 "재건축사업에 동의한 자만 해당한다")로 하되, 토지 또는 건축물의 소유권과 지상권이 여러 명의 공유에 속하는 때에는 그 여러 명을 대표하는 1명을 조합원으로 본다.

65. 정답 ③

상 건축법 용어정의

① 주요구조부란 내력벽·기둥·바닥·보·지붕틀 및 주계단을 말한다.
② 위락시설은 다중이용건축물에 해당되지 않지만 16층 이상인 건축물은 모두 다중이용건축물에 해당한다. 따라서 틀린 지문이다.
④ 도로란 보행과 자동차 통행이 가능한 너비 4m 이상의 도로나 그 예정도로를 말한다. 보행 또는 자동차 통행이 가능한 둘 중의 하나 선택사항이 아니다.
⑤ 지하층이란 건축물의 바닥이 지표면 아래에 있는 층으로서 바닥에서 지표면까지 평균높이가 해당 층 높이의 2분의 1 이상인 것을 말한다.

66. 정답 ②

중 용도별 건축물의 종류

② 자동차운전학원은 자동차관련시설, 무도학원은 위락시설이다.

67.
정답 ⑤

중 건축법 적용대상

⑤ 「국토의 계획 및 이용에 관한 법률」에 따른 도시지역 및 지구단위계획구역 외의 지역으로서 동이나 읍(동이나 읍에 속하는 섬의 경우에는 인구가 500명 이상인 경우만 해당된다)이 아닌 지역은 제44조(대지와 도로의 관계), 제45조(도로의 지정 · 폐지 또는 변경), 제46조(건축선의 지정), 제47조(건축선에 의한 건축제한), 제51조(대지의 분할제한) 및 제57조(방화지구 안의 건축물)를 적용하지 아니한다. 건폐율과 용적률은 해당하지 아니한다.

68.
정답 ⑤

중 건축허가

⑤ 층수가 21층이거나 연면적의 합계가 10만m^2 이상인 건축물(공장 · 창고 등은 제외)을 특별시 또는 광역시에 건축하려는 경우에는 특별시장 또는 광역시장의 허가를 얻어야 한다.

69.
정답 ④

중 도지사 사전승인

④ 시장 · 군수는 다음의 어느 하나에 해당하는 건축물의 건축을 허가하려면 미리 건축계획서와 국토교통부령으로 정하는 건축물의 용도, 규모 및 형태가 표시된 기본설계도서를 첨부하여 도지사의 승인을 받아야 한다.

1. 층수가 21층 이상이거나 연면적의 합계가 10만m^2 이상인 건축물(공장, 창고 및 지방건축위원회의 심의를 거친 건축물은 제외한다)의 건축(연면적의 10분의 3 이상을 증축하여 층수가 21층 이상으로 되거나 연면적의 합계가 10만m^2 이상으로 되는 경우를 포함한다)
2. 자연환경이나 수질을 보호하기 위하여 도지사가 지정 · 공고한 구역에 건축하는 3층 이상 또는 연면적의 합계가 1천m^2 이상인 공동주택, 제2종 근린생활시설(일반음식점만 해당한다), 업무시설(일반업무시설만 해당한다), 숙박시설, 위락시설
3. 주거환경이나 교육환경 등 주변환경을 보호하기 위하여 필요하다고 인정하여 도지사가 지정 · 공고한 구역에 건축하는 위락시설 및 숙박시설에 해당하는 건축물

70.
정답 ③

중 건축법상 조경

③ 지구단위계획구역이 지정된 지역은 조경 등의 조치를 하여야 한다.

71.
정답 ⑤

중 건축선

⑤ 건축물과 담장은 건축선의 수직면(垂直面)을 넘어서는 아니 된다. 다만, 지표(地表) 아래 부분은 그러하지 아니하다.

72.
정답 ③

중 면적 등의 산정방법

① 대지에 도시 · 군계획시설인 도로, 공원 등이 있는 경우 그 도시 · 군계획시설에 포함되는 대지면적은 대지의 수평투영면적에서 제외한다.
② 건축면적은 건축물의 외벽(외벽이 없는 경우에는 외곽부분 기둥)의 중심선으로 둘러싸인 부분의 수평투영면적으로 한다.
④ 벽 · 기둥의 구획이 없는 건축물은 그 지붕 끝부분으로부터 수평거리 1m를 후퇴한 선으로 둘러싸인 수평투영면적을 바닥면적으로 한다.
⑤ 외벽에 접한 길이에 1.5m를 곱한 값을 뺀 면적을 바닥면적에 산입한다.

73.
정답 ⑤

중 주택법 용어정의

⑤ 국가 · 지방자치단체, 한국토지주택공사 또는 지방공사가 건설하는 주택은 국민주택에 해당한다.

74.
정답 ②

중 세대구분형 공동주택

ㄱ. 구분된 공간의 세대수는 기존 세대를 포함하여 2세대 이하인 기준은 행위의 허가를 받거나 신고를 하고 설치하는 공동주택일 경우의 조건이다.
ㅁ. 세대별로 구분된 각각의 공간의 주거전용면적 합계가 해당 주택단지 전체 주거전용면적 합계의 3분의 1을 넘지 않는 등 국토교통부장관이 정하여 고시하는 주거전용면적의 비율에 관한 기준을 충족하여야 한다.

75.
정답 ③

중 등록기준

①④⑤ 연간 단독주택의 경우에는 20호, 공동주택의 경우에는 20세대 이상의 주택건설사업을 시행하려는 자 또는 연간 1만m^2 이상의 대지조성사업을 시행하려는 자는 국토교통부장관에게 등록하여야 한다. 다만, 다음의 사업주체의 경우에는 그러하지 아니하다.

1. 국가 · 지방자치단체, 한국토지주택공사 및 지방공사
2. 「공익법인의 설립 · 운영에 관한 법률」 제4조의 규정에 의하여 주택건설사업을 목적으로 설립된 공익법인
3. 주택조합(등록사업자와 공동으로 주택건설사업을 하는 경우에 한한다)
4. 근로자를 고용하는 자(등록사업자와 공동으로 주택건설사업을 시행하는 경우에 한한다)

② 자산평가액 6억원 이상이어야 한다.

76.
정답 ③

중 리모델링주택조합

① 지역주택조합 또는 직장주택조합은 그 설립인가를 받은 후에는 원칙적으로 해당 조합원을 교체하거나 신규로 가입하게 할 수 없다. 리모델링은 관련이 없다.
② 지역 · 직장주택조합의 설립인가를 받으려는 자는 인가신청서에 해당 주택건설대지의 100분의 80 이상의 토지에 대한 토지사용승낙서를 첨부하여 주택조합의 주택건설대지를 관할하는 시장 · 군수 또는 구청장에게 제출하여야 한다. 리모델링과는 관련이 없다.
④ 증축에 해당하는 경우에는 15년(15년 이상 20년 미만의 연수중 시 · 도 조례가 정하는 경우 그 연수) 이상의 기간이 지났음을 증명하는 서류를 첨부하여야 한다.
⑤ 리모델링주택조합이 아닌 주택조합은 주택건설 예정 세대수의 2분의 1 이상의 조합원으로 구성하되, 그 수는 20명 이상이어야 한다.

77. 정답 ④

중 매도청구

④ 사업주체는 매도청구 대상 대지의 소유자에게 그 대지를 시가로 매도할 것을 청구할 수 있다.

78. 정답 ⑤

중 전매금지

⑤ 수도권으로 이전하는 경우에는 전매할 수 없다. 수도권 이외의 지역으로 이전하는 경우에 가능하다.

79. 정답 ④

중 농지취득자격증명

④ 농지전용협의를 거친 농지를 취득하는 경우에는 농지취득자격증명을 요하지 아니한다.

80. 정답 ①

중 대리경작제도와 임대차

① 유휴농지의 대리경작 기간은 따로 정하지 아니하면 3년으로 한다.

2교시

제1과목 부동산 공시에 관한 법령 및 부동산 관련 세법

1	2	3	4	5	6	7	8	9	10
④	②	⑤	①	①	①	③	④	①	④
11	12	13	14	15	16	17	18	19	20
③	④	⑤	②	④	⑤	②	③	②	⑤
21	22	23	24	25	26	27	28	29	30
②	③	②	⑤	⑤	③	③	⑤	③	④
31	32	33	34	35	36	37	38	39	40
⑤	②	①	②	⑤	⑤	②	②	④	⑤

선생님의 한마디

문제가 어렵지요? 조금만 더 참으세요. 지금까지 풀어본 문제 중에서 틀린 문제를 다시 확인하는 과정이 필요합니다. 자주 틀리는 부분을 다시 한 번 풀어보시기 바랍니다. 수고하셨습니다. 충분히 합격할 수 있습니다!!!

1. 정답 ④

중 토지의 등록

④ 지적확정측량을 실시한 지역에서 지번을 새로 부여하는 경우에는 지적확정측량을 실시한 지역의 종전의 지번과 지적확정측량을 실시한 지역 밖에 있는 본번이 같은 지번이 있을 때에는 그 지번을 제외한 본번으로 부여한다.

2. 정답 ②

하 토지의 등록

옳은 것은 ㄱ, ㄹ이다.

ㄴ. 일반 공중의 보건·휴양 및 정서생활에 이용하기 위한 시설을 갖춘 토지로서 「국토의 계획 및 이용에 관한 법률」에 따라 녹지로 결정·고시된 토지는 '공원'으로 한다.

ㄷ. 「주차장법」에 따른 노상주차장은 '도로'로 하고, 부설주차장은 일반적으로 '대'로 한다.

3. 정답 ⑤

하 토지의 등록

⑤ 토지의 고유번호 11번째가 2이므로 임야도에 등록된 토지이며 축척이 천 단위인 지역(1/3,000, 1/6,000)에 해당한다. 면적에 234는 등록이 되고 단수처리는 0.5454이므로 0.5를 초과하여 올림하여야 한다. 따라서 면적은 235m^2로 등록한다.

4.
정답 ①

하 지적공부

① 토지대장에 소유자의 성명과 주소 및 주민등록번호, 지적도의 번호와 필지별 토지대장의 장번호 및 축척을 등록하지만, 소유권 지분은 등록하지 아니한다.

5.
정답 ①

중 지적공부

② 좌표는 지적도면의 등록사항이 아니다.
③ 79-1의 좌측에 등록된 50.42는 좌표에 의하여 계산한 경계점간의 거리를 나타낸다.
④ 도곽선 수치를 계산하면 위 도면의 포용면적은 30,000m^{2}이다.
⑤ 위 도면의 도로 중간에 표시된 ○는 지적도근점을 나타낸다.

6.
정답 ①

하 지적공부

ㄹ. '국토교통부장관'은 정보처리시스템에 따라 보존하여야 하는 지적공부가 멸실되거나 훼손될 경우를 대비하여 지적공부를 복제하여 관리하는 정보관리체계를 구축하여야 한다.

7.
정답 ③

중 토지의 이동 및 지적정리

③ 합병하려는 토지에 소유권 · 지상권 · 전세권 또는 임차권의 등기, 승역지에 대한 지역권의 등기 외의 등기가 있는 경우에 합병할 수 없다.

8.
정답 ④

상 토지의 이동 및 지적정리

① '확정공고일 현재를 기준'이 아니라 '시행공고일 현재를 기준'이다.
② '구두로 합의'가 아니라 '서면으로 합의'이다.
③ '6개월 이내'가 아니라 '1개월 이내'이다.
⑤ 합병하려는 토지가 축척이 다른 지적도에 등록되어 있어 축척변경을 하는 경우에 축척변경위원회의 의결과 시 · 도지사 등의 승인을 요하지 아니한다.

9.
정답 ①

중 토지의 이동 및 지적정리

옳은 것은 ㄱ, ㄷ이다.
ㄴ. 지적공부에 등록된 토지소유자의 변경사항은 등기필증, 등기완료통지서, 등기사항증명서 또는 등기전산정보자료에 따라 정리한다. 다만, 신규등록하는 토지의 소유자는 지적소관청이 직접 조사하여 등록한다.
ㄹ. 지적소관청은 필요하다고 인정하는 경우에는 관할 등기관서의 등기부를 열람하여 지적공부와 부동산등기부가 일치하는지 여부를 조사 · 확인하여 직권으로 정리하거나, 소유자에게 신청을 요구할 수 있다.

10.
정답 ④

하 지적측량

④ 지적소관청은 측량성과가 정확하다고 인정하면 지적측량성과도를 지적측량수행자에게 발급하여야 한다.

11.
정답 ③

상 지적측량

③ 중앙지적위원회로부터 의결서를 받은 국토교통부장관은 그 의결서를 관할 시 · 도지사에게 송부하여야 한다.

12.
정답 ④

중 지적공부

시 · 도지사 또는 대도시 시장의 승인사항인 것은 ㄱ, ㄷ, ㄹ, ㅁ이다.
ㄴ. 지적공부의 복구의 경우 시 · 도지사의 승인을 요하지 아니한다.

13.
정답 ⑤

중 부동산등기법 총칙

⑤ 사망자 명의의 신청으로 이루어진 이전등기는 원인무효의 등기로서 등기의 추정력을 인정할 여지가 없으므로 등기의 유효를 주장하는 자가 현재의 실체관계와 부합함을 증명할 책임이 있다.

14.
정답 ②

하 등기기관과 설비

② 대리인이 신청서나 그 밖의 부속서류의 열람을 신청할 때에는 신청서에 그 권한을 증명하는 서면을 첨부하여야 한다.

15.
정답 ④

중 등기절차 총론

④ 전자신청의 경우에 보정사항이 있는 경우 등기관은 사유를 등록한 후 전자우편, 구두, 전화, 기타 모사전송의 방법에 의해 사유를 신청인에게 통지하여야 한다. 전자우편 방법만 가능한 것이 아니다.

16.
정답 ⑤

중 등기절차 총론

⑤ 소유권이전청구권 가등기를 등기권리자가 법원의 가등기 가처분명령을 받아 단독으로 신청한 경우에는 등기신청인과 등기명의인이 일치하는 경우이므로 등기필정보를 작성하여 교부한다.

17.
정답 ②

상 표시에 관한 등기

① 甲이 그 소유 부동산을 乙에게 매도하고 사망한 경우, 甲의 단독상속인 丙은 등기의무자로서 甲과 乙의 매매를 원인으로 하여 甲으로부터 乙로의 이전등기를 신청할 수 있다.

③ 상속인이 상속포기를 할 수 있는 기간 내에는 상속인의 채권자가 대위권을 행사하여 상속등기를 신청할 수 있다.
④ 건물이 멸실된 경우, 그 건물소유권의 등기명의인이 1개월 이내에 멸실등기신청을 하지 않으면 그 건물대지의 소유자가 대위하여 멸실등기를 신청할 수 있다.
⑤ 채권자 甲이 채권자대위권에 의하여 채무자 乙을 대위하여 등기신청하는 경우에 甲이 등기신청인이다.

18.
정답 ③

상 권리에 관한 등기

③ 상속재산의 분할 또는 다른 상속인의 상속포기로 인하여 상속인 중 일부만이 신청 부동산의 소유자인 경우에는 그 소유권을 취득한 상속인만이 상속으로 인한 소유권이전등기를 신청할 수 있다.

19.
정답 ②

중 권리에 관한 등기

직권으로 말소할 수 없는 등기에 해당하는 것은 ㄴ, ㄹ이다.
토지수용으로 인한 소유권이전등기를 하는 경우에는 ㄴ. 수용의 개시일 이전의 상속을 원인으로 한 소유권이전등기와 ㄹ. 그 부동산을 위하여 존재하는 지역권의 등기와 토지수용위원회의 재결에 의하여 인정된 권리는 등기관이 이를 직권으로 말소할 수 없다.

20.
정답 ⑤

상 권리에 관한 등기

⑤ ㄱ, ㄴ, ㄷ 모두 옳은 지문이다.

21.
정답 ②

중 권리에 관한 등기

② 등기관이 승역지에 지역권설정등기를 하였을 때에 승역지와 요역지의 관할이 동일하면 직권으로 요역지 등기기록에 요역지지역권을 기록하였지만 개정 법률에서는 관할의 동일 여부를 불문하고 직권으로 등기한다.

22.
정답 ③

중 권리에 관한 등기

③ 근저당권의 피담보채권이 확정된 후에 근저당권의 기초가 되는 기본계약상의 채권자 지위가 제3자에게 전부 양도된 경우, 그 근저당권자 및 채권양수인은 확정채권 양도를 원인으로 하여 근저당권이전등기를 신청할 수 있다.

23.
정답 ②

중 권리에 관한 등기

① 가등기를 명하는 법원의 가처분명령이 있는 경우에는 단독으로 가등기를 신청할 수 있다.
③ 하나의 가등기에 관하여 여러 사람의 가등기권자가 있는 경우에 그 중 일부의 가등기권자가 자기의 가등기지분에 관하여 본등기를 신청할 수 있다.
④ 소유권이전청구권가등기권자가 가등기에 의한 본등기를 하지 않고 다른 원인에 의한 소유권이전등기를 한 후에는 다시 그 가등기에 의한 본등기를 할 수 없다. 다만, 가등기 후 위 소유권이전등기 전에 제3자 앞으로 처분제한의 등기가 되어 있거나 중간처분의 등기가 된 경우에는 그러하지 아니하다.
⑤ 가등기에 관하여 등기상 이해관계 있는 자는 가등기명의인의 승낙을 받아 가등기의 말소를 단독으로 신청할 수 있다.

24.
정답 ⑤

상 권리에 관한 등기

ㄱ, ㄴ, ㄷ 모두 옳다.
ㄱ, ㄴ. 그 가처분등기 이후에 제3자 명의의 소유권이전등기, 소유권 이외의 권리에 관한 등기가 경료되어 있을 때에는 반드시 위 소유권이전등기신청과 함께 단독으로 그 가처분등기 이후에 경료된 제3자 명의의 소유권이전등기와 소유권 이외의 권리에 관한 등기의 말소신청도 동시에 신청하여야 한다.
ㄷ. 등기관이 가처분채권자의 신청에 의하여 가처분등기 이후의 등기를 말소하였을 때에는 직권으로 그 가처분등기도 말소하여야 한다.

선생님의 한마디

때로는 스스로에게 격려와 위로를 해주세요. 본인 이름을 부르면서 "OO아! 오늘도 수고 많았어. 조금만 더 힘내자. 잘 할 수 있을 거야"라고요.

25.
정답 ⑤

중 조세의 기초 이론

① 압류는 소멸시효가 중단하는 사유이며, 제척기간에는 중단이나 정지가 없다.
② 5천만원(가산세를 제외한 금액) 이상의 지방세 소멸시효는 10년이다.
③ 국세징수금의 징수순위는 '강제징수비, 국세(가산세 제외), 가산세'의 순서로 한다.
④ 「지방세기본법」상 법정신고기한이 지난 후 1개월 초과 3개월 이내에 기한 후 신고를 한 경우에는 무신고가산세의 100분의 30에 상당하는 금액을 감면하며, 납부지연가산세는 감면하지 아니한다.

26.
정답 ③

중 취득세

옳은 것은 ㄷ, ㄹ, ㅁ으로 3개이다.
ㄱ. 매매 등 유상취득의 경우에는 원칙적으로 사실상 잔금지급일을 취득일로 한다.
ㄴ. 「민법」 제245조 및 제247조에 따른 점유로 인한 취득의 경우에는 취득물건의 등기일 또는 등록일을 취득일로 본다.

27.
정답 ③

상 취득세

① 토지의 지목을 변경하는 경우 그로 인하여 가액의 증가가 있는 경우에 취득세가 부과된다.
② 과세표준은 그 변경으로 증가한 가액에 해당하는 사실상 취득가격으로 하되, 법인이 아닌 자가 취득하는 경우로서 사실상 취득가격을 확인할 수 없는 경우에 토지의 지목이 사실상 변경된 때를 기준으로

지목변경 이후의 토지에 대한 시가표준액에서 지목변경 전의 토지에 대한 시가표준액을 뺀 가액으로 한다.
④ 토지의 지목변경에 따른 취득은 사실상 변경된 날과 공부상 변경된 날 중 빠른 날을 취득일로 본다. 다만, 지목변경일 이전에 사용한 경우에는 그 사용일이다.
⑤ 토지의 지목변경에 따라 사실상 그 가액이 증가된 경우, 취득세의 신고를 하지 않고 매각하는 경우 취득세 중가산세 규정을 적용하지 아니한다.

28.
정답 ⑤

하 취득세

⑤ 증여로 인한 무상취득의 경우에는 취득일이 속하는 달의 말일부터 3개월 이내에 신고하고 납부하여야 한다.

29.
정답 ③

중 등록면허세

① 금융기관이 甲소유의 부동산에 저당권을 설정하는 경우 납세의무자는 저당권자인 금융기관이다.
② 증여를 원인으로 하는 부동산등기의 경우 등록하기 전까지 신고하고 납부하여야 한다.
④ 저당권말소등기를 하는 경우 과세표준은 건당이다.
⑤ 부동산등기를 하는 경우에 등록하기 전까지 신고납부하여야 한다.

30.
정답 ④

상 조세의 불복제도

옳은 것은 ㄴ, ㄷ이다.
ㄱ. 과태료 부과처분은 이의신청 또는 심판청구의 대상이 되는 처분에 포함되지 않는다.
ㄴ. 이의신청인은 신청금액이 2천만원 미만인 경우에는 그의 배우자, 4촌 이내의 혈족 또는 그의 배우자의 4촌 이내 혈족을 대리인으로 선임할 수 있으므로 옳은 지문이다.
ㄷ. 지방세에 관한 불복시 불복청구인은 조세불복절차 또는 감사원의 심사청구를 거치지 아니하면 행정소송을 제기할 수 없으므로 옳은 지문이다.
ㄹ. 이의신청절차는 임의적이므로 이의신청을 거치지 아니하고 바로 심판청구를 할 수 있다.

31.
정답 ⑤

중 재산세

⑤ 0.2%의 비례세율이 적용된다.
①②③④ 별도합산과세하므로 초과누진세율이 적용된다.

32.
정답 ②

상 재산세

② 일반건축물의 부속토지는 기준면적 이내는 별도합산과세하고, 기준면적을 초과한 토지는 종합합산과세한다. 이 경우 기준면적은 건축물 바닥면적에 용도지역에 따른 적용배율을 곱한 면적이다. 따라서 종합합산과세대상토지에 해당하는 면적은 700m^2(= 1,500m^2 - 800m^2)이다.

33.
정답 ①

중 종합부동산세

② 과세기준일 현재 세대원 중 1인과 그 배우자만이 공동으로 1주택을 소유하고 해당 세대원 및 다른 세대원이 다른 주택을 소유하지 아니한 경우 신청하는 경우에만 공동명의 1주택자를 해당 1주택에 대한 납세의무자로 한다.
③ 1세대가 일반 주택과 합산배제 신고한 임대주택을 각각 1채씩 소유한 경우 해당 일반 주택에 그 주택소유자가 과세기준일 현재 주민등록이 되어 있고 실제로 거주하고 있는 경우에 한정하여 1세대 1주택자에 해당한다.
④ 1세대 1주택자는 주택의 공시가격을 합산한 금액에서 12억원을 공제한 금액에 공정시장가액비율을 곱한 금액을 과세표준으로 한다.
⑤ 60세 이상의 직계존속(직계존속 중 어느 한 사람이 60세 미만인 경우 포함)을 동거봉양하기 위하여 합가함으로써 1세대를 구성하는 경우에는 최초로 합가한 날부터 10년 동안(합가한 당시에는 60세 미만이었으나 합가한 후 과세기준일 현재 60세에 도달한 경우에는 10년의 기간 중에서 60세 이상인 기간 동안)은 주택 또는 토지를 소유하는 자와 그 합가한 자별로 각각 1세대로 본다.

34.
정답 ②

하 종합부동산세

② 개인소유 주택은 주택 수에 따라 2주택 이하는 0.5~2.7% 초과누진세율, 3주택 이상은 0.5~5% 초과누진세율이 적용되며, 법인소유 주택은 주택 수에 따라 2주택 이하는 2.7%, 3주택 이상은 5% 비례세율이 적용된다.

35.
정답 ⑤

중 소득세 총설

⑤ 주택임대소득이 2천만원 이하인 경우에는 분리과세를 선택할 수 있으며, 분리과세시 소득세율은 14%이다.

36.
정답 ⑤

상 양도소득세

⑤ 증여자와 수증자는 해당 조세에 대해 연대납세의무가 있다.

37.
정답 ②

상 양도소득세

② 등기되고 2년 이상 보유한 건물의 양도소득세 세율은 과세표준금액의 크기에 따라 6~45%의 8단계 초과누진세율이 적용되며, 과세표준금액이 1,400만원 이하인 경우 6%의 세율이 적용된다. 따라서 양도소득세 산출세액은 84만원(= 1,400만원 × 6%)이다.

38.
정답 ②

중 양도소득세

① 사실상 대금청산일이 분명하지 않은 경우에는 등기부 · 등록부 또는 명부 등에 기재된 등기 · 등록접수일 또는 명의개서일로 한다.
③ 1984년 12월 31일 이전에 취득한 토지는 1985년 1월 1일에 취득한 것으로 본다.

④ 「민법」 제245조 제1항의 규정(부동산소유권의 취득시효)에 의하여 부동산의 소유권을 취득하는 경우에는 해당 부동산의 점유를 개시한 날을 취득시기로 한다.
⑤ 동일 필지를 2회 이상에 걸쳐 지분으로 각각 취득한 부동산 중에 일부를 양도한 경우로서 취득시기가 분명하지 아니한 경우에는 먼저 취득한 부동산을 먼저 양도한 것으로 본다.

39.

정답 ④

중 양도소득세

① 예정신고는 6월 30일까지 거주자의 주소지 관할 세무서에 하여야 한다.
② 양도소득과세표준 예정신고기한 내에 무신고한 후 확정신고기한까지 신고한 경우에는 예정신고 무신고에 대한 가산세 50%를 감면한다.
③ 예정신고를 한 자는 해당 소득에 대한 확정신고를 생략할 수 있다.
⑤ 토지거래허가구역 내의 토지를 양도하는 경우로서 허가일 전에 대금이 청산된 경우라면 허가일이 속하는 달의 말일로부터 2개월 이내에 신고하여야 한다.

40.

정답 ⑤

하 양도소득세

⑤ 감면세액은 산출세액을 감소시키는 항목이다.

제6회 정답 및 해설

▶ 실시간 합격예측 서비스

난이도 및 출제포인트 분석

★ 난이도가 낮은 문제는 해설 페이지를 찾아가 꼭 익혀두세요.

1교시 제1과목 공인중개사법령 및 실무

문제번호	난이도 및 출제포인트 분석	문제번호	난이도 및 출제포인트 분석
1	하 중개업무 p.79	21	상 지도 · 감독 및 벌칙 p.81
2	하 공인중개사법령 총칙 p.79	22	중 지도 · 감독 및 벌칙 p.81
3	중 공인중개사 제도 p.79	23	상 토지거래허가제도 p.81
4	중 중개사무소의 개설등록 p.79	24	중 개업공인중개사 등의 의무 p.81
5	하 중개업무 p.79	25	중 지도 · 감독 및 벌칙 p.81
6	하 공인중개사법령 총칙 p.79	26	하 부동산거래신고제도 p.82
7	중 중개업무 p.79	27	상 중개보수 및 실비 p.82
8	중 중개업무 p.80	28	중 부동산거래신고제도 p.82
9	하 중개사무소의 개설등록 p.80	29	상 주택임대차계약의 신고 p.82
10	중 중개업무 p.80	30	중 토지거래허가제도 p.82
11	중 중개업무 p.80	31	상 개별적 중개실무 p.82
12	중 중개계약 및 부동산거래정보망 p.80	32	중 포상금 및 부동산 정보관리 p.82
13	중 지도 · 감독 및 벌칙 p.80	33	중 중개대상물의 조사 · 확인 p.83
14	중 개업공인중개사 등의 의무 p.80	34	중 개별적 중개실무 p.83
15	중 개업공인중개사 등의 의무 p.80	35	하 중개대상물의 조사 · 확인 p.83
16	하 중개계약 및 부동산거래정보망 p.80	36	중 외국인 등의 부동산취득 등에 관한 특례 p.83
17	하 개업공인중개사 등의 의무 p.80	37	상 중개대상물의 조사 · 확인 p.83
18	중 중개보수 및 실비 p.81	38	상 개별적 중개실무 p.83
19	중 교육, 업무위탁 및 포상금 제도 p.81	39	중 개별적 중개실무 p.83
20	중 공인중개사협회 p.81	40	상 개별적 중개실무 p.83

1교시 제2과목 부동산공법

문제번호	난이도 및 출제포인트 분석	문제번호	난이도 및 출제포인트 분석
41	하 도시 · 군관리계획 p.84	61	중 시공자 선정 p.85
42	중 입안제안제도 p.84	62	중 재건축진단 p.85
43	중 용도지역 / 용도지구 / 용도구역 p.84	63	중 정비사업조합 p.86
44	중 건축제한 p.84	64	중 관리처분계획의 기준 p.86
45	중 용도지구 p.84	65	하 건축법 용어정의 p.86
46	중 용적률 계산문제 p.84	66	하 대수선 p.86
47	하 기반시설의 설치 p.84	67	하 건축허가 등 p.86
48	중 도시 · 군계획시설사업 p.84	68	중 건축허가제한 p.86
49	중 매수청구 p.84	69	하 건축절차 p.86
50	중 지구단위계획 p.84	70	중 높이 제한 p.86
51	상 개발행위허가 p.85	71	중 바닥면적 계산문제 p.86
52	중 기반시설부담구역 p.85	72	중 이행강제금 p.86
53	중 개발구역의 면적기준 p.85	73	상 주택법 용어정의 p.86
54	하 구역 지정 후 개발계획을 수립하는 경우 p.85	74	중 도시형 생활주택 p.86
55	중 개발구역의 지정 p.85	75	중 주택조합 p.87
56	하 조합임원 p.85	76	중 주택건설용 토지의 취득 p.87
57	중 원형지공급 p.85	77	중 주택상환사채 p.87
58	중 환지방식 p.85	78	중 투기과열지구 p.87
59	하 정비법 용어정의 p.85	79	하 농업진흥지역 p.87
60	하 정비구역 안의 행위제한 p.85	80	하 농지보전부담금 p.87

2교시 제1과목 부동산 공시에 관한 법령 및 부동산 관련 세법

문제번호	난이도 및 출제포인트 분석	문제번호	난이도 및 출제포인트 분석
1	하 공간정보관리법 총칙 p.87	21	상 권리에 관한 등기 p.89
2	하 토지의 등록 p.87	22	상 권리에 관한 등기 p.89
3	하 토지의 등록 p.87	23	중 권리에 관한 등기 p.89
4	하 토지의 등록 p.87	24	중 권리에 관한 등기 p.89
5	하 지적공부 p.88	25	중 납세의무의 성립 · 확정 · 소멸 p.89
6	상 지적공부 p.88	26	상 취득세 p.89
7	중 토지의 이동 및 지적정리 p.88	27	중 취득세 p.89
8	하 토지의 이동 및 지적정리 p.88	28	상 취득세 p.89
9	하 토지의 이동 및 지적정리 p.88	29	중 등록면허세 p.90
10	하 지적측량 p.88	30	하 등록면허세 p.90
11	중 지적측량 p.88	31	하 재산세 p.90
12	하 지적측량 p.88	32	하 재산세 p.90
13	하 부동산등기법 총칙 p.88	33	상 종합부동산세 p.90
14	중 등기기관과 설비 p.88	34	중 종합부동산세 p.90
15	중 등기절차 총론 p.88	35	중 양도소득세 p.90
16	하 등기절차 총론 p.88	36	상 양도소득세 p.90
17	중 등기절차 총론 p.88	37	중 양도소득세 p.90
18	중 등기절차 총론 p.89	38	하 양도소득세 p.90
19	중 표시에 관한 등기 p.89	39	중 양도소득세 p.90
20	상 권리에 관한 등기 p.89	40	중 양도소득세 p.90

1교시

제1과목 공인중개사법령 및 실무

1	2	3	4	5	6	7	8	9	10
②	①	④	③	⑤	③	③	④	⑤	①
11	12	13	14	15	16	17	18	19	20
④	②	①	⑤	③	④	①	②	③	⑤
21	22	23	24	25	26	27	28	29	30
③	②	④	①	④	⑤	③	④	③	②
31	32	33	34	35	36	37	38	39	40
①	⑤	①	②	⑤	④	③	⑤	②	①

선생님의 한마디

이 회차는 상급 난이도의 문제를 8개로 하여 평균적인 시험 난이도 수준의 문제로 출제하였습니다. 최근 시험은 이른바 잘 다루지 않는 부분 또는 다른 과목에서 공부하는 내용을 출제하는 난이도 최상급의 문제가 1~2문제 출제되는 경향을 보이고 있지만, 이러한 문제는 연습할 필요가 없어 배제하였습니다. 공인중개사법령에서는 25문제, 부동산 거래신고 등에 관한 법령에서는 7문제, 중개실무에서 8문제를 출제하였고, 박스형은 10문제입니다. 틀린 부분은 다시 한 번 정리해 주시기 바랍니다.

1.

정답 ②

하 중개업무

게시사항은 ㄱ, ㄷ, ㄹ이다.

ㄴ. 소속공인중개사의 공인중개사자격증 원본을 게시해야 한다.

ㅁ. 실무교육수료증 원본은 게시사항이 아니다.

2.

정답 ①

하 총칙

① "공인중개사"란 「공인중개사법」에 의하여 공인중개사의 자격을 취득한 자를 말한다. 중개사무소의 개설등록을 한 자는 개업공인중개사이다.

③ 대판 2019.7.11, 2017도13559

④ 대판 2006.9.22, 2005도6054

Ⓥ 용어의 정의

중개	법정 중개대상물에 대하여 거래당사자간의 매매 · 교환 · 임대차 그 밖의 권리의 득실변경에 관한 행위를 알선하는 것
중개업	다른 사람의 의뢰에 의하여 일정한 보수를 받고 중개를 업으로 행하는 것
개업공인중개사	이 법에 의하여 중개사무소의 개설등록을 한 자
공인중개사	이 법에 의한 공인중개사 자격을 취득한 자
소속공인중개사	개업공인중개사에 소속된 공인중개사(개업공인중개사인 법인의 사원 또는 임원으로서 공인중개사인 자를 포함)로서 중개업무를 수행하거나 개업공인중개사의 중개업무를 보조하는 자
중개보조원	공인중개사가 아닌 자로서 개업공인중개사에 소속되어 중개대상물에 대한 현장안내 및 일반서무 등 개업공인중개사의 중개업무와 관련된 단순한 업무를 보조하는 자

3.

정답 ④

중 공인중개사 제도

④ 거래정보사업자 지정 여부에 관한 의결은 심의위원회의 소관사항이 아니다.

Ⓥ 공인중개사 정책심의위원회 심의 · 의결사항

심의사항	의결사항
1. 공인중개사의 시험 등 공인중개사의 자격취득에 관한 사항 2. 부동산중개업의 육성에 관한 사항 3. 중개보수 변경에 관한 사항 4. 손해배상책임의 보장 등에 관한 사항	1. 국토교통부장관이 시험을 시행하고자 하는 경우 2. 당해연도 시험을 시행하지 아니할 경우 3. 선발예정인원, 최소선발인원 또는 최소선발비율 결정 4. 기피신청에 대한 가부 결정 5. 심의위원회의 운영에 관하여 필요한 사항

4.

정답 ③

중 중개사무소의 개설등록

③ 자격시험 부정행위자는 5년 동안 자격시험 응시는 못하지만, 결격사유자가 아니다.

①②④⑤는 결격사유자이다.

Ⓥ 결격사유

제한능력자	1. 미성년자 2. 피한정후견인 3. 피성년후견인 ✚ 피특정후견인 ×
파산자	파산선고를 받고 복권되지 아니한 자 ✚ 개인회생 ×
수형자	1. (법 불문) 금고 이상의 실형 선고받고 집행종료 또는 집행면제 후 3년 경과되지 아니한 자 2. (법 불문) 금고 이상의 형의 집행유예를 받고 집행유예기간 중인 자 ✚ 선고유예 × 3. 이 법(「공인중개사법」) 위반 300만원 이상의 벌금형 선고를 받고 3년 경과되지 아니한 자 ✚ 양벌규정 벌금 ×
행정처분 받은 자	공인중개사의 자격이 취소된 후 3년이 경과되지 아니한 자
	공인중개사의 자격이 정지된 자로서 자격정지기간 중에 있는 자
	등록취소된 후 3년이 경과되지 아니한 자
	업무정지처분 받고 폐업한 자로서 업무정지기간 중인 자
	업무정지 받은 법인의 업무정지사유발생 당시 사원 · 임원이었던 자로서 당해 법인이 업무정지기간 중인 자
법인	결격사유에 해당하는 사원 · 임원이 있는 법인

5.

정답 ⑤

하 중개업무

틀린 것은 ㄴ, ㄷ, ㅁ이다.

ㄴ. 임시 중개시설물 설치에 대한 허가 제도는 없으며, 임시 중개시설물은 설치할 수 없다.

ㄷ. 다른 법률의 규정에 따라 중개업을 할 수 있는 법인(특수법인)의 분사무소에는 공인중개사를 책임자로 둘 필요가 없다.

ㅁ. 둘 이상의 중개사무소를 둔 경우는 임의적 등록취소 또는 업무정지 처분사유이다.

6.

정답 ③

하 공인중개사법령 총칙

③ 주택이 철거될 경우 일정한 요건하에서 택지개발지구 내 이주자택지를 공급받을 수 있는 지위에 불과한 이른바 '대토권'은 특정한 토지나 건물 기타 정착물 또는 법 시행령이 정하는 재산권 및 물건에 해당한다고 볼 수 없으므로 중개대상물에 해당하지 않는다(대판 2011.5.26, 2011다23682).

7.

정답 ③

중 중개업무

① 중개보조원은 중개대상물에 대한 표시 · 광고를 할 수 없다.

② 건축물에 대한 표시 · 광고를 하는 경우 내진설계 적용 여부와 내진능력은 명시할 사항이 아니다.

④ 수시 모니터링 결과보고서는 모니터링 업무를 완료한 날부터 '15일' 내에 제출해야 한다.

⑤ 시 · 도지사 및 등록관청 등의 조사 및 조치결과 통보는 '10일' 이내에 '국토교통부장관'에게 통보해야 한다.

8.

정답 ④

중 중개업무

① 중개의뢰인의 의뢰에 따른 주거이전에 부수되는 용역의 '알선'을 할 수 있다.
② 상업용 건축물의 임대업은 할 수 없고, 임대관리 등 관리대행이 가능하다.
③ 개업공인중개사를 대상으로 한 중개업의 경영기법 및 경영정보의 제공을 할 수 있다.
⑤ 「민사집행법」에 따른 경매대상 '부동산'의 권리분석 및 취득의 알선을 할 수 있다.

9.

정답 ⑤

하 중개사무소의 개설등록

① 중개사무소의 면적 제한은 없다.
② 대표자를 '제외한' 임원 또는 사원의 3분의 1 이상이 공인중개사이어야 한다.
③ 중개업 외에 6가지 겸업을 더 할 수 있다.
④ 중개사무소 확보계획이 아니라 중개사무소를 확보하여야 한다.

10.

정답 ①

중 중개업무

② 교육수료 여부를 등록관청이 직접 확인하므로, 교육수료증 사본을 첨부하지 않는다.
③ 乙이 외국인인 경우라도 자격증 사본은 첨부하지 않는다. 乙이 결격사유에 해당하지 아니함을 증명하는 서류는 첨부하여야 한다.
④ 甲은 丙과 연대하여 손해배상책임을 지지만, 乙도 丙과 연대하여 손해배상책임을 지는 것은 아니다.
⑤ 甲은 해당 업무에 관하여 상당한 주의와 감독을 다하였다면, 양벌규정에 의한 벌금형을 면한다. 그러나 손해배상책임은 무과실책임이므로 면하지 못한다.

11.

정답 ④

중 중개업무

옳은 것과 틀린 것을 바르게 표시하면 ㄱ(×), ㄴ(×), ㄷ(○)이다.
ㄱ. 분사무소의 폐업신고시에는 분사무소설치신고확인서를 첨부하고, 주된 사무소 등록증을 첨부하는 것이 아니다.
ㄴ. 중개사무소의 개설등록 후 3개월 내에 업무를 개시하지 아니할 경우에는 휴업신고를 해야 한다.

12.

정답 ②

중 중개계약 및 부동산거래정보망

① 거래정보사업자로 지정을 받을 수 있는 자는 당해 부동산거래정보망에 가입 · 이용신청을 한 개업공인중개사가 500명 이상, 2개 이상의 시 · 도에서 각 30명 이상이어야 한다.
③ 확보한 공인중개사의 자격증 사본을 제출하여야 한다.
④ 거래정보사업자는 '개업공인중개사'로부터 의뢰받은 중개대상물의 정보에 한하여 이를 공개하여야 한다.
⑤ 거래정보사업자가 개업공인중개사에 따라 차별적으로 중개대상물 정보를 공개한 경우 거래정보사업자 지정이 취소될 수 있다.

13.

정답 ①

중 지도 · 감독 및 벌칙

옳은 것은 ㄱ, ㄴ이다.
ㄷ. 업무정지처분은 등록관청이 하므로, 가중 또는 감경도 등록관청이 한다.
ㄹ. 이중소속이므로, 중개사무소의 개설등록이 취소된다.

14.

정답 ⑤

중 개업공인중개사 등의 의무

① 토지이용계획은 확인 · 설명사항에 포함된다.
② 중개보조원은 중개대상물에 관한 확인 · 설명을 해서는 아니 되고, 확인 · 설명의무도 없다. 확인 · 설명의무는 개업공인중개사에게 있다.
③ 소속공인중개사가 확인 · 설명서를 작성한 경우라도 개업공인중개사는 해당 확인 · 설명서에 서명 및 날인하여야 한다.
④ 확인 · 설명서 보존의무 위반은 업무정지처분사유이다.

15.

정답 ③

중 개업공인중개사 등의 의무

③ 보증설정신고를 할 때 그 증명서류는 전자문서로 제출할 수도 있다.

16.

정답 ④

하 중개계약 및 부동산거래정보망

④ 매도 전속중개계약이므로 공시지가는 공개하되, 7일 내에 공개해야 한다.

Ⓥ 전속중개계약을 체결한 개업공인중개사와 중개의뢰인의 의무

개업공인중개사의 의무	중개의뢰인의 의무
1. 전속중개계약서 사용의무 2. 전속중개계약서 보존: 3년 3. 비공개요청 없을시 7일 내 정보공개 4. 2주에 1회 이상 업무처리상황 문서통지 5. 확인 · 설명 성실이행	1. 위약금 지급의무 2. 소요비용(중개보수의 50% 내) 지급의무 3. 확인 · 설명의무를 이행하는 데 협조

17.

정답 ①

하 개업공인중개사 등의 의무

① 개업공인중개사는 계약금 등을 자신의 명의로 예치하는 경우 자신의 예치금과 분리하여 관리하여야 한다.

Ⓥ 개업공인중개사 명의로 계약금 등을 예치한 경우의 의무

1. 거래안전 약정
2. 분리관리, 동의 없는 인출 제한
3. 보증설정 및 그 증서 사본 교부

18.
정답 ②

중 중개보수 및 실비

ㄱ, ㄴ이 옳은 내용이다.
ㄴ. 대판 2021.7.29, 2017다243723
ㄷ. 교환계약은 교환대상 부동산 중 거래금액이 큰 것을 기준으로 중개보수를 계산한다.
ㄹ. 임대차 중 보증금 외에 차임이 있는 경우에는 월 단위의 차임액에 100을 곱한 금액을 보증금에 합산한 금액을 거래금액으로 한다. 다만, 합산한 금액이 5천만원 미만인 경우에는 월 단위의 차임액에 70을 곱한 금액과 보증금을 합산한 금액을 거래금액으로 한다.

Ⓥ 중개보수의 한도

주택	국토교통부령이 정하는 범위 내에서 시·도의 조례로 정함(일방 한도) 1. 매매·교환: 거래금액 15억원 이상 1천분의 7(0.7%) 이내 2. 임대차 등: 거래금액 15억원 이상 1천분의 6(0.6%) 이내
주택 외	국토교통부령으로 정함(일방 한도) 1. 오피스텔(85m^2 이하, 부엌, 화장실) • 매매·교환: 거래금액의 0.5% 이내 • 임대차 등: 거래금액의 0.4% 이내 2. 오피스텔 외: 거래금액의 0.9% 이내

19.
정답 ③

중 교육, 업무위탁 및 포상금 제도

① 중개대상물의 가격 등 내용을 사실과 다르게 거짓으로 표시·광고한 자(부당한 표시·광고한 자)를 신고한 경우에는 포상금이 지급되지 않는다.
② 포상금의 지급에 소요되는 비용 중 국고에서 보조할 수 있는 비율은 100분의 50 이내로 한다.
④ 합의 배분방법이 균등 배분방법에 우선하여 적용된다.
⑤ 포상금은 건당 50만원을 지급한다.

20.
정답 ⑤

중 공인중개사협회

① 협회는 국토교통부장관의 '인가'를 받아 설립하는 비영리 '사단법인'이다.
② 지부 설치 신고기한은 정해진 바가 없다.
③ 공제사업 운용실적 공시는 매 회계연도 종료 후 '3개월' 이내에 하여야 한다.
④ 1회에 한하여 연임할 수 있다.

21.
정답 ③

상 지도·감독 및 벌칙

③ 최근 1년 내에 업무정지처분 1회, 과태료처분 2회를 받고 다시 업무정지처분사유에 해당하는 행위를 한 경우는 임의적(상대적) 등록취소 사유에 해당한다.

Ⓥ 상습위반에 대한 가중처벌

1. 최근 1년 이내에 2회 이상 업무정지 + 다시 업무정지행위 ➜ 필요적 등록취소
2. 최근 1년 이내에 3회 이상 업무정지·과태료 + 다시 업무정지 또는 과태료행위 ➜ 임의적 등록취소
3. 최근 1년 이내에 2회 이상 업무정지·과태료 + 다시 과태료행위 ➜ 업무정지

22.
정답 ②

중 지도·감독 및 벌칙

ㄱ, ㄴ이 옳은 내용이다.
ㄷ. 중개보조원 고용 인원수 제한을 초과한 경우는 1년 이하의 징역 또는 1천만원 이하의 벌금사유이다.

23.
정답 ④

상 토지거래허가제도

④ 녹지지역은 기준면적이 200m^{2}이므로, 허가구역에 거주하는 농업인이 그 허가구역에서 농업을 경영하기 위해 이 토지를 매수하는 경우 토지거래허가를 받아야 한다.

Ⓥ 토지거래허가가 필요 없는 기준면적

도시지역	도시지역 외
1. 주거지역: 60m^2 이하 2. 상업지역: 150m^2 이하 3. 공업지역: 150m^2 이하 4. 녹지지역: 200m^2 이하 5. 미지정구역: 60m^2 이하	1. 250m^2 이하 2. 농지: 500m^2 이하 3. 임야: 1,000m^2 이하
✚ 기준면적의 10%~300% 내에서 조정하여 지정 가능	

24.
정답 ①

중 개업공인중개사 등의 의무

① 거짓된 언행으로 중개의뢰인의 판단을 그르치게 한 금지행위이다.
② 직접거래 행위를 금지하는 규정은 강행규정이 아니라 단속규정이다(대판 2017.2.3, 2016다259677).
③ 상가분양계약서는 매매계약서일 뿐 양도·알선 등이 금지된 부동산의 분양 등과 관련 있는 증서에 해당하지 않는다(대판 1993.5.25, 93도773).
④ 중개의뢰인이 전매차익을 노려 계약금만 걸어 놓고 중간생략등기의 방법으로 부동산을 단기전매하여 각종 세금을 포탈하려는 것을 알고도 이에 동조하여 그 전매를 중개하였는데, 사정이 여의치 아니하여 중개의뢰인이 전매차익을 올리지 못하였다 하더라도 개업공인중개사의 전매중개는 부동산투기를 조장하는 행위에 해당한다(대판 1990.11.23, 90누4464).
⑤ 중개의뢰인의 아파트에 대하여 남편 명의로 전세계약 하는 것을 중개한 경우 직접거래에 해당한다(대판 2021.9.3, 2021도6910).

25.
정답 ④

중 지도·감독 및 벌칙

④ 중개대상물 표시·광고를 하면서 중개보조원을 명시한 개업공인중개사에게는 100만원 이하의 과태료를 부과한다.

Ⓥ 500만원 이하의 과태료 부과사유

거래정보사업자	• 운영규정의 승인을 얻지 아니하거나 운영규정 위반 운영 • 감독상의 명령을 거부, 기피, 불이행, 거짓 보고, 자료제출
공인중개사협회	• 공제사업 운용실적을 공시하지 아니한 경우 • 시정명령 또는 개선명령을 이행하지 아니한 경우 • 조사 · 검사 또는 감독상의 명령 거부 등 • 임원에 대한 징계 · 해임요구를 이행하지 아니한 경우
정보통신서비스 제공자	• 정당한 사유 없이 관련 자료를 제출하지 아니한 경우 • 정당한 사유 없이 필요한 조치를 하지 아니한 경우
개업공인중개사, 소속공인중개사	연수교육을 정당한 사유 없이 받지 아니한 경우
개업공인중개사, 중개보조원	중개보조원 사실을 고지하지 않은 경우(개업공인중개사가 상당한 주의와 감독을 게을리 하지 아니한 경우 제외)
개업공인중개사	• 성실 · 정확하게 중개대상물의 확인 · 설명을 하지 아니하거나 설명의 근거자료를 제시하지 아니한 경우 • 부당한 표시 · 광고를 한 자

26.

정답 ⑤

하 부동산거래신고제도

⑤ 부동산거래신고대상은 토지 · 건물 · 분양권 · 입주권의 매매계약과 「주택법」 등에 따른 부동산의 공급계약이므로, 저당권설정계약은 부동산거래신고대상이 아니다.
① 토지지분의 매매계약도 부동산거래신고대상이다.
③ 토지거래허가를 받았더라도 매매계약은 부동산거래신고를 해야 한다.

Ⓥ 부동산거래신고대상 공급계약

1. 「건축물의 분양에 관한 법률」에 따른 부동산의 공급계약
2. 「공공주택 특별법」에 따른 부동산의 공급계약
3. 「도시개발법」에 따른 부동산의 공급계약
4. 「도시 및 주거환경정비법」에 따른 부동산의 공급계약
5. 「빈집 및 소규모주택 정비에 관한 특례법」에 따른 부동산의 공급계약
6. 「산업입지 및 개발에 관한 법률」에 따른 부동산의 공급계약
7. 「주택법」에 따른 부동산의 공급계약
8. 「택지개발촉진법」에 따른 부동산의 공급계약

27.

정답 ③

상 중개보수 및 실비

③ 주택의 면적이 3분의 1이므로 상가건물에 대한 중개보수를 적용(제시된 중개보수 요율은 주택이므로 본 설문과는 관계가 없음)하고, 점유개정의 경우로서 중개보수는 매매만 받을 수 있다. 따라서 중개보수는 매매가 5억원 × 0.9% = 450만원이 최고 한도액이 된다. 당사자의 합의된 중개보수는 500만원이지만, 한도를 초과한 중개보수를 받을 수 없으므로, 개업공인중개사는 甲으로부터 450만원까지 받을 수 있다.

28.

정답 ④

중 부동산거래신고제도

④ 부당하게 재산상 이득을 취득할 목적으로 신고대상계약이 체결되지 않았음에도 불구하고 부동산거래신고를 한 자에게는 3년 이하의 징역 또는 3천만원 이하의 벌금에 처한다.

29.

정답 ③

상 주택임대차계약의 신고

③ 경기도 또는 광역시 외의 지역에 소재하는 군지역의 주택임대차는 주택임대차계약신고대상이 아니다. 따라서 충청북도 청원군 소재 주택임대차계약은 신고대상이 아니다.

Ⓥ 주택임대차계약 신고대상

1. 특별자치시 · 특별자치도 · 시 · 군(광역시 및 경기도의 관할구역에 있는 군으로 한정) · 구(자치구) 소재 주택으로서,
2. 보증금이 6천만원을 초과하거나 월 차임이 30만원을 초과하는 임대차 계약(계약을 갱신하는 경우로서 보증금 및 차임의 증감 없이 임대차 기간만 연장하는 계약은 제외)

30.

정답 ②

중 토지거래허가제도

② 시장 · 군수 또는 구청장은 이행명령을 받은 자가 그 명령을 이행하는 경우에는 새로운 이행강제금의 부과를 즉시 중지하되, 명령을 이행하기 전에 이미 부과된 이행강제금은 징수하여야 한다.

31.

정답 ①

상 개별적 중개실무

② 권리금 계약이란 신규임차인이 되려는 자가 임차인에게 권리금을 지급하기로 하는 계약을 말한다.
③ 서울특별시 소재 상가건물 임대차의 경우 환산보증금이 6,500만원 이하이어야 2,200만원까지 최우선변제를 받을 수 있으므로, 환산보증금이 1억 6,500만원이 되어 임차인은 최우선변제를 받을 수 없다.
④ 감액에 대한 제한은 없으므로 감액이 있은 후 1년 내에도 감액할 수 있다.
⑤ 임대차계약의 당사자가 아닌 이해관계인은 임대인 · 임차인의 인적사항의 열람을 요청할 수 없다.

32.

정답 ⑤

중 포상금 및 부동산 정보관리

포상금이 지급되는 신고 또는 고발대상은 ㄱ, ㄴ, ㄷ, ㄹ이다.
ㅁ. 부동산거래신고의 거짓신고를 방조한 자는 포상금이 지급되는 신고 · 고발대상이 아니다.

Ⓥ 부동산 거래신고 등에 법령상 포상금 지급 신고 · 고발대상

1. 부동산 등의 실제 거래가격을 거짓으로 신고한 자
2. 신고대상 계약을 체결하지 아니하였음에도 불구하고 거짓으로 부동산거래신고를 한 자
3. 부동산거래신고 후 해당 계약이 해제 등이 되지 아니하였음에도 불구하고 거짓으로 해제 등의 신고를 한 자
4. 주택임대차계약의 보증금 · 차임 등 계약금액을 거짓으로 신고한 자
5. 허가 또는 변경허가를 받지 아니하고 토지거래계약을 체결한 자 또는 거짓이나 그 밖의 부정한 방법으로 토지거래계약허가를 받은 자
6. 토지거래계약허가를 받아 취득한 토지에 대하여 허가받은 목적대로 이용하지 아니한 자

33. 정답 ①

중 중개대상물의 조사 · 확인

옳은 것은 ㄷ이다.

ㄱ. 건물 없는 토지에 저당권이 설정된 후 저당권설정자가 그 위에 건물을 건축하였다가 담보권의 실행을 위한 경매절차에서 경매로 인하여 그 토지와 지상건물이 소유자를 달리하였을 경우에는 법정지상권이 인정되지 아니한다(대판 1995.12.11, 95마1262).

ㄴ. 법정지상권은 건물의 소유에 부속되는 종속적인 권리가 되는 것이 아니며 하나의 독립된 법률상의 물권으로서의 성격을 지니고 있는 것이기 때문에 건물의 소유자가 건물과 법정지상권 중 어느 하나만을 처분하는 것도 가능하다(대판 2001.12.27. 2000다1976).

ㄹ. 건물소유자가 토지소유자와 사이에 건물의 소유를 목적으로 하는 토지임대차계약을 체결한 경우에는 관습상의 법정지상권을 포기한 것이다(대판 1992.10.27, 92다3984).

34. 정답 ②

중 개별적 중개실무

① 허가결정에 대한 즉시항고는 대리할 수 없다.

③ 개업공인중개사는 매수신청대리행위를 함에 있어 매각장소 또는 집행법원에 직접 출석해야 한다.

④ 개업공인중개사는 각 대리행위마다 대리권을 증명하는 문서(본인의 인감증명서가 첨부된 위임장과 대리인등록증 사본 등)를 제출하여야 한다. 다만, 같은 날 같은 장소에서 대리행위를 동시에 하는 경우에는 하나의 서면으로 갈음할 수 있다.

⑤ 대표자만 경매에 관한 실무교육대상이다.

35. 정답 ⑤

하 중개대상물의 조사 · 확인

⑤ 다년생식물 재배지, 고정식 온실, 비닐하우스로 사용하기 위한 농지의 임대차계약은 5년 이상으로 하여야 한다.

① 대판 1998.2.27, 97다49251

36. 정답 ④

중 외국인 등의 부동산취득 등에 관한 특례

④ 외국인의 경매에 의한 취득은 취득일(매각대금 완납일)로부터 6개월 내에 신고해야 한다.

37. 정답 ③

상 중개대상물의 조사 · 확인

중개대상물 확인 · 설명서 서식 4종 모두에 공통으로 기재하는 사항은 ㄱ, ㄹ, ㅁ이다.

ㄴ, ㄷ. 입지조건과 공법상 이용제한 및 거래규제에 관한 사항은 입목 · 공장재단 · 광업재단 서식에는 기재란이 없다.

> **Ⓥ 확인 · 설명서 공통 기재사항**
>
> 1. 대상물건의 표시
> 2. 권리관계(등기부 기재사항)
> 3. 실제 권리관계 또는 공시되지 아니한 물건의 권리에 관한 사항
> 4. 거래예정금액
> 5. 취득 관련 조세의 종류 및 세율
> 6. 중개보수 및 실비의 금액과 산출내역

38. 정답 ⑤

상 개별적 중개실무

① 종교단체의 명의로 그 산하조직이 보유한 부동산에 관한 물권을 등기한 경우, 원칙적으로 그 등기는 무효이나, 조세포탈 등의 목적이 없다면 유효이다.

② 과징금은 부동산가액의 100분의 30 범위 내에서 대통령령이 정하는 금액으로 부과된다.

③ 과징금 부과일부터 1년 내에 등기하지 않으면 부동산평가액의 100분의 10, 다시 1년 내에 등기하지 않으면 100분의 20의 이행강제금을 부과하고, 매년 부과하는 것이 아니다.

④ 실명등기를 한 경우라도 위반기간, 부동산평가액에 따라 과징금을 부과한다.

39. 정답 ②

중 개별적 중개실무

① 2년 미만으로 정한 기간의 유효를 임차인만 주장할 수 있다.

③ 우선변제권은 인도, 주민등록, 확정일자를 모두 갖추되, 대항력이 있어야 발생하므로, 우선변제권 발생일은 동년 10월 7일이다.

④ 3개월이 경과하여야 해지의 효력이 발생한다.

⑤ 최우선변제에 있어서 군지역은 모두 '그 밖의 지역'을 적용한다.

40. 정답 ①

상 개별적 중개실무

② 차순위매수신고는 최고가 매수신고금액(2억 5천만원)에서 그 보증금액(2천만원)을 뺀 금액을 넘는 경우에만 할 수 있으므로, 신고액이 2억 3천만원을 초과하면 가능하다.

③ 최고가매수신고를 한 사람이 2명인 때에는 그 2명만 추가 입찰한다.

④ 차순위매수신고인은 매각기일이 종결되더라도 매수신청의 보증을 돌려줄 것을 요구할 수 없다. 매수인이 매각대금을 다 낸 때에 매수의 책임을 면하고, 보증을 돌려줄 것을 요구할 수 있다.

⑤ 경매개시결정이 등기된 뒤에 저당권설정등기를 한 채권자라도 배당요구의 종기까지 배당요구를 할 수 있다.

제2과목 부동산공법

41	42	43	44	45	46	47	48	49	50
⑤	①	⑤	①	②	④	①	⑤	⑤	③
51	52	53	54	55	56	57	58	59	60
⑤	⑤	①	②	④	⑤	④	③	②	③
61	62	63	64	65	66	67	68	69	70
④	③	③	④	④	②	②	①	③	①
71	72	73	74	75	76	77	78	79	80
④	④	③	⑤	①	③	②	⑤	⑤	④

선생님의 한마디

수험생 여러분, 어느덧 제6회입니다. 여러분의 꾸준함이 정말 자랑스럽습니다. 이번 모의고사는 실제 시험 흐름과 유사하게, 난이도는 중간 수준으로 조정하였습니다. 기출문제를 바탕으로 익숙하지만 실수하기 쉬운 지문들을 변형해 구성했으며, 특히 복합개념과 관련 조문 연결에 중점을 두었습니다. 공법은 처음부터 모든 것을 알 수는 없습니다. 하지만 오답 정리를 통해 반복하다 보면 어느 순간 체계가 보이고 문제풀이가 수월해집니다. 중요한 것은 한 문제를 틀릴 때마다 관련 조문 하나가 확실히 내 것이 된다는 점입니다. 이제 시험까지의 큰 흐름이 보이는 시기입니다. 조급해하지 말고, 약한 부분을 보완하는 기회로 삼아 주세요. 한 걸음 한 걸음이 합격으로 향하는 길입니다. 오늘도 고생 많으셨고, 여러분은 반드시 해내실 수 있습니다. 응원합니다!

41.
정답 ⑤

하 도시 · 군관리계획

⑤ 도시 · 군관리계획결정 당시 이미 사업이나 공사에 착수한 자는 해당 도시 · 군관리계획결정에 관계없이 그 사업이나 공사를 계속할 수 있다.

42.
정답 ①

중 입안제안제도

① 대상 토지(국 · 공유지는 제외)면적의 3분의 2 이상 토지소유자의 동의를 받아야 한다. 여기서 국 · 공유지는 제외하는 것이지, 포함하는 것이 아니다.

43.
정답 ⑤

중 용도지역 / 용도지구 / 용도구역

① 용도지역은 서로 중복지정이 불가능하다.
② 용도지구는 원칙적으로 용도지역의 제한을 받지 않는다.
③ 공유수면의 매립 목적이 그 매립구역과 이웃하고 있는 용도지역의 내용과 다른 경우 및 그 매립구역이 둘 이상의 용도지역에 걸쳐 있거나 이웃하고 있는 경우 그 매립구역이 속할 용도지역은 도시 · 군관리계획결정으로 지정하여야 한다.
④ 세분되지 아니한 관리지역은 보전관리지역의 행위제한을 적용하기 때문에 보전관리지역에서 허용되는 건축물은 건축할 수 있다.

44.
정답 ①

중 건축제한

① 전용주거지역에서 제2종 근린생활시설(종교집회장은 제외)은 건축할 수 없다. 따라서 독서실은 전용주거지역에서는 건축이 금지된다.

45.
정답 ②

중 용도지구

② 미관지구, 시설보호지구, 보존지구는 개정으로 삭제되었다.

46.
정답 ④

중 용적률 계산문제

④ 1,000m^2 중 800m^{2}가 제2종 일반주거지역에, 나머지 200m^{2}가 제1종 일반주거지역에 걸쳐있고, 가장 작은 부분의 규모가 330m^2 이하인 경우에는 전체 대지의 용적률은 각 부분이 전체 대지면적에서 차지하는 비율을 고려하여 각 용도지역별 용적률을 가중 평균한 값을 적용한다. 문제의 경우 800m^2 × 150% + 200m^2 × 100% / 1,000m^2 = 140%가 된다. 가중 평균한 용적률 140%가 적용된다.

47.
정답 ①

하 기반시설의 설치

① 기반시설을 지상 · 수상 · 공중 · 수중 · 지하에 설치하려는 때에는 그 시설의 종류 · 명칭 · 위치 · 규모 등을 미리 도시 · 군관리계획으로 결정하여야 한다.

48.
정답 ⑤

중 도시 · 군계획시설사업

⑤ 행정청이 아닌 시행자의 처분에 대하여는 그 시행자를 지정한 자에게 행정심판을 제기하여야 한다.

49.
정답 ⑤

중 매수청구

① 그 토지에 있는 건축물 및 정착물을 포함한다.
② 도시 · 군계획시설사업의 시행자 또는 관계 법령에 의하여 그 도시 · 군계획시설을 설치 · 관리할 의무가 있는 자가 매수의무자가 되는 경우도 있다.
③ 현금으로 대금을 지급함이 원칙이다.
④ 매수의무자는 매수청구가 있은 날부터 6월 이내에 매수 여부를 결정하여 알려야 하며, 매수하기로 결정한 토지는 매수 결정을 알린 날부터 2년 이내에 매수하여야 한다.

50.
정답 ③

중 지구단위계획

① 지구단위계획의 수립기준 등은 대통령령으로 정하는 바에 따라 국토교통부장관이 정한다.
② 5년이 아니라 3년이다.
④ 지구단위계획으로 용도지역의 세분 및 변경이 가능하다.
⑤ 주거개발진흥지구는 계획관리지역에 위치하는 경우 지구단위계획구역으로 지정할 수 있다.

51.
정답 ⑤

상 개발행위허가

① 원상회복을 명할 수 있다.
② 사업면적을 5% 범위 안에서 축소하는 경우이다. 확대하는 경우에는 다시 허가를 받아야 한다.
③ 특별시장 · 광역시장 · 특별자치시장 · 특별자치도지사 · 시장 또는 군수는 개발행위허가를 하는 경우에는 기반시설의 설치 또는 그에 필요한 용지의 확보, 위해 방지, 환경오염 방지, 경관, 조경 등에 관한 조치를 할 것을 조건으로 개발행위허가를 할 수 있다.
④ 특별시장 · 광역시장 · 특별자치시장 · 특별자치도지사 · 시장 또는 군수는 난개발 방지와 지역특성을 고려한 계획적 개발을 유도하기 위하여 필요한 경우 대통령령으로 정하는 바에 따라 개발행위의 발생 가능성이 높은 지역을 대상지역으로 하여 기반시설의 설치 · 변경, 건축물의 용도 등에 관한 관리방안(성장관리방안)을 수립할 수 있다.

52.
정답 ⑤

중 기반시설부담구역

⑤ 증축하여 $200m^2$ 이상이 되는 경우이므로 기반시설설치비용의 부과대상에 해당한다.
① 중첩하여 지정할 수 없다.
② 기반시설부담구역은 도시 · 군관리계획의 결정으로 지정하지 않는다.
③ 개발밀도관리구역은 주거 · 상업 또는 공업지역에서의 개발행위로 기반시설의 처리 · 공급 또는 수용능력이 부족할 것으로 예상되는 지역 중 기반시설의 설치가 곤란한 지역을 지정할 수 있다.
④ 3년이 아니라 1년이다.

53.
정답 ①

중 개발구역의 면적기준

② 1만m^2 이상, ③ 3만m^2 이상, ④ 1만m^2 이상, ⑤ 30만m^2 이상이어야 한다.

54.
정답 ②

하 구역 지정 후 개발계획을 수립하는 경우

② 해당 도시개발구역에 포함되는 주거지역 · 상업지역 · 공업지역의 면적의 합계가 전체 도시개발구역 지정면적의 100분의 30 이하인 지역에 도시개발구역을 지정할 때에는 도시개발구역을 지정한 후에 개발계획을 수립할 수 있다.

55.
정답 ④

중 개발구역의 지정

④ 3년 내에 실시계획의 인가신청이 없는 경우에는 그 3년이 되는 날의 다음 날에 도시개발구역의 지정은 해제된 것으로 본다.

56.
정답 ⑤

하 조합임원

⑤ 조합장 또는 이사의 자기를 위한 조합과의 계약이나 소송에 관하여는 감사가 조합을 대표한다.

57.
정답 ④

중 원형지공급

④ 원형지를 공장부지로 직접 사용하는 자를 원형지개발자로 선정하는 경우 경쟁입찰의 방식으로 하며, 경쟁입찰이 2회 이상 유찰된 경우에는 수의계약의 방법으로 할 수 있다.

58.
정답 ③

중 환지방식

① 환지계획의 작성기준에 관하여 필요한 사항은 국토교통부령으로 정한다.
② 체비지는 시행자가 환지처분이 공고된 날의 다음 날에 해당 소유권을 취득한다.
④ 환지부지정 토지에 대하여는 청산금을 교부하는 때에 청산금을 결정할 수 있다.
⑤ 환지처분은 행정상 처분이나 재판상의 처분으로서 종전의 토지에 전속(專屬)하는 것에 관하여는 영향을 미치지 아니한다.

59.
정답 ②

하 정비법 용어정의

② 도시저소득 주민이 집단거주하는 지역으로서 정비기반시설이 극히 열악하고 노후 · 불량건축물이 과도하게 밀집한 지역의 주거환경을 개선하거나 단독주택 및 다세대주택이 밀집한 지역에서 정비기반시설과 공동이용시설 확충을 통하여 주거환경을 보전 · 정비 · 개량하기 위한 사업은 주거환경개선사업에 해당한다.

60.
정답 ③

하 정비구역 안의 행위제한

③ 허가받은 사항을 변경하려는 경우에도 허가를 받아야 한다.

61.
정답 ④

중 시공자 선정

④ 재개발사업을 토지등소유자가 시행하는 경우에는 사업시행인가를 받은 후 규약으로 정하는 바에 따라 건설업자 또는 등록사업자를 시공자로 선정하여야 한다.

62.
정답 ③

중 재건축진단

ㄱ: 정비계획 - 10분의 1 - 10분의 1

63.
정답 ③

중 정비사업조합

① 재건축사업은 조합이 이를 시행하거나 조합이 조합원 과반수의 동의를 얻어 시장 · 군수, 주택공사 등, 건설업자 또는 등록사업자와 공동으로 이를 시행할 수 있다. 토지등소유자 단독으로 시행하는 경우는 없다.
② 조합원의 수가 100명 이상인 조합은 대의원회를 두어야 한다.
④ 토지 또는 건축물의 소유권이나 지상권을 수인이 공유하는 경우 대표하는 1인을 조합원으로 본다.
⑤ 조합이 정관을 변경하려는 경우에는 총회를 개최하여 원칙적으로 조합원 과반수의 동의를 얻어 시장 · 군수의 인가를 받아야 한다.

64.
정답 ④

중 관리처분계획의 기준

① 너무 좁은 토지 또는 건축물이나 정비구역 지정 후 분할된 토지를 취득한 자에 대하여는 현금으로 청산할 수 있다.
② 분양설계에 관한 계획은 분양신청기간이 만료되는 날을 기준으로 하여 수립한다.
③ 2인 이상이 1주택을 공유한 경우에는 1주택만 공급한다.
⑤ 관리처분계획에는 소유권 외의 권리명세도 포함된다.

65.
정답 ④

하 건축법 용어정의

④ 건축물이란 토지에 정착하는 공작물 중 지붕과 기둥 또는 벽이 있는 것과 이에 딸린 시설물, 지하나 고가의 공작물에 설치하는 사무소 · 공연장 · 점포 · 차고 · 창고 그 밖에 대통령령으로 정하는 시설을 말한다.

66.
정답 ②

하 대수선

② 창문틀의 증설 · 해체는 대수선에 해당하지 아니한다.

67.
정답 ②

하 건축허가 등

② 공장 · 창고 등은 층수가 21층이거나 연면적의 합계가 10만㎡ 이상인 건축물이라도 특별시장 또는 광역시장의 허가를 받는 대상이 아니다.

68.
정답 ①

중 건축허가제한

② 건축허가를 제한하려는 경우에는 주민의견을 청취한 후 건축위원회의 심의를 거쳐야 한다.
③ 건축허가의 제한은 2년 이내로 하되, 1회에 한하여 1년 이내로 연장할 수 있다.
④ 국토교통부장관 또는 특별시장 · 광역시장 · 도지사는 건축허가 또는 건축물의 착공을 제한하는 경우에는 그 목적 · 기간 및 대상을 정하여 허가권자에게 통보하여야 하며, 통보를 받은 허가권자는 지체 없이 이를 공고하여야 한다.
⑤ 특별시장 · 광역시장 · 도지사는 시장 · 군수 · 구청장의 건축허가나 허가를 받은 건축물의 착공을 제한한 경우 즉시 국토교통부장관에게 보고하여야 하며, 보고를 받은 국토교통부장관은 제한의 내용이 지나치다고 인정하면 그 해제를 명할 수 있다.

69.
정답 ③

하 건축절차

③ 5,000m^2가 아니라 1,000m^2 이상인 건축물이다.

70.
정답 ①

중 높이 제한

② 허가권자는 건축물의 용도 및 형태에 따라 같은 가로구역 안에서 건축물의 높이를 다르게 정할 수 있다.
③ 전용주거지역과 일반주거지역에서 건축물을 건축하는 경우 일조 등의 확보를 위하여 높이를 제한한다.
④ 일반상업지역과 중심상업지역에 건축하는 공동주택은 채광(採光) 등의 확보를 위한 높이 제한이 적용되지 아니한다.
⑤ 200m^2 이상이다.

71.
정답 ④

중 바닥면적 계산문제

④ 용적률 150% = 연면적(X) / 대지면적 200m^2 × 100이다. 따라서 연면적(X) = 300m^2가 된다. 연면적은 각 층의 바닥면적의 합계를 말하고, 용적률을 계산할 때에는 연면적에 지하층의 면적은 포함하지 아니하므로 연면적 300m^2 / 지상 3층 = 100m^2, 즉 각 층의 바닥면적은 100m^2가 된다.

72.
정답 ④

중 이행강제금

ㄱ: 90, ㄴ: 80, ㄷ: 100, ㄹ: 70

73.
정답 ③

상 주택법 용어정의

① 주택에는 그 부속토지가 포함된다.
② 구분소유를 할 수 없는 주택이다.
④ 재건축조합은 「도시 및 주거환경정비법」에 의한 정비사업조합이다.
⑤ 임대주택이 아니라 민영주택을 말한다.

74.
정답 ⑤

중 도시형 생활주택

⑤ 하나의 건축물에는 도시형 생활주택과 그 밖의 주택을 함께 건축할 수 없으며, 단지형 연립주택 또는 단지형 다세대주택과 아파트형 주택을 함께 건축할 수 없다. 다만, 다음의 경우는 예외로 한다.
1. 아파트형 주택과 그 밖의 주택 1세대를 함께 건축하는 경우
2. 「국토의 계획 및 이용에 관한 법률 시행령」 제30조에 따른 준주거지역 또는 상업지역에서 아파트형 주택과 도시형 생활주택 외의 주택을 함께 건축하는 경우

75.

정답 ①

중 주택조합

② 국민주택을 공급받기 위하여 설립하는 직장주택조합의 조합원은 무주택자에 한한다.
③ 조합원의 지위를 상속받는 자는 조합원 자격요건을 필요로 하지 아니한다.
④ 조합원은 조합규약으로 정하는 바에 따라 조합에 탈퇴 의사를 알리고 탈퇴할 수 있다.
⑤ 2년 이내에 사업계획승인을 신청하여야 한다.

76.

정답 ③

중 주택건설용 토지의 취득

③ 체비지의 양도가격은 원칙적으로 감정가격을 기준으로 한다.

77.

정답 ②

중 주택상환사채

② 최근 3년간 연평균 주택건설실적이 300세대 이상일 것

78.

정답 ⑤

중 투기과열지구

① 국토교통부장관 또는 시·도지사는 주택가격의 안정을 위하여 필요한 경우에는 주택정책심의위원회(시·도지사의 경우에는 시·도 주택정책심의위원회)의 심의를 거쳐 일정한 지역을 투기과열지구로 지정하거나 이를 해제할 수 있다.
② 시·도지사가 투기과열지구를 지정하거나 해제할 경우에는 국토교통부장관과 협의하여야 한다.
③ 수도권은 1년, 수도권 외의 지역은 3년이다.
④ 전매란 매매·증여나 그 밖에 권리의 변동을 수반하는 모든 행위를 포함하되, 상속의 경우는 제외한다.

79.

정답 ⑤

하 농업진흥지역

⑤ 1필지의 토지가 농업진흥구역과 농업보호구역에 걸치는 경우에는 원칙적으로 각각의 행위제한을 적용한다. 다만, 농업진흥구역에 속하는 토지부분이 330m^2 이하인 경우에는 1필지 전부에 대하여 농업보호구역의 행위제한을 적용한다.

80.

정답 ④

하 농지보전부담금

④ 간이농수축산업용시설의 용도로 일시사용허가를 받은 자는 농지보전부담금의 납부대상이 되지 아니한다.

2교시

제1과목 부동산 공시에 관한 법령 및 부동산 관련 세법

1	2	3	4	5	6	7	8	9	10
④	⑤	④	③	②	④	④	①	⑤	①
11	12	13	14	15	16	17	18	19	20
④	①	④	③	②	④	⑤	①	③	①
21	22	23	24	25	26	27	28	29	30
③	⑤	①	④	②	③	②	⑤	②	⑤
31	32	33	34	35	36	37	38	39	40
④	④	②	①	③	②	⑤	②	⑤	②

선생님의 한마디

문제를 풀어보면 앞에서 풀었던 문제가 조금씩 기억이 나시죠? 부동산공시법령 문제는 다른 과목과 비교했을 때 출제되는 범위가 제한되어 있습니다. 문제에서 정답을 찾는 데 치중하지 마시고 지문별로 맞는 지문인지, 틀린 지문인지를 확인하는 것이 좋습니다. 파이팅하세요~~^^*

1.

정답 ④

하 공간정보관리법 총칙

ㄱ은 소유권변경사실의 통지, ㄴ은 등기촉탁이다.

2.

정답 ⑤

하 토지의 등록

⑤ 임야도에 등록된 토지를 지적도로 옮겨 등록한 경우는 등록전환의 경우에 해당하지만, 나머지는 지적확정측량을 준용하는 경우에 해당한다.

3.

정답 ④

하 토지의 등록

ㄱ은 구거, ㄴ은 유원지, ㄷ은 잡종지이다.

4.

정답 ③

하 토지의 등록

옳은 것은 ㄴ, ㄷ이다.
ㄱ. 지적소관청은 토지의 이동에 따라 지상경계를 새로 정한 경우에는 지상경계점등록부를 작성·관리하여야 한다.
ㄹ. 관계 법령에 따라 인가·허가 등을 받아 토지를 분할하려는 경우에는 지상 경계점에 경계점표지를 설치하여 측량할 수 있다.

5.
정답 ②

하 지적공부

② 임야대장: 토지의 고유번호, 토지이동의 사유, 토지등급 및 기준수확량은 등록하지만, 소유권의 지분은 등록하지 아니한다.

6.
정답 ④

상 지적공부

④ 축척이 1/500인 지적도의 도곽의 크기는 가로 40cm, 세로 30cm이므로 실제거리는 가로 200m, 세로 150m가 되고 실제면적은 30,000m^{2}이다.

7.
정답 ④

중 토지의 이동 및 지적정리

틀린 것은 ㄱ, ㄴ, ㄹ이다.
ㄱ. 등록전환은 지목변경을 요건으로 하지 아니한다.
ㄴ. 임야대장의 면적과 등록전환될 면적의 차이가 허용범위를 초과하는 경우에는 임야대장의 면적 또는 임야도의 경계를 지적소관청이 직권으로 정정하여야 한다.
ㄹ. 주택건설사업승인 이후 원활한 사업추진을 위하여 사업시행자 또는 소유자가 공사준공 전에 토지합병을 신청하는 경우에 지목변경을 할 수 있다.

8.
정답 ①

하 토지의 이동 및 지적정리

① 축척변경위원회는 5명 이상 10명 이하의 위원으로 구성하되, 위원의 2분의 1 이상을 토지소유자로 하여야 한다.

9.
정답 ⑤

하 토지의 이동 및 지적정리

통지하는 경우를 모두 고른 것은 ㄱ, ㄷ, ㄹ이다.
ㄴ. 토지소유자의 신청으로 지적소관청이 지적공부에 등록하는 토지표시를 변경하여 등록한 경우는 토지소유자가 정리내용을 알고 있으므로 통지를 요하지 아니한다.

10.
정답 ①

하 지적측량

① 토지소유자 등은 검사측량과 지적재조사측량을 지적측량수행자에게 지적측량을 의뢰할 수 없다.

11.
정답 ④

중 지적측량

④ 지적기준점성과의 등본이나 그 측량기록의 사본을 발급받으려는 자는 시 · 도지사나 지적소관청에 그 발급을 신청하여야 한다.

12.
정답 ①

하 지적측량

- 시 · 도지사는 지적측량 적부심사의결서를 송부받은 날부터 '7일' 이내에 적부심사청구인 및 이해관계인에게 통지하여야 한다.
- 지적측량 적부심사의결서를 통지받은 자가 지방지적위원회의 의결에 불복하는 때에는 의결서를 통지받은 날부터 '90일' 이내에 국토교통부장관을 거쳐 중앙지적위원회에 재심사를 청구할 수 있다.

13.
정답 ④

하 부동산등기법 총칙

④ 소유권이전등기가 경료된 경우에 그 등기명의자는 제3자뿐만 아니라 전 소유자에 대해서도 추정력을 주장할 수 있다.

14.
정답 ③

중 등기기관과 설비

- 1동의 건물의 표제부에는 표시번호란, 접수란, 소재지번 · 건물명칭 및 번호란, 건물내역란, 등기원인 및 기타사항란을 두고, '대지권의 목적인 토지의 표시'를 위한 표시번호란, 소재지번란, 지목란, 면적란, 등기원인 및 기타사항란을 둔다.
- 전유부분의 표제부에는 표시번호란, 접수란, 건물번호란, 건물내역란, 등기원인 및 기타사항란을 두고, '대지권의 표시'를 위한 표시번호란, 대지권종류란, 대지권비율란, 등기원인 및 기타사항란을 둔다.

15.
정답 ②

중 등기절차 총론

① 甲 ➜ 乙 ➜ 丙으로 소유권이전등기가 이루어졌으나 乙 명의의 등기가 원인무효임을 이유로 甲이 丙을 상대로 丙 명의의 등기 말소를 명하는 확정판결을 얻은 경우, 그 판결에 따른 등기에 있어서 등기권리자는 乙이다.
③ 채권최고액을 감액하는 경우에는 근저당권설정자가 등기권리자가 되고 근저당권자가 등기의무자가 되어 근저당권변경등기를 신청하여야 한다.
④ 「민법」상 조합을 등기의무자로 한 근저당권설정등기는 물론, 「민법」상 조합을 채무자로 표시한 근저당권설정등기도 신청할 수 없다.
⑤ 권리의 소멸을 증명하는 서류는 관련이 없다.

16.
정답 ④

하 등기절차 총론

④ 승소한 등기의무자가 소유권이전등기를 신청하는 경우에 등기필정보를 첨부하여 등기를 신청하여야 한다. 등기관이 등기완료 후 등기권리자에게 등기필정보를 작성 · 교부하지 아니한다.

17.
정답 ⑤

중 등기절차 총론

⑤ 전자신청에 대한 각하 결정의 고지는 서면신청과 동일한 방법으로 처리한다.

18.
정답 ①

중 등기절차 총론

ㄴ. 상속인이 아닌 자는 상속등기가 위법하다 하여 이의신청을 할 수 없다.
ㄷ. 저당권설정자는 저당권의 양수인과 양도인 사이의 저당권이전의 부기등기에 대하여 이의신청을 할 수 없다.
ㄹ. 등기의 말소신청에 있어 이해관계 있는 제3자의 승낙서 등 서면이 첨부되어 있지 아니하였다는 사유는 제3자의 이해에 관련된 것이므로, 말소등기의무자는 말소처분에 대하여 등기상 이해관계인에 해당되지 아니하여 이의신청을 할 수 없다.

19.
정답 ③

중 표시에 관한 등기

③ 말소등기에 등기상 이해관계 있는 제3자가 있을 때에는 신청서에 그 승낙서 또는 이에 대항할 수 있는 재판의 등본을 첨부하지 않으면 각하사유에 해당한다. 말소등기는 주등기로 실행한다.

20.
정답 ①

상 권리에 관한 등기

② 미등기부동산이 특정유증된 경우, 유언집행자는 상속인 명의의 소유권보존등기를 거쳐 유증으로 인한 소유권이전등기를 신청하여야 한다.
③ 수용으로 인한 소유권이전등기가 된 후 토지수용위원회의 재결이 실효된 경우, 그 소유권이전등기의 말소등기는 원칙적으로 공동신청에 의한다.
④ 甲과 乙의 가장매매에 의해 甲에서 乙 앞으로 소유권이전등기가 된 후에 선의의 丙 앞으로 저당권설정등기가 설정된 경우, 甲과 乙은 공동으로 진정명의회복을 위한 이전등기를 신청할 수 있다.
⑤ 환매등기의 경우 매도인이 아닌 제3자를 환매권리자로 하는 환매등기를 할 수 없다.

21.
정답 ③

상 권리에 관한 등기

틀린 것은 ㄴ, ㄷ이다.
ㄴ. 수익자나 위탁자는 수탁자를 대위하여 신탁등기를 신청할 수 있다. 이 경우 동시신청은 적용하지 아니한다.
ㄷ. 법원은 수탁자 해임의 재판을 한 경우 지체 없이 신탁원부 기록의 변경등기를 등기소에 촉탁하여야 한다.

22.
정답 ⑤

상 권리에 관한 등기

⑤ 관공서가 체납처분으로 인한 압류등기를 촉탁하면서 상속인을 갈음하여 상속으로 인한 소유권이전등기 또는 상속재산 협의분할 등을 원인으로 한 상속등기의 경정·말소등기를 함께 촉탁하는 경우에는 부동산의 관할 등기소가 아닌 등기소에도 그 신청을 할 수 있다.

23.
정답 ①

중 권리에 관한 등기

가등기의 대상이 될 수 있는 것은 ㄱ. 채권적청구권보전의 가등기, ㄴ. 권리의 설정·이전·변경·소멸의 청구권, ㄷ. 가등기의 처분제한등기이다.

24.
정답 ④

중 권리에 관한 등기

④ 가처분채권자가 가처분채무자를 등기의무자로 하여 권리의 이전등기를 신청하는 경우에, 그 가처분등기 이후에 된 등기로서 가처분채권자의 권리를 침해하는 등기의 말소를 단독으로 신청할 수 있다.

선생님의 한마디

포기는 배추 포기 셀 때나 쓰는 말이죠. 억센 햇볕을 받아야만 곡식이 익어가듯이 오늘의 시련은 가을의 합격의 결실이 될 거라 믿습니다.

25.
정답 ②

중 납세의무의 성립·확정·소멸

② 법정신고기한 후 1개월 초과 3개월 이내에 기한 후 신고를 한 경우 무신고가산세의 100분의 30을 감면받을 수 있으며, 납부지연가산세는 감면받을 수 없다.

26.
정답 ③

상 취득세

③ 부당행위계산은 특수관계인으로부터 시가인정액보다 낮은 가격으로 부동산을 취득한 경우로서 시가인정액과 사실상 취득가격의 차액이 3억원 이상이거나 시가인정액의 100분의 5에 상당하는 금액 이상인 경우로 한다.

27.
정답 ②

중 취득세

ㄱ은 30일, ㄴ은 60일, ㄷ은 60일이다.
- 국가가 취득세 과세물건을 매각하면 매각일로부터 30일 이내에 지방자치단체의 장에게 신고하여야 한다.
- 취득 후 중과세대상이 된 경우에는 법령에 정하는 날로부터 60일 이내에 신고납부하여야 한다.
- 고급주택을 취득하여 60일 이내에 용도변경공사에 착공한 경우에는 이를 중과하지 아니한다.

28.
정답 ⑤

상 취득세

중과기준세율이 적용되는 경우는 ㄴ, ㄷ, ㄹ이다.
ㄱ. 합유물·공유물의 분할(단, 본인 지분을 초과하는 경우에는 제외)시 적용되는 세율: 표준세율 – 중과기준세율

29.
정답 ②

중 등록면허세

① 등록을 하려는 자가 신고의무를 다하지 않은 경우 등록면허세 산출세액을 등록하기 전까지 납부하였을 때에는 신고·납부한 것으로 보지만 무신고가산세는 부과되지 아니한다.
③ 부동산등기에 대한 등록면허세 납세지는 원칙적으로 부동산 소재지이다.
④ 부동산, 선박, 항공기, 자동차 및 건설기계의 등록에 대한 등록면허세의 과세표준은 등록 당시의 가액으로 한다.
⑤ 대도시(단, 대도시 중과세 제외 업종은 중과세하지 않음)에서 법인 설립 등기에 대해서는 표준세율의 100분의 300의 세율을 적용한다.

30.
정답 ⑤

하 등록면허세

⑤ 대도시에서 법인을 설립함에 따른 등기는 그 세율을 해당 표준세율의 100분의 300으로 중과세한다. 다만, 「의료법」 제3조에 따른 의료업을 영위하기 위한 경우에는 중과세 제외업종에 해당하므로 중과세하지 않는다.

31.
정답 ④

하 재산세

옳은 것은 ㄴ, ㄷ이다.
ㄱ. 지방자치단체의 장은 조례로 정하는 바에 따라 표준세율의 100분의 50의 범위에서 가감할 수 있으며, 가감한 세율은 해당 연도에만 적용한다.

32.
정답 ④

하 재산세

④ 지방자치단체의 장은 납세의무자가 1세대 1주택자가 아닌 경우에는 주택에 대한 재산세 납부유예를 허가할 수 없다.

33.
정답 ②

상 종합부동산세

② 혼인으로 인한 1세대 2주택의 경우 납세의무자의 신청여부와 관계없이 혼인한 날부터 10년 동안은 주택을 소유하는 자와 그 혼인한 자별로 각각 1세대로 본다.

34.
정답 ①

중 종합부동산세

① 부부 공동명의 1세대 1주택의 경우에도 1주택자로 신고가 허용되어 종합부동산세 계산시에 단독소유 1세대 1주택과 동일하게 계산한다.
② 상업용 건축물은 종합부동산세 과세대상이 아니지만, 기준면적 이내의 상업용 건축물의 부속토지는 별도합산대상 토지로서 종합부동산세 과세대상이 된다.
③ 주택에 대해 종합부동산세를 부과하는 경우에 개인은 납세의무자별로 공시가격 합계액이 9억원을 초과하는 자가 납세의무자가 되며, 법인은 공시가격에 관계없이 납세의무자가 된다.
④ 종합부동산세는 토지분과 주택분의 구별없이 관할 세무서장은 납부하여야 할 종합부동산세의 세액을 결정하여 당해 연도 12월 1일부터 12월 15일까지 부과·징수한다.
⑤ 1세대 1주택자에 대해 연령별 및 보유기간별 세액공제는 100분의 80의 범위에서 중복하여 적용할 수 있다.

35.
정답 ③

중 양도소득세

③ 양도소득세 중과세율이 적용되지 않는 조정대상지역 내 다주택(3년 이상 보유)의 경우 2025년 5월 9일까지는 장기보유특별공제를 적용받을 수 있다.

36.
정답 ②

상 양도소득세

- 양도차익(1억 250만원) = 양도가액(2억 2,500만원) - 필요경비(1억 2,000만원 + 250만원)
- 양도소득금액(1억 250만원) = 양도차익(1억 250만원) - 장기보유특별공제(0원)
- 양도소득과세표준(1억원) = 양도소득금액(1억 250만원) - 양도소득기본공제(250만원)

37.
정답 ⑤

중 양도소득세

⑤ 각 양도자산에서 발생한 양도차손과 양도소득금액을 통산한 후 남은 결손금이 발생한 경우에는 이월하지 않고 소멸된다.

38.
정답 ②

하 양도소득세

② 이혼으로 인하여 혼인 중에 형성된 부부공동재산을 「민법」 제839조의2에 따라 재산 분할하는 경우는 양도에 해당하지 않는다.

39.
정답 ⑤

중 양도소득세

ㄱ, ㄴ, ㄷ 모두 옳은 지문이다.

40.
정답 ②

중 양도소득세

② 취득가액을 환산취득가액으로 하는 경우로서 아래의 ㄱ의 금액이 ㄴ의 금액보다 적은 경우에는 ㄴ의 금액을 필요경비로 할 수 있다.
ㄱ. 환산취득가액과 필요경비개산공제액의 합계액
ㄴ. 자본적 지출액 및 양도직접비용의 합계액

정답 및 해설

▶ 실시간 합격예측 서비스

난이도 및 출제포인트 분석

★ 난이도가 낮은 문제는 해설 페이지를 찾아가 꼭 익혀두세요.

1교시 제1과목 공인중개사법령 및 실무

문제 번호	난이도 및 출제포인트 분석	문제 번호	난이도 및 출제포인트 분석
1	중 공인중개사법령 총칙 p.92	21	중 공인중개사협회 p.93
2	하 공인중개사법령 총칙 p.92	22	상 지도 · 감독 및 벌칙 p.94
3	중 공인중개사 제도 p.92	23	상 지도 · 감독 및 벌칙 p.94
4	중 중개사무소의 개설등록 p.92	24	중 지도 · 감독 및 벌칙 p.94
5	상 중개사무소의 개설등록 p.92	25	하 지도 · 감독 및 벌칙 p.94
6	중 중개업무 p.92	26	중 부동산거래신고제도 p.94
7	상 중개업무 p.92	27	중 부동산거래신고제도 p.94
8	중 중개업무 p.92	28	중 주택임대차계약의 신고 p.94
9	중 중개업무 p.92	29	중 외국인 등의 부동산취득 등에 관한 특례 p.94
10	중 중개대상물의 조사 · 확인 p.93	30	중 토지거래허가제도 p.94
11	하 중개업무 p.93	31	상 토지거래허가제도 p.94
12	하 중개업무 p.93	32	중 토지거래허가제도 p.95
13	중 중개계약 및 부동산거래정보망 p.93	33	중 중개대상물의 조사 · 확인 p.95
14	중 개업공인중개사 등의 의무 p.93	34	중 중개대상물의 조사 · 확인 p.95
15	중 개업공인중개사 등의 의무 p.93	35	상 개별적 중개실무 p.95
16	하 개업공인중개사 등의 의무 p.93	36	상 개별적 중개실무 p.95
17	상 중개보수 및 실비 p.93	37	중 개별적 중개실무 p.95
18	중 교육, 업무위탁 및 포상금 제도 p.93	38	상 개별적 중개실무 p.95
19	상 교육, 업무위탁 및 포상금 제도 p.93	39	상 개별적 중개실무 p.96
20	상 교육, 업무위탁 및 포상금 제도 p.93	40	중 개별적 중개실무 p.96

1교시 제2과목 부동산공법

문제 번호	난이도 및 출제포인트 분석	문제 번호	난이도 및 출제포인트 분석
41	중 광역도시계획 p.96	61	중 정비법상 특례규정 p.98
42	하 국토교통부장관의 결정 p.96	62	하 일정 기준되는 시기 p.98
43	중 도시 · 군계획 p.96	63	상 관리처분계획 p.98
44	하 도시 · 군관리계획의 효과 p.97	64	중 재건축사업 p.98
45	중 용도지역의 건축제한 p.97	65	중 대수선 p.98
46	중 개발행위허가제한 p.97	66	중 대지면적의 산정 p.98
47	하 지구단위계획구역의 지정대상 p.97	67	중 건축허가 p.99
48	중 도시 · 군기본계획 p.97	68	하 건축물의 용도분류 p.99
49	하 매수청구 p.97	69	중 대지와 도로와의 관계 p.99
50	상 기반시설부담구역 p.97	70	중 건축허가의 취소 p.99
51	하 국토계획법령상 제도 p.97	71	하 특별건축구역 p.99
52	중 용도지역 등의 행위제한 p.97	72	중 도시형 생활주택 p.99
53	하 지정권자와 권한자 p.97	73	하 복리시설의 종류 p.99
54	중 개발구역 지정 후 개발계획수립하는 경우 p.97	74	상 부동산공법상 채권 p.99
55	중 도시개발조합 p.97	75	중 주택조합 p.99
56	중 동의자 수 산정기준 p.98	76	하 저당권설정 등의 제한 p.99
57	중 토지상환채권 p.98	77	중 공급질서 교란금지 p.99
58	중 감가보상금 p.98	78	상 분양가상한제 적용주택 p.99
59	하 정비사업시행자 p.98	79	중 농지취득자격증명 p.100
60	중 시공자 선정 p.98	80	하 농지의 처분 p.100

2교시 제1과목 부동산 공시에 관한 법령 및 부동산 관련 세법

문제 번호	난이도 및 출제포인트 분석	문제 번호	난이도 및 출제포인트 분석
1	하 토지의 등록 p.100	21	상 권리에 관한 등기 p.102
2	하 토지의 등록 p.100	22	중 권리에 관한 등기 p.102
3	하 토지의 등록 p.100	23	중 권리에 관한 등기 p.102
4	하 지적공부 p.101	24	상 권리에 관한 등기 p.102
5	하 지적공부 p.101	25	중 납세의무의 성립 · 확정 · 소멸 p.102
6	중 지적공부 p.101	26	중 조세의 기초 이론 p.102
7	중 토지의 이동 및 지적정리 p.101	27	중 취득세 p.102
8	중 토지의 이동 및 지적정리 p.101	28	상 취득세 p.103
9	중 토지의 이동 및 지적정리 p.101	29	중 등록면허세 p.103
10	중 토지의 이동 및 지적정리 p.101	30	중 등록면허세 p.103
11	중 지적측량 p.101	31	중 재산세 p.103
12	상 공간정보법 종합 p.101	32	중 재산세 p.103
13	중 부동산등기법 총칙 p.101	33	하 종합부동산세 p.103
14	중 등기절차 총론 p.101	34	중 종합부동산세 p.103
15	중 등기절차 총론 p.101	35	하 소득세 총설 p.103
16	중 등기절차 총론 p.101	36	상 양도소득세 p.103
17	중 등기절차 총론 p.102	37	하 양도소득세 p.103
18	중 등기절차 총론 p.102	38	중 양도소득세 p.104
19	상 권리에 관한 등기 p.102	39	중 양도소득세 p.104
20	중 표시에 관한 등기 p.102	40	중 양도소득세 p.104

1교시

제1과목 공인중개사법령 및 실무

1	2	3	4	5	6	7	8	9	10
③	①	③	②	①	③	④	⑤	③	⑤
11	12	13	14	15	16	17	18	19	20
④	⑤	④	②	①	③	④	⑤	③	①
21	22	23	24	25	26	27	28	29	30
⑤	②	④	⑤	①	③	⑤	②	①	④
31	32	33	34	35	36	37	38	39	40
②	③	①	③	①	⑤	④	①	②	②

선생님의 한마디

이번 회차는 최종 모의고사이므로 난이도 상급을 11문제로 배치하여 난이도에 있어서 최근 시험과 비슷하도록 하였습니다. 이번 회차에서 80점 이상을 득점했다면 시험에서 충분히 좋은 점수를 받을 수 있을 것입니다. 80점 미만을 득점하였더라도 낙담하지 말고, 차분히 틀린 부분을 다시 한 번 정리하여 마무리를 잘 해 주시길 당부드립니다. 공인중개사법령에서는 24문제, 부동산 거래신고 등에 관한 법령에서는 7문제, 중개실무에서 9문제가 출제되었습니다. 할 수 있다는 자신감을 가지시고, 여러분들의 합격을 진심으로 기원드리며, 그동안 수고 많으셨습니다. 화이팅입니다!

1.

정답 ③

중 공인중개사법령 총칙

옳은 것은 ㄷ, ㄹ이다.

ㄱ. 개업공인중개사는 이 법에 의하여 중개사무소의 개설등록을 한 자를 말한다.

ㄴ. 중개란 중개대상물에 대하여 거래당사자 간의 매매 · 교환 · 임대차 그 밖의 권리의 득실변경에 관한 행위를 알선하는 것을 말한다.

2.

정답 ①

하 공인중개사법령 총칙

ㄱ, ㄴ, ㄷ이 중개대상물에 해당한다.

ㄹ. 점유는 사실상의 지배를 의미하므로, '사실상의 지배' 그 자체는 중개대상이 되지 않는다.

ㅁ. 공용폐지가 되지 아니한 행정재산은 사적 거래가 불가능하므로 중개대상물이 아니다.

3.

정답 ③

중 공인중개사 제도

① 공인중개사 자격증은 합격자 결정공고일로부터 1개월 내에 교부해야 한다.

② 시험의 세부사항 공고는 시험시행일 '90일' 전까지 해야 한다.

④ 공인중개사 자격증의 대여를 알선한 자에 대하여는 1년 이하의 징역 또는 1천만원 이하의 벌금에 처한다.

⑤ 무자격자가 자신의 명함에 '부동산뉴스 대표'라는 명칭을 기재하여 사용한 것은 공인중개사와 유사한 명칭을 사용한 것에 해당한다(대판 2007.3.29, 2006도9334).

Ⓥ 공인중개사 자격시험 제도

1. 1차, 2차 구분, 매년 1회 이상 시행 원칙
2. 1차 시험 합격시 다음 회 1차 시험 면제
3. 신뢰도 저하 출제위원 위촉금지: 5년
4. 시험 세부사항 공고: 시험일 90일 전
5. 자격증 교부: 시 · 도지사가 합격자 공고일로부터 1개월 이내

4.

정답 ②

중 중개사무소의 개설등록

② 법인이 아닌 사단은 개설등록을 할 수 없다.

5.

정답 ①

상 중개사무소의 개설등록

ㄱ, ㄴ이 결격사유에 해당한다.

ㄷ. 사망, 해산, 등록기준 미달로 인하여 등록이 취소된 경우에는 결격사유에 해당하지 않는다.

ㄹ. 자격정지기간은 최고 6개월이므로, 결격사유자가 아니다.

ㅁ. 「민법」상 피특정후견인은 결격사유자가 아니다.

6.

정답 ③

중 중개업무

옳은 것은 3개(ㄴ, ㄷ, ㄹ)이다.

ㄱ. 중개사무소의 이전신고는 이전한 날로부터 10일 내에 하면 된다.

ㅁ. 등록관청의 관할구역 외의 지역으로 중개사무소를 이전한 경우 송부할 서류에는 중개사무소 등록대장이 포함된다.

Ⓥ 등록관청 관할구역 외로 중개사무소 이전시 신고서류와 송부할 서류

이전신고시 제출서류	송부할 서류
1. 중개사무소 이전신고서 2. 중개사무소등록증(분사무소는 신고확인서) 3. 사무소 확보 증명서류	1. 중개사무소 등록대장 2. 등록신청시 제출서류 3. 최근 1년간의 행정처분 등 서류

7.

정답 ④

상 중개업무

④ 공인중개사 자격이 없는 개인인 개업공인중개사는 중개인으로서, 사무소의 명칭에 "공인중개사사무소"라는 문자를 사용할 수 없으므로, 옳은 지문이다.

① 공인중개사라면 개설등록을 하지 않았더라도 '공인중개사'라는 문자를 사용할 수 있다. 그러나 '공인중개사사무소'라는 명칭은 사용할 수 없다.

② 위법하게 설치된 사무소 간판의 철거절차는 '「행정대집행법」'에 따른다.

③ 등록관청이 위법간판 등의 철거를 명할 수 있다.

⑤ 중개사무소의 옥외광고물(간판)에는 성명을 명시해야 하고, 연락처를 명시해야 하는 것은 아니다.

8.

정답 ⑤

중 중개업무

ㄷ, ㄹ이 옳은 내용이다.

ㄱ. 인터넷을 이용한 표시 · 광고시에도 중개사무소의 명칭, 소재지, 연락처, 등록번호를 명시해야 한다.

ㄴ. 상업용 건축물을 표시 · 광고하는 경우라도 방향, 관리비를 명시해야 한다.

9.

정답 ③

중 중개업무

③ 양벌규정에 따라 甲도 그 위반행위에 규정된 벌금형을 선고받을 수 있다. 다만, 甲이 상당한 주의와 감독을 게을리하지 아니한 경우에는 제외된다. 따라서 옳은 지문이다.

① 등록관청이 시·도지사에게 자격 발급 사실을 확인 요청하므로, 공인중개사 자격증 사본은 제출하지 않는다.
② 고용관계 종료신고는 10일 내에 하여야 한다.
④ 乙이 업무상 행위로 중개보수를 한도를 초과하여 받은 경우 등록관청은 甲의 중개사무소의 개설등록을 반드시 취소해야 하는 것은 아니고, 업무정지처분 또는 등록취소처분을 할 수 있다.
⑤ 乙의 공인중개사 자격증 원본을 게시하여야 한다.

10.

정답 ⑤

중 중개대상물의 조사·확인

⑤ 공용부분에 관한 물권의 득실변경은 등기가 필요하지 아니하다(「집합건물의 소유 및 관리에 관한 법률」 제13조 제3항).

11.

정답 ④

하 중개업무

④ 분사무소에서 사용할 인장으로 「상업등기규칙」에 따라 신고한 법인의 인장 또는 대표자가 보증하는 인장으로 등록할 수 있다.

12.

정답 ⑤

하 중개업무

⑤ 폐업신고는 사전신고이므로, 폐업을 할 경우에는 등록증을 첨부하여 미리 신고하여야 한다.

13.

정답 ④

중 중개계약 및 부동산거래정보망

옳은 것은 ㄱ, ㄷ, ㄹ이다.
ㄴ. 권리자의 인적사항은 공개 금지사항이다.

> Ⓥ 중개대상물 인터넷 광고시 공통사항 외에 추가 명시할 사항
>
> 중개대상물 종류, 가격, 면적, 소재지, 거래형태, 총 층수, 사용승인일, 방·욕실개수, 방향, 입주가능일, 주차대수, 관리비

14.

정답 ②

중 개업공인중개사 등의 의무

ㄱ, ㄹ이 옳은 내용이다.
ㄴ. 공인중개사법령상 거래계약서의 서식은 정해진 바가 없다.
ㄷ. 거래계약서는 전자문서로도 보존할 수 있다. 다만, 공인전자문서센터에 보관된 경우는 별도의 보관의무가 없다.

15.

정답 ①

중 개업공인중개사 등의 의무

ㄷ이 옳은 내용이다.
ㄱ. 중개완성시에 손해배상책임의 보장에 관한 사항을 중개의뢰인에게 설명한다.
ㄴ. 개업공인중개사는 거래당사자가 입은 전 손해를 배상하여야 한다.
ㄹ. 확인·설명의무와 이에 위반한 경우의 손해배상의무는 중개의뢰인이 개업공인중개사에게 소정의 보수를 지급하지 아니하였다고 해서 당연히 소멸되는 것이 아니다(대판 2002.2.5., 2001다71484).

16.

정답 ③

하 개업공인중개사 등의 의무

③ 개업공인중개사가 매도인으로부터 매도중개의뢰를 받은 다른 개업공인중개사의 중개로 부동산을 매수하여 매수중개의뢰를 받은 또 다른 개업공인중개사의 중개로 매도한 경우는 금지행위에 해당하지 아니한다(대판 1991.3.27, 90도2858).

17.

정답 ④

상 중개보수 및 실비

ㄱ, ㄴ, ㄷ이 옳은 내용이다.
ㄹ. 주택의 면적이 3분의 1 이므로, 주택 외의 중개대상물에 대한 중개보수규정을 적용한다.

18.

정답 ⑤

중 교육, 업무위탁 및 포상금 제도

① 교육을 위탁받으려는 기관은 과목별 전문강사와 '$50m^2$' 이상의 강의실을 1개소 이상 확보하여야 한다.
② 국토교통부장관, 시·도지사 및 등록관청은 필요하다고 인정하면 개업공인중개사 등의 부동산거래사고 예방을 위한 교육을 실시할 수 있으므로, 등록관청은 중개보조원만을 대상으로 하는 부동산거래사고 예방교육을 실시할 수 있다.
③ 교육지침에는 수강료도 포함된다.
④ 직무교육은 직업윤리를 내용으로 한다. 부동산중개 관련 법·제도의 변경사항은 연수교육 내용이다.

19.

정답 ③

상 교육, 업무위탁 및 포상금 제도

ㄷ, ㄹ은 포상금이 지급되는 신고·고발대상이나, ㄱ, ㄴ은 아니다.

20.

정답 ①

상 교육, 업무위탁 및 포상금 제도

ㄴ, ㄹ이 지방자치단체의 조례가 정하는 바에 따른 수수료를 납부사유이다.
ㄱ, ㄷ. 공인중개사 자격증을 교부받는 자와 소속공인중개사의 고용신고를 하는 자는 수수료를 납부하지 않는다.
ㅁ. 국토교통부장관이 시험을 시행하는 경우에는 국토교통부장관이 정하는 응시수수료를 납부한다.

21.

정답 ⑤

중 공인중개사협회

⑤ 판례(대판 2012.8.17, 2010다93035)로서, 옳은 내용이다.
① 협회의 가입은 임의사항이다.
② 협회는 책임준비금을 다른 용도로 '사용하고자 하는 경우'에는 국토교통부장관의 '승인'을 얻어야 한다.
③ 협회는 총회의 의결사항을 국토교통부장관에게 '지체 없이' 보고하여야 한다.
④ 지부설치는 임의사항이므로, 시·도에 지부를 '둘 수 있다.'

22.

정답 ②

상 지도 · 감독 및 벌칙

옳은 것은 2개(ㄷ, ㅁ)이다.

ㄱ. 부정한 방법으로 공인중개사의 자격을 취득한 경우 자격취소사유에만 해당할 뿐, 형벌이 규정되어 있지 않다.

ㄴ. 업무정지처분의 효과는 처분일로부터 1년간 승계하므로, 업무정처분일로부터 1년이 지나 재등록을 했으므로, 업무정지처분의 효과는 승계되지 않는다.

ㄷ. 다른 사람에게 성명을 사용하여 중개업무를 하게 한 경우는 필요적 등록취소사유로서, 폐업기간이 3년을 초과하지 않았으므로, 개설등록을 취소해야 한다. 따라서 옳은 지문이다.

ㄹ. '업무정지'처분은 그 사유가 발생한 날부터 3년이 경과한 때에는 이를 할 수 없다.

ㅁ. 등록기준 미달, 사망, 해산으로 인한 등록취소는 결격사유에 해당하지 않으므로, 옳은 지문이다.

23.

정답 ④

상 지도 · 감독 및 벌칙

④ 둘 이상의 중개사무소에 소속한 자가 개업공인중개사인 경우는 필요적 등록취소사유이고, 소속공인중개사인 경우는 자격정지사유이다.

①⑤ 개업공인중개사에 대하여는 임의적 등록취소 또는 업무정지, 소속공인중개사에 대하여는 자격정지사유이다.

②③ 업무정지사유이자 자격정지사유이다.

24.

정답 ⑤

중 지도 · 감독 및 벌칙

ㄷ, ㄹ이 3년 이하의 징역 또는 3천만원 이하의 벌금 사유이다.

ㄱ, ㄴ은 1년 이하의 징역 또는 1천만원 이하의 벌금 사유에 해당한다.

25.

정답 ①

하 지도 · 감독 및 벌칙

① 100만원 이하의 과태료 부과사유

②③④⑤ 500만원 이하의 과태료 부과사유

Ⓥ 100만원 이하의 과태료 부과사유

1. 게시사항 위반
2. 명칭, 옥외광고물 성명표기 위반
3. 표시 · 광고 명시사항 위반
4. 중개사무소 이전신고 위반
5. 휴업, 폐업, 재개, 변경신고 위반
6. 보증설정사항 미설명, 미교부
7. 공인중개사 자격증 미반납, 사유서 미제출
8. 중개사무소등록증 미반납

26.

정답 ③

중 부동산거래신고제도

옳은 것은 ㄱ, ㄷ, ㄹ이다

ㄴ. 자금조달 · 입주계획서에 매수인만 서명 또는 날인한다.

Ⓥ 취득자금조달계획, 지급방식 및 입주(이용)계획을 신고하는 경우

1. 법인이 주택을 매수하는 경우
2. 투기과열지구, 조정대상지역 내 주택을 매수하는 경우(투기과열지구 내 주택 매수시는 자금조달의 증명서류도 첨부)
3. 실제 거래가격 6억원 이상의 주택을 매수하는 경우
4. 수도권 등 토지 1억원(지분거래는 금액 무관), 그 외 지역 6억원 이상 토지 매수(토지거래허가구역, 건물이 있는 토지는 제외)
5. 국가 등이 매수자인 경우, 건축물이 있는 토지, 토지거래허가구역 내 토지 제외

27.

정답 ⑤

중 부동산거래신고제도

⑤ 임대주택 분양전환은 임대주택사업자(법인으로 한정)가 임대기한이 완료되어 분양전환하는 주택인 경우에 표시한다.

28.

정답 ②

중 주택임대차계약의 신고

② 임대차계약당사자는 신고 후 해당 주택임대차계약의 보증금, 차임 등 임대차 가격이 변경된 경우에는 변경이 확정된 날부터 30일 이내에 해당 신고관청에 공동으로 신고하여야 한다.

29.

정답 ①

중 외국인 등의 부동산취득 등에 관한 특례

① 외국의 법령에 따라 설립된 법인이므로, 당연히 '외국인 등'에 해당한다.

30.

정답 ④

중 토지거래허가제도

① 허가구역은 5년 이내의 범위에서 지정할 수 있다.

② 허가구역의 지정은 지정권자의 지정공고를 한 날부터 5일 후에 그 효력이 발생한다.

③ 허가구역 지정통지를 받은 시장 · 군수 · 구청장이 등기소장에게 통지한다.

⑤ 허가구역의 지정을 해제하거나 지정된 허가구역의 일부를 축소하는 경우에도 도시계획위원회의 심의를 거쳐야 한다.

31.

정답 ②

상 토지거래허가제도

② 도시지역 내의 녹지지역은 지정권자가 달리 정함이 없다면 허가가 필요 없는 기준면적이 200m^{2}이므로 토지거래허가대상이다. 따라서 토지거래허가를 받았다면 농지취득자격증명은 의제되므로, 따로 농지취득자격증명을 발급받을 필요가 없다.

⑤ 토지거래허가를 받았더라도, 매매이므로 부동산거래신고는 해야 하고, 검인은 의제되므로 별도로 필요하지 않다.

32.
정답 ③

중 토지거래허가제도

③ 토지거래계약허가를 받아 토지를 취득한 자가 직접 이용하지 아니하고 임대한 경우에는 토지취득가액의 '100분의 7'에 상당하는 금액의 이행강제금을 부과한다.

> ✓ 이행강제금 부과기준
>
> 1. 방치: 토지취득가액의 100분의 10
> 2. 임대: 토지취득가액의 100분의 7
> 3. 무단 변경이용: 토지취득가액의 100분의 5
> 4. 이 외의 경우: 토지취득가액의 100분의 7

33.
정답 ①

중 중개대상물의 조사 · 확인

② 자기 소유의 토지 위에 분묘를 설치한 후 그 토지의 소유권이 경매 등에 의하여 타인에게 이전되면서 분묘기지권을 취득한 자가, 판결에 의하여 그 분묘기지권에 관한 지료의 액수가 정해졌음에도 그 판결 확정 후 책임 있는 사유로 상당한 기간 동안 지료의 지급을 지체하여 지체된 지료가 판결확정 전후에 걸쳐 2년분 이상이 되는 경우 「민법」 제287조를 유추적용하여 분묘기지권의 소멸을 청구할 수 있다(대판 2015.7.23, 2015다206850).

③ 자기 소유 토지에 분묘를 설치한 사람이 분묘 이장의 특약 없이 토지를 양도함으로써 분묘기지권을 취득한 경우, 특별한 사정이 없는 한 분묘기지권이 성립한 때부터 지료 지급의무가 있다(대판 2021.5.27, 2020다295892).

④ 분묘기지권의 효력이 미치는 범위는 분묘의 기지뿐만 아니라 수호 · 봉사에 필요한 범위 내에서 주위 공지를 포함한다(대판 1994.12.23, 94다15530).

⑤ 「장사 등에 관한 법률」 시행일인 2001.1.13. 이전에 설치된 분묘에 대한 분묘기지권의 존립 근거가 위 법률의 시행으로 상실되었다고 볼 수 없고, 위 법률 시행일 당시까지 20년의 시효기간이 경과하지 아니한 경우, 분묘기지권의 시효취득에 관한 관습법에 의하여 그 시효취득이 허용된다(대판 2017.1.19, 2013다17292 전원합의체).

> ✓ 장사 등에 관한 법령상 면적제한 등
>
> 1. 분묘 1기(비석 등 포함): $10m^2$(합장 $15m^2$) 초과 금지
> 2. 봉안묘의 높이: 70cm, 봉안묘의 1기당 면적은 $2m^2$ 초과 금지

개인 묘지	사후신고 (30일 내)	$30m^2$ 이하	개인 자연장지	사후신고 (30일 내)	$30m^2$ 미만
가족 묘지	사전허가	$100m^2$ 이하	가족 자연장지	사전신고	$100m^2$ 미만
문중 묘지	사전허가	$1,000m^2$ 이하	문중 자연장지	사전신고	$2,000m^2$ 이하
법인 묘지	사전허가	10만m^2 이상	종교단체 자연장지	사전허가	4만m^2 이하
			법인 자연장지	사전허가	5만m^2 이상

34.
정답 ③

중 중개대상물의 조사 · 확인

③ 관리비 등 관리에 관한 사항은 개업공인중개사의 기본 확인사항에 해당한다.

> ✓ 주거용 건축물 확인 · 설명서상 세부 확인사항
>
> 1. 실제 권리관계 또는 공시되지 않은 물건의 권리사항
> 2. 내 · 외부 시설물의 상태(건축물)
> 3. 벽면 · 바닥면 및 도배상태
> 4. 환경조건
> 5. 현장안내

35.
정답 ①

상 개별적 중개실무

ㄱ이 옳은 내용이다.

ㄱ. 선의의 계약명의신탁으로, 수탁자인 乙의 명의로 경료된 소유권이전등기의 효력은 유효하다.

ㄴ. 제3자 丁이 명의신탁약정사실을 알았더라도, 乙과 丁간의 X부동산에 대한 매매계약은 유효하고, 丁은 소유권을 취득한다.

ㄷ. 수탁자 乙의 처분행위는 횡령이 아니다(대판 2000.3.24, 98도4347).

ㄹ. 신탁자인 甲은 5년 이하의 징역 또는 2억원 이하의 벌금에 처한다.

36.
정답 ⑤

상 개별적 중개실무

① 「주택임대차보호법」은 소액임차인을 정할 때 월 차임을 고려하지 않으므로, 서울특별시 소재 주택임대차계약으로서 임차보증금이 1억 6,500만원이면 월 차임이 30만원이 있는 경우라도 최우선변제권이 있다.

② 임대인은 임대차기간이 끝나기 6개월 전부터 2개월 전까지, 임차인은 2개월 전까지 갱신거절 등의 통지를 하지 아니한 경우 계약이 묵시적으로 갱신된다.

③ 임차인이 2기의 차임액에 달하도록 차임을 연체한 경우 및 임대차계약상 의무를 현저히 위반한 경우에는 묵시적 갱신규정이 적용되지 않는다.

④ 임대차계약을 체결하려는 자는 '임대인 乙'의 동의를 받아 정보제공을 요청할 수 있다.

37.
정답 ④

중 개별적 중개실무

① 계약갱신요구는 계약만료 6개월 전부터 2개월 전까지 행사해야 한다.

② 乙은 차임을 연체한 경우라 하더라도 계약갱신요구권을 행사할 수 있다. 2기의 차임 연체는 갱신요구 거절사유일 뿐이고, 계약갱신요구권을 행사할 수 없는 사유가 아니다.

③ 乙이 계약의 갱신을 요구한 경우 甲은 그의 자(子)가 거주함을 이유로 乙의 계약갱신요구를 거절할 수 있다.

⑤ 갱신요구로 갱신되는 임대차는 전 임대차와 동일한 조건으로 다시 계약된 것으로 보나, 차임과 보증금은 증감할 수 있다.

38.
정답 ①

상 개별적 중개실무

乙이 보호를 받을 수 있는 규정은 ㄱ, ㄹ이다. 제시된 조건은 환산보증금 제한(9억원)을 초과한 10억원이지만, ㄱ은 권리금 보호규정이고, ㄹ은 해지규정으로서, 乙에게 적용된다. 그러나 ㄴ. 최단기간 보호규정과 ㄷ. 우선변제권 규정은 적용되지 아니한다.

Ⓥ 보증금 제한에 따른 적용 여부

보증금 제한을 초과하는 경우에도 적용되는 규정	보증금 제한을 초과하는 경우 적용되지 않는 규정
1. 대항력 규정 2. 권리금 보호규정 3. 3기 차임 연체시 해지규정 4. 계약갱신요구권 규정 5. 표준계약서 규정 6. 감염병 등에 의한 폐업시 해지규정	1. 우선변제권 규정 2. 증액, 월 차임 전환이율 제한 규정 3. 임차권등기명령 규정 4 존속기간 규정 등

39.

정답 ②

상 개별적 중개실무

① 매각목적물에 대한 매수신고가 있은 뒤에도 매수인의 대금완납 전까지는 경매신청을 취하할 수 있다. 다만, 최고가매수신고인, 차순위매수신고인, 매수인의 동의를 받아야 한다.
③ 미등기의 건물이라도 채무자의 소유로서 건축허가나 건축신고가 된 건물이라면 강제경매를 신청할 수 있다.
④ 경매목적물의 취득에 관청의 증명이나 허가를 필요로 하는 경우(농지취득자격증명 등)에는 매각결정기일까지 이를 제출하여야 한다.
⑤ 배당요구에 따라 매수인이 인수하여야 할 부담이 바뀌는 경우 배당요구를 한 채권자는 배당요구의 종기가 지난 뒤에는 이를 철회할 수 없다.

40.

정답 ②

중 개별적 중개실무

② 甲이 중개업 폐업신고에 따라 매수신청대리인 등록이 취소된 경우는 결격사유에 해당하지 않는다.

제2과목 부동산공법

41	42	43	44	45	46	47	48	49	50
⑤	②	④	⑤	④	①	④	③	②	⑤
51	52	53	54	55	56	57	58	59	60
⑤	③	①	③	②	⑤	④	④	⑤	③
61	62	63	64	65	66	67	68	69	70
⑤	①	②	③	①	③	④	④	⑤	③
71	72	73	74	75	76	77	78	79	80
①	②	①	③	③	②	③	③	③	④

선생님의 한마디

수험생 여러분, 이제 제7회까지 오셨습니다. 여기까지 오신 노력이 정말 대단합니다. 제7회 실전모의고사는 난이도를 중간 수준으로 유지하면서도, 자주 틀리는 포인트를 짚어내는 데 중점을 두었습니다. 단순히 맞히는 것보다, 왜 틀렸는지 아는 것이 더 큰 실력입니다. 부동산공법은 반복 속에서 체계가 잡히는 과목입니다. 점수에 일희일비하지 마시고, 틀린 문제를 내 공부의 지표로 삼으세요. 그 한 문제, 두 문제의 오답이 여러분을 합격으로 이끄는 디딤돌이 될 것입니다. 지금까지 달려온 여러분의 노력이 빛날 날이 멀지 않았습니다. 끝까지 포기하지 않고 정리해 나가는 여러분은 이미 훌륭한 수험생입니다. 늘 응원하고 있겠습니다. 마지막까지 함께 갑시다. 파이팅!

41.

정답 ⑤

중 광역도시계획

⑤ 도지사가 수립하는 광역도시계획은 국토교통부장관의 승인을 받지 않는다.

42.

정답 ②

하 국토교통부장관의 결정

② 아닌 것은 ㄴ 1개로, 수산자원보호구역 지정에 관한 도시·군관리계획은 해양수산부장관이 결정한다. 이를 제외하고는 모두 국토교통부장관이 지정이 가능하다.

43.

정답 ④

중 도시·군계획

① 도시·군계획은 특별시·광역시·특별자치시·특별자치도·시 또는 군의 관할 구역에서 수립되는 다른 법률에 따른 토지의 이용·개발 및 보전에 관한 계획의 기본이 된다.
② 예문의 설명은 도시·군기본계획을 설명한 것으로 도시·군기본계획이란 특별시·광역시·특별자치시·특별자치도·시 또는 군의 관할 구역에 대하여 기본적인 공간구조와 장기발전방향을 제시하는 종합계획으로서 도시·군관리계획 수립의 지침이 되는 계획을 말한다.
③ 특별시장·광역시장·특별자치시장·특별자치도지사·시장 또는 군수가 관할 구역에 대하여 다른 법률에 따른 환경·교통·수도·하수도·주택 등에 관한 부문별 계획을 수립하는 때에는 도시·군기본계획의 내용과 부합되게 하여야 한다. 단계별집행계획과는 무관하다.

⑤ 도시 · 군계획은 특별시 · 광역시 · 특별자치시 · 특별자치도 · 시 또는 군의 관할 구역에 대하여 수립하는 공간구조와 발전방향에 대한 계획으로서 도시 · 군기본계획과 도시 · 군관리계획으로 구분한다. 따라서 도시 · 군기본계획은 구속력이 없으나 도시 · 군관리계획은 일반인에게 구속력을 갖는다.

44.

정답 ⑤

하 도시 · 군관리계획의 효과

⑤ 특별시장 · 광역시장 · 특별자치시장 · 특별자치도지사 · 시장 또는 군수가 원칙적으로 입안을 하여 작성하는 것이나 국토교통부장관 또는 도지사가 입안을 하는 경우에는 국토교통부장관이나 도지사도 작성할 수 있다.

45.

정답 ④

중 용도지역의 건축제한

④ 농공단지에서 건축물이나 그 밖의 시설의 용도 · 종류 및 규모 등의 제한에 관하여는 「산업입지 및 개발에 관한 법률」에서 정하는 바에 따른다.

46.

정답 ①

중 개발행위허가제한

② 제한기간은 1회에 한하며 3년 이내이나 도시계획위원회 심의를 거치지 않고 2년을 연장할 수 있다.
③ 지구단위계획구역으로 지정된 지역은 최장 5년 이내에서 개발행위허가가 제한될 수 있다.
④ 녹지지역이나 계획관리지역으로서 수목이 집단적으로 자라고 있는 지역은 개발행위가 제한될 수 있다.
⑤ 기반시설부담구역으로 지정된 지역은 개발행위가 제한될 수 있다. 개발밀도관리구역은 제한대상에 해당하지 않는다.

47.

정답 ④

하 지구단위계획구역의 지정대상

④ 개발제한구역은 해제되는 지역은 면적에 관계없이 임의적 지정대상으로 그 면적이 30만m^2 이상인 지역이라 하더라도 지구단위계획구역으로 지정할 수 있는 임의적 지정대상이다. 필수적 지정대상이 아니다.

48.

정답 ③

중 도시 · 군기본계획

③ 다음에 해당하는 시 또는 군은 도시 · 군기본계획을 수립하지 아니할 수 있다.

1. 「수도권정비계획법」에 의한 수도권에 속하지 아니하고 광역시와 경계를 같이하지 아니한 시 또는 군으로서 인구 10만명 이하인 시 또는 군
2. 관할 구역 전부에 대하여 광역도시계획이 수립되어 있는 시 또는 군으로서 당해 광역도시계획에 도시 · 군기본계획의 내용이 모두 포함되어 있는 시 또는 군

49.

정답 ②

하 매수청구

② 2,000만원이 아니라 3,000만원이다.

50.

정답 ⑤

상 기반시설부담구역

⑤ 단독주택과 공동주택은 0.7로 동일하고, 제1종 근린생활시설은 1.3, 의료시설은 0.9로 기반시설유발계수가 다르다.

51.

정답 ⑤

하 국토계획법령상 제도

⑤ 국토의 계획 및 이용에 관한 법령상 국토교통부장관은 시범도시를 지정할 수 있다. 분양가상한제 적용지역, 투기과열지구는 주택법령상 규정이고, 토지상환채권은 도시개발법령상의 규정이다. 그리고 특별건축구역은 건축법령상의 규정이다.

52.

정답 ③

중 용도지역 등의 행위제한

③ '생산관리지역'이 아니라 '보전관리지역'에 관한 규정을 적용한다.

53.

정답 ①

하 지정권자와 권한자

① 개발구역의 지정권자는 국토교통부장관, 시 · 도지사, 대도시의 시장이고 환지계획의 인가권자는 특별자치도지사, 시장 · 군수 · 구청장이다.

54.

정답 ③

중 개발구역 지정 후 개발계획수립하는 경우

③ 다음 사항은 도시개발구역을 지정한 후에 개발계획에 포함시킬 수 있다.

1. 도시개발구역 밖의 지역에 기반시설을 설치하여야 하는 경우에는 그 시설의 설치에 필요한 비용의 부담 계획
2. 수용(收用) 또는 사용의 대상이 되는 토지 · 건축물 또는 토지에 정착한 물건과 이에 관한 소유권 외의 권리, 광업권, 어업권, 물의 사용에 관한 권리가 있는 경우에는 그 세부목록
3. 임대주택(「민간임대주택에 관한 특별법」에 따른 민간임대주택 및 「공공주택 특별법」에 따른 공공임대주택을 말한다)건설계획 등 세입자 등의 주거 및 생활 안정 대책
4. 순환개발 등 단계적 사업추진이 필요한 경우 사업추진 계획 등에 관한 사항

55.

정답 ②

중 도시개발조합

② 조합설립의 인가를 신청하고자 하는 때에는 해당 도시개발구역 안의 토지면적의 3분의 2 이상에 해당하는 토지소유자와 그 구역 안의 토지소유자 총수의 2분의 1 이상의 동의를 얻어야 한다.

56.
정답 ⑤

중 동의자 수 산정기준

⑤ 「집합건물의 소유 및 관리에 관한 법률」에 따른 구분소유자는 각각을 토지소유자 1인으로 본다.

57.
정답 ④

중 토지상환채권

④ 토지상환채권은 수의계약방식에 의한다. 경쟁입찰방식이 아니다.

58.
정답 ④

중 감가보상금

④ 시행자가 행정청인 경우에만 공공용지를 과다하게 확보하므로 발생하는 것이다. 따라서 "토지소유자인 시행자"가 아니라 "행정청인 시행자"의 경우에만 감가보상금을 지급하는 것이다.

59.
정답 ⑤

하 정비사업시행자

⑤ 토지등소유자가 20인 미만인 경우에는 토지등소유자가 시행하거나 토지등소유자가 토지등소유자의 과반수의 동의를 받아 시장 · 군수 등, 토지주택공사 등, 건설업자, 등록사업자 또는 대통령령으로 정하는 요건을 갖춘 자와 공동으로 시행하는 방법은 재개발사업에서 가능하다.

60.
정답 ③

중 시공자 선정

③ 재개발사업을 토지등소유자가 시행하는 경우에는 사업시행인가를 받은 후 규약으로 정하는 바에 따라 시공자를 선정하여야 한다.

61.
정답 ⑤

상 정비법상 특례규정

5개 모두 틀린 지문이다.

ㄱ. 60일 ➜ 30일

ㄴ. 3개월 ➜ 2개월

ㄷ. 회답하지 않으면 동의한 것으로 간주 ➜ 회답하지 않으면 동의하지 않은 것으로 간주

ㄹ. 주거환경개선구역은 당해 정비구역의 지정고시가 있은 날부터 「국토의 계획 및 이용에 관한 법률」에 따른 주거지역을 세분하여 정하는 지역 중 제2종 일반주거지역으로 결정·고시된 것으로 본다. 다만, 당해 정비구역에서의 정비사업이 수용방식과 관리처분방식으로 시행되는 경우에는 제3종 일반주거지역을 말한다.

ㅁ. "사업시행계획인가를 받은 경우" ➜ "관리처분인가를 받은 경우"

62.
정답 ①

하 일정 기준되는 시기

① 종전의 토지 또는 건축물의 소유자 · 지상권자 · 전세권자 · 임차권자 등 권리자는 관리처분계획인가의 고시가 있은 때에는 이전고시가 있는 날까지 종전의 토지 또는 건축물을 사용하거나 수익할 수 없다. 다만, 다음의 어느 하나에 해당하는 경우에는 그러하지 아니하다.

1. 사업시행자의 동의를 받은 경우
2. 「공익사업을 위한 토지 등의 취득 및 보상에 관한 법률」에 따른 손실보상이 완료되지 아니한 경우

63.
정답 ②

상 관리처분계획

① 시행자는 인가된 관리처분계획에 따라 분양대상에서 제외된 자에 대해서는 관리처분계획 인가를 받은 날의 다음 날로부터 90일 이내에 토지, 건축물 또는 그 밖의 권리의 손실보상에 관한 협의를 하여야 한다. "인가를 받은 날로부터"가 아니라 "인가를 받은 날의 다음 날부터"이다.

③ 관리처분계획에는 세입자별 손실보상을 위한 권리명세 및 그 평가액이 포함되어야 한다.

④ 분양설계에 관한 계획은 분양신청기간이 만료되는 날을 기준으로 하여 수립한다.

⑤ 종전 주택의 주거전용면적의 범위에서 2주택을 공급할 수 있고, 이 중 1주택은 주거전용면적을 $60m^2$ 이하로 한다. 다만, $60m^2$ 이하로 공급받은 1주택은 이전고시일 다음 날부터 3년이 지나기 전에는 주택을 전매(매매 · 증여나 그 밖에 권리의 변동을 수반하는 모든 행위를 포함하되 상속의 경우는 제외한다)하거나 전매를 알선할 수 없다. 즉, 3주택이 아니라 2주택이다.

64.
정답 ③

중 재건축사업

① 임대주택건설계획은 재건축사업에 포함되지 아니한다.

② 토지등소유자가 시행자인 경우에는 재개발사업만 해당한다. 재건축사업은 해당하지 않는다.

④ 30일이 아니라 60일 이내에 인가 여부를 결정하여 통보하여야 한다.

⑤ 재건축사업은 천재지변 등의 사유에 해당할 경우에만 토지 등을 수용 · 사용할 수 있다. 원칙적으로 수용을 할 수 있는 것이 아니다.

65.
정답 ①

중 대수선

① 내력벽을 증설 · 해체하거나 내력벽의 벽면적을 30제곱미터 이상 수선 또는 변경하는 것이다. 바닥판이 아니다.

66.
정답 ③

중 대지면적의 산정

③ 소요너비 이상이 되는 도로에서 건축선이 별도 지정된 경우 그 건축선과 도로 사이의 부분은 대지면적 산정시 포함된다.

67.
정답 ④

중 건축허가

④ 도지사는 일정한 요건에 해당하는 경우에 사전승인권한을 갖고 있고 허가권한은 없다.

68.
정답 ④

하 건축물의 용도분류

① 변전소는 제1종 근린생활시설이다. 발전소는 발전시설이다.
② 총포판매소는 제2종 근린생활시설이다.
③ 주유소는 위험물저장 및 처리시설이다.
⑤ 기숙사는 공동주택에 해당한다.

69.
정답 ⑤

중 대지와 도로와의 관계

⑤ 연면적의 합계가 3천m^2 이상인 공장의 대지는 너비 6m 이상의 도로에 4m 이상 접하여야 한다.

70.
정답 ③

중 건축허가의 취소

③ 허가권자는 그 허가를 취소하여야 한다. 반드시 취소사유이다.

71.
정답 ①

하 특별건축구역

① 다음의 어느 하나에 해당하는 지역·구역 등에 대하여는 특별건축구역으로 지정할 수 없다.
1. 「개발제한구역의 지정 및 관리에 관한 특별조치법」에 따른 개발제한구역
2. 「자연공원법」에 따른 자연공원
3. 「도로법」에 따른 접도구역
4. 「산지관리법」에 따른 보전산지

단, 「군사기지 및 군사시설 보호법」에 따른 군사기지 및 군사시설 보호구역(특정한 경우 지정 가능한 경우도 있음)

72.
정답 ②

중 도시형 생활주택

① 도시형 생활주택은 300세대 미만으로 건설하여야 한다. 299세대까지 가능하다.
③ 도시형 생활주택은 분양가상한제를 적용하지 않는다.
④ 준주거지역, 상업지역에서는 아파트형 주택과 그 밖의 주택을 함께 건축할 수 있다. 단지형 연립주택이 아니다.
⑤ 도시형 생활주택 중 아파트형 주택은 종전에는 60m^2 이하였지만 85m^2 이하로 기준이 개정되어 80m^2의 아파트도 도시형 생활주택이 될 수 있다.

73.
정답 ①

하 복리시설의 종류

②③⑤는 부대시설이며, ④ 지역난방시설은 간선시설이다.

74.
정답 ③

상 부동산공법상 채권

③ 도시개발채권은 시·도지사가 행정안전부장관의 승인을 받아 무기명으로 발행한다.

75.
정답 ③

중 주택조합

③ 국민주택을 공급받기 위하여 직장주택조합을 설립하려는 자는 관할 시장·군수·구청장에게 "신고"하여야 한다.

76.
정답 ②

하 저당권설정 등의 제한

② 소유권이전등기를 신청할 수 있는 날 이후 60일까지

77.
정답 ③

중 공급질서 교란금지

③ 누구든지 이 법에 따라 건설·공급되는 주택을 공급받거나 공급받게 하기 위하여 다음의 증서 또는 지위를 양도(매매·증여 그 밖에 권리의 변동을 수반하는 일체의 행위를 포함하되, 상속·저당의 경우 제외)하거나 이의 양도를 알선하여서는 아니 되며, 누구든지 사위 그 밖에 부정한 방법으로 이 법에 따라 건설·공급되는 주택을 공급받거나 공급받게 하여서는 아니 된다. 따라서 상속과 저당은 가능하므로 주택상환사채의 상속은 가능한 행위이다. 다음은 양도가 금지되는 종류이다.
1. 입주자저축증서
2. 주택상환사채
3. 주택을 공급받을 수 있는 지위
4. 그 밖에 대통령령이 정하는 주택을 공급받을 수 있는 증서 또는 지위

78.
정답 ③

상 분양가상한제 적용주택

① 지방공사는 시장·군수·구청장의 승인(복리시설의 경우에는 신고를 말한다)을 받지 아니한다.
② 공공택지에서 사업주체가 일반인에게 공급하는 공동주택은 분양가상한제를 적용받는다.
④ 국토교통부장관이 지정권자이고 미리 시·도지사의 의견을 들은 후에 심의를 거쳐 지정할 수 있다. 시·도지사는 지정권자가 아니다.
⑤ 시장·군수·구청장은 심의하기 위하여 분양가심사위원회를 설치·운영하여야 한다. 국토교통부장관의 권한이 아니다.

79.

정답 ③

중 농지취득자격증명

③ 농지전용허가를 받거나 농지전용신고를 한 자와 농지전용협의는 반드시 구별해야 한다. 전자는 농지취득자격증명서를 발급받아야 하나 농업경영계획서는 작성하지 않는다. 그에 비해 후자의 농지전용협의 완료한 농지를 소유하는 경우 농지취득자격증명 발급대상에서 제외되는 사유이지, 농업경영계획서 작성 생략사유가 아니다.

80.

정답 ④

하 농지의 처분

④ 실제거래가격이 공시지가보다 낮으면 낮은 금액으로 할 수 있으므로 실제거래가격을 기준으로 매수할 수 있다고 해야 가장 알맞은 내용이 된다.

2교시

제1과목 부동산 공시에 관한 법령 및 부동산 관련 세법

1	2	3	4	5	6	7	8	9	10
②	④	②	④	②	②	⑤	③	④	⑤
11	12	13	14	15	16	17	18	19	20
③	④	④	③	①	③	③	①	②	⑤
21	22	23	24	25	26	27	28	29	30
⑤	①	④	③	①	⑤	③	①	⑤	④
31	32	33	34	35	36	37	38	39	40
⑤	②	④	③	①	③	②	④	⑤	⑤

선생님의 한마디

그동안 문제를 푸시느라 고생이 많으셨습니다. 부동산공시법은 어려운 문제를 풀어서 합격하는 과목이 아니라 기본 문제에서 실수를 줄이는 것이 중요합니다. 지금 공부하는 것처럼 꾸준히 공부하면 충분히 합격할 수 있는 시험입니다. 자신을 믿으시고 편안한 마음으로 공부하세요. 파이팅하세요~~^^*

1.

정답 ②

하 토지의 등록

옳은 것은 ㄴ이다.

ㄱ. 지적공부에 등록하는 지번 · 지목 · 면적 · 경계 또는 좌표는 토지의 이동이 있을 때 토지소유자의 신청을 받아 지적소관청이 결정한다. 다만, 신청이 없으면 지적소관청이 직권으로 조사 · 측량하여 결정할 수 있다.

ㄷ. 지적소관청은 지적공부를 정리하려는 때에는 토지이동 조사부를 근거로 토지이동 조서를 작성하여 토지이동정리 결의서에 첨부하여야 한다.

2.

정답 ④

하 토지의 등록

④ 축척변경 시행지역의 필지에 지번을 부여할 때에는 지적확정측량을 준용하여 지번을 부여한다.

3.

정답 ②

하 토지의 등록

② 고속도로의 휴게소 부지, 2필지 이상에 진입하는 통로로 이용되는 토지는 '도로'로 한다.

4.

정답 ④

하 지적공부

④ 건물의 경계는 대지권등록부의 등록사항이 아니다.

5.

정답 ②

하 지적공부

② 위 도면에서 좌우의 도곽선 수치를 계산하면 가로의 거리가 500m, 상하의 도곽선 수치를 계산하면 세로의 거리가 400m임을 알 수 있다. 도곽선 수치를 계산하면 위 도면이 포용하는 면적은 500m × 400m = 200,000m^{2}임을 알 수 있다.

① 지적도면에 등록하는 토지의 표시는 소재, 지번, 지목, 경계이다. 면적은 등록사항이 아니다.

③ 좌측 상단의 색인도는 도면의 연결관계를 나타낸다.

④ '14전'과 '15전'은 지목이 같은 토지이지만 연접하지 않으므로 1필지로 합병할 수 없다.

⑤ (산)으로 표시된 부분은 임야도에 등록된 토지이지만 지목은 알 수 없다.

6.

정답 ②

중 지적공부

② 지적소관청은 부동산종합공부의 멸실 또는 훼손에 대비하여 이를 별도로 복제하여 관리하는 정보관리체계를 구축하여야 한다.

7.

정답 ⑤

중 토지의 이동 및 지적정리

⑤ 공공사업 등에 따라 학교용지 · 도로 · 철도용지 · 하천 · 제방 · 구거 · 유지 · 수도용지 등의 지목으로 되는 토지인 경우에 해당 사업의 시행자의 대위신청이 허용되지만, 유원지는 해당하지 아니한다.

8.

정답 ③

중 토지의 이동 및 지적정리

③ 축척변경의 절차에서 시 · 도지사 또는 대도시 시장의 승인을 받는 경우이므로 축척변경의 사유, 지번 등 명세, 토지소유자의 동의서, 축척변경위원회의 의결서 사본 등을 첨부한다. 지번별 조서는 축척변경측량을 실시한 후에 각 필지의 증감면적을 적은 조서이므로 첨부할 서류가 아니다.

9.

정답 ④

중 토지의 이동 및 지적정리

틀린 것은 ㄱ, ㄷ이다.

ㄱ. 토지소유자가 통지를 받은 날부터 90일 이내에 등록말소 신청을 하지 아니하면 지적소관청이 직권으로 지적공부의 등록사항을 말소하여야 한다.

ㄷ. 지적소관청은 말소한 토지가 지형의 변화 등으로 다시 토지가 된 경우에는 토지로 회복등록을 할 수 있다.

10.

정답 ⑤

중 토지의 이동 및 지적정리

⑤ 지적소관청은 등록전환으로 인하여 토지의 표시에 관한 변경등기가 필요한 경우 그 변경등기의 등기완료통지서를 접수한 날부터 15일 이내 해당 토지소유자에게 지적정리를 통지하여야 한다.

11.

정답 ③

중 지적측량

③ 경계복원측량은 등록할 당시의 측량방법과 동일하여야 하므로, 첫째, 등록 당시의 측량방법에 따르고, 둘째, 측량 당시의 기준점을 기준으로 하여야 한다. 비록 등록 당시의 측량방법이나 기술이 발전하지 못하여 정확성이 없다 하더라도 경계복원측량을 함에 있어서는 등록 당시의 측량방법에 의하여야 하는 것이지 보다 정밀한 측량방법이 있다고 곧바로 그 방법에 의하여 측량할 수 없다.

12.

정답 ④

상 공간정보법 종합

옳은 것은 ㄱ, ㄴ, ㄹ이다.

ㄷ. 지적소관청은 지적도 · 임야도에 등록된 사항에 대하여 토지의 이동 또는 오류사항을 정비한 때에는 이를 연속지적도에 반영하여야 한다.

13.

정답 ④

중 부동산등기법 총칙

④ 신탁등기는 주등기로 실행하고, 신탁등기의 주의사항등기는 부기등기로 실행한다.

14.

정답 ③

중 등기절차 총론

③ 법인 아닌 사단이 등기의무자로서 등기신청을 할 경우에는 사원총회 결의서를 등기신청서에 첨부하여야 한다.

15.

정답 ①

중 등기절차 총론

① 공동으로 신청하는 등기이다.

② 직권으로 실행한다.

③ 등기관이 직권으로 말소한다.

④ 등기관이 직권으로 실행한다.

⑤ 등기관이 직권으로 말소한다.

16.

정답 ③

중 등기절차 총론

① 甲과 乙의 공유를 甲과 乙의 합유로 변경하는 등기를 한 경우에 등기명의인이 추가되는 경우가 아니므로 등기필정보를 작성 · 교부하지 아니한다.

② 서면에 적은 문자의 정정 또는 삭제를 한 경우에는 그 글자 수를 난외에 적으며 문자의 앞뒤에 괄호를 붙이고 이에 날인 또는 서명하여야 한다.
④ 신고필증에 기재된 부동산이 1개라 하더라도 수인과 수인 사이의 매매인 경우에는 매매목록을 첨부하여야 한다.
⑤ 소유권 이외의 권리의 등기명의인이 등기의무자로서 등기필정보를 멸실하여 등기소에 출석하여 등기관으로부터 등기의무자임을 확인받고 등기를 신청하는 경우에는 인감증명을 첨부하여야 한다.

17.

정답 ③

중 등기절차 총론

③ 미등기부동산에 소유권을 이전하는 계약을 체결하는 경우 계약체결한 후에 등기를 신청할 수 있게 된 경우에는 등기를 신청할 수 있게 된 날로부터 60일 이내에 소유권보존등기를 하여야 한다.

18.

정답 ①

중 등기절차 총론

① 사건이 그 등기소의 관할이 아닌 경우는 각하사유인 제29조 제1호 위반에 해당하므로 제29조 제2호 위반에 해당하지 아니한다.

19.

정답 ②

상 권리에 관한 등기

틀린 것은 ㄱ, ㄷ이다.
ㄱ. 수증자가 여럿인 포괄유증의 경우에 수증자 중 1인이 자기 지분만에 대하여 소유권이전등기를 신청할 수 있다.
ㄷ. 환매권설정등기는 소유권이전등기와는 별개의 신청정보에 의하여 동시에 신청하여야 한다.

20.

정답 ⑤

중 표시에 관한 등기

⑤ 직권에 의한 경정등기를 마친 등기관은 경정등기한 취지를 지방법원장에게 보고하여야 한다.

21.

정답 ⑤

상 권리에 관한 등기

① 군수의 확인에 의해 미등기건물에 대한 자기의 소유권을 증명하는 자는 보존등기를 신청할 수 있다.
② 미등기 건물의 건축물대장상 소유자로부터 포괄유증을 받은 자는 자기 명의로 소유권보존등기를 신청할 수 있다.
③ 토지에 대한 소유권보존등기의 경우, 등기원인과 그 연월일을 기록하지 아니한다.
④ 토지대장상 최초의 소유자인 甲의 미등기토지가 상속된 경우, 상속인 명의로 소유권보존등기를 한다.

22.

정답 ①

중 권리에 관한 등기

ㄱ은 없다, ㄴ은 계약양도, ㄷ은 확정채무인수이다.

23.

정답 ④

중 권리에 관한 등기

④ 토지의 전세권이 대지권인 경우에 토지의 등기기록에 전세권이전등기는 하지 못한다.

24.

정답 ③

상 권리에 관한 등기

옳은 것은 ㄴ, ㄷ이다.
ㄱ. 가등기를 명하는 법원의 가처분명령이 있는 경우, 등기권리자가 단독으로 등기를 신청한다.
ㄹ. 가등기권리자가 여럿인 경우, 그 중 1인이 공유물보존행위에 준하여 가등기 전부에 관한 본등기를 신청할 수 없다.

선생님의 한마디

여러분 수고 많으셨습니다. 여러분은 저의 자랑과 보람입니다. 합격의 아름다운 결실이 여러분께 있으리라 믿고요. 합격의 기쁜 소식 전해 주길 기다리고 있을게요. 합격을 소원합니다.

25.

정답 ①

중 납세의무의 성립 · 확정 · 소멸

옳은 것은 ㄱ 1개이다.
ㄱ. 취득세: 신고하는 때 확정되는 지방세
ㄴ. 양도소득세: 신고하는 때 확정되는 국세
ㄷ. 재산세: 과세권자가 결정하는 때 확정되는 지방세
ㄹ. 지역자원시설세(소방분): 과세권자가 결정하는 때 확정되는 지방세
ㅁ. 지방교육세(재산세의 부가세): 과세권자가 결정하는 때 확정되는 지방세

26.

정답 ⑤

중 조세의 기초 이론

4개 모두 보유단계에서 부담할 수 있는 세목이다.
• 농어촌특별세: 부동산 취득, 보유, 양도 모든 단계에서 부담할 수 있다.
• 지방교육세: 부동산 취득, 보유단계에서만 부담할 수 있다.
• 개인지방소득세: 보유, 양도단계에서만 부담할 수 있다.
• 종합부동산세: 부동산 보유단계에서만 부담할 수 있다.

27.

정답 ③

중 취득세

① 건축물 개수(면적 증가 제외)로 인한 취득의 경우에 과세표준은 「지방세법」 제10조의6 제3항에 따라 사실상 취득가격으로 하여 중과기준세율을 적용한다.
② 같은 취득물건에 대하여 둘 이상의 세율이 해당되는 경우에는 그 중 높은 세율을 적용한다.
④ 대도시에서 법인이 「의료법」 제3조에 따른 의료업을 영위하기 위하여 부동산을 취득하는 경우에는 중과세율을 적용하지 아니한다. 단, 취득일부터 2년 내에 업종변경이나 업종추가는 없다.
⑤ 법인이 합병 또는 분할에 따라 부동산을 취득하는 경우에는 「지방세법」 제11조 제1항 제7호의 그 밖의 원인으로 인한 취득세율(농지는 3%, 농지 외의 것은 4%)을 적용한다.

28.
정답 ①

상 취득세

과점주주가 취득한 것으로 보는 해당 법인의 부동산 등의 취득당시가액은 해당 법인의 결산서와 그 밖의 장부 등에 따른 그 부동산 등의 총가액을 그 법인의 주식 또는 출자의 총수로 나눈 가액에 과점주주가 취득한 주식 또는 출자의 수를 곱한 금액으로 한다.

- 2021년 3월 10일 설립시 ➜ 60%($\frac{30,000주}{50,000주}$)의 지분으로 과점주주에 해당한다. 하지만 설립시점에서는 과점주주에 대한 납세의무가 없다.
- 2025년 10월 5일 증자 ➜ 70%($\frac{70,000주}{100,000주}$)의 지분이 된 경우, 과점주주가 된 이후에는 증가분(10%)만 과세하므로 과점주주가 된 날 현재 그 회사의 자산을 10%만큼 취득한 것으로 보아 취득세 납세의무를 부담한다.
- 10억 × 10% = 1억원

29.
정답 ⑤

중 등록면허세

⑤ 「채무자 회생 및 파산에 관한 법률」상 법원사무관 등의 촉탁이나 등기소의 직권에 의해 이루어지는 등기 · 등록은 등록면허세를 비과세한다.

30.
정답 ④

중 등록면허세

④ 같은 등록에 관계되는 재산이 둘 이상의 지방자치단체에 걸쳐 있어 등록면허세를 지방자치단체별로 부과할 수 없을 때에는 등록관청 소재지를 납세지로 한다.

31.
정답 ⑤

중 재산세

⑤ 주택의 건축물과 그 부속토지의 소유자가 다를 경우에 그 주택에 대한 산출세액을 건축물과 그 부속토지의 시가표준액 비율로 나누어 그 소유자를 납세의무자로 본다.

32.
정답 ②

중 재산세

② 「군사기지 및 군사시설 보호법」에 따른 군사기지 및 군사시설 보호구역 중 통제보호구역에 있는 토지는 비과세하지만, 전 · 답 · 과수원 및 대지는 과세한다.

33.
정답 ④

하 종합부동산세

④ 순서대로 12억원, 0원, 9억원이다.
주택에 대한 종합부동산세의 과세표준은 납세의무자별로 주택의 공시가격을 합산한 금액에서 다음의 금액을 공제한 금액에 부동산 시장의 동향과 재정 여건 등을 고려하여 100분의 60부터 100분의 100까지의 범위에서 대통령령으로 정하는 공정시장가액비율을 곱한 금액으로 한다. 다만, 그 금액이 영보다 작은 경우에는 영으로 본다.
- 대통령령으로 정하는 1세대 1주택자: 12억원
- 제9조 제2항 제3호 각 목의 세율이 적용되는 법인 또는 법인으로 보는 단체: 0원
- 위에 해당하지 아니하는 자: 9억원

34.
정답 ③

중 종합부동산세

틀린 것은 ㄱ, ㄴ이다.
ㄱ. 종합부동산세는 물납이 허용되지 아니한다.
ㄴ. 별도합산과세대상 토지의 재산세로 부과된 세액이 세 부담 상한을 적용받는 경우 그 상한을 적용받은 후의 세액을 별도합산과세대상 토지분 종합부동산세액에서 공제한다.

35.
정답 ①

하 소득세 총설

① 공익사업과 관련된 지역권을 대여함으로 발생하는 소득은 기타소득이다.

36.
정답 ③

상 양도소득세

③ 토지의 이용상 불합리한 지상경계를 합리적으로 바꾸기 위하여 법률에 따라 토지를 분할하여 교환하는 경우로서 분할된 토지의 전체 면적이 분할 전 토지의 전체 면적의 100분의 20을 초과하는 경우 양도로 본다.

37.
정답 ②

하 양도소득세

② 3년 보유한 국내소재 비사업용 토지(등기된 경우): 공제대상이다.
① 5년 보유한 국외소재 토지: 공제대상이 아니다.
③ 조합원으로부터 취득한 조합원입주권: 공제대상이 아니다.
④ 실지거래가액이 13억원인 국내소재 고가주택(1세대 1주택이며 2년 6개월 보유): 3년 미만 보유이므로 공제대상이 아니다.
⑤ 7년 보유한 미등기 건물: 공제대상이 아니다.

ⓥ 장기보유특별공제 적용대상과 적용 배제대상

장기보유특별공제 적용대상	장기보유특별공제 적용 배제대상
국내 소재 자산	국외 소재 자산
등기된 양도자산	미등기 양도자산
3년 이상 보유	3년 미만 보유
토지(비사업용 토지 포함), 건물, 조합원입주권(조합원으로부터 취득한 조합원입주권 제외)	토지, 건물, 조합원입주권 이외 양도자산

• 2026.5.9.까지 양도하는 조정대상지역 내 1세대 2주택 이상 다주택의 경우에도 장기보유특별공제를 적용받을 수 있다.

38.

정답 ④

중 양도소득세

④ 양도자산의 취득 후 쟁송이 있는 경우 그 소유권을 확보하기 위하여 직접 소요된 소송비용으로서 그 지출한 연도의 각 사업소득금액 계산시 필요경비에 산입된 금액은 포함하지 않는다.

39.

정답 ⑤

중 양도소득세

① 외국에서 납부한 국외자산 양도소득세액은 국내에서 세액공제방법과 필요경비 산입방법 중에서 선택하여 공제받을 수 있다.
② 국외자산의 양도소득금액을 계산함에 있어서는 장기보유특별공제를 적용받을 수 없다.
③ 분할납부는 허용된다.
④ 국외자산의 양도가액은 그 자산의 양도 당시의 실지거래가액으로 한다. 다만, 양도 당시의 실지거래가액을 확인할 수 없는 경우에는 양도자산이 소재하는 국가의 양도 당시 현황을 반영한 시가에 따르되, 시가를 산정하기 어려울 때에는 그 자산의 종류 · 규모 · 거래상황 등을 고려하여 법령에 정하는 보충적 평가방법에 따른다.

40.

정답 ⑤

중 양도소득세

① 토지 또는 건물을 양도한 경우에는 그 양도일이 속하는 달의 말일부터 2개월 이내에 양도소득과세표준을 신고하여야 한다.
② 양도차익이 없거나 양도차손이 발생한 경우에도 양도소득과세표준 예정신고의무가 있다.
③ 건물을 신축하고 그 신축한 건물의 취득일부터 5년 이내에 해당 건물을 양도하는 경우로서 취득 당시의 실지거래가액을 확인할 수 없어 환산취득가액을 그 취득가액으로 하는 경우에는 해당 건물 환산취득가액의 100분의 5에 해당하는 금액을 양도소득 결정세액에 더한다.
④ 양도소득과세표준 예정신고 또는 확정신고시 납부할 세액이 1,000만원을 초과하는 경우 그 납부할 세액의 일부를 분할납부할 수 있다.

land.Hackers.com
해커스 공인중개사

해커스 공인중개사

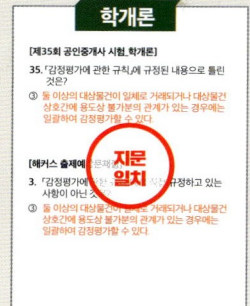

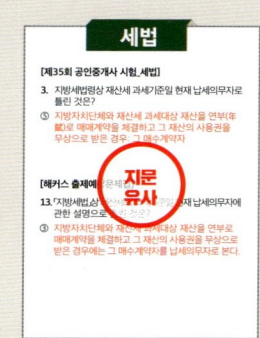